Das anwendbare (materielle) Recht in internationalen Handelsschiedsgerichtsverfahren

Europäische Hochschulschriften

Publications Universitaires Européennes

European University Studies

Reihe II

Rechtswissenschaft

Série II Series II

Droit

Law

Bd./Vol. 4102

PETER LANG

Frankfurt am Main · Berlin · Bern · Bruxelles · New York · Oxford · Wien

Norman Norbert Kulpa

Das anwendbare (materielle) Recht in internationalen Handelsschiedsgerichtsverfahren

Ein rechtsvergleichender Ansatz
ausgehend vom UNCITRAL-Modellgesetz
mit besonderer Berücksichtigung
des österreichischen, deutschen,
schweizerischen, englischen
sowie französischen Rechts

PETER LANG
Europäischer Verlag der Wissenschaften

Bibliografische Information Der Deutschen Bibliothek
Die Deutsche Bibliothek verzeichnet diese Publikation in der Deutschen Nationalbibliografie; detaillierte bibliografische Daten sind im Internet über <http://dnb.ddb.de> abrufbar.

ISSN 0531-7312
ISBN 3-631-53454-X

www.peterlang.de

Vorwort

Die vorliegende Arbeit wurde im Sommersemester 2004 an der rechtswissenschaftlichen Fakultät der Paris Lodron Universität Salzburg eingereicht und in der Folge approbiert.

Im Zuge dieser Dissertation und ihrer Entstehung möchte ich einigen Menschen ganz besonders für Ihre Hilfe und Unterstützung danken.

In erster Linie möchte ich meinen Eltern für die umfangreiche Unterstützung danken und hierbei vor allem meinem Vater, der in zeitaufwendiger Akribie die mühevolle Aufgabe des Korrekturlesens übernommen hat.

Mein weiterer Dank gilt meiner akademischen Lehrerin Frau o.Univ.-Prof. Dr. *Marianne Roth*, LL.M. (Harvard) für ihre umsichtige Betreuung während meiner Dissertation sowie für ihre rasche Durchführung der Begutachtung. Sie war es auch, die mich zur Teilnahme am *Willem C. Vis Commercial Arbitration Moot 2002/2003* gebracht hat. Selbst wenn in diesen sechs Monaten die Dissertation letztendlich ruhen musste, war dies eine wertvolle und praktische Erfahrung, die mir nicht zuletzt einige wertvolle Erkenntnisse für meine Dissertation brachte. Mehr noch wurde die gewissenhafte Arbeit unseres sehr kleinen Teams nicht zuletzt durch ein *honorable mention* für den in Englisch gehaltenen Klägerschriftsatz belohnt.

Ferner bin ich – für seine Bereitschaft zur Begutachtung und ebenso raschen Durchführung dieser – meinem Zweitgutachter, Herrn o.Univ.-Prof. Dr. *Johann Hagen*, zu besonderem Dank verpflichtet.

Des Weiteren möchte ich Herrn Dr. *Klaus Markowetz* für seine Unterstützung danken, dessen Bürotür mir jederzeit offen stand. Nicht zuletzt sei auch meinem Freundeskreis für die umsichtige Unterstützung und Nachsicht gedankt.

Salzburg, 29. August 2004 Norman Kulpa

Inhaltsverzeichnis

Abkürzungsverzeichnis

a.A.	anderer Ansicht, anderer Auffassung
a.a.O.	am angegebenen Ort
a.E.	am Ende
a.F.	alte Fassung
AAA	American Arbitration Association http://www.adr.org
AAA ArbRules	AAA – International Dispute Resolution Procedures, International Arbitration Rules
AALCC	Asian African Legal Consultative Committee http://www.aalcc.org jetzt: Asian African Legal Consultative Organization (AALCO) http://www.aalco.org
Abs.	Absatz
AC	Appeal Cases, House of Lords
ADR	Alternative Dispute Resolution
AFDI	Annuaire français de droit international (Frankreich)
AI	Arbitration International (USA)
AJIL	American Journal of International Law (USA)
All ER	All England Law Reports (England)
ALR	American Law Reports (USA)
Am.J.Comp.L.	American Journal of Comparative Law (USA)
Am.Rev.Int'l Arb.	The American Review of International Arbitration (USA)
Amt. Bull.	Amtliches Bulletin der Bundesversammlung (Schweiz)
Anm.	Anmerkung(en)
AnnIDI	Annuaire de l'Institut du Droit International
AnwBl.	Anwaltsblatt
Arbitration	Arbitration: Journal of the Chartered Institute of Arbitrators (England)
ArbRules	Arbitration Rules (mit Angabe der Jahreszahl ihrer Fassung)
Art.	Artikel
Artt.	Artikel (Mehrzahl)
ASA	Association Suisse de l'Arbitrage http://www.arbitration-ch.org
ASA Bull.	Association Suisse de l'Arbitrage Bulletin (Schweiz)
ASIL	American Society of International Law
AWD	Außenwirtschaftsdienst des Betriebs-Beraters
B.U. Int'l.L.J.	Boston University International Law Journal (USA)
Bas.Jur.Mitt.	Baseler Juristische Mitteilungen (Schweiz)
BB	Der Betriebsberater (Deutschland)
BBl.	Bundesblatt (Schweiz)
BCLR	British Columbia Law Reports (Kanada)
BGE	Entscheidungen des Schweizerischen Bundesgerichts (Schweiz)

BGH	Bundesgerichtshof
BGHZ	Entscheidungen des Bundesgerichtshofes in Zivilsachen (Deutschland)
bspw.	beispielsweise
BTDrucks.	Drucksache des Deutschen Bundestags
Bull.	Bulletin
Bull. civ.	Bulletin civil
BYIL	British Yearbook of International Law
bzgl.	bezüglich
bzw.	beziehungsweise
c., c/	*contre* (dt.: gegen)
ca.	*circa* (dt.: in etwa)
CAMCA	Commercial Arbitration and Mediation Centre for the Americas
Cass.	Entscheidung des Cour de cassation (Frankreich)
CCI	Zurich Chamber of Commerce http://www.zurichcci.ch
CCI ArbRules	International Arbitration Rules of the Zurich Chamber of Commerce
CIArb	Chartered Institute of Arbitrators http://www.arbitrators.org
CISG	The United Nations Convention on Contracts for the International Sale of Goods 1980 (UN-Kaufrecht)
CLOUT	Case Law on UNCITRAL Texts http://www.uncitral.org
CLOUT Nr.	Case Law on UNCITRAL Texts, Entscheidungen sind nach ihren Nummern zitiert http://www.uncitral.org
Clunet	Journal du droit international (vgl.: JDI [Clunet])
Colum. J. Transnat'l L.	Columbia Journal of Transnational Law (USA)
Cornell L.Q.	Cornell Law Quarterly (USA)
CPR	Centre for Public Resources
CRCICA	The Cairo Regional Centre for International Commercial Arbitration
CRCICA ArbRules	The Cairo Regional Centre for International Commercial Arbitration Arbitration Rules
D.	Recueil Dalloz (Frankreich)
d.h.	das heißt
D.H.	Dalloz, Recueil hebdomadaire de jurisprudence (Frankreich)
D.S.	Recueil Dalloz et Sirey (seit 1971, Frankreich)
DAC	Department Advisory Committee
DAC Report	Department Advisory Committee on Arbitration Law: Report on the Arbitration Bill, February 1996 (England)
ders.	derselbe / dieselbe
DIS	Deutsche Institution für Schiedsgerichtsbarkeit e.V. http://www.dis-arb.de
DIS-MAT	DIS-Materialien, Materialien herausgegeben von der DIS (Deutschland)
Diss.	Dissertation
Doc.	*document* (dt.: Dokument)
dtEGBGB	Einführungsgesetz zum Bürgerlichen Gesetzbuch (Deutschland)

dtZPO	deutsche Zivilprozessordnung
DZWiR	Deutsche Zeitschrift für Wirtschaftsrecht (Deutschland)
EAA 1996	English Arbitration Act 1996
ecolex	Fachzeitschrift für Wirtschaftsrecht (Österreich)
EGBGB	Einführungsgesetz zum Bürgerlichen Gesetzbuch (Deutschland)
ehem.	ehemalig(e, es, er)
etc.	*et cetera* (dt.: und so weiter)
etc. pp.	*et cetera perge, perge* (dt.: verstärkend und so weiter)
EU	Europäische Union
EuGVÜ	Europäisches Übereinkommen vom 27. September 1968 über die gerichtliche Zuständigkeit und die Vollstreckung gerichtlicher Entscheidungen in Zivil- und Handelssachen
EuGVVO	Verordnung (EG) Nr. 44/2001 des Rates vom 22. Dezember 2000 über die gerichtliche Zuständigkeit und die Anerkennung und Vollstreckung von Entscheidungen in Zivil- und Handelssachen
EuÜ	Genfer Europäisches Übereinkommen über die internationale Handelsschiedsgerichtsbarkeit vom 21. April 1961
EVÜ	Römisches EWG-Übereinkommen über das auf vertragliche Schuldverhältnisse anwendbare Recht vom 19. Juni 1980
EWG	Europäische Wirtschaftsgemeinschaft
F.	Federal Reporter (USA)
F. 2d	Federal Reporter 2nd Series (USA)
f./ff.	folgende / fortfolgende
F.Supp.	Federal Supplement (USA)
FIDIC	Fédération Internationale des Ingénieurs-Conseils http://www.fidic.com
FILJ	Financial International Law Journal, ICSID Review (USA)
Fn.	Fußnote
franzCC	französischer *Code Civil*
franzNCPC	französischer *Nouveau Code de Procédure Civile* (dt.: französische Zivilprozessordnung)
FS	Festschrift
GA	*General Assembly* (dt.: Vollversammlung)
gem.	gemäß
GesRZ	Der Gesellschafter (Deutschland)
gg.	gegen
ggf.	gegebenenfalls
ggü.	gegenüber
h.M.	herrschende Meinung
Hastings Int'l & Comp. L.R.	Hastings International and Comparative Law Review (USA)
HKIAC	Hong Kong International Arbitration Centre http://www.hkiac.org
HKIAC ArbRules	Arbitration Rules of the Hong Kong International Arbitration Centre
Hrsg.	Herausgeber
HS	Halbsatz
i.B.a.	in Bezug auf
i.d.R.	in der Regel
i.V.m.	in Verbindung mit
IBA	International Bar Association

ICC	International Chamber of Commerce http://www.iccwbo.org http://www.iccarbitration.org
ICC ArbRules	ICC Rules of Arbitration
ICC Awards I, II, III	Collection of ICC Arbitral Awards (siehe Literaturverzeichnis): I: 1974-1985, II: 1986-1990, III: 1991-1995.
ICC Bull.	The ICC International Court of Arbitration Bulletin
ICCA	International Council for Commercial Arbitration http://www.arbitration-icca.org
ICJ	International Court of Justice
ICLQ	The International and Comparative Law Quarterly (England)
ICSID	International Centre for Settlement of Investment Disputes http://www.worldbank.org/icsid/
ICSID Rev. FILJ	ICSID Review – Foreign Investment Law Journal (USA)
ILA	International Law Association
ILM	International Legal Materials (USA)
ILR	International Law Reports (England)
IMF	*International Monetary Fund* (dt.: Internationaler Währungsfond)
insbes.	insbesondere
Int.-Am. L.R.	The University of Miami Inter-American Law Review (USA)
Int'lArb.Rep.	International Arbitration Report (USA)
IPR	Internationales Privatrecht
IPRax	Praxis des Internationalen Privat- und Verfahrensrechts (Deutschland)
IPRG	Internationales Privatrechts Gesetz
IPRspr.	Die deutsche Rechtsprechung auf dem Gebiet des internationalen Privatrechts (Deutschland)
Iran-US CTR	Iran-United States Claims Tribunal Report
italZPO	italienische Zivilprozessordnung (*codice di procedura civile*, 1982)
J. Mar. L. & Com.	Journal of Maritime Law and Commerce (USA)
J.Int'lArb.	Journal of International Arbitration (USA)
JBL	The Journal of Business Law (England)
JCP	La Semaine Juridique – JurisClasseur Périodique (édition générale)
JDI	Journal du Droit International (Frankreich)
JDI (Clunet)	Journal du Droit International (Clunet)
JdT	Journal des Tribunaux (Schweiz)
JPS	Jahrbuch für die Praxis der Schiedsgerichtsbarkeit (Deutschland)
JuS	Juristische Schulung (Deutschland)
JZ	Juristenzeitung (Deutschland)
Kap.	Kapitel
KB	Law Reports: King's Bench Division (England)
KTS	Konkurs-, Treuhand und Schiedsgerichtswesen (Deutschland)
Law & Policy in Int'l Bus.	Law and Policy in International Business (USA)
LCIA	London Court of International Arbitration http://www.lcia-arbitration.com
LG	Landgericht (Deutschland)
lit.	*litera* (dt. Buchstabe)
Lloyd's L.Rep.	Lloyd's Law Report (England)

LMCLQ	Lloyd's Maritime and Commercial Law Quarterly (England)
LQR	The Law Quarterly Review (England)
m.w.N.	mit weiteren Nachweisen
MDR	Monatsschrift für Deutsches Recht (Deutschland)
Mealey's Int'lArb.Rep.	Mealey's International Arbitration Report (USA)
Milan ArbRules	Milan Chamber of Commerce – International Arbitration Rules
ML	UNCITRAL Model Law on International Commercial Arbitration (Modellgesetz)
NAFTA	North American Free Trade Organisation
NAI	Netherlands Arbitration Institute http://www.nai-nl.org
NAI ArbRules	Netherlands Arbitration Institute Arbitration Rules
Nat.Res.F.	Natural Resources Forum. A United Nations Journal (England)
niederländCPC	*Wetboek van Burgerlijke Rechtsverdering* (dt.: niederländische Zivilprozessordnung)
NJW	Neue Juristische Wochenschrift (Deutschland)
NJW-RR	NJW-Rechtsprechungs-Report Zivilrecht (Deutschland)
No.	*number* (dt.: Nummer)
Nr.	Nummer
NY 2d	New York Reports 2nd Series (USA)
NYC	The New York Convention on the Recognition and Enforcement of Foreign Arbitral Awards 1958
NYS	New York Supplement (USA)
NYS 2d	New York Supplement, Second Series (USA)
NZG	Neue Zeitschrift für Gesellschaftsrecht (Deutschland)
öBGBl.	Bundesgesetzblatt (Österreich)
öZPO	österreichische Zivilprozeßordnung
OLG	Oberlandesgericht
OLGR	Oberlandesgericht Report – Entscheidungen der Oberlandesgerichte (Deutschland)
öZPO	österreichische Zivilprozeßordnung
P.C.I.J.	Permanent Court of International Justice
Pace Int'l Rev.	Pace International Law Review (USA)
Pace L.Rev.	Pace Law Review (USA)
para.	*paragraph* (dt.: Absatz)
paras.	*paragraphs* (dt.: Absätze)
PCIJ	Permanent Court of International Justice
PCJ	The Permanent Court of Arbitration http://www.pca-cpa.org
Praxis	Die Praxis des Bundesgerichts, Monatliche Berichte über die wichtigsten Entscheide des schweizerischen Bundesgerichts, einschließlich Sozialversicherungsentscheide (Schweiz)
Proc. ASIL	Proceedings of the Annual Meeting, American Society of International Law (USA)
QB	Law reports : Queen's Bench Division (England)
RabelsZ	Rabels Zeitschrift für ausländisches und internationales Privatrecht (Deutschland)
Rass.d'Arb.	Rassegna dell arbitrato, Bolletino dell' Associazione Italiana (Italien)
RDAI	Revue de droit et affaires internationales (Frankreich)

RDAI/IBLJ	Revue de Droit des Affaires Internationales / International Business Law Journal (Frankreich)
RdW	Österreichisches Recht der Wirtschaft (Österreich)
Rec.Cours	Recueil des Cours (Frankreich)
Rec.crit.	Revue critique du droit international privé (Frankreich)
Res.	Resolution
Rev.	Revue
Rev.Arb.	Revue de l'arbitrage (Frankreich)
Rev.belge dt.int.	Revue belge du droit international (Belgien)
Rev.dr.int.dr.comp.	Revue du droit international et du droit comparé (Belgien)
Riv.dir.int.priv.proc.	Rivista di Driritto Internationale Privato e Processuale (Italien)
RIW	Recht der internationalen Wirtschaft (Deutschland)
RIW/AWD	Recht der Internationalen Wirtschaft, Außenwirtschaft des Betriebsberaters (Deutschland)
Rn.	Randnummer(n)
Rutgers L.Rev.	Rutgers Law Review (USA)
S.	Satz
S.	Recueil Sirey (Frankreich)
S.A.	Société Anonyme
SCC	Stockholm Chamber of Commerce http://www.sccinstitute.com http://www.chamber.se
SCC ArbRules	International Arbitration Rules of the Stockholm Chamber of Commerce
SchG	Schiedsverfahrensgesetz
Schw.Jahrb.Int.R.	Schweizer Jahrbuch für Internationales Recht (Schweiz)
schweizIPRG	Bundesgesetz über das Internationale Privatrecht vom 18. Dezember 1987 (Schweiz)
SDNY	United States District Court, Southern District of New York (USA)
Sem.jud.	La Semaine judiciare (Schweiz)
SIAC	Singapore International Arbitration Centre http://www.siac.org.sg
SJIR	Schweizerisches Jahrbuch für internationales Recht (Schweiz)
SJZ	Schweizerische Juristen-Zeitung (Schweiz)
Soc.	Cour de Cassation, Chambre Sociale
sog.	so genannt(e, er, es, en)
SZ	Entscheidungen des österreichischen Obersten Gerichtshofes in Zivil- (und Justizverwaltungs-)sachen (Österreich)
TranspR	Transportrecht (Deutschland)
TvA	Tijdschrift voor Arbitrage (Niederlande)
TvPr	Tijdschrift voor Privaatrecht (Niederlande)
u.a.	unter anderem
u.U.	unter Umständen
UN	United Nations (Vereinte Nationen) http://www.un.org
UNCITRAL	United Nations Commission on International Trade Law http://www.UNCITRAL.org
UNIDROIT	The International Institute for the Unification of Private Law http://www.unidroit.org

UNIDROIT Principles	UNIDROIT Principles of International Commercial Contracts (1994)
Uniform L. Rev.	Uniform Law Review (UNIDROIT)
UNILEX	International Case Law http://www.unilex.info
UNTS	United Nations Treaty Series
UNÜ	siehe NYC
US	United States Supreme Court Reports (USA)
usw.	und so weiter
v.	versus
vgl.	vergleiche
Vienna ArbRules	siehe Wiener Regeln
Vol.	*volume* (dt.: Band)
wbl	wirtschaftsrechtliche blätter (Österreich)
WiB	Wirtschaftsrechtliche Beratung (Deutschland)
Wiener Regeln	Schieds- und Schlichtungsordnung des Internationalen Schiedsgericht der Wirtschaftskammer Österreich
WIPO	World Intellectual Property Organisation http://www.wipo.org
WIPO ArbRules	Arbitration Rules of the World Intellectual Property Organisation
WLR	Weekly Law Reports (England)
WM	Wertpapiermitteilungen (Deutschland)
WP	*working paper* (dt.: Arbeitspapier)
WTO	World Trade Organisation http://www.wto.org
YCA	Yearbook Commercial Arbitration (ICCA)
Yrb.	Yearbook
z.B.	zum Beispiel
z.T.	zum Teil
ZaöRV	Zeitschrift für ausländisches öffentliches Recht und Völkerrecht (Deutschland)
ZEuP	Zeitschrift für Europäisches Privatrecht (Deutschland)
ZHR	Zeitschrift für das gesamte Handelsrecht und Wirtschaftsrecht (bis 1961) bzw. Zeitschrift für das gesamte Handelsrecht und Konkursrecht (Deutschland)
ZPO	Zivilprozessordnung
ZRP	Zeitschrift für Rechtspolitik (Deutschland)
ZRVgl.	Zeitschrift für Rechtsvergleichung (Österreich)
ZVglRWiss.	Zeitschrift für Vergleichende Rechtswissenschaft
ZVN	Zivilverfahrens-Novelle, öBGBl. 1983/135
ZZP	Zeitschrift für Zivilprozess (Deutschland)
ZZPInt	Zeitschrift für Zivilprozess International (Deutschland)

Abschnitt 1: Einleitung

Diese Arbeit befasst sich mit folgendem Thema:

Das anwendbare (materielle) Recht in internationalen Handelsschiedsgerichtsverfahren – Ein rechtsvergleichender Ansatz ausgehend vom UNCITRAL-Modellgesetz mit besonderer Berücksichtigung des österreichischen, deutschen, schweizerischen, englischen sowie französischen Rechts

Was genau im Rahmen dieses Titels abgehandelt werden soll, ergibt sich aus den folgenden Ausführungen.

Wie sich zeigen wird, ist das Thema des anwendbaren Rechts in internationalen Schiedsverfahren ein diffiziles und äußerst umfassendes Thema, welches zunächst der Eingrenzung bedarf.

§ 1: Gesichtspunkte des anwendbaren Rechts

Die Frage nach dem anwendbaren Recht in internationalen Schiedsverfahren ist weitaus komplexer, als sie auf den ersten Blick zu sein scheint.

Im Folgenden soll zunächst aufgezeigt werden, welche Fragen bei der Suche nach dem anwendbaren Recht aufgeworfen werden können und sodann soll dargestellt werden, welchen Schwerpunkt diese Arbeit setzen will und welche der zahlreichen Möglichkeiten hier behandelt werden sollen.

§ 2: Bedeutung

Die Frage nach dem anwendbaren Recht ist eine der bedeutendsten in allen internationalen Schiedsverfahren.[1] Sie trifft in hohem Maße eine Vorentscheidung über den letztendlichen Ausgang des Rechtsstreits. Dies, zumal sie letzten Endes den Weg aufzeigt, über welchen der Rechtsstreit zu lösen ist. Die (potenziellen) Parteien eines (potenziellen) Schiedsverfahrens können folglich erst nach der Bestimmung des jeweils anwendbaren Rechts ihre Aussichten – d.h. den voraussichtlichen Ausgang des Verfahrens – bewerten.

---

1 Ähnlich: *BLESSING*, Choice of Substantive Law in International Arbitration, 14 (1997) J.Int'lArb. 39 ff.

Damit stellt sich am Anfang immer die Frage:

Welches Recht ist anwendbar?

Mit der Beantwortung dieser Frage können die Sachverhalte rechtlich bewertet und ihre Auswirkungen auf die Rechte und Pflichten der Parteien sachgerecht beurteilt werden. Wie aber das anwendbare Recht zu bestimmen ist, differiert von Gesichtspunkt zu Gesichtspunkt, von Rechtssystem zu Rechtssystem, von Land zu Land und von Institution zu Institution. Genau hier soll diese Arbeit ansetzen.

§ 3: Differenzierungsmöglichkeiten

Die Differenzierungsmöglichkeiten in Bezug auf die Gesichtspunkte des anwendbaren Rechts sind vielfältig. Welches Recht bei den einzelnen Punkten anwendbar ist, wird vom Schiedsgericht oft nur diskutiert und formell entschieden, wenn die zu entscheidenden Streitfragen tatsächlich von der Entscheidung über das anwendbare Recht abhängen.[2]

Als mögliche Differenzierungen der Bereiche, in denen eine Entscheidung über das anwendbaren Recht in Betracht kommen kann, sind z.B.:[3]

- das anwendbare Verfahrensrecht (*lex arbitri*),
- das anwendbare Kollisionsrecht,
- das anwendbare materielle Recht, d.h. das auf den Hauptvertrag anwendbare Recht (*lex causae*),
- das auf den Schiedsvertrag anwendbare Recht,[4]
- das auf den Schiedsspruch anwendbare Recht oder das auf die Anerkennung und Vollstreckung von Schiedssprüchen anwendbare Recht,[5]

---

2 Vgl.: ICC Schiedsspruch Nr. 1512 *[ICC Schiedssprüche werden ohne Fundstelle zitiert, diese sind umso umfangreicher im Entscheidungsverzeichnis zu finden]*; *BÖCKSTIEGEL*, Die Bestimmung des anwendbaren Rechts in der Praxis internationaler Schiedsgerichtsverfahren, in: *SANDROCK* (Hrsg.), Festschrift für *GÜNTER BEITZKE* zum 70. Geburtstag (Berlin 1979) 443 (444).

3 Vgl.: *HUELATT-JAMES/GOULD*, International Commercial Arbitration (London 1996) 13; *BÖCKSTIEGEL*, FS *BEITZKE*, 443 (444 ff.); *BERGER*, Internationale Wirtschaftsschiedsgerichtsbarkeit (New York 1992) 339 ff. [zukünftig zitiert als: *BERGER*]; *BORN*, International Commercial Arbitration[2] (New York 2001) 41 ff. [zukünftig zitiert als: *BORN*].

4 I.d.R. werden die einzelnen Akte der Schiedsgerichtsbarkeit (Schiedsvereinbarung, Bildung des Schiedsgerichts, Schiedsverfahren, Schiedsspruch) einheitlich angeknüpft, d.h. denselben nationalen Regelungen unterstellt. Eine derartige einheitliche Behandlung ist wünschenswert, nach den meisten gesetzlichen Regelungen wie insbes. der NYC jedoch nicht geboten. Zur Frage der einheitlichen Anknüpfung vgl.: *KLEIN*, Considérations sur l'arbitrage en droit international privé (Basel 1955) 205 ff.

- das auf die Schiedsfähigkeit anwendbare Recht,
- das auf den Schiedsrichtervertrag anwendbare Recht,
- das auf die Bildung des Schiedsgerichts anwendbare Recht.[6]

Aufgrund der Vielzahl der möglichen Differenzierungen ist nicht nur eine stringente Trennung der einzelnen Punkte notwendig, sondern vielmehr ist es erforderlich herauszuarbeiten, worum es in dieser Arbeit gehen soll. Die Abhandlung aller möglichen Fragen, die sich unter dem Oberbegriff „Fragen des anwendbaren Rechts" stellen, ist im Rahmen dieser Arbeit aufgrund der Stofffülle nicht möglich.

§ 4: Schwerpunkt der Arbeit

Grundlage dieser Arbeit sollen die drei erstgenannten Punkte bilden. Unabhängig davon, dass die Hauptfrage dieser Arbeit die Frage nach dem auf den Hauptvertrag anwendbaren Recht sein soll, lässt sich die zu bearbeitende Fragestellung wie folgt zusammenfassen:

Welches Recht hat ein Schiedsgericht anzuwenden?

Die notwendige Unterscheidung und Trennung der oben genannten einzelnen Punkte wird leider nur zu oft in der Rechtsprechung und ebenso in der Literatur nicht mit der „wünschenswerten Klarheit"[7] vollzogen. Vor allem die Unterscheidung zwischen dem materiellen Recht und dem Verfahrensrecht wird oft nicht mit der gebotenen Akribie getroffen.[8] Dies ist jedoch sehr bedenklich. Gerade in internationalen Schiedsverfahren sind

---

5 Das für den Schiedsspruch und seine Förmlichkeiten maßgebende Recht ist i.d.R. dasselbe Recht, das auch auf das Schiedsverfahren Anwendung findet. Allerdings gibt es nach den einzelnen Regelungen insbesondere NYC und EuÜ die Möglichkeit, Schiedsverfahren und Schiedsspruch verschiedenen Rechtsordnungen zu unterstellen, was jedoch in der Praxis äußerst selten vorkommen dürfte. Dass der Schiedsspruch keinem staatlichen Verfahrensrecht, sondern nur den Parteivereinbarungen unterstellt wird, ist – jedenfalls nach der h.M. – heute noch nicht möglich. Es gibt derzeit noch keinen supranationalen, sondern nur einen inländischen oder internationalen Schiedsspruch. Vgl. auch: *SCHWAB/WALTER*, Schiedsgerichtsbarkeit[6] (München 2000) 526 ff.

6 Vgl.: *SCHWAB/WALTER*, Schiedsgerichtsbarkeit[6] (München 2000) 484 ff.; wobei diese Sonderanknüpfung sehr selten ist und i.d.R. wird das auf das Schiedsverfahren anwendbare Recht herangezogen.

7 *BÖCKSTIEGEL*, FS *BEITZKE*, 443 (444).

8 *WETTER*, The International Arbitral Process: Public And Private, Band II (New York 1979) 369; *BÖCKSTIEGEL*, FS *BEITZKE*, 443 (444); *TOOPE*, Mixed International Arbitration: Studies in Arbitration between States and Private Persons (Cambridge 1990) 17 [zukünftig zitiert als: *TOOPE*]; *DELAUME*, Law and Practice of Transnational Contracts (New York 1988) § 9.11; *STOECKER*, The lex mercatoria: To what extent does it exist?, 1 (1990) J.Int'l.Arb., 101 (109); *BERGER*, 339; ICC Schiedsspruch Nr. 6268.

häufig das Verfahren selbst und der Streitgegenstand unterschiedlichen Rechtsordnungen unterstellt.[9] Die Nachlässigkeit bei der Differenzierung dürfte größtenteils darauf beruhen, dass beide Fragen von denselben Problemfeldern durchzogen sind und beide Rechte vom Primat der Parteiautonomie beherrscht werden.

Die „harmonisierende Interpretation" von Rechtswahlklauseln einerseits und Schiedsklauseln andererseits erfordert eine strikte Trennung zwischen materiellem und Schiedsverfahrensrecht. Dies muss geschehen, um eine Blockierung des Verfahrens zu verhindern, Rechtsanwendungsfehler zu vermeiden – welche zu einer Aufhebung des Schiedsspruchs führen könnten – und dem Parteiwillen in beiden Bereichen gleichermaßen zur Geltung zu verhelfen.[10] Dass für beide Bereiche durchaus verschiedene Lösungsansätze existieren und vertreten werden, wird im Laufe der Arbeit noch aufgezeigt werden.

Diese Arbeit will sich speziell mit dem in internationalen Schiedsverfahren (auf den Streitgegenstand oder Hauptvertrag) anwendbaren materiellen Recht – der *lex causae* – beschäftigen. Diese Frage bedarf jedoch ebenso der Beantwortung der Fragen nach dem anwendbaren Verfahrensrecht und der des anwendbaren Kollisionsrechts.

Primäre Frage bei der Suche nach dem auf den Hauptvertrag anwendbaren materiellen Recht muss immer die nach der des anwendbaren Verfahrensrechts sein. Dieses stellt dem Schiedsverfahren den Rahmen zur Verfügung und leuchtet die Möglichkeiten und Grenzen eines solchen Verfahrens aus. Danach stellt sich die Frage nach dem anwendbaren Kollisionsrecht. Dies, zumal sogar das Ausmaß einer eventuellen Parteiautonomie den anwendbaren kollisionsrechtlichen Regeln unterliegt.[11] Die Frage nach dem anwendbaren Kollisionsrecht stellt einen durchaus umstrittenen Bereich im Rahmen der Schiedsgerichtsbarkeit dar, in dem grundsätzlich verschiedene Ansätze in den verschiedenen Rechtssystemen vertreten werden. Die Unsicherheit in diesem Bereich ergibt sich daraus, dass das Schiedsgericht im Gegensatz zum staatlichen Gericht keine *lex fori* im eigentlichen Sinne besitzt. Die Bindung an den Sitz des Schiedsgerichts ist weniger intensiv als die Bindung staatlicher Gerichte.[12] In der Schiedsgerichtsbarkeit ist die Bindung an die *lex fori* des Schiedsgerichts nur eine der möglichen Lösungen. Andere Lösungsmöglichkeiten wären unter anderem die Anwendung:

- von rechtsvergleichend ermittelten kollisionsrechtlichen Grundsätzen und
- derjenigen kollisionsrechtlichen Grundsätze des Staates, dessen Verfahrensrecht zur Anwendung kommt usw.

---

9 *REDFERN/HUNTER*, Law and Practice of International Commercial Arbitration (London 1986) 53 f. [zukünftig zitiert als: *REDFERN/HUNTER*]; *VAN DEN BERG*, An de Balie van het Schiedsgerecht, TvA 1984, 171 (199); ISCID Schiedsspruch in Sachen *LIBERIAN EASTERN TIMBER CORP. (LECTO) V. THE GOVERNMENT OF THE REPUBLIC OF LIBERIA*, ILM 1987, 647 (657); *NAVIERA AMAZONICA PERUANA S.A. V. COMPANIA INTERNATIONAL DE SEGUROS DEL PERU* (1988), 1 Lloyd's L.Rep., 116; BGHZ 40, 320 (323).

10 *BERGER*, 339 f.; ICC Schiedsspruch Nr. 4695 (Teilschiedsspruch); Nr. 3380.

11 *BÖCKSTIEGEL*, FS *BEITZKE*, 443 (446).

12 *BÖCKSTIEGEL*, FS *BEITZKE*, 443 (446).

Fest steht jedoch, dass sich eine Bindung an die *lex fori* des Schiedsgerichts als problematisch erweist, sofern es die Parteien bei Abschluss des Vertrages versäumt haben, einen Sitz festzulegen.

Erst die Bestimmung des Kollisionsrechts, die mitunter in einigen Staaten bereits in das Verfahrensrecht integriert ist, führt letztendlich zur Bestimmung des auf den Hauptvertrag anwendbaren Rechts.

Damit sollen in dieser Arbeit die folgenden Gesichtspunkte des anwendbaren Rechts durchleuchtet werden: Zunächst wird die Bestimmung des anwendbaren Verfahrensrecht angegangen, welches über das anwendbare Kollisionsrecht zum anwendbaren materiellen Recht führt. Schwerpunkt der Arbeit liegt dabei insbesondere im anwendbaren materiellen Recht.

§ 5: Aufbau der Arbeit

Zum besseren Verständnis und zur Förderung der Übersichtlichkeit dieser rechtsvergleichenden Arbeit folgt diese einem immer wiederkehrenden, groben Aufbau. Zumal diese Arbeit auf dem UNCITRAL Modellgesetz aufbaut und von dort ihre Vergleiche zieht, folgt sie seiner Gesetzessystematik. Die Behandlung jedes einzelnen Rechts oder jeder einzelnen Rechtsordnung folgt einem im Großen und Ganzen wiederkehrenden Schema:

1. Entstehungsgeschichte des Gesetzes oder der Schiedsgerichtsordnung
2. Ausblick auf zukünftige potenzielle Änderungen
3. Anwendungsbereich
4. anwendbares Verfahrensrecht
5. das auf das Hauptverfahren anwendbare Recht
   a. Rechtswahl durch die Parteien
   b. Rechtswahl durch das Schiedsgericht
   c. Entscheidung nach Billigkeit
   d. Berücksichtigung der Vertragsbestimmungen und der Handelsbräuche
6. Resümee

Abschnitt 2: Das UNCITRAL Modellgesetz und anwendbares materielles Recht[13]

§ 6: Einführung zum UNCITRAL-Model Law

Bevor die Ausarbeitung in den Kernbereich des Modellgesetzes vorstößt, soll im Folgenden zunächst kurz darauf eingegangen werden, wer die UNCITRAL ist, welche Bedeutung ihr zukommt, welche Aufgaben sie hat und was in Zukunft von ihr zu erwarten ist.

§ 6.1: UNCITRAL

UNCITRAL steht für „*United Nations Commission on International Trade Law*"[14] und ist die Handelsrechtskommission der Vereinten Nationen.[15]

---

13 Erklärung zu den UN-Dokumenten:
- UN Doc. A/40/17 vom 21.8.1985:
  - Bestandteil des Berichts der UNCITRAL über die Arbeit ihrer 18. Sitzung,
  - UN Kommissions-Report,
- UN Doc. A/CN.9/263:
  - analytical compilation of comments received,
  - "written observations" schriftliche Bemerkungen,
  - analytischer Vergleich erhaltener Kommentare,
- UN Doc. A/CN.9/264 vom 25.3.1985:
  - "analytischer Kommentar" des UNCITRAL-Sekretariats zur letzen Entwurfsfassung,
  - UN Commentary,
- Sitzungsreports:
  - Sitzung (16. – 26.2.1982):
    UN Doc. A/CN.9/216,
  - Sitzung (4. – 15.10.1982):
    UN Doc. A/CN.9/232,
  - Sitzung (22.2. – 4.3.1983):
    UN Doc. A/CN.9/233,
  - Sitzung (29.9. – 9.9.1983):
    UN Doc. A/CN.9/245,
  - Sitzung (6. – 17.2.1984):
    UN Doc. A/CN.9/246,
- zusammenfassende Sitzungsprotokolle (summary records):
  - UN Doc. A/CN.9/SR.305-333.

14 Auch: „Commission des Nations Unies pour le droit commercial" (C.N.U.D.C.I.) oder „Commission de las Nacionesunidas para. el derecho mercantil international" (C.N.U.D.M.I.) genannt.

15 Aktuelle Informationen sind online unter http://www.uncitral.org verfügbar.

Die UNCITRAL wurde – auf Antrag Ungarns – am 17. Dezember 1966 als ständiger Sonderausschuss der Vereinten Nationen für den Bereich des internationalen Wirtschaftsrechts gegründet und durch die Vollversammlung der Vereinten Nationen eingesetzt.[16] Der Einsetzung vorausgegangen war eine sorgfältige Analyse potenzieller Aufgaben und Möglichkeiten.[17]

§ 6.1.1: Aufgaben

Die Aufgabe der UNCITRAL besteht in der Förderung der Harmonisierung und der Vereinheitlichung des internationalen Handelsrechts durch „neue internationale Konventionen, Modell-Gesetze und Einheitsgesetze".[18]

Erreicht werden soll dieses Ziel durch:

- Koordinierung der schon bisher von anderen internationalen Organisationen geleisteten Arbeiten auf diesem Gebiet,
- Herbeiführung weitergehender Beteiligung an bestehenden internationalen Übereinkommen (*international conventions*), Modellgesetzen (*model laws*) und Einheitsgesetzen (*uniform laws/loi uniforme*),
- Ausarbeitung und Anerkennung neuer internationaler Übereinkommen, Modellgesetze und Einheitsgesetze, unter Umständen in Zusammenarbeit mit ebenfalls auf diesem Gebiet tätigen Organisationen,
- Anregung von Verfahren, die geeignet sind, eine einheitliche Auslegung und Anwendung internationaler Übereinkommen und Einheitsgesetze auf dem Gebiet des internationalen Handelsrechts zu gewährleisten,
- enge Zusammenarbeit mit der Welthandelskonferenz,
- Aufrechterhaltung enger Beziehungen zu anderen Organen und Sonderorganisationen der UN, die auf diesem Gebiet tätig sind,
- sonstige dem Zweck dienliche Maßnahmen.[19]

Die UNCITRAL hat sich bereits auf ihrer ersten Sitzung auf die Gegenstände verständigt, mit denen sie sich zunächst befassen möchte, als da wären:

- Internationales Kaufrecht, einschließlich ergänzender Regelungen wie Verjährung, Stellvertretung und Vertragsabschluß,
- Handelsschiedsgerichtsbarkeit,
- Transportrecht,
- Versicherungsrecht,

---

16 GA Res. 2205 (XXI) vom 17.12.1966.

17 UNCITRAL Yearbook Vol I (1968-1970) 18 ff.

18 GA Res. 2205 (XXI) vom 17.12.1966, UN Doc. A/CN.9/SER.A/1970, 66 f.

19 GA Res. 2205 (XXI) vom 17.12.1966, Teil 3 Nr. 8.

- internationaler Zahlungsverkehr, insbesondere Wertpapierrecht, Akkreditive, Sicherheiten und Garantien,
- Recht des geistigen Eigentums,
- Beseitigung von Diskriminierungen im internationalen Handelsrecht,
- Recht der Stellvertretung,
- Legalisation, d.h. Beglaubigung von Urkunden.

Oberste Priorität wurde hierbei zunächst dem Kaufrecht, der internationalen Handelsschiedsgerichtsbarkeit und dem Recht des internationalen Zahlungsverkehrs eingeräumt.[20] Mittlerweile hat die UNCITRAL auf nahezu jedem der angestrebten Gebiete Regelwerke erarbeitet.[21]

§ 6.1.2: Aufbau und Zusammensetzung

Die UNCITRAL – mit Sitz in Wien – ist im Gegensatz zur UN-Vollversammlung aus einer beschränkten Anzahl von Staaten zusammengesetzt. Dies waren zunächst 29 Staaten, welche jedoch im Laufe der Zeit auf 36 Staaten erhöht wurde.[22] Um einen möglichst breiten und gerechten Querschnitt durch alle politischen Systeme und Potenziale der Wirtschaftskraft der UN-Mitgliedsländer in der UNCITRAL zu konzentrieren, werden die 36 Plätze wie folgt aufgeteilt:

- afrikanische Staaten: 9 Sitze,
- asiatische Staaten: 7 Sitze,
- latein-amerikanische Staaten: 6 Sitze,
- osteuropäische Staaten: 5 Sitze,
- westeuropäische Staaten und andere westliche Industrieländer: 9 Sitze.

Innerhalb dieser Gruppen soll ihrerseits eine angemessene Berücksichtigung der gegebenen wirtschaftlichen Verhältnisse und rechtlichen Systeme beachtet werden. Die Wahl und Ernennung der Mitglieder erfolgt durch die UN-Vollversammlung jeweils auf sechs Jahre, wobei im Drei-Jahres-Rhythmus jeweils die Hälfte der Mitglieder neu gewählt wird, um eine gewisse Kontinuität zu gewährleisten.[23]

---

20 UNCITRAL Yrb. Vol I (1968-1970) 71 (77).

21 Aktuelle Übersicht auf den Internetseiten der UNCITRAL: http://www.uncitral.org.

22 UN Res. 3108 (XXVIII).

23 Derzeitiger Stand der Mitglieder (per 25.6.2001): Argentinien (2004, im jährlichen Wechsel mit Uruguay [seit 1998]), Österreich (2004), Benin (2007), Brasilien (2007), Burkina Faso (2004), Cameron (2007), Kanada (2007), China (2007), Kolumbien (2004), Fidschi (2004), Frankreich (2007), Deutschland (2007), Ungarn (2004), Indien (2004), Iran (2004), Italien (2004), Japan (2007), Kenia (2004), Litauen (2004), Mexiko (2007), Marokko (2007), Paraguay (2004), Rumänien (2004), Russland (2007), Ruanda (2007), Sierra Leone (2007), Singapur (2007), Spanien (2004), Sudan (2004), Schweden (2007), Thailand (2004), Mazedonien

Die UNCITRAL untergliedert sich derzeit in insgesamt sechs Arbeitsgruppen (*working groups*). Diese *working groups* setzen sich aus den UNCITRAL Mitgliedsstaaten zusammen und tagen in der Regel ein bis zweimal jährlich abwechselnd in dem Hauptquartier der UN (*United Nations Headquarter*) in New York und dem Sitz der UNCITRAL (*Vienna International Centre*) in Wien.

§ 6.1.3: Bemühungen im Rahmen der Schiedsgerichtsbarkeit

Im Rahmen der Schiedsgerichtsbarkeit konzentrierte sich die Arbeit der Kommission anfangs vornehmlich auf eine möglichst breite Ratifikation des New Yorker UN-Übereinkommens über die Anerkennung und Vollstreckung ausländischer Schiedssprüche vom 10. Juni 1958 (NYC).

Als nächsten Schritt widmete sich die UNCITRAL in Zusammenarbeit mit den Industrie- und Entwicklungsländern der Ausarbeitung der *UNCITRAL Arbitration Rules* (*UNCITRAL ArbRules*), welche 1977 fertig gestellt wurden. Ergänzt wurden diese *Arbitration Rules* durch die *Administrative Guidelines*, um eine möglichst einheitliche Anwendung zu gewährleisten. Der wohl bekannteste Anwendungsfall dieser – wenn auch leicht modifizierten – *Arbitration Rules* ist das zum Abschluss der „Geiselaffäre" zwischen den Vereinigten Staaten von Amerika und dem Iran mittels der Algerien-Verträge eingesetzte, ständige Schiedsgericht mit Sitz in Den Haag.

Ergänzend stehen seit 1980 die *Conciliation Rules* für die Fälle zur Verfügung, in denen zunächst ein Schlichtungsversuch unternommen werden soll.

Die bisher letzte nennenswerte Veröffentlichung eines Regelwerkes durch die UNCITRAL auf dem Gebiet der Schiedsgerichtsbarkeit waren die *Notes on Organizing Arbitral Proceedings* aus dem Jahre 1996. Hiermit möchte die UNCITRAL den mit Schiedsverfahren betrauten Personen (speziell in der internationalen Schiedsgerichtsbarkeit) Unterstützung zu einzelnen Problemkreisen zukommen lassen. Es handelt sich hierbei um ein Werk von etwa 90 Empfehlungen für die Durchführung eines Schiedsverfah-

---

(2007), Uganda (2004), Großbritannien (2007), USA (2004); **ab dem 14.6.2004**: Algerien (2010), Argentinien (2007), Australien (2010), Österreich (2010), Weißrussland (2010), Belgien (2007), Benin (2007), Brasilien (2007), Kamerun (2007), Kanada (2007), Chile (2007), China (2007), Kolumbien (2010), Kroatien (2007), Tschechische Republik (2010), Ecuador (2010), Fidschi (2010), Frankreich (2007), Gabun (2010), Deutschland (2007), Guatemala (2010), Indien (2010), Iran (2010), Israel (2010), Italien (2010), Japan (2007), Jordanien (2007), Kenia (2010), Libanon (2010), Litauen (2007), Madagaskar (2010), Mexiko (2007), Mongolei (2010), Marokko (2007), Nigeria (2010), Pakistan (2010), Paraguay (2010), Polen (2010), Qatar (2007), Republik Korea (2007), Russische Föderation (2007), Ruanda (2007), Serbien und Montenegro (2010), Sierra Leona (2007), Singapur (2007), Süd Afrika (2007), Spanien (2010), Sri Lanka (2007), Schweden (2007), Schweiz (2010), Thailand (2010), früheres Jugoslawien und Mazedonien (2007), Tunesien (2010), Türkei (2007), Uganda (2010), Vereinigtes Königreich (2007), USA (2010), Uruguay (2007), Venezuela (2010), Zimbabwe (2010).

rens, welche eine hervorragende Hilfestellung, speziell für Personen mit geringer Erfahrung, darstellt.

§ 6.1.4.1: Entstehung[24]

§ 6.1.4: Modellgesetz über die internationale Handelsschiedsgerichtsbarkeit

Erstmals in den sechziger Jahren wurde von der Internationalen Handelskammer (*ICC - International Chamber of Commerce*) die Idee eines Modellgesetzes internationaler Schiedsverfahren aufgeworfen. Mit dieser Idee hat sich in der Folgezeit die UNCITRAL erstmals im Jahre 1972 auseinander gesetzt.[25]

Nachdem das auf breite Akzeptanz stoßende UN-Übereinkommen über die Anerkennung und Vollstreckung von Schiedssprüchen nur auf einen Teilbereich des Schiedsverfahrens anwendbar ist und im gesamten Bereich der internationalen Schiedsgerichtsbarkeit eine Harmonisierung angestrebt wurde, hat das AALCC (*Asian-African Legal Consultative Committee*) eine Revision der NYC vorgeschlagen. Dieser Vorschlag wurde jedoch von der UNCITRAL mit der Begründung zurückgewiesen, dass eine erneute Ratifizierung einer reformierten Konvention zu vielen unüberwindlich scheinenden, praktischen Schwierigkeiten führen würde.

Nachdem die Praxis der internationalen Schiedsgerichtsbarkeit ebenso wie die vieljährigen Beratungen der UNCITRAL immer wieder gezeigt hatten, dass viele nationale Rechtsordnungen entweder keine, veraltete oder zumindest für den modernen internationalen Wirtschaftsverkehr nicht zufrieden stellende Regelungen enthielten, entschied die UNCITRAL 1978 in Paris nach einer Konsultation mit der Internationalen Handelskammer (ICC) und dem *International Council of Commercial Arbitration* (ICCA), ein Modellgesetz für die internationale Wirtschaftsschiedsgerichtsbarkeit auszuarbeiten.[26] Hieraufhin begannen die Planungen im Jahre 1979.

Am 24. Juni 1981 wurde von der UNCITRAL – motiviert durch den Bericht des Generalsekretärs – eine Arbeitsgruppe (*Working Group [II] on International Contract Practices*) eingesetzt, welche in Halbjahresabständen jeweils zwei Wochen in New York und Wien tagte.[27] Diese Arbeitsgruppe, welcher neben den regulären Mitgliedern auf Einladung der UNCITRAL Vertreter diverser anderer Staaten und internationaler Organisatio-

---

24 Ausführlich zur Entstehungsgeschichte des ML: *JÄGER*, Die Umsetzung des UNCITRAL-Modellgesetzes über die internationale Handelsschiedsgerichtsbarkeit im Zuge der nationalen Reformen (Frankfurt am Main 2001) [zukünftig zitiert als: *JÄGER*].

25 UN Doc. A/CN.9/169, paras. 6 ff.

26 Vgl.: *BÖCKSTIEGEL*, Das UNCITRAL-Modell-Gesetz für die internationale Wirtschafts-Schiedsgerichtsbarkeit, RIW 1984, 670 (671).

27 UN Doc. A/CN.9/207, UNCITRAL Yrb. 1981, 75 ff.

nen[28] beiwohnten, tagte insgesamt fünfmal, um den Entwurf des Modellgesetzes vorzubereiten.

Im Rahmen dieser Sitzungen erfolgte eine rechtsvergleichende Analyse nationaler Regelungen, den UNCITRAL Arbitration Rules und dem New Yorker Übereinkommen. Des Weiteren zog die *working group* ihre Schlüsse aus den bisherigen internationalen Vorhaben zur Schiedsgerichtsbarkeit. Insbesondere aus dem Europäischen Übereinkommen vom 20. Januar 1966 zur Einführung eines einheitlichen Gesetzes über die Schiedsgerichtsbarkeit,[29] welches zwar – auf Initiative des Europarats – von den Staaten der Europäischen Union verabschiedet, jedoch – entgegen der zum Teil sehr optimistischen Erwartungen[30] – nur von Belgien ratifiziert wurde. Realistisch gesehen muss hier mit *SCHLOSSER* von einem Scheitern des Übereinkommens ausgegangen werden, da weitere Ratifikationen nicht mehr zu erwarten sind.[31] Mit einem Modellgesetz wollte man bewusst den beschwerlichen Weg über eine Konvention mit seinem Minimalkonsens und den erklärbaren Vorbehalten sowie eine *loi uniforme* – wie es die Straßburger Konvention vorsah – vermeiden.

Nachdem im Februar 1984 die *working group II* den Gesetzesentwurf abgeschlossen hatte, wurde dieser bereits Anfang Mai 1984 Gegenstand einer mehrtägigen Konferenz der ICCA in Lausanne.[32]

Endgültig wurde das ML auf der 18. Sitzung der UNCITRAL vorgelegt und am 21. Juni 1985 von 31 Ländern verabschiedet, während Beobachter aus 30 Staaten und 18 anwesenden internationalen Organisationen zugegen waren.[33]

Auf Grundlage dieses Beschlusses hat die UN-Vollversammlung (*General Assembly*) in ihrer 40. Sitzung am 11. Dezember 1985 ihren Mitgliedstaaten das Modellgesetz zur Annahme empfohlen:[34] So heißt es dort:

> „The General Assembly […] recommends that all States give due consideration to the Model Law on International Commercial Arbitration, in view of the desirability of uniformity of the law of arbitral procedures and the specific needs of international commercial arbitration."[35]

---

28 Unter anderem: Asian-African Legal Consultative Committee (AALCC), International Council for Commercial Arbitration (ICCA), International Bar Association (IBA), International Law Association (ILA), Internationale Handelskammer (ICC), Chartered Institute of Arbitrators in London (CIArb) usw.

29 Vgl. hierzu: *ARNOLD*, Das Europäische Übereinkommen vom 20.1.966 zur Einführung eines einheitlichen Gesetzes über die Schiedsgerichtsbarkeit, NJW 1967, 142 ff.

30 Vgl.: *ROTH*, Die Anerkennung von Schiedssprüchen in Europa, KTS 1967, 65 (66).

31 *SCHLOSSER*, Das Recht der internationalen privaten Schiedsgerichtsbarkeit I (Tübingen 1975) Rn. 226.

32 *SANDERS* (Hrsg.), UNCITRAL's Project for a Model Law on International Commercial Arbitration, ICCA Congress Series No. 2 (Deventer 1984).

33 UN Doc. A/40/17, paras. 4 ff.

34 Vgl.: UN Doc. A/RES/40/72, O.U.N. GAOR Supp. (No.53), S. 308; UN Doc. A/40/53 (1985) bzw. UN Doc. A/40/17, para. 332.

35 UN Doc. A/RES/40/72.

§ 6.1.4.2: Ziele

Die UNCITRAL verfolgt mit der Schaffung des ML primär zwei Ziele. Zum einen möchte sie die Harmonisierung der internationalen Schiedsverfahrensrechte vorantreiben und fördern, zum anderen wollte sie eine Regelung schaffen, die den heutigen Bedürfnissen der Schiedsgerichtsbarkeit entspricht.

Den nationalen Gesetzgebern sollte ein ausführliches und in sich geschlossenes System für die Regelung internationaler Schiedsverfahren zur Verfügung gestellt werden, welches ohne weitere Anpassungen in das nationale Recht übernommen werden kann.[36] Zugleich sollte ein umfassendes „Rahmengesetz" bei gleichzeitiger Anerkennung der Parteiautonomie und der Wirksamkeit der Parteivereinbarungen geschaffen werden.[37] Hieraus resultiert die hohe Anzahl von Vorschriften, welche die Parteiautonomie sichern soll.

Erhofft haben sich die Verfasser die weitgehende Beseitigung nationaler Besonderheiten und divergierender Prozessrechtstraditionen, sowie die Schaffung universeller Standards der schiedsverfahrensrechtlichen Fairness und der prozessualen Gerechtigkeit.

Das ML will die Vereinheitlichung des internationalen Schiedsverfahrensrechts fördern, ohne den Staaten eine staatsvertragliche Übernahmeverpflichtung aufzuerlegen.

§ 6.1.4.3: Akzeptanz des Modellgesetzes

Nach anfänglicher Skepsis einiger Autoren,[38] was die Erfolge des ML betrifft, haben sich diese Zweifel mittlerweile zerstreuen lassen. Überwiegend sieht die Autorenschaft in dem ML den „großen Wurf" und spendet dem ML viel Beifall, redet sogar von *„the great opportunity"*[39] oder *„the resolution of the 80's"*[40].

Das Modellgesetz stellt eine Kodifizierung anerkannter und politisch akzeptierter Standards der internationalen Schiedsgerichtsbarkeit dar und zeichnet sich durch seine einfache Handhabbarkeit aus. Es ist frei von ideologischen und regionalen Übergewichten. *BERGER* beschreibt das 36 Artikel umfassende ML als eine ausgewogene Balance zwischen regulatorischem Minimalismus und gesetzgeberischem Perfektionismus.[41]

---

36 UN Doc. A/CN.9/207, para. 23.

37 UN Doc. A/CN.9/207, paras. 18, 23, 27.

38 *MUSTILL*, Arbitration: History and Background, 2 (1989) J.Int'lArb. 43 (54); *CRAIG*, Uses and Abuses of Appeal from Awards, 4 (1988) AI 174 (225); *GAILLARD*, The UNCITRAL Model Law and Recent Statutes on International Arbitration in Europe and North America, ICSID Rev. FILJ 1987, 424 (425).

39 *HERRMANN*, UNCITRAL Adopts Model Law on International Commercial Arbitration, 2 (1986) AI 2 (59).

40 *PHILLIPS*, Arbitration – the revolution of the 80's, Arbitration 1986, 75 ff.

41 *BERGER*, Entstehungsgeschichte und Leitlinien des neuen deutschen Schiedsverfahrensrechts, in: *BERGER* (Hrsg.), Das neue Recht der Schiedsgerichtsbarkeit (Köln 1998) 1 (8).

Mittlerweile ist das ML zum „juristischen Bestseller“[42] avanciert. Nachdem das ML als erstes im Jahre 1986 von Kanada übernommen wurde, sollten diesem Beispiel weitere Staaten folgen. Bis heute haben weit über 40 Staaten das ML mehr oder minder unverändert übernommen.[43] Folglich genießt das ML die Unterstützung einer Vielzahl von Staaten, welche sowohl aus den hoch industrialisierten Teilen der Welt kommen wie ferner aus den so genannten Entwicklungsländern.

§ 6.1.4.4: Ausblick[44]

Die Entwicklung der Schiedsgerichtsbarkeit mit dem Hauptziel der Rechtsvereinheitlichung befindet sich ständig im Fluss. Jahr für Jahr ändern neue Staaten ihr Recht[45] des schiedsgerichtlichen Verfahrens und keines der Länder kommt dabei umher, die Regelungen des ML zumindest zur Kenntnis, wenn nicht gar zur Grundlage zu nehmen.

Die derzeitigen Reformbestrebungen der UNCITRAL umfassen zwar auch das ML sowie die NYC, jedoch sind keine Reformvorhaben im Bereich des anwendbaren Rechts ersichtlich. Vielmehr konzentriert sich das Interesse derzeit auf eine Reformierung der sog. *interim measures*, also der Anordnung vorläufiger Maßnahmen im Sinne des Art. 17 ML und deren nationale Durchsetzbarkeit.[46] Des Weiteren ist das Schriftformerfordernis der Schiedsklausel auf dem Prüfstand und eine mögliche Neufassung des Art. 7 ML[47] sowie die Frage der Durchsetzbarkeit von im Sitzstaat aufgehobenen Schiedsgerichtsentscheidungen.[48] Was eine mögliche Reformierung der NYC anbelangt, hat man sich darauf einigen können, dass dies entweder mit Hilfe eines ergänzenden Protokolls oder einem Auslegungsinstrument von statten gehen soll.[49]

---

42 SCHÜTZE, Schiedsgericht und Schiedsverfahren³ (München 1999) Rn. 5.

43 Bspw.: Ägypten, Aserbaidschan, Australien, Bahrain, Bermuda, Bulgarien, Deutschland, Guatemala, Griechenland, Hong Kong (Special Administrative Region), Indien, Iran (Islamische Republik Iran), Irland, Japan, Jordanien, Kanada (auf Bundesebene, in allen zehn Provinzen, in den Territorien), Kenia, Kroatien, Litauen, Macao, Madagaskar, Malta, Mexiko, Neuseeland, Nigeria, Oman, Paraguay, Peru, Russische Förderation, Schottland, Sambia, Simbabwe, Singapur, Spanien, Sri Lanka, Süd Korea, Tunesien, Ukraine, Ungarn, USA (Connecticut, Kalifornien, Texas, Oregon, Florida, Illinois, Georgia, North Carolina, Ohio), Weißrussland, Zypern und kürzlich auch Türkei (2001).

44 Genauer hierzu: „Possible future work in the area of international commercial arbitration", UN Doc. A/CN.9/460.

45 Derzeit gibt es Reformbestrebungen bspw. in Österreich.

46 Vgl.: UN Doc. A/CN.9/547.

47 Vgl.: UN Doc. A/CN.9/WG.II/WP.118, para. 9.

48 Vgl. UN Doc. A/CN.9/547, para. 2.

49 Vgl.: UN Doc. A/CN.9/547, para. 6.

§ 6.2: Anwendungsbereich des Model Law

Noch vor der Frage nach dem anwendbaren Verfahrensrecht und dem auf den Rechtsstreit anwendbaren materiellen Recht, ist die Frage zu stellen, welchen Anwendungsbereich das jeweilige Gesetz – hier zunächst das ML – hat. Dabei soll sowohl der sachliche als der territoriale Anwendungsbereich behandelt werden sowie das Verhältnis des ML zu anderen Rechtsquellen.

§ 6.2.1: Sachlicher Anwendungsbereich

Das von der Kommission beschlossene ML ist gemäß Art. 1 Abs. 1 ML auf die „internationale Handelsschiedsgerichtsbarkeit" (*international commercial arbitration*) beschränkt worden. Man ging davon aus, dass eine derartige Beschränkung des sachlichen Anwendungsbereichs die Akzeptanz des ML erhöhen würde. Diese Beschränkung ist nicht unproblematisch wie sich im Folgenden – vor allem bei der Definition der einzelnen Termini – noch zeigen wird.

Die überwiegende Ansicht wollte die Begriffe der „internationalen Handelsschiedsgerichtsbarkeit", also die Termini international (*international*), Handel (*commercial*) und Schiedsgerichtsbarkeit (*arbitration*) vorweg definieren. Diese Auffassung konnte sich allerdings nicht durchsetzen.[50]

*§ 6.2.1.1: Schiedsgerichtsbarkeit (*arbitration*)*

Der erste Terminus, der einer Definition und Auslegung bedarf, ist der der Schiedsgerichtsbarkeit (*arbitration*). Der Definition kommt dabei in Bezug auf den ökonomischen Nutzen der nationalen Gesetze entscheidende Bedeutung zu.[51] Art. 2 lit. a ML, welcher eine Begriffsbestimmung vornehmen soll, gibt selber noch keinen näheren Aufschluss über den Begriff der Schiedsgerichtsbarkeit. Diese Vorschrift stellt lediglich klar, dass das „schiedsrichterliche Verfahren" des ML sowohl für die institutionelle Schiedsgerichtsbarkeit (*institutional arbitration*) wie für die *ad hoc*-Schiedsgerichtsbarkeit (*non administered arbitration*) gilt.

Schiedsgerichtsbarkeit soll laut der Kommission sowohl das laufende Verfahren als auch den Zeitraum vor und nach dem Schiedsverfahren umfassen.[52]

---

50 *SZÁSZ*, Introduction to the Model Law of UNCITRAL on Interntional Commercial Arbitration, in: *SANDERS* (Hrsg.), UNCITRAL's Project for a Model Law on International Commercial Arbitration, ICCA Congress Series No. 2 (Deventer 1984) 31 (39) [zukünftig zitiert als: *SZÁSZ*, ICCA Congress Series No. 2].

51 *BERGER*, 53.

52 UN Doc. A/CN.9/264, Art. 1 para. 14; ebenso: *HUßLEIN-STICH*, Das UNCITRAL-Modellgesetz über die internationale Handelsschiedsgerichtsbarkeit (Köln 1990) 7 [zukünftig zitiert als: *HUßLEIN-STICH*].

Aus Art.7 ML, welcher eine Vereinbarung der Parteien voraussetzt, folgt, dass das ML nur auf die freiwilligen Schiedsverfahren anwendbar ist.[53] Dies ist insofern bedeutsam, als dass einige Ostblockstaaten zwingende Schiedsverfahren kennen oder kannten.

Nicht unter den Terminus Schiedsgerichtsbarkeit im Sinne des ML fallen die verschiedenen Arten der so genannten „freien Schiedsgerichtsbarkeit".[54] Dies geht jedoch nicht eindeutig aus dem Wortlaut hervor. Das heißt, das Schiedsgutachten des deutschen und österreichischen Rechts, die *„bindend advies"*[55] des dänischen Rechts und das *„arbitrato irrituale"*[56] im italienischen Recht, fallen nicht unter das ML.[57] Damit folgt das ML – im Anschluss an das schweizerIPRG[58] – dem klassischen, engen Begriff der Schiedsgerichtsbarkeit. Maßgeblich für die Einordnung ist der in der Schiedsvereinbarung zum Ausdruck kommende Parteiwille. Um eventuellen Unklarheiten über die Zugehörigkeit zum Schiedsverfahren im Sinne des Modellgesetzes zu vermeiden, empfiehlt die UNCITRAL den rezipierenden Staaten die Aufnahme eines Negativ-Kataloges mit den vom Gesetz nicht erfassten schiedsgerichtsähnlichen Verfahren.[59]

*§ 6.2.1.2: Handel (*commercial*)*

Der Begriff der Handelssachen ist im ML nicht definiert. Vielmehr regt eine Fußnote zu Art. 1 ML eine sehr weite Auslegung des Begriffs „Handel" (*commercial*) an und endet mit einer enumerativen Aufzählung.[60] Der Katalog von den etwa zwanzig aufgezählten

---

53 UN Doc. A/CN.9/264, Art. 1 para. 15; UN Doc. A/CN.9/216, para. 17; *Szász*, ICCA Congress Series No. 2, 31 (40).

54 *Hußlein-Stich*, 8.

55 Diese dienen der Feststellung von Tatsachen und Leistungsinhalten sowie der Füllung von Vertragslücken durch einen Dritten: *van den Berg/van Delden/Snijders*, Arbitragerecht (Zwolle 1988) 25; *Nolen*, Handleiding Voor Arbiters³ (Zwolle 1957) 350.

56 *Naón*, Choice of Law Problems in International Arbitration (Tübingen 1992) 4; *Schlosser*, Das Recht der internationalen privaten Schiedsgerichtsbarkeit² (Tübingen 1989) Rn. 27 [zukünftig zitiert als: *Schlosser*].

57 UN Doc. A/CN.9/264, Art. 1 para. 15; UN Doc. A/CN.9/216, para. 17; *Szász*, ICCA Congress Series No. 2, 31 (40).

58 Vgl. hierzu: *Bucher*, Die neue internationale Schiedsgerichtsbarkeit in der Schweiz (Basel 1989) Rn. 35 [zukünftig zitiert als: *Bucher*].

59 UN Doc. A/CN.9/207, para. 30.

60 Die Fn. lautet wie folgt: „Der Begriff ‚Handel' sollte weit ausgelegt werden, so dass er Angelegenheiten umfasst, die sich aus Handelsbeziehungen jeder Art ergeben, gleichviel, ob sie auf Vertrag beruhen oder nicht. Handelsbeziehungen schließen die folgenden Rechtsgeschäfte ein, ohne darauf beschränkt zu sein: Handelsgeschäfte über die Lieferung oder den Austausch von Waren oder Dienstleistungen; Vertriebsvereinbarungen; Handelsvertretungen oder -agenturen; Factoring; Leasing; Errichtung von Anlagen; Consulting; Engineering; Lizenzverträge; Investitionen; Finanzierungen; Bankgeschäfte; Versicherungen; Rohstoffgewinnung oder Konzessionen; Konsortialverträge (Joint Ventures) und andere Formen industrieller oder wirtschaftlicher Zusammenarbeit; Personen- oder Güterbeförderung auf dem Luft-, Wasser, Schienen oder Straßenweg."

Geschäftstypen, welche definitiv unter den Begriff Handel fallen, ist dabei nicht abschließend.[61] Unter Handel sollen demnach sämtliche (Handels)Beziehungen kommerzieller Art subsumiert werden, seien sie vertraglicher oder außervertraglicher Natur.[62]

Wie die Frage einer Definition, d.h. Form und Inhalt, des Begriffs Handel zu bewerkstelligen ist, war innerhalb der Kommission bis zu letzt höchst umstritten. Eine sachgerechte Begriffsbestimmung bereitete – angesichts der international in hohem Maße unterschiedlichen Ansichten – große Schwierigkeiten.[63]

In einer Anfangsstudie der Vereinten Nationen zum ML ging man noch davon aus, dass der Begriff keiner Definition bedarf, zumal er einheitlich verstanden wurde.[64]

Nachdem das ML aufgrund der Erfahrungen mit anderen Übereinkommen entstanden ist, könnte man nun die NYC und das EuÜ[65] für die Begriffsbestimmung zur Hilfe nehmen. Jedoch enthalten diese beiden Übereinkommen ebenso keine Definition. Allerdings wird sowohl für die NYC eine weite Auslegung über die Vorbehaltsklausel bezüglich der Handelssachen in Art. 1 Abs. 3 NYC vertreten, als eine weite Auslegung des elastischen Begriffs der Handelsstreitigkeiten des EuÜ vertreten wird.[66] Mit dieser weiten Auslegung wurden bisher noch keine negativen Erfahrungen gemacht.[67]

Es fragt sich aber, ob eine Regelung zum Begriff des Handels im ML überhaupt von Nöten ist.[68] Vereinzelt wurde angeregt, auf eine Begriffsbestimmung aufgrund nicht überwindbarer Schwierigkeiten völlig zu verzichten und den Begriff in einem offiziellen Kommentar zum ML zu erläutern. Diesem Ansinnen wurde allerdings nicht nachgegeben.[69]

Für die Aufnahme einer Begriffsbestimmung spricht aber, dass die breite Anwendbarkeit des ML durch eine restriktive Auslegung des Begriffs gefährdet werden könnte. Dies sind die Lehren aus den Erfahrungen mit dem NYC. Hier hatte man die Definition des Kaufmannsbegriffes den ratifizierenden Ländern überlassen und so eine Einbruchstelle

---

61 Fn. zu Art. 1 ML: „[...] ohne darauf beschränkt zu sein [...]“.

62 Vgl.: UN Doc. A/40/17, para. 21.

63 Vgl. zur grundsätzlichen Auslegung des Begriffs „Handel“ im romanischen Rechtskreis: *BÖCKSTIEGEL*, Besondere Probleme der Schiedsgerichtsbarkeit zwischen Privatunternehmen und ausländischen Staaten oder Staatsunternehmen, NJW 1975, 1577 ff.

64 Vgl. auch: UN Doc. A/CN.9/WG.II/WP.35, UNCITRAL Yrb. 1982, 303 f.; UN Doc. A/CN.9/216, UNCITRAL Yrb. 1982, 289.

65 Genfer Europäisches Übereinkommen über die internationale Handelsschiedsgerichtsbarkeit vom 21. April 1961, öBGBl. 1964, Nr. 107.

66 *CALAVROS*, UNCITRAL-Modellgesetz über die internationale Handelsschiedsgerichtsbarkeit (Bielefeld 1988) 13 [zukünftig zitiert als: *CALAVROS*].

67 Vgl. UN Doc. A/CN.9/168, para. 11.

68 *CALAVROS*, 13.

69 Vgl.: UN Doc. A/CN.9/207, para. 31; UN Doc. A/CN.9/232, para. 31; UN Doc. A/CN.9/233, paras. 19, 33; UN Doc. A/CN.9/263, Art. 1 paras. 13, 16; UN Doc. A/40/17, paras. 19-20.

für eine restriktive Auslegung geschaffen, welche von vielen Ländern zum Nachteil des Übereinkommens genutzt wurde.[70]

Im Verlauf der Diskussion um eine Definition des Begriffs Handel wurde eine Fülle unterschiedlichster Definitionen erwogen und wieder verworfen, z.B. Handel als *economic transactions* oder *commercial transactions* oder *business* statt *commercial*. Auch eine negative Abgrenzung wurde in die Diskussion eingeführt.[71]

Letztendlich fand sich jedoch eine Mehrheit für den Kompromiss, auf eine Definition im Gesetz zu verzichten und stattdessen den Begriff in einer offiziellen Fußnote klarzustellen.[72] Die Erläuterungen des Begriffs der Handelssachen in einer Fußnote soll es nach dem Wunsch der Redakteure ermöglichen, entsprechende Einführungsregelungen in den rezipierenden Ländern zu schaffen.[73]

Dabei wird jedoch bei dem Weg über die Fußnote klar, dass es sich hierbei um den kleinsten gemeinsamen Nenner und als letzt möglichen Kompromiss handelt. Die Technik der offiziellen Fußnote ist nicht allen Ländern geläufig, sondern vielmehr eine „völlig neue Gesetzestechnik“[74]. So ist z.B. Deutschland diese Gesetzestechnik unbekannt.[75] Als erstes Land, welches das ML übernommen hat, hat Kanada die Fußnote in keinster Weise berücksichtigt, lediglich die kanadische Provinz British Columbia hat die Fußnote als einen sechsten Absatz zu Art. 1 ML übernommen. Allerdings verweisen die Einführungsgesetze der Provinzen auf die Materialien zum ML, so dass diese maßgeblich zur Begriffsbestimmung des Handels in den Provinzen beitragen dürften.[76] Schon hier wird deutlich, dass die Rechtsquellenqualität der Fußnote unklar ist und die Umsetzung der Fußnote in nationales Recht zum Teil erhebliche gesetzgebungstechnische Schwierigkeiten hervorruft.

Schon aus der Konzeption als Modellgesetz folgt, dass generell keine Verpflichtung zur Übernahme durch die einzelnen Staaten besteht. Dies gilt dann erst recht für die einzelnen Vorschriften und ihren jeweiligen Wortlaut, selbst wenn eine möglichst unverän-

---

70 *VAN DEN BERG*, The New York Convention of 1958: Towards a Uniform Judicial Interpretation (Deventer 1981) 53 f.; UN Doc. A/CN.9/168, para. 11; UN Doc. A/CN.9/216, para. 19.

71 Vgl.: UN Doc. A/CN.9/216, para. 19; UN Doc. A/CN.9/232, para. 32.

72 UN Doc. A/CN.9/233, para. 56; UN Doc. A/CN.9/246, para. 159; UN Doc. A/CN.9/SR.306, paras. 1-43; kritisch: *SZURSKI*, Arbitration Agreement and Competence of the Arbitral Tribunal, in: *SANDERS* (Hrsg.), UNCTRAL's Project for a Model Law on International Commercial Arbitration, ICCA Congress Series No. 2 (Deventer 1984) 53 (66) [zukünftig zitiert als: *SZURSKI*, ICCA Congress Series No. 2]; kritisch auch Deutschland, Polen, Schweden und die USA: UN Doc. A/CN.9/263, Art. 1 para. 17.

73 UN Doc. A/CN.9/264, Art. 1 para. 17.

74 *CALAVROS*, 11.

75 *BERGER*, 47; *BÖCKSTIEGEL*, RIW 1984, 670 (676); *GRANZOW*, Das UNCITRAL-Modellgesetz über die internationale Handelsschiedsgerichtsbarkeit von 1985 (München 1988) 62 [zukünftig zitiert als: *GRANZOW*]; *REAL*, UNCITRAL-Modellgesetz über die internationale Handelsschiedsgerichtsbarkeit, ZVglRWiss 89 (1990), 407 (417); anders: *HUßLEIN-STICH*, 9.

76 Vgl. hierzu: *NÖCKER*, Das Recht der Schiedsgerichtsbarkeit in Kanada (Heidelberg 1988) 55 [zukünftig zitiert als: *NÖCKER*].

derte Übernahme wünschenswert ist. Am wenigsten besteht – dem Anschein nach – bei der Fußnote die Verpflichtung zur Übernahme.[77] Die Fußnote gibt den Anschein, als sei sie unverbindlicher, als der Gesetzestext, und so besteht die Gefahr, dass die mühselig gefundene Begriffsbestimmung in der Fußnote gänzlich unbeachtet bleibt. Derartige Fußnoten werden bei der Umsetzung danach selten in nationale Rechtsordnungen übernommen.[78] Soweit ersichtlich, hat kein Staat eben diesen Fußnotenannex übernommen.[79] Die meisten Staaten haben entweder völlig auf eine Begrenzung des Anwendungsbereiches verzichtet[80] oder sie haben die Beschränkung direkt ins Gesetz aufgenommen.[81] Somit ist die Regelung der Definition des Handels in einer Fußnote im Gesamtergebnis unbefriedigend. Dennoch ist sie der Sicherstellung einer einheitlichen und möglichst autonomen Auslegung des Begriffs Handel dienlich.[82] Ein Fortschritt ist die Aufnahme einer Fußnote gegenüber der NYC allemal. Die Autoren des ML dürften hier weniger an die formelle Gesetzeskraft der Fußnote gedacht haben als vielmehr an die Bedeutung der Fußnote bei der Auslegung des durch die jeweiligen Staaten rezipierten ML. Es liegt auf der Hand, dass eine derartige Fußnote große Auswirkungen auf die Auslegung hat.[83]

Folgerichtig ist der Begriff des Handels im Anschluss an die Fußnote weit auszulegen. Bedenken gegen die weite Auslegung können mit dem Argument des Art. 1 Abs. 5 ML zerstreut werden, welcher nach wie vor die Regelung der objektiven Schiedsfähigkeit eines Streitgegenstandes dem nationalen Recht unterstellt. Damit stellt die UNCITRAL klar, dass nicht alle in der Fußnote genannten Materien zwangsläufig dem ML unterliegen.[84]

*§ 6.2.1.3: International (*international*)*

Bereits Art. 1 Abs. 1 ML stellt klar, dass das Model Law nur auf die „internationale" Schiedsgerichtsbarkeit Anwendung findet. Was im Sinne des ML als „international" anzusehen ist, stellen die Absätze 3 und 4 des Art. 1 ML klar, wobei auf verschiedene Anknüpfungspunkte Bezug genommen wird. So wird in Art. 1 Abs. 3 lit. b (ii) ML auf den Gegenstand des Streites (*subject-matter of the dispute*) Bezug genommen, während Art. 1 Abs. 3 lit. c ML den Gegenstand der Schiedsvereinbarung (*subject-matter of the arbitration agreement*) zur Grundlage hat. Vereinfacht ausgedrückt ist demnach ein Schiedsverfahren international, wenn die Schiedsparteien aus unterschiedlichen Staaten

---

77 UN Doc. A/CN.9/264, Art. 1 para. 17; jegliche Bindungswirkung der Fußnote ausschließend: *Calavros*, 11.

78 *Böckstiegel*, RIW 1984, 670 (676).

79 Ebenso: *Jäger*, 46 f.

80 Zum Beispiel: Deutschland, Kanada (Québec), Peru, Hong Kong etc.

81 Zum Beispiel: Nigeria, Russische Föderation, Schottland, Ägypten, Zypern etc.

82 UN Doc. A/CN.9/264, Art. 1 para. 19; *Calavros*, 11; *Hußlein-Stich*, 9.

83 Ebenso: *Calavros*, 12.

84 UN Doc. A/40/17, paras. 22, 29.

kommen, der Schiedsort oder der Vertragsschwerpunkt für die Parteien im Ausland liegt oder die Parteien eine entsprechende Vereinbarung getroffen haben.

§ 6.2.1.3.1: Begrifflichkeit

Die Begriffsbestimmung des Terminus „international" ist von besonderer Bedeutung. Sie ist maßgeblich für die Abgrenzung zum Recht, welches auf interne Schiedsverfahren (also rein nationale Schiedsverfahren) anzuwenden ist. Die Unterscheidung zwischen internationaler und interner Schiedsgerichtsbarkeit ist dabei eines der wichtigsten Probleme im Recht der Schiedsgerichtsbarkeit und wird seit langem diskutiert.[85] Der Begriff „international" lässt sich dabei nur schwer definieren und wird deshalb keineswegs in den verschiedenen Staaten einheitlich beurteilt.[86]

Im Großen und Ganzen sind generell zwei Hauptströmungen bei der Beurteilung der Internationalität zu erkennen. Die eine Tendenz besagt, dass von einem internationalen Verfahren erst zu sprechen ist, wenn das Schiedsverfahren Momente zu mehreren Rechtsordnungen aufweist. Nach dem zweiten Ansatz liegt demgegenüber Internationalität von Schiedsverfahren ferner dann vor, wenn der materielle Verfahrensgegenstand Berührungspunkte zu mehreren Rechtsordnungen aufweist.[87]

§ 6.2.1.3.1.1: Prozessuale Theorie

Ersterer Ansatz wird als „prozessuale Theorie" bezeichnet und stellt hauptsächlich darauf ab, ob das Schiedsverfahren Bezug zu mehreren Rechtsordnungen hat.[88] Hier geht man davon aus, dass sich das Schiedsverfahren in vier Einzelakten oder Stufen entwickelt:

- Schiedsvereinbarung,
- Ernennung der Schiedsrichter oder Bildung des Schiedsgerichts,
- (eigentliches) Schiedsverfahren,
- Schiedsspruch.

Alle Einzelakte sind untereinander durch das Zweck-Mittel-Verhältnis[89] verbunden. Jeder Einzelakt ist Mittel für den darauf folgenden Schritt. Alle gemeinsam werden von derselben Zweckrichtung geprägt, nämlich der Herbeiführung einer Streitentscheidung.

---

85 Vgl. dazu: *SCHLOSSER*, Rn. 27 ff.; *CALAVROS*, Der Begriff des ausländischen Schiedsspruches (Athen-Komotini 1982) 83 ff.

86 *KEUTGEN*, Le droit belge de l'arbitrage, in: *PLANTEY/BÖCKSTIEGEL/BREDOW* (Hrsg.), Festschrift für *OTTOARNDT GLOSSNER* zum 70. Geburtstag (Heidelberg 1994) 165 (176).

87 Vgl.: *CALAVROS*, 15.

88 *DAVID*, Arbitration in international Trade (Deventer 1985) Rn. 183 [zukünftig zitiert als: *DAVID*]; *BERNARD*, L'arbitrage volontaire en droit privé (Brüssel 1937) 407; *CARABIBER*, L'arbitrage international de droit privé (Paris 1960) 92 f.

89 *CALAVROS*, 15.

Damit werden alle Rechtsbeziehungen im Schiedsverfahren durch eben diesen gemeinschaftlichen Zweck zusammengehalten.

Haben alle diese Einzelakte des Schiedsrechtsverhältnisses keine Berührung mit dem Ausland, so bezieht sich das gesamte Schiedsrechtsverhältnis nur auf eine einzige Rechtsordnung und es handelt sich um ein so genanntes „internes Verfahren". Soweit aber nur ein Einzelakt Auslandsberührungen aufweist, bezieht sich das gesamte Verfahren auf mehrere Rechtsordnungen und wird somit zu einem „internationalen Verfahren".

§ 6.2.1.3.1.2: Materielle Theorie

Der zweite Ansatz ist die „materielle Theorie". Nach ihr ist ein Schiedsgerichtsverfahren international, sofern der Gegenstand des Verfahrens in materieller Hinsicht wenigstens mit einer anderen Rechtsordnung Berührungspunkte aufweist.[90] Hier soll bei der Bestimmung der Internationalität der sachliche – also materielle – Streitgegenstand eine Rolle spielen. Internationale Schiedsgerichtsbarkeit läge demnach vor, wenn der sachliche Streitgegenstand Momente mit Bezug zu einer ausländischen Rechtsordnung aufweist. Damit wird das materielle Rechtsverhältnis dem Schiedsrechtsverhältnis gleichgestellt. Dem ist jedoch entgegenzuhalten, dass der Rechtsstreit zwar im materiellen Recht begründet ist, er jedoch im Schiedsverhältnis ausgetragen wird. Der Einfluss des sachlichen Verfahrensgegenstandes auf die Internationalität der Schiedsgerichtsbarkeit erscheint somit wenig einleuchtend.[91] Folgerichtig ist wohl der prozessualen Theorie zu folgen.[92]

§ 6.2.1.3.1.3: Internationale Abkommen

Internationale Abkommen folgen meist keinem dieser beiden Grundtendenzen. Vielmehr gehen sie von praktischen Erwägungen aus und bestimmen ihren Anwendungsbereich teilweise anhand anderer Kriterien.

Beispielhaft seien hier das Genfer Protokoll von 1924 und die NYC von 1958 genannt. Gemäß Art. 1 Abs. 1 des Genfer Protokolls muss ein Schiedsvertrag oder eine Schiedsabrede zwischen Personen abgeschlossen sein, die der Gerichtsbarkeit verschiedener Staaten unterworfen sind. Demgegenüber stellt Art. 1 Abs. 1 NYC klar, dass das Abkommen auf Schiedssprüche anzuwenden ist, die im Hoheitsgebiet eines anderen Staates

---

90 *FOUCHARD*, L'arbitrage Commerciale Internationale (Paris 1965) Rn. 20 ff., 36 ff.; *VON HOFFMANN*, Internationale Handelsschiedsgerichtsbarkeit (Frankfurt am Main 1970) 49 ff. [zukünftig zitiert als: *VON HOFFMANN*]; *FRAGISTAS*, Arbitrage étranger et arbitrage international en droit privé, Rec.crit. 1960, 1 (13); kritisch zu beiden Ansichten: *HUYS/KEUTGEN*, L'arbitrage en droit belge et international (Brüssel 1981) 431 ff.

91 Ebenso: *CALAVROS*, 16; *CALAVROS*, Der Begriff des ausländischen Schiedsspruches (Athen-Komotini 1982) 85 ff.

92 Weitere Ausführungen zur Internationalität würden im Rahmen dieser Arbeit zu weit führen. Insofern sei hier auf die angegebene Sekundärliteratur verwiesen.

ergangen sind als demjenigen, in dem die Anerkennung und Vollstreckung betrieben werden soll.

§ 6.2.1.3.1.4: Model Law

Ebenso hat das ML einen eigenständigen Weg eingeschlagen. Einigkeit bestand von Anfang an, dass nicht – wie in Art. 1 Abs. 1 NYC geschehen – an den Ort des Schiedsspruches angeknüpft werden kann. Aus der Natur der Sache muss die Anwendbarkeit des ML bereits vor Erlass des Schiedsspruches bestimmt werden können. Aus diesem Grund verbot sich eine ausschließliche Anknüpfung an den Ort des Schiedsverfahrens. Dies, zumal der Ort des Schiedsverfahrens häufig noch nicht von Beginn an feststeht. Zudem ist er weit weniger aufschlussreich, nachdem das ML vom Territorialprinzip ausgeht und damit der Schiedsort stets im Inland liegt, wenn das ML auf seinen internationalen Charakter hin geprüft wird.

Vielmehr folgt das ML alten und gewohnten Kriterien zur Bestimmung der Internationalität wie:

- dem Ort der Niederlassung der Parteien in verschiedenen Staaten (Art. 1 Abs. 3 lit. a ML),
- dem Ort des schiedsrichterlichen Verfahrens, der ein anderer ist als der, in dem die Parteien ihre Niederlassung haben (Art. 1 Abs. 3 lit. b [i] ML),
- dem Erfüllungsort oder der Ort der engsten Verbindung des Streitgegenstandes an einem anderen Ort liegt als dem, in dem die Parteien ihre Niederlassung haben (Art. 1 Abs. 3 lit. b [ii] ML) oder
- einer ausdrücklichen Parteivereinbarung, dass der Streitgegenstand Beziehungen zu mehr als einem Land aufweist (Art. 1 Abs. 3 lit. c ML, *opting in*-Klausel).[93]

Damit wurde eine Entscheidung zugunsten einer territorialen Lösung favorisiert, mit dem Vorteil der Klarheit. Vermisst wird dennoch ein flexibles Kriterium zur Bestimmung der Internationalität. Gegenüber dem EuÜ und dessen hoher Flexibilität bedeutet das ML unter diesem Gesichtspunkt sicherlich einen kleinen Rückschritt. Allerdings muss immer zwischen der Rechtssicherheit und der mit flexibleren Lösungen verbundenen Unsicherheiten abgewogen werden. Eine der flexibelsten Lösungen auf diesem Gebiet ist sicherlich die des französischen Rechts. Die UNCITRAL hat sich bewusst gegen das Abgrenzungskriterium des französischen Dekrets von 1981 „*intérêts du commerce international*" aus Art. 1492 franzNCPC (materielles Kriterium) entschieden. Die widersprüchlichen Entscheidungen, die diese Vorschrift hervorgebracht hat, verdeutlichen die Unsicherheiten, die mit dieser Begrifflichkeit zusammen hängen.[94] Auf der anderen Seite der Skala

93 Näher zu den Kriterien des ML: *CALAVROS*, 18 ff.

94 Näher hierzu später beim französischen Recht.

steht die Regelung des schweizerischen Rechts, welche als zu rigide angesehen werden kann und den Anwendungsbereich des Gesetzes zu sehr einschränkt.[95]

§ 6.2.1.3.1.4.1: Ort der Niederlassung

Wichtigstes Kriterium für die Internationalität im Sinne des ML ist, dass der Ort der Niederlassung (*place of arbitration*) der Parteien sich in zwei verschiedenen Staaten befindet (Art. 1 Abs. 3 lit. a ML). Dieses Kriterium wurde dem Genfer Europäischen Übereinkommen über die internationale Handelsschiedsgerichtsbarkeit von 1961 (Art. I Abs. 1 lit. a a.E. EuÜ) und dem UN-Kaufrechtsübereinkommen von 1980 (Art. 1 Abs. 1 CISG) nachgebildet.[96] Dabei wird in Art. 1 Abs. 3 lit. a ML weder auf den Firmensitz oder den Ort der Handelsregistereintragung oder die Nationalität abgestellt, sondern vielmehr auf den tatsächlichen Ort der Niederlassung.[97] Streitig war allerdings, auf welche Niederlassung es ankommen sollte, sofern eine Partei mehrere Niederlassungen hatte. Die USA und Schweden sprachen sich dabei für die Formulierung „*principal place of business*" und somit für den Sitz des beherrschenden Unternehmens, des Mutterkonzerns oder der Konzernzentrale aus. In der Arbeitsgruppe setzte sich jedoch ein Abstellen auf die „engste Beziehung" zur Schiedsvereinbarung (*closest relationship to the arbitration agreement*) durch (Art. 1 Abs. 4 lit. a ML). Dies geschah vor allem in Anlehnung an Art. 10 lit. a CISG. Daraus folgt, dass ein durch eine inländische Tochter handelndes Unternehmen sich nicht auf den Sitz einer ausländischen Tochter oder des Mutterkonzerns (d.h. seiner Hauptverwaltung) berufen kann. Eine derartige Regelung harmonisiert wohl am besten mit dem CISG und dürfte am ehesten dem typischen Parteiwillen entsprechen.[98] Hat eine Partei keine Niederlassung – was bei gleichzeitiger Erfüllung des Merkmals Handel nur äußerst selten der Fall sein dürfte – tritt an die Stelle des Geschäftssitzes ihr gewöhnlicher Aufenthaltsort (Art. 1 Abs. 4 lit. b ML).[99]

§ 6.2.1.3.1.4.2: Verfahrensort

Ein weiteres objektives Kriterium ist in Art. 1 Abs. 3 lit. b (i) ML enthalten. Hiernach ist das schiedsrichterliche Verfahren als „international" zu qualifizieren, wenn der Ort des schiedsrichterlichen Verfahrens außerhalb des Staates liegt, in dem die Parteien ihre Niederlassung haben. Folglich genügt bereits ein ausländischer Schiedsort, um ein Verfahren zu „internationalisieren". Hierbei ging man bewusst über den im CISG enthaltenen Anknüpfungspunkt hinaus.[100] Dadurch sollen daneben Fälle erfasst werden, in welchem zwei

---

95 Näher hierzu später beim schweizerischen Recht.
96 UN Doc. A/CN.9/233, para. 59.
97 Hier konnte ein schneller Konsens erzielt werden: A/CN.9/264, Art. 1 para. 24.
98 UN Doc. A/CN.9/233, para. 59; zustimmend: GRANZOW, 64.
99 Vgl. auch: Art. 10 lit. b CISG.
100 UN Doc. A/CN.9/245, para. 165, 168.

Inländer über ihre Beziehungen im Ausland kontrahieren, z.B. ein Hersteller räumt einem Vertreter in einem anderen Land ein Alleinvertriebsrecht ein oder den Fall, dass zwei inländische Firmen streiten, wobei mindestens eine der Firmen von einer ausländischen Muttergesellschaft beherrscht wird.

§ 6.2.1.3.1.4.3: Exkurs: Ort des schiedsrichterlichen Verfahrens

Die Frage nach dem „Ort des schiedsrichterlichen Verfahrens" ist die nach dem „Sitz des Schiedsgerichts". Das ML selbst regelt dabei den Ort des schiedsrichterlichen Verfahrens in Art. 20 ML.

Der Sitz des Schiedsgerichts im Sinne des Art. 20 Abs. 1 ML ist nicht als tatsächlicher, örtlicher Schwerpunkt zu verstehen.[101] Vielmehr ist er als so genanntes bloßes „formales Legaldomizil" anzusehen.[102] Zweck der Sitzfestlegung ist die territoriale Anbindung des Verfahrens an ein nationales (Schieds-)Verfahrensrecht, ohne Schiedsrichter oder Parteien an diesen Ort zu binden.[103] Dies beschreibt *BERGER* als den „Nexus" des Schiedsverfahrens.[104]

Weder die Parteien noch der Streitgegenstand müssen dabei einen sachlichen oder rechtlichen Bezug zum Sitzland aufweisen.[105]

Dieser liberalen Einstellung folgend können nicht nur einzelne Verfahrensteile im Ausland abgehalten werden,[106] sondern vielmehr das gesamte Verfahren mitsamt seinen

---

101 *MANN*, Zur Nationalität des Schiedsspruches, in: *JAGENBURG* (Hrsg.), Festschrift für *WALTER OPPENHOFF* zum 80. Geburtstag (München 1985) 214 (224); *CALAVROS*, 109.

102 *BLESSING*, Das neue Internationale Schiedsrecht der Schweiz – Ein Fortschritt oder ein Rückschritt, in: *BÖCKSTIEGEL* (Hrsg.), Die Internationale Handelsschiedsgerichtsbarkeit in der Schweiz II (Köln 1989) 13 (30) [zukünftig zitiert als: *BLESSING*, Schweiz II]; *REYMOND*, La Nouvelle Loi Suisse Et Le Droit de L'Arbitrage International – Réflexions De Droit Comparé, Rev.Arb. 1989, 385 (391); *BÜHLER*, Das neue niederländische Gesetz für Schiedsgerichtsbarkeit, RIW 1987, 901 (903); *BERGER*, Das neue deutsche Schiedsverfahrensrecht, DZWiR 1998, 45 (47); grundlegend: *PANCHAUD*, Le Siège De L'Arbitrage International de Droit Privé, Rev.Arb. 1966, 2 (8 ff.); *VAN DEN BERG/VAN DELDEN/SNIJDER*, Arbitragerecht (Zwolle 1988) 61; *VAN DEN BERG*, An de Balie van het Schiedsgerecht, TvA 1984, 171 (192).

103 *BÜHLER*, Das neue niederländische Gesetz für Schiedsgerichtsbarkeit, RIW 1987, 901 (903); *BUCHER*, Rn. 42.

104 *BERGER*, 76.

105 *VOGEL*, Grundriss des Zivilprozessrechts (Bern 1984) 298; *BERGER*, 76 f.; *LALIVE/POUDRET/REYMOND*, Le droit De L'Arbitrage Interne Et International En Suisse (Lausanne 1989) Art. 176 Rn. 7 [zukünftig zitiert als: *LALIVE/POUDRET/REYMOND*, Art.]; *BUCHER*, Die Schweiz als traditioneller Sitzort internationaler Schiedsgerichte, in: *BÖCKSTIEGEL* (Hrsg.), Die internationale Schiedsgerichtsbarkeit der Schweiz II (Köln 1989) 119 (122).

106 *BLESSING*, Schweiz II, 13 (30); *LALIVE/GAILLARD*, Le nouveau droit de l'arbitrage international en Suisse, 116 (1989) JDI (Clunet) 905 (913); *BUCHER*, Zur Lokalisierung internationaler Schiedsgerichte in der Schweiz, in: *FORSTMOSER* (Hrsg.), Festschrift für *MAX KELLER* zum 65. Geburtstag (Zürich 1989) 565 (566); *HUßLEIN-STICH*, 112 f.; *VAN DEN BERG/VAN DELDEN/SNIJDERS*, Arbitragerecht (Zwolle 1988) 61.

mündlichen Verhandlungen, der Beweisaufnahme, den Beratungen, der Unterzeichnung des Schiedsspruches etc. (vgl. Art. 20 Abs. 2 ML).[107] Der Grundsatz der zwingenden Einheit von Erlass- und Schiedsort (vgl. Art. 31 Abs. 3 ML) soll bereits dadurch gewahrt werden, dass die Schiedsrichter im Schiedsspruch als Erlassort den Schiedsort (Sitz des Schiedsgerichts) angeben, ohne dass sie an diesem anwesend sein müssen.[108] Das Einheitsprinzip wird vom ML zusätzlich dadurch abgesichert, indem der Schiedsspruch „kraft Gesetzes" als an dem von ihm benannten Ort als erlassen „gilt" (Art. 31 Abs. 3 2. HS ML).

Der Sitz des Schiedsgerichts wird in erster Linie durch Parteivereinbarung festgelegt (Art. 20 Abs. 1 S. 1 ML). Diese Sitzfestlegung hat in der Praxis herausragende Bedeutung und erfolgt in ca. 80% der Schiedsverfahren.[109] Das Sitzbestimmungsrecht besteht – entgegen der zu den *UNCITRAL ArbRules* herrschenden Meinung[110] – während des Verfahrens fort. Nur auf diese Weise wird man der Bedeutung der Parteiautonomie in diesem Bereich der Schiedsgerichtsbarkeit gerecht.[111] Im Hinblick auf die Funktion des Sitzes, z.B. den zuständigen Richter für verfahrensbegleitende Unterstützungsmaßnahmen oder das Aufhebungsverfahren zu bestimmen, sollte die Sitzfestlegung möglichst über eine konkrete Ortsbezeichnung (oder Kantonsbezeichnung)[112] erfolgen. Die Sitzfestlegung kann dabei konkludent durch Vornahme wesentlicher Verfahrensteile im betreffenden Land erfolgen.[113]

Des Weiteren kommt eine Sitzfestlegung durch eine von den Parteien benannte Schiedsgerichtsinstitution (Art. 20 Nr. 1 S. 1 i.V.m. Art. 2 lit. d ML), einen sonstigen Dritten oder durch das Schiedsgericht selbst in Betracht (Art. 20 Nr. 1 S. 1 und 2 ML). Einigt man sich auf ein institutionelles Schiedsgericht, kann hierin eine Sitzwahl liegen, sofern dieses kraft Reglement oder Übung einen festen Sitz hat.[114] Haben sich die Parteien zwar darauf geeinigt, sich der Schiedsgerichtsbarkeit als Streitschlichtungsmechanismus zu unterwerfen, einen Sitz jedoch nicht bestimmt, wird diese Aufgabe vom Schiedsgericht übernommen (Art. 20 Nr. 1 S. 2 ML). Erfolgt die Sitzfestlegung erst durch das Schiedsgericht, so hat sich dieses insbesondere an der effektiven Vollstreckbarkeit des

---

107 Vgl.: *BERGER*, 76 ff. m.w.N.; vgl. für die Einnahme einer streng formalistischen Position auch: *HISCOX V. OUTHWAITE* [1991] 3 All ER 641 ff.

108 *REDFERN/HUNTER*, 70; *BLESSING*, Schweiz II, 13 (30); *BERGER*, 77.

109 Vgl.: *REINER*, ICC Schiedsgerichtsbarkeit – Ein Handbuch für die Praxis (Wien 1989) 143 Fn. 316; *BERGER*, 79 f.

110 *SANDERS*, Commentary on UNCITRAL Arbitration Rules, II (1977) YCA 172 (194); *RAUH*, Die Schieds- und Schlichtungsordnung der UNCITRAL (Köln 1983) 78.

111 *HUßLEIN-STICH*, 111; *GRANZOW*, 148; *BERGER*, 80; a.A.: *CALAVROS*, 107.

112 *WENGER*, Die internationale Schiedsgerichtsbarkeit, Bas.Jur.Mitt. 1989, 337 (341); *BLESSING*, Schweiz II, 13 (29 f.).

113 *LALIVE/POUDRET/REYMOND*, Art. 176 Rn. 11; *PANCHAUD*, Le Siège De L'Arbitrage International de Droit Privé, Rev.Arb. 1966, 2 (12).

114 *RÜEDE/HADENFELD*, Schweizerisches Schiedsgerichtsrecht² (Zürich 1993) 101 [zukünftig zitiert als: *RÜEDE/HADENFELD*]; *PANCHAUD*, Le Siège De L'Arbitrage International de Droit Privé, Rev.Arb. 1966, 2 (12).

Schiedsspruches zu orientieren.[115] In derartigen Fällen wird man annehmen müssen, dass die Parteien zumindest in der ersten Phase des Verfahrens mit einem (vorläufigen) Sitz in irgendeinem Land der Welt einverstanden sind.[116] Diese von der Kommission gefundene Lösung ist insofern akzeptabel, als dass die Parteien nicht an diese Sitzbestimmung durch das Schiedsgericht gebunden sind. Vielmehr können die Parteien – bis zur Beendigung des Verfahrens – diesen Sitz kraft Parteivereinbarung und mit Unterstützung des Schiedsgerichts an einen anderen Sitz verlegen. Zu beachten ist hier jedoch, dass die (damaligen) Schiedsverfahrensgesetze dann mangels territorialer Anbindung (meist) nicht mehr anwendbar sind. Machen die Parteien von dieser Befugnis Gebrauch, kommt das dort geltende Schiedsverfahrensrecht nicht etwa rückwirkend, d.h. von der Unterzeichnung der Schiedsabrede an zur Anwendung, sondern vielmehr erst ab Sitzverlegung.[117] Eine andere Vorgehensweise könnte zur Folge haben, dass bereits erfolgte rechtmäßige Verfahrenshandlungen mit dem Recht des neuen Sitzlandes unvereinbar sind und damit obsolet würden. Im Interesse einer effektiven Verfahrensgestaltung sollten diese Verfahrenshandlungen als endgültig wirksam angesehen werden.[118]

§ 6.2.1.3.1.4.4: Erfüllungsort oder Ort der engsten Verbindung

Art. 1 Abs. 3 lit. b (ii) ML bietet keine erheblichen Auslegungsschwierigkeiten. Sofern der Ort, an dem ein wesentlicher Teil der Vertragspflichten zu erfüllen ist, außerhalb des Staates der gemeinsamen Niederlassung der Parteien liegt, ist eine Internationalität im Sinne des ML zu bejahen. Dieser „Haupterfüllungsort" wird sich in der Regel eindeutig aus dem zwischen den Parteien geschlossenen, materiellrechtlichen Vertrag ergeben.[119] Schwieriger ist jedoch die Auslegung der zweiten Alternative. Hiernach liegt Internationalität vor, sofern der Ort, mit dem der Streitgegenstand die engste Verbindung aufweist, außerhalb des Staates der gemeinsamen Niederlassung liegt. Mit dem Streitgegenstand (*subjekt-matter of the dispute*) ist hier die Sache, das Recht oder Rechtsverhältnis gemeint, worauf sich die vom Kläger geltend gemachte Rechtsfolge bezieht.[120]

§ 6.2.1.3.1.4.5: Parteivereinbarung / opting in

Um jedoch den Anwendungsbereich des ML nicht zu eng zu gestalten, bestand Einigkeit darüber, dass der Geschäftssitz nicht das ausschließliche Kriterium bleiben dürfe.[121]

115 Vgl. für die UNCITRAL-SchO: *SANDERS*, Commentary on UNCITRAL Arbitration Rules, II (1977) YCA 172 (194).

116 *SAMUEL*, Jurisdictional Problems in International Commercial Arbitration – A Study of Belgian, Dutch, English, French, Swedish, U.S. and West German Law (Zürich 1989) 298.

117 *BERGER*, 85; a.A. „schwebende Unwirksamkeit": *CALAVROS*, 29.

118 *BERGER*, 85.

119 *CALAVROS*, 21; sich anschließend: *HUßLEIN-STICH*, 16.

120 *CALAVROS*, 21 f.

121 UN Doc. A/CN.9/233, para. 57; anders noch: A/CN.9/232, para. 34.

Vielmehr sollten inländischen Parteien die Anwendbarkeit des ML für internationale Sachverhalte auch außerhalb eines objektiven Kriteriums eröffnet werden.[122] Die Arbeitsgruppe schwankte zwischen einer Parteivereinbarung[123] und einer Generalklausel[124]. Die Generalklausel sollte dabei in etwa der des französischen Rechts entsprechen (Art. 1492 franzNCPC).[125] Gegen eine derartige Generalklausel spricht jedoch die Rezeption durch viele Staaten unterschiedlichster Rechtskreise und Rechtstraditionen, in denen sich eine sehr differenzierte Auslegung der Generalklausel hätte herausbilden können. Dies, zumal staatliche Gerichte – aus der Natur der Sache – eher dazu tendieren, anhand der eigenen *lex fori* und nicht autonom auszulegen. Folgerichtig entschied man sich für den erst genannten Weg. Nun stehen objektive Kriterien und die Parteivereinbarung alternativ nebeneinander und können ein Schiedsverfahren „international" gestalten. Ergo reicht es gemäß Art. 1 Abs. 3 lit. c ML aus, dass die Parteien vereinbart haben, dass der Gegenstand der Schiedsvereinbarung Berührungspunkte zu mehr als einem Land aufweist. Selbst wenn hier nicht die weite Generalklausel gewählt wurde, stößt dieser Weg auf Bedenken. So kann man die gewährte Parteiautonomie an dieser Stelle als unerwünschte Umgehung des für inländische Verfahren geltenden Rechts ansehen. Um diesen Bedenken zu begegnen, wurde – auf Vorschlag der Sowjetunion – gleichzeitig Art. 1 Abs. 5 ML eingefügt, so dass zumindest eine Begrenzung der Schiedsfähigkeit nicht mittels einer Wahl des ML umgangen werden kann.[126] Art. 1 Abs. 3 lit. c ML ist insofern ungewöhnlich, als dass er sich – mittels Parteivereinbarung – über tatsächliche Gegebenheiten hinwegsetzen kann. Damit wurde entgegen dem Widerstand vieler Länder eine sachlich uneingeschränkte *opting in* Klausel aufgenommen.[127]

Durch diese *opting in*-Klausel ist es möglich, einerseits den ausdrücklichen Willen des Gesetzgebers zu ignorieren, dass unterschiedliche Verfahrensrechte auf nationale wie internationale Verfahren anzuwenden sind und andererseits können die Parteien durch eben diese *opting in*-Klausel die Anwendung eines unliebsamen nationalen Rechts umgehen.[128] Diese Konsequenzen des ML sind von der UNCITRAL bewusst in Kauf genommen worden, zugunsten einer klaren Abgrenzung.[129]

---

122 UN Doc. A/CN.9/233, para. 58.

123 A/CN.9/245, paras. 160, 166.

124 A/CN.9/245, para. 167; UN Doc. A/CN.9/SR.307, paras. 12-51.

125 UN Doc. A/CN.9/246, para. 162.

126 Vgl.: UN Doc. A/CN.9/SR.307, para. 32.

127 UN Doc. A/40/17, para. 31; UN Doc. A/CN.9/SR.307, para. 31; UN Doc. A/CN.9/XVIII/ CRP.5; UN Doc. A/CN.9/SR.319, paras. 45, 49, 51, 55.

128 *Holtzmann/Neuhaus*, A Guide to the UNCITRAL Model Law on International Commercial Arbitration (Deventer 1989) 32 [zukünftig zitiert als: *Holtzmann/Neuhaus*]; *Jäger*, 42.

129 Zur Kritik an der *opting in*-Klausel: *Jäger*, 42 f. m.w.N.

§ 6.2.1.3.2: Exkurs: Notwendigkeit des Kriteriums der Internationalität

Die Anwendung des ML nur auf internationale Verfahren ist nicht zwingend, vielmehr ist seine Anwendbarkeit desgleichen für interne Verfahren geeignet, gerade zumal ohnehin seit jeher eine liberale gesetzliche Regelung nationaler Schiedsverfahren besteht.[130] Konsens bestand von Anfang an darüber, dass jeder Staat selber entscheiden sollte, ob er das ML für die Regelung des nationalen Verfahrens übernimmt.[131] Die Beschränkung des ML auf internationale Verfahren hat ihren Hintergrund hauptsächlich in der angestrebten höchst möglichen internationalen Akzeptanz.

Generell sind zwei Ansätze denkbar: Zum einen derjenige Ansatz, dass ein Staat ein einheitliches Gesetz verabschiedet, welches auf interne wie internationale Verfahren anwendbar ist, der so genannte „monistische Ansatz".[132] Die andere Variante ist die, dass Staaten für ihr internes Schiedsverfahren ein Schiedsverfahrensgesetz verabschieden und für das internationale Verfahren ein Spezialgesetz implementieren, so genannter „spezieller Ansatz" oder „dualistischer Ansatz".[133]

§ 6.2.1.3.2.1: Monistischer Ansatz

Nach dem Vorbild der Niederlande (welches kein ML rezipierendes Land ist) folgen einige Staaten dem monistischen Ansatz und wenden ihr Schiedsverfahrensrecht auf interne wie internationale Verfahren an.

Ein solcher Ansatz birgt allerhand Vorteile. Wie schon angeführt, lässt sich der Begriff „international" nur schwer definieren und wird keinesfalls in den diversen Rechtskreisen einheitlich beurteilt.[134] Aus diesem Grund können Abgrenzungsprobleme und dadurch Rechtsunsicherheiten entstehen.[135]

Im Rahmen der Ausarbeitung des ML wurden von deutscher Seite Bedenken gegen eine Beschränkung auf internationale Schiedsverfahren vorgebracht. Vielmehr sei eine einheitliche Regelung auf nationale wie internationale Verfahren erstrebenswert. Der

---

130 Vgl. für das deutsche Recht: *BERGER*, Entstehungsgeschichte und Leitlinien des neuen deutschen Schiedsverfahrensrechts, in: *BERGER* (Hrsg.), Das neue Recht der Schiedsgerichtsbarkeit (Köln 1998) 1 (19).

131 Vgl.: UN Doc. A/34/17, para. 79 a.E.; UN Doc. A/CN.9/264, para. 11 a.E.; *HOLTZMANN/NEUHAUS*, 40.

132 Diesem folgen z.B.: Deutschland, die Niederlande, Bulgarien, Kanada (auf Bundesebene und in Québec), Ägypten, Mexiko, Finnland, Spanien, Belgien, Schweden, Schottland, Österreich usw.; vgl.: *WINKLER/WEINAND*, Deutsches internationales Schiedsverfahrensrecht, BB 1998, 597 (598 Fn. 18); *BERGER*, Entstehungsgeschichte und Leitlinien des neuen deutschen Schiedsverfahrensrechts, in: *BERGER* (Hrsg.), Das neue Recht der Schiedsgerichtsbarkeit (Köln 1998) 1 (19).

133 Diesem folgen z.B.: Frankreich, Schweiz, Italien, Portugal, Tunesien, Peru usw.

134 Vgl.: *KEUTGEN*, Le droit belge de l'arbitrage, in: *PLANTEY/BÖCKSTIEGEL/BREDOW* (Hrsg.), Festschrift für *OTTOARNDT GLOSSNER* zum 70. Geburtstag (Heidelberg 1994) 165 (176).

135 So z.B.: Supreme Court of Hong Kong, 29.10.1991, XVII (1992) YCA 289 ff.

deutsche Gesetzgeber hat die Unterscheidung zwischen den internen und internationalen Schiedsverfahren anhand des ML kritisch analysiert und die verschiedenen Einzelfälle geprüft. Im Ergebnis kam er dazu, dass sich eine Differenzierung in interne und internationale Schiedsverfahren keinesfalls empfiehlt.[136] Die wenigen Regelungen, in denen Sonderregelungen für ein internationales Verfahren von Nöten sind, rechtfertigen noch keine Unterscheidung. Die Punkte, welche Sonderregelungen für internationale Verfahren beanspruchen, wären insbesondere die Regelung:

- der Verfahrenssprache,
- des anwendbaren Rechts und
- der Unterstützungsleistungen nationaler Gerichte für ausländische Verfahren.[137]

Sollte dem dualistischen Ansatz gefolgt werden, könnten es unter Umständen Lücken im Bereich des internationalen Verfahrens erforderlich machen, Rückgriff auf internes Schiedsverfahrensrecht zu nehmen.[138] Im Ergebnis würde man sich dann doch wieder – entgegen der ursprünglichen Absicht – einem Einheitsgesetz annähern. Außerdem würde es ausländischen Parteien bei einer solchen Lückenschließung über internes Schiedsverfahrensrecht erheblich erschwert werden, sich ein einheitliches Bild über die Rechtsanwendung zu machen.[139]

Der Ruf nach einer „rechtlichen Sonderstellung" der internationalen Schiedsgerichtsbarkeit hat einen „recht vordergründigen Anlass"[140]. In den Ländern, in denen der klassische Gesetzgeber gegenüber der Schiedsgerichtsbarkeit von einigem Misstrauen erfüllt war und geblieben ist, konnte man den Gesetzgeber nur zu Reformen motivieren, wenn man an die Attraktivität der Schiedsgerichtsbarkeit als „Dienstleistungsexport" des eigenen Landes appelliert.[141] Es handelt sich hier folgerichtig weniger um ein sachliches Problem als vielmehr um ein rechtspolitisches Problem, ob der Weg über den monistischen Ansatz beschritten werden soll. Verbraucherschutz sowie nationale Besonderheiten lassen sich ebenso in ein einheitliches Gesetz für interne wie internationale Schiedsverfahren einflechten.[142]

Soweit die Übernahme des ML für das nationale Verfahren nur wenige Sonderregelungen erfordert, so dass der dualistische Ansatz quasi zu einer Duplizität der Regelungen mit nur wenigen Abweichungen führt, würde dieser mit seinem notwendigerweise hohen

---

136 *SCHLOSSER*, Bald neues Recht der Schiedsgerichtsbarkeit in Deutschland?, RIW 1994, 723 (723).

137 *SCHLOSSER*, RIW 1994, 723 (723).

138 *SANDERS*, Unity and Diversity in the Adoption of the Model Law, 11 (1995) AI 1 (6).

139 Vgl. zur Problematik der Unübersichtlichkeit des Schiedsverfahrensrechts, welches auf *case law* beruht, die Kritik am alten deutschen Schiedsverfahrensrecht, welches sich zwar auf einem durchaus modernen Stand befand, sich aber nur dem ausgewiesenen Experten erschloss.

140 *SCHLOSSER*, RIW 1994, 723 (723).

141 *SCHLOSSER*, RIW 1994, 723 (723).

142 Vgl. hierzu die Ausführungen zum deutschen Recht.

Regelungsaufwand zur Abgrenzung nationaler von internationalen Verfahren nicht rechtfertigen.[143] Eine parallele Geltung zweier nahezu inhaltsgleicher Normengefüge wäre weder unter „gesetzesästhetischen" Gesichtspunkten noch unter dem Aspekt des Regelungsaufwandes eine vorzeigbare Lösung.[144] Die Geltung zweier in Struktur, Umfang und Terminologie stark voneinander abweichender Regelungswerke auf der anderen Seite würde zwangsläufig zahlreiche Zweifelsfragen bezüglich ihrer gegenseitigen Beeinflussung aufwerfen. Divergenzen wären hier meist weniger sachlicher als vielmehr förmlicher Art.[145] Die Nachteile einer solchen Normenduplizität haben die Verfasser des ML gesehen. Für sie war jedoch der Gesichtspunkt von übergeordneter Bedeutung, dass der Versuch, nationale Besonderheiten in das ML zu inkorporieren, zu dessen Verwässerung und damit zu einer Beeinträchtigung des Harmonisierungseffekts führen würde.[146]

§ 6.2.1.3.2.2: Spezieller / dualistischer Ansatz

Gegen ein Einheitsgesetz und für den dualistischen Ansatz lassen sich ebenfalls einige, wenige Punkte anführen. So ist es durchaus so, dass viele Staaten ein Sondergesetz für grenzüberschreitende Schiedsverfahren eingeführt haben, welches nur mit relativ wenigen Vorschriften auskommt.

Sich darauf zu stützen, dass andere Staaten ebenfalls dem dualistischen Ansatz folgen, ersetzt jedoch nicht die erforderliche Argumentation. Vielmehr wird angeführt, dass international agierende Kaufleute andere Verfahrensinteressen haben sollen, als rein binnenländisch agierende Kaufleute. Sie sollen einer besonders liberalen Regelung bedürfen. So soll die internationale Schiedsgerichtsbarkeit gänzlich von nationalen Besonderheiten befreit werden.[147] Vor allem im Rahmen der schweizerischen Reform des internationalen Schiedsverfahrensrechts wurde herausgestellt, dass gerade die internationalen Verfahren schneller, diskreter und kostengünstiger Streiterledigungsmechanismen bedürfen.[148] Dies sind jedoch genau die Punkte, die ebenso für nationale Verfahren gelten sollten und gerade mit zu den entscheidensten Vorteilen von Schiedsverfahren zählen, unabhängig davon, ob sie nun intern oder international sind.

---

143 *BERGER*, Entstehungsgeschichte und Leitlinien des neuen deutschen Schiedsverfahrensrechts, in: *BERGER* (Hrsg.), Das neue Recht der Schiedsgerichtsbarkeit (Köln 1998) 1 (20).

144 *SCHUMACHER*, Fragen zum Anwendungsbereich des künftigen deutschen Schiedsverfahrensrecht, in: *PLANTEY* (Hrsg.), Festschrift für *OTTOARNDT GLOSSNER* zum 70. Geburtstag (Heidelberg 1994) 341 (344).

145 *SCHUMACHER*, FS *GLOSSNER*, 341 (344).

146 Vgl.: *HOLTZMANN/NEUHAUS*, 67.

147 *GEIMER*, Internationales Zivilprozeßrecht[4] (Köln 2001) Rn. 3777.

148 BGE 108 Ia 197 (201); 109 Ia 81 (83); *HAAS*, Die Anerkennung und Vollstreckung internationaler Schiedssprüche (Berlin 1991) 33 Fn. 35.

Dennoch müssen Regelungen, die für das internationale Verfahren angemessen erscheinen, nicht immer für das nationale Verfahren sinnvoll sein.[149] Dies hängt vor allem mit dem großen Maß an Parteiautonomie und Liberalität zusammen, welche internationale Schiedsverfahrensrechte gewähren und welche einigen Staaten im nationalen Recht zu weit gehen könnte. Dies könnte im Einzelfall beim monistischen Ansatz dazu führen, dass die Rechtsprechung die Schiedsverfahrensregeln für nationale Verfahren durch ihre Jurisdiktion korrigieren und anpassen müsste. Diese Kritik erübrigt sich in jenen Staaten mit einer ohnehin – auch für interne Verfahren – traditionell sehr liberalen und auf Parteiautonomie bedachten Regelung.[150]

Für eine Übernahme als Sondergesetz spricht vor allem die Benutzerfreundlichkeit. Jedes Land könnte das ML unverändert übernehmen, ohne nationale Besonderheiten einarbeiten zu müssen, womit eine größtmögliche Rechtsvereinheitlichung gewährleistet wäre. Zudem hätte der ausländische Nutzer des Schiedsverfahrensrechts keine Probleme, die einzelnen Regelungen wieder zu erkennen und so sein eigenes Wissen aus seinem nationalen Recht zum ML direkt zu übertragen und mehr oder weniger uneingeschränkt anzuwenden.

Hiergegen spricht jedoch die Rechtswirklichkeit. Von der Vielzahl der Staaten, die das ML übernommen haben, sind nur wenige dem ML wortgetreu gefolgt, sondern haben es mit mehr oder weniger Änderungen übernommen.[151]

Abschließend lässt sich jedoch sagen, dass wohl ein Trend aufgekommen ist, dem monistischen Ansatz zu folgen.[152] Hierdurch werden die hier geschilderten Abgrenzungsprobleme vermieden und das Problem des *opting in* stellt sich in einem solchen Fall nicht. Die Gefahr, dass der gewünschte Harmonisierungseffekt durch die Anpassung an das nationale Verfahren nicht eintritt, besteht zwar, diese ist aber ohnehin durch die Konzeption als Modellgesetz gegeben. Erkennbar ist, dass viele Staaten das ML ohnehin nicht unverändert übernehmen und vor allem die Punkte, die beim ML kritisiert werden, auszuräumen versuchen.[153]

---

149 Kritik am monistischen Ansatz für das deutsche Recht bei: *BERGER*, International Economic Arbitration (Berlin 1993) 528 ff. [zukünftig zitiert als: *BERGER*, IEA].

150 Für das deutsche Recht vgl.: *BERGER*, Entstehungsgeschichte und Leitlinien des neuen deutschen Schiedsverfahrensrechts, in: *BERGER* (Hrsg.), Das neue Recht der Schiedsgerichtsbarkeit (Köln 1998) 1 (19).

151 Vgl.: *BINDER*, The UNCITRAL Model Law on International Commercial Arbitration: A Commentary and International Comparison of its Adoption (Dissertation Salzburg 1999).

152 Ebenso: *GOTTWALD*, Internationale Schiedsgerichtsbarkeit (Bielefeld 1997) 6; *JÄGER*, 41.

153 Vgl.: *BINDER*, The UNCITRAL Model Law on International Commercial Arbitration: A Commentary and International Comparison of its Adoption (Dissertation Salzburg 1999).

§ 6.2.2: *Territorialer Anwendungsbereich / Anwendbares Verfahrensrecht*

6.2.2.1: *Territorialer Anwendungsbereich*

Dem Art. 1 Abs. 2 ML folgend, bestimmt sich der territoriale Anwendungsbereich des ML mit Ausnahme der Artt. 8, 9, 35 und 36 ML ausschließlich nach dem Schiedsort, d.h. dem „Ort des schiedsrichterlichen Verfahrens" (*place of arbitration*). Es herrscht somit im ML das strikte Territorialprinzip.

Während früher vertreten wurde, dass eine ausdrückliche Bestimmung zum territorialen Anwendungsbereich von Schiedsverfahrensgesetzen unüblich ist,[154] haben sich die Meinungen hierzu deutlich gewandelt. Dies, obwohl auf den ersten Blick dem – in der Schiedsgerichtsbarkeit vorherrschenden – Gedanken der Parteiautonomie anscheinend am besten dadurch gerecht werden würde, wenn man den Parteien eine Wahlfreiheit auf diesem Gebiet zugesteht.

Die Notwendigkeit der territorialen Anbindung des ML ergab sich erst im Laufe der Beratungen.[155] Die Frage kam jedoch erst sehr spät – auf der sechsten Sitzung der Arbeitsgruppe – im Rahmen der Diskussion der Artt. 5 und 6 ML auf. Vorher war man stillschweigend vom Territorialprinzip ausgegangen.[156] Für prozessrechtliche Fragen staatlicher Gerichte gilt der Grundsatz der Anwendung der *lex fori*, d.h. die Gerichte des betreffenden Staates wenden generell ihr eigenes Prozessrecht an. Im Rahmen des materiellen Rechts können über die betreffenden Kollisionsnormen des Staates ebenso Rechtsordnungen aus anderen Hoheitsgebieten einfließen. Der nationale Gesetzgeber hat folglich kein Bedürfnis, sein Prozessrecht territorial anzubinden. Sein Prozessrecht hat er innerhalb des Hoheitsgebiets seines Staates anzuwenden. Ebenso war das Problem der territorialen Anbindung bei den bisherigen Übereinkommen nicht aufgetreten, zumal diese immer nur zwischen den unterzeichnenden und ratifizierenden Vertragsstaaten Geltung erlangten.

Auf Ersuchen des Sekretariats wurde eine gesonderte Studie zu diesem neu aufgeworfenen Problem in Auftrag gegeben und anschließend der Arbeitsgruppe vorgelegt.[157] Ausführlich diskutiert wurde das Problem des territorialen Anwendungsbereichs erst auf der letzten Sitzung der Arbeitsgruppe.

Kernproblem ist zunächst die Bedeutung der territorialen Anbindung. Diese dient der „Erdung"[158] oder „Lokalisierung"[159] der Schiedsgerichtsbarkeit und damit der rechtspoli-

---

154 *MANN*, Internationale Schiedsgerichte und nationale Rechtsordnung, 130 (1968) ZHR 97 (103).

155 Vgl. zur Problematik: UN Doc. A/CN.9/WG.II/W.P.49, paras. 6 ff.

156 UN Doc. A/CN.9/245, paras. 148 f., 191; UN Doc. A/CN.9/246, para. 165.

157 UN Doc. A/CN.9/245, paras. 148, 149 & 191; Studie: UN Doc. A/CN.9/WG.II/WP.49.

158 Frei nach: *RAAPE*, Internationales Privatrecht[5] (Berlin 1961) 557: „Das Schiedsgericht thront nicht über der Erde, es schwebt nicht in der Luft, es muss irgendwo landen, irgendwo erden".

159 *BUCHER*, Zur Lokalisierung internationaler Schiedsgerichte in der Schweiz, in: *FORSTMOSER* (Hrsg.), Festschrift für *MAX KELLER* zum 65. Geburtstag (Zürich 1989) 565 ff.

tischen Regelungsbeschränkung.[160] Das dient der Rechtsklarheit im Sinne der von den Parteien erwünschten Vorhersehbarkeit der anzuwendenden Rechtsordnung[161] und der Festlegung der Zuständigkeit staatlicher Gerichte als „Kontrollinstanz",[162] weshalb die Frage bei der Diskussion des Art. 6 ML an Bedeutung gewann.

Hintergrund der territorialen Anbindung ist die Frage, ob das anwendbare Verfahrensrecht durch Parteivereinbarung (Prinzip der Parteiautonomie) gewählt werden kann oder sich zwingend aus dem Schiedsort ergibt (territoriales Prinzip).[163] Das Territorialprinzip wurde dabei einer parteiautonomen Bestimmung vorgezogen, weil es Klarheit über die anzuwendende Rechtsordnung schafft und so den Anforderungen und Bedürfnissen einer modernen Schiedspraxis gerecht wird. Durch die territoriale Anbindung werden wichtige verfahrensbegleitende Kompetenzen eindeutig zugewiesen, wie etwa die Ernennung oder Ablehnung von Schiedsrichtern sowie die Hilfe bei der Beweisaufnahme etc. Auch wird die Kompetenz der ordentlichen Gerichte für die Zuständigkeit im Aufhebungsverfahren eindeutig verankert.[164] Der überwiegende Teil der Arbeitsgruppe war sich darin einig, dass das Territorialprinzip ausschließlich gelten soll, dies nicht zuletzt wegen der Schwierigkeiten, die bei der Anwendung eines ausländischen Prozessrechts, im Rahmen der Anerkennung und Vollstreckung von Schiedssprüchen, entstehen könnten.[165]

> „Es besteht nämlich die Gefahr, wenn das Schiedsverfahren im Staat A abläuft, aber die Parteien das Recht des Staates B für anwendbar erklärt haben, dass die Gerichte des Staates A ihre Zuständigkeit bejahen und damit ein für sie ausländisches Prozessrecht (das des Staates B) anwenden müssen. Dabei kann es zu unlösbaren Problemen kommen, wenn etwa das Recht des Staates B Rechtsbehelfe kennt, die dem Recht des Staates A völlig unbekannt sind".[166]

Bis 1998 herrschte in Deutschland noch die Verfahrenstheorie oder das Autonomieprinzip vor, welches nach wie vor in Frankreich gilt.[167] Ihr zufolge richtete sich die Nationalität eines Schiedsspruches nach dem Verfahrensrecht, auf dessen Grundlage der Schiedsspruch gefällt wurde.

Trotzdem und offenbar gerade wegen der divergierenden Ansichten zu diesem Thema entschied sich die Arbeitsgruppe zunächst, in das ML keine Regelung zum Anwendungs-

---

160 *FOUCHARD*, La loi-type de la C.N.U.D.C.I. sur l'arbitrage commercial international, 114 (1987) JDI (Clunet) 861 (869).

161 *SCHLOSSER*, Rn. 242.

162 *SZASZ*, Introduction to the Law of UNCITRAL on International Commercial Arbitration, Rass.d'Arb 1984, 5 (20); *GRANZOW*, 58 f.; *CALAVROS*, 25; *REYMOND*, La Nouvelle Loi Suisse Et Le Droit de L'Arbitrage International – Réflexions De Droit Comparé, Rev.Arb. 1989, 385 (391).

163 Ausführlich zu diesem vieldiskutierten Problemkomplex: *BERGER*, 67 ff.

164 *BERGER*, „Sitz des Schiedsgerichts" oder „Sitz des Schiedsverfahrens"?, RIW 1993, 8 (9).

165 UN Doc. A/CN.9/264, Art. 1 paras. 4 ff.; UN Doc. A/CN.9/246, paras. 165 ff.; vgl. auch: *SZÁSZ*, ICCA Congress Series No. 2, 31 (45).

166 *CALAVROS*, 25; vgl. auch: UN Doc. A/CN.9/246, para. 167.

167 BGHZ 21, 365 (367 ff.); BGHZ 96, 40 (41); *DAVID*, Rn. 305.

bereich aufzunehmen.[168] Die Diskussion wurde jedoch erneut aktuell, und nach langer Diskussion wurde eine Regelung zur ausschließlichen Geltung des territorialen Kriteriums beschlossen.[169] Hierbei entschied man sich für ein strenges territoriales Kriterium.[170] Dies ergibt sich zwar nicht direkt aus dem Wortlaut, muss wohl aber aus der Entstehungsgeschichte des Art. 1 Abs. 2 ML folgen.[171] Demnach ist Art. 1 Abs. 2 ML zwingendes Recht.

Das Territorialprinzip stellt dabei nur eine geringe Einschränkung gegenüber der parteiautonomen Bestimmung dar,[172] zumal es den Parteien kraft vertraglicher Verweisung frei steht, ein anderes (Verfahrens-)Recht zu wählen (Art. 19 Abs. 1 ML), wobei nur die wenigen zwingenden Bestimmungen des ML weiterhin anwendbar blieben. Nachdem jedoch diese wenigen, zwingenden Bestimmungen weitgehend denen anderer Rechtsordnung entsprechen, handelt es sich um keine bedeutende Einschränkung.[173]

Das Territorialprinzip hat sich trotz einiger Kritik weitgehend durchgesetzt und gilt heute im überwiegenden Teil der rezipierenden Staaten; darunter ebenfalls jene, die das ML nicht übernommen haben. Nur wenige Staaten weichen dabei von diesem Ansatz ab.[174] So sieht z.B. Frankreich eine parteiautonome Anknüpfung vor, wonach das Verfahren losgelöst von jeglicher nationaler Rechtsordnung stattfinden kann.[175]

Gegen das Territorialprinzip wird vorgebracht, dass die Bestimmung des Schiedsortes oder dem Sitz des Schiedsgerichts aus praktischen Gründen häufig erst zu Beginn des Verfahrens, nach Bestellung der Schiedsrichter, vorgenommen werde, und der Schiedsort sich deshalb nicht als Anknüpfungsmoment zur Bestimmung des anwendbaren Verfahrensrechts eigne, da es bis zu dessen Bestimmung zu einer Verfahrensverzögerung kommen könne.[176] Um dieser Kritik Rechnung zu tragen, sehen einige Rechtsordnungen, wie z.B. das deutsche und das englische Recht, weitere Durchbrechungen des Territorialprinzips in ihren Gesetzen vor. Insbesondere die Kompetenzkonflikte zwischen den Gerichten

---

168 UN Doc. A/CN.9/246, paras. 167 f.

169 UN Doc. A/40/17, paras. 72 ff.; UN Doc. A/CN.9/SR.305-333, paras. 39 ff.

170 UN Doc. A/40/17, para. 80; *Szasz*, ICCA Congress Series No. 2, 31 (45); *Dore*, Arbitration and conciliation under the UNCITRAL Rules: A Textual Analysis (Dordrecht 1986) 92.

171 *Granzow*, 59 Rn. 5.

172 *Granzow*, 59.

173 Siehe auch: Anwendbares Verfahrensrecht.

174 Es gilt nach Art. 1 ÄgyptSchG nicht in Ägypten, vgl.: *Aboul-Enein*, Reflections, on the New Egyptian Law on Arbitration, 11 (1995) AI 75 (76); wohl auch nicht in den Niederlanden, *arg. e. contr.* aus Art. 1037 Abs. 2 niedlZPO; auch in Deutschland galt bis Ende 1997 noch das Verfahrensprinzip.

175 *Lörcher*, Das internationale Handelsschiedsverfahren in Frankreich (Köln 1997) 14 ff. [zukünftig zitiert als: *Lörcher*, Frankreich].

176 *Fouchard*, 114 (1987) JDI (Clunet) 861 (861); *Hußlein-Stich*, 23; diese Kritik wurde im Rahmen des ML zwar erörtert, aber schließlich nicht umgesetzt, vgl.: UN Doc. A/40/17, para. 80.

des Sitzlandes und denen des gewählten Verfahrensrechts können so vermieden werden.[177]

Die Norm des Art. 1 Abs. 2 ML ist als negative Kollisionsnorm konzipiert. D.h., das ML findet immer dann – aber auch nur dann – Anwendung, wenn der Sitz des Verfahrens in einem Staat liegt, der das ML rezipiert hat. *CALAVROS* kritisiert, dass sich das ML hierdurch die Chance auf absolute Verbreitung verbaut habe, da es nur von Staaten angewendet werden könne, die es rezipiert haben.[178] Dem ist jedoch unter anderem entgegenzuhalten, dass es den Parteien unbenommen bleibt, eine dem ML ähnliche Verfahrensordnung zu wählen. Außerdem ist mit *HUßLEIN-STICH* diese Regelung vielmehr als Anreiz für die Staaten zu sehen, das ML zu rezipieren.[179] Dementsprechend sind Gerichte für Schiedsverfahren territorial nicht zuständig, auf die zwar ihr Verfahrensrecht (kraft Verweisung) anzuwenden ist, deren Schiedsort jedoch in einem anderen Land belegen ist.

§ 6.2.2.2: Durchbrechungen des Territorialprinzips

Art. 1 Abs. 2 ML durchbricht das Territorialprinzip durch die Ausnahme der Artt. 8, 9, 35 und 36. Nicht vom territorialen Anwendungsbereich des ML erfasst sind solche Materien, die aus ihrer Natur der Sache einem nationalen Gesetzgeber unterstellt sind, unabhängig, ob das Verfahren im In- oder Ausland stattgefunden hat. Als da wären die Einrede des Schiedsvertrages, wie auch die Beantragung vorsorglicher oder unterstützender gerichtlicher Maßnahmen ordentlicher Gerichte, sowie die gerichtliche Anerkennung und Vollstreckung von Schiedssprüchen. Diese Durchbrechung des Territorialprinzips soll die Anerkennung und Vollstreckung von Schiedssprüchen unabhängig vom Ort des Verfahrens gewährleisten.[180]

§ 6.2.2.3: Opting out

Während der Beratungen zum territorialen Anwendungsbereich des ML haben die Väter des ML *opting in* und *opting out* als ein einheitliches Problem angesehen.[181] *Opting out* behandelt dabei den Fall, dass sich die verfahrensbeteiligten Parteien am Sitz des Schiedsgerichts dem Recht des Schiedsortes entziehen wollen. Einmal mehr ist dies ein Problem der Internationalität. Diese Problematik wird z.B. im schweizerischen Recht aktuell, welches den Parteien die Möglichkeit gibt, anstelle des schweizIPRG das für Binnenstreitigkeiten geltende Konkordat zu vereinbaren. Der Ausschluss des *opting out* wird im ML dadurch bewirkt, dass sich gemäß Art. 34 ML der Staat für die Aufhebung aller Schiedssprüche zuständig erklärt, die in seinem Territorium ergangen sind, selbst wenn

177 *BERGER*, 69.
178 *CALAVROS*, 28.
179 *HUßLEIN-STICH*, 22.
180 UN Doc. A/CN.9/SR.330, para. 15; *GRANZOW*, 60.
181 UN Doc. A/40/17, para. 74.

ein anderes Verfahrensrecht vereinbart wurde. Der Anerkennung einer derartigen Aufhebung stünde allerdings Art. 5 Abs. 1 lit. e NYC entgegen. Hieraus wird deutlich, dass das *opting out* nicht mit voller Wirkung ausgeschlossen werden kann, zumal kein Staat nach der NYC eine Aufhebung anerkennen muss.

§ 6.2.3: Verhältnis zu anderen Rechtsquellen

Sein Verhältnis zu anderen Rechtsquellen regelt das ML in Art. 1 Abs. 1 selbst.

§ 6.2.3.1: Inländisches Recht

Das ML ist *lex specialis* und genießt im Verhältnis zum inländischen Recht vorrangige Anwendung, d.h. es geht anderen Vorschriften über die rein innerstaatliche Gerichtsbarkeit vor.[182] Dies ergibt sich schon aus dem sachlichen Anwendungsbereich des ML. Hieraus folgt ebenso, dass es sich bei dem ML keineswegs um eine abschließende Regelung des Schiedsverfahrensrechts handelt. Ungeregelte, offene Fragen werden weiterhin vom allgemeinen nationalen Schiedsverfahrensrecht des jeweiligen Landes beantwortet (z.B. die nach der objektiven und subjektiven Schiedsfähigkeit, der Vollstreckbarkeit einstweiliger – vom Schiedsgericht angeordneter – Verfügungen, Fragen des Schiedsrichtervertrages etc. pp.).[183]

§ 6.2.3.2: Völkerrecht

Gegenüber völkerrechtlichen Verträgen tritt das ML gemäß Art. 1 Abs. 1 ML zurück und soll insbesondere die NYC und das EuÜ unberührt lassen. Mit der Rezeption des ML wird dieses selbst nationales – also innerstaatliches – Recht. Es soll sich möglichst reibungslos in das bereits bestehende System aus völkerrechtlichen Verträgen einfügen. Die Vorschrift des Art. 1 Abs. 1 ML hat bei den meisten Staaten lediglich klarstellende Funktion, nachdem das Prinzip des Vorrangs völkerrechtlicher Verträge international anerkannt ist und zum Teil Bestandteil der jeweiligen Verfassungen ist.[184] Der Vorrang gilt dabei sowohl für multi- wie bilaterale Abkommen und ist nicht auf die der internationalen Schiedsgerichtsbarkeit gewidmeten Abkommen beschränkt. Er erfasst gleichfalls die Abkommen, die sich nur am Rande oder partiell mit Fragen der Schiedsgerichtsbarkeit beschäftigen.

---

182 UN Doc. A/CN.9/264, Art. 1 para. 7; UN Doc. A/CN.9/WG.II/WP.50, paras. 3 f.; UN Doc. A/40/17, para. 35; *Szász*, ICCA Congress Series No. 2, 31 (37, 46 f.).

183 UN Doc. A/CN.9/WG.II/WP.50, para. 5; UN Doc. A/CN.9/264, Art. 1 para. 8.

184 Bspw.: Art. 28 Abs. 1 der griechischen Verfassung, Art. 55 der französischen Verfassung, Art. 25 des deutschen Grundgesetzes nennt zumindest die „allgemeinen Regeln des Völkerrechts" usw.

In Bezug auf die NYC kann man aufgrund des grundsätzlich differenzierten Anwendungsbereiches mit dem ML und der Beachtung der möglichen Überschneidungen beider Regelwerke von einer gegenseitigen Ergänzung beider Werke reden.

§ 6.3: Anwendbares Verfahrensrecht, Art. 19 ML

Vorbehaltlich der wenigen zwingenden Bestimmungen des ML können die Parteien gem. Art. 19 Abs. 1 ML das auf das Verfahren anwendbare Recht selber bestimmen. Fehlt eine derartige Bestimmung durch die Parteien, ist es am Schiedsgericht, das Verfahren in geeigneter Art und Weise durchzuführen.

Art. 19 ML gilt als *„Magna Carta of Arbitral Procedure"*[185] und legt zwei wichtige Grundprinzipien fest. Zum einen betont es einmal mehr die Parteiautonomie bei der Wahl des anzuwendenden Verfahrensrechts (Art. 19 Abs. 1 ML). Zum anderen räumt es dem Schiedsgericht relativ weite Kompetenzen bei der Durchführung des Verfahrens ein. Bspw. kann das Schiedsgericht über die Zulässigkeit und Erheblichkeit von Beweisen nach freiem Ermessen bestimmen,[186] sofern die „Fairness" des Art. 18 ML gewahrt wird und keine abweichenden Parteivereinbarungen vorliegen.

Gemäß Art. 19 Abs. 1 ML können die Parteien, vorbehaltlich der zwingenden Bestimmungen des ML,[187] die vom Schiedsgericht zu beachtenden Verfahrensvorschriften frei wählen. Damit regelt Art. 19 Abs. 1 ML die Frage, ob die Parteien im Rahmen des ML ein anderes Verfahrensrecht wählen können.[188] Lediglich die Artt. 18 (Gleichbehandlungsgrundsatz und rechtliches Gehör), 23 Abs. 1 (Klage und Klageerwiderung), 24 Abs. 2 und 3 (Konkretisierung der Ansprüche der Gleichbehandlung und des rechtlichen Gehörs), Art. 30 Abs. 2 und 31 Abs. 1, 3 und 4 (Inhaltliche Anforderungen an den Schiedsspruch), Art. 32 (Beendigung des Verfahrens), sowie 33 Abs. 1, 2, 4 und 5 (Berichtigung, Auslegung und Ergänzung des Schiedsspruches) gehören zum zwingenden Bestand des ML. Demzufolge kann ein von den Parteien vereinbartes Verfahrensrecht nicht unter diesen Mindeststandard fallen, wohl aber höhere Anforderungen stellen. Daraus folgt, dass abgesehen von den zwingenden Bestimmungen des ML, die Parteien ihre eigenen Regeln ausarbeiten oder auf die einer Schiedsgerichtsinstitution verweisen können.[189] Ebenso können es die Parteien gem. Art. 2 lit. e ML einem Dritten überlassen, das Verfahrensrecht zu bestimmen oder das Schiedsverfahrensrecht eines bestimmten Landes zur Anwendung berufen. Letzteres findet dann jedoch nur kraft der Parteivereinbarung Anwendung und nicht aus sich selbst heraus.

---

185 UN Doc. A/CN.9/264, Art. 19 para. 1.

186 UN Doc. A/CN.9/264, Art. 19 para. 6.

187 Wie dargelegt, gilt das Territorialprinzip, und das ML ist nach Art. 1 Abs. 2 zwingend auf im Inland stattfindende Verfahren anwendbar.

188 *Hußlein-Stich*, 106 f.; *Nöcker*, 119 Fn. 316.

189 UN Doc. A/CN.9/264, Art. 19 para. 2.

Problematisch ist der Zeitrahmen, in dem eine solche Rechtswahl erfolgen kann. *CALAVROS* vertritt die Ansicht, dass eine derartige Freiheit den Parteien nur bis zu Beginn des Verfahrens oder bis zur Konstituierung des Schiedsgerichts zustehe.[190] Danach soll die Parteiautonomie erloschen sein. Dem ist jedoch nicht zu folgen. Vielmehr ist mit den Urvätern des ML davon auszugehen, dass eine derartige Befugnis den Parteien vor und ebenso während des Verfahrens zusteht.[191] Zwar können problematische Situationen entstehen, wenn während des Verfahrens ein anderes Verfahrensrecht bestimmt wird. Ein Ausschluss würde jedoch der überragenden Stellung der Parteiautonomie im ML nicht gerecht. Folgerichtig unterliegt Art. 19 ML keiner zeitlichen Beschränkung. Sollte das Verfahrensrecht während des Verfahrens geändert werden, gilt dieses neue Recht *ex nunc*.[192] Bereits vorgenommene Verfahrenshandlungen behalten ihre Gültigkeit und sind nicht von neuem durchzuführen.

Haben sich die Parteien vor oder während des Verfahrens nicht auf bestimmte Verfahrensregeln geeinigt, führt das Schiedsgericht das Verfahren nach seinem Ermessen durch. Dieses ist, wie schon die Parteien, lediglich an die zwingenden Verfahrensbestimmungen des ML gebunden. Hierzu zählen Artt. 23 Abs. 2 (Klage oder Klagebeantwortung können ergänzt oder geändert werden, sofern dies nicht verspätet geschieht), 24 Abs. 1 (zwingende Durchführung einer mündlichen Verhandlung auf Antrag einer Partei), sowie 25 (zwingende Säumnisfolgen), aber auch solche Vorschriften, die im Interesse eines fairen Verfahrens gelten (Artt. 18, 24 Abs. 2 und 3, 26 Abs. 2).[193] Folglich findet bei Fehlen einer Parteivereinbarung nicht zwingend das Verfahrensrecht am Ort des Schiedsverfahrens Anwendung.

Somit ist das ML anwendbar, sofern dies am Ort des schiedsrichterlichen Verfahrens gilt und sofern nicht die Parteien oder das Schiedsgericht in Anbetracht einer fehlenden Parteivereinbarung hiervon abgewichen sind.

---

190 *CALAVROS*, 105.

191 UN Doc. A/CN.9/246, para. 63; UN Doc. A/40/17, para. 172; *HOLTZMANN*, The Conduct of Arbitral Proceedings, in: *SANDERS* (Hrsg.) UNCITRAL's Project for a Model Law on International Commercial Arbitration, ICCA Congress Series No. 2 (Deventer 1984) 125 (132); *GRANZOW*, 143; *NÖCKER*, 120 f.

192 Ebenso: *HUßLEIN-STICH*, 108.

193 UN Doc. A/CN.9/264, Art. 19 para. 4.

§ 7: Einleitung zum anwendbaren materiellen Recht[194]

Die Frage nach dem auf den Rechtsstreit anwendbaren materiellen Recht (*applicable law to the substance of the dispute, applicable law to the merits of the dispute, the substantive law, the proper law, the governing law etc.*) stellt sich sehr häufig in internationalen Streitigkeiten und dadurch in internationalen Schiedsgerichtsverfahren.

Oftmals wird allerdings diese Frage nur als zweitrangig eingestuft und damit deren Bedeutung unterschätzt.[195] Ein Grund hierfür mag der Vorrang der Parteivereinbarung sein, die primär das Rechtsverhältnis zwischen den Parteien beherrscht.

Es mag durchaus bezweifelt werden, ob in ein Gesetz zur Regelung des Schiedsverfahrens eine Vorschrift bezüglich des auf die Streitsache anwendbaren (materiellen) Rechts hineingehört. Im Verlauf der Beratungen zum ML wurde mehrfach die Ansicht geäußert, dass eine derartige Vorschrift besser zu streichen sei.[196] Dennoch fand sich in der Kommission eine große Mehrheit zugunsten einer derartigen Regelung, die eine wesentliche Rechtsvereinheitlichung bewirken und so die Quelle manchen Streits beseitigen sollte.[197] Des Weiteren finden sich entsprechende Regelungen in anderen verfahrensrechtlichen Texten und nicht zuletzt in Schiedsgerichtsordnungen.[198] Den Einzug in diese Werke hat eine solche Regelung nicht ohne Grund gefunden.

Hat das Schiedsgericht oder der Schiedsrichter die einzelnen Fakten eines Falles herausgearbeitet und analysiert, muss es zunächst nicht zwingend über die Grenzen des von den Parteien geschlossenen Vertrages hinausblicken. Vor allem die Vertragswerke des internationalen Wirtschaftsverkehrs sind zum Teil sehr umfangreiche Werke mit detaillierten Regelungen. Teilweise enthalten sie hunderte, ja sogar tausende einzelner Bestimmungen und lesen sich gar wie ein kleines „Gesetzbuch". Aus diesen Regelungen gehen die Intentionen der Vertragsparteien sowie die ihnen auferlegten einzelnen Rechte und Pflichten hervor. Auf den ersten Blick scheint es somit keiner weiterführenden gesetzli-

---

194 Zentrale Schriften zum Thema anwendbares materielles Recht: *FOUCHARD/GAILLARD/GOLDMAN*, International Commercial Arbitration (The Hague 1999) Part. V; *WORTMANN*, Choice of Law by Arbitrators: The Applicable Conflicts of Law System, 14 (1998) AI 97 ff.; *BLESSING*, 14 (1997) J.Int'lArb. 39 ff.; ders., The ICC Arbitral Process, Part VIII: Choice of Law Applicable to the Contract and International Arbitration, 6 (May 1995) ICC Bull. 10 ff.; *MANIRUZZAMAN*, Conflict of Laws Issues in International Arbitration: Practice and Trends, 9 (1993) AI 371 ff.; *LANDO*, The Law Applicable to the Merits of Dispute, 2 (1988) AI 104 ff.; *LEW*, Applicable Law in International Arbitration (New York 1978) [zukünftig zitiert als: *LEW*]; *NAÓN* Choice of Law Problems in International Arbitration (Tübingen 1992).

195 Vgl.: *DERAINS*, Possible Conflict of Laws Rules and the Rules Applicable to the Substance of the Dispute, in: *SANDERS* (Hrsg.), UNCITRAL'S Project for a Model Law on International Commercial Arbitration, ICCA Congress Series No. 2 (Deventer 1984) 169 ff. [zukünftig zitiert als: *DERAINS*, ICCA Congress Series No. 2].

196 UN Doc. A/40/17, para. 238; UN Doc. A/CN.9/SR.227, paras. 18 (Schweden), 16 (Sowjetunion); auch schon in: UN Doc. A/CN.9/232, para. 159.

197 *GRANZOW*, 167.

198 UN Doc. A/CN.9/264, Art. 28 paras. 1 & 2.

chen Bestimmungen zu bedürfen. Dennoch bedürfen derartige und umfangreiche Regelungen zwischen den Parteien eines rechtlichen Rahmens, sei es, um dennoch auftretende Lücken im Vertragswerk zu füllen, die Regelungen auszulegen, das Parteigleichgewicht über die im Gesetz gesteckten Grenzen zu erhalten oder um nur zu beurteilen, ob dieser Vertrag überhaupt wirksam geschlossen wurde. Das Recht, was in diesen Fällen gefragt ist, ist das auf den Rechtsstreit anwendbare (materielle) Recht. Gänzlich ohne dessen Bestimmung wird man – im Rahmen einer seriösen Rechtsfindung – nur schwerlich auskommen können. Folgerichtig reicht ein Vertrag alleine nicht aus, um einen Rechtsstreit zu beurteilen, sei dieser noch so detailliert.

Wie viel Mühe sich die einen Vertrag entwerfenden Parteien auch geben, wie detailliert seine Bestimmungen ausfallen mögen, es ist immer möglich und sogar wahrscheinlich, dass bestimmte Klauseln und Termini unpräzise sind, die Parteien diesbezüglich ein anderes Verständnis haben oder diese einfach nur der Auslegung bedürfen. Der bindende Charakter einzelner Vertragklauseln ergibt sich erst aus dem anwendbaren materiellen Recht. Dieses stellt den Rahmen dar, innerhalb dessen sich die Vertragsbestimmungen bewegen (müssen) und anhand welcher sie auszulegen oder etwaige Lücken zu schließen sind. Insofern kommt man um das anwendbare materielle Recht nicht umher.[199]

Die Frage nach dem auf den Rechtsstreit anwendbaren Recht ist dabei eine der kompliziertesten und schwierigsten in der internationalen Handelsschiedsgerichtsbarkeit.[200] Aus diesem Grund nahm die Aufnahme einer derartigen Vorschrift in das Modellgesetzes im Rahmen der Ausarbeitung durch die UNCITRAL den ersten Platz unter den umstrittenen Vorschriften ein.[201]

Die Frage nach dem anwendbaren Recht wird im Allgemeinen und so auch im ML unter dem Punkt „Schiedsspruch" behandelt. Sie ist im sechsten Kapitel des ML „Schiedsspruch und Beendigung des Verfahrens" in dessen Art. 28 zu finden.

Der Systematik des Modellgesetzes folgend, werden vier Grundaspekte aufgeworfen:

- Rechtswahl durch die Parteien (Art. 28 Abs. 1 ML),
- objektive Anknüpfung, d.h. Rechtsbestimmung durch das Schiedsgericht (Art. 28 Abs. 2 ML),
- Ermächtigung zur Entscheidung nach Billigkeit (Art. 28 Abs. 3 ML) und
- Berücksichtigungen der Vertragsbestimmungen sowie der Handelsbräuche (Art. 28 Abs. 4 ML).

---

199 Näher dazu, weshalb gerade das anwendbare materielle Recht und dessen Bestimmung im Schiedsverfahren so bedeutsam ist: *Craig/Park/Paulsson*, International Chamber of Commerce Arbitration³ (New York 2000) § 7.04 [zukünftig zitiert als: *Craig/Park/Paulsson*].

200 Vgl.: *Rubino-Sammartano*, International Arbitration Law (Deventer 1990) 251 [zukünftig zitiert als: *Rubino-Sammartano*]; *Hußlein-Stich*, 141.

201 *Herrmann*, UNCITRAL Adopts Model Law on International Commercial Arbitration, 2 (1986) AI 2 (7); *Hußlein-Stich*, 141.

Dieser Struktur wird in diesem Kapitel gefolgt werden.[202]

Die ersten beiden Aspekte des Art. 28 ML haben innerhalb der UNCITRAL zu langwierigen Debatten geführt. Nicht zuletzt deswegen und um die das ML beherrschende Parteiautonomie zu betonen, wurde die Freiheit der Rechtswahl durch die Parteien programmatisch an die Spitze gestellt.

§ 8: Rechtswahl durch die Parteien

Art. 28 Abs. 1 ML:
The arbitral tribunal shall decide the dispute in accordance with such rules of law as are chosen by the parties as applicable to the substance of the dispute. Any designation of the law or legal system of a given State shall be construed, unless otherwise expressed, as directly referring to the substantive law of that State and not to its conflict of laws rules.

§ 8.1: Allgemeine Ausführungen zur Rechtswahl durch die Parteien

§ 8.1.1: Einleitung

Schon im frühen Stadium der Vertragsverhandlungen sollten sich die Parteien Gedanken darüber machen, welches Recht zukünftig im Falle von Vertragsstreitigkeiten anwendbar sein sollte.

Beim Vertragsschluss handeln die Parteien ihre Rechte und Pflichten aus. Insofern ist es nur logisch, wenn sie zu diesem Zeitpunkt festlegen, welches Recht auf ihren Vertrag anwendbar sein soll, sprich, nach welchem Recht ihre Rechte und Pflichten beurteilt werden sollen. Nur bei gleichzeitiger Vereinbarung des auf den Vertrag anwendbaren Rechts, zeigt sich, wie etwaige aus dem Vertrag erwachsende Streitigkeiten zu beurteilen sind.

Parteien internationaler Transaktionen werden generell dazu tendieren, ihr eigenes materielles Recht angewandt wissen zu wollen, nachdem dieses ihnen am besten geläufig ist und sie diesem am meisten Vertrauen schenken dürften. Nachdem jedoch zumeist beide Parteien darauf erpicht sind, ihr eigenes Recht zur Anwendung zu berufen, ist dies nicht immer durchsetzbar. Auch wird „vielfach die stärkere Vertragspartei die schwächere durch Vereinbarung ihres Rechts nicht düpieren wollen, weshalb eine internationale Schiedsklausel als bequemer Ausweg aus dem ‚Verhandlungsdilemma' angesehen wird und die Schiedsklausel dann über den wirklichen Willen der Parteien hinsichtlich des anwendbaren Rechts Auskunft zu geben vermag"[203]. Gerade in derart gelagerten Fällen er-

202 Dies, obwohl streng genommen die Ermächtigung zur Entscheidung nach Billigkeit eine Frage der Rechtswahl durch die Parteien darstellt.

203 *VON HÜLSEN*, Stillschweigende Rechtswahl bei Inkorporation der Charterpartie ins Konnossement und Abschluß von Schiedsvereinbarungen, AWD/RIW 1967, 267 ff.

warten die Parteien vielfach eine Entscheidung unter vorrangiger Berücksichtigung der Vertragsbestimmungen und der Handelsbräuche, statt eines staatlichen Rechts.[204] Sofern die Parteien nicht ihr eigenes Recht zur Anwendung berufen, entspricht es meist ihrem Wunsch, das Recht eines fortschrittlichen und traditionellen Rechtsstaates zu vereinbaren, wie z.B. das materielle Recht Englands, der Schweiz oder des US Bundesstaates New York, um ein gewisses Maß an Vorhersagbarkeit, Sicherheit und Neutralität zu gewährleisten.[205] Aus diesem Grund sind die folgenden Ausführungen von besonderer Wichtigkeit, um aufzeigen, welche Möglichkeiten den Parteien generell offen stehen.

Einige Verhandlungsführer haben den Eindruck, mit der Sitzbestimmung gleichzeitig die Wahl zu treffen, dass hiermit alle auftretenden Rechtsfragen vom nationalen Recht des Sitzstaates entschieden werden.[206] Dass dem nicht zwangsläufig so ist, werden die Ausführungen in diesem Kapitel zeigen. Resultieren mag diese Fehlvorstellung aus der Vorstellung einiger Rechtssysteme, dass, sofern nationale Gerichte involviert sind, implizit deren materielles Recht akzeptiert wird.[207] Dies ist jedoch ein Trugschluss. Das Sitzrecht beeinflusst in erster Linie das anwendbare Verfahrensrecht.

Insofern zeigt sich, dass die Frage nach dem anwendbaren materiellen Recht in jedem Fall von den Parteien eines internationalen Vertrages zumindest diskutiert werden sollte.

Was die Wahl der Rechte anbelangt, ist das internationale Schiedsrecht im Allgemeinen sehr liberal, und primär wird der Parteiautonomie der Vorrang eingeräumt. Einer der großen Vorteile der internationalen Schiedsgerichtsbarkeit ist die Flexibilität bei der Wahl des auf den Hauptvertrag anwendbaren (materiellen) Rechts.

Die Vorteile einer Rechtswahl durch die Parteien liegen auf der Hand. Eine Rechtswahlklausel erhöht die Vorhersehbarkeit und den Ausgang etwaiger Streitigkeiten zwischen den Parteien. Zum anderen können sich die Parteien über eine derartige Rechtswahlklausel gewisse Vorteile sichern.

Art. 28 Abs. 1 ML garantiert den Parteien volle Autonomie in ihrer Rechtswahl. Diese Regelung wurde von allen das ML rezipierenden Staaten übernommen.

§ 8.1.2: Vertragsrealität

In internationalen Verträgen und insbesondere in Verträgen über besonders große oder wichtige Vertragsgegenstände nehmen die Parteien sehr oft eine ausdrückliche Rechts-

---

204 *SANDERS*, zitiert in: UN Doc. A/CN.9/263, para. 12 a.E.; vgl. auch: *ALBERS*, in: *BAUMBACH/LAUTERBACH/ALBERS/HARTMANN* (Hrsg.), Zivilprozessordnung[61] (München 2003) vor 1034-1039, Anm. 2 („Geschäftsleute wünschen meist eine Entscheidung nach wirtschaftlich brauchbaren Gesichtspunkten").

205 Vgl.: *BORN*, 543.

206 Zur Sitzbestimmung mittels einer impliziten Rechtswahl durch Sitzbestimmung ausführlich weiter unten in diesem Kapitel.

207 *PAULSSON/RAWDING/REED/SCHWARZT*, The Freshfields Guide to Arbitration and ADR[2] (The Hague 1999) 12.

wahl in Bezug auf ein bestimmtes nationales Recht vor.[208] Die überwiegende Zahl internationaler Wirtschaftsverträge enthält eine Rechtswahlklausel. Im Jahre 1987 lag in 75% der bei der ICC anhängig gemachten Fälle eine explizite Rechtswahlklausel vor.[209]

Die Rechtswahl kann mit einer einfachen Klausel im Vertrag oder durch einen gesonderten Vertrag erfolgen. Sie bedarf dabei keiner umständlichen Formulierung wie sie nur allzu oft in internationalen Wirtschaftsverträgen zu finden ist, sondern kann mit einfachsten Worten erfolgen. Im Allgemeinen ist es bereits ausreichend, eine Formulierung, wie z.B. „alle sich aus dem Vertrag ergebenden Fragen und Streitigkeiten unterliegen dem englischen Recht", aufzunehmen.

Wo eine Rechtswahlklausel vorhanden ist, entstehen drei Fragenkomplexe:[210]

- ist die Rechtswahlklausel vollstreckbar?
- sofern die Rechtswahlklausel vollstreckbar ist, vorbehaltlich welcher Ausnahmen?
- wie ist die Rechtswahlklausel zu interpretieren?

Den Parteien steht generell eine sehr breite Skala an Rechtswahlmöglichkeiten offen. Diese werden vor allem in Verträgen zwischen einem Privaten und einem Staat oder staatlich beherrschten Unternehmen ausgereizt.[211] Diese Möglichkeiten umfassen z.B.:[212]

- das nationale Recht des Privaten,
- das nationale Recht des Staates oder Staatsunternehmens,
- das nationale Recht eines neutralen also dritten Staates,
- die Kombination zweier nationaler Rechtssysteme,
- der Verweis auf ein nationales Recht in Verbindung mit einem Hinweis auf das „*principle of good will and good faith*",
- das Völkerrecht,
- auf die Rechtsgrundsätze, die den nationalen Rechtssystemen der Vertragspartner gemein sind,
- auf die von zivilisierten Staaten allgemein anerkannten Rechtsgrundsätze,

---

208 Vgl. etwa: ICC Schiedsspruch Nr. 2216 (1975).

209 *GAUDET*, Overcoming Regional Differences, in: *SANDERS* (Hrsg.), Arbitration in settlement of international commercial disputes involving the Far East and arbitration in combined transportation, ICCA Congress Series No. 4 (Deventer 1989) 301 (308); vgl. auch: *EISEMANN*, Zur Rechtswahl in der Schiedsgerichtsbarkeit bei Kaufverträgen, in: *BÖCKSTIEGEL/GLOSSNER* (Hrsg.) Festschrift für *ATHUR BÜLOW* zum 80. Geburtstag (Köln 1981) 59 (60) [zukünftig zitiert als: *EISEMANN*, FS *BÜLOW*].

210 Vgl.: *BORN*, 542.

211 *BÖCKSTIEGEL*, Der Staat als Vertragspartner ausländischer Unternehmen (Frankfurt am Main 1971) 84 ff.; allgemein zur Wahl nichtstaatlicher Rechte: *VON HOFFMANN*, 115 ff.

212 *BÖCKSTIEGEL*, FS *BEITZKE*, 443 (449); *BÖCKSTIEGEL*, Der Staat als Vertragspartner ausländischer Unternehmen (Frankfurt am Main 1971) 84 ff.

- auf Rechtsgrundsätze oder Kombinationen von Rechtsgrundsätzen, die sich einer Kategorisierung entziehen,
- der Ermächtigung zur Entscheidung nach Billigkeit,
- etc.

Dabei ist zu bedenken, dass dies nur eine beispielhafte Aufzählung ist, die keinen Anspruch auf Vollständigkeit erhebt.

Art. 28 Abs. 1 ML besagt, dass das Schiedsgericht die Streitigkeiten in Übereinstimmung mit den Rechtsvorschriften zu entscheiden hat, die von den Parteien als auf den Inhalt des Rechtsstreits für anwendbar erklärt wurden.

Die nachfolgenden Ausführungen sollen es dem Leser ermöglichen, folgende Fragen für sich und seinen Fall selbst zu beantworten:

- warum kann eine Rechtswahl problematisch werden?
- was ist bei einer Rechtswahl zu beachten?
- welche Rechte können gewählt werden?
- warum sollte eine explizite Rechtswahl vorgenommen werden?
- warum sollte eine Rechtswahlklausel wohldurchdacht sein und weder vage noch falsche Formulierungen enthalten?
- usw.

§ 8.2: Die Rechtswahl gemäß Art. 28 Abs. 1 ML

§ 8.2.1: Parteiautonomie[213]

§ 8.2.1.1: Allgemein

Während die Parteiautonomie früher im Internationalen Privatrecht noch als eine der kompliziertesten Materien angesehen wurde, kann man heute davon ausgehen, dass dieser Aspekt einer der fortschrittlichsten und simpelsten im Rahmen des Internationalen Privatrechts ist.[214] So hat die Parteiautonomie mittlerweile Einzug in annährend alle internationalen Übereinkommen gefunden, die Verträge oder die Schiedsgerichtsbarkeit betreffen.

Die Geburtsstunde der Parteiautonomie und deren Ursprünge sind umstritten[215], jedoch schreiben die meisten zeitgenössischen Autoren diese dem französischen Juristen

---

213 Ausführlich zur Parteiautonomie (im Schiedsrecht): *Lew*, 72 ff.

214 *Niboyet*, La Théorie de l'autonomie de la volonté, 16 Rec.Cours (1927-I) 1 (5).

215 Vgl.: *Raape/Sturm*, Internationales Privatrecht, Band I, Allgemeine Lehren[6] (München 1977) 407; *Ferid*, Internationales Privatrecht – Ein Leitfaden für Praxis und Ausbildung[2] (Frankfurt am Main 1982) Rn. 1-90.

CHARLES DUMOULIN (1500-1566) zu. Sie meinen, dieser habe bei der Bestimmung des maßgebenden Rechts auf den Parteiwillen abgestellt.

Das Prinzip der Parteiautonomie wurde zunächst von der Lehre entwickelt, hat aber im Laufe der Jahrzehnte in nahezu allen modernen Rechtssystemen Einzug gefunden:[216]

> „[D]espite their differences, common law, civil law, socialist countries have all equally been affected by the movement towards the rule allowing the parties to choose the law to govern their contractual relations. This development has come about independently in every country and without any concerted effort by the nations of the world; it is the result of separate, contemporaneous and pragmatic evolution within the various national systems of conflict of laws."[217]

Das Prinzip der Parteiautonomie wird heutzutage aus ganz einfachen und logischen Überlegungen heraus allgemein akzeptiert. Gemein ist allen Regelungen im Bereich des Rechts, dass sie den Parteien Sicherheit, Vorhersagbarkeit und Einheitlichkeit bei der Rechtsfindung bieten sollen. Hierbei ist im internationalen Wirtschaftsverkehr das Argument der Sicherheit essentiell, das der Einheitlichkeit wünschenswert und das der Vorhersagbarkeit ein absolutes Muss.[218] Dieser Grundsatz der Parteiautonomie ist das Produkt der Erkenntnis, dass keiner der klassischen Anknüpfungspunkte (wie z.B.: Abschluss- und Erfüllungsort, Nationalität der Parteien usw.) in einem derart gelagerten Fall für sich alleine in der Lage wäre, den jeweiligen unterschiedlichen Interessen der kontrahierenden Parteien gerecht zu werden.[219] Dementsprechend lässt man mangels einer allgemein geeigneten, festen Anknüpfungsregel lieber den Parteien den Vortritt, ihr Schicksal zu bestimmen. Dies ebenso aus der Überlegung heraus, dass sie am besten in der Lage sein dürften, die für ihren speziellen Fall interessengerechteste Lösung zu finden. Damit bietet die Parteiautonomie den Vorteil der Sicherheit, welches Recht auf ihren Vertrag Anwendung findet und gewährleistet dadurch die Vorhersagbarkeit der Entscheidung.

Im Zusammenhang mit dem anwendbaren materiellen Recht gestattet es die Parteiautonomie, den Vertragsparteien das Recht zu bestimmen, welches auf ihren Vertrag anwendbar sein soll. Damit ist es einer der zentralen Vorteile, dass es den Parteien erlaubt ist, ein ihnen wohlbekanntes Recht und/oder ein solches zu wählen, welches ihren vertraglichen Risiken, Rechten und Pflichten am ehesten entspricht. Das Prinzip der Parteiautonomie entspricht dem in der freien Marktwirtschaft vorhandenen Trend, die Rolle des Staates zu reduzieren und verstärkt dem Individuum, die Entscheidungsbefugnis zu überlassen. Gerade der internationale Handel verlangt nach einer der Parteiautonomie aufgeschlossen gegenüberstehenden Schiedsgerichtsbarkeit,[220] welche es den Parteien erlaubt, frei zu bestimmen, nach welchem Recht sich ihre vertraglichen Beziehungen zueinander beurteilen soll.

---

216 Genauer hierzu unter der Überschrift „Akzeptanz".

217 *LEW*, 75.

218 So: *LEW*, 80.

219 *BATIFFOL*, Zur Parteiautonomie im IPR, ZRVgl. 1960, 49 ff.; *CALAVROS*, 125.

220 *HABSCHEID*, Das neue Recht der Schiedsgerichtsbarkeit, JZ 1998, 445 (445).

§ 8.2.1.2: Akzeptanz

Das Prinzip der Parteiautonomie ist im schiedsgerichtlichen Kollisionsrecht allgemein anerkannt und die Parteien sind frei, dass auf ihren Vertrag anwendbare Recht frei zu wählen.[221] Ja es ist sogar eines der wenigen Rechtsprinzipien, welches international von den meisten nationalen Rechtsordnungen beachtet und akzeptiert wird:[222]

> „[...is] a general principle of law recognized by civilized nations."[223]

Der Vorrang der Parteiautonomie beruht dabei auf der Tatsache, dass sich die Parteien freiwillig der Gerichtsbarkeit unterwerfen und der Parteiwille den gesamten Ablauf des Schiedsverfahrens beherrscht.[224]

In nahezu allen internationalen Abkommen, welche den Vertrag oder die Schiedsgerichtsbarkeit betreffen, sowie von den meisten institutionellen Schiedsgerichtsordnungen, wird die Parteiautonomie erwähnt und anerkannt.[225]

In der Tat scheint die Parteiautonomie in diesem Bereich der Schiedsgerichtsbarkeit eine auf der Welt allgemeingültige Formel zu sein, die aber dennoch im Spektrum der Rechtswahlmöglichkeiten differieren. Die Tatsache, dass die Parteiautonomie von den meisten nationalen kollisionsrechtlichen Systemen anerkannt wird, verleiht ihr einen speziellen „transnationalen" Charakter.[226] Einige Autoren gehen sogar soweit, in der Parteiautonomie ein „transnationales Kollisionsrecht" zu erblicken, welches von allen „nichtstaatlichen" Gerichten anzuwenden ist.[227]

---

221 *Redfern/Hunter*, 72; *Granzow*, 167; *Böckstiegel*, FS *Beitzke*, 443 (450); ähnlich: *Calavros*, 124.

222 *Chukwumerije*, Choice of Law in International Commercial Arbitration (Westport 1994) 107 [zukünftig zitiert als: *Chukwumerije*].

223 *Lando*, The Law Applicable to the Merits of the Dispute, in: *Sarcevic* (Hrsg.), Essays on International Commercial Arbitration (London 1989) 129 (134).

224 *Lew*, 83; *Böckstiegel*, FS *Beitzke*, 443; *Hußlein-Stich*, 141.

225 Beispielhaft seien hier nur die folgenden Bestimmungen genannt: Art. 2 Abs. 1 Haager Übereinkommen betreffend das auf internationale Kaufverträge über bewegliche Sachen anzuwendende Recht (1955), Art. VII Abs. 1 S. 1 Genfer Europäisches Übereinkommen über die internationale Handelsschiedsgerichtsbarkeit (EuÜ 1961), Art. 42 Abs. 1 Convention on the Settlement of Investment Disputes between States and Nationals of other States (1965), § 46 Abs. 1 English Arbitration Act 1996, Art. 1496 franzNCPC, Art. 834 italZPO, Art. 32 Abs. 1 Singapore Arbitration Act 2001, Art. 1054 Abs. 2 niederländischeZPO, Art. 33 Abs. 1 UNCITRAL ArbRules (1976), Art. 17 Abs. 1 ICC ArbRules (1998), Art. 22.3 LCIA Rules (1998), Art. 28 Abs. 1 AAA ArbRules (2003), Art. 4 Abs. 1 CCI ArbRules (1998), Art. 59 lit. a WIPO ArbRules (2002), Art. 24 Abs. 1 SCC ArbRules (1999), indirekt auch: New Yorker UN-Übereinkommen über die Anerkennung und Vollstreckung ausländischer Schiedssprüche vom 10.7.1958: Art. V Abs. 1 lit. a. NYC.

226 *Lew*, 81.

227 Im Verfahren vom 19.1.1977 zwischen *Texaco Overseas Petroleum Company (TOPCO) v. California Asiatic Oil Company (CALASIATIC) and the Government of the Libyan Arab Republic* vom 19.1.1977, bemerkte Prof *René Dupuy*, dass die Parteiautonomie sowohl der

§ 8.2.1.3: Parteiautonomie im Modellgesetz

Im ML ist die freie Wahl des auf den Rechtsstreit anwendbaren Rechts in Art. 28 Abs. 1 ML zu finden. Im Rahmen der Diskussion dieses Artikels war sich die Arbeitsgruppe von Anfang an einig, der Parteiautonomie Geltung zu verschaffen.[228] Lediglich der Umfang dieser Autonomie der Parteien führte zu ausschweifenden Diskussionen.

§ 8.2.1.4: Philosophie hinter der Wortwahl / Entstehungsgeschichte

Im ersten Satz des Art. 28 Abs. 1 ML ist nicht von „Recht" (*law*), sondern von den „Rechtsvorschriften" (*rules of law*) die Rede. Insgesamt ist in Art. 28 ML von „Recht" (*law*), „Rechtsvorschriften" (*rules of law*) sowie „Rechtsordnung" (*legal system*) die Rede. Diese „terminologische Ungenauigkeit"[229] ist nicht zufällig und schon gar nicht irrtümlich entstanden.

Von Beginn an wurde der internationale Trend unterstützt, die Rechtswahl durch die Parteien möglichst umfangreich zu gestatten. So wurde bereits am Anfang der Beratungen zum Ausdruck gebracht, dass die Parteien befugt sein sollten, als anwendbares materielles Recht ein internationales Übereinkommen oder ein Einheitsgesetz zu wählen, unabhängig davon, ob es in dem betreffenden Land bereits in Kraft ist oder nicht.[230]

Gestützt auf die Überlegungen der ersten Sitzung der Arbeitsgruppe, entwarf das Sekretariat der UNCITRAL in Anlehnung an den Art. 33 Abs. 1 UNCITRAL ArbRules[231] einen ersten Entwurf der Regelung:

> „The arbitral tribunal shall apply the **law** designated by the parties as applicable to the substance of the dispute. Parties may also designate any **national law** or, even if not yet in force, a pertinent **international convention**, or **uniform law**"[232]

Auf der zweiten Sitzung erfuhr die weite Auslegung der Rechtswahlmöglichkeiten breite Unterstützung, und so wurde dem ersten Satz allgemein zugestimmt. Jedoch bestand Einigkeit darüber, den zweiten Satz zu streichen. Es wurde die Ansicht vertreten, dass die Möglichkeiten ein noch nicht in Kraft getretenes Recht zu wählen, zu Schwierigkeiten bei der Bestimmung des Verhältnisses zwischen dem gewählten Text und anderen nationalen, materiellrechtlichen Bestimmungen führen könnte, die ebenfalls auf den frag-

---

internationalen Praxis wie auch dem *case law* bekannt ist: 104 (1977) JDI (Clunet) 350 (355 ff.).

228 UN Doc. A/CN.9/216, para. 87.

229 CALAVROS, 122.

230 UN Doc. A/CN.9/216, para. 87.

231 Art.: 33 UNCITRAL ArbRules: „[…] the arbitral tribunal shall apply the law determined by the conflict of laws rules which it considers applicable."

232 UN Doc. A/CN.9/232, Art. 31 (1) para. 158; vgl. auch: UN Doc. A/CN.9/264, Art. 28 para. 4; UN Doc. A/40/17, 232.

lichen Sachverhalt anwendbar sind.[233] Daraufhin wurde erstmals der Vorschlag unterbreitet, die Möglichkeiten im Rahmen der Parteiautonomie implizit dadurch aufzuweiten, dass eine andere Wortwahl getroffen wird. So brachte der Beobachter der ICCA ein, die innovative Formulierung des Art. 42 des Washingtoner Übereinkommens (ICSID) von 1965[234] zu übernehmen und die an die UNCITRAL ArbRules angelehnte, vorläufige Regelung durch die folgende zu ersetzen:[235]

„The tribunal shall decide a dispute in accordance with such **rules of law** as may be agreed by the parties."[236]

Art. 42 Abs. 1 der *Convention on the Settlement of Investment Disputes between States and Nationals of other States* ist eine der ersten liberalen Regelungen überhaupt. Dieser Satz wurde von den meisten Autoren von Beginn an so interpretiert, dass die Parteien nicht nur ein nationales Recht, sondern ebenso internationale – von den nationalen Rechtsordnungen losgelöste – Regelungen wählen zu können:

„[D]elocalise or internationalise their legal relationships by reference to **general principles of law, principles of law common to a group of legal systems, principles of international law** and the like."[237]

Zustimmend wird die Ansicht vertreten, dass es in der internationalen Schiedsgerichtsbarkeit keine Beschränkung der Parteiautonomie im Rahmen der Rechtswahl geben kann. Genauso wie die Parteien befugt sind, ein riskantes und/oder vielleicht sogar unbesonnenes Geschäft abzuschließen, muss es ihnen erlaubt sein, eine Rechtswahl zu treffen, unabhängig davon, ob es sich um ein nationales Recht mit Bezug zum Vertrag, ohne Bezug zum Vertrag oder den Parteien, ein anationales Regelgeflecht oder schlichte Rechtsprinzipien handelt.[238]

Die Verwendung des Terminus „Rechtsvorschriften" (*rules of law*) entspricht einem modernen Trend in der internationalen Schiedsgerichtsbarkeit.[239] Die vom ICCA Beobachter vorgeschlagene Formulierung sollte eben diesem Trend und den Möglichkeiten der Begrifflichkeit folgen und es den Parteien ermöglichen, z.B. einzelne Teile bestimmter Rechtssysteme auszuwählen und diese für ihren Rechtsstreit anwendbar zu erklären. Außerdem sollte es ihnen offen stehen, ein bestimmtes Recht zu vereinbaren, wie es an ei-

---

233 UN Doc. A/CN.9/232, para. 162.

234 Convention on the Settlement of Investment Disputes between States and Nationals of other States (ICSID) vom 18.3.1965, UNTS Vol. 575 (1966) 159.

235 UN Doc. A/CN.9/232, para. 162.

236 Hervorhebung durch den Verfasser.

237 *Broches*, The Convention on the Settlement of Investment Disputes Between States and Nationals of other States, 136 (1972-III) Rec.Cours 331.

238 *Lew*, 111.

239 *Broches*, Commentary on the UNCITRAL Model Law on International Commercial Arbitration (Deventer 1990) 141 [zukünftig zitiert als: *Broches*].

nem bestimmten Tag in Kraft war oder einzelne Bestimmungen dieses Rechts ausschließen. Dieser Vorschlag erfuhr einige Unterstützung. Eine Entscheidung wurde letztendlich jedoch nicht getroffen.

Auf der anderen Seite entschied die Arbeitsgruppe, dass die Rechtswahl, sofern von den Parteien nichts anderes bestimmt wurde, direkt auf das materielle Recht (*substantive law*) verweisen soll und nicht – wie bis dato üblich – auf das jeweilige Kollisionsrecht.[240] Damit wurde ein überraschender *renvoi* ausgeschlossen.[241]

Inspiriert von dieser Diskussion in der Arbeitsgruppe entwarf das Sekretariat zwei alternative Formulierungen, die sie der Arbeitsgruppe auf ihrer vierten Sitzung vorlegte:

1. „The arbitral tribunal shall decide the dispute in accordance with such **rules of law** as may be agreed by the parties."
2. „The arbitral tribunal shall apply the **law** designated by the parties as applicable to the substance of the dispute."[242]

Während es einige Unterstützung für die zweite Alternative gab, lag das Hauptaugenmerk jedoch auf der Formulierung „Rechtsvorschriften" (*rules of law*) anstatt von „Recht" (*law*), welche als Verweis auf ein nationales Recht verstanden wurde. Die Formulierung Rechtsvorschriften erschien vorteilhafter, zumal diese Formulierung den Parteien eine breitere Palette von Wahlmöglichkeiten eröffnet, wie z.B. die Wahl von Regeln aus mehr als einem nationalen Recht, inklusive solcher Rechtssätze, die auf internationaler Ebene entwickelt wurden (*„rules of law which had been elaborated at the international level"*).[243] Der Bericht der Arbeitsgruppe merkt an, dass einige Repräsentanten sogar für eine noch breitere Interpretation und Formulierung eintraten, die daneben z.B. „allgemeine Rechtsprinzipien" (*general legal principles*) und das Fallrecht internationaler Schiedsgerichte (*arbitral case law*) umfasst. Hier hat die Arbeitsgruppe zunächst jedoch entschieden, dass dies zu weit führen würde, als dass es für eine Vielzahl von Staaten akzeptabel wäre.[244]

Die Aufnahme der Terminologie war umstritten, zumal man befürchtete, dass einige „traditionellere" Staaten hierin einen zu großen Unsicherheitsfaktor bei der Rechtsanwendung sehen könnten, der der angestrebten breiten Akzeptanz des ML entgegenwirken würde.[245]

Auf der einen Seite ergibt sich aus dem Protokoll der vierten Sitzung der Arbeitsgruppe eine Ablehnung der weiten Interpretation, welche außerdem das schiedsgerichtliche Fallrecht und die allgemeinen Rechtsprinzipien mitumfassen sollte.[246] Auf der ande-

---

240 UN Doc. A/CN.9/232, para. 161.
241 Vergleiche zum Ausschluss des *renvoi* die Ausführungen weiter unten.
242 UN Doc. A/CN.9/245, para. 93, Hervorhebung durch den Verfasser.
243 UN Doc. A/CN.9/245, para. 94; vgl. auch: UN Doc. A/40/17, para. 232.
244 UN Doc. A/CN.9/245, para. 94.
245 UN Doc. A/40/17, para. 233; *HOLTZMANN/NEUHAUS*, 805.
246 UN Doc. A/CN.9/245, para. 4.

ren Seite verwies das Sekretariat der UNCITRAL auf die exakte Wortgleichheit mit Art. 42 des Washingtoner Übereinkommens von 1965[247] sowie die gleichlautenden Schiedsverfahrensgesetze von Frankreich[248] und Djibuti[249].[250] Diese Normen gewähren unzweifelhaft eine weite Interpretation.

Art. 1496 franzNCPC spricht von *„règles de droit que les parties ont choisies*". Dieser Artikel wird zu den „in rechtssystematischer und -dogmatischer Hinsicht zu den interessantesten Bestimmungen des Reformwerkes" gezählt.[251] Dieser Vorschrift wird bescheinigt, dass sie die internationale Schiedsgerichtsbarkeit einen Schritt voran gebracht hat.[252] Sie eröffnet den Parteien die Wahl diverser Rechtsnormen verschiedenster Rechtsordnungen, die den Parteien angemessen erscheinen, diese miteinander zu kombinieren und so eine eigene Rechtsordnung zu schaffen.[253]

Die Wahl eines anationalen oder supranationalen Rechts, ganz gleich welcher Art und Ausprägung, muss im Zusammenhang mit der in den meisten Staaten, Übereinkommen und im Modellgesetz möglichen Ermächtigung zur Entscheidung nach Billigkeit (*amiable compositeur, ex aequo et bono*)[254] gesehen werden.[255] Der ablehnenden Haltung innerhalb der Arbeitsgruppe muss entgegengehalten werden, dass es den Parteien offen steht, das Schiedsgericht zu einer Billigkeitsentscheidung (*amiable compositeur, ex aequo et bono*) zu ermächtigen. Das heißt, dass das Schiedsgericht eine Entscheidung losgelöst von jeder rechtlichen Grundlage aufgrund seines eigenen Rechtsempfindens, seines Judiz oder seiner eigenen Billigkeitsmaßstäbe, eine Entscheidung treffen kann. Sind die Parteien dazu berechtigt, den Schiedsrichter auf Basis seines eigenen Rechtsempfindens entscheiden zu lassen, müssen sie im Umkehrschluss erst recht dazu befugt sein, dem Schiedsrichter einen rechtlichen Leitfaden in Form eines anationalen Rechts, allgemeiner Rechtsprinzipien oder ähnlichem zur Seite zu stellen.[256] So kann es *LEW* zufolge nicht verboten sein, wenn

---

247 Convention on the Settlement of Investment Disputes between States and Nationals of other States (ICSID) vom 18.3.1965, UNTS, Vol. 575 (1966) 159.

248 Art. 1496 franzNCPC [*Nouveau Code de Procédure Civil*].

249 Art. 12 Djibouti Code in International Arbitration.

250 UN Doc. A/CN.9/264, para. 4.

251 *VON BREITENSTEIN*, Die Arbitrage im französischen Recht, in: *BÖCKSTIEGEL* (Hrsg.), Schiedsgerichtsbarkeit in Frankreich (Köln 1986) 15 (39 m.w.N.) [zukünftig zitiert als: *VON BREITENSTEIN*, Frankreich].

252 *CALAVROS*, 123.

253 *VON BREITENSTEIN*, Frankreich, 15 (39 m.w.N.); *ROBERT*, L'arbitrage, droit interne, droit international privé[5] (Paris 1983) Rn. 330.

254 Genauer hierzu später in diesem Kapitel unter dem Punkt: Ermächtigung zur Entscheidung nach Billigkeit.

255 Vgl.: *LEW*, 120.

256 Ebenso: *LEW*, 127; *WICHARD*, Die Anwendung der UNIDROIT-Prinzipien für internationale Handelsverträge durch Schiedsgerichte und staatliche Gerichte, 60 (1996) RabelsZ 269 (278); *JÄGER*, 99 f.

jüdische Geschäftsmänner ihre Streitigkeiten von einem Rabbi oder dem *„Beit Din"*[257] nach jüdischem Recht entscheiden lassen.[258] HOLTZMANN und NEUHAUS argumentieren zu Recht, dass in Anbetracht der Billigkeitsentscheidung die Parteien autorisiert sein sollten, jedwede Art bestehender Rechtsvorschriften zu wählen, solange diese Regeln feststellbar sind.[259]

Explizit wurde die Wahl eines anationalen Rechts nur in Art. 11 Abs. 3 der *Rules proposed by the Institut de Droit International* erwähnt:[260]

> „If the law of the place of the seat of the arbitral tribunal so authorises them, the parties may give the arbitrators power to decide *ex aequo et bono* or according to the rules of professional bodies."

Dabei ist der letzte Teil der Regelung – nach dem zuvor Gesagten – nur die logische Konsequenz der Möglichkeit zur Ermächtigung zur Entscheidung nach Billigkeit.

Für eine weite Interpretation spricht weiterhin, dass das Schiedsgericht gegenüber den Parteien zum Erlass eines vollstreckungsfähigen Schiedsspruches verpflichtet ist, unabhängig davon, ob die Parteien seine Bindung an staatliche Normen aufgehoben haben oder nicht.[261] Unabhängig von der Rechtswahl durch die Parteien muss also das Schiedsgericht zumindest jene zwingenden Normen beachten, die in den potenziellen Vollstreckungsstaaten Bestandteil des internationalen *ordre public* sind.[262]

Nach unbedeutenden Änderungen in der Wortwahl in der vierten und fünften Sitzung entsprach der Art. 28 Abs. 1 ML der später von der Kommission verabschiedeten Version. Vier Regierungen reichten der UNCITRAL eine schriftliche Stellungnahme hierzu ein. Die USA unterstützten das weitere Verständnis der „Rechtsvorschriften" (*rules of law*) mit ihren vielfältigeren Optionen, wie sie auf der vierten Sitzung diskutiert wurden.[263] Ebenso bevorzugte die Bundesrepublik Deutschland die Verwendung der Begrifflichkeit „Rechtsvorschriften", welcher nach ihrer Ansicht einer weiten Auslegung bedarf.[264] Opposition und damit gegenteiliger Ansicht, waren die Sowjet Union und Zypern. Der Sowjet Union zufolge würde der Begriff der „Rechtsvorschriften" eine neue ehrgeizige Formulierung hervorbringen, welche in der Praxis zu einigen Schwierigkeiten führen könnte. Aus eben diesem Grund sollte das ML dem traditionellen Ansatz folgen, wie es

---

257 Jüdisches Gericht, welchem ein Rabbi vorsitzt und welches nach jüdischem Recht entscheidet.

258 LEW, 127.

259 HOLTZMANN/NEUHAUS, 768; vgl. auch: UN Doc. A/CN.9/SR.326, paras. 8 (Deutschland), 20 (Japan).

260 Art. 11 Abs. 3 Rules for Arbitration in International Private Law des *Institut de Droit International*, Amsterdamer Sitzung von 1957.

261 JÄGER, 100.

262 SCHLOSSER, Rn. 874; JÄGER, 100.

263 UN Doc. A/CN.9/263, Art. 28 (1) para. 3.

264 UN Doc. A/CN.9/263, Art. 28 (1) para. 3.

gleichfalls das EuÜ oder die UNCITRAL ArbRules tun.[265] Ebenso merkte Zypern an, dass vielleicht das Wort „Recht“ (*law*) gegenüber den „Rechtsvorschriften“ (*rules of law*) die bessere Wahl wäre.[266]

Während der letzten Beratung des ML folgten dann ausführliche Diskussionen. Eine Mehrheit der Redner begrüßte die Aufnahme des Terminus „Rechtsvorschriften“ (*rules of law*).[267] Hierbei haben viele Repräsentanten die weite Interpretation befürwortet,[268] während andere lediglich ihre Bereitschaft ausdrückten, diese Formulierung zu akzeptieren.[269]

Der die Diskussion eröffnende italienische Delegierte sprach sich dafür aus, dass man die Wahlmöglichkeiten der Parteien weniger auf ein bestehendes nationales Recht limitieren sollte, sondern ihnen vielmehr die Möglichkeit zur Hand geben sollte, den Streit zu „privatisieren“ (*denationalize*). Ihm zufolge sollte es den Parteien ermöglicht werden, international anerkannte Rechtsprinzipien zu wählen oder internationale Vertragswerke, unabhängig davon, ob sie in Kraft sind oder nicht. Im Ergebnis die gleiche Ansicht vertrat der französische Delegierte, welcher betonte, dass das Prinzip der Parteiautonomie es erfordere, es den Parteien zu überlassen, die Regeln auszuwählen, die auf den Streit anwendbar sein sollen, unabhängig davon, welcher Herkunft sie sind. Deutsche und japanische Delegierte fügten hinzu, dass der Terminus „Rechtsvorschriften“ (*rules of law*) eine Zwischenstufe zwischen der Wahl eines Rechts (*law*) und der Entscheidung nach Billigkeit (*amiables compositeur, ex aequo et bono*) darstelle.[270] Der Beobachter des *Chartered Institute of Arbitrators* bemerkte, dass die Verwendung des Terminus „Rechtsvorschriften“ anstatt von „Recht“ das Risiko vermeiden könnte, dass Schiedsgerichte Rechtswahlklauseln für ungültig erklären, in der zwar ein nationales Recht benannt ist, jedoch einzelne Rechtsvorschriften von dieser Rechtswahl ausgenommen wurden.[271] Der Beobachter der ICCA stellte heraus, dass die Formel „Rechtsvorschriften“ die Fälle mit umfasst, in der die Parteien das Recht eines Staates vereinbaren, wie es an einem bestimmten Tag gilt, um so nachträgliche Änderungen im nationalen Recht ausschließen.[272] Der ungarische Delegierte kommentierte, dass sich die internationale Handelsschiedsgerichtsbarkeit in der Weise entwickelt hat, dass Parteien das Recht eines jeden Staates sowie einzelne separate Rechtsvorschriften wählen und miteinander kombinieren können (*dépeçage*). Der traditionelle Ansatz würde diese besondere Möglichkeit der Parteiautonomie zulassen,

---

265 UN Doc. A/CN.9/263, Art. 28 (1) para. 5.

266 UN Doc. A/CN.9/263, Art. 28 (1) para. 6.

267 UN Doc. A/CN.9/SR.326, paras. 1 & 28 (Italien), 5 (USA), 7 (Argentinien), 8 (Bundesrepublik Deutschland), 9 & 27 (Frankreich), 10 (Kanada), 18 (Singapur), 20 (Japan), 23 (Haager Konferenz), 24 (Chartered Institute of Arbitrators), 25 (Portugal), 26 (ICCA), 30 (Ungarn).

268 UN Doc. A/CN.9/SR.326, paras. 1 (Italien), 7 (Argentinien), 9 (Frankreich), 23 (Haager Konferenz für Internationales Privatrecht), 28 (Frankreich), 29, 8 (Deutschland), 20 (Japan).

269 UN Doc. A/CN.9/SR.326, paras. 16 (Österreich), 19 (Finnland).

270 UN Doc. A/CN.9/SR.326, paras. 8 (Bundesrepublik Deutschland), 20 (Japan).

271 UN Doc. A/CN.9/SR.326, para. 24 (Chartered Institute of Arbitrators).

272 UN Doc. A/CN.9/SR.326, para. 26 (ICCA).

nicht jedoch die Wahl noch nicht in Kraft getretener Übereinkommen.[273] Der Delegierte Argentiniens bemerkte hierzu, dass es sinnvoll wäre, den Parteien innerhalb des Rahmens des *ordre public* sowie der vom ML gezogenen Grenzen, die größtmögliche Autonomie bei der Rechtswahl zu geben.[274] Dabei wurde zum ersten Mal explizit das Problem offensichtlich, dass eine weite Rechtswahl immer noch gegen den *ordre public* verstoßen kann und damit in keinster Weise unlimitiert gewährt werden würde.

Die Opposition in dieser Diskussion übernahm der Delegierte der Sowjet Union, welcher dem traditionellen Ansatz folgte, wie ihn die UNCITRAL ArbRules vorsehen. Der Terminus „Rechtsvorschriften" stelle ihm zufolge eine Innovation dar, mit welcher noch keinerlei praktische Erfahrungen bestünden. Er stimmte jedoch insofern mit den Befürwortern überein, als dass die Parteien die Möglichkeit haben sollten, das Recht von mehr als einem Staat auszuwählen (*dépeçage*). Er sprach sich vielmehr dafür aus, die hier diskutierten Probleme über Art. 33 Abs. 3 UNCITRAL ArbRules zu regeln. Diese Regelung besagt, dass die Bestimmungen des Vertrages und die Handelsbräuche in besonderer Weise zu berücksichtigen sind. Die Parteien könnten folglich dem behandelten Problem mit Hilfe von vertraglichen Normen begegnen und hätten damit keine Probleme mit der nebulösen Formulierung „Rechtsvorschriften".[275] Generell sind einige Staaten dieser Kritik gefolgt und haben sich ebenfalls dafür ausgesprochen, dem traditionellen Ansatz zu folgen.[276] Unterstützt wurden sie vom Beobachter Griechenlands, der den von der Arbeitsgruppe erarbeiteten Text mit den Worten kommentierte, dass so die Tür weit geöffnet würde für eine extravagante Rechtswahl durch die Parteien, inklusive der Wahl kombinierter Regelungen verschiedenster Rechtssysteme sowie internationale Regeln, unabhängig, ob diese verabschiedet sind oder nicht.[277]

Im Großen und Ganzen vermochte jedoch der Vorsitzende eine klare Mehrheit zugunsten der des Austausches des Terminus *rules of law* gegenüber dem *law* bemerken und stellte fest, dass die Wortwahl beträchtlichen Zuspruch („*considerable support*") erfahren hat. Außerdem bemerkte er, dass die vorangegangene Diskussion gezeigt hätte, dass im Zuge der Entwicklungen im Bereich der internationalen Schiedsgerichtsbarkeit eine weitere Interpretation des Begriffs Recht als früher zu bevorzugen ist. Die Entwurfsgruppe sollte eine Wortwahl finden, die die *dépeçage* inkludiert.[278]

Umstritten war folglich bis zuletzt, ob den Parteien ausdrücklich das Recht zugestanden werden soll, eine andere Rechtsordnung als die eines Staates zu wählen.[279] Entschie-

---

273 UN Doc. A/CN.9/SR.326, para. 30 (Ungarn).

274 UN Doc. A/CN.9/SR.326, para. 7 (Argentinien).

275 UN Doc. A/CN.9/SR. 326, paras. 11 & 12 (Russische Föderation).

276 UN Doc. A/CN.9/SR. 326, paras. 6 (Indien), 14 (Schweiz), 15 (Nigeria), 17 (ehemalige DDR), 31 (Iran).

277 UN Doc. A/CN.9/SR.326, para. 22 (Griechenland).

278 UN Doc. A/CN.9/SR.326, para. 34.

279 Vgl.: UN Doc. A/40/17, para. 234; UN Doc. A/CN.9/263, Art. 28 paras. 3, 5; UN Doc. A/CN.9/216, para. 87; UN Doc. A/CN.9/232, para. 162.

den hat man sich letztendlich jedoch für ein solches Zugeständnis und statt des Terminus *law of a given state* die *rules of law* in die endgültige Fassung aufgenommen.[280]

§ 8.2.1.5: Umfang der Parteiautonomie im ML

Nach den obigen Ausführungen zur Entwicklungsgeschichte des Art. 28 Abs. 1 ML fragt sich nun, was dies im Einzelnen für die von der UNCITRAL auf ihrer 18. Sitzung beschlossenen und von den Vereinten Nationen empfohlenen Endfassung des ML bedeutet. Sprich, in welchem Umfange besteht nun letztendlich die Parteiautonomie bei der Rechtswahl?

Der Verweis auf „Rechtsvorschriften" (*rules of law*) anstatt auf das „Recht" (*law*) oder „Rechtssystem" (*system of law*) wird allgemein als Verweis auf die Wahlmöglichkeit geeigneter rechtlicher Regeln verstanden, selbst wenn diese kein autonomes Rechtssystem darstellen.[281] Mit der Verwendung des Terminus „Rechtsvorschriften" in Art. 28 Abs. 1 S. 1 sind die Parteien nicht auf die Wahl einer Rechtsordnung in ihrer Gesamtheit beschränkt, sondern sie können vielmehr einzelne Rechtsvorschriften den verschiedensten Rechtsordnungen entnehmen und miteinander kombinieren.[282] In diesem Punkt ist das ML innovativ[283] und folgt damit einem modernen Trend, welcher durch die Vorschriften des Art. 1496 franzNCPC, Art. 12 des Schiedsverfahrensgesetzes von Djibuti[284] und Art. 1054 niederländischerCPC[285] in Gang gesetzt wurde. Dieser Entwicklung sind die Schweizer bei ihrer Reform bedauerlicherweise nicht gefolgt.[286] Die Bedenken der Gegenseite lassen sich vor allem darin zusammenfassen, dass man in einem Modellgesetz keine Regelungen empfehlen wollte, mit denen keine oder kaum praktische Erfahrungen bestanden.[287]

---

280 UN Doc. A/CN.9/245, para. 94.

281 *Redfern/Hunter*, 90.

282 *Herrmann*, UNCITRAL's Work Towards a Model Law on International Commercial Arbitration, 4 (1983/84) Pace L.R. 537 (558); *Herrmann*, The UNCITRAL Model Law – its background, salient features and purposes 1 (1985) AI 6 (22); während dies ja noch während der Ausarbeitung äußerst umstritten war, vgl.: UN Doc. A/CN.9/264, Art. 28 para. 4; UN Doc. A/CN.9/216, para. 8; UN Doc. A/CN.9/245, para. 94.

283 *Hußlein-Stich*, 142.

284 Vgl.: UN Doc. A/CN.9/264, Art. 28 para. 4.

285 Auch dieser 1981 in den Niederlanden reformierte Artikel spricht von „Rechtsvorschriften" anstatt von Recht. In seiner englischen Übersetzung hat Art. 1054 Abs. 1 und 2 des niederländischen Wetboek van Burgerlijke Rechtsverdering (niederländischeCPC) folgenden Inhalt: Abs. 1: „The arbitral tribunal shall make its award in accordance with the *rules of law*.", Abs. 2: „If a choice is made by the parties, the arbitral tribunal shall make its award in accordance with the rules of law chosen by the parties. Failing such choice of law, the arbitral tribunal shall make its award in accordance with the rules of law, which it considers appropriate." (Hervorhebung durch den Verfasser, Übersetzung zitiert nach: *Hußlein-Stich*, 142 Fn. 705).

286 Hierzu später beim Schweizer Recht.

287 *Granzow*, 169.

Mit Aufnahme des Art. 28 Abs. 1 ML in seiner endgültigen Fassung durch die UNCITRAL und des damit verbundenen derart hohen Grades der Parteiautonomie sind die Urväter des ML über die Konsolidierung der bis dato vorangeschrittenen Rechtsentwicklung hinausgegangen und haben eine Vorreiterrolle übernommen. Zum Zeitpunkt des Entwurfes war eine entsprechende Regelung nur in einem Abkommen und zwei nationalen Rechtsordnungen in Kraft, weshalb die in der Entstehung aufgekommene Kritik, dass diese Vorschrift zu weit geht und so keine Chance auf Übernahme durch nationale Gesetzgeber habe, noch mal im Abschlussbericht Erwähnung fand.[288] Der Modellgesetzgeber ist insbesondere von der Beschränkung auf eine Rechtsordnung als solche in Art. VII EuÜ über die internationale Handelsschiedsgerichtsbarkeit abgewichen. In der Literatur hat dieser Ansatz jedoch zu Recht für positive Resonanz gesorgt. So betonen einige Stimmen in der Literatur gerade diesen „innovativen Charakter“ des Art. 28 Abs. 1 ML.[289]

Im Einzelnen heißt dies, dass die in Art. 28 Abs. 1 ML erwähnten „Rechtsvorschriften“ (*rules of law*) im Zusammenhang mit dem in Art. 28 Abs. 2 ML verwendeten Begriff „Recht“ (law) zu sehen sind. Das bedeutet wiederum, dass die Parteien im Rahmen des Art. 28 Abs. 1 ML befugt sind, den Begriff der „Rechtsvorschriften“ (*rules of law*) weit auszulegen. Schon während der Ausarbeitung herrscht insoweit weitgehend Konsens, dass die Parteien nicht nur Rechtsvorschriften nationaler Rechtsordnungen auswählen können, sondern auch solche internationaler Abkommen, unabhängig davon, ob diese in Kraft sind oder nicht.[290] So können die Parteien einzelne Regeln den verschiedensten nationalen Rechtsordnungen entnehmen und miteinander kombinieren (*dépeçage*) sowie bei der Wahl einer Rechtsordnung die Anwendung einzelner Vorschriften dieser gewählten Rechtsordnung ausschließen.[291] Damit können sich die Parteien ein auf ihre Bedürfnisse zugeschnittenes Rechtsgefüge konstruieren. Des Weiteren können sich die Parteien darauf einigen, ein bestimmtes (nationales) Recht „einzufrieren“, so dass es nur in der zum Zeitpunkt des Vertragsschlusses verabredeten Form und Fassung gilt.[292]

Der Terminus „Rechtsvorschriften“ soll des Weiteren nach der international vorherrschenden Ansicht[293] nicht nur auf die Rechtsvorschriften eines nationalen Rechts verweisen, sondern außerdem „transnationale“ Rechtsgrundsätze (wie z.B. die UNIDROIT-

---

288 UN Doc. A/40/17, paras. 232 & 233.

289 *Hußlein-Stich*, 142.

290 UN Doc. A/CN.9/264, Art. 28 para. 4; UN Doc. A/40/17, para. 232; *Holtzmann/Neuhaus*, 766.

291 UN Doc. A/40/17, para. 232; *Hußlein-Stich*, 142.

292 UN Doc. A/CN.9/SR.326, para. 26; *Hußlein-Stich*, 142.

293 *Redfern/Hunter*, 90; *Calavros*, 123; *Granzow*, 168; *Fouchard*, 114 (1987) JDI (Clunet) 861 (878); *Kronke*, Internationale Schiedsverfahren nach der Reform, RIW 1998, 257 (262); *Berger*, Entstehungsgeschichte und Leitlinien des neuen deutschen Schiedsverfahrensrechts, in: *Berger* (Hrsg.), Das neue Recht der Schiedsgerichtsbarkeit (Köln 1998) 1 (21); *Berger*, Formalisierte oder „schleichende“ Kodifizierung des transnationalen Wirtschaftsrechts – Zu methodischen und praktischen Grundlagen der Lex Mercatoria (Berlin 1996) 171.

Vertragsgrundsätze[294]) mitumfassen. Anders als noch innerhalb der Arbeitsgruppe[295] ist man sich nun nahezu einig,[296] dass auf Grundlage dieser Ermächtigung außerdem die so genannte *lex mercatoria* als transnationales Welthandelsrecht wählbar ist.[297] Die Unstimmigkeiten im Meinungsbild im Rahmen der *lex mercatoria* sind auf die unterschiedliche Einordnung einer solchen zurückzuführen. Generell bestehen zwei Tendenzen, zum einen ordnen einige Autoren die *lex mercatoria* als eine selbstständige Rechtsquelle ein, so z.B. überwiegend in Frankreich, andere Autoren ordnen sie als *„usage"* ein, wonach die *lex mercatoria* lediglich im Rahmen des staatlichen (materiellen) Rechts Anwendung findet.[298] Nahezu einstimmig vertreten zeitgenössische Autoren die Ansicht, dass die „Rechtsvorschriften" gemäß Art. 28 Abs. 1 ML die „allgemeinen Rechtsprinzipien" (*general principles of law*), die *lex mercatoria* (*law merchant*) ebenso wie das jahrelang gereifte Fallrecht internationaler Schiedsgerichte (*arbitral case law*) sowie die *private restatements of international contract law*, z.B. die bereits erwähnten UNIDROIT Vertragsgrundsätze, hierzu gehören.[299]

Auf den Punkt gebracht heißt dies:

> „[The parties may] choose the rules embodied in a convention or similar legal text elaborated on the international level, even if not yet in force"[300]

---

294 UNIDROIT Draft Principles For International Commercial Contracts (1994), UNIDROIT Doc. 40 Rev. 5, 1.; vgl. hierzu allgemein: *BONELL*, Das UNIDROIT-Projekt für die Ausarbeitung von Regeln für internationale Handelsverträge, 56 (1992) RabelsZ 274 (276); *WICHARD*, Die Anwendung der UNIDROIT-Prinzipien für internationale Handelsverträge durch Schiedsgerichte und staatliche Gerichte, 60 (1996) RabelsZ 269 ff.

295 UN Doc. A/CN.9/245, para. 94.

296 Anderer Ansicht: *NÖCKER*, 140.

297 Speziell zum ML: *FOUCHARD*, 114 (1987) JDI (Clunet) 861 (878); *CALAVROS*, 123 f.; zur allgemeinen Auslegung der Begrifflichkeit: *DAVID*, Rn. 389; *GOLDMAN*, The applicable law: general principles of law – the lex mercatoria, in: *LEW* (Hrsg.), Contemporary Problems in International Arbitration (London 1986) 113 (123); *BLESSING*, Schweiz II, 13 ff.

298 Vgl.: *VON HOFFMANN*, 127; *GOTTWALD*, Die sachliche Kontrolle internationaler Schiedssprüche durch staatliche Gerichte, in: *HABSCHEID* (Hrsg.), Festschrift für *HEINRICH NAGEL* zum 75. Geburtstag (Münster 1987) 54 (64 f.) [zukünftig zitiert als: *GOTTWALD*, FS *NAGEL*].

299 *BERGER*, IEA, 556 ff.; *REDFERN/HUNTER*, 95 Fn. 79, 126; *GRANZOW*, 168; *CALAVROS*, 123; *BLESSING*, 14 (1997) J.Int'lArb. 39 (56); *FOUCHARD*, 114 (1987) JDI (Clunet) 861 (878); *GAILLARD*, A Foreign View of the New Swiss Law on Arbitration, 4 (1988) AI 25 (29); *DASSER*, Internationale Schiedsgerichte und lex mercatoria (Zürich 1989) 347 [zukünftig zitier als: *DASSER*]; dagegen waren offenbar noch: UN Doc. A/CN.9/245, para. 94; UN Doc. A/CN.9/264, Art. 28 para. 4 Fn. 81; ferner: *LANDO*, Conflict of Law Rules for Arbitrators, in: *BERNSTEIN* (Hrsg.), Festschrift für *KONRAD ZWEIGERT* zum 70. Geburtstag (Tübingen 1981) 157 (162 f.) und in Bezug auf die lex mercatoria: *SCHLOSSER*, Rn. 201.

300 UN Doc. A/40/17, para. 232; was hier unter dem "vergleichbaren Text" gemeint ist, d.h. eine genauere Präzisierung lässt sich weder dem Wortlaut des Modellgesetzes noch den Materialien entnehmen.

§ 8.2.1.6: Ergebnis zur Philosophie der Wortwahl

Die gewährte Parteiautonomie umfasst alle nach Art. 1 Abs. 1 ML erfassten Handelssachen, d.h. desgleichen Streitigkeiten nichtvertraglicher Art. Sofern es sich um eine Handelssache handelt, sind die Parteien befugt, eine Rechtswahl vorzunehmen.[301] Insofern weicht Art. 28 Abs. 1 ML von den üblichen kollisionsrechtlichen, nationalen Regelungen und insbesondere dem EVÜ ab, in denen die Möglichkeit eine vorweggenommene Rechtswahl zu treffen, zumeist auf das Recht der Schuldverhältnisse beschränkt ist. Aus Art. 2 lit. d ML ergibt sich jedoch eine Beschränkung insofern, dass die Parteien nicht die Möglichkeit haben, einen Dritten mit der Rechtswahl zu beauftragen. [302]

Art. 28 Abs. 1 ML räumt der Parteiautonomie einen sehr breiten Raum ein. Sie wird damit den Bedürfnissen des modernen Handelsverkehrs gerecht und „kommt in vorbildlicher Weise der zeitgenössischen Entwicklung der internationalen Handelsschiedsgerichtsbarkeit entgegen“[303]. Mit der Möglichkeit, die Anwendbarkeit von „Rechtsvorschriften“ (*rules of law*) zu vereinbaren, wollte man dem Trend zur „Denationalisierung“ der internationalen Schiedsgerichtsbarkeit gerecht werden.[304]

Gerade im Hinblick auf Art. 28 Abs. 3 ML, welcher im ML eine Ermächtigung zur Entscheidung nach Billigkeit ermöglicht, muss der Terminus „Rechtsvorschriften“ eine sehr weite Interpretation erfahren. Sofern es die Parteiautonomie den Parteien gestattet, die Schiedsrichter völlig losgelöst von jeglichem Recht eine Entscheidung zu treffen, muss es ihnen im Umkehrschluss erst recht erlaubt werden, dem Schiedsrichter eine Leitvorgabe zur Seite zu stellen, ganz gleich, welcher Dichte und Herkunft diese sein mag.

Nach dem hier Gesagten kommen u.a. folgende Rechtswahlmöglichkeiten in Betracht:

ein nationales Recht,
eine Kombination einzelner Ausschnitte unterschiedlicher nationaler Rechtsordnungen (*dépeçage*),[305]
die Wahl einer konkreten Rechtsordnung mit Ausnahme einzelner Vorschriften,
ein internationales Übereinkommen (wie z.B. das CISG), unabhängig davon, ob es in Kraft getreten ist oder nicht,
die *lex mercatoria* oder ein anderes anationales Recht,

---

301 ZERBE, Die Reformen des deutschen Schiedsverfahrensrechts auf der Grundlage des UNCITRAL-Modellgesetzes über die internationale Handelsschiedsgerichtsbarkeit (Baden-Baden 1995) 217 [zukünftig zitiert als: ZERBE]; CALAVROS, 125; HUßLEIN-STICH, 144.

302 Vgl.: UN Doc. A/40/17, para. 242; UN Doc. A/CN.9/327, para. 30 (Hague Conference).

303 CALAVROS, 124; vgl. auch: DERAINS, ICCA Congress Series No. 2, 169 (170 ff.).

304 JÄGER, 99; bedauerlicherweise haben Tunesien (Art. 73 Abs. 1 tunesisches SchG) und Bulgarien (Art. 38 Abs. 1 LICA) die Formulierung *rules of law* durch den Begriff *law* ersetzt und damit limitieren sie die Wahlmöglichkeiten der Parteien auf die Bestimmung einer konkreten nationalen Rechtsordnung.

305 UN Doc. A/40/17, para. 232.

die allgemeinen Rechtsprinzipien wie sie in allen oder den meisten Ländern bekannt sind,[306]
„private" Texte wie etwa die „*Restatements of Contracts*",[307]
Fallrecht internationaler Schiedsgerichte etc. pp.[308]

Folglich sind die Parteien in ihrer Rechtswahl frei und können zugunsten eines frei wählbaren Rechts oder einzelner Rechtsvorschriften votieren, unabhängig ob diese nationalem oder anationalem oder transnationalem Ursprung sind.

§ 8.2.1.7: Ausschluss des renvoi

Neben dem Grundsatz der möglichen Wahl von Rechtsvorschriften lässt sich dem Art. 28 Abs. 1 ML noch ein weiterer Grundsatz entnehmen.

Gemäß Art. 28 Abs. 1 S. 2 ML ist die Rechtswahl durch die Parteien als unmittelbare Verweisung auf die jeweiligen Sachnormen und nicht auf die Kollisionsnormen zu verstehen, sofern die Parteien nichts anderes vereinbaren. Damit ist ein überraschender *renvoi* explizit ausgeschlossen.

Diese Norm steht im Einklang mit einer im Internationalen Privatrecht und der Schiedsgerichtsbarkeit[309] bestehenden Tendenz, dass die Parteien unmittelbar das anwendbare materielle Recht bestimmen, ohne dass Kollisionsnormen (mit ihrer Gefahr zur Rück- oder Weiterverweisung, *renvoi*) dazwischengeschaltet werden.[310] Diese Tendenz findet auch in der Literatur ihre Unterstützung.[311]

Diese Vorschrift kommt den Parteiinteressen entgegen, zumal die Parteien nicht mehr befürchten müssen, dass die Kollisionsnormen ihre Wahl nicht annehmen. Die Vorschrift des Art. 28 Abs. 1 S. 2 ML bewahrt die Parteien vor allem vor einem „unerwarteten"

---

306 Vgl.: UN Doc. A/CN.9/SR.326, paras. 1, 7, 9.

307 *Granzow*, 168.

308 Genaueres zu den Wahlmöglichkeiten findet sich unter der gleichnamigen Überschrift.

309 Vgl.: ICC Schiedsspruch Nr. 1455; Nr. 5073 (Teilschiedsspruch).

310 *Stoll*, Bemerkungen zu den Vorschriften über den "Allgemeinen Teil" im Gesetzesentwurf der Bundesregierung zur Neuregelung des IPR (Art. 3-9, 11-12), IPRax 1984, 1 (2); *Firsching*, Übereinkommen über das auf vertragliche Schuldverhältnisse anwendbare Recht, IPRax 1981, 37 (42); *Derains*, ICCA Congress Series No. 2, 169 (192); *Hußlein-Stich*, 143; bei Art. 33 Abs. 1 UNCITRAL ArbRules geht dies noch nicht unmittelbar aus dem Wortlaut hervor, soll sich aber bereits aus der Entstehungsgeschichte der UNCITRAL-ArbRules ergeben, so: *Dore*, Arbitration and conciliation under the UNCITRAL Rules: A Textual Analysis (Dordrecht 1986) 168.

311 *Kegel/Schurig*, Internationales Privatrecht[8] (München 2000) § 10; *Lew/Mistelis/Kröll*, 417 m.w.N. in Fn. 18.

renvoi[312] und folgt damit dem durch Art. 15 EVÜ begründeten Standard, bei einer Rechtswahl eine Rück- oder Weiterverweisung auszuschließen.[313]

Der Ausschluss des *renvoi* ist zu begrüßen.[314] Selbst wenn die praktische Relevanz nicht allzu groß sein dürfte, nachdem in der internationalen Handelsschiedsgerichtsbarkeit bisher kein Fall bekannt war, in denen die Schiedsrichter bei der Bestimmung des anwendbaren Rechts durch die Parteien nicht das materielle, sondern das Kollisionsrecht der von den Parteien gewählten Rechtsordnung angewandt haben.[315] So ist der Ausschluss des *renvoi* dennoch der Rechtsklarheit dienlich. Es dürfte außerdem dem Parteiwillen am nächsten kommen, den *renvoi* auszuschließen. Gerade Rechtslaien, die mit der Abstraktheit internationalrechtlicher Fragen und den Gepflogenheiten kollisionsrechtlicher Systeme nicht vertraut sind, sind generell der Ansicht, mit der Rechtswahl das materielle Recht zu bestimmen, welches auf ihren Rechtsstreit anwendbar sein soll. Ihnen käme es nicht in den Sinn, dass sie von dem gewählten (Kollisions-)Recht noch in eine weitere Rechtsordnung verwiesen werden könnten.

§ 8.3: Beschaffenheit einer gültigen Rechtswahl

§ 8.3.1: Bezugspunkte der gewählten Rechtsordnung zum Vertrag oder zu den Parteien?

§ 8.3.1.1: Allgemein

Einige Autoren argumentieren, dass im Allgemeinen nur ein nationales Recht gewählt werden darf, welches direkt mit den Parteien oder dem Vertrag in Verbindung steht.[316] Gewählt werden können nach dieser Ansicht nur die in Konflikt tretenden nationalen Rechte. Dies sind in der Regel die nationalen Rechtsordnungen:

der Vertragsparteien, d.h. das Recht des Landes, in dem die Parteien ihren Sitz oder ihr Domizil haben oder dessen Nationalität sie angehören,
das Recht des Ortes, an dem der Vertrag geschlossen wurde (*lex loci contractus*) oder
das Recht des Staates, der Vertragserfüllung oder das Recht des Erfüllungsortes (*lex loci solutionis*).

---

312 *Dore*, Arbitration and conciliation under the UNCITRAL Rules: A Textual Analysis (Dordrecht 1986) 122; *Hußlein-Stich*, 143.

313 *Derains*, ICCA Congress Series No. 2, 169 (192).

314 Ebenso: *Calavros*, 124.

315 *Calavros*, 124; *Derains*, ICCA Congress Series No. 2, 169 (192).

316 *Yntema*, "Autonomy" in Choice of Law, 1 (1952) Am.J.Comp.L. 341; *Rabel*, The Conflict of Laws. A Comparative Study II² (Michigan 1960) Kap. 29; *Dicey/Morris*, The Conflict of Laws[11] (London 1987) 729 ff.; dies war vor allem in einigen osteuropäischen Staaten der Fall: *Schlosser*, Rn. 731; dass dies auch in einigen nationalen Rechtsordnungen so ist, behauptete: *Wolff*, Private International Law² (London 1950) 417.

Hauptgrund für eine derartige Beschränkung soll sein, dass die Parteien nur ein Recht wählen können, welches ihnen von vornherein als mögliches anwendbares Recht bekannt ist. Es wird argumentiert, dass die Parteien nur ein Recht kennen und verstehen können, zu welchem sie einen Bezug haben. Es könne nicht von den Parteien erwartet werden, die relevanten Bestimmungen einer dritten oder neutralen Rechtsordnung zu kennen.[317]

Diese Argumentation ignoriert jedoch, dass das Recht der gegnerischen Partei einer prozessführenden Partei nicht vollständig vertraut ist oder sich ihr dieses nur vollständig erschließt, wenn sie sich intensiv hierin einarbeitet, wie es auch bei einem neutralen Recht zu geschehen hätte. Solange also eine Partei nicht ihr eigenes Recht anzuwenden hat, muss sie sich das fremde Recht so oder so durch intensive Einarbeitung erschließen. Hierbei ist obendrein zu bedenken, dass schon die Kenntnis des eigenen Rechts nicht immer gegeben ist; vor allem dort, wo selbst im eigenen Recht divergierende Tendenzen bestehen. In sehr speziellen Rechtsgebieten einer nationalen Rechtsordnung werden sich die Angehörigen dieses Rechtssystems ebenso einarbeiten müssen.[318]

Ganz überwiegend wird eine Beziehung zu der durch die Parteien gewählten Rechtsordnung heute nicht mehr gefordert.[319] *GENTINETTA* folgert dies *a maiore ad minus* zu Recht aus der Zulässigkeit der *amiable composition*.[320] Dort, wo diese zulässig ist und eine Rechtsentscheidung losgelöst von jeglichem Recht getroffen werden kann, wird man nur schwerlich behaupten können, dass im Falle einer Rechtswahl, diese einen Bezug zu den Parteien oder dem Vertrag haben muss.

Auf das Modellgesetz und dessen Art. 28 Abs. 1 angewandt, heißt dies, dass hier nach einhelliger Meinung keinerlei Beziehung der gewählten Rechtsordnung zum Fall oder zu den Parteien aufweisen muss.[321]

§ 8.3.1.2: Zeitpunkt der Rechtswahl durch die Parteien

Eine Frage, deren Beantwortung bisher vernachlässigt wurde, ist die, nach dem Zeitpunkt, in dem die Rechtswahl durch die Parteien getroffen werden kann. Genauer gesagt, sind

---

317 Vgl.: *LEW*, 103.

318 Vgl.: *LEW*, 103.

319 *DAVID*, Rn. 388/343; *SCHLOSSER*, Rn. 731; ICC Schiedsspruch Nr. 4145 (zweiter Teilschiedsspruch); vgl. auch: OLG München, IPRax 1986, 178; *VITA FOOD PRODUCTS INC. V. UNUS SHIPPING CO. LTD.*, [1939] AC 277 (P.C.); *DICEY/MORIS*, The Conflict of Laws[11] (London 1987) 757; *LANDO*, Conflict of Law Rules for Arbitrators, in: *BERNSTEIN* (Hrsg.), Festschrift für *KONRAD ZWEIGERT* zum 70. Geburtstag (Tübingen 1981) 157 (169 f.); *REYMOND*, La Nouvelle Loi Suisse Et Le Droit de L'Arbitrage International – Réflexions De Droit Comparé, Rev.Arb. 1989, 385 (405); einschränkend noch: *VON HOFFMANN*, 117-119/67 f.

320 *GENTINETTA*, Die Lex Fori Internationaler Handelsschiedsgerichte (Bern 1973) 200.

321 UN Doc. A/40/17, para. 232; *ROTH*, Part 5: The UNCITRAL Model Law on International Commercial Arbitration, in: *WEIGAND* (Hrsg.), Practitioner's Handbook on International Arbitration (München 2002), Art. 28 Rn. 3 m.w.N. [zukünftig zitiert als: *ROTH*, Art.]; *CALAVROS*, 125; *ZERBE*, 217; *HOLTZMANN/NEUHAUS*, 766; *HUßLEIN-STICH*, 142 f.; *GRANZOW*, 167.

die Parteien darauf angewiesen, ihre Rechtswahl vor Eintritt einer Streitigkeit zu fixieren oder können sie diese noch vor dem Schiedsgericht kundtun? Art. 28 des Modellgesetzes gibt keine Auskunft darüber, bis zu welchem Zeitpunkt die Parteien das anwendbare materielle Recht wählen dürfen. Aus den sonstigen Bestimmungen des ML lassen sich ebenfalls keine Rückschlüsse ziehen.

Teilweise wird vertreten, dass die Parteien nur bis zum Beginn des Verfahrens vor dem Schiedsgericht befugt sind, ihre Rechtswahl zu treffen.[322] Dieser formelle Ansatz geht davon aus, dass mit der Rechtswahl durch die Parteien eine rechtliche Situation geschaffen wird, welche als Fakt behandelt werden muss.[323] Während die Parteien ihre rechtlichen Vereinbarungen oder ihr Vertragswerk jederzeit ändern können, sind sie nach dieser Ansicht jedoch nicht befugt, eine bereits vorgenommene Rechtswahl zu verändern oder zu ergänzen.

Aus der überragenden Stellung der Parteiautonomie im Modellgesetz muss jedoch eine andere Schlussfolgerung gezogen werden. Legt man diese zugrunde, muss es den Parteien noch während des Verfahrens bis zur Bestimmung des Rechts durch den Schiedsrichter gestattet sein, ihre Rechtswahl bezüglich des anwendbaren materiellen Rechts zu treffen.[324] Dementsprechend kann die Wahl noch in den *Terms of Reference* oder während des Verfahrens erfolgen oder sogar zu diesem Zeitpunkt noch geändert werden, solange nicht die Rechte Dritter dadurch betroffen werden.[325] Für eine solche Auslegung spricht Art. 3 Abs. 2 EVÜ, der als einziger eine explizite Regelung derartiger Fälle vornimmt und ausdrücklich eine jederzeitige Rechtswahl und Rechtswahlkorrektur erlaubt.

> „The parties have agreed that Argentine law is the proper law of the commission agreement (or agreements), and should their choice of law, which was only made during the course of arbitration proceedings, not by itself be binding upon me, I have no doubts about the correctness of their conclusion in that respect."[326]

Häufig wird das Schiedsgericht im Falle des Fehlens einer vorweg getroffenen Rechtswahl den Parteien seine Vorstellungen über das anwendbare Recht mitteilen. Der Delegierte Österreichs hat sich im Rahmen der Beratungen für eine möglichst frühe Mitteilung des anwendbaren Rechts durch den Schiedsrichter ausgesprochen.[327]

Es liegt in der Natur der Parteiautonomie, dass die Parteien jederzeit frei sind – beiderseitiges Einverständnis vorausgesetzt – ihre vertraglichen Vereinbarungen zu modifi-

---

322 *DAVID*, Rn. 388.

323 *CASSONI*, I contratti collegati del diritto internazionale privato, Riv.dir.int.priv.proc. 1979, 23.

324 *RAUH*, Die Schieds- und Schlichtungsordnung der UNCITRAL (Köln 1983) 137; *HUßLEIN-STICH*, 144.

325 *DELAUME*, Law and Practice of Transnational Contracts (New York 1988) § 9.11; *SANDERS*, Het nieuwe arbitragerecht (Deventer 1987) 142; *VAN HOUTTE*, Arbitrage En Toepasselijk Recht, TvPr 1982, 703 (712); *BERGER*, 349; *ROTH*, Art. 28 Rn. 3; *REDFERN/HUNTER*, 73 f., 96 ff.

326 Entscheidung von Richter *LAGERGREEN* zitiert nach: *LEW*, 98.

327 UN Doc. A/CN.9/SR.326, Art. 28 para. 55 a.E.

zieren. Insofern muss dies ebenso für das anwendbare Recht gelten, selbst dann noch, wenn das schiedsgerichtliche Verfahren bereits begonnen hat. Schließlich kann es durchaus vorkommen, dass die beteiligten Parteien an den Äußerungen des Schiedsrichters erkennen, dass ihnen das Ergebnis seiner Rechtswahl nicht gefallen könnte, oder dass nach dem derzeit von ihnen gewählten Recht ein für beide nicht tragbarer Ausgang des Verfahrens zu erwarten ist und sie so die Anwendung eines anderen materiellen Rechts begehren.

Darüber hinaus können die Parteien im Einvernehmen eine Rechtswahl bis zum Abschluss des Schiedsverfahrens treffen. Dies selbst, wenn eine Rechtswahl durch das Schiedsgericht bereits erfolgt war. Dies folgt zwangsläufig aus der alles überragenden Parteiautonomie. Hierbei sei jedoch anzumerken, dass ein derartiges Vorgehen selten anzutreffen sein wird, zumal eine späte Rechtswahl oder Änderung einer solchen, allerhand Kosten und eine weitere Verfahrensverzögerung zur Folge hätte.

Folgerichtig steht es den Parteien bis zum Abschluss des schiedsrichterlichen Verfahrens durch den Schiedsspruch, ein materielles Recht zu wählen oder ihre getroffene Rechtswahl einvernehmlich zu ändern.

§ 8.3.2: Formen der Parteiautonomie

§ 8.3.2.1: Explizite Rechtswahl

Die Parteiautonomie präsentiert sich grundsätzlich in zwei Formen.[328] Zum einen die Autonomie, die direkt durch die Parteien im Vertrag oder vor dem Schiedsgericht zum Ausdruck gebracht wird, explizite Rechtswahl (*expressis verbis*). Zum anderen besteht die Möglichkeit, dass die Parteien von ihrer Autonomie nur implizit ausdrücken und sich erst aus den Umständen erschließt, was die Intentionen und Erwartungen der Parteien waren.

Grundsätzlich ist die ausdrückliche Ermächtigung der Parteien absolute Grundvoraussetzung für die Entscheidung auf Grundlage bestimmter Rechtsvorschriften.[329]

De facto ist es in internationalen Verträgen üblich, eine explizite Rechtswahlklausel aufzunehmen:

> „The determination of the proper law of the contract will not involve any difficulty if the parties have been wise enough to record expressly which legal system is to apply to their agreement."[330]

---

328 *Lew*, 69.
329 *Jäger*, 100.
330 *Schmitthoff*, The English Conflict of Laws[3] (London 1954) 109.

§ 8.3.2.2: Implizite Rechtswahl

§ 8.3.2.2.1: Allgemein

In der Praxis vergessen es die Parteien oftmals, sei es aus Bequemlichkeit, aufgrund eines Fehlers oder anderer Umstände, eine ausdrückliche Rechtswahl in den Vertrag mit aufzunehmen. Es mag sein, dass sie aufgrund der Umstände keine Notwendigkeit gesehen haben, eine explizite Rechtswahl in den Vertrag mit aufzunehmen. Dies geschieht meist dort, wo die Parteien schon lange Vertragsbeziehungen pflegen oder diese wie selbstverständlich von der Anwendbarkeit eines bestimmten Rechts ausgehen.

Art. 28 ML schweigt zu der Frage, wie eine gültige Rechtswahl beschaffen sein muss, d.h. ob eine stillschweigende Rechtswahl beachtlich ist. Aus der Formulierung in Art. 28 Abs. 2 ML, in dessen verbindlichen englischen Originalfassung *„failing any designation by the parties"*, lassen sich nur wenige Rückschlüsse für die Beschaffenheit einer Rechtswahl nach Art. 28 Abs. 1 ML schließen. Dies macht die ebenfalls verbindliche französische Fassung des Gesetzes deutlich, die in Art. 28 Abs. 2 ML mit den Worten *„une telle désignation"* auf Art. 28 Abs. 1 ML Bezug nimmt. Dennoch sieht *NÖCKER* bereits hier, am Anfang des Art. 28 Abs. 2 ML, ein tragfähiges Argument, nachdem das Schiedsgericht das anwendbare Recht nur festlegen darf, wenn „jegliche" Bestimmung durch die Parteien fehlt.[331]

Um gänzliche Klarheit zu haben, kann wiederum der Umkehrschluss aus Art. 28 Abs. 3 ML bemüht werden.[332] Dieser verlangt für eine gültige *amiable composition* eine explizite Ermächtigung, *„only if the parties expressly authorized it to do so"* (Art. 28 Abs. 3 ML). Wenn also das Modellgesetz zum einen eine explizite Ermächtigung zur Entscheidung nach Billigkeit verlangt, auf der anderen Seite aber keine vergleichbare Formulierung im Rahmen der Rechtswahl aufgenommen hat, kann dies nur heißen, dass diese nicht zwangsläufig ausdrücklich erfolgen muss. Eine derartige Auslegung deckt sich mit der Auslegung derselben Begrifflichkeit in Art. V Abs. 1 lit. a der NYC zur Wahl des auf den Vertrag anwendbaren Rechts.

Fehlt also eine explizite Rechtswahlklausel oder ist eine explizite Rechtswahl vorm Schiedsgericht unterblieben, kann das Schiedsgericht dennoch eine Rechtswahl der Parteien zu beachten haben, indem sich aus dem Vertrag oder sonstigen Begleitumständen eine konkludente Rechtswahl ergibt.[333] Die Parteiautonomie wird damit heute nicht mehr ausschließlich als Möglichkeit der expliziten Rechtswahl verstanden, sondern vielmehr ebenso als Freiheit, eine derartige Wahl implizit vorzunehmen. Dabei ist nur eine still-

---

331 *NÖCKER*, 139.

332 Ebenso: *GRANZOW*, 169.

333 *REDFERN/HUNTER*, 122; *BLESSING*, 14 (1997) J.Int'lArb. 39 (43 ff.); *KÜHN*, Express and Implied Choice of Substantive Law in the Practice of International Arbitration, in: *VAN DEN BERG* (Hrsg.), Planning efficient Arbitration Proceedings, ICCA Congress Series No. 7 (Deventer 1996) 380 ff.

schweigende Rechtswahl beachtlich. Alleine der hypothetische Parteiwille genügt hier nicht.[334]

Eine implizite Rechtswahl wird von nahezu allen nationalen Rechtssystemen anerkannt, welche die Parteiautonomie berücksichtigen. In der Tat ist es nur ein Teilaspekt der Parteiautonomie.[335] Gerade weil Art. 28 ML der Parteiautonomie den Vorrang gewährt, ist eine stillschweigende Rechtswahl ebenso beachtlich wie eine ausdrückliche.[336] Die internationale Literatur befürwortet infolgedessen die Gültigkeit einer stillschweigenden Rechtswahl.[337]

Eine solche implizite Rechtswahl ist ebenfalls als konkludente oder stillschweigende Rechtwahl oder im Englischen als *implied choice*, *inferred choice*[338], *tacit choice* oder *implicit choice*[339] bekannt.

> „Where the intention of the parties to a contract with regard to the law governing the contract is not expressed in words, their intention is to be inferred from the terms and nature of the contract, and from the general circumstances of the case, and such inferred intention determines the proper law of the contract."[340]

Nachdem die Parteiautonomie gerade auf dem Willen der Parteien beruht, muss ein Schiedsrichter versuchen herauszufinden, was die Parteien wirklich beabsichtigt haben. Das heißt, wo keine explizite Rechtswahl erfolgt ist, muss das Schiedsgericht den Fall, die Umstände, den Vertrag, die Umstände der Vertragsanbahnung etc. pp. daraufhin untersuchen, ob sich aus ihnen nicht ein bestimmter Parteiwille ergibt. Insbesondere dort, wo offensichtlich ist, dass die Parteien keinen Gedanken an eine Rechtswahl verwendet haben, ist zu untersuchen, ob sie bei ihren Überlegungen nicht von einem bestimmten Recht und deren Anwendung auf ihren Vertrag ausgegangen waren.

Die eigentliche Frage ist jedoch, ob das Schiedsgericht oder der Schiedsrichter mit an Sicherheit grenzender Wahrscheinlichkeit anhand der Fakten und Begleitumstände eruieren kann, was wirklich von den Parteien beabsichtigt wurde? Diese Frage nach einer impliziten oder gar negativen Rechtswahl hat hierbei fast religiösen Charakter.[341] Selbst der Schiedsrichter, der mit den Gewohnheiten und Bräuchen in einem bestimmten Geschäftsfeld oder einer bestimmten Branche vertraut ist, dürfte absolute Sicherheit nicht erreichen können. Auf jeden Fall nur schwerlich beachtet werden können der mitunter eigenwillige

---

334 *GRANZOW*, 170.

335 *LEW*, 182 mit einem rechtsvergleichenden Überblick unter Hinweis auf Englang, Frankreich, USA usw.

336 Ebenso: *HUßLEIN-STICH*, 143.

337 *LEW*, 182; *DAVID*, Rn. 388; *VON HOFFMANN*, 94; *LANDO*, Conflict of Law Rules for Arbitrators, in: *BERNSTEIN* (Hrsg.), Festschrift für *KONRAD ZWEIGERT* zum 70. Geburtstag (Tübingen 1981) 157 (162); *MAIER*, Handbuch der Schiedsgerichtsbarkeit (Herne 1979) Rn. 547.

338 *DICEY/MORRIS*, The Conflict of Laws[11] (London 1987) Rule 146, sub-rule 2, 735

339 Vor allem geläufig im französischen und deutschen Rechtsraum.

340 *DICEY/MORRIS*, Conflict of Laws[7] (London 1958) 595.

341 Vgl.: *BLESSING*, 14 (1997) J.Int'lArb. 39 (43).

und exzentrische Charakter einiger Geschäftspartner, das besonnene Handeln, die Bereitschaft Risiken einzugehen, die verschiedenen Erfahrungen der einzelnen Geschäftspartner, ihr manchmal naives oder rücksichtsloses Handeln etc. pp. Auch sind die verschiedenen Sichtweisen und Ziele der vertragsschließenden Parteien dem Schiedsgericht nicht gänzlich zugänglich oder der Druck, der auf den einzelnen Personen lasten mag. Die Theorie der impliziten Rechtswahl ignoriert die Unvorhersehbarkeit menschlicher Entscheidungen und die verschiedensten äußeren Faktoren, die während der Vertragsverhandlungen das Verhalten der Parteien beeinflussen.[342]

Nichtsdestotrotz kann die Theorie der impliziten Rechtswahl ihrer Existenzberechtigung nicht beraubt werden.[343] Die obigen Ausführungen sollen nur deutlich machen, dass bei Suche nach einer konkludenten Rechtswahl Vorsicht geboten ist und von einer solchen nicht vorschnell ausgegangen werden darf. Vielmehr sollte der implizite Wille mit an Sicherheit grenzender Wahrscheinlichkeit erkennbar sein.

§ 8.3.2.2.2: Indizien für eine implizite Rechtswahl

Die Anhaltspunkte dafür, dass die Parteien implizit eine Rechtswahl vorgenommen haben, lassen sich prinzipiell in drei Kategorien einteilen:[344]

objektive Betrachtung des Vertrages, seiner einzelnen Klauseln und Vertragsumstände,
Verwendung einer bestimmten Terminologie oder Sprache, die einer bestimmten Rechtsordnung zugeschrieben werden kann
sowie *qui elegit arbitrum, elegit ius*?

§ 8.3.2.2.3: Objektive Betrachtung des Vertrages, seiner einzelnen Klauseln und Vertragsumstände

Die erste Kategorie, aus welcher sich Indizien für eine implizite Rechtswahl ergeben können, ist die objektive Betrachtung des Vertrages, seiner einzelnen Klauseln und den Begleitumständen des Vertrages. Zu diesen Begleitumständen gehören vor allem vorausgegangene Geschäftsbeziehungen und Bräuche zwischen den Parteien.

In Betracht kommt aber außerdem die vom österreichischen Delegierten vorgeschlagene Lösung, dass das Schiedsgericht bei unterbliebener expliziter Rechtswahl den Parteien möglichst frühzeitig seine Vorstellungen über das anwendbare materielle Recht mitteilen sollte.[345] Gehen in der Folge die Parteien in ihren Sachvorträgen auf diesen „Rechtswahlvorschlag" des Schiedsgerichts ein, so liegt hierin eine konkludente, nach-

---

342 Ähnlich: *Lew*, 183.
343 Ebenso: *Lew*, 183.
344 Ebenso: *Lew*, 184 ff.
345 Vgl.: UN Doc. A/CN.9/SR.326, para. 55.

trägliche Rechtswahl vor.[346] Allerdings muss man an derartige Indizien differenzierter herangehen. Unterschieden werden muss zwischen einem Prozessverhalten der Parteien, in welchem ein tatsächliches Indiz für einen auf die Rechtswahl gerichteten Willen zu finden ist und einem solchen Verhalten, in dem lediglich eine Äußerung einer Rechtsansicht ohne einen „Rechtsbindungswillen" zu sehen ist.[347]

Von einer impliziten Rechtswahl ist aber schon auszugehen, wenn die Parteien auf Basis desselben Rechts argumentieren, selbst wenn sie sich nicht explizit auf dieses Recht geeinigt haben.[348]

Weitere Ausführungen zu diesem Punkt würden aufgrund der Mannigfaltigkeit möglicher Begleitumstände den Rahmen dieser Arbeit sprengen. Im Falle einer unterbliebenen expliziten Rechtswahl sind die Begleitumstände sorgfältig auf Indizien für eine implizite Rechtswahl hin abzuklopfen. Die Begleitumstände sind der am allgemeinsten gehaltene Punkt, womit hier besondere Vorsicht und Sorgfalt bei der Ermittlung der Indizien geboten ist. Anhand der Indizien sollte auf keinen Fall vorschnell zugunsten einer impliziten Rechtswahl argumentiert werden.

§ 8.3.2.2.4: Verwendung einer bestimmten Terminologie oder Sprache, die eine bestimmten Rechtsordnung zugeschrieben werden kann

Ein weiteres – zum vorherigen Fall klarer umrissenes Indiz – kann in der Verwendung einer bestimmten Terminologie oder der Verwendung einer bestimmten Sprache liegen, die einer bestimmten Rechtsordnung zugeschrieben werden kann.

Dabei muss zunächst festgehalten werden, dass alleine die Tatsache, dass ein Vertrag in einer bestimmten Sprache abgefasst oder ausgehandelt wurde, noch keine Rechtswahl darstellen kann, geschweige denn überhaupt einen rechtlichen Effekt auf das Schiedsverfahren haben kann.[349]

---

346 *van Houtte*, Arbitrage En Toepasselijk Recht, TvPr 1982, 703 (712); ICC Schiedsspruch Nr. 2438; vgl. auch: BGHZ 96, 40 (46), wo allerdings die Bindungswirkung derartiger nachträglicher Vereinbarungen offen gelassen wurde; vgl. weiterhin: *Lew/Mistelis/Kröll*, 417.

347 *Berger*, 350; *Schack*, Rechtswahl im Prozeß?, NJW 1984, 2736 (2737 f.); *Schack*, Keine stillschweigende Rechtswahl im Prozeß!, IPRax 1986, 272 ff.; *Schwenzer*, Stillschweigende Rechtswahl durch Prozessverhalten im österreichischen IPR, IPRax 1991, 129 (130); vgl. auch die Rechtsprechung des Schweizer Bundesgerichtshofs: BGE 99 II 315 (318); 79 II 295 (302); 87 II 194 ff.; vgl. demgegenüber aber die liberalere und damit problematischere deutsche Rechtsprechung des BGH in: BGH IPRax 1986, 292.

348 *Lew/Mistelis/Kröll*, 417; vgl. bspw.: ICC Schiedsspruch Nr. 1434; ICSID Schiedsspruch Nr. ARB/87/3, XVII (1992) YCA 106.

349 *Lew*, 187.

„As concerns the language of the contract, this is a contingent (accidental) element which is not even related to the form of the contract; and it is no secret that even the form of a contract could well be governed by a law which is distinct from that applicable to the substance."[350]

Dies wird insbesondere an der Verwendung der englischen Sprache deutlich. Gerade ihre Verwendung kann kein Indiz für eine bestimmte Rechtswahl sein. Englisch ist heute einer der Handelssprachen überhaupt und wird noch immer in vielen Ländern der Erde durch die Kolonialisierung der Engländer in früheren Jahrhunderten als offizielle Amtssprache geführt. Viele Parteien einigen sich auf die Verwendung der englischen Sprache, weil diese entweder ihre Muttersprache ist oder oft ihre „erste" Fremdsprache.

Anders liegt der Fall, wenn innerhalb der Verhandlungen und/oder des Vertrages innerhalb einer Sprache eine bestimmte Terminologie und/oder ein bestimmter Sprachstil, welcher nur einer bestimmten Rechtsordnung zuzuordnen ist, verwendet wird. Hierin kann durchaus eine implizite Rechtswahl zugunsten dieses Rechts gesehen werden.[351]

„The original contract [...] while written in English, is not at all drafted in the English or Canadian legal style. It reads more like a translation into English of a German model."[352]

In diese Kategorie gehört ebenfalls die Verwendung auf ein bestimmtes nationales Recht abgestimmter allgemeiner Geschäftsbedingungen oder Formularverträge. Deren Verwendung ist ebenfalls ein Indiz für eine implizite Rechtswahl.[353]

Ein typisches Beispiel für auf ein bestimmtes Recht abgestimmte Verträge, sind die auf englisches Recht abgestimmten Konnossement- und Charterverträge.[354]

§ 8.3.2.2.5: Qui elegit arbitrum, elegit ius *oder* qui iudicem forum elegit ius*?*

Vielfach wird oder wurde die Wahl einer Schiedsgerichtsinstitution mit nationaler Prägung als konkludente Wahl des im Land der Schiedsgerichtsinstitution geltenden Rechts gesehen.[355]

---

350 ICC Schiedsspruch Nr. 2637 (1975).

351 *Lew*, 181.

352 ICC Schiedsspruch Nr. 1505.

353 *Berger*, 350; *Bianca/Bonnel*, Commentary on the International Sales Law (Mailand 1987) 56 f.; *Kegel/Schurig*, Internationales Privatrecht[8] (München 2000) § 18 I 1c; BGH WM 1981, 169; *Rubino-Sammartano*, 257; *Berger*, IEA, 494.

354 Detailliertere Ausführungen würden den Rahmen dieser Arbeit sprengen und insoweit wird auf die jeweilige Spezialliteratur verwiesen.

355 BGH RIW 1967, 108 (109) („Durch die Vereinbarung eines Schiedsgerichts wird regelmäßig zugleich die Anwendung des Rechts seines Sitzes vereinbart."); LG Hamburg RIW/AWD 1978, 337; US Supreme Court *Scherk v. Alberto Culver* (1974), 417 US 506 (519 Fn. 13); *Klein*, The Law to be Applied by the Arbitrators to the Substance of the Dispute, in: *Schultz/van den Berg* (Hrsg.), The Art of Arbitration, Liber Amicorum *Pieter Sanders* (Deventer 1982) 189 (191); *Zweigert/von Hoffmann*, Zur internationalen Joint-Venture, in: *Glossner* (Hrsg.), Festschrift für *Martin Luther* zum 70. Geburtstag am 13. Juli 1976

Dieser Ansatz ist in Zusammenhang mit der impliziten Rechtswahl über die Wahl des Sitzes des Schiedsgerichts, *qui elegit arbitrum, elegit ius*, zu sehen. Dies ist auf der einen Seite die am weitesten verbreitete[356] und am meisten akzeptierte Form[357] der impliziten Rechtswahl, auf der anderen Seite jedoch zugleich die umstrittenste. Sie wurde von vielen Rechtsordnungen akzeptiert, war leicht umzusetzen und man war lange der Meinung, dass ein derartiges Vorgehen logisch wäre. Im Laufe der Zeit kamen jedoch kritische Stimmen auf und führten zu einem Meinungsumschwung. Die vermeintliche Logik, die dieser Theorie innewohnen sollte, stellte sich als falsch heraus. Diese Regel war für denjenigen logisch und vorteilhaft, der an einer einfachen und fixen Regel interessiert war. Zudem befreite sie den Schiedsrichter davon, die delikate und nicht immer einfache Frage des ansonsten anwendbaren materiellen Rechts, zu beantworten.

Der Ansatz der Bestimmung der Wahl des materiellen Rechts in Korrelation mit der Bestimmung des Forums wurde ursprünglich im englischen Recht[358] etabliert und mitunter sogar als unwiderlegbare Vermutung angesehen.[359]

> „[The choice of the arbitral seat] raises an irresistible inference that overrides all the other factors."[360]

Deutsche[361], amerikanische[362] und französische[363] Gerichte und Gelehrte[364] folgten ebenfalls dieser unwiderlegbaren Vermutung.[365]

(München 1976) 203 (210); *NUSSBAUM*, Grundzüge des Internationalen Privatrechts (München 1952) 192 Fn. 48; *HABSCHEID*, Das schweizerische Konkordat, der Entwurf zu einem Bundesgesetz über das Internationale Privatrecht und die internationale Schiedsgerichtsbarkeit, in: *HABSCHEID* (Hrsg.), Festschrift für *HEINRICH NAGEL* zum 75. Geburtstag (Münster 1987) 70 (88).

356 Eine genaue rechtsvergleichende Analyse ist zu finden bei: *SANDROCK*, The Place of Arbitration and the Law Applicable to the Merits of the Dispute, in: *STORME/LY* (Hrsg.) The Place of Arbitration (Ghent 1992) 89 ff.

357 *LEW*, 190.

358 *HAMLYN V. TALISKER DISTILLERY* [1894] AC (Appeal Cases, English Law Reports) 202; aber auch: *COMPAGNIE TUNISIENNE DE NAVIGATION S.A. V. COMPAGNIE D'ARMENTMENT MARITIME S.A.* [1971] AC 572.

359 Zum Beispiel im Fall *TZORTZIS V. MONAK LINE A/B*, ein Fall mit Sitz in England, der aber die engste Verbindung mit Schweden aufwies. Der englische Court of Appeal schloss von der Sitzwahl England auch auf die Wahl englischen materiellen Rechts: *TZORTZIS V. MONAK LINE A/B* (1968) 1 WLR 406; *CHESHIRE*, Private International Law[7] (London 1965) 193.

360 *TZORTZIS V. MONAK LINE A/B* (1968) 1 WLR 406 (413).

361 OLG Hamburg vom 29.10.1958, IPR spr. 1958/59 Nr. 43; BGH 5.12.1966, WM 1967, 141; vgl. auch: *ALBERS*, in: *BAUMBACH/LAUTERBACH/ALBERS/HARTMANN* (Hrsg.), Zivilprozeßordnung[58] (München 2000) § 1051 Rn. 2 m.w.N.

362 *DOUGHBOY INDUSTRIES V. PANTASOTE* 233 NYS 2d 488 (1962).

363 Cour de cassation vom 14.10.1957, Rec.crit. 1957, 684 mit Anm. *MEZGER*.

364 *DOMKE*, The Law and Practice of Arbitration (Mundelein 1968) Rn. 25.02, S. 256 ff.

365 Vgl. bei: *LANDO*, The Law Applicable to the Merits of the Dispute, in: *SARCEVIC* (Hrsg.), Essays on International Commercial Arbitration (London 1989) 129 (136).

In der Praxis stellte sich bald heraus, dass sich aus dieser Regel – sofern sie strikt und ohne Ausnahme angewandt werden würde (wenn überhaupt) – kaum Vorteile gegenüber der Anwendung der *lex loci contractus* und der *lex loci solutionis* ergeben.[366] Den wirtschaftlichen Realitäten wurde diese in der Praxis nicht gerecht und so hat die *qui elegit arbitrum, elegit ius* Maxime aus diversen Gründen ihre Anhänger verloren. Zum einen ist es so, dass die Parteien sich oftmals für eine bestimmte Schiedsgerichtsinstitution, ein bestimmtes Land oder eine bestimmte Stadt entscheiden und damit für einen bestimmten Sitz, nur um in den Genuss eines bestimmten – ausschließlich bei dieser Institution oder in diesem Land tätigen – Schiedsrichters zu kommen, unabhängig davon, welches Recht angewandt werden soll. Des Weiteren wird zum Teil ein bestimmtes Sitzland vereinbart, gerade weil dieses Land Abkommen über die Anerkennung und Vollstreckung von Schiedssprüchen mit beiden Herkunftsländern der Parteien abgeschlossen hat. Dies war vor allem früher im Ost-West-Handel der Fall. Hier wurde oftmals Wien bzw. Österreich als Sitz vereinbart. Noch lange nicht alle Länder haben die NYC ratifiziert und so gewannen einzelne zwischenstaatliche Abkommen an Bedeutung. Beruht die Sitzwahl auf dieser Prämisse, kann man kaum auf eine gleichzeitig damit vorgenommene Rechtswahl zugunsten des materiellen Rechts am Sitzort schließen. Weiterhin kann die psychologische Unfähigkeit der Parteien, sich auf einen Sitz in einem der Herkunftsländer der Parteien einzulassen, diese zur Wahl eines neutralen Sitzes „zwingen".[367] Keine der Parteien lässt sich gerne auf eine Sitzvereinbarung im Herkunftsland der anderen Partei ein. Meist wird ein neutrales oder internationales Forum gewählt, ohne dass die Parteien einen Gedanken auf das auf den Vertrag anwendbare Recht verschwenden. Erfahrungsgemäß gibt es oftmals außer der Sitzwahl keine weiteren Bezüge des Vertrages, der Umstände oder der Parteien zum materiellen Recht des Sitzlandes. Hieran vermag die Anrufung eines (permanenten) Schiedsgerichts mit einem festen Sitz nur schwerlich etwas zu ändern. Auch wird die Sitzwahl von Faktoren beeinflusst wie der geographisch vorteilhaften Lage des *situs*, der Neutralität des Sitzlandes oder seines guten Rufes im Bereich der Schiedsgerichtsbarkeit.

Mehr noch, die meisten Schiedsparteien wählen den Sitz des Schiedsgerichts aus Gründen der Bequemlichkeit oder einfach nur aus Gründen der Zugänglichkeit und Brauchbarkeit des dortigen Schiedsverfahrensrechts[368] für ihre Belange aus.[369] Dabei kommt es den Parteien gar nicht in den Sinn, hiermit zugleich eine Entscheidung über das auf den Hauptvertrag anwendbare Recht zu treffen. Der Trugschluss wird offensichtlicher, wenn man bei seinen Betrachtungen den Zweck der Sitzbestimmung hinzuzieht. Die dient eben nicht der territorialen Anbindung des gesamten Verfahrens. Vielmehr kann dieses Verfahren an jedem beliebigen Ort stattfinden. Wie schon bei der Anwendbarkeit erwähnt, dient die Sitzbestimmung lediglich der „Erdung" des Verfahrens und bestimmt

---

366 *Lew*, 195.

367 „Psychologische Unfähigkeit": *Benjamin*, Inter-Institutional Agreements Designed to Extend Existing Facilities for International Commercial Arbitration, 8 (1959) ICLQ 289 (297).

368 Vorherrschend ist das Territorialprinzip.

369 *Chukwumerije*, 123.

ausschließlich über die Nationalität des Schiedsspruches sowie die zwingenden Verfahrensbestimmungen der *lex arbitri*. Die Gründe, warum ein bestimmter Sitz gewählt wird, sind derart vielfältig, dass eine Aufzählung nie abschließend sein kann. Die wichtigsten Gründe wurden hier aber genannt.

Folgerichtig kann die *qui elegit arbitrum, elegit ius* Maxime nicht *per se* gelten.[370] Vielmehr bedarf es begleitender Faktoren, um Rückschlüsse zugunsten des materiellen Rechts des Forums zu ziehen.[371]

> „[M]erely another general connecting factor which may be of relevance in the circumstances of the particular case."[372]

Selbst im Ursprungsland dieses Ansatzes hat sich ein Wandel vollzogen und in der Folge dazu geführt, dass diese Vermutung zugunsten des anwendbaren materiellen Rechts am Sitzort widerlegbar (*rebuttable*) ist.[373] Hierbei bleibt jedoch wiederum festzuhalten, dass diese Vermutung dennoch nach wie vor nicht leicht zu widerlegen ist.[374]

Die Wahl des Forums ist noch immer ein vielfach akzeptiertes Kriterium bei der Bestimmung des implizit vereinbarten anwendbaren Rechts,[375] unabhängig davon, dass internationale Schiedsrichter immer mehr von dieser Theorie abrücken und nur noch selten in der Sitzwahl gleichzeitig eine Rechtswahl zugunsten des materiellen Rechts des Sitzlandes sehen.[376] Vereinbaren die Parteien kein bestimmtes Recht, bedingen sich jedoch aus, dass jedweder Rechtsstreit aus dem Vertrag in einem bestimmten Land verhandelt werden soll, wird oft angenommen, dass sie das materielle Recht dieses Landes auf den Rechtsstreit angewandt wissen wollen. Dass einigen Rechtsordnungen und einigen Schiedsrichtern dieser Ansatz immer wieder zusagt, sollten die Parteien bei Abschluss eines Schiedsvertrages ohne eine explizite Rechtswahlklausel immer im Hinterkopf behalten.

§ 8.3.2.2.6: Ergebnis zur impliziten Rechtswahl

Eine durch die Parteien implizit vorgenommene Rechtswahl ist international anerkannt und somit immer beachtlich. Diese erfolgt jedoch nur, wenn die wirkliche Intention der Parteien aus dem Vertrag und den Begleitumständen unzweifelhaft und eindeutig hervor-

---

370 US Supreme Court: *Scherk v. Alberto Culver*, (1974) 417 US 506, 519 Fn. 13; *Lew*, 190; *Berger*, IEA, 495 ff. m.w.N; *Redfern/Hunter*, 129 ff. m.w.N.; *Rubino-Sammartano*, 258.

371 *Lew*, 204; *Redfern/Hunter*, 94; *Craig/Park/Paulsson*, § 7.04.

372 *Lew*, 190.

373 *Compagnie d'Armentment Maritime SA v. Compagnie Tunisienne de Navigation SA* (1971) AC 572.

374 *North/Fawcett*, Cheshire and North Private International Law [11] (London 1987) 459.

375 *Redfern/Hunter*, 93.

376 *Chukwumerije*, 123 f.

geht.[377] Die implizite Wahl eines anationalen Rechts ist allerdings mit sehr großer Vorsicht zu genießen,[378] da sie einen zu großen Eingriff darstellt. Im Falle eines anationalen Rechts ist für die Parteien noch weniger absehbar, welches Ergebnis auf sie zukommt.[379]

Im Zweifel sollte der Schiedsrichter besser auf die bewährten kollisionsrechtlichen Ansätze und in diesem Fall insbesondere Art. 28 Abs. 2 ML zurückgreifen. Leitet dieser Ansatz ihn zum selben Recht, wie seiner Meinung nach der vermuteten impliziten Rechtswahl, so liegt ein unproblematischer „*false conflict*" vor.[380] Leitet dieser zu einem anderen Ergebnis, muss sich der Schiedsrichter entscheiden, welchem Weg er guten Gewissens folgen kann. Hierbei sollte er jedoch immer im Hinterkopf behalten, dass es sich bei der impliziten Rechtswahl zumeist um die künstliche Bemühung handelt, trotz einer unterbliebenen Rechtswahl durch die Parteien doch noch eine Rechtswahl in den Vertrag hineinzulesen.[381] Aus diesem Grund sollte die implizite Rechtswahl durch die Parteien auf solche Fälle beschränkt werden, wo die Absichten der Parteien, ein bestimmtes Recht zu wählen, sich unzweifelhaft aus dem Vertrag und den Umständen ergeben oder auf solche Fälle beschränkt sind, wo die Parteien offensichtlich von der Geltung eines bestimmten Rechts ausgehen.

§ 8.4: Wahlmöglichkeiten

Die Frage, die sich im Rahmen der Überlegungen zur freien Rechtswahl durch die Parteien stellt ist die, welches Recht, welches Rechtssystem oder welche Rechtsordnung sie wählen sollen? Gerade aufgrund der Vielfalt der vom ML erlaubten Möglichkeiten, der prinzipiell kaum Grenzen gesetzt sind, soll im Folgenden auf die wichtigsten Möglichkeiten eingegangen werden. Dabei ist zu beachten, dass die folgenden Ausführungen keinen Anspruch darauf stellen, abschließend zu sein, noch dass sie sich immer isoliert voneinander betrachten lassen. Vielmehr fließen die Grenzen bei vielen in der Praxis abgeschlossenen Verträgen und kombinieren die verschiedensten Möglichkeiten miteinander, dies zum Teil in einer undurchsichtigen Art und Weise. In einigen Fällen internationaler Vertragsabschlüsse, gerade im Bereich der *state contracts*, resultieren aus dem nationalen Stolz der Parteien hochkomplexe Rechtswahlklauseln, die sich *realiter* nur schwer umsetzen lassen.[382]

Die Gründe für die Wahl eines bestimmen Rechts mögen vielfältig sein, z.B. weil das gewählte Recht einen besonderen Bezug zum Vertrag aufweist, weil die Parteien das

377 *Lew*, 209.

378 Zum Beispiel im Fall ICC Schiedsspruch Nr. 1641 haben die Schiedsrichter die implizite Wahl internationaler Handelsbräuche und allgemeiner Rechtsprinzipien angenommen.

379 Welche Probleme hier auftauchen, wird später bei den „Wahlmöglichkeiten" genauer erörtert.

380 Hierzu später bei der Rechtswahl durch das Schiedsgericht genauer.

381 Ähnlich: *Chukwumerije*, 124.

382 Vgl.: *Paulsson/Rawding/Reed/Schwartz*, 16.

Recht eines „neutralen“ Staates angewandt wissen wollen, weil sie der Meinung sind, es handelt sich um ein dem modernen Wirtschaftsverkehr gegenüber aufgeschlossenes System oder gerade weil sie eine bestimmte Eigenart dieses nationalen, internationalen oder anationalen Rechts bevorzugen.

Als Wahlmöglichkeiten kommen bspw. in Betracht:

- nationale Rechtsordnungen (*national/municipal law*),
- Völkerrecht (*public international law*),
- zusammenwirkende Rechtsvorschriften wie das *concurrent law*,
- Kombinationsrechtsordnungen (*combined law*) sowie
- transnationales Recht (*transnational law*) etc. pp.

§ 8.4.1: Exkurs: State contracts[383]

Die Vielfalt der Rechtswahlmöglichkeiten erlangt vor allem in den so genannten *state contracts* an Bedeutung. Dies sind die Verträge, in denen Private mit Staaten, Staatsunternehmen oder staatlich beherrschten Unternehmen miteinander kontrahieren, d.h. so genannte „beschränkt völkerrechtliche Verträge“.[384]

Gerade die so genannten Entwicklungsländer schließen oftmals Verträge mit privaten Investoren, um Kapital und *Know How* in ihr Land zu holen. In diesen Ländern bildet der Staat einen wichtigen Eckpfeiler für den internationalen Handel und vor allem der nationalen Entwicklungs- und Wirtschaftspolitik. Der Staat nimmt hier im Gegensatz zu den meisten Wirtschaftsnationen massiv Einfluss und wird nicht nur lenkend tätig.

Gerade in diesen *state contracts* tauchen zahlreiche Probleme im Zusammenhang mit der Streitentscheidung und dem anwendbaren Recht auf, wobei die Zahl der schiedsgerichtlichen Verfahren in diesem Bereich gleichzeitig immer weiter zunimmt.

State contracts und die mit ihnen zusammenhängenden Probleme sind ursprünglich aus den Ölförderungskonzessionen des frühen 20. Jahrhunderts hervorgegangen. Jedoch sind sie nicht nur auf diese beschränkt. Sie umfassen alle langfristigen Verträge, in denen ein Privater mit einem Staat oder Staatsunternehmen kontrahiert; sei es ein Kontrakt über die Lieferung und Montage eines Werkes zur Porenbetonsteinherstellung, welches der Staat benötigt, um seiner Bevölkerung bessere Unterkünfte zur Verfügung zu stellen und in dessen Eigentumsvorbehalt der Staat gesetzlich eingreifen kann oder tatsächlich der Abbau von natürlichen Ressourcen in dem jeweiligen Staat.

---

383 Siehe ausführlich zu den sog. *state contracts* bei: *CHUKWUMERIJE*, 143 ff. m.w.N.; *CRAIG/PARK/PAULSSON*, § 36 m.w.N.

384 Ausführlich zu den Rechtswahlproblemen bei *state contracts*: *NAÓN*, Choice of Law Problems in International Arbitration (Tübingen 1992) 113 ff.

§ 8.4.1.1: Problem

Eine der wesentlichen Eigenschaften eines *state contracts* ist, dass zumindest jeweils eine der Parteien ein Privater ist und auf der anderen Seite (zumindest mittelbar) ein Staat. Dieser hat aufgrund seiner Souveränität die Möglichkeiten, seine Gesetzgebungs- und Verwaltungskompetenzen zulasten der privaten Vertragspartei auszunuten. Ein wesentliches Kennzeichen eines *state contracts* ist damit dessen Instabilität.[385] Dabei belegen Studien, dass im Gros der Schiedsfälle, die vertraglichen Vereinbarungen der Parteien nicht der Fokus bei der Lösung der Vertragsprobleme sind.[386] Dies führt oft zu der zum Teil nicht unberechtigten Angst, der Staat könnte seine legislativen und administrativen Möglichkeiten zum Nachteil des Privaten ausspielen und die Gesetze und Verwaltungshandlungen zu dessen Ungunsten und ohne dessen Einverständnis verändern. Der private Rechtsträger ist in derartigen Fällen oft unter dem wirtschaftlichen Druck, das nationale Recht des kontrahierenden Staates, anzuerkennen.[387] Gerade Staaten lassen sich aufgrund ihrer Souveränität kaum darauf ein, ein anderes nationales Recht, als das ihres Landes als anwendbares Recht für den Vertrag zu vereinbaren.

Das Problem der *state contracts* ist der Spannungsbogen zwischen der Flexibilität derartiger Verträge und ihrer Stabilität. Während die private Partei generell auf Stabilität bedacht ist, wird die staatliche Partei immer auf die Flexibilität bedacht sein, um gegebenenfalls auf wirtschaftliche, soziale und politische Änderungen in ihrem Land reagieren zu können. Jede Partei hat dabei ihr eigenes schützenswertes Interesse. In einer schnelllebigen (Welt)Wirtschaft können Investoren nicht *per se* davon ausgehen, dass keine Umstände eintreten werden, die eine berechtigte Nachverhandlung der Vertragsbedingungen von Langzeitverträgen nötig machen könnte.[388]

Wichtig in einem solchen Fall ist, dass sich die Parteien der zahlreichen Wahlmöglichkeiten bewusst sind und der Probleme, die sich im Zusammenhang mit der jeweiligen Wahlmöglichkeit ergeben können, d.h. wie die einzelnen Klauseln vom Schiedsgericht ausgelegt oder behandelt werden.

§ 8.4.2: Wahl eines nationalen Rechts

§ 8.4.2.1: Einleitung

Am häufigsten ist die Wahl eines nationalen Rechts (*national* oder *municipal law*).[389] In den allermeisten Fällen werden die Parteien ein nationales Recht auswählen, also eine na-

---

385 *CHUKWUMERIJE*, 164.
386 *CHUKWUMERIJE*, 166.
387 Vgl.: *PAULSSON/RAWDING/REED/SCHWARZT*, 18.
388 Ähnlich: *DELAUME*, Law and Practice of Transnational Contracts (New York 1988) § 2.07, 23.
389 Vgl.: *CHUKWUMERIJE*, 110.

tionale Rechtsordnung in ihrer Gesamtheit, wie z.B. französisches, österreichisches, deutsches etc. pp. Recht, oder im Falle territorialer Rechtsspaltung das Recht des amerikanischen Bundesstaates New Yorks oder Kaliforniens, englisches oder schottisches Recht usw.

Eine sehr häufig anzutreffende Rechtswahl ist die des englischen Rechts. In ihm wird ein Rechtssystem gesehen, welches neben einer langen Schiedsrechtstradition zugleich die Bedürfnisse und Anforderungen des modernen internationalen Wirtschaftsverkehrs in besonderem Maße widerspiegelt.[390]

Die Wahl eines nationalen Rechts kann – wie bereits zuvor erwähnt – sowohl in Bezug auf das Sachrecht der jeweiligen Nation erfolgen, als auch zugunsten deren Kollisionsrecht. Der Regelfall ist dabei die Wahl des Sachrechts, wie Art. 28 Abs. 1 S. 2 ML herausstellt. Demnach müssen die Parteien explizit vereinbaren, wenn das Kollisionsrecht zur Anwendung kommen soll und der Regelfall der Anwendung des Sachrechts ausgeschlossen werden soll.

Bei der Wahl eines nationalen Rechts ist die genaue Bezeichnung des Rechts von größter Wichtigkeit. Dies ist bedeutsam, als dass in einigen Ländern (z.B. die USA, Großbritannien etc.) eine territoriale Rechtsspaltung herrscht, in denen jeder einzelne Glied- oder Bundesstaat sein eigenständiges Zivilrechtssystem hat.

Ein anderes Problem, welches sich aus einer ungenauen Bezeichnung ergeben kann, ist der vermeintliche Verweis auf nur einen Teil eines Rechtssystems, z.B., dass die Parteien das Handels- oder Wirtschaftsrecht eines Staates vereinbaren. Hier stellt sich die Frage, ob die Parteien das gesamte nationale Recht wählen wollten und nur davon ausgegangen waren, dass sich der Rechtsstreit ausschließlich aus diesem nähren würde oder ob die Parteien tatsächlich nur diesen abgegrenzten Teil der Rechtsordnungen wählen wollten, was in den wenigsten Fällen gewollt sein dürfte.

§ 8.4.2.2: Einbeziehung völkerrechtlicher Verpflichtungen

Treffen die Parteien eine Rechtswahl zugunsten eines nationalen Rechts, stellt sich die Frage, ob diese Rechtswahl die vertraglichen internationalen Verpflichtungen inkludiert, wie z.B. den Fall, dass das betreffende Land das UN-Kaufrecht (CISG) ratifiziert hat. In einem solchen Fall muss generell davon ausgegangen werden, dass von der Rechtswahl die von dem jeweiligen Land eingegangenen Verpflichtungen mit umfasst sind.[391] Diese völkerrechtlich eingegangenen Verpflichtungen des Staates entfalten innerstaatlich volle Geltung und werden somit zum nationalen Recht dieses Staates. Im Ergebnis heißt dies,

---

390 *Redfern/Hunter*, 77.

391 Schiedsspruch vom 11.11.1975, II (1977) YCA 148; *Lew*, 89 f., ähnlich, wenn auch ohne explizite Rechtswahl: Schiedsspruch vom 10.9.1975, II (1977) YCA 144; vgl. auch: CLOUT Cases Nr. 48, 93, 94, 103, 120, 125; OLG Frankfurt 30.8.2000 – 9413/00 (UNILEX); Hungarian Chamber of Commerce and Industry Court of Arbitration 17.11.1995 – VB/94124 (UNILEX).

dass trotz seiner völkerrechtlichen Herkunft die Verpflichtung ihrer Natur nach nationales Recht ist, welches bspw. beim CISG als innerstaatlich geltendes Recht unmittelbar kraft Gesetzes anzuwenden ist, sofern seine Voraussetzungen vorliegen.[392] Wo diese Teile des nationalen Rechts nicht ausdrücklich in der Rechtswahl ausgeschlossen wurden, müssen diese mit umfasst werden. In diesem Sinne haben ebenso internationale Schiedsgerichte entschieden:

In einem am 27. August 1974 entschiedenen Fall mit einer klaren und unzweifelhaften Rechtswahlklausel zugunsten des deutschen Rechts stand das Schiedsgericht vor der Frage der Anwendbarkeit des „Einheitlichen Gesetzes über den internationalen Kauf beweglicher Sachen" vom 17. Juli 1973, welches später vom UN-Kaufrecht abgelöst wurde.[393] Das Schiedsgericht führte dabei aus, dass die klare Rechtswahl zugunsten des deutschen Rechts desgleichen den Teil des deutschen Rechts umfasst, welcher als Sonderrecht für den internationalen Warenverkehr gilt. Dabei war sich das Schiedsgericht durchaus der Tatsache bewusst, dass die Möglichkeit bestand, dass die Parteien zumindest implizit die Anwendbarkeit des Einheitsgesetzes ausgeschlossen haben. Im zugrunde liegenden Fall konnten allerdings keine Indikatoren für solch einen Ausschluss gefunden werden. Insofern betrifft die Rechtswahl zugunsten eines nationalen Rechts zugleich die unter Umständen mit eingegangenen vertraglichen Verpflichtungen, solange keine Anzeichen dafür erkennbar sind, dass diese explizit oder zumindest eindeutig implizit ausgeschlossen sein sollen.

Folglich wird eine Rechtswahlklausel zugunsten eines nationalen Rechts immer so zu verstehen sein, dass ebenso das spezielle Recht, welches bspw. auf internationale Kaufverträge anwendbar ist, mit umfasst wird, sofern nicht besondere Umstände auf etwas anderes deuten.[394] Dabei ist insbesondere im Hinblick auf das CISG und dessen möglicher Ausschluss über Art. 6 CISG zu beachten, dass weder die Schiedsgerichtsvereinbarung,[395] noch die Wahl eines nationalen Rechts ohne Verweis auf das unvereinheitlichte Recht dieses Staates nicht per se als Ausschluss des Übereinkommens bewertet werden kann.[396]

---

392 BGHZ 74, 193 (197); US District Court, N.D. California 27.7.2001 – C 01-20230 JW (UNILEX).

393 Fall vom 11.11.1975, II (1977) YCA 148 f.

394 Schiedsspruch vom 11.11.1975, II (1977) YCA 148 (149); BGH 4.12.1985, BGHZ 96 313 (LS 3); BGH 23.07.1997 – VIII ZR 134/96 (UNILEX).

395 *Ferrari*, La vendita internationale - Applicabilitá ed applicazioni della convenzione di Vienna del 1980 (Padova 1997) 174 f.

396 *Bell*, The Sphere of Application of the Vienna Convention on Contracts for the International Sale of Goods, 8 (1996) Pace Int'l Rev. 237 (255); OLG Frankfurt 30.8.2000 – 9 U 13/00 (UNILEX); ICC Schiedsspruch Nr. 7565 (1994); Nr. 7844 (1994); Nr. 8324 (1995); a.A. dennoch: *Karollus*, Zur Einarbeitung und Wiederholung: Der Anwendungsbereich des UN-Kaufrechts im Überrblick, JuS 1993, 378 (381); *Stoffel*, Ein neues Recht des internationalen Warenkaufs in der Schweiz, SJZ 1990, 169 (174).

§ 8.4.2.3: Vorteile der Wahl eines nationalen Rechts

Wählen die Parteien ein nationales Recht, so treffen sie eine Wahl mit zahlreichen Vorteilen und nur wenigen Nachteilen. Wie sich noch herausstellen wird, liegt in der Wahl eines einzelnen Rechts eine der klügsten Entscheidungen der Parteien überhaupt. Die Vorteile der Wahl eines nationalen Rechtssystems sind die folgenden:[397]

Die einzelne nationale Rechtsordnung ist:

- gewachsen,
- ausgeglichen,
- interdisziplinär,
- komplett,
- bekannt,
- klar umrissen,
- meist in ihrer Interpretation gefestigt,
- keine isolierte Ansammlung von Regeln.

Kurz und gut, es handelt sich um ein mit der Zeit gewachsenes Rechtsgefüge, zu welchem sich durch die jeweilige gefestigte Rechtsprechung eine klare Auslegung entwickelt hat und somit zu vorhersehbaren Ergebnissen führt. Wobei, wie in jedem Rechtssystem ebenso wie im Leben beachtet werden muss, dass es absolute Klarheit nicht gibt. Mit der Wahl eines nationalen Rechts wissen die Parteien, worauf sie sich einlassen und entscheiden sich für einen gefestigten Rechtsstandard. Dies dürfte der Grund dafür sein, weshalb die Wahl eines geeigneten nationalen Rechtssystems eine der verbreitetesten Rechtswahlklauseln internationaler Schiedsverträge ist.[398]

§ 8.4.2.4: Nachteile oder Gründe für die Wahl eines anderen Rechts

Trotz aller Vorteile, die eine Rechtswahl zugunsten einer nationalen Rechtsordnung birgt, mag es immer wieder vorkommen, dass die Wahl eines rein nationalen Rechts nicht getroffen wird und sogar von ihr abzuraten ist.

Für die Abkehr von einer rein nationalen Rechtsordnung lassen sich nach *Redfern* und *Hunter*[399] generell vier Gründe herausstellen:

- **Unzulänglichkeit**
  Gerade bei sich in der Entwicklung befindlichen Staaten kann es zu einem bestimmten Zeitpunkt vorkommen, dass das nationale Rechtssystem unzulänglich und zu wenig entwickelt ist oder den Anforderungen der internationalen Handelsbeziehungen nicht gerecht werden kann.
- **Ungeeignetheit**
  Selbst moderne und gewachsene Handelsgesetzbücher müssen nicht zwangsläufig für den internationalen Handelsverkehr geeignet sein. Das Recht des jeweiligen Landes

397 Vgl.: *Redfern/Hunter*, 76.
398 Vgl.: *Redfern/Hunter*, 76.
399 Vgl. insgesamt mit Beispielen: *Redfern/Hunter*, 77.

spiegelt das jeweilige wirtschaftliche, soziale und politische Umfeld wieder. Als Beispiel sind hier die früheren Ost-Block-Länder zu nennen, welche mit ihrem sozialistischen Grundtenor keinen freien Waren-, Wirtschafts- und Währungsverkehr zugelassen haben. Dies hat ihr nationales Recht im Sinne von weittragenden Restriktionen geprägt.

- **nationale Interessen**
  Unabhängig davon, dass internationale Organisationen und Zusammenschlüsse wie die WTO, die EU und die NAFTA die freien Märkte und den freien Warenverkehr fördern und fordern, sind diese noch lange nicht allgegenwärtig. Dies kann man nicht zuletzt an den immer wieder auftretenden Zollstreitigkeiten vor der WTO zwischen den USA und der EU sehen. Insofern erlegen nationale Rechte moderner Staaten, die sich zur freien unbeschränkten Marktwirtschaft bekennen, ihren Anwendern nach wie vor Restriktionen auf. Zum Beispiel, um ihre eigene Wirtschaft zu schützen und zu fördern. So verhängen einzelne Länder und Ländergemeinschaften immer wieder Embargos, Import- oder Exportquoten, Handelsboykotte, Devisenbestimmungen etc. Derartige Fälle können einen von den Parteien geschlossenen Vertrag beeinflussen, selbst wenn dies nie von ihnen intendiert wurde.
- **ungerechte Behandlung (*unfair treatment*)**
  Ein weiterer Grund und vielleicht der Hauptgrund, weshalb die Vereinbarung eines nationalen Rechts unvorteilhaft sein kann, zeigt sich wiederum in den bereits oben erwähnten *state contracts*, welche bestimmte Risiken beherbergen. Wie bereits zuvor erwähnt, kann der Staat seine gesetzlichen Vorgaben derart ändern, dass die Vertragsbestimmungen zu seinen Gunsten geändert werden. Bspw. schließen Private mit dem Staat sehr langfristige Verträge, d.h. jahrzehntelange Verträge über die Investition von Kapital, *Know How*, qualifizierten Arbeitkräften und/oder Ressourcen anderer Art, welche sich jedoch erst lange nach der Investition amortisieren. Vor Beginn der Amortisierungsphase kann es passieren, dass der Staat (z.B. aufgrund eines wirtschaftlichen, politischen oder sozialen Umschwunges im Lande) mittels seiner Gesetzgebung dem Vertrag Restriktionen auferlegt, sei es durch die Einführung von exorbitanten Ausfuhrzöllen, anderen Exportbeschränkungen bis hin zu Enteignungen zulasten des Privaten. Ein Beispiel hierfür ist der Fall *SAPPHIRE*:

> „Under the present agreement, the foreign company was bringing financial and technical assistance to Iran, which involved it in investments, responsibilities and considerable risks. It therefore seems normal that they should be protected against any legislative changes which might alter the character of the contract and that they should be assured of some legal security. This would not be guaranteed to them by the outright application of Iranian law, which it is within the power of the Iranian State to change."[400]

400 *SAPPHIRE INTERNATIONAL PETROLEUM LTD. V. NATIONAL IRANIAN OIL COMPANY* vom 15.3.1963, 13 (1964) ICLQ 987 (1011, 1012).

Um derartige Problematiken in den Griff zu bekommen und das vertragliche Gleichgewicht zwischen den Parteien wieder herzustellen, wurden diverse Anleihen bei rein privaten Verträgen genommen, wie z.B.:

- Revisionsklauseln (*revision clauses*),
- Härteklauseln (*hardship clauses*),
- Klauseln bezüglich höherer Gewalt (*force majeure clauses*) etc. pp.

Auf der anderen Seite wird zur Lösung derartiger Probleme immer wieder die Anwendung internationaler Normengefüge wie den allgemeinen Rechtsprinzipien, dem *tronc common doctrine*, der *lex mercatoria* und ähnlichem propagiert.[401]

§ 8.4.2.4.1: Ergebnis zur Wahl eines nationalen Rechts

Mit der Wahl eines nationalen Rechtes entscheiden sich die Parteien für ein gewachsenes und in sich abgeschlossenes Rechtsgefüge, welches durch die jeweiligen nationalen Gerichte eine klar bestimmbare Auslegung erfahren hat. Insofern wissen die Parteien mit der Wahl eines nationalen Rechts genau, auf was sie sich einlassen und können den Umfang ihrer Rechte und Pflichten jederzeit klar bestimmen. Hierbei ist jedoch zu beachten, dass die Parteien mit der Wahl eines nationalen Rechts gleichzeitig die völkerrechtlichen Verpflichtungen mit übernehmen, die der jeweilige Staat eingegangen ist, d.h. sofern der Staat das CISG übernommen hat, gilt es auch im Rahmen dieser Rechtswahl. Dies jedoch nur, sofern nicht andere Umstände hinzutreten, wie die Bezugnahme auf das „unvereinheitlichte" Recht dieses Staates oder die Bezugnahme auf bestimmte nationale Vorschriften des unvereinheitlichten Rechts intendieren.

Generell dürfte dem Gros der Parteien mit der Wahl eines nationalen Rechts am besten gedient sein. Dies gerade, zumal sich ein nationales Recht mittels einer einfach gehaltenen Rechtswahlklausel berufen lässt, die in ihrer Auslegung keinerlei Zweifel aufwirft und aufwerfen kann.

*§ 8.4.3: Religiöse Rechte (*religious laws*)*

Eine explizite Rechtswahl zugunsten eines religiösen Rechts wurde unter anderem im Fall *ARAMCO* vorgenommen.[402] Hierbei handelt es sich um einen von vielen Fällen von Ölkonzessionsverträgen, die im frühen 20. Jahrhundert mit Staaten des Nahen Ostens abgeschlossen wurden. Dieser spezielle Fall stammt aus dem Jahre 1933 und wurde zwischen einer amerikanischen Ölfirma und dem Staat Saudi Arabien abgeschlossen. Die Konzession enthielt folgende Rechtswahlklausel:

---

401 Vgl. zum ganzen Problemkomplex: *REDFERN/HUNTER*, 77 ff.

402 *SAUDI ARABIA V. ARABIA AMERICAN OIL COMPANY (ARAMCO)*, 2.8.1958, 27 ILR 117.

„The Arbitration Tribunal shall decide this dispute in accordance with the Saudi Arabian law as hereafter defined insofar as matters within the jurisdiction of Saudi Arabia are concerned; in accordance with the law deemed by the Arbitration Tribunal to be applicable, insofar as matters beyond the jurisdiction of Saudia Arabia are concerned. Saudia Arabian Law, as used herein, is the **Moslem law as taught by the school of Imam Ahmed Ibn Hanbal**; as applied in Saudia Arabia."[403]

Die Schiedsrichter merkten hierzu an:

„This agreement regarding the law to be applied is in conformity with the rules of private international law adopted in most civilised States and it must be observed by the Arbitration Tribunal."[404]

So entnahmen die Schiedsrichter dem moslemischen Recht den allgemeinen Rechtssatz *pacta sunt servanda*.[405]

Zwar ist eine derartige Rechtswahl denkbar,[406] ob sie aber sinnvoll ist, bleibt fraglich. Zu beachten ist, dass die meisten derartigen Rechtswahlklauseln aus einer Zeit stammen, in der westliche Zivilisationen mit dem so genannten „Öl-Staaten" des Nahen Ostens langfristige Konzessionen abgeschlossen haben und diese Staaten zu dem Zeitpunkt noch kein ausreichend kodifiziertes Recht hatten und ihr nationales Recht größtenteils auf den Lehren des Koran beruhte, wobei die jeweiligen Auslegungsschulen zu beachten waren. Welche Schlüsse Schiedsgerichte aus den jeweiligen Rechtswahlklauseln ziehen, ist kaum vorhersehbar.

Wahrscheinlicher ist eine mittelbare Rechtswahl eines religiösen Rechts, insbes. der *Shari'ah*. Diese ist – nach wie vor – eine fundamentale Rechtsgrundlage vieler nationaler Rechtsordnungen.[407] In manchen ist sie sogar die erstrangige Rechtsquelle.[408]

---

403 SAUDI ARABIA V. ARABIA AMERICAN OIL COMPANY (ARAMCO), 2.8.1958, 27 ILR para. 268.

404 SAUDI ARABIA V. ARABIA AMERICAN OIL COMPANY (ARAMCO), 2.8.1958, 27 ILR 154.

405 SAUDI ARABIA V. ARABIA AMERICAN OIL COMPANY (ARAMCO), 2.8.1958, 27 ILR 164 f.

406 Allgemein zur Anwendung der Shari'ah in transnationalen Verträgen: BALLANTYNE, The Shai'a and its relevance to modern transnational transactions: the settlement of disputes through arbitration, in: INTERNATIONAL BAR ASSOCIATION (Hrsg.), Arab Comparative and Commercial Law – Proceedings of the Arab Regional Conference, Cairo 15-19 February 1987 (London 1987) 43 ff.; eine Bibliographie zu den handelsrechtlichen Aspekten des islamischen Rechts ist zu finden unter: http://www.stovall-law.com/commercial.htm und http://www.illinoisbar.org/sections/International/11-03.pdf (zuletzt besucht am 6.3.2004).

407 Bspw. in: Saudi Arabien, Vereinigte Arabische Emirate, Kuwait, Oman, Bahrain, Syrien, Yemen, Irak, Ägypten, Tunesien, Sudan, Marokko, Algerien, Pakistan, Bangladesch, Malaysia, Indonesien, Uzbekistan, Azerbaijan etc. In einigen dieser Länder gilt die Shari'ah für alle Rechtsstreitigkeiten an denen Muslime beteiligt sind, in anderen gilt diese nur in Fragen, die den persönlichen Status einer Person betreffen. In Saudi Arabien gild diese sogar für alle Rechtsfragen, unabhängig wer und was betroffen ist.

408 So insbes.: Ägypten, Qatar, Jemen.

§ 8.4.4: *„Kombinationsrechtsordnungen" (*combined law*)*

§ 8.4.4.1: Dépeçage

Wie sich schon aus der Entwicklungsgeschichte des ML ergibt, sind die Parteien dazu befugt, verschiedenen Rechtsordnungen einzelne Teile zu entnehmen, beliebig miteinander zu kombinieren und auf ihren Vertrag für anwendbar zu erklären (*dépeçage*).[409] Die Voraussetzungen sind hier weniger zwingender als vielmehr praktischer Natur, nachdem die von den Parteien vorgenommene Rechtsspaltung sachgerecht und durchführbar sein sollte.[410]

Vielfach wird es sich bei der Bezugnahme auf einzelne Vorschriften eines statutsfremden Rechts lediglich um eine materiellrechtliche Verweisung (Sachnormverweisung) handeln, durch die Normen als Vertragsklauseln in das Vertragswerk inkorporiert und zugleich in der Fassung zur Zeit des Vertragsschlusses „versteinert" werden.[411] Der tatsächliche Parteiwille ist im Einzelfall genauestens zu untersuchen.

Ob die *dépeçage* im Allgemeinen sinnvoll ist, bleibt zu bezweifeln. Es werden einzelne Bestandteile gewachsener Rechtsordnungen miteinander kombiniert, was gerade bei der Kombination von Bestandteilen aus *common law* Systemen mit denen aus *civil law* Systemen mehr Fragen aufwerfen kann, als zu lösen. Meist dürfte die Vereinbarung eines neutralen nationalen Rechts oder eine der anderen Möglichkeiten der Rechtswahl für die Parteien vorteilhafter sein.

*§ 8.4.4.2: Gemeinsame Rechtsprinzipien nationaler Rechtsordnungen (*common principles of national laws*)*

In einigen Fällen internationaler Vertragschlüsse und insbesondere in den Fällen wo zwei Staaten miteinander kontrahieren, resultieren aus dem nationalen Stolz beider Parteien hochkomplexe Rechtswahlklauseln, die sich mitunter nur schwer umsetzen lassen.

Bestes Beispiel in der jüngsten Zeit ist hierfür die Rechtswahlklausel des *Channel Tunnel Project*. Hier wurde der Vertrag den gemeinsamen Rechtsprinzipien des englischen und französischen Rechts, sowie in Ermangelung derartiger Gemeinsamkeiten den Prinzipien des internationalen Handelsrechts unterstellt:

---

409 UN Doc. A/40/17, para. 234; *DELAUME*, Law and Practice of Transnational Contracts (New York 1988) § 1.04; vgl. auch: vgl. auch Art. 3 Abs. 1 S. 3 EWG Übereinkommen; Art. 3 S. 1 Haager Kaufrechtsübereinkommen vom 1.7.1964; Art. 6 CISG.

410 *KROPHOLLER*, Internationales Privatrecht (Tübingen 1989) § 52 II 3 b).

411 *BERGER*, 349; *HEINI*, Die Rechtswahl im Vertragsrecht und das neue IPR-Gesetz, in: *SCHWANDER* (Hrsg.), Beiträge zum neuen IPR des Sachen-, Schuld- und Gesellschaftsrechts: Festschrift für *RUDOLF MOSER* (Zürich 1987) 67 (69 f.); *NEUHAUS*, Die Grundbegriffe des Internationalen Privatrechts² (Tübingen 1976) 261 („im Zweifel" nur materiellrechtliche Verweisung); vgl. hierzu auch weiter unten die *freezing clause*.

„[...] the principles common to both English law and French law and in the absence of such common principles, by such general principles of international trade law as have been applied by national and international tribunals."[412]

Eine andere noch exotischere Klausel ist die folgende eines Öl-Konzessionsvertrages:

„[...] the common principles of the laws of England and the Russian Federation and in default of such common principles, the laws of Alberta, Canada."[413]

Während derartige Klauseln zweifelsohne interessante rechtliche Fragen aufwerfen und zum Teil vielleicht zweckmäßig erscheinen mögen, führen sie jedoch dazu, die Verfahrenszeiten und damit Kosten zu erhöhen, nachdem das Schiedsgericht viel Zeit darauf verwenden muss, einen Rechtsvergleich auf die gemeinsamen Rechtsprinzipien hin vorzunehmen. Dies wird umso diffiziler, je weiter die Rechtssysteme voneinander entfernt sind, z.B. bei einem Vergleich eines *common law* Rechts mit dem eines religiös geprägten Rechtssystem des Nahen Ostens. Gleichzeitig mindern die Parteien durch ihre eigene Rechtswahl die Vorhersehbarkeit der Entscheidung, was nicht in ihrer Intention liegen dürfte.[414]

§ 8.4.4.3: Tronc commun doctrine

Die *tronc commun doctrine* geht von der Anwendbarkeit der nationalen materiellen Rechte der beteiligten Vertragsparteien aus, insofern als dass sich diese nicht widersprechen.[415]

Fragestellungen, welche nicht vom *tronc commun* abgedeckt sind, bedürfen jedoch weiterhin der Regelung. Hier wird vorgeschlagen, dass der Schiedsrichter sich von den jeweiligen nationalen Rechten inspirieren lassen kann oder von den Handelsbräuchen zwischen den Parteien aus früheren Vertragsbeziehungen oder in ihrer Abwesenheit aus Handelsbräuchen, die in den Ländern der Vertragsparteien vorherrschen. Auf diese Weise soll der Schiedsrichter möglichst eine Lösung finden, die den Erwartungen der Parteien am nächsten kommt.[416]

---

412 Klausel 68 zitiert im Fall: *CHANNEL TUNNEL GROUP V. BALFOUR BEATTY LTD.*, 1 (1993) All ER 664; bzw. zitiert nach: *PAULSSON/RAWDING/REED/SCHWARZT*, 17.

413 Zitiert nach: *PAULSSON/RAWDING/REED/SCHWARZT*, 17.

414 Ähnlich: *PAULSSON/RAWDING/REED/SCHWARZT*, 17.

415 *RUBINO-SAMMARTANO*, 274 ff.; vgl. auch: *ANCEL*, The Tronc Commun Doctrine: Logics and Experience and Experience in International Arbitration, 7 (1990) J.Int'lArb. 65 ff.; vgl. des Weiteren für Praxisbeispiele der Anwendung des *tronc commun doctrine*: ICC Schiedsspruch Nr. 2886 (1977); Nr. 3327 (1981).

416 *RUBINO-SAMMARTANO*, 274 ff.

„Whereas the notion of tronc commun of the French and Italian legal systems argued by Trivella does not cover any precise legal reality."[417]

Problem des *tronc commun doctrine* ist, dass es nur insoweit ein zufrieden stellendes Ergebnis herbeiführen kann, wenn die nationalen Rechte der beteiligten Parteien einen gleichen Lösungsweg einschlagen oder zumindest zum selben Ergebnis führen. Problematisch wird es jedoch, wenn die nationalen Rechte aufgrund eines anderen rechtsgeschichtlichen Hindergrundes grundverschieden sind. Hier gemeinsame Rechtsprinzipien zu finden, wird umso schwerer, je weiter die Rechte faktisch auseinander liegen. Im Ergebnis wären dann die gemeinsamen Rechtsprinzipien, die das Schiedsgericht eruiert, so allgemein gehalten, dass sie nicht zur Lösung eines konkreten Problems taugen. Insofern ist den Parteien prinzipiell nicht zu raten, die *tronc commun doctrine* zu wählen.

*§ 8.4.5: System zusammenwirkender Rechtsvorschriften (*concurrent law*)*

Es besteht eine zunehmende Tendenz, das Völkerrecht (*public international law*), die *lex mercatoria* oder alternativ die „allgemeinen Rechtsprinzipien" (*general principles of law*) mit einem nationalen Recht zu verbinden und so ein System „zusammenwirkender Rechtsvorschriften" zu schaffen.[418] Das Völkerrecht, die „allgemeinen Rechtsprinzipien" oder die *lex mercatoria* dienen dabei als „Regulator" des nationalen Rechts und als „Garant" eines internationalen, rechtlichen Minimalstandards, unter den das Recht nicht fallen kann und darf.[419] Es dient folglich einer *„international quality control*".[420]

Es dient damit hauptsächlich der Absicherung der Parteien gegen nachteilige Veränderung des Rechtssystems und bietet sich insbesondere in Fällen der so genannten *state contracts* an. Dort, wo zumindest eine Partei ein Staat oder ein staatliches Unternehmen ist, werden *principles of international law* oder alternativ die *general principles of law* mit einer nationalen Rechtsordnung verbunden und bilden so ein separates System konkurrierender und zusammenwirkender Rechtsvorschriften (*concurrent law*).

Ein Beispiel für die Anwendung des *concurrent law* stellt Art. 42 Abs. 1 S. 2 der Washington (oder ICSID) Convention dar:

„In the absence of such agreement, the Tribunal shall apply the law of the Contracting State party to the dispute (including its rules on the conflict of laws) and such rules of international law as may be applicable."

---

417 *CONDOTTE D'ACQUA SA V. STÉ TRIVELLA*, nicht veröffentlicht, zitiert nach: *RUBINO-SAMMARTANO*, 278.

418 *REDFERN/HUNTER*, 87.

419 *PAULSSON/RAWDING/REED/SCHWARZT*, 17; *REDFERN/HUNTER*, 87.

420 *RAWDING*, Protecting Investments Under State Contracts: Somes Legal and Ethical Issues, 15 (1999) AI 341 ff.

Das Recht des vertragsschließenden Staates stellt hier die Basis dar, die jedoch einer internationalen Kontrolle unterliegt.[421] In der Folge wird *concurrent law* vor allem dort vereinbart, wo *state contracts* vorliegen.

§ 8.4.5.1: Die „Libyan oil nationalisation arbitrations"

Systeme zusammenwirkender Rechtsordnungen zwischen nationalem und internationalem Recht sind insbesondere aus drei Fällen bekannt, die im Zusammenhang mit dem im Bereich der Ölkonzessionsverträgen getroffenen Verstaatlichungen in Libyen stehen.[422]

Die Rechtswahlklausel war in allen drei Fällen die gleiche:

> „This concession shall be governed by and interpreted in accordance with the principles of law of Libya common to the principles of international law and, in absence of such common principles, then by and in accordance with the general principles of law, including such of those principles as may have been applied by international tribunals."[423]

Beim einfachen Durchlesen dieser Klausel scheint es klar zu sein, was beabsichtigt war. Scheinbar beabsichtigt war, dass das nationale Recht Libyens anzuwenden ist, soweit dies in Einklang mit den Prinzipien internationalen Rechts steht und dass das libysche Recht dort ignoriert oder überstimmt werden soll, wo es mit diesen Prinzipien nicht konform geht. Diese Intention wurde auf jeden Fall nicht erreicht.

Im Fall *TEXACO* deutete der Einzelschiedsrichter die Klausel als Rechtswahl zugunsten des Völkerrechts.[424]

Demgegenüber deutete der Einzelschiedsrichter im Fall *BP* die Klausel als Rechtswahl zugunsten der „allgemeinen Rechtsprinzipien":

> „The governing system of law is what that clause expressly provides, *viz.* [zu dt.: d.h.] in the absence of principles common to the law of Libya and international law, the general principles of law, including such of those principles as may have been applied by international tribunals."[425]

---

421 Vgl.: *BROCHES*, Settlement of Disputes arising out of Investment in Developing Countries, 11 (1983) International Business Lawyer 206 ff.; *REDFERN/HUNTER*, 87.

422 *TEXACO OVERSEAS PETROLEUM COMPANY (TOPCO) V. CALIFORNIA ASIATIC OIL COMPANY (CALASIATIC) AND THE GOVERNMENT OF THE LIBYAN ARAB REPUBLIC* vom 19.01.1977: 104 (1977) JDI (Clunet) 350-389, englische Übersetzung in: 17 (1978) ILM 3 (siehe oben); *BP*: *BRITISH PETROLEUM V. LIBYA*, 10.10.1973 und 1.8.1974, 53 (1979) ILR 279; *LIBYAN AMERICAN OIL CO. (LIAMCO) V. THE GOVERNMENT OF THE LIBYAN ARAB REPUBLIC VOM* 12.4.1977, 20 (1978) ILM 1321 (siehe oben); vgl. auch: *GREENWOOD*, State Contracts in International Law – The Libyan Oil Arbitrations, 53 (1982) BYIL 27 ff.

423 *TEXACO OVERSEAS PETROLEUM COMPANY (TOPCO) V. CALIFORNIA ASIATIC OIL COMPANY (CALASIATIC) AND THE GOVERNMENT OF THE LIBYAN ARAB REPUBLIC* vom 19.1.1977, 17 (1978) ILM 1 (14).

424 *TEXACO OVERSEAS PETROLEUM COMPANY (TOPCO) V. CALIFORNIA ASIATIC OIL COMPANY (CALASIATIC) AND THE GOVERNMENT OF THE LIBYAN ARAB REPUBLIC* vom 19.1.1977, 17 (1978) ILM 1 (14).

Keiner der Schiedsrichter hat dem libyschen Recht genügend Beachtung geschenkt, welches das erste von der Rechtswahl erwähnte Recht ist, auf dem die rechtliche Entscheidung basieren sollte. Insofern kam der Einzelschiedsrichter im Fall *LIAMCO* der beabsichtigten Bedeutung der Klausel näher. Er stellte heraus, dass das anwendbare Recht das libysche ist, dass aber die Rechtswahlklausel jegliches libysches Recht ausschließe, welches in Konflikt mit den Prinzipien des internationalen Rechts steht.[426]

Daraus wird deutlich, dass eine vermeintlich klar formulierte Rechtswahlklausel missverstanden werden kann oder von den jeweiligen Schiedsrichtern anders interpretiert wird.

§ 8.4.5.2: Vorteile des concurrent law

Die Verwendung von *concurrent law* in internationalen Verträgen, vor allem sofern an ihnen ein Staat beteiligt ist, stellt einen Schritt nach vorn dar. Der Verweis auf das nationale Recht der staatlichen Partei spiegelt dabei die souveräne, unabhängige Position des Staates wieder, während der Bezug auf das internationale Recht, das Völkerrecht, die *lex mercatoria* oder die allgemeinen Rechtsprinzipien oder andere Minimalstandards der privaten Partei ein gewisses Maß an Sicherheit und Schutz gibt. Es muss immer eine gerechte Abwägung zwischen dem nationalen Recht auf der einen und den Rechtsprinzipien auf der anderen Seite gefunden und aufrechterhalten werden.

*§ 8.4.6: Völkerrecht ([*private*]* international law*)*

Im Gegensatz zum nationalen Recht (*national* oder *municipal law*) steht auf der einen Seite das Völkerrecht (*[private] international law*). Kontrahieren zwei Staaten miteinander, wie im Fall *CHANNEL TUNNEL PROJECT*,[427] ist dessen Anwendbarkeit im Rahmen der Rechtswahl durch die Parteien unproblematisch.

In der ersten Hälfte des zwanzigsten Jahrhunderts war es allgemein anerkannt, dass die so genannten *state contracts* von einem nationalen Recht regiert werden.[428] Diese Position der herrschenden Lehre wurde im Fall *SERBIAN LOANS* vor dem ständigen internationalen Schiedsgericht deutlich. Hier stellte das Schiedsgericht fest, dass jeder Vertrag, der nicht ausschließlich zwischen Staaten in ihrer Eigenschaft als Völkerrechtssubjekte geschlossen wird, nicht auf dem Völkerrecht, sondern nur auf ein nationales Recht gestützt werden kann:

---

425 Richter *LAGERGREN* im Fall *BP*: *BRITISH PETROLEUM V. LIBYA*, 10.10.1973 und 1.8.1974, 53 (1979) ILR 150.

426 *LIBYAN AMERICAN OIL CO. (LIAMCO) V. THE GOVERNMENT OF THE LIBYAN ARAB REPUBLIC* vom 12.4.1977, 62 (1982) ILR 140 ff.

427 *CHANNEL TUNNEL GROUP V. BALFOUR BEATTY LTD.*, AC 1993, 334; *REYMOND*, The Channel Tunnel Case and the Law of International Arbitration, 109 (1993) LQR 337 ff.

428 *CHUKWUMERIJE*, 151.

„Any contract which is not a contract between states acting in their capacity as subjects of international law, is based on the municipal law of some country."[429]

Der Grund für diese Ansicht war die Auffassung, dass nur Staaten vollwertige Völkerrechtssubjekte darstellen können. Deshalb mussten zwangsläufig Verträge zwischen einem Staat und einem Privaten (*state contracts*) einem nationalen Recht unterstellt werden. Die Folge dieser Ansicht war, dass das anwendbare materielle Recht in derart gelagerten Fällen generell das nationale Recht der staatlichen Partei war.[430] Der Staat als Souverän konnte nur schwerlich gezwungen werden, das nationale Recht eines anderen Landes zu akzeptieren.

Dieser traditionellen Unterscheidung wird nicht mehr gefolgt.[431] Dennoch wird nur vereinzelt von dieser Rechtswahlmöglichkeit Gebrauch gemacht.[432] Ein Grund ist, dass das Völkerrecht nicht länger nur mit Staaten befasst ist, wobei überhaupt strittig ist, ob es dies jemals war. Es erstreckt sich vielmehr ebenso auf internationale Organisationen wie z.B. die Vereinten Nationen und sogar auf Personen oder Personengruppen. Eines der besten Beispiele der Öffnung des Völkerrechts zugunsten von Personen ist das Recht von Individuen, Verletzungen der Europäischen Menschenrechtskonvention (direkt oder durch die Kommission) vor den Europäischen Menschenrechtsgerichtshof zu bringen.

Zum anderen mag die Entwicklung transnationalen Rechts oder eines internationalen Handelsrechts zur Formierung eines *tertium genus* führen, welches den Raum zwischen dem Völkerrecht auf der einen Seite und den nationalen Rechten auf der anderen Seite füllt. [433]

Unabhängig hiervon bleibt das Völkerrecht in unserer modernen Welt von großer Bedeutung. Selbst wenn es primär für die Belange zwischen Staaten gedacht war, kann es auf Wirtschafts- und Handelsverträge angewandt werden. Dies gilt insbesondere, sofern einer der Vertragspartner ein Staat, Staatsunternehmen oder staatlich beherrschtes Unternehmen (*state contract*) ist. Der Fall *TEXACO* hat dieser Ansicht zum Durchbruch verholfen. Ein Staat kann in einem Vertrag mit einem Privaten Verpflichtungen völkerrechtlicher Natur eingehen. Aufgrund einer solchen Vertragsbeziehung kann ein Privater eine „beschränkte Völkerrechtssubjektivität" erlangen.[434] Die Idee, dass ein Vertrag zwischen einem Privaten und einem Staat vom Völkerrecht beherrscht werden kann, hat in der Lehre beachtlichen Anklang gefunden.[435]

---

429 *THE SERBIAN LOANS CASE*, PCIJ (Permanent Court of International Justice) Series A, No. 20, S. 41.

430 *JENNINGS*, Rules Governing Contracts between States and Foreign Nationals, in: Rights and Duties of Private Investors Abroad (New York 1915) 281 ff.

431 *REDFERN/HUNTER*, 80; *CHUKWUMERIJE*, 154.

432 *CHUKWUMERIJE*, 154.

433 *REDFERN/HUNTER*, 80.

434 *HERDEGEN*, Internationales Wirtschaftsrecht[2] (München 1995) § 18 Rn. 7; nicht unumstritten, hat aber viel Zuspruch erfahren.

435 *CHUKWUMERIJE*, 154; *REDFERN/HUNTER*, 80 m.w.N.

Außerhalb der „quasi-völkerrechtlichen“ Verträge eines *state contracts* muss jedoch bezweifelt werden, ob das Völkerrecht überhaupt eine effektive Rolle spielen kann. Dies, zumal die Verträge dann meist einen rein privatrechtlichen Charakter besitzen und das Völkerrecht auf dem Gebiet des Privatrechts nur rudimentär entwickelt ist.[436] Auf den Punkt gebracht bedeutet dies, dass das Völkerrecht nicht dazu entwickelt wurde, die Beziehungen zwischen international operierenden Unternehmen und Geschäftsleuten abzuwickeln. Ihm fehlen der privatrechtliche Charakter und die diesbezüglichen Normen. Dennoch wird teilweise in diesen Fällen – wie z.B. bei internationalen Kreditverträgen – das Völkerrecht vereinbart, selbst wenn keine der Parteien ein Staat ist. Dabei wird das Argument, dass das Völkerrecht für derartige Fälle eine ungeeignete Rechtswahl darstellt, als nicht überzeugend abgetan.[437]

Das Washingtoner Übereinkommen von 1965[438] gibt ein markantes Beispiel für diese Tendenz. Art. 42 des Abkommens besagt:

> „(1) The Tribunal shall decide a dispute in accordance with such **rules of law** as may be agreed by the parties. **In the absence** of such agreement, the Tribunal shall apply the law of the Contracting State party to the dispute (including its rules on the conflict of laws) and such **rules of international law** as may be applicable.
>
> (2) The Tribunal may not bring in a finding of non liquet on the ground of silence or obscurity of the law.
>
> (3) The provisions of paragraphs (1) and (2) shall not prejudice the power of the Tribunal to decide a dispute *ex aequo et bono* if the parties so agree.“

Absatz eins besagt, dass bei Fehlen einer expliziten Rechtswahl durch die Parteien das Schiedsgericht das nationale Recht des vertragsschließenden Staates und diejenigen Regeln eines anwendbaren Völkerrechts zu Rate ziehen soll. Im Umkehrschluss muss die Vereinbarung des Völkerrechts als das für den Vertrag maßgebende Recht im Rahmen der Rechtsvorschriften (*rules of law*) möglich sein.

Ein Beispiel für die von Art. 42 Abs. 1 des Übereinkommens erfassten Fälle ist, dass ein Staat, der einen langfristigen Investitionsvertrag abschließt und mit Hilfe einer Verstaatlichung (*nationalisation*) die fremden Investitionen an sich reist und hierdurch zwar nach seinem Rechtssystem legal handelt, dies jedoch keinen Bestand vor dem Völkerrecht hat, solange hierfür nicht eine angemessene „Ausgleichszahlung“ (*compensation*) gezahlt wird.[439] Auf diesem Wege wird über ein System zusammenwirkender Rechtsordnungen

---

436 So schon und noch immer zutreffend: *WOLFF*, Private International Law² (London 1950) 417.

437 *WOOD*, Law and Practice of International Finance (London 1980) paras. 1.2(1), 1.6(1) und 1.6(2).

438 Convention on the Settlement of Investment Disputes between States and Nationals of other States (ICSID) vom 18.3.1965, UNTS Vol. 575 (1966) 159.

439 Vgl.: United Nations Resolution 1803 (XVII) on Permanent Sovereignty over Natural Resources (UN Doc. A/RES/1803 (XVII) December 19, 1962) the requirement that compensation should be “prompt, adequate and effective” was replaced by the requirement that it

und speziell der Kombination von nationalem Recht und Völkerrecht ein Minimalstandard statuiert.[440]

*§ 8.4.6.1: Internationalisierung (*internationalization*)*

§ 8.4.6.1.1: Was bedeutet Internationalisierung?

Internationalisierung (*internationalization*) ist mehr oder weniger eine andere Begrifflichkeit für die Anwendung des Völkerrechts oder völkerrechtlicher Grundsätze auf internationale Wirtschaftsverträge.

Der Grund für eine Internationalisierung ist der folgende: In früheren Fällen wurde die Bezugnahme auf das Völkerrecht mit der Lückenhaftigkeit des gewählten oder von den Schiedsrichtern eruierten Rechts begründet. Heute sieht die Begründung anders aus. Das Recht hat sich international selbst in den so genannten Entwicklungsländern stark weiterentwickelt. Insofern gibt es kaum noch Länder auf der Welt mit so extrem unterentwickelten und lückenhaften Rechtssystemen, wie dies noch Anfang des 20. Jahrhunderts der Fall war. Die immer größer werdende Nachfrage nach Kapital in den Entwicklungsländern verlangt nach dem best möglichen Schutz der privaten und damit geldgebenden Partei.[441] Das nationale Recht der staatlichen Partei schützt den privaten Investor nur ungenügend, nachdem die staatliche Partei ihr nationales Recht zuungunsten der privaten Partei und zu Lasten der vertraglichen Balance zwischen den Parteien verändern kann. Internationalisierung wird als beste Lösung dieses Problems angesehen, weil es den Vertrag jenseits der staatlichen Gewalten ansiedelt und so eine einseitige Vertragsänderung im Rahmen internationaler Standards unmöglich macht. Folgerichtig ist die Internationalisierung eine Art „Versicherung" gegen die Risiken des Investors, der finanzielle und technische Unterstützung in einen Staat einbringt.

Auf der anderen Seite verweigern noch immer einige Autoren die Anwendbarkeit von Völkerrecht auf diese so genannten *state contracts*. Dies wird damit begründet, dass ein solches Vorgehen die internationale Verantwortlichkeit der Staaten belasten kann.[442] Diese Angst ist jedoch unbegründet. Dies, zumal Unternehmen und natürliche Personen keine vollwertigen Rechtssubjekte des Völkerrechts und nur beschränkt völkerrechtsfähig sind.[443] Es fehlt ihnen an dem erforderlichen Status, einen Staat ebenso zu verpflichten,

---

should be "appropriate"; this new requirement is reflected in the Charter of the Economic Rights and Duties of States and accepted in arbitration practice.

440 Siehe hierzu: *concurrent law*.

441 *Dupy*, im Fall: *Texaco Overseas Petroleum Company (TOPCO) v. California Asiatic Oil Company (CALASIATIC) and the Government of the Libyan Arab Republic* vom 19.1.1977, 53 ILR 422 (456); siehe auch: *Hyde*, Economic Development Agreements, 105 (1962) Hague Recueil 267 (271).

442 *Toope*, 78.

443 *Chukwumerije*, 153.

wie es ein anderer Staat tun könnte.[444] Die Unterwerfung eines *state contracts* unter das Völkerrecht hat keinesfalls zur Folge, dass der privaten Partei dabei volle Völkerrechtssubjektsqualität zukommt, welche die internationale Verantwortlichkeit des Staates geltend machen kann. Vielmehr hat eine derartige Internationalisierung lediglich zur Folge, dass der Vertrag dem Völkerrecht und seinen Grundsätzen unterworfen wird.[445] In der Konsequenz heißt dies, dass der privaten Partei nicht die gleichen Rechtsmittel zur Verfügung stehen, wie sie einem Staat zur Seite stehen würden:

> „[Internationalization] does not imply that the foreign party can itself invoke the international responsibility of the opposing State. The 'international law' to be applied includes, primarily, relevant rules concerning interpretation and, secondly, rules relating to the modalities of contractual performance. The arbitrators need not and cannot evaluate an 'international wrong' when one of the parties has no standing to assert such a wrong."[446]

Nunmehr ist allgemein anerkannt, dass *state contracts* dem Völkerrecht unterworfen werden können.[447]

Die primären Faktoren der Internationalisierung von Verträgen sind unter anderem:

- Rechtswahl durch die Parteien,
- „privatwirtschaftliche Entwicklungshilfeverträge" (*international development agreements*),
- Bezugnahme im Vertrag auf *good faith*, *good conscience* oder *good will* usw.[448]

*§ 8.4.6.1.2: Internationalisierungsklausel (*internationalization clause*)*

„Internationalisierungsklauseln" sind ein Verweis auf Völkerrecht, wodurch die Beziehung zwischen der privaten und staatlichen Vertragspartei „internationalisiert" wird.[449]

Einige Gelehrte haben die Idee entwickelt, dass *state contracts*, die Staatsschulden betreffen, generell vom Völkerrecht regiert werden. Gerade Staatsschulden sollten

---

444 *TOOPE*, 88.

445 *OKEKE*, Controversial Subjects of Contemporary International Law (Rotterdam 1973) 214.

446 *TOOPE*, 87; siehe auch: *AMERASINGHE*, State Breaches of Contracts with Aliens and International Law, 58 (1964) AJIL 881 (897); *TEXACO OVERSEAS PETROLEUM COMPANY (TOPCO) V. CALIFORNIA ASIATIC OIL COMPANY (CALASIATIC) AND THE GOVERNMENT OF THE LIBYAN ARAB REPUBLIC* vom 19.1.1977, 53 ILR 422 (458); *SEIDL-HOHENVELFERN*, The Theory of Quasi-International and Partly International Agreements, Rev.belge dt.int. 1975, 567 (570).

447 *GREENWOOD*, State Contracts in International Law – The Libyan Oil Arbitrations, 1982, 53 BYIL 27 (48 ff.); *JENNINGS*, State Contracts in International Law, 37 (1961) BYIL 156 (181); *REDFERN/HUNTER*, 106; *SOHN/BAXTER*, Responsibility of States for Injuries to Economic Interests of Aliens, 55 (1961) AJIL 545 ff.

448 Die folgenden Ausführungen verschaffen dem Leser einen groben Überblick, wie Internationalisierung in internationalen Wirtschaftsverträgen erreicht werden kann.

449 *HERDEGEN*, Internationales Wirtschaftsrecht^2 (München 1995) § 18 Rn. 2.

BORCHARD zufolge aufgrund ihrer rechtlichen Beschaffenheit eine eigene Kategorie bilden:

> „The debt is generally authorised and created by an act of legislation, which escapes all judicial review [...]. Neither contracting party in these cases would be willing to submit to the national municipal law of the other."[450]

Diese Idee wurde rasch von anderen Gelehrten aufgegriffen, die behaupteten, dass nicht nur die Staatsschulden betreffenden *state contracts*, sondern alle *state contracts* durch den Verweis auf das Völkerrecht internationalisiert werden könnten. Einer der stärksten Befürworter ist *MANN*. Dieser führt aus, dass die theoretische Begründung der Internationalisierung in der Tatsache liegt:

> „[That it] is no longer attractive to suggest that public international law and private international law respectively have fields of application, which are clearly and perhaps even inflexibly defined and which are determined a priori or conceptualist reasoning, such as the formula that public international law is applicable only as between international persons or that relationships between international persons are necessarily subject to public international law. Both branches of law are branches of the same tree. They apply in conformity with the demands of reasonable justice and practical convenience. They overlap and pervade each other. Both are called upon to contribute the progressive evolution of the law."[451]

MANN zufolge können die Parteien eines *state contracts* Völkerrecht als anwendbares Recht vereinbaren, wobei dieses dann nicht genauso behandelt würde, wie bei Verträgen zwischen Staaten.[452]

§ 8.4.6.1.2.1: Exkurs: Theorie des quasi-international agreement *([beschränkt] völkerrechtlichen Vertrag* sui generis*)*

Ein weiterer Weg, die *state contracts* der totalen Kontrolle der der staatlichen Partei zu entziehen, ist die Einordnung als (beschränkt) völkerrechtlicher Vertrag *sui generis* (*quasi-international agreement*). Nach dieser Ansicht statuiert der Vertrag sein eigenes anwendbares Recht. Genauer gesagt wird behauptet, dass der Vertrag das gesamte Recht verkörpert, welches für die Regelung der Vertragsbeziehung zwischen den Parteien nötig ist.[453]

---

450 *BORCHARD*, The Diplomatic Protection of Citizens Abroad (New York 1915) 303.

451 *MANN*, The Proper Law of Contracts Concluded by International Persons, 35 (1959) BYIL 34 (56); siehe auch: *MANN*, State Contracts and International Arbitration, 42 (1967) BYIL 1 ff.

452 *MANN*, The Theoretical Approach Towards the Law Governing Contracts between States and Private Persons, Rev.belge dt.int. 1975, 562 (564); siehe auch: *BONDZI-SIMPSON*, Legal Relationships between Transnational Corporations and Host States (Westport 1990) 68.

453 Vgl.: *CHUKWUMERIJE*, 148; *NAÓN*, Choice of Law Problems in International Arbitration (Tübingen 1992) 122.

„The actual contract provisions provide the essential ingredients necessary to resolve any dispute between contracting parties."[454]

Dementsprechend soll keine Bezugnahme auf ein externes Recht nötig sein, mit Ausnahme der im Vertrag genannten Bedingungen. Ziel dieser Theorie ist es, die Vertragsklauseln jenseits der exekutiven und legislativen Staatskompetenzen zu platzieren. Sofern in der Tat ein *state contract* sein eigenes anwendbares Recht statuiert und die exklusive Rechtsquelle der Vertragsverpflichtungen darstellt, kann ein einseitiger Akt der staatlichen Partei unmöglich die Vertragsbedingungen ändern oder ein solcher wäre unwirksam.[455]

Der führende Befürworter dieser Theorie ist *VERDROSS*. Er lehnt die Forderung ab, dass jedes Vertragswerk auf einem rechtlichen Standard fußen muss und stellt folgende Behauptung auf:

„[State contracts are] neither governed by some municipal law of some State, nor are they international treaties [...]. Accordingly, these agreements [...] form a third group of agreements, characterized by the fact that the private rights established by them are governed by a new legal order, created by the concurring will of the parties, i.e. the agreed lex contractus."[456]

Ergo spendet er der Autonomie beider Parteien ein besonderes Interesse. Der Schutz, den diese Theorie einer privaten Partei zukommen lässt, ist jedoch weit jenseits dessen, was im internationalen Recht überhaupt möglich ist.[457] Schließlich ist es nach internationalem Recht zulässig, nicht diskriminierende Enteignungen vorzunehmen, solange sie von angemessenen Entschädigungen flankiert werden.[458] Nach der von *VERDROSS* vertretenen Ansicht, wäre eine solche Maßnahme nach dem Vertrag nicht möglich. Insofern findet diese Theorie nur wenige Anhänger. Die meiste Ähnlichkeit mit dieser Theorie hat – wenn überhaupt – das Prinzip: „Der Vertrag ist das Recht der vertragsschließenden Parteien", wie es in einigen Staaten des Nahen Ostens mit islamischer Rechtstradition (*Sharia law*)[459] bekannt ist.[460] Dennoch müssen nach diesem Prinzip die Vertragsbestimmungen im Einklang mit den allgemeinen Rechtsprinzipien des Korans, der Propheten-

454 *LEW*, 494.

455 *CHUKWUMERIJE*, 148.

456 *VERDROSS*, The Status of Foreign Private Interests Stemming from Economic Development Agreements with Arbitration Clauses, 18 (1958) ZaöRV 449 (451 f.).

457 Ebenso: *CHUKWUMERIJE*, 148.

458 Siehe hierzu schon die vorangegangenen Ausführungen, sowie: *CHUKWUMERIJE*, 149.

459 Allgemein zur Sharia in transnationalen Verträgen: *BALLANTYNE*, The Shai'a and its relevance to modern transnational tranasactions: the settlement of disputes through arbitration, in: *INTERNATIONAL BAR ASSOCIATION* (Hrsg.), Arab Comparative and Commercial Law – Proceedings of the Arab Regional Conference, Cairo 15-19 February 1987 (London 1987) 43 ff.; eine Bibliographie zu den handelsrechtlichen Aspekten des islamischen Rechts ist zu finden unter: http://www.stovall-law.com/commercial.htm und http://www.illinoisbar.org/sections/International/11-03.pdf (zuletzt besucht am 6.3.2004).

460 *CHUKWUMERIJE*, 149 m.w.N.

überlieferungen und der Ansicht der jeweiligen Rechtsgelehrten stehen, womit sie wiederum nicht losgelöst von jeglichem Recht sind.

Folglich muss der Ansicht des *quasi-international agreements* aus zwei Gründen widersprochen werden. Der erste ist theoretischer Natur: Die Theorie geht davon aus, dass der Vertrag sein eigenes Rechtssystem bildet und dazu tauglich ist, selber rechtliche Verpflichtungen entstehen zu lassen, unabhängig von irgendeinem nationalen oder internationalen Rechtssystem. Diese Vermutung wirft einige relevante Fragen auf:[461]

- woher oder wodurch erhalten die Parteien die Fähigkeit, Rechtsbeziehungen einzugehen, wenn kein übergeordnetes Recht besteht?
- nach welchem Recht sollen sich die rechtlichen Konsequenzen zwischen den Parteien beurteilen?
- aufgrund welchen Rechts werden die Parteien durch die Absichtserklärungen in ihrem Vertragsdokument an ihr Versprechen gebunden?

Es wäre ein fataler Irrtum anzunehmen, dass in der heutigen Welt die Parteien auf eigene Faust und unabhängig von jeglichem Rechtssystem verbindliche Vertragsbeziehungen eingehen können, die zugleich von nationalen Gerichten oder internationalen Tribunalen anerkannt und vollstreckt werden.[462] *MANN* bemerkt zu Recht:

> „[F]reedom of contract does not exist independently of the legal systems which grant it or confer any measure of sovereignty upon the contracting parties"[463]

Diese Ansicht wurde im Falle *ARAMCO* von *SAUSER-HALL* verifiziert:

> „It is obvious that no contract can exist in vacuo, i.e. without being based on a legal system. The conclusion of a contract is left to the unfettered discretion of the parties. It is necessarily related to some positive law which gives legal effect to the reciprocal and concordant manifestation of the intent made by the parties. The contract cannot even be conceived without a system of law under which it is created."[464]

Erstaunlich ist, dass *VERDROSS* sich zwar nicht auf eine nationale oder internationale Rechtsordnung stützen will, dann aber doch Rückgriff auf allgemeine Rechtsprinzipien wie z.B. *pacta sunt servanda* nimmt. Gerade diese allgemeinen Rechtsprinzipien stammen aus den nationalen und internationalen Rechtsordnungen und so nimmt er dennoch – wenn auch nur indirekt – Bezug auf die von ihm eigentlich ausgeschlossenen Rechtsordnungen. Insofern kann seiner Argumentation in diesem Punkt nur schwerlich gefolgt werden.

---

461 *CHUKWUMERIJE*, 149.

462 Ebenso: *CHUKWUMERIJE*, 149.

463 *MANN*, The Proper Law of Contracts Concluded by International Persons, 35 (1959) BYIL 34 (49).

464 *SAUDI ARABIA V. ARABIA AMERICAN OIL COMPANY (ARAMCO)*, 2.8.1958, 27 ILR 117.

Der zweite Grund ist eher praktischer Natur: Kein Vertrag, egal wie komplex er auch immer gestaltet sein mag, vermag es sich anzumaßen, alle möglicherweise auftretenden Probleme im Zusammenhang mit dem Vertrag zu behandeln und zu regeln. Eine derartige Komplexität eines Vertragswerkes ist aufgrund der heutigen Wirtschaftsbeziehungen kaum möglich und würde vielen Anwälten auf Jahre hinaus Arbeit bescheren, ohne dass sie alle möglichen Varianten bedenken könnten. Außerdem sind es zumeist ja gerade die unklaren Vertragsklauseln, die zu Streitigkeiten zwischen den Parteien führen, hier bedarf es dann einer Rechtsordnung zur Auslegung der fraglichen Klauseln.

Abschließend bleibt folgerichtig zu sagen, dass ein *state contract* immer auf einem Rechtssystem, sei es ein nationales, ein internationales oder ein anationales, basiert.[465]

§ 8.4.6.1.2.2: „Internationales privatwirtschaftliches Entwicklungshilferecht" (international development law)[466]

Ein Aspekt, der bei internationalen Handelsbeziehungen nie ganz ignoriert werden kann, ist das „internationale privatwirtschaftliche Entwicklungshilferecht" (*international development law*), welches es sich zum Ziel gesetzt hat, eingefahrene Muster derartiger Beziehungen in den *state contracts* aufzusprengen. Das „internationale privatwirtschaftliche Entwicklungshilferecht" wird dabei von politischen und wirtschaftlichen Motiven beeinflusst. Die antreibende Kraft ist hier der Glaube, dass die existenten wirtschaftlichen Strukturen dem größten Teil der Weltbevölkerung einen schlechten Dienst erweisen. Auf den Punkt gebracht will das heißen, die soziale Schere klappt weiter auseinander und die wenigen „Reichen" werden reicher und die „Armen" werden nicht nur ärmer, sondern nehmen zahlenmäßig mehr und mehr zu. Die Prinzipien des internationalen privatwirtschaftlichen Entwicklungshilferechts sind im Vergleich zu traditionellen Prinzipien des Völkerrechts revolutionär. Nachdem Verträge mit Staaten oder staatlichen Unternehmen (*state contracts*) oftmals gerade jene „armen" Entwicklungsländer betreffen, ist der Einfluss des „internationalen privatwirtschaftlichen Entwicklungshilferechts" auf die internationale Wirtschaft und den internationalen Handel nicht unbeträchtlich, wo zumindest eine Partei einem solchen Staat angehört. In diesem Bereich einer neuen internationalen Wirtschaftsordnung engagieren sich die Vereinten Nationen mit ihren Unterorganisationen. Das derzeitige „internationale privatwirtschaftliche Entwicklungshilferecht" ist jedoch erst in seiner Entstehung und noch wenig mehr als eine vage Ansammlung einzelner Prinzipien. Dennoch hat das „internationale privatwirtschaftliche Entwicklungshilferecht" Einfluss auf den internationalen Waren- und Handelsverkehr, vor allem, sofern weniger entwickelte Länder der dritten Welt beteiligt sind.[467]

---

465 Ebenso: *CHUKWUMERIJE*, 151.

466 Ausführlich hierzu: *CHUKWUMERIJE*, 155 ff.; vergleiche auch die Ausführungen bei den „allgemeinen Rechtsprinzipien".

467 Ausführlich hierzu: *REDFERN/HUNTER*, 81 ff.

Einige Autoren vertreten die Ansicht, dass „internationale privatrechtliche Entwicklungshilfe" *per se* dem Völkerrecht zuzuordnen ist.[468] Dieser Vorschlag basiert nicht auf dem vermuteten Willen der Parteien, sondern vielmehr auf den Gründen, dass der Charakter derartiger Verträge und deren wahrnehmbarer positiver Beitrag zum Wohlergehen des Empfangsstaates, praktisch eine Internationalisierung erzwingen.

Was sind die so genannten „internationalen privatwirtschaftlichen Entwicklungshilfeverträge" (*international development law*), wie sie hier genannt werden? Die *economic development agreements* simpel als Entwicklungshilfeverträge zu übersetzen, würde hier zu kurz greifen. Im Allgemeinen wird unter Entwicklungshilfe das Engagement einer Wirtschaftsnation verstanden, die einem sich in der Entwicklung befindlichen Land der so genannten „Dritten Welt" helfend unter die Arme greifen will. Hier geht es aber gerade nicht um ein staatliches Engagement einer Wirtschaftnation, sondern vielmehr um das profitorientierte Engagement eines privaten Wirtschaftsunternehmens einer solchen Wirtschaftsnation. Ihren Ursprung haben sie in den früh abgeschlossenen Konzessionsverträgen (hauptsächlich der Ölfirmen), welche alle Verträge mit Ausnahme der Kreditverträge (*loan agreements*) über die Investition ausländischen Kapitals in den sich entwickelnden Wirtschaften umfassten.[469] Die Konzessionsverträge wurden dabei wie folgt definiert:

> „[A license granted by a State to a private party] to undertake works of a public character extending over a considerable period of time, and involving the investment of more or less large sums of capital."[470]

Später wurde diese einfache Charakterisierung derartiger Verträge als ungenügend angesehen, zumal es die bilaterale Natur der Transaktion verwischte.[471] Die Bezeichnung als „internationale privatwirtschaftliche Entwicklungshilfeverträge" (*economic development agreements*) erschien hier passender, weil eine derartige Charakterisierung das Geflecht gegenseitiger Rechte und Pflichten zwischen dem ausländischen Investor und dem Staat mehr hervorhebt und es zugleich das scheinbare Ziel derartiger Verträge, nämlich die wirtschaftliche Entwicklung des Empfängerlandes, klar zum Ausdruck bringt.[472] *FRIEDMANN* zufolge ist der „internationale privatwirtschaftliche Entwicklungshilfevertrag" eine Vereinbarung, die gekennzeichnet ist von einer Serie von Verpflichtungen auf Seiten des Investors, gepaart mit entsprechenden Versprechen und Genehmigungen auf Seiten der „gastgebenden" Regierung mit dem objektiven Ziel der Förderung der nationalen Entwicklung des „gastgebenden" Landes.[473] Somit ist der Terminus nun so definiert, dass

---

468 *CHUKWUMERIJE*, 155.

469 *CHUKWUMERIJE*, 155.

470 *O'CONNELL*, The Law of State Succession (Cambridge 1956) 106.

471 *MCNAIR*, The General Principles of Law Recognized by Civilized Nations, 33 (1957) BYIL 1 ff.

472 *CHUKWUMERIJE*, 155 f.

473 *FRIEDMANN*, The Relevance of International Law to the Process of Economic and Social Development, 60 (1966) Proc. ASIL 8 (13).

er moderne Formen der privatwirtschaftlichen Entwicklungshilfe mit umfasst, wie z.B. den *turn-key contract* (ein pauschaler Werkvertrag bis zur Abnahme oder Bauvertrag bis zur schlüsselfertigen Übergabe[474]).[475]

Die Kategorisierung eines *state contracts* als internationaler privatwirtschaftlicher Entwicklungshilfevertrag und die dadurch hervorgerufene Zuordnung eines internationalisierenden Effektes, scheinen speziell für Verträge mit Entwicklungsländern geschaffen worden zu sein und sogar nur diese zu betreffen.[476] Dadurch wird eine Diskriminierung hervorgerufen. Die Beurteilung des Vertrages hinge von der Zuordnung des jeweiligen Landes zu den Entwicklungs- oder Wirtschaftsländern ab. Eine solche diskriminierende Beurteilung nur anhand des Status in der Weltgemeinschaft kann und darf wiederum nicht sein, so begrüßenswert die Ziele sein mögen.

Nichts an den so genannten „internationalen privatwirtschaftlichen Entwicklungshilfeverträgen" deutet daraufhin, diese automatisch zu internationalisieren und sie dem Völkerrecht oder seinen Grundsätzen zu unterwerfen.[477] Zwar steht es den Parteien frei, eine Rechtswahl in dieser Richtung zu treffen. In Abwesenheit eines solch klaren Votums sollte das Schiedsgericht jedoch auf die traditionellen oder gegebenen kollisionsrechtlichen Lösungen zurückgreifen. Gerade dort, wo die Parteien eine klare Rechtswahl getroffen haben, sollte dieser Ansatz zurückgewiesen werden.[478]

So argumentierte eine Partei im Fall *AMOCO V. IRAN*, wo eine eindeutige Rechtswahl zugunsten des iranischen Rechts getroffen wurde. Dennoch sollte der Vertrag als „internationaler privatwirtschaftlicher Entwicklungshilfevertrag" eingeordnet werden. So wurde behauptet, dass der Vertrag im Völkerrecht verwurzelt ist. Dieser Ansicht wurde jedoch vom Tribunal eine klare Absage erteilt.[479]

Weiterhin wies das Schiedsgericht im Fall *KLÖCKNER V. CAMEROON*, wo die Parteien keine klare Rechtswahl getroffen hatten, darauf hin, dass in diesem Falle das Recht Kameruns anzuwenden ist und der Vertrag – obwohl er als privatwirtschaftlicher Entwicklungshilfevertrag angesehen wurde – nicht schon deshalb aufgrund besonderer Rechtsprinzipien behandelt werden müsse.[480]

Insgesamt gesehen ist es sehr zu bezweifeln, dass Verträge – selbst bei explizierter Rechtswahl zugunsten eines nationalen Rechts – dem Völkerrecht zuzuordnen sind, nur

---

474 Übersetzung nach *ROMAIN/BADER/BYRD*, Dictionary of Legal and Commercial Terms^5 (München 2000).

475 *POGANY*, Economic Development Agreements, 7 (1992) ICSID Rev. FILJ 1 (4).

476 Vgl.: *CHUKWUMERIJE*, 157.

477 Ebenso: *CHUKWUMERIJE*, 158.

478 Ebenso: *CHUKWUMERIJE*, 158.

479 *AMOCO V. IRAN*, 15 (1987) Iran-US CTR 189.

480 *PAULSSON, THE ICSID KLÖCKNER V. CAMEROON AWARD*: The Duties of Partners in North-South Economic Development Agreements, 1 (1984) J.Int'lArb. 145, mit Auszügen aus dem Schiedsspruch.

weil man sie als so genannte „internationale privatwirtschaftliche Entwicklungshilfeverträge" einordnet.[481]

§ 8.4.6.1.2.3: Implizite Internationalisierung

MANN geht soweit, dass er in Abwesenheit einer expliziten Rechtswahlklausel zugunsten des Völkerrechts den Vertrag dort internationalisiert wissen will (implizite Rechtswahl), wo ein Vertrag so tief im internationalen oder Völkerrecht verwurzelt ist, dass es unmöglich scheint, dass die Parteien von der Anwendung eines nationalen Rechtssystems ausgingen.[482] Dieser Ansatz scheint jedoch zu weit zu gehen. Abgesehen von Verträgen zwischen Staaten und internationalen Organisationen (wie z.B. der Weltbank oder dem IMF) erscheint es jedoch fraglich, welche Art von Verträgen so stark im Völkerrecht verwurzelt sein können.[483] Insofern scheint es nur eine geringe Basis für eine implizite Rechtswahl zugunsten des Völkerrechts zu geben. Die Beschränkungen, die die Internationalisierung für die staatlichen Gewalten mit sich bringt (z.B. im Falle von Enteignungen), lässt darauf schließen, dass in Abwesenheit einer klar definierten und eindeutigen Rechtswahl zugunsten des Völkerrechts nicht von der Wahl eines solchen ausgegangen werden darf.[484]

Dennoch sind einige Schiedsrichter immer wieder der Ansicht, dass eine Internationalisierung eintreten kann, selbst wenn keine Klausel explizit auf eine Internationalisierung hinweist. Einige von ihnen gehen sogar so weit, selbst in den Fällen von einer Internationalisierung auszugehen, in denen es Anzeichen dafür gibt, dass die Parteien die Wahl eines nationalen Rechts bevorzugt hätten.

Beispiel für eine derartige Praxis ist der Fall *MOBIL OIL IRAN V. IRAN*.[485] Im zugrunde liegenden Vertrag wurde ausdrücklich erwähnt, dass die Vereinbarung unter Beachtung des nationalen Rechts Irans interpretiert werden sollte (*„shall be interpreted in accordance with the laws of Iran"*) und dass die Rechte und Pflichten der Parteien sich aus den Vertragsbedingungen ergeben sollten (*„the rights and obligations of the parties shall be governed by and according to the provisions [of the agreement]"*, also unter Beachtung des iranischen Rechts). Dennoch hielt das Schiedsgericht das iranische Recht nur auf die Interpretation für anwendbar, nicht jedoch auf den Vertrag oder die aus dem Vertrag erwachsenden Pflichten selbst:

> „In the absence of contract provisions, the Tribunal must decide what choice of law is applicable by taking into consideration all circumstances that it deems relevant. In view of the international character of [the contract], of the magnitude of the interest involved, of the complex set of rights and obligations which is established [...], the Tribunal does not consider it appropriate that such an Agreement be governed by the law of one Party [...]. Accordingly, the Tribunal determines that the

481 Ebenso: *CHUKWUMERIJE*, 158.
482 *MANN* The Law Governing State Contracts, 21 (1944) BYIL 11 (21).
483 *CHUKWUMERIJE*, 154.
484 *FATOUROS*, Government Guarantees to Foreign Investors (New York 1962) 135.
485 US-Iranian Claims Tribunal, *MOBIL OIL IRAN INC. V. IRAN* (1987) 16 Iran-US CTR 3 (32).

law applicable to the Agreement is Iranian law for the interpretative issues, and the general principles of commercial and international law for all other issues."[486]

Dieser Ansatz scheint allerdings falsch zu sein.[487] Die eindeutige Bezugnahme auf das iranische Recht schließt die Internationalisierung aus. Es hinderte die Parteien nichts daran, Völkerrecht (explizit) auf den Vertrag für anwendbar zu erklären. Die Parteien haben sich aber hier für ein nationales Recht entschieden. Des Weiteren hätte das Schiedsgericht in Abwesenheit einer klaren expliziten Rechtswahl auf die üblichen kollisionsrechtlichen Regeln zurückgreifen müssen.

§ 8.4.6.1.2.4: Vermeintliche Internationalisierungsklauseln

§ 8.4.6.1.2.4.1: Internationalisierung durch Schiedsklauseln

Vereinzelt wird behauptet, dass ein *state contract* bereits dadurch internationalisiert wird, dass der Vertrag den Schiedsweg als Rechtsweg vorsieht, also eine Schiedsklausel enthält.[488] Diese Ansicht speist sich aus der Idee, dass in der Unterwerfung unter die Gerichtsbarkeit eines Gerichts gleichzeitig die Akzeptanz des Rechts beinhaltet, dass diese Gerichtsbarkeit anzuwenden hat.[489] In Analogie beinhaltet die Unterwerfung unter die Schiedsgerichtsbarkeit damit die Akzeptanz des Rechtssystems, welchem die Schiedsrichter eine relevante Rolle beimessen.[490] Einige Autoren vertreten die Ansicht, dass sich in der Unterwerfung unter die Schiedsgerichtsbarkeit eine „negative Absicht" („*negative intention*") manifestiert, welche die alleinige Anwendbarkeit des nationalen Heimatrechts der staatlichen Partei ablehnt.[491] *DUPUY* geht im Fall *TEXACO* noch einen Schritt weiter. Ihm zufolge ist die Unterwerfung unter die Schiedsgerichtsbarkeit bereits zur Internationalisierung völlig ausreichend.[492] Jedoch deutet *DUPUY* den Sinn und Zweck einer Schiedsklausel falsch. Mit ihrer Hilfe soll lediglich die nationale Gerichtsbarkeit zugunsten eines staatlich unabhängigen Tribunals ausgeschlossen werden. Ziel ist die Wahl einer

---

486 US-Iranian Claims Tribunal, *MOBIL OIL IRAN INC. V. IRAN* (1987) 16 Iran-US CTR 3 (27 f.).

487 Ebenso: *CHUKWUMERIJE*, 155.

488 *SHEIKH*, The Legal Regime of Foreign Investment in the Sudan and Saudi Arabi: A Case Study of Developing Countries (Cambridge 1986) 248; *JENNINGS*, State Contracts in International Law, 37 (1961) BYIL 156 (156); *FATOUROS*, Government Guarantees to Foreign Investors (New York 1962) 293 f.; wobei letzterer seine Ansicht revidiert: *FATOUROS*, International Law and the Internationalized Contracts, 74 (1980) AJIL 134 (136).

489 Vgl.: *CHUKWUMERIJE*, 158 f.

490 *MCNAIR*, The General Principles of Law Recognized by Civilized Nations, 33 (1957) BYIL 1 (6).

491 *SAPPHIRE INTERNATIONAL PETROLEUM LTD. V. NATIONAL IRANIAN OIL COMPANY* vom 15.3.1963, 35 (1967) ILR 136 (172).

492 *DUPUY*, im Fall: *OVERSEAS PETROLEUM COMPANY (TOPCO) V. CALIFORNIA ASIATIC OIL COMPANY (CALASIATIC) AND THE GOVERNMENT OF THE LIBYAN ARAB REPUBLIC* vom 19.1.1977, 53 ILR 422 (454 f.).

neutralen Gerichtsbarkeit zur Klärung der vertraglichen Differenzen zwischen den Parteien. Auf diese Weise betrifft eine Schiedsklausel *prima facie* nur die Gerichtsbarkeit selber, nicht jedoch eine Rechtswahl zugunsten oder zuungunsten eines bestimmten materiellen Rechts.[493] Folgerichtig ist eine Internationalisierung nur aufgrund einer Schiedsklausel abzulehnen.[494] Eine solche Ansicht würde die klare Grenzziehung verwischen, die gerade in schiedsgerichtlichen Fällen zu beachten ist. Die Schiedsgerichtsbarkeit mit ihren zahlreichen Optionen und Möglichkeiten genießt ein hohes Maß an Abstraktion, so dass man genauestens darauf achten muss, welche Feinheit mit welcher Klausel im speziell zu behandelnden Fall gerade berührt wird.

§ 8.4.6.1.2.4.2: Internationalisierung durch Verweis auf Treu und Glauben, guter Gauben etc. (good faith/good conscience/good will *etc.)*

Zum Teil verweisen Klauseln in *state contracts* auf „Treu und Glauben" (*good faith/good conscience/good will*) als Basis für die vertraglichen Beziehungen zwischen den Parteien hin. Dieser Verweis wird vereinzelt so aufgefasst, dass in ihnen eine Internationalisierung des Vertrages zu sehen ist.

So geschehen im Fall *SAPPHIRE*.[495] Hier wurde entgegen der Entscheidung der Parteien für das iranische Recht zugunsten des Völkerrechts entschieden. Die Parteien hatten weder eine explizite Wahl des Völkerrechts noch allgemeiner Rechtsprinzipien vorgenommen. Sie hatten lediglich neben dem Verweis auf das iranische Recht auf Treu und Glauben verwiesen. Vertragsklauseln, die auf Treu und Glauben, den guten Glauben oder ähnliches verweisen, sind nicht mehr als ein Ausdruck der Absicht der Parteien, ihre vertraglichen Verpflichtungen insoweit zu entbinden, als dass sie diese auf eine Basis der Fairness und Billigkeit stellen wollen, frei von der Strenge einer Rechtsordnung. Quasi dienen sie als letzte „Hintertür" für die Basis einer gerechten Entscheidung. Diese Termini verweisen jedoch nicht exklusiv auf Völkerrecht. Vielmehr sind diese Termini anhand des jeweils anwendbaren nationalen Rechts zu interpretieren und anzuwenden. Diese Formeln spiegeln die bekannten Vorstellungen und prinzipiellen Werturteile eines nationalen Rechts wider und geben die Absicht der Parteien zum Ausdruck, anhand dieser bekannten und grundsätzlichen Werturteile und Prinzipien einer Rechtsordnung eine flexiblere Lösung zu finden.[496]

Unterstützung findet die hier vertretene Ansicht im Fall *AMOCO*.[497] *AMOCO* hatte in besagtem Fall behauptet, dass die Bezugnahme auf Treu und Glauben (*good faith*) die

---

493 Ähnlich: *CHUKWUMERIJE*, 159.
494 Ebenso: *CHUKWUMERIJE*, 159.
495 *SAPPHIRE INTERNATIONAL PETROLEUM LTD. V. NATIONAL IRANIAN OIL COMPANY* vom 15.3.1963, 35 (1967) ILR 136 (173).
496 Ähnlich: *CHUKWUMERIJE*, 160.
497 *AMOCO V. IRAN*, 15 (1987) Iran-US CTR 173.

Absicht der Parteien beweist, ihren Vertrag dem Völkerrecht zu unterwerfen. Dieses Argument hat das Schiedsgericht wiederum verworfen:

> „[T]he principles of good will and good faith apply in practically all systems of law to contracts as well as to treaties. Article 21 [referring to these principles] simply sets forth a principle of interpretation and implementation of the *KHEMCO* Agreement which, as a long-term contract, implies a continuous cooperation between the parties and therefore must not be performed in a strict formalistic way."[498]

*§ 8.4.6.1.3: Stabilisierungsklauseln (*stabilisation clauses*)*

Nachdem soeben diverse Klauseln behandelt wurden, welche einen Vertrag – insbesondere im Falle eines *state contracts* – dem Völkerrecht unterwerfen können, sollen im Folgenden weitere Klauseln behandelt werden, die ebenfalls häufig in *state contracts* auftauchen. Auch wenn ihre Behandlung an dieser Stelle eigentlich die Systematik aufsprengt, zumal diese von der Intention her besser dem *concurrent law* zuzuordnen wären, sollen sie hier bei den Klauseln Behandlung finden.

Stabilisierungsklauseln werden auch *stabilisation clauses* oder *protection clauses* genannt oder eine spezielle Stabilisierungsklausel ist die *freezing clause*.

§ 8.4.6.1.3.1: Einleitung

Die Stabilisierungsklausel ist eine weitere Methode, die bei Verträgen zwischen Staaten und Privaten (*state contracts*) angewandt wird und ist insbesondere aus den Ölförderverträgen (*oil concessions*) entstanden.

Eine Rechtswahlklausel (*choice-of-law clause*) unterwirft den Vertrag dem gewählten materiellen Recht in der Fassung, wie es sich zum Zeitpunkt der Anwendung präsentiert,[499] d.h. es handelt sich grundsätzlich um eine „dynamische Verweisung". Die Auslegung kann allerdings ergeben, dass die Parteien lediglich die Regelungen in den Vertrag aufnehmen wollten, und statt alles in den Vertrag zu schreiben, haben sie der Einfachheit halber auf das Recht verwiesen (d.h. Rezeption gesetzlicher Vorschriften in den Vertrag). In einem solchen Fall gilt die Fassung des Rechts zum Zeitpunkt des Vertragsschlusses. Spätere Änderungen des Rechts haben keinen Einfluss.

„Stabilisierungsklauseln" (*stabilization clauses*) sind eine der in der Praxis entwickelten Techniken, die vertragliche Balance zwischen den Parteien aufrecht zu erhalten und den schwächeren Privaten vor Gesetzesänderungen zu schützen. Diese sind so gestaltet, dass die grundlegenden gesetzlichen Vorgaben des Staates auf dem Stand eingefroren werden, indem jegliche Administrativ- und Legislativakte zu Lasten der privaten Partei verboten werden, die mit den vertraglichen Bestimmungen nicht in Einklang stehen, oder

---

498 *AMOCO V. IRAN*, 15 (1987) Iran-US CTR 173.

499 *BÖCKSTIEGEL*, FS *BEITZKE*, 443 (451); *LEW/MISTELIS/KRÖLL*, 449.

diese Akte werden vertraglich als nichtig erklärt.[500] *In concreto* verpflichtet sich der vertragsschließende Staat, keine Änderungen der vertraglichen Bestimmungen zuungunsten des Privaten mit Hilfe seiner Legislativen und Exekutiven durchzusetzen. Ziel einer solchen Vereinbarung ist es folglich, den Vertrag von den gesetzlichen Veränderungen im Land zu isolieren. Änderungen im Recht des Staates nach Abschluss des Vertrages sollen so ihre Gültigkeit verlieren, sofern die Rechte und Pflichten der Parteien betroffen sind. Es wird allgemein angenommen, dass diese Isolation den privaten Vertragspartner vor dem Risiko schützt, dass der staatliche Vertragspartner nachträglich nachteilige Gesetzesänderungen vornimmt.[501]

Stabilisierungsklauseln versuchen – wie auch ihr Unterfall die *freezing clause* – ein bestimmtes nationales Recht, oft über einen bestimmten Zeitraum, zu „konservieren", unabhängig davon was sozial, politisch oder wirtschaftlich auf dieses Land zukommt.

Es gibt generell drei Möglichkeiten, einen *state contract* mit einer Stabilisierungsklausel zu versehen:[502]

- Die erste Möglichkeit besteht darin, das staatliche Recht in den Vertrag zu inkorporieren und auf dem Stand des Tages des Vertragsschlusses oder eines sonstigen fest fixierten Tages einzufrieren (*freezing clause*). Dabei werden alle nachträglichen administrativen oder legislativen Maßnahmen des Staates ausgeschlossen, die andernfalls den Vertrag zwischen den Parteien betroffen hätten.
- Eine andere Möglichkeit der Stabilisierung liegt darin, im Vertrag von vorneherein zu beschließen, dass alle administrativen/legislativen Maßnahmen des Staates, die nach dem Vertragschluss getroffen werden, keinen materiellen Effekt auf die Rechte und Pflichten der Vertragsparteien haben werden. Eine solche Vereinbarung wird meist gekoppelt mit dem Versprechen der staatlichen Partei, dass die Verpflichtungen des Vertrages nur durch beiderseitige Vereinbarungen geändert werden können.
- Die dritte Möglichkeit besteht darin, auszubedingen, dass jegliche nachträgliche Gesetzgebung oder Regulierung im Zusammenhang mit dem Vertrag ungültig ist, sofern die Maßnahme mit den vertraglichen Bestimmungen in Widerspruch steht oder – wenn auch nicht mit den Vertragsbestimmungen in Widerspruch – einen materiell nachteiligen Effekt auf den Vertrag hat.

Insofern ähneln sich die verschiedenen Klauseln nicht nur im Ergebnis.

§ 8.4.6.1.3.2: Freezing clause

Die *freezing clause* ist – wie schon zuvor erörtert – ein Unterfall der Stabilisierungsklauseln. Im Falle einer *freezing clause* wird das nationale Recht auf dem Stand des Vertrags-

---

500 Vgl.: CHUKWUMERIJE, 144.
501 CHUKWUMERIJE, 144.
502 Vgl.: CHUKWUMERIJE, 144 f.

schlusses „eingefroren“ und gilt bei Streitigkeiten zwischen den Parteien nur in der Form, die bei Vertragschluss in Kraft war. Damit wird jegliche Änderung zu Lasten des Privaten ausgeschlossen. Folglich gilt nicht das nationale Recht selbst, sondern das nationale Recht am Tag des Vertragsschusses als unveränderbares Regelwerk. Dies wird sich nicht ändern, was auch immer im nationalen Recht geändert werden mag.

Abgesehen von der Beschränkung der Flexibilität besteht andererseits immer die Gefahr, dass der Staat ein Gesetz einführt, welches gerade solche Klauseln in seinem territorialen Anwendungsbereich verhindern soll.[503]

Eine weitere Form einer so genannten *freezing clause* ist die abgeschwächte oder abgemilderte *freezing clause*. Sie umfasst jene Fälle, in denen die staatliche Partei ihr Recht nicht zur Gänze für diesen Fall einfrieren will. Hier garantiert der staatliche Vertragspartner lediglich, das vom Vertrag garantierte Vorteile der privaten Partei nicht durch die Legislative oder gegebenenfalls die Exekutive abgeschwächt oder aufgehoben werden.[504]

Es herrscht jedoch begründete Uneinigkeit, ob ein Staat seine zukünftigen legislativen Maßnahmen mit Hilfe eines privatrechtlichen Vertrages beschränken kann.[505]

§ 8.4.6.1.3.2.1: Nachteile

Derartige Klauseln unternehmen den unrealistischen Versuch, einen „Ort der schlafenden Schönheit“ zu schaffen – *„la belle au bois dormant“* – an dem die Zeit stillsteht.[506]

§ 8.4.6.1.3.2.2: Gültigkeit und Durchsetzbarkeit derartiger Klauseln

Es gibt einen nicht ganz unbeachtlichen Zweifel an der Gültigkeit und Durchsetzbarkeit der zuvor genannten Klauseln.[507]

Eine Ansicht ist, dass derartige Klauseln die Ausführung des Rechts des Staates an einer souveränen, staatshoheitlichen Gesetzgebung hemmen.[508] Es wird behauptet, dass der bindende Effekt, der ihnen zugeschrieben wird, außer Acht lässt, dass der Staat nicht nur sofortige finanzielle Vorteile in Betracht ziehen muss, wie dies ein gewöhnlicher Privater tut, sondern er außerdem die Auswirkungen der Vereinbarung auf das politische, wirtschaftliche und soziale Leben seines Landes und seiner Bevölkerung einschätzen muss.[509]

---

503 *REDFERN/HUNTER*, 78 f.

504 *PAULSSON/RAWDING/REED/SCHWARZT*, 19.

505 *PAULSSON/RAWDING/REED/SCHWARZT*, 19.

506 *REDFERN/HUNTER*, 79.

507 Vgl.: *ZORN*, New Developments in Third World Mining Agreements, 1 (1977) Nat.Res.F. 239 (243).

508 *ARECHAGA*, Application of the Rules of State Responsibility to the Nationalization of Foreign-Owned Property, in: *HOSSAIN* (Hrsg.), Legal Aspects of the New International Economic Order (New York 1980) 220 (230).

509 *CHUKWUMERIJE*, 145.

Die zentrale Frage bei der Beantwortung, ob Stabilisierungsklauseln wirksam sind, ist die Frage, ob der Staat mittels eines „einfachen“ Vertrages wirksam auf seine legislative Handlungsfähigkeit verzichten kann. Ist dies nicht möglich, können Stabilisierungsklauseln niemals objektiv einen *state contract* von den legislativen und administrativen Möglichkeiten und Maßnahmen des Staates abkoppeln oder isolieren.[510]

Auf der anderen Seite argumentieren einige Beobachter, dass mit der Zustimmung zu einer Stabilisierungsklausel, der Staat eine Zusicherung abgibt, von welcher er sich gerechterweise nicht mehr zurückziehen darf und kann:

> „In subscribing to a protection clause, the host government has thus created to the benefit of the other contracting party a legitimate expectation, which the government may not subsequently frustrate without infringing the principle of good faith. Certain authors refer here to the principle of estoppel which forbids the State to take a position contrary to that which it took in the contract and on the faith of which the investor has obligated himself.“[511]

§ 8.4.6.1.3.2.3: Zu beachtende Besonderheiten in derartigen Fällen

§ 8.4.6.1.3.2.3.1: Der Fall TEXACO

Im Fall *TEXACO* wurde in den Vertrag eine Stabilisierungsklausel mit dem Beisatz aufgenommen, dass der Vertrag im beiderseitigen Einvernehmen abänderbar ist. Als der vertragsschließende Staat Libyen das Vermögen der Texaco verstaatlicht hatte, welches im Zusammenhang mit dem Vertrag stand, hat der Einzelschiedsrichter *DUPUY* diesen Verstaatlichungsakt als unter internationalem Recht ungesetzlich und als Verstoß gegen die Stabilisierungsklausel angesehen. Er behauptete, der Akt bleibe ungeachtet der Frage der Entschädigung rechtswidrig und ordnete *restitutio in integrum* (Naturalrestitution, d.h. Wiedereinsetzung in den vorherigen Stand) an.[512]

DUPUY hatte keinen Zweifel daran, dass ein Staat mittels einer vertraglichen Vereinbarung seine souveränen Gewalten limitieren kann:

> „[To] decide otherwise would in fact recognize that all contractual commitments undertaken by a State have been undertaken under a purely permissive condition on its part and therefore lacking of any legal effect. From the point of view of its advisability, such a solution would gravely harm the credibility of States since it would mean that contracts signed by them did not bind them; it would introduce in such contracts a fundamental imbalance because in these contracts only one party – the

---

510 *CHUKWUMERIJE*, 145.

511 Zitiert nach: *CHUKWUMERIJE*, 145.

512 *TEXACO OVERSEAS PETROLEUM COMPANY (TOPCO) V. CALIFORNIA ASIATIC OIL COMPANY (CALASIATIC) AND THE GOVERNMENT OF THE LIBYAN ARAB REPUBLIC* vom 19.1.1977, 53 ILR 422 (494 f.).

party contracting with the State – would be bound. In law, such an outcome would go directly against the most elementary principle of good faith and for this reason it cannot be accepted.“[513]

Der Fall *TEXACO* durchleuchtet jedoch nicht die Unterschiede zwischen einem *state contract* und Verträgen zwischen reinen Privatpersonen. In rein privaten Verträgen kooperieren beide Parteien mit dem Ziel der Profitmaximierung miteinander. Es bedarf ergo einer Regel, die vor einer einseitigen Vertragsänderung schützt. Beide Parteien repräsentieren private Interessen und es muss ihnen erlaubt sein, auf gleicher Basis oder auf gleicher Ebene zu operieren, mit einem nationalen Rechtssystem im Hintergrund, welches sicherstellt, dass das Vertragssystem fair und ausgeglichen ist.[514]

Im Falle eines *state contracts* hat der Staat aber weitergehende Interessen als lediglich die Profitmaximierung. Vielmehr geht es dem Staat um das Wohl seiner Bürger.[515] Für die staatliche Partei eines *state contracts* ist dieser Vertrag nur eine Komponente seiner Wirtschaftspolitik, formuliert, um den Bedürfnissen seiner Bevölkerung gerecht zu werden. Diese Vertragsart dient dem Staat als Vehikel zur Förderung seiner öffentlichen Interessen. Gerade diese Tatsache spricht gegen die Bindungswirkung für den Staat. Insbesondere die Komponente des öffentlichen Interesses ist problematisch, als dass politische und wirtschaftliche Änderungen im jeweiligen Land, sowie die allgemeinen Erwartungen der Bevölkerung einen nicht unbedeutenden Druck und Einfluss auf das jeweilige staatliche Handeln haben können.[516] In den meisten wirtschaftlich entwickelten Ländern wird eine solche Klausel vom jeweiligen nationalen Recht als nicht zulässig erachtet, in dem der Staat darauf verzichtet, den Vertrag durch spätere Gesetzgebung zu beenden.[517] Vielmehr sind derartige Klauseln nicht garantierte Beschränkungen der staatlichen Handlungsfähigkeit im Rahmen seiner öffentlichen Pflichten.[518] Eine vertragliche Beschränkung der legislativen Möglichkeiten eines Staates unterjocht die öffentlichen Interessen des Staates und seiner Bevölkerung zugunsten einer einzigen (privaten) Partei. Dies ist *per se* nicht annehmbar.[519] Im Fall *TEXACO* hat *DUPUY* behauptet, dass eine Stabilisierungsklausel im Prinzip die legislative und regulative Souveränität des Staates nicht berührt, weil die staatliche Partei insofern ungebunden bleibt, als dass diese Klausel nur im Verhältnis zur Vertragspartei gilt.[520] Schenkt man dem Glauben, schließt die Klausel nur

---

513 *TEXACO OVERSEAS PETROLEUM COMPANY (TOPCO) V. CALIFORNIA ASIATIC OIL COMPANY (CALASIATIC) AND THE GOVERNMENT OF THE LIBYAN ARAB REPUBLIC* vom 19.1.1977, 53 ILR 422 (496).

514 Vgl.: *CHUKWUMERIJE*, 145 f.

515 Vgl.: *CHUKWUMERIJE*, 146.

516 Vgl.: *CHUKWUMERIJE*, 146.

517 *BOWETT*, State Contracts with Aliens: Contemporary Developments on Compensation for Termination or Breach, 59 (1988) BYIL 49 (57).

518 *CHUKWUMERIJE*, 146.

519 Ebenso: *CHUKWUMERIJE*, 146.

520 *TEXACO OVERSEAS PETROLEUM COMPANY (TOPCO) V. CALIFORNIA ASIATIC OIL COMPANY (CALASIATIC) AND THE GOVERNMENT OF THE LIBYAN ARAB REPUBLIC* vom 19.1.1977, 53 ILR 422 (478).

bestimmte Akte aus, sofern die vertragsschließenden Parteien betroffen sind. Hierbei übersieht *DUPUY* jedoch die Hauptfrage, nämlich, ob ein Staat zugunsten einer einzigen Partei und eventuell zu Lasten seines eigenen Staatsvolkes überhaupt seine Gewalten limitieren kann und darf.[521] Was *DUPUY* nicht beachtet, ist, dass ein einzelner Vertrag und insbesondere ein Konzessionsvertrag so zentral für das ökonomische Wohl einer Nation sein kann, dass die einzelnen Vertragsklauseln eine derartige Bedeutsamkeit erreichen, wie sie sonst nicht von Individualverträgen zu erwarten ist.[522] Folgerichtig ist die Selbstbeschränkung der Souveränität staatlicher Gewalten mit Argwohn zu betrachten.

§. 8.4.6.1.3.2.3.2: Der Fall LIAMCO

Der Fall *LIAMCO*[523] bietet fast eine identische Aktenlage wie der zuvor behandelte Fall *TEXACO*. Hier entschied jedoch der Einzelschiedsrichter, dass – ungeachtet der Stabilisierungsklausel – Libyen rechtmäßig den Konzessionsvertrag im Rahmen einer nicht diskriminierenden Verstaatlichung, begleitet von einer Entschädigungszahlung, beenden konnte. Die hier vertretene Ansicht war, dass die Verstaatlichung eine legitime Ausführung staatlicher Gewalt darstellt, vorausgesetzt, eine angemessene Entschädigung wird gezahlt.

§ 8.4.6.1.3.2.4: Ergebnis: Gültigkeit und Durchsetzbarkeit von Stabilisierungsklauseln

Im Allgemeinen wird die im Fall *TEXACO* vertretene Ansicht als zu weitgehend betrachtet. Dies vor allem darum, dass im Falle der Vereinbarung einer Stabilisierungsklausel, die Verstaatlichung selbst im Falle einer angemessenen Entschädigung trotzdem unrechtmäßig sein soll. Dies ist umso kritikwürdiger betrachtet mal die im Fall *TEXACO* vertretene Folge: ***restitutio in integrum*** (Naturalrestitution, d.h. Wiedereinsetzung in den vorherigen Stand).[524]

Die Befürworter so genannter „stabilisierter Verträge“ erfassen nicht gänzlich die Situation, in der Staaten und Private stecken. Auf der einen Seite leben wir in einem sich schnell wandelnden wirtschaftlichen, politischen und sozialen Klima. Auf der anderen Seite sind gerade die Entwicklungsländer auf den Abschluss von Investitionsverträgen angewiesen, um es ihrem Land zu ermöglichen, zur so genannten ersten und zweiten Welt aufzuschließen. Hierzu müssen sie jedoch Langzeitverträge eingehen, da ansonsten Private nicht das Investitionsrisiko eingehen würden. Dennoch können sich im Investitionsland – gerade in Entwicklungsländern – die politischen, wirtschaftlichen und sozialen Situationen von heute auf morgen ändern und eine erneute Vertragsverhandlung oder eine Ver-

---

521 Vgl.: *CHUKWUMERIJE*, 147.
522 *CHUKWUMERIJE*, 147.
523 *LIBYAN AMERICAN OIL CO. (LIAMCO) V. THE GOVERNMENT OF THE LIBYAN ARAB REPUBLIC* vom 12.4.1977, VI (1981) YCA 89.
524 Vgl.: *REDFERN/HUNTER*, 105.

tragsmodifikation notwendig machen.[525] Die Befürworter der stabilisierten Verträge versuchen unrealistischerweise einen „Ort der schlafenden Schönheit zu kreieren, in dem die Zeit still steht“:

„[They seek unrealistically to create] the place of the sleeping beauty – la belle au bois dormant – in which time stands still.“[526]

Dementsprechend wird zu Recht die Ansicht vertreten, dass Stabilisierungsklauseln nicht als Begrenzung der staatlichen Gewalt, insbesondere seiner legislativen und administrativen Möglichkeiten, interpretiert werden sollten.[527] Es wäre unvernünftig von einer privaten Partei anzunehmen, dass eine Stabilisierungsklausel effektiv eine bestimmte vertragliche Verpflichtung aus der staatlichen Kontrolle dieses Staates, auf dessen Territorium das Geschäft zu Ausführung kommt, herausnehmen kann. Die Ausführung der souveränen Gewalten eines Staates ist viel zu bedeutend, als dass sie sich mittels einfacher Vertragsklauseln unterjochen lassen. Dennoch, dort wo der Staat von seinen Möglichkeiten Gebrauch macht und dadurch die vertraglichen Rechte einer privaten Partei verletzt, muss der Private für seinen Verlust angemessen entschädigt werden.[528]

Dementsprechend findet der im Fall *LIAMCO* vertretene Ansatz in der Literatur viel Zuspruch. Stabilisierungsklauseln können hiernach keine enteignenden Maßnahmen ausschließen, aber die rechtliche Position der privaten Partei in der Weise stärken, dass ihr ein Recht auf Entschädigung zugestanden werden muss.[529] In der Tat hat ein Autor vorgeschlagen, dass der Bruch einer „Stabilisierungsklausel“ die private Partei zu einer höheren Entschädigung berechtigt.[530] Man mag sich aber wundern, warum die Existenz einer Stabilisierungsklausel den Entschädigungsbetrag erhöhen soll. Die Stabilisierungsklauseln sind gestaltet, um enteignende oder enteignungsgleiche Maßnahmen des Staates möglichst zu verhindern und nicht, um die Berechnung der Entschädigung zu beeinflussen.[531]

525 Vgl. auch: *CHUKWUMERIJE*, 148.

526 *REDFERN/HUNTER*, 106.

527 *CHUKWUMERIJE*, 148.

528 Ebenso: *CHUKWUMERIJE*, 148.

529 *BOUCHEZ*, The Prospects for International Arbitration: Disputes between States and Private Enterprises, 8 (1991) J.Int'lArb. 81; *BUCHER/TSCHNAZ*, International Arbitration in Switzerland (Basel 1989) 111; *ZORN*, New Developments in Third World Mining Agreements, 1 (1977) Nat.Res.F. 239 (243).

530 *ARECHAGA* argues that an „anticipated cancellation in violation of a [stabilization clause] would give rise to a special right to compensation; the amount of indemnity would have to be much higher than in normal cases since the existence of such a clause constitutes a most pertinent circumstance which must be taken into account in determining the appropriate compensation", *ARECHAGA*, Application of the Rules of State Responsibility to the Nationalization of Foreingn-Owned-Property, in: *HOSSAIN* (Hrsg.), Legal Aspects of the New International Economic Order (New York 1980) 220 (230).

531 Ebenso: *CHUKWUMERIJE*, 172 Fn. 37 a.E.

§ 8.4.6.1.3.3: Alternativen zu den Stabilisierungsklauseln

*§ 8.4.6.1.3.3.1: Nachverhandlungsklauseln (*renegotiation clauses*)*

Die wohl fairste Lösung für beide Parteien wäre vertraglich festzulegen, wann die staatliche Partei ein Recht auf Neuverhandlung des Vertrages oder einzelner Vertragspunkte hat, also dem *state contract* eine Nachverhandlungsklausel (*renegotiation clause*)[532] hinzuzufügen.

Dass in internationalen Verträgen eine Abkehr von Stabilisierungsklauseln (*stabilisation clauses*) hin zu Nachverhandlungsklauseln (*renegotiation clauses*) erfolgt, wird im Fall *AMOCO*[533] klar, in dem Schiedsrichter BROWER anmerkte:

> „[T]he protection of some alien investors formerly sought in a stabilization clause is nowadays sometimes provided in a quite different way by a broad renegotiation clause."[534]

Eine weite Nachverhandlungsklausel, vor allem wenn sie eine periodische Überprüfung gewährleistet, gibt beiden Vertragsparteien mehr Flexibilität.[535] Nachverhandlungsklauseln dürften beiden Seiten entgegenkommen, nachdem sich gerade bei Langzeitverträgen sowohl auf Seiten des Investors als auch auf Seiten des Staates zahlreiche Grundvoraussetzungen des vertraglichen Übereinkommens fundamental ändern können, sei es durch politische Umwälzungen im Lande, nicht erfüllten wirtschaftlichen Erwartungen auf Seiten der privaten Partei etc. Diese Nachverhandlungen können durchaus institutionell[536] und auf Basis einer Verfahrensordnung[537] stattfinden.

Folgerichtig sind Nachverhandlungsklauseln gegenüber den früher häufig verwendeten Stabilisierungsklauseln zu bevorzugen.

---

532 Ein Beispiel für eine solche Nachverhandlungsklausel ist zu finden bei: *BARTELS*, Contractual Adaption and Conflict Resolution (Deventer, 1985) 65; *PETER*, Arbitration and Renegotiation Clauses, 3 (1986) J.Int'lArb. 29 ff.

533 *AMOCO V. IRAN*, 15 (1987) Iran-US CTR 297.

534 *AMOCO V. IRAN*, 15 (1987) Iran-US CTR 297.

535 Ebenso: *CHUKWUMERIJE*, 167.

536 Vgl.: *MARCANTTONIO*, ICSID as a Forum for the Renegotiation and Adaptation of Contracts, in: *HORN* (Hrsg.), Adaption and Renegotiation of Contracts in International Trade and Finance (Deventer 1985) 235.

537 Vgl.: *MEZGER*, The ICC Rules for the Adaption of Contracts, in: *HORN* (Hrsg.), Adaption and Renegotiation of Contracts in International Trade and Finance (Deventer 1985) 205 ff.; *HERMANN*, The UNCITRAL Conciliation Rules: An Aid also in Contract Adaption and Performance Faciliation, in: *HORN* (Hrsg.), Adaption and Renegotiation of Contracts in International Trade and Finance (Deventer 1985) 217.

§ 8.4.6.1.3.3.2: Concurrent law

Ein realistischerer und ebenso effektiverer Lösungsweg ist, dem Ansatz des *concurrent law* zu folgen.[538]

§ 8.4.6.1.4: Ergebnis: Internationalisierung über Klauseln

Nachdem die Wirksamkeit von Stabilisierungsklauseln strittig ist und im Falle der Wirksamkeit zur Begründung ohnehin auf die "allgemeinen Rechtsgrundsätze" Bezug genommen wird, ist der Autor der Ansicht, dass die Bezugnahme auf die allgemeinen Rechtsprinzipien im Wege eines *concurrent law* oder eine Nachverhandlungsklausel von vornherein die vorteilhaftere Lösung ist. Es ist zu bedenken, dass Vereinbarungen zwischen einem Staat und einem ausländischen Investor bei der Zuordnung zum Völkerrecht ebenso wie zwischenstaatliche Verträge unter dem Vorbehalt eines grundlegenden Wandels der Umstände (*clausula rebus sic stantibus*) stehen.[539]

§ 8.4.6.2: Ergebnis zum Völkerrecht

Abschließend bleibt zum Völkerrecht festzuhalten, dass dieses generell anwendbar ist und im Rahmen der Rechtswahl durch die Parteien berücksichtigt werden darf. Problematisch am Völkerrecht ist jedoch, dass sich dieses aufgrund seiner abweichenden Intention weniger mit materiellrechtlichen Problemstellungen befasst, um die sich die meisten Streitigkeiten in internationalen Handelsstreitigkeiten drehen. Insofern lässt sich sagen, dass das Völkerrecht auf dem Gebiet des Privatrechts nur rudimentär entwickelt ist und infolgedessen meist lediglich einen sehr allgemein gehaltenen Grundsatz für ein konkretes Problem bereitstellt. Wie oben dargestellt, bereiten die Anwendung des Völkerrechts und die Internationalisierung diverse Probleme, die je nach Herkunft und Hintergrund der Schiedsrichter einen anderen Ausgang nehmen können. Insofern erscheint es weniger sinnvoll, sich im Rahmen einer Rechtswahl primär auf das Völkerrecht zu stürzen, sei es direkt durch die Parteien oder indirekt über eine „völkerrechtsbefürwortende" Interpretation diverser Rechtswahlklauseln.

Sinnvoller erscheint es, zunächst ein beliebiges nationales Recht zu wählen und dieses – bei Bedarf – über eine Nachverhandlungsklausel oder allgemeine Rechtsgrundsätze oder die *lex mercatoria* und ähnlichem im Rahmen eines *concurrent law* abzusichern.

538 *REDFERN/HUNTER*, 79.

539 *HERDEGEN*, Internationales Wirtschaftsrecht² (München 1995) § 18 Rn. 7.

§ 8.4.7: Anationales oder transnationales Recht

Im Rahmen der „Rechtsvorschriften", wie sie das ML erwähnt, steht es den Parteien frei, ein anationales Recht zu wählen, unabhängig ob es sich um ein nicht länger gelebtes Recht, wie dem römischen Recht,[540] ein religiöses Recht, wie z.B. dem jüdischen Recht[541] oder einem Recht internationaler oder völkerrechtlicher Herkunft handelt.

Mit der Wahl eines anationalen Rechts, des internationalen Handelsrechts, allgemeiner Rechtsprinzipien etc. umgehen die Parteien das delikate Problem der Entscheidung für ein nationales Recht, wo beide ihr Gesicht verlieren könnten, sofern sie nachgeben. Populär und sinnvoll sind derartige Vereinbarungen dort, wo nicht nur zwei nationale Rechtssysteme aufeinander prallen, sondern dazu noch zwei politische und wirtschaftliche Werteordnungen.

§ 8.4.7.1: Argument für die Gültigkeit einer solchen Rechtswahl

Die Wahl eines solchen anationalen Rechts ist genauso zu akzeptieren, wie die Ermächtigung zur Entscheidung nach Billigkeit.[542] Beide Wege verlassen das „normale" oder althergebrachte System von Vorschriften und beschreiten einen flexibleren Weg. Dort, wo die Entscheidung nach Billigkeit (wie im UNCITRAL-Modellgesetz) zulässig ist, muss es erst recht möglich sein, seine Entscheidung auf ein international gewachsenes Rechtsgefüge zu stützen.

§ 8.4.7.2: Allgemeine Nachteile bei der Wahl anationalen Rechts

Derartige Rechtswahlklauseln sind zu vermeiden, da sie unsicher und unklar sind.[543] Einige Autoren argumentieren, dass nur ein klar definiertes, sicheres und in sich geschlossenes Rechtssystem einem Vertrag seinen verbindlichen und rechtlichen Charakter geben kann und dass ein solches Rechtssystem nur ein nationales sein kann.[544] Diese Ansicht hat Unterstützung sowohl in verschiedenen Staaten[545] als auch durch das ständige internationale Schiedsgericht (*PCIJ – Permanent Court of International Justice*) gefunden:

540 *Lew*, 127.
541 *Lew*, 127.
542 *Lew*, 127.
543 So damals: *Lew*, 116.
544 *Mann*, Lex Facit Arbitrum, in: *Sanders* (Hrsg.), International Arbitration: Liber Amicorum for *Martin Domke* (The Hague 1967) 157.
545 *Kahn*, La vente commerciale internationale (Paris 1961) 233-6.

„Any contract which is not a contract between States in their capacity as subjects of international law is based on the municipal law of some country."[546]

Auf der anderen Seite hat sich mit den Jahren ein Konglomerat an Regeln entwickelt, welches von den meisten Wirtschaftsnationen akzeptiert und befolgt wird. Diese von internationalen, öffentlichen und privaten Organisationen, internationalen Schiedsgerichten und anderen entwickelten Regeln stellen die Basis eines internationalen Handelsrechts dar.[547]

Diese sind sehr wohl in der Lage, als rechtliche Basis in internationalen Wirtschaftsbeziehungen zu dienen.

§ 8.4.7.3: Ausprägungen anationaler Rechte

*§ 8.4.7.3.1: Internationales Handelsrecht (*international trade law*)*

Die früher konventionelle Methode eine Rechtswahl vorzunehmen war, ein bestimmtes nationales Recht zu wählen, indem man auf sein Kollisionsrecht verwies. Zum Teil wird behauptet, dass diese Methode der Rechtswahl den Realitäten des modernen internationalen Wirtschaftsverkehrs nicht mehr gerecht wird. Diesem wird nicht ein bestimmtes nationales Recht gerecht, sondern vielmehr nur ein modernes internationales Handelsrecht.

Es wird behauptet, ein solches Recht wird den Anforderungen des internationalen Waren- und Wirtschaftsverkehrs ebenso gerecht, wie vormals die *lex mercatoria* im Römischen Reich oder das aus dem Gewohnheitsrecht entstandene *Consulato del Mare*, welches für die Segler und Händler am Mittelmeer im 14. Jahrhundert galt. Dieses moderne, internationale Handelsrecht wird unter verschiedenen Begrifflichkeiten diskutiert:

- transnationales Recht (*transnational law*),
- das internationale Vertragsrecht (*the international law of contracts*),
- die (internationale) *lex mercatoria* (*international lex mercatoria, new lex mercatoria* oder *international law merchant*),
- internationales Handelsrecht (*international trade law*) etc.

Wie auch immer die Begrifflichkeit ausfällt, ihr Zweck ist klar, nämlich die Regulierung der internationalen Wirtschaftsbeziehungen mit Hilfe eines Einheitsrechts, welches die jeweiligen „Launen" der einzelnen nationalen Rechtssysteme umgeht. In der Folge sollen internationale Handels- und Wirtschaftstransaktionen von einem einheitlichen – universell geltenden – Rechtssystem reguliert werden.

---

546 Permanent Court of International Justice, Collection of Judgment Series A, Nos. 20 and 21, 1928, 41; zitiert nach: *LEW*, 116.

547 *LEW*, 116.

„A new direction is needed in the legal systems of the world's major commercial centres – to depart from the choice of legal system techniques and to develop rules within the forum legal system that are specially designed for situations of modern transnational business and for the practice and expectations of the parties involved. Although their business activities have long been consigned to history, the Romans and the medieval architects of the law merchant pointed the way."[548]

Es gibt Anhaltspunkte eines international vereinheitlichten Standards, so genannter internationaler Handelsregeln (*international trade rules*), in vielen modernen Bereichen des internationalen Handels.[549] Als Beispiel seien hier nur die Klauseln der *ICC-Incoterms* genannt, die mehr und mehr in internationalen Handelsverträgen zu finden sind. Schiedsgerichte werden in der Regel von derartigen Auslegungshilfen Gebrauch machen, sofern dies geeignet erscheint.[550] In gleichem Umfang haben sich die Regeln des *Uniform Customs and Practice for Documentary Credits*[551] bewährt, welche vor langer Zeit – im Jahre 1933 – entwickelt wurden und einen internationalen Interpretationsstandard gebildet haben; genauso wie die *UNIDROIT-Principles*[552] einen internationalen Auslegungsstandard für internationale Handelsverträge eingeführt haben. Dies, um nur einige Anzeichen für das Bestehen eines internationalen Handelsrechts zu nennen. Folgerichtig haben sich im Laufe der Jahre in vielen Bereichen mehr und mehr Standardvertragsklauseln und Auslegungsregeln entwickelt und etabliert.

Es ist kein weiter Schritt, um von diesen internationalen Vertragsklauseln und Konditionen zur Einführung international allgemeingültiger Regeln zur Auslegung derartiger Klauseln und Konditionen zu gelangen.[553] Derartige einheitliche Auslegungsregeln können immer nur innerhalb der Grenzen eines nationalen Rechtssystems Geltung erlangen, sofern – wie es der Fall ist – genügend nationale Rechte bzw. Schiedsgerichte diesen Auslegungsregeln folgen, kann man von einem internationalen Handelsgewohnheitsrecht sprechen.

---

548 *BAXTER*, International Conflict of Laws and International Business 34 (1985) ICLQ 538 ff.

549 *REDFERN/HUNTER*, 90.

550 *REDFERN/HUNTER*, 90.

551 ICC Publikation Nr. 400.

552 UNIDROIT Draft Principles For International Commercial Contracts (1994) UNIDROIT Doc. 40 Rev. 5, 1.

553 *REDFERN/HUNTER*, 90.

§ 8.4.7.3.2: Die lex mercatoria[554]

§ 8.4.7.3.2.1: Einleitung

Die zunehmende Komplexität und die fortschreitende Internationalisierung des modernen Handelsverkehrs haben einige Juristen zu der Annahme veranlasst, dass internationale Verträge weniger von einem bestimmten nationalen Rechtssystem regiert werden sollten, als vielmehr von einem modernen, internationalen Handelsrecht.[555] So wird die Auffassung vertreten, dass ein solches Recht den Anforderungen des internationalen Handels- und Warenverkehrs am ehesten gerecht werden würde. Die *lex mercatoria* ist damit eine Art trans- und anationales Welthandelsrecht.

Die in Art. 28 Abs. 4 ML sowie anderen Schiedsverfahrensgesetzen und -ordnungen erwähnten Handelsbräuche stehen in keinem Zusammenhang mit der *lex mercatoria.*[556]

Problematisch an der *lex mercatoria* ist vor allem ihre theoretische Einordnung. Ist sie lediglich Ausdruck der internationalen Handelsbräuche, die über das jeweilige nationale Recht auf internationale Verträge anzuwenden ist oder ist sie vielmehr *„a single autonomous body of law created by the international business community"*[557]? Ob die *lex mercatoria* im Rahmen des auf den Rechtsstreit anwendbaren Rechts von den Parteien gewählt werden kann, hängt jedoch in der Regel nicht von ihrer theoretischen Qualifikation als „Rechtsordnung" ab.[558]

Mit der Wahl der *lex mercatoria* beabsichtigen die Parteien, ihre Rechtsbeziehungen einem System von Rechten zu unterwerfen, welches aufgeschlossen ist gegenüber den internationalen Realitäten des Wirtschaftsverkehrs und welches die Launen nationaler Rechtsordnungen umgeht.[559] Die *lex mercatoria* als transnationales Rechtsgebilde macht es unnötig, eine internationale Wirtschaftsstreitigkeit in einem nationalen Recht zu verankern und ist vielmehr direkt aus sich selbst heraus anwendbar.

---

554 Die *lex mercatoria* soll hier nur angerissen werden (wie auch schon zuvor die anderen Rechtswahlmöglichkeiten), um aufzuzeigen, welche Möglichkeiten der Rechtswahl bestehen. Für tiefergehende Erläuterungen fehlt hier jedoch der Platz und es wird auf die einschlägige Spezialliteratur verwiesen, wie u.a.: *FRICK*, Arbitration and Complex International Contracts (Zürich 2001) 88 ff. [zukünftig zitiert als: *FRICK*]; eine umfassende bibliographische Aufstellung ist zu finden auf: http://www.lexmercatoria.org.

555 *PAULSSON/RAWDING/REED/SCHWARZT*, 19.

556 Hierzu später unter der Überschrift der Handelsbräuche.

557 Zitiert nach: *FRICK*, 90.

558 Ähnlich: *FRICK*, 90.

559 Ähnlich: *CHUKWUMERIJE*, 110.

§ 8.4.7.3.2.2: Was ist die lex mercatoria?[560]

Im Mittelalter haben sich Bräuche und Gewohnheiten den Handel betreffend entwickelt. Diese Gewohnheiten und Bräuche, die mittelalterliche *lex mercatoria*, wurden mündlich von den Handelstreibenden verkündet und ihr bindender Charakter durchgesetzt. Mit der Zeit hat sich in den verschiedenen Bereichen des Handels auf diese Weise ein Handelsgewohnheitsrecht entwickelt, welches an den verschiedensten Handelsorten des Mittelmeerraumes als Regelungen internationalen Charakters akzeptiert wurde.

Die heutige *lex mercatoria*, die „neue", autonome *lex mercatoria*, ist jedoch eine andere. Die Wurzeln dieser neuen *lex mercatoria* liegen nicht in nationalen Rechtsordnungen, sondern haben sich vielmehr aus der Praxis sowie den Bräuchen und Gewohnheiten der internationalen Wirtschaftsbeziehungen entwickelt. Ihre Existenz wird weithin anerkannt, im Einzelnen ist jedoch vieles noch immer umstritten und kann daher nicht im Rahmen dieser Arbeit diskutiert werden. Wie man beim Studium der Literatur feststellen muss, sind sich selbst die Vorreiter auf diesem Gebiet nicht einig. So differieren die Autoren schon bei der Nennung der Quellen der *lex mercatoria*. Im Großen und Ganzen stimmen sie jedoch grob überein, dass sich diese zumindest aus folgenden Quellen speist:[561]

- allgemeine Rechtsprinzipien,
- Einheitsgesetze des internationalen Handels,
- Gewohnheiten und Handelsbräuche sowie
- Rechtssprechung durch die Schiedsgerichte (*arbitral case law*).

Nach den ersten 20 Jahren der *lex mercatoria* kam bspw. MUSTILL auf 20 Rechtsprinzipien, von denen die meisten zu weit und ungenau sind, um einen komplexen wirtschaftsrechtlichen Fall zu lösen.[562]

---

560 Ausführlich zur Geschichte der *lex mercatoria*: *TRAKMAN*, The Law Merchant: The Evolution of Commercial Law (Littleton 1983).

561 *CHUKWUMERIJE*, 111 f.; vgl. auch: *FRICK*, 94 f. m.w.N.: *„general principles of law recognized by commercial nations as reflected in international uniform laws or in recommendations and codes of conduct emanating from international organizations (e.g. the UNIDROIT principles); international contract practice and customs and usages as expressed in standard form contracts, Incoterms, force majeure and hardship clauses drafted by the ICC; reports of arbitral awards [...]; public international law with respect to contracts between governments and private parties [...]"*.

562 *MUSTILL*, The New Lex Mercatoria: The First Twenty-Five Years, in: *BOS/BROWNLIE* (Hrsg.), Liber Amicorum for *LORD WILBERFORCE* (Oxford 1989) 149 (156); bzw. *MUSTILL*, The New Lex Mercatoria: The First Twenty-Five Years, 4 (1988) AI 86 ff.; vgl. aber auch: *LANDO*, The Lex Mercatoria and International Commercial Arbitration, 34 (1985) ICLQ 747 ff. m.w.N.; *BERGER*, IEA, 543 ff. m.w.N.; http://www.unilex.info, http://www.tldb.de sowie http://www.lexmercatoria.org.

§ 8.4.7.3.2.3: *Definition der* lex mercatoria

BERGER definiert die *lex mercatoria* als ein *„modern merchant law, alleged to be an autonomous legal system, that consists of or is influenced by international standard form contracts, international conventions and rules on trade law, customary law, generally recognized principles of law, trade usages and general commercial practices.“*[563]

> „[Die *lex mercatoria* ist ein] nicht von einem bestimmten nationalen Recht abhängiger Diskussionsrahmen, innerhalb dessen die internationale Schiedsgerichtsbarkeit – teils rechtsanwendend, teils rechtsschöpferisch – normative Richtlinien für Entscheidung und Begründung von Schiedsgerichtsentscheiden gewinnt. Auf diese Weise wird die [*lex mercatoria*] punktuell zu einer bestimmten Frage, in einzelnen Fällen auch im Sinne eines in der Sache anwendbaren materiellen Rechts, herangezogen.“[564]
>
> „[I]t is generally accepted that lex mercatoria has a conglomerate structure and utilizes different legal resources. Its pluralistic structure develops with the application of its various components.“[565]

Die *lex mercatoria* kann somit nicht kodifiziert werden, zumal es keine legislative oder kodifizierende Organisation in der Gemeinschaft der Handels- und Wirtschaftstreibenden gibt.

Über die Einordnung der *lex mercatoria* als „außerstaatliches Recht“ jedoch herrscht Streit.[566] Zum Teil wird vertreten, dass internationale Verträge nicht notwendigerweise einem nationalen Recht unterworfen werden müssen, sondern dass es möglich ist, diese zu „internationalisieren“, sie also einem anationalen Recht zu unterwerfen.[567] Als Rechtsquellen dieses außerstaatlichen Rechts sollen dabei die internationalen Kodifikationen, Handelsbräuche und allgemeine Rechtsgrundsätze herangezogen werden, die den „Kulturstaaten“ gemeinsam sind und welche im Wege der Rechtsvergleichung herauszukristallisieren wären.[568] Die Vertreter dieses Ansatzes heben derweil hervor, dass ihr Ansatz

---

563 *BERGER*, IEA, 526 f.

564 *BURKHARDT*, Vertragsanpassung bei veränderten Umständen in der Praxis des Schweizerischen Privatrechts (Bamberg 1996) 137.

565 *FRICK*, 94.

566 Vgl.: *SANDROCK*, Choice of Law and Choice of a Forum in Civil Law Jurisdictions, in: *YELPAALA* (Hrsg.), Drafting and Enforcing Contracts in Civil and Common Law Jurisdictions (Deventer 1986) 145 (165 ff.); *LANDO*, The Lex Mercatoria and International Commercial Arbitration, 34 (1985) ICLQ 747 (748); *MUSTILL*, The New Lex Mercatoria: The First Twenty-Five Years, in: *BOS/BROWNLIE* (Hrsg.), Liber Amicorum for *LORD WILBERFORCE* (Oxford 1987) 149 ff.

567 *SCHMITTHOFF* Das neue Recht des Welthandels, 28 (1964) RabelsZ 47 (61 ff.); *GOLDMAN*, La lex mercatoria dans les contrats et l'arbitrage internationaux, 106 (1979) JDI (Clunet) 475 (485 ff.).

568 Kritisch: *SANDROCK/STEINSCHULTE*, in: *SANDROCK* (Hrsg.), Handbuch der Internationalen Vertragsgestaltung, Band 1 (Heidelberg 1980) 102 m.w.N.

nicht zu verwechseln ist mit dem „*contrat sans loi*“ (rechtsordnungslosen Vertrag).[569] Letzterer Ansatz basiert auf dem Gedanken, dass es den Parteien frei steht, einen Vertrag zu schließen, welcher weder einer nationalen noch einer anationalen Rechtsordnung unterworfen ist.[570] Der Vertrag ist diesem Ansatz zufolge vielmehr aus sich selbst heraus auszulegen und bildet ein autonomes, von den Parteien selbst geschaffenes Recht, die *lex contractus*.[571]

§ 8.4.7.3.2.4: Überblick über die gängigen Ansätze zur lex mercatoria

Selbst wenn hier nicht die *lex mercatoria* in ihrer Gesamtheit diskutiert werden soll, so sollen jedoch ihre gängigen Ansätze kurz aufgezeigt werden. Insgesamt gibt es drei grundlegende Bestrebungen:

- den ideellen Ansatz,
- den empirischen Ansatz sowie
- den positivrechtlichen-legalistischen Ansatz.[572]

Der ideelle, theoretische Ansatz wurde insbesondere von französischen Autoren entwickelt. Unter ihnen ist *FOUCHARD* herauszustellen.[573] Er ist der Ansicht, dass sich Recht in jeder beliebigen Gemeinschaft, die in sich ein hinreichendes Zusammengehörigkeitsgefühl und den Drang nach sanktioniertem, konformen Verhalten spürt, entwickeln kann. Beide Voraussetzungen liegen ihm zufolge für den internationalen Handelsverkehr in Gestalt einer internationalen Gemeinschaft der Kaufleute vor. Recht kann prinzipiell unabhängig von einem Organ entstehen, welches dieses formalisiert, wenn auch *FOUCHARD* in der internationalen Schiedsgerichtsbarkeit ohnedies eine solche Institution sieht.[574] *KAHN* verfolgt einen ähnlichen Ansatz und betont die soziologische Dimension des internationalen Handels- und Warenverkehrs.[575] Die internationale Handels- und Wirtschaftsgemeinschaft kann hierbei ihre eigenen Regeln aufstellen. Insbesondere die internationale Gemeinschaft von Käufern und Verkäufern ist homogen und solidarisch genug zur Schaf-

---

569 *LALIVE*, Problèmes relatifs à l'arbitrage international commercial, Recueil des Cours 1967 I, 569 (649); *GOLDMAN*, Les conflits de lois dans l'arbitrage international de droit privé, Recueil des Cours 1963 II 347 (480).

570 *GOLDSTAJN*, The New Law Merchant Reconsidered, in: *FABRICIUS* (Hrsg.), Law and International Trade Rechte und internationaler Handel, Festschrift für *CLIVE M. SCHMITTHOFF* zum 70. Geburtstag (Frankfurt am Main 1973) 171 ff.

571 *REIMANN*, Der rechtsordnungslosen Vertrag (Bonn 1970).

572 *SCHLOSSER*, Rn. 194 ff. m.w.N.

573 *FOUCHARD*, L'arbitrage Commerciale Internationale (Paris 1965).

574 *FOUCHARD*, L'arbitrage Commerciale Internationale (Paris 1965) Rn. 580.

575 *KAHN*, La vente comerciale internationale (Paris 1961) 2, 5.

fung eines eigenen Rechts. Des Weiteren stellt *DAVID* heraus, dass alles Recht nicht zwangsläufig von einem staatlichen Souverän seinen Ausgangspunkt nehmen muss.[576]

Den Anhängern der neuen *lex mercatoria* reichen theoretische Spekulationen und historische Perspektiven hingegen nicht aus. Sie versuchen vielmehr, einen empirischen Beweis für die *lex mercatoria* anzutreten. Dies tun sie, indem sie auf Standardvertragsbestimmungen, die *ICC Incoterms*, allgemeine Rechtsprinzipien etc. pp. Bezug nehmen.[577]

„Lex mercatoria did not appear suddenly; rather it is an expression of the long term process of the evolution of the law. Because history does not repeat itself, modern lex mercatoria cannot be identical to Roman ius gentium or medieval lex mercatoria. Nevertheless, by looking back at history one can discover similarities among these phenomena. The simultaneous development of both world trade and world trade law shows their mutual dependence."[578]

Letztlich geht der positivrechtliche-legalistische Ansatz auf Art. 1496 franzNCPC und andere nationale Rechte zurück, die die Anwendung von Rechtsvorschriften (*rules of law, legal rules*) zulassen. Diese Rechtsvorschriften umfassen ebenso die *lex mercatoria*.[579]

§ 8.4.7.3.2.5: Praxis

Bisher sind nur wenige Fälle bekannt, in denen Schiedsgerichte ausschließlich auf die *lex mercatoria* Bezug nehmen, sei es, weil sie durch die Rechtswahl der Parteien hierauf verwiesen wurden oder weil sie im Rahmen der objektiven Anknüpfung zu dieser gelangten. Schiedsparteien wählen von Zeit zu Zeit die so genannte *lex mercatoria*. Diese Praxis ist aber derzeit in der Schiedsgerichtsbarkeit nicht vorherrschend. Beispielsweise taucht eine solche Rechtswahl nur äußerst selten („*rarely appears*") in ICC-Verfahren auf.[580] Wenden Schiedsgerichte die *lex mercatoria* an, tun sie dies meist, ohne ihren Inhalt näher zu definieren.[581] Ob die *lex mercatoria* vereinbart werden sollte, hängt weniger von ihrer theoretischen Einordnung als vielmehr praktischen Erwägungen ab. Diese praktischen Erwägungen sind insbesondere der Effekt auf die vertraglichen Verhältnisse und insbe-

---

576 *DAVID*, Arbitrage international ou Arbitrage étranger, in: *FERID* (Hrsg.), Festschrift für *HANS G. FICKER* zum 70. Geburtstag am 20. Juli 1967 (Frankfurt am Main 1967) 121 ff.

577 *GOLDMAN*, La lex mercatoria dans les contrats et l'arbitrage internationaux, 106 (1979) JDI (Clunet) 475 ff.; *GOLDMAN* Une bataille judiciare au tour de la le mercaoria (A legal battle around lex mercatoria), Rev.Arb. 1983, 378 (392 ff.); *GOLDMAN*, La lex mercatoria dans les contrats et l'arbitrage international (Paris 1983) 487.

578 *WEISE*, Lex Mercatoria: Materielles Recht vor der internationalen Handelsschiedsgerichtsbarkeit (Frankfurt am Main 1990) 176 (Zitat aus der englischen Zusammenfassung a.E. des Buches).

579 *BELLET/MEZGER*, L'arbitrage international dans le nouvelle code de procédure civile, Rec.crit. 1981, 611 (625).

580 *JARVIN*, Comment, 113 (1986) JDI (Clunet) 1138; vgl. ebenso: *CHUKWUMERIJE*, 110 Fn. 12.

581 *DASSER*, 266; *FRICK*, 94.

sondere auf die Anerkennung und Vollstreckung eines hierauf gestützten Schiedsspruches.[582]

§ 8.4.7.3.2.6: Nachteile der Anwendung der lex mercatoria

Das Risiko bei der Verwendung der *lex mercatoria* ist, dass es keine – in irgendeiner Art und Weise zusammenfassende – Kodifizierung der Regeln gibt. Die in ihr enthaltenen Regelungen differieren, je nachdem, welchem Ansatz das Schiedsgericht folgt. Dies führt zu einem weitgehend unvorhersagbaren Ausgang des Schiedsverfahrens.[583] Dementsprechend dürfte die Wahl der *lex mercatoria* – mit einem unberechenbaren Ausgang – nicht im Sinne der Parteien sein.

Mit der Wahl der *lex mercatoria* wird ein anationales Recht gewählt, dennoch ist diese kein gänzlich autonomes Rechtssystem. Im Gegenteil hängt diese von der Anerkennung durch internationales Privatrecht und somit von nationalem Recht ab. Das Konzept der *lex mercatoria* existiert also nur insoweit, als dass es von Staaten anerkannt und vollstreckt wird. Verträge können folglich nicht in einem rechtlichen Vakuum existieren, sondern müssen ihre Berechtigung aus einem nationalen Recht ziehen.[584]

Keine der Quellen der neuen *lex mercatoria* und ebenso wenig eine Kombination aller Quellen bietet ein Regelwerk an, welches umfassend genug ist, internationale Wirtschaftsbeziehungen abschließend zu regeln.[585]

> „Sehr selten geben Schiedsrichter zu, sie hätten in der lex mercatoria keine passende Norm gefunden – obwohl sie nach Meinung der gesamten Lehre bei weitem keine vollständige Rechtsordnung ist – und müssen deshalb auf ein staatliches Ersatzrecht greifen. Sie behelfen sich mit Einzelfallentscheidungen, die sich nicht auf eine eigentliche generell abstrakte Norm abstützen."[586]

Wahr ist, dass es internationale Handelsbräuche und Gewohnheitsrecht(e) gibt. Ebenfalls wahr ist, dass international gesetzliche Regelungen und Übereinkommen im Bereich der Wirtschaft existieren. Zweifelhaft ist dagegen, ob diese vielen Rechtsquellen jemals zusammen eine Einheit bilden können, um ein autonomes, umfassendes Regelwerk zu bilden, welches „alle" möglichen internationalen Handels- und Wirtschaftsbeziehungen und -problemstellungen abdeckt.[587]

---

582 Ähnlich: *FRICK*, 90.

583 PAULSSON/RAWDING/REED/SCHWARZT, 20.

584 *WORTMANN*, 14 (1998) AI 97 (102) m.w.N.

585 *CHUKWUMERIJE*, 115; *NORTH*, Private International Law Problems in Common Law Jurisdictions (Dordrecht 1993) 110 f.

586 *DASSER*, 265.

587 Ebenso: *CHUKWUMERIJE*, 114 und auch die meisten der Vertreter der *lex mercatoria* berücksichtigen diese Tatsache; insbesondere räumen die Anhänger der neuen *lex mercatoria* ihre Lückenhaftigkeit ein: *GOLDMAN*, La lex mercatoria dans les contrats et l'arbitrage internationaux, 106 (1979) JDI (Clunet) 475 (480); *LANDO*, The lex mercatoria in international commercial arbitration, 34 (1985) ICLQ 748 (749); ihnen zufolge ist diese Lückenhaftigkeit durch

„[The *lex mercatoria* is a] diffuse and fragmented body of law [that will never achieve] the level of the copious and well-organised national legal systems."[588]

Der eigentliche Inhalt der *lex mercatoria* ist unpräzise,[589] zumal sie einen extrem hohen Abstraktionsgrad erreicht. Aus praktischen Gesichtspunkten heraus folgt demzufolge eine Primärschwäche der *lex mercatoria* daraus, dass sie sich nicht aus klar bestimmbaren oder klar abgrenzbaren Rechtssätzen bestimmen lässt. Mit ihrem zum Teil derart hohen Abstraktionsgrad kann sie mitunter wenig bis gar keinen Lösungshinweis für einen konkreten Rechtsstreit geben.[590] Dies führt zu Unklarheiten und Unsicherheiten in Bezug auf die Vorhersehbarkeit des Ausgangs schiedsrichterlicher Entscheidungen.[591] Die *lex mercatoria* ist nicht nur unvollständig, viele ihrer Rechtssätze sind sehr allgemein gehalten,[592] gar selbstverständlich. Oftmals zitiert sie allgemeine Rechtsprinzipien, die nahezu allen nationalen Rechten bekannt sind und für sich alleine nicht in der Lage sind, einen Rechtsstreit zu lösen.[593]

Die Konsequenzen dieser Unsicherheit sind zweierlei: Zum einen kann die *lex mercatoria* Schiedsrichter dazu verführen, Billigkeitsentscheidungen zu treffen und diese allgemein auf die *lex mercatoria* zu stützen, wenn dies auch selten vorkommen mag.[594]

„A novice in the field of international arbitration might sometimes be tempted to say that, where an arbitral tribunal applies general principles of law or lex mercatoria, it will have a kind of carte blanche to do whatever it thinks fit and, in expense, will have an easy ride. This is, of course, entirely wrong. Exactly the opposite is true. […] A decision based on general principles of law or lex mercatoria will clearly remain to be a decision made under the 'rules of law'; it should not be confused with decisions ex aequo et bono, or an amiables composition, for which practically all national laws and arbitration rules of leading arbitral institutions still require an explicit consent of the parties so as to empower the tribunal to act accordingly."[595]

Rechtsfortbildung zu schließen, womit der die *lex mercatoria* anwendende Schiedsrichter zugleich Gesetzgeber ist: *MUSTILL*, The New Lex Mercatoria: The First Twenty-Five Years, in: *BOS/BROWNLIE* (Hrsg.), Liber Amicorum for *LORD WILBERFORCE* (Oxford 1987) 149 (160).

588 *LANDO*, The lex mercatoria in international commercial arbitration, 34 (1985) ICLQ 748 (752).

589 *CHUKWUMERIJE*, 114; *PAULSSON/RAWDING/REED/SCHWARZT*, 20.

590 *WORTMANN*, 14 (1998) AI 97 (102); hierbei ist jedoch zu beachten, dass gerade die Kodifizierung von Teilen der *lex mercatoria* in den *UNIDROIT Principles* dieses Problem abgemildert haben.

591 Vgl.: *FRICK*, 96.

592 Vgl.: *WENGLER*, Les principes généraux du droit en tant que loi du contrat, Rec.crit. 1982, 478 ff.; *MANN*, Lex Facit Arbitrum, in: *SANDERS* (Hrsg.), International Arbitration: Liber Amicorum for *MARTIN DOMKE* (The Hague 1967) 157 (164-177).

593 Vgl.: *FRICK*, 96 f.

594 Ebenso: *FRICK*, 97.

595 *BLESSING*, 14 (1997) J.Int'lArb. 39 (48).

In vielen Fällen, in denen Schiedsgerichte auf die *lex mercatoria* Bezug genommen haben, hätten sie zum selben Ergebnis durch die Anwendung und Auslegung nationalen Rechts kommen können.[596]

Ein weiteres Problem der *lex mercatoria* ist die Hierarchie der Normen. Welche der verschiedenen Rechtsquellen hat den höchsten normativen Wert? Sollte ein Konflikt z.B. zwischen einem Rechtsprinzip aus dem *case law* mit einem Rechtsprinzip einer internationalen Regel auftreten, welches hat hier Vorrang? Was ist, wenn sich die entwickelten Rechtsprinzipien sogar innerhalb einer Rechtsquelle widersprechen? Bspw., wenn sich im *case law* für diesen speziellen Fall zwei verschiedene Tendenzen herauskristallisiert haben. Mehr noch ist es in der Praxis zum Teil schwierig, den Inhalt der *lex mercatoria* überhaupt festzustellen, zumal diese selber teilweise vage oder gar widersprüchlich ist.[597] Beispielsweise kann sich die Frage aufdrängen, wann der Grundsatz *pacta sunt servanda* über den Grundsatz *rebus sic stantibus* außer Kraft gesetzt werden kann.

§ 8.4.7.3.2.7: Ergebnis zur Vereinbarung der lex mercatoria

Abgesehen vom Label wie *lex mercatoria*, transnationales Recht, internationale Handelsbräuche und ähnliches, verweisen alle Ansätze auf ein und dasselbe Phänomen: Einen Satz von Regeln, die entwickelt wurden, um den internationalen Handels- und Warenverkehr zu regeln.[598] Diese materiellrechtlichen Regeln werden nicht nur von internationalen Handelsverträgen, Standardvertragsklauseln, internationalen Abkommen, Schiedssprüchen etc. pp. abgeleitet, sondern von den verschiedensten Regelungen internationaler Organisationen wie der ICC, UNIDROIT, AAA, LCIA etc. pp.

Unabhängig von den oben gezogenen Schlüssen, wird die *lex mercatoria* noch immer kontrovers diskutiert. So wurde behauptet, dass diese nichts mehr als eine Fiktion ist.[599] Der hartnäckigste Kritiker der *lex mercatoria* ist MANN.[600] Mehr von praktischen Erwägungen her kommt eine andere Kritik, die besagt, dass die *lex mercatoria* eine Reihe von Lücken aufweist und die in ihr zu findenden Rechtssätze zu allgemein gehalten sind, um eine Rechtsordnung zu bilden.[601] Außerdem wird die Frage aufgeworfen, warum man auf die *lex mercatoria* überhaupt Bezug nehmen sollte, wenn diese auf Rechtsprinzipien beruht, wie sie ohnehin den gängigen Jurisdiktionen bekannt sind. Weiter noch bietet die *lex*

---

596 *FRICK*, 97, mit einem Beispiel.

597 *WORTMANN*, 14 (1998) AI 97 (102 m.w.N.).

598 *WORTMANN*, 14 (1998) AI 97 (101 m.w.N.).

599 *WALTER*, Schiedsverfahrensrecht (München 2000) 190.

600 Bspw.: *MANN*, Lex Facit Arbitrum, in: *SANDERS* (Hrsg.), International Arbitration: Liber Amicorum for *MARTIN DOMKE* (The Hague 1967) 157 ff.

601 *WENGLER*, Les principes généraux du droit en tant que loi du contrat, Rec.crit. 1982, 478 ff.; *MANN*, Lex Facit Arbitrum, in: *SANDERS* (Hrsg.), International Arbitration: Liber Amicorum for *MARTIN DOMKE* (The Hague 1967) 157 (164-177).

mercatoria gerade in den wichtigen Fällen keine Lösung an, in denen verschiedenste Kulturen zusammenstoßen oder sich die handelsrechtlichen Regeln im Wandel befinden.[602]

Bedingungslos der theoretischen Einsprüche, die gegen die *lex mercatoria* erhoben werden, muss akzeptiert werden, dass diese nunmehr eine mehr oder weniger bedeutende Rolle im Rahmen der internationalen Schiedsgerichtsbarkeit spielt.[603] Die Frage, die aus der Praxis jeweils zu beantworten ist, ist jene, ob im Rahmen des IPR, des anwendbaren Prozessrechts oder des Rechts der potenziellen Staaten, in denen der Schiedsspruch anerkannt oder vollstreckt werden soll, die Anwendbarkeit der *lex mercatoria* erlauben oder ausschließen und ob diese die Anwendung der *lex mercatoria* nur mit einer expliziten Autorisation oder ebenso über eine Rechtswahl durch die Schiedsrichter zulassen.[604] Annähernd alle Staaten dürften nunmehr die Wahl eines anationalen Rechts, wie der *lex mercatoria*, durch die Parteien zulassen und damit auch anerkennen und vollstrecken. Umstritten ist allenfalls die Anwendung eines anationalen Rechts bzw. der *lex mercatoria* durch das Schiedsgericht ohne eine Rechtswahl der Parteien. Jedoch besteht auch hier ein Trend dahingehend, dies zu gestatten und auch die Anerkennung und Vollstreckung derart gefällter Schiedssprüche zu betreiben.[605]

Reduzieren lassen sich alle hier getroffenen Aussagen darauf, dass es keinen umfassenden, geschweige denn greifbaren Rechtskörper einer *lex mercatoria* gibt.[606] Es handelt sich vielmehr bei ihr nicht um eine gewachsene Rechtsordnung, sondern um eine, die ständig im Fluss ist und deren Entwicklungsgeschwindigkeit nach wie vor hoch ist. Alle Quellen, aus denen sich die *lex mercatoria* speist, stellen für sich eine große Hilfe bei der Auslegung im internationalen Handels- und Rechtsverkehr dar. In Kombination als *lex mercatoria* bieten sie jedoch nicht das ganzheitliche Regelwerk, welches den Parteien eine umfassende und konkrete Lösung für alle möglicherweise auftauchenden Probleme zur Hand gibt und einen vorhersehbaren Ausgang des Rechtsstreits erwarten lässt.

CHUKWUMERIJE ist zuzustimmen, wenn er in der *lex mercatoria* einen Wegweiser bei der Auslegung internationaler Wirtschaftsverträge sieht, die ähnlich den Handelsbräuchen

---

602 *DRAETTA/LAKE/NANDA*, Breach and Adaption of International Contracts, An Introduction to Lex Mercatoria (New Hampshire 1992) 28.

603 Ebenso: *FRICK*, 96.

604 Ähnlich: *FRICK*, 96; schon hier sei jedoch gesagt, dass das Schiedsgericht durchaus auch im Rahmen der objektiven Anknüpfung auf die *lex mercatoria* Bezug nehmen kann, selbst wenn es aufgrund des Prozessrechts gehalten ist, ein rein nationales Recht anzuwenden, sofern das Ergebnis dieses Schiedsspruches nicht gegen den *ordre public* bestößt; die Missachtung der Beschränkung auf die Wahl eines nationalen Rechts stellt einen solchen noch nicht dar. Näher hierzu unter der Überschrift: Grenzen der Rechtswahl durch das Schiedsgericht.

605 Hierauf wird im Laufe der Arbeit, insbesondere im Rahmen der Grenzen, nochmals eingegangen.

606 Ähnlich: *CHUKWUMERIJE*, 116.

im nationalen Recht und in Art. 28 Abs. 4 ML sind.[607] Die Idee der neuen *lex mercatoria* ist noch immer mehr eine Vision für die Zukunft.[608]

Aus Sicht des Autors ist die Wahl der *lex mercatoria* weniger die Wahl eines festen Rechts, sondern vielmehr die Wahl eines kreativen Rechtsfindungsprozesses mit ungewissem Ausgang. Über die Wahl der *lex mercatoria* wird der Schiedsrichter damit beauftragt, anhand sehr allgemein gehaltener und fundamentaler Rechtsgrundsätze eine – beiden Seiten gerecht werdende – Lösung zu finden. Plastisch ausgedrückt, verhält sich die *lex mercatoria* jedoch wie eine Knetmasse. Die Masse an Rechtsprinzipien ist zwar begrenzt, jedoch haben sie keine feste Form und lassen sich durch den jeweiligen Anwender – bedingt durch ihre jeweils schwerpunktmäßig differierende Anwendung – in eine andere Form bringen.

Folgerichtig sind in vielen Fällen die Regeln der *lex mercatoria* so allgemein oder bedeutungslos, gar sinnlos[609], dass jedwede Bezugnahme auf sie vermieden werden sollte.[610] Als „Sicherung" eines nationalen Rechts im Wege eines *concurrent* oder *combined law* erscheint ihre Anwendung jedoch sinnvoll.

Es ist überflüssig zu erwähnen, dass ebenso im Falle der Wahl der *lex mercatoria* die zwingenden Bestimmungen (*mandatory rules*) am Sitzort beachtet werden müssen.[611]

> „[I]n every national jurisdiction by tolerance of the national sovereignty whose public policy may override or qualify a particular rule of that law."[612]
>
> „In conclusion, arbitrating parties are better advised not to choose the lex mercatoria as their governing law, unless they are prepared to have their arbitrators play the role of innovators."[613]

§ 8.4.7.3.3: Private restatements / UNIDROIT Prinzipien

Des Weiteren können die Parteien die so genannten *private restatements* wie z.B. die UNIDROIT[614]-Vertragsprinzipien (*UNIDROIT Principles*) wählen. Damit wählen die Parteien ein von einer unabhängigen Organisation wie bspw. der UNIDROIT erarbeitetes Standardvertragsmuster oder wie im Falle der UNIDROIT Prinzipien, einheitliche Auslegungsregeln. Je nach Branche gibt es verschiedene Organisationen, die solche Ausle-

---

607 *CHUKWUMERIJE*, 116.

608 So schon früher: *REDFERN/HUNTER*, 89.

609 *SCHLOSSER*, Rn. 200, „juristische Allgemeinplätze".

610 Ebenso: *FRICK*, 97.

611 *CHUKWUMERIJE*, 117.

612 *GOLDSTAJN*, The New Law Merchant Reconsidered, in: *FABRICIUS* (Hrsg.), Law and International Trade Rechte und internationaler Handel, Festschrift für *CLIVE M. SCHMITTHOFF* zum 70. Geburtstag (Frankfurt am Main 1973) 171 (181).

613 *CHUKWUMERIJE*, 117.

614 Internationales Institut für die Vereinheitlichung des Privatrechts (International Institute for the Unification of Private Law): http://www.unidroit.org.

gungsregeln und Standardvertragswerke erarbeitet haben, wie bspw. Die FIDIC-Bedingungen.[615]

Die UNIDROIT hat es sich zum Ziel gesetzt, das Recht international zu harmonisieren und verabschiedet lenkende und leitende Prinzipien. Es ist sehr wohl möglich, in ihnen den Kern eines neuen internationalen Handelsrechts zu sehen.[616] Von besonderer Bedeutung sind hier die *Principles of International Commercial Contracts* aus dem Jahr 1994 (*UNIDROIT Principles*), welche 14 Jahre der Forschung und Diskussion einer internationalen Arbeitsgruppe widerspiegeln. Bezug nehmend auf die Präambel dieser Prinzipien bilden diese einen Teil der *general principles of law* sowie der *lex mercatoria*. Diese Vertragsprinzipien umfassen sowohl den Vertragsschluss, die Vertragsinterpretation als auch die internationale Vertragserfüllung und decken damit den Kernbereich der internationalen rechtlichen Probleme des Handels ab.

> „The UNIDROIT Principles represent a modern approach to international trade law. They are increasingly being used in international contract practice and dispute resolution."[617]

Sofern die Parteien diese Prinzipien anstelle eines nationalen Rechts angewendet wissen wollen, ist ihnen anzuraten, dies explizit auszudrücken, indem sie bekunden, dass die UNIDROIT-Prinzipien im Rahmen der „Rechtsvorschriften" anstelle eines nationalen Rechts gelten sollen.[618] Andererseits können die Parteien vereinbaren, dass diese Prinzipien nur soweit gelten sollen, als dass sie nicht mit auf den Rechtsstreit anwendbarem, nationalem Recht in Konflikt geraten.[619] Gerade Letzterer ist ein viel versprechender Ansatz.

Unabhängig von der Wahl der *UNIDROIT Principles* wurden diese in internationalen Schiedsverfahren schon oftmals herangezogen, um nationales Recht auszulegen[620] oder ein internationales Einheitsrecht zu interpretieren.[621]

Ähnlich den *UNIDROIT Principles* hat die EU ein ähnliches Werk mit den *Principles of European Contract Law 2002 (Part I, II and III)*[622]geschaffen, die international jedoch

---

615 Ein näheres Eingehen auf die verschiedensten Institutionen und Organisationen würde den Rahmen dieser Arbeit sprengen.

616 PAULSSON/RAWDING/REED/SCHWARZT, 20.

617 LEW/MISTELIS/KRÖLL, 462 m.w.N., mit beispielhafter Bezugnahme auf Schiedsgerichtsentscheidungen, welche die UNIDROIT Principles als „anwendbares Recht" zur Grundlage hatten (463 Fn. 97); weitere Entscheidungen auf Grundlage der UNIDROIT Principles sind zu finden auf http://www.unilex.info.

618 PAULSSON/RAWDING/REED/SCHWARZT, 21.

619 PAULSSON/RAWDING/REED/SCHWARZT, 21.

620 ICC Schiedsspruch Nr. 8540; Nr. 8486; Nr. 8240; Züricher Handelskammer Schiedsspruch vom 25.11.1994, XXII (1997) YCA 211; Schiedsgericht der Wirtschaftskammer Prag, Schiedsspruch vom 17.12.1996, Uniform L. Rev. 1997, 604.

621 ICC Schiedsspruch Nr. 8128 (1995); vgl. auch: LEW/MISTELIS/KRÖLL, 464 (Fn. 100 m.w.N.).

622 Part I und 2 wurden 1998 und Part III wurde 2002 verabschiedet; ausführlich zu den European Contract Principles: LANDO, Principles of European Contract Law I-III (The Hague 1999, 2003).

(derzeit noch) weitaus weniger Beachtung finden als die nunmehr geläufigen *UNIDROIT Principles*.

*§ 8.4.7.3.4: Allgemeine Rechtsprinzipien (*general principles of law*)*

Allgemeine Rechtsprinzipien (*general principles of law*)[623] werden häufig in Rechtswahlklauseln erwähnt.[624] Nicht zu verwechseln sind die allgemeinen Rechtsprinzipien mit den Handelsbräuchen.[625] Der Verweis auf die allgemeinen Rechtsprinzipien geschieht zumeist in einer von den drei Formen:

- alleiniger Verweis auf allgemeine Rechtsprinzipien,
- Verweis auf ein nationales Recht in Verbindung mit einem Verweis auf die allgemeinen Rechtsprinzipien oder
- Einbeziehung der allgemeinen Rechtsprinzipien als den formgebenden Teil eines internationalen Handelsrechts.[626]

So nimmt unter anderem die Satzung und das Statut des internationalen Gerichtshofs (*ICJ - International Court of Justice*) auf „*the general principles of law recognised by civilised nations*"[627] als den fundamentalen Teil des internationalen Rechts Bezug. Jedoch sollen die hier angesprochenen allgemeinen Rechtsprinzipien nicht als Rechtsquelle oder als Rechtssystem *strictu sensu* angesehen werden. Nichtsdestotrotz wurden wiederholt Schiedssprüche auf Basis jener allgemeinen Rechtsprinzipien gefällt, nachdem diese von den Schiedsparteien als anwendbares Recht bestimmt wurden.[628]

Gemein ist diesen Prinzipien, dass sie losgelöst von ihren nationalen Rechtsordnungen nur einen sehr abstrakten Charakter haben. Diese Prinzipien sind den meisten Rechtsordnungen weltweit bekannt und haben sich in den einzelnen Kodifikationen in den verschiedensten Ausprägungen niedergeschlagen.

---

623 Ausführlicher zu den *general principles of law* bspw.: *CHENG*, General Principles of Law as applied by International Courts and Tribunals (Cambride 1993); *GOLDMAN*, The applicable law: general principles of law – the lex mercatoria, in: *LEW* (Hrsg.), Contemporary Problems in International Commercial Arbitration (Dordrecht 1987) 113 ff.

624 Bspw.: ICC Schiedsspruch Nr. 3380 (1980).

625 Zu den Handelsbräuchen und deren Beachtung später gesondert.

626 *REDFERN/HUNTER*, 84; *PAULSSON/RAWDING/REED/SCHWARZT*, The Freshfields Guide to Arbitration and ADR² (The Hague 1999) 16.

627 Art 38.1 (c) des ICJ Statute.

628 Beispiele sind zufinden bei: *MCNAIR*, The General Principles of Law Recognized by Civilized Nations, 33 (1957) BYIL 1 (7 ff.); außerdem: *THE LENA GOLDFIELD ARBITRATION*, 36 (1950) Cornell L.Q. 42; *QATAR V. INTERNATIONAL MARITIME OIL COMPANY*, 20 (1953) ILR 534.

§ 8.4.7.3.4.1: Was sind die allgemeinen Rechtsprinzipien?

Die zentrale Frage ist zunächst jedoch, was sind die allgemeinen Rechtsprinzipien (*general principles of law*)? Ein Kommentator meinte lapidar, dass die Suche nach den allgemeinen Rechtsprinzipien nicht einfach ist!

> „[T]he search for general principles is not easy.“[629]

Die Suche nach den allgemeinen Rechtsprinzipien beinhaltet einen pragmatischen Versuch, das maximale Maß der Rechtsprinzipien zu extrahieren, die den meisten Rechtsordnungen bekannt sind.[630] Dies umfasst eine rechtsvergleichende Analyse der bedeutendsten nationalen Rechtsordnungen mit dem Ziel, die kongruente, gemeinsame Basis dieser Rechtsordnungen zu finden,[631] was zum Teil eine sehr diffizile Aufgabe sein kann. Umso schwerer wird dies Unterfangen, als dass immer mehr Staaten der verschiedensten sozioökonomischen, religiösen und politischen Herkunft, immer detailliertere und verschiedenere Regelungen ihres Vertragsrechts vornehmen. Unter diesen Voraussetzungen ist es schwer, allgemeine Rechtsprinzipien zu eruieren, die allgemein gehalten sind, gleichzeitig aber speziell genug sind, um auf einen konkreten Fall anwendbar zu sein. Die Rechtsvereinheitlichung in einigen Rechtsbereichen, wie sie z.B. von der UNCITRAL oder der UNIDROIT vorangetrieben wird, mag die Identifizierung solcher allgemeiner Rechtsprinzipien erleichtern.[632] Nichtsdestotrotz werden weiterhin Rechtsgebiete bestehen, in denen die Praxis der Staaten weit differiert, mit dem Ergebnis, dass es schwer wird, allgemeine Rechtsprinzipien herauszukristallisieren.[633] Die meisten Feststellungsversuche der allgemeinen Rechtsprinzipien stellten lediglich eine rechtsvergleichende Analyse der „westlichen" und entwickelten Rechtssysteme an.[634] Die logische Erklärung hierfür mag sein, dass das Recht der meisten so genannten Entwicklungsländer geprägt wird von dem Recht der Länder, die sie in früheren Jahren kolonialisiert haben. Diese Ansicht enthält sicherlich ein Fünkchen Wahrheit, dennoch gibt es einige Entwicklungsländer, die einen individuellen Kurs eingeschlagen haben. Um zu vermeiden, dass über die allgemeinen Rechtsprinzipien den Entwicklungsländern die Wertevorstellungen der Wirtschaftsnationen oktroyiert werden, wäre es wünschenswert, wenn ebenso die so genannten Entwicklungsländer im Rahmen der rechtsvergleichenden Analyse Beachtung fänden. Ein anderes Vorgehen wäre ein Anachronismus, welcher der heutigen wirtschaftlichen und rechtlichen Lage im weltweiten Handel nicht mehr gerecht würde. Ein derartiges Vorge-

---

629 *LALIVE*, Contracts between a State or State Agency and Foreign Company, 13 (1964) ICLQ 987 (1010).

630 *FRIEDMANN*, The Changing Structure of International Law (New York 1964) 194.

631 *CHUKWUMERIJE*, 163.

632 Ähnlich: *CHUKWUMERIJE*, 164.

633 Vgl.: *TOOPE*, 71.

634 *CHUKWUMERIJE*, 164.

hen allerdings würde das Auffinden der allgemeinen Rechtsprinzipien noch schwerer gestalten.

Ein Kommentator hat den Vorschlag unterbreitet, bei der Ermittlung der allgemeinen Rechtsprinzipien lediglich die Rechtsordnungen der beteiligten Parteien zu vergleichen, was die Rechtsfindung erleichtern würde.[635] Auch wenn andere Autoren[636] dies für einen denkwürdigen Ansatz halten, ist diese Ansicht der Feststellung allgemeiner Rechtsprinzipien dennoch abzulehnen, da sie nur eine weitere, eigenständige Möglichkeit der Rechtswahl darstellt (siehe oben *concurrent law*).

Konsequenterweise stellen die allgemeinen Rechtsprinzipien das Destillat einer rechtsvergleichenden Analyse nationaler Rechtsordnungen auf ihre gemeinsamen Prinzipien hin dar. Im Allgemeinen wird gesagt, dass die allgemeinen Rechtsprinzipien (*general principles of law*) Teil der so genannten *lex mercatoria* sind, weil sie allgemein anerkannt werden und somit einen rechtlichen Sockel des internationalen Wirtschaftsverkehrs bilden, den die Parteien zumindest implizit in ihr Vertragswerk aufnehmen.[637]

Fraglich ist, welche Rechtsprinzipien hierunter zu fassen sind? Die Benennung derartiger allgemeiner Rechtsprinzipien, welche den Rechtsordnungen gemein sind, wäre sicherlich einfacher, wenn man nur Nationen vergleichen würde, die einer bestimmten Rechtstradition folgen. In der Realität sind jedoch Staaten miteinander zu vergleichen, die aus den verschiedensten Rechtskreisen kommen, seien sie Anhänger des *civil law*, *common law*, eines religiösen Rechtskreis wie dem Islamischen Recht oder dem Gewohnheitsrecht. Diese Vielzahl von Rechtskreisen, zusammen mit der Vielzahl zu beachtender Staaten, führt zwangsläufig zu dem Schluss, dass man zum einen nicht davon ausgehen kann, dass ein Rechtsprinzip absolut allen Staaten bekannt sein muss. Vielmehr muss sie einer Mehrzahl von ihnen bekannt sein. Zum anderen ergibt sich daraus, dass es nur wenige allgemein anerkannte Rechtsprinzipien geben kann, die dafür aber sehr allgemein gehalten sind und eine breite Anwendung finden.

Als allgemeine Rechtsprinzipien bieten die meisten Autoren an:

- das Prinzip von Treu und Glauben (*good faith, bona fide*),
- das Prinzip *pacta sunt servanda*,
- das Prinzip der unzulässigen Rechtsausübung (*estoppel*),
- das Prinzip der Parteiautonomie (*party autonomy*) etc.,[638]

um nur einige Beispiele zu nennen.[639]

---

635 *PETER*, Arbitration and Renegotiation of International Investment Agreements (Dordrecht 1986) 113.

636 *CHUKWUMERIJE*, 164.

637 Ähnlich: *CHUKWUMERIJE*, 112.

638 *CHUKWUMERIJE*, 112.

639 Für weitere Ausführungen sei auf die einschlägige Spezialliteratur verwiesen, bspw.: *CHENG*, General Principles of Law (Cambridge 1993) m.w.N.

3 8.4.7.3.4.2: *Nachteile der Vereinbarung allgemeiner Rechtsprinzipien*

Die Rechtswahl zugunsten allgemeiner Rechtsprinzipien ist mit Vorsicht zu genießen.[640]

Das Problem bei den *general principles of law* ist für den gelernten Juristen, wie für die Vertragsparteien und Rechtslaien, ein und dasselbe. Es handelt sich gerade nur um generelle Prinzipien und nicht um ein mit den Jahren gewachsenes und konkret kodifiziertes Rechtssystem. Allgemeine Rechtsprinzipien wie *pacta sunt servanda*, der gute Glaube etc. pp. sind zwar eine beachtliche Rechtsquelle, bergen aber zumeist keine abschließenden Antworten auf bestimmte oder konkrete Probleme.[641] Derartige Prinzipien sind nur schwerlich in der Lage, detailliert die komplexen Rechtsbeziehungen zwischen den Parteien zu beschreiben, geschweige denn eine klare und eindeutige Lösung für standardmäßig auftretende Probleme zu bieten. Sie sind weder klar umrissen, noch völlig erschlossen.[642] Aufgrund der Allgemeinheit und Breite dieser Rechtsprinzipien mag zu Recht bezweifelt werden, ob sie für die Regelung komplexer und vor allem wirtschaftlicher Beziehungen hilfreich sind.[643]

McNair hat zu den allgemeinen Rechtsprinzipien vorgeschlagen, dass sich diese Prinzipien sehr gut für die schon behandelten „internationalen privatwirtschaftlichen Entwicklungshilfeverträge" eignen.[644] Er argumentiert, dass das Völkerrecht auf diese Verträge unanwendbar ist, weil es sich beim Völkerrecht um ein zwischenstaatliches Rechtssystem handelt, welches nur auf zwischenstaatliche Rechtsbeziehungen anwendbar ist.[645] Seiner Ansicht nach statuieren die allgemeinen Rechtsprinzipien ein eigenes Rechtssystem (*legal system*). Die einzelnen Prinzipien, welche derselben Quelle und Inspiration entspringen, wie auch das Völkerrecht, sind den Rechtswahlklauseln inner- und außerhalb so genannter *state contracts* zugänglich. Ebenso haben andere Autoren zu Recht die Anwendbarkeit der allgemeinen Rechtsprinzipien insbesondere auf *state contracts* befürwortet.[646]

Einmal mehr gilt hier, was ebenso für die *lex mercatoria* und ähnliche rechtliche Gebilde gilt: Die allgemeinen Rechtsprinzipien eignen sich, um ein nationales Recht gegen nachteilige Rechtsveränderungen abzusichern, sind jedoch zu allgemein gehalten, um für einen konkreten Rechtsstreit eine konkrete Lösung anzubieten. Vielmehr bieten sie lediglich sehr allgemein gehaltene Rechtsgrundsätze an, die der Interpretation und Auslegung bedürfen, die je nach ihrem jeweiligen Anwender unterschiedlich ausfallen kann.

---

640 Ebenso: *Paulsson/Rawding/Reed/Schwartz*, 16.

641 Zustimmend: *Paulsson/Rawding/Reed/Schwartz*, 16.

642 *Craig/Park/Paulsson*, § 7.04.

643 Ähnlich: *Chukwumerije*, 112.

644 *McNair*, The General Principles of Law Recognized by Civilized Nations, 33 (1957) BYIL 1 (6).

645 *McNair*, The General Principles of Law Recognized by Civilized Nations, 33 (1957) BYIL 1 (10).

646 *Lalive*, Contracts between a State or State Agency and Foreign Company, 13 (1964) ICLQ 987 (992); *O'Connell*, International Law^2 (London 1970) 983.

§ 8.4.7.3.4.3: Exkurs: Anwendung der allgemeinen Rechtsprinzipien ohne ausdrückliche Ermächtigung

In einigen Fällen haben die Schiedsgerichte die allgemeinen Rechtsprinzipien ferner dort angewandt, wo keine explizite Rechtswahl zu ihren Gunsten vorlag.

Ein Beispiel ist der ICC Fall Nr. 3572 aus dem Jahre 1982.[647] Im angesprochenen Fall enthielt der Vertrag zwischen den Parteien keine Rechtswahlklausel. Das Schiedsgericht hatte nach den Regeln der ICC (Art. 13 Abs. 3 ICC ArbRules [1975]) bei Fehlen einer expliziten Rechtswahlklausel das materiell anwendbare Recht anhand des Kollisionsrechts zu finden, welches es für anwendbar erachtet.[648] Das Schiedsgericht fand es ungenügend, das nationale (Kollisions-) Recht von einer der beiden Parteien für anwendbar zu erklären und führte aus:

> „The Arbitral Tribunal will refer to what has become common in practice in international arbitrations particularly in the field of oil drilling concessions and especially to arbitrations located in Switzerland. Indeed, this practice, which must have been known by the parties, should be regarded as representing their implicit will [...]. The Arbitral Tribunal therefore holds internationally accepted principles of law governing contractual relations to the proper law applicable to the merits of the case."[649]

Diese Methode, den Parteien eine Intention zuzuschreiben und die Schlüsse, die dann gezogen wurden, werden dem Willen der Parteien in keiner Weise gerecht und sind schlichtweg ungerechtfertigt.[650] Die Parteien haben gerade keine bestimmte Präferenz in ihrem Vertrag für ein bestimmtes nationales oder internationales Recht erkennen lassen. Der Versuch, diesen Ansatz damit zu begründen, dass die Parteien von der Praxis gewusst haben müssen, dass Schiedsgerichte gerade im Falle von Ölkonzessionen die allgemeinen Rechtsprinzipien für anwendbar erklären, ist wenig einleuchtend. In diesem Fall würde von einer Vermutung, was die Parteien hätten wissen müssen, auf die nächste Vermutung geschlossen, dass nämlich die Parteien vermutlich von der Anwendung der allgemeinen Rechtsprinzipien ausgegangen sind. Das wäre zumindest eine Vermutung zuviel, um von einem impliziten Willen der Parteien auszugehen.

Des Weiteren ist die Schiedspraxis, wie aus dieser Arbeit ersichtlich, alles andere als einheitlich, um von einer Einheitlichkeit zu sprechen. Nach wie vor werden Schiedssprüche von der Herkunft der Schiedsrichter oder dem Hintergrund aus dem sie stammen (z.B. politisches System, Rechtskreis, Rechtstradition etc.), beeinflusst. Gerade bei den hier angesprochenen Ölkonzessionen reicht die Wahl des Rechts durch die Parteien (oder

647 ICC Schiedsspruch Nr. 3572.

648 Art. 13 Abs. 3 ICC ArbRules a.F.: „The arbitrator shall apply the law designated as the proper law by the rule of conflict which he deems appropriate."

649 ICC Schiedsspruch Nr. 3572.

650 Ebenso: *CHUKWUMERIJE*, 163.

Schiedsrichter)[651] vom nationalen Recht der staatlichen Partei bis hin zum Völkerrecht oder einem anationalen Recht, wobei die Wahl dieser Rechte in durchaus vielfältigen Schattierungen erfolgt und die einzelnen Ansätze miteinander kombiniert.

Alleine die Tatsache, dass eine Mehrheit der Schiedsgerichte in gewissen Fällen ein bestimmtes Recht anwendet, heißt noch nicht zwingend, dass die Parteien implizit hiervon ausgehen.

Abgesehen davon, muss man im zugrunde liegenden Fall darauf hinweisen, dass das Schiedsgericht nach den alten ICC Rules zunächst das anwendbare Kollisionsrecht hätte bestimmen müssen (*voie indirecte*) und sich nicht direkt auf die allgemeinen Rechtsprinzipien hätte stürzen dürfen.

§ 8.4.7.3.4.3.1: Der Fall PETROLEUM DEVELOPMENT

Der beachtlichste Schiedsspruch stammt von einem Einzelschiedsrichter im Fall *PETROLEUM DEVELOPMENT (TRUCIAL COAST) LTD. V. SHEIKH OF ABU DHABI*.[652]

Hierbei handelt es ich um einen Streit über einen Ölkonzessionsvertrag aus dem Jahre 1939, welcher über die Dauer von 75 Jahren geschlossen wurde. Dem Vertragspartner Abu Dhabis, der Firma *PETROLEUM DEVELOPMENT*, wurde „exklusiv" die Bohrung und Ölgewinnung innerhalb eines bestimmten Gebiets in Abu Dhabi zugesichert.[653]

Im Laufe des Verfahrens kam die Frage nach dem auf den Sachverhalt anwendbaren materiellen Recht auf:

> „What is the 'Proper Law' applicable in construing this contract? This is a contract made in Abu Dhabi and wholly to be performed in that country. If any municipal system of law were applicable, it would prima facie be that of Abu Dhabi. But no such law can reasonable be said to exist. The Sheikh administers a purely discretionary justice with the assistance of the Koran; and it would be fanciful to suggest that in this very primitive region there is any settled body of legal principles applicable to the construction of modern commercial instruments. Nor can I see any basis on which the municipal law of England could apply. On the contrary, Clause 17 of the Agreement [this clause referred to the interpretation of the contract being based on "goodwill and sincerity" of belief[654]], cited above, repels the notion that the municipal law of any country as such, could be appropriate. The terms of that clause invite, indeed prescribe, the application of principles rooted in the good sense and common

---

651 Hierzu später.

652 *PETROLEUM DEVELOPMENT (TRUCIAL COAST) LTD. V. SHEIKH OF ABU DHABI* vom 28.8.1951, 1 (1952) ICLQ 247 (248).

653 „[Within] the whole of the lands which belong to the rule of the Ruler of Abu Dhabi and its dependencies and all the islands and the sea waters which belong to that area. And if in the future the lands which belong to Abu Dhabi are defined by agreement with other States, then the limits of the area shall coincide with the limits specified in this definition" (die Übersetzung des Scheichs, die Originalfassung wurde in Arabisch abgefasst), 1 (1952) ICLQ 247 (249).

654 Art. 17 der Vereinbarung zwischen den Parteien besagt: „The Ruler and the Company both declare that they base their work in this Agreement on goodwill and sincerity of belief and on the interpretation of this agreement in a fashion consistent with reason.", *PETROLEUM DEVELOPMENT (TRUCIAL COAST) LTD. V. THE SHEIKH OF ABU DHABI*, 1 (1952) ICLQ 247 (250).

practice of the generality of civilised nations – a sort of 'modern law of nature'. I do think that on this point there is any conflict between the parties."[655]

Hierauf hin fiel es dem Richter zu, den Inhalt des angesprochenen „*modern law of nature*" zu qualifizieren. Obwohl er das englische Recht ablehnte, meinte er dennoch: „*some of its rules [...are...] so firmly grounded on reason, as to form part of this broad body of jurisprudence – this ‚modern law of nature'.*"[656]

In einem späteren Kommentar zu diesem Fall schlug ein ehemaliger Richter des ICJ vor, dass bestimmte Langzeitverträge zwischen Staaten und Privaten, die man als „privatwirtschaftliche Entwicklungshilfeverträge" (*economic development agreements*) qualifizieren kann, den „allgemeinen Rechtsprinzipien zivilisierter Staaten" (*general principles of law recognised by civilised nations*) unterstellen sollte und hat in einem Beispiel auf den Fall *PETROLEUM DEVELOPMENT* verwiesen.[657]

Im Fall *PETROLEUM DEVELOPMENT (QATAR) LTD. V. RULER OF QATAR* fiel die Rechtswahl auf die allgemeinen Rechtsprinzipien (*general principles of law*).[658] Genauer gesagt sollte der Schiedsspruch „*consistent with the legal principles familiar to civilised nations*" sein. Materiellrechtlich ging es um einen über 75 Jahre geschlossenen Konzessionsvertrag mit dem Scheich *ABDULLAH BIN QASIM AL THANI* (Herrscher von Qatar) aus dem Jahre 1935. Der Ölfirma wurde das folgende Recht eingeräumt: „*the sole right throughout the Principality of Qatar to explore, to prospect, to drill for and to extract and to ship and export, and the right to refine and sell petroleum and natural gases ozokerite, asphalt and everything which is extracted therefrom*". Dieses Recht wurde für das Gebiet vereinbart, über welches der Scheich herrscht und welches auf einer dem Vertrag angefügten Karte markiert war. 1949 kam zwischen der Ölfirma und dem Scheich Abu Dhabis ein Streit auf, auf welches Gebiet sich die Ölkonzession erstreckt. Insbesondere war fraglich, ob außerdem der Meeresgrund (*sea-bed*) und der Untergrund der territorialen Gewässer (inklusive der hohen See) über welche der Scheich Souverän war, dazugehören. Insbesondere waren einige Inseln, die von der Konzession umfasst werden sollten, nicht auf der Karte markiert. Hauptgrund für den Streit war, dass der Technologiefortschritt es nunmehr nach dem 2. Weltkrieg desgleichen erlaubte, diese Gebiete zu erschließen, die vorher der Ölforderung unzugänglich waren. Die Ölfirma war der Ansicht, dass diese beiden Gebiete mit umfasst sind, was der Scheich bestritt. Hieraufhin wurde ein Schiedsverfahren eröffnet.

Im Ergebnis wurde dem Anliegen der Firma *PETROLEUM DEVELOPMENT (QATAR)* und der Erstreckung auf die fraglichen Inseln und den Meeresgrund nicht nachgegeben. Ge-

---

655 *PETROLEUM DEVELOPMENT (TRUCIAL COAST) LTD. V. THE SHEIKH OF ABU DHABI*, 1 (1952) ICLQ, 247 (250 f.).

656 *PETROLEUM DEVELOPMENT (TRUCIAL COAST) LTD. V. THE SHEIKH OF ABU DHABI*, 1 (1952) ICLQ 247 (251).

657 *MCNAIR*, The General Principles of Law Recognized by Civilized Nations, 33 (1957) BYIL 1 ff.

658 *PETROLEUM DEVELOPMENT (QATAR) LTD. V. RULER OF QATAR* (April 1950), 18 (1951) ILR 161.

stützt wurde diese Entscheidung auf das allgemeine Rechtsprinzip von *pacta sunt servanda*.

§ 8.4.7.3.4.3.2: Der Fall SAPPHIRE[659]

In dem zugrunde liegenden Fall gab es keine explizite Rechtswahlklausel. Jedoch gab es Rechtswahlklauseln in ähnlichen Konzessionsverträgen des Beklagten (*respondent*) der *National Iranian Oil Company*:

> „In view of the diverse nationalities of the parties to this Agreement, it shall be governed by and interpreted and applied in accordance with the principles of law common to Iran and the several nations in which the other parties to this Agreement are incorporated, and in the absence of such common principles then by and in accordance with principles of law recognised by civilised nations in general including such of those as may been applied by international tribunals."[660]

Der Schiedsrichter *CAVIN* nahm auf diese Rechtswahlklausel Bezug und merkte hierzu Folgendes an:

> „It is quite clear from the above that the parties intended to exclude the application of Iranian Law. But they have not chosen another positive legal system and this omission is on all the evidence deliberate. All the connecting factors cited above point to the fact that the parties therefore intended to submit the interpretation and performance of their contract to the principles of law generally recognised by civilised nations, to which article 37 of the agreement refers, being the only clause which contains an express reference to an applicable law. The arbitrator will therefore apply these principles, in taking account, when necessary, of the decisions taken by international tribunals."[661]

§ 8.4.7.3.4.4: Ergebnis: Allgemeine Rechtsprinzipien

Mit dem oben Gesagten ist folgendes Resümee zu ziehen:

Die allgemeinen Rechtsprinzipien konstituieren eine sehr wertvolle und auf jeden Fall beachtenswerte Rechtsquelle. Dies gilt sowohl für rein private Verträge als auch für Verträge mit Staaten. Dennoch handelt es sich bei ihnen nicht um ein abgeschlossenes, gewachsenes und kodifiziertes Rechtssystem, welches den komplexen Anforderungen moderner Wirtschaftsbeziehungen gewachsen ist.[662] Vielmehr bedürfen sie der „Erdung" mittels einer nationalen Rechtsordnung, um eine gewisse Grundentscheidung zu treffen, welche durch eben diese allgemeinen Rechtsprinzipien international abgesichert wird.

---

659 Dieser Fall wurde bereits oben im Zusammenhang mit dem Schutz Privater in Verträgen mit Staaten gegen die Änderung des Rechts zu deren Lasten erwähnt.

660 *SAPPHIRE INTERNATIONAL PETROLEUM LTD. V. NATIONAL IRANIAN OIL COMPANY* vom 15.3.1963, 13 (1964) ICLQ 987 (1011 [1014]).

661 *SAPPHIRE INTERNATIONAL PETROLEUM LTD. V. NATIONAL IRANIAN OIL COMPANY*, 13 (1964) ICLQ 1015.

662 Ebenso: *REDFERN/HUNTER*, 86.

Die alleinige Anwendung allgemeiner Rechtsprinzipien führt zu nicht unbedingt vorhersehbaren Ergebnissen. Die allgemeinen Rechtsprinzipien sind nur vage umrissen und meist zu allgemein gehalten, um in einem konkreten Fall wirklich hilfreich zu sein.[663] Sie dienen nicht der Lösung spezieller Probleme, sondern vielmehr lediglich einem Richtungsentscheid.

Die Wahrheit ist, dass abgesehen von der Attraktivität der Konzeption der allgemeinen Rechtsprinzipien, diese alleine nicht geeignet sind, um einen Rechtsstreit zu lösen.[664]

Sofern die *general principles of law* in einer Rechtswahlklausel erwähnt werden, sollte dies auf jeden Fall im Zusammenhang mit einem bestimmten nationalen Rechtssystem geschehen. Gerade aufgrund ihrer zwangsläufig allgemeinen Natur ist es vorteilhaft, diese nur im Zusammenwirken mit einem kodifizierten nationalen Rechtssystem zu verwenden. Dies führt damit zum so genannten *concurrent law*, einer „Kombinationsrechtsordnung".[665] Auch im Falle der so genannten *state contracts* ist und bleibt das nationale Recht die beste Wahl.[666] Dementsprechend ist die alleinige Wahl „allgemeiner Rechtsprinzipien" mit Vorsicht zu genießen.[667]

*§ 8.4.7.3.5: Schiedsgerichtliches Fallrecht (*arbitral case law*)*

Einige Autoren sehen im Fallrecht (*case law*) der Schiedsgerichte ein Sprachrohr für die Entwicklung und die Formulierung des internationalen Handelsgewohnheitsrechts.[668] Diese Autoren befürworten die Publikation ausgeglichener Entscheidungen in der Hoffnung, dass diese zur Entwicklung allgemein anerkannter Rechtsprinzipien führen, welche ohne Bezugnahme auf ein nationales Recht direkt Anwendung finden. Die Analyse einiger Autoren auf dem Gebiet der ICC Schiedssprüche hat dabei einige Rechtsprinzipien hervorgebracht, wie sie bei den *general principles of law* oder der *lex mercatoria* zu finden sind:[669]

- *pacta sunt servanda*,
- *estoppel*,
- Treu und Glauben (*good faith*),
- Parteiautonomie bei der Bestimmung des Prozessrechts sowie des materiellen Rechts,
- Regeln der höheren Gewalt (*force majeure*),
- Vollstreckungshindernisse für Verträge, die gegen die internationale Sittlichkeit/ Moral verstoßen,

---

663 REDFERN/HUNTER, 114.
664 Ebenso: CHUKWUMERIJE, 164.
665 Ebenso: REDFERN/HUNTER, 87; PAULSSON/RAWDING/REED/SCHWARTZ, 16.
666 Ebenso: CHUKWUMERIJE, 164.
667 Ebenso: PAULSSON/RAWDING/REED/SCHWARTZ, 16.
668 Ähnlich: CHUKWUMERIJE, 114.
669 Ausführlich hierzu: CRAIG/PARK/PAULSSON, § 35.

- etc. pp.,

um nur einige Beispiele zu nennen.

Das Problem ist jedoch hier wiederum, dass die sich aus der Rechtssprechung herauskristallisierenden Prinzipien allesamt sehr allgemein gehalten sind und damit zur Lösung konkreter Fälle keine direkten Lösungsvorschläge anbieten. Somit sind sie nur schwerlich detailliert und umfassend genug, um alle Aspekte einer komplexen vertraglichen Beziehung abzudecken.[670]

Folgerichtig ist von der alleinigen Anwendung des schiedsgerichtlichen Fallrechts abzuraten.

§ 8.5: Zusammenfassung Rechtswahl

Die vorangegangenen Ausführungen lassen sich damit wie folgt zusammenfassen:

Wie alle modernen Schiedsverfahrensrechte, spricht auch das ML der Parteiautonomie eine vorrangige Bedeutung zu und erlaubt den Parteien, dass auf den Sachverhalt anwendbare Sachrecht selbst zu bestimmen.[671]

> „In the context of international commercial arbitration, the right of parties to determine the law applicable to the merits of their dispute is undisputed."[672]

Aus der großen Bedeutung der Parteiautonomie folgt dabei, dass die Parteien eine solche Rechtswahl jederzeit treffen können. D.h. sie müssen eine solche Rechtswahl nicht schon vor Beginn des Verfahrens treffen, sondern können eine solche vielmehr auch noch während des Verfahrens bis zur Entscheidung durch das Schiedsgericht vornehmen. Dabei sei jedoch angemerkt, dass eine verspätete Rechtswahl im Prozess zu Verzögerungen in der Entscheidung führen kann, weil das Gericht sich schon mit der Rechtsbestimmung auseinander gesetzt hat, oder gar schon ein Recht bestimmt hat und nun seine Überlegungen auf Basis eines neuen Rechts überdenken muss. Insofern ist es den Parteien nur zu raten eine Rechtswahl schon im Vorfeld zu vereinbaren.

Sofern die Parteien eine Rechtswahl treffen, sollte diese klar und eindeutig aus dem Vertrag hervorgehen. Die Rechtswahl sollte dabei genauestens angeben, welches Recht gewählt wird und dieses so konkret wie möglich bezeichnen.

Parteien eines *state contracts* sind völlig frei in ihrer Rechtswahl und können ebenso das Völkerrecht ihrem Vertrage zugrunde legen. Eine „Internationalisierung" sollte dabei nicht ohne eine eindeutige, klare und unmissverständliche Internationalisierungsklausel erfolgen. Solange jedoch zu befürchten ist, dass eine Internationalisierung auch in ande-

---

670 Ebenso: *CHUKWUMERIJE*, 114 f.

671 Vgl.: *LEW/MISTELIS/KRÖLL*, 413.

672 *LEW/MISTELIS/KRÖLL*, 414 m.w.N.

ren Fällen durch das Schiedsgericht erfolgt, sollten die Parteien diese explizit ausschließen, sofern dies ihrem Willen entspricht. Es bleibt zu bezweifeln, ob das Völkerrecht die entscheidenden Bestimmungen zur Lösung von Streitigkeiten eines *state contracts* aufweisen kann. Die Prinzipien des Völkerrechts wie *pacta sunt servanda*, *rebus sic stantibus*, ungerechtfertigte Bereicherung (*unjust enrichment*), Rechtsmissbrauch (*abuse of rights*), weisen einen extrem hohen Abstraktionsgrad auf, so dass es schwierig ist, sie in realen Fällen konkret anzuwenden. In nationalen Rechtsordnungen sind diese Prinzipien oder ihre nationalen Äquivalente klar definiert und werden unterstützt von flankierenden, ergänzenden Normen, welche es dem jeweiligen Gericht einfacher machen, diese auf einen konkreten Fall anzuwenden. Das Völkerrecht lässt ein etabliertes, in sich geschlossenes und gewachsenes System an Regeln vermissen und vermittelt lediglich ein grobes Skelett von Normen:

> „What is the influence of mistake [in international law]? Does it render the contract void or voidable or neither? Is a set-off allowed and in what circumstances? [...] International law gives no answer to such questions."[673]

Parteien (eines *state contracts*) sollten keine Regelungen ausbedingen, die im besten Falle abstrakt und im schlimmsten Fall unausgegoren sind.[674] Nach wie vor bleiben die nationalen Rechte die zweckmäßigste Rechtswahl (auch im Falle von *state contracts*).

Auch wenn die Schiedsrichter primär der Parteiautonomie dem Willen der Parteien unterworfen sind, sollten die Parteien sicherstellen, dass der Schiedsspruch nicht dadurch angreifbar wird, dass sie zwingenden Bestimmungen (*mandatory rules*) oder den *ordre public* (*public policy*) missachten.[675] In der Konsequenz heißt dies, dass die Schiedsrichter die zwingenden Bestimmungen (*mandatory rules*) und den *ordre public* der Länder beachten müssen, deren Recht oder deren nationale Interessen durch das Schiedsverfahren betroffen sein könnten.[676] Dies dürften in der Regel diejenigen Länder sein, in der eine Anerkennung und Vollstreckung des Schiedsspruches zu erwarten ist.

Die Vielfalt der wählbaren Rechte mit all ihren Kombinationsmöglichkeiten ist derart groß, dass Parteien eines Schiedsverfahrens kein Patentrezept für eine Rechtswahlklausel angeboten werden kann, vor allem wo noch erschwerend hinzukommt, dass jedem Vertrag individuelle Parteiinteressen zugrunde liegen. Viele Rechtswahlmöglichkeiten ähneln sich vom Inhalt her. So ist z.B. der Grundsatz *pacta sunt servanda* im Völkerrecht, in den allgemeinen Rechtsprinzipien, in der *lex mercatoria* sowie im *case law* zu finden. Was hier aber deutlich werden sollte, ist, dass sich die Parteien bei der Formulierung einer Rechtswahlklausel – gerade im Falle eines *state contracts* – große Mühe geben sollten.

---

673 *WOLFF*, Some Observations on the Autonomy of Contracting Parties in Conflict of Laws, 35 (1950) Grotius Transactions 143 (152); vgl. auch: *LEW*, 403.

674 Ähnlich: *CHUKWUMERIJE*, 162.

675 *CRAIG/PARK/PAULSSON*, International Chamber of Commerce Arbitration² (New York 1991) 307 f.

676 *CHUKWUMERIJE*, 183.

Aus den Ausführungen in diesem Kapitel geht hervor, dass selbst vermeintlich klare Rechtswahlklauseln eine völlig andere Auslegung durch das Schiedsgericht oder den Schiedsrichter erfahren können.

Trotz der Vielfalt an Rechtswahlmöglichkeiten erscheint für alle Parteien – nach wie vor – die Wahl eines nationalen Rechts am sinnvollsten, welches sie ggf. durch die Kombination mit den allgemeinen Rechtsprinzipien, der *lex mercatoria*, dem Völkerrecht etc. gegen eine nachteilige Entwicklung zu ihren Lasten „absichern“ können. Mit der Wahl eines nationalen Rechts begeben sich sie Parteien unter ein gewachsenes und komplettes Rechtssystem, für welches sich eine Auslegung statuiert hat und welches für viele konkrete Rechtsprobleme eine (konkrete) Lösung anbietet.

§ 9: Rechtsbestimmung durch das Schiedsgericht (objektive Anknüpfung)

§ 9.1: Einleitung

Wie bereits zuvor erwähnt, sind kollisionsrechtliche Fragen in der internationalen Schiedsgerichtsbarkeit ein viel beachtetes Thema.[677] In Abwesenheit einer expliziten oder zumindest klaren impliziten Rechtswahl durch die Parteien, ist es Sache des Schiedsgerichts und des oder der Schiedsrichter, das auf den Streit anwendbare Recht zu ermitteln. Erst wenn feststeht, dass die Parteien keine (wie auch immer geartete) Rechtswahl getroffen haben, ist das Schiedsgericht befugt, das in der Sache anwendbare Recht selbst zu bestimmen.[678] Ein Schiedsverfahren weist meist Bezüge zu mehreren nationalen Rechtsordnungen auf, von denen zum Teil keine derart überwiegt, dass von einem eindeutigen Schwerpunkt gesprochen werden kann.

§ 9.2: Notwendigkeit einer Rechtswahl durch das Schiedsgericht

Die meisten Schiedsgerichte stürzen sich jedoch nicht gleich auf die Frage nach dem anwendbaren Kollisionsrecht oder dem anwendbaren materiellen Recht.

In vielen Fällen stellt die Bestimmung des anwendbaren Rechts von vorneherein kein Problem dar, zumal das Schiedsgericht ohne Bezug auf ein nationales Recht, allein unter

---

677 *Fouchard/Gaillard/Goldman*, International Commercial Arbitration, Part V; *Wortmann*, 14 (1998) AI 97 ff.; *Blessing*, 14 (1997) J.Int'lArb. 39 ff.; *Derains*, The ICC Arbitral Process, Part VIII: Choice of Law Applicable to the Contract and International Arbitration, 6 (May 1995) ICC Bull. 10 ff.; *Maniruzzaman*, Conflict of Laws in International Arbitration: Practice and Trends, 9 (1993) AI 371 ff.; *Naón*, Choice of Law Problems in International Arbitration (Tübingen 1992); *Lando*, The Law Applicable to the Merits of the dispute, 2 (1988) AI 104 ff.; *Lew*; *Sandrock*, Welches Kollisionsrecht hat ein Schiedsgericht anzuwenden?, RIW 1992, 785 ff.

678 *Hußlein-Stich*, 145; *Zerbe*, 218.

Berücksichtigung der Vertragsklauseln – als selbst geschaffenes Recht der Parteien – sowie der Handelsbräuche entscheidet.[679] Vielmehr betrachten internationale Schiedsgerichte die vertraglichen Vereinbarungen der Parteien ganz genau, um herauszufinden, ob diese nicht ausreichen, um den Streitfall zu lösen. Diese Herangehensweise der Schiedsrichter hat durchaus ihre Berechtigung und ist vor allem durch die die Schiedsgerichtsbarkeit beherrschende Parteiautonomie abgedeckt.[680] Es gilt zumeist, je komplexer ein Geschäft ist, umso komplexer und detaillierter gestaltet sich der Vertrag. Dort, wo die Vertragsbestimmungen hinreichend detailliert sind, den Streitfall aufzuklären und diese nicht gegen relevante zwingende Bestimmungen (*mandatory rules*) verstoßen wird, lösen Schiedsgerichte oftmals den Streitfall auf, ohne auf ein anwendbares Recht Bezug zu nehmen:

> „[I]n so far as the questions in dispute are regulated by the parties in their contract and this contractual regulation does not contravene the mandatory rules of the two laws in question, it is permitted to resolve them on the basis of the contract [...]. These can be resolved without a preliminary decision on the applicable law."[681]

Die zugrunde liegende Formel lautet:

> *Verba contractus sunt lex contractus.*[682]

Die Anwendung der Vertragsbestimmungen ist jedoch aus sich heraus limitiert. Eine Rechtswahl durch das Schiedsgericht ist von Nöten, sofern die Existenz einer Rechtswahl, deren Gültigkeit, deren Auslegung etc. in Frage steht und damit die Anwendung eines Rechts erforderlich wird.[683] Zum einen ist es kaum möglich, einen Vertrag so umfangreich zu gestalten, dass er für alle erdenklichen Streitigkeiten eine Lösung parat hält. Zum anderen bedürfen bestimmte Vertragsbedingungen und Termini der Auslegung mittels eines nationalen Rechts, wie z.B. die Auslegung des Begriffes „höhere Gewalt" (*force majeure*).[684] Konsequenterweise können Vertragsklauseln nicht in allen Fällen die Bestimmung des anwendbaren Rechts überflüssig machen. Vielmehr wird es in den allermeisten Fällen so sein, dass ein anwendbares Recht bestimmt werden muss. Des Weiteren muss

---

679 *LEW/MISTELIS/KRÖLL*, 440; *BÖCKSTIEGEL*, ICC-Schiedsgerichtsbarkeit aus der Sicht einer Partei, in: *BÖCKSTIEGEL* (Hrsg.), Recht und Praxis der Schiedsgerichtsbarkeit der Internationalen Handelskammer (Köln 1986) 75 (85); *VAN HOUTTE*, Arbitrage En Toepasselijk Recht, TvPr 1982, 703 (710); *SCHLOSSER* Das Internationale an der internationalen privaten Schiedsgerichtsbarkeit, RIW 1982, 857 (867); ICC Schiedsspruch Nr. 2375; Nr. 3790; vgl. auch die Anmerkungen *DERAINS* zu ICC Schiedsspruch Nr. 3540 (1980), 108 (1981) JDI (Clunet) 921 (929).

680 Ebenso: *CHUKWUMERIJE*, 125.

681 ICC Schiedsspruch Nr. 1990 (1970), in: *JARVIN/DERAINS* (Hrsg.), Collection of ICC Arbitral Awards 1974-1985 (Deventer 1990) 20 [zukünftig zitiert als: ICC Awards I].

682 Zu deutsch: Die Worte eines Vertrages sind das Gesetz eines Vertrages.

683 *MANIRUZZAMAN*, Conflict of Laws Issues in International Arbitration: Practice and Trends, 9 (1993) AI 371 (373 [insbes. Fn. 12] m.w.N.).

684 *CHUKWUMERIJE*, 125.

eine Rechtswahl ebenso erfolgen, wenn keine gültige oder eine nur unvollständige Rechtswahl durch die Parteien vorliegt.[685]

Jedoch muss eine kollisionsrechtliche Entscheidung nur getroffen werden, wenn tatsächlich ein Konflikt vorliegt. Dies ist nicht der Fall, sofern keine Partei einen solchen Konflikt reklamiert oder beide Parteien auf Basis desselben Rechtssystems argumentieren.[686]

Sofern dem Schiedsgericht die Ermächtigung erteilt wurde, nach Billigkeit zu entscheiden,[687] muss es nicht entscheiden, welches Recht auf das Verhältnis zwischen den Parteien anwendbar ist.[688]

§ 9.3: Gründe für eine fehlende Rechtswahl durch die Parteien

Einer der wichtigsten Gründe, weshalb die Parteien keine Rechtswahl getroffen haben, ist der, dass die Parteien keine Einigung auf diesem Gebiet erreichen konnten. Gerade weil die Parteien oftmals aus Staaten mit verschiedensten rechtlichen Hindergründen und Ansätzen kommen, mag es manchmal schwer sein, bei der Rechtswahl durch die Parteien einen Kompromiss zu finden. Oftmals werden die Parteien auf der Anwendung „ihres" nationalen Rechts insistieren, um sich vor zukünftigen Rechtsentwicklungen zu ihrem Nachteil zu schützen oder schlicht und einfach, weil ihnen dieses Recht bekannt und damit bewährt ist.

In einem konkreten Fall sagte ein Zeuge vor einem Schiedsgericht aus, dass sie keinen Bruch in den Vertragsverhandlungen riskieren wollten, den der Entwurf einer Rechtswahlklausel hätte heraufbeschwören können.[689]

Ein anderer ebenso häufig anzutreffender Punkt ist der, dass die Parteien vielmehr daran interessiert waren, den „eigentlichen" Vertrag zu schließen, als diesen „Nebenpunkt" zu behandeln. Die Rechtswahl ist für einen Geschäftsmann von untergeordneter Bedeutung. Vielmehr beschäftigt er sich mit den Klauseln, die sich mit dem eigentlichen Vertragsgegenstand beschäftigen. Was also für den Rechtsgelehrten von größter Bedeutung ist, erscheint dem Geschäftmann von untergeordneter Bedeutung.[690] Oftmals kommt es leider noch immer vor, dass die Parteien aufgrund einer inkompetenten rechtlichen Beratung die Aufnahme einer Rechtswahlklausel schlicht und einfach vergessen.

---

685 *Maniruzzaman*, Conflict of Laws Issues in International Arbitration: Practice and Trends, 9 (1993) AI 371 (373 [insbes. Fn. 13] m.w.N.).

686 *Lew*, 222.

687 Hierzu später ausführlich.

688 ICC Schiedsspruch Nr. 3267 (1979); zustimmend: *Derains*, ICCA Congress Series No. 2, 169 (171); ausführlicher hierzu später in unter einer gesonderten Überschrift.

689 ICC Schiedsspruch Nr. 2997 (1978).

690 Vgl.: *Lew*, 221.

§ 9.4: Lex fori *eines Schiedsgerichts?*

Die Bestimmung des anwendbaren Rechts durch das Schiedsgericht kann sich als problematisch erweisen, da das Schiedsgericht selbst keine *lex fori* hat[691] und demnach nicht auf bestimmte Kollisionsregeln „seiner" *lex fori* zurückgreifen kann. Demgegenüber ist die Frage nach dem jeweilig anwendbaren materiellen Recht für den staatlichen Richter verhältnismäßig einfach. Dieser hat sein eigenes, nationales Kollisionsrecht anzuwenden und gelangt somit automatisch zum anwendbaren materiellen Recht. Folgerichtig stellt sich bei einem staatlichen Gericht die Frage nach dem anwendbaren Kollisionsrecht nicht, sondern leitet sich vielmehr aus dem anwendbaren Verfahrensrecht unproblematisch ab. Im Lichte der internationalen Handelsschiedsgerichtsbarkeit ist eine solche Erkenntnis unbefriedigend. Daher ist der Gedanke im Schiedsverfahren ebenso zu verfahren an sich nahe liegend.[692]

„Since the arbitration has its seat in Switzerland, Swiss private international law might be applicable, as the *lex fori*, for determining the substantive law applicable to the interpretation and performance of the agreement. However, in the view of some eminent specialists in private international law, since the arbitrator has been invested with his powers as a result of the common intention of the parties, he is not bound by the rules of conflict in force at the forum of the arbitration. Contrary to a State judge, who is bound to conform to the conflict of law rules of the State in whose name he meets out justice, the arbitrator is not bond by such rules. He must look for the common intention of the parties, and use the connecting factors generally used in doctrine and case law and must disregard national peculiarities [...]."[693]

Dennoch wird die Ansicht vertreten, dass für das Schiedsgericht die Kollisionsnormen des Verfahrensstatuts maßgeblich sind.[694] Dem ungeachtet muss das Schiedsgericht nicht automatisch, vergleichbar mit einem nationalen Gericht, das Kollisionsrecht am Sitz des Verfahrens anwenden. Vielmehr wird die Wahl eines anderen Kollisionsrechts als das des Sitzrechts zugelassen. Diese Doktrin hat viele Befürworter, vor allem unter deutschen, schweizerischen und französischen Rechtsgelehrten.[695]

---

691 *Berger*, The International Arbitrators' Application of Precedents, 9 (1992) J. Int'l Arb 5 ff.; *Jäger*, 208.

692 *Schlosser*, Rn. 609 m.w.N.

693 *Sapphire International Petroleum Ltd. v. National Iranian Oil Company* vom 15.3.1963, 13 (1964) ICLQ, 987 (1011).

694 *von Hoffmann*, 110 m.w.N.; *Fragistas*, Rec.crit. 1960, 1 (9); ausführlich zu diesem Ansatz später im Rahmen der Sitz- bzw. *lex fori*-Theorie.

695 *Goldman*, Les conflits de lois dans l'arbitrage international de droit privé, Rec.Cours 1963 II 347 ff.; *Lalive*, Les regles de conflit de lois appliqées par l'arbitre international siègant en Suisse, Rev.Arb. 1976, 155.

„The international arbitrator has no *lex fori* from which he can borrow rules of conflict of laws."[696]

Zwar sitzt das Schiedsgericht in einem bestimmten Land, es ist jedoch nicht an die Anwendung der dortigen Kollisionsnormen gebunden, nachdem das Schiedsgericht nicht in gleicher Weise wie nationale Gerichte hoheitliche Aufgaben wahrnimmt.[697] Vielmehr sind die nationalen Kollisionsrechte für staatliche Gerichte kreiert worden und nicht für internationale Handelsschiedsgerichte.[698]

Die meisten Schiedsgesetze (wie auch das ML) verweisen nunmehr das Schiedsgericht deshalb auf bestimmte Kollisionsnormen, oder stellen selber das Kollisionsrecht dar und sehen eine Anknüpfungsnorm vor, die das Schiedsgericht in ein bestimmtes Sachrecht verweist, um die Rechtswahl nachvollziehbar zu gestallten.

§ 9.5: Komplexität

Die Komplexität des Findungsprozesses des anwendbaren materiellen Rechts macht es in einigen Fällen erforderlich, einen Teilschiedsspruch zur Klärung nach der Frage des anwendbaren materiellen Rechts zu erlassen.[699] Ein solcher Zwischen- oder Teilschiedsspruch verursacht allerhand Kosten und Zeitverzögerung, welche hätten vermieden werden können, wenn die Parteien vorab eine klare Rechtswahl getroffen hätten.

§ 9.6: Vertretene Ansätze zur Rechtsbestimmung durch das Schiedsgericht

§ 9.6.1: Einleitung

Im Einklang mit einer im Internationalen Privatrecht bestehenden Tendenz[700], dass die Parteien unmittelbar das anwendbare materielle Recht bestimmen, ohne dass Kollisionsnormen zwischengeschaltet sind, folgt das Modellgesetz in Abs. 1 der direkten Methode,

---

696 ICC Schiedsspruch Nr. 1512 (1971); ähnlich im Fall *ARAMCO*: „The arbitral Tribunal has no ‚*lex fori*'."

697 *CHUKWUMERIJE*, 124 m.w.N.

698 *CHUKWUMERIJE*, 124.

699 Vgl.: *CRAIG/PARK/PAULSSON*, § 17.01 ii).

700 *STOLL*, Bemerkungen zu den Vorschriften über den "Allgemeinen Teil" im Gesetzesentwurf der Bundesregierung zur Neuregelung des IPR (Art. 3-9, 11-12), IPRax 1984, 1 (2); *FIRSCHING*, Übereinkommen über das auf vertragliche Schuldverhältnisse anwendbare Recht, IPRax 1981, 37 (42); *DERAINS*, ICCA Congress Series No. 2, 169 (192); *HUßLEIN-STICH*, 143; bei Art. 33 Abs. 1 UNCITRAL ArbRules geht dies noch nicht unmittelbar aus dem Wortlaut hervor, soll sich aber bereits aus der Entstehungsgeschichte der UNCITRAL-ArbRules ergeben, so: *DORE*, Arbitration and conciliation under the UNCITRAL Rules: A Textual Analysis (Dordrecht 1986) 168.

d.h. dem *voie directe*. Die Frage ist jedoch, ob dies gleichfalls für eine Rechtswahl durch die Parteien gelten muss.

BLESSING zufolge stehen hier grundsätzlich vier Ansätze zur Verfügung:[701]

- Anwendung eines Kollisionsrechtssystems,
- Anwendung einer Kollisionsregel,
- Anwendung des Tests der „engsten Verbindung",
- Anwendung des *voie directe* (beschränkt oder unbeschränkt).

Diese Ansätze spiegeln diejenigen Prinzipien wieder, wie sie noch heute in Schiedsgesetzen und Schiedsordnungen gebräuchlich sind. Dennoch gibt es noch eine Vielzahl weiterer und vor allem speziellerer Wege zur Feststellung des anwendbaren materiellen Rechts in Abwesenheit einer Rechtswahl durch die Parteien (ohne Anspruch auf eine abschließende Aufzählung):

- Anwendung des Kollisionsrechts am Sitz des Schiedsgerichts,
- kumulative Anwendung der relevanten Kollisionsregeln,
- Anwendung allgemeiner Rechtsprinzipien (*general principles of law*),
- die direkte Anwendung der so genannten *lex mercatoria,*
- die direkte Anwendung des materiellen Rechts mit dem größten Bezug zum konkreten Sachverhalt (ähnlich dem *voie directe*).

Im Folgenden sollen die wichtigsten und gebräuchlichsten Ansätze, die in der internationalen Handelsschiedsgerichtsbarkeit vertreten wurden und werden, kurz behandelt, bevor dann auf die vom ML gewählte Lösung eingegangen werden soll.

§ 9.6.2: Anwendung eines Kollisionsrechts

Ein erster Ansatz ist die Bestimmung über die vom traditionellen internationalen Privatrecht entwickelten Methoden. Hierbei ist zu beachten, dass traditionelles internationales Privatrecht nationales – also staatliches – Recht ist:

> „[E]very system of private international law is a system of national law."[702]

Fraglich ist deshalb, welches nationale Kollisionsrecht denn auf den Streitfall anwendbar sein könnte? Zum traditionellen Ausgangspunkt existieren diverse alternative Ansätze, welche jedoch nicht immer nur auf ein nationales Kollisionsrecht verweisen:

---

701 *BLESSING*, 14 (1997) J.Int'lArb. 39 (51).

702 *MANN*, Lex Facit Arbitrum, in: *SANDERS* (Hrsg.), International Arbitration: Liber Amicorum for *MARTIN DOMKE* (The Hague 1967) 157 (159).

- ein Kollisionsrecht *in toto*,
- eine isolierte Kollisionsregel,
- Schiedsgerichtsentscheidungen vertrauen oftmals auf die kumulative Anwendung aller Kollisionsrechte/-regeln, die mit dem Streit eine Verbindung aufweisen,[703]
- Schiedsgerichte entnehmen die kollisionsrechtlichen Regeln anationalen Quellen, d.h. den allgemeinen Rechtsprinzipien (*general principles of law*) oder „internationalem" Kollisionsrecht in internationalen Übereinkommen,[704]
- Bezugnahme auf andere vorstellbare Alternativen inklusive der Kollisionsregeln des Landes, dem der/die Schiedsrichter angehören, des Landes, welche nationalen Gerichte zu entscheiden hätten, das Kollisionsrecht mit den beachtlichsten Verbindungen zum Fall und dem Staat, in dem der Schiedsspruch vollstreckt werden soll.[705]

Bei der Feststellung der anwendbaren kollisionsrechtlichen Regeln, welche mit dem Streit eine Verbindung aufweisen, wenden die Schiedsgerichte wiederum eine Reihe verschiedener Standards an, bspw.:

- das Kollisionsrecht des Herkunftsortes der Parteien,
- das Kollisionsrecht am Sitz des Schiedsgerichts,
- das Kollisionsrecht des Ortes, an dem die vertragscharakteristische Leistung erbracht werden muss,
- etc.[706]

Das Problem eines jeden Schiedsgerichts – welches auf der Suche nach einem Kollisionsrecht ist – ist, auf welches es Rückgriff nehmen soll:

- soll es das Recht am Sitz des Schiedsgerichts anwenden?
- soll es das Recht am Sitz der Schiedsgerichtsinstitution anwenden, deren Regeln gewählt wurden?
- soll es das Recht des Ortes anwenden, an dem die tatsächliche Schiedsverhandlung stattfindet?
- soll es das Recht der Schiedsrichter oder des Vorsitzenden anwenden?
- oder soll es das Kollisionsrecht der Parteien anwenden, sei es, dass sich das Schiedsgericht für eines entscheidet oder beide kumulativ anwendet?
- usw.

---

703 *Born*, 540 m.w.N.; *Lew*, 335 ff.; *Derains*, L'application cumulative par l'arbitre des systèmes de conflits de lois intéressés au litige, Rev.Arb. 1972, 99.

704 *Born*, 540 m.w.N.

705 *Born*, 530.

706 Vgl. bspw.: ICC Schiedsspruch Nr. 953 (1956), hier wurde das Herkunftsrecht der Parteien sowie das Recht am Sitz des Schiedsgerichts herangezogen.

§ 9.6.2.1: Verweis auf ein Kollisionsrecht in toto *(IPR)*

In vielen führenden Übereinkommen und Schiedsgerichtsordnungen ist eine Regelung enthalten, welche es dem Schiedsgericht erlaubt, das Kollisionsrecht für anwendbar zu bestimmen, welches es für angebracht oder anwendbar erachtet (*deem appropriate*).[707] Dieser Ansatz geht konform mit der Ansicht einiger Schiedsgerichte.[708] Beim Verweis auf ein Kollisionsrecht *in toto* wird auf ein (nationales) Kollisionsrecht in seiner Gesamtheit verwiesen, wie es z.B. eine jeweilige nationale Rechtsordnung angewandt hätte.

Im Rahmen der Wahl des Kollisionsrechts oder der Kollisionsrechte sollte das Schiedsgericht dem nationalen Kollisionsrecht wenig bis gar keine Aufmerksamkeit widmen, welches keine bis nur vage Beziehungen zum konkreten Fall aufweist oder solches, welches kein eigenes Interesse an einer Anwendung im konkreten Fall hat.[709] Haben die Parteien keine „negative Rechtswahl“ getroffen, ist fraglich, ob die Schiedsrichter bei der Wahl der Kollisionsnormen völlig frei sind? Womit sich nach wie vor die Frage stellt, welches Kollisionsrecht es anwenden soll? Für staatliche Gerichte ergeben sich keine Schwierigkeiten bei der unmittelbaren Rechtswahl, denn es finden unmittelbar die Kollisionsnormen der *lex fori* Anwendung. Im Schiedsverfahren ist – wie dargelegt – bereits problematisch, was als die *lex fori* des Schiedsgerichts anzusehen ist.[710] Abgesehen davon, wird das Schiedsgericht „privat“ tätig und übt keine staatliche Höchstgewalt aus.

§ 9.6.2.1.1: Sitztheorie

Traditionell griffen und greifen Schiedsrichter bei Fehlen einer Parteivereinbarung bzgl. des anwendbaren materiellen Rechts auf die Kollisionsregeln am Sitz des Schiedsgerichts zurück.[711]

> *Qui elegit arbitrum elegit ius.*

Die Anwendung des Kollisionsrechts am Sitz des Schiedsgerichts ist aber eine vor allem früher vorherrschende Ansicht:

> „[...] the prevailing opinion according to which the law applicable to the substance of the dispute [is,] must be determined according to the rules of private international law of the country of the arbitration.“[712]

---

707 Art. 13 Abs. 3 ICC ArbRules (1975); Art. VII Abs. 1 Europäisches Übereinkommen; Art. 33 Abs. 1 UNCITRAL ArbRules (1976); Art. 32 Abs. 2 Singapore ArbRules (2001) etc. pp.; vgl. aber auch: Art. 33 Abs. 1 S. 2 CRCICA ArbRules (2002).

708 Bspw.: *British Petroleum v. Libya*, 10.10.1973 und 1.8.1974, 53 (1979) ILR 297 (326).

709 *Naón*, Choice of Law Problems in International Arbitration (Tübingen 1992) 47.

710 Vgl. Aufsatz: *Gentinetta*, Die Lex Fori Internationaler Handelsschiedsgerichte (Bern 1973).

711 *Derains*, ICCA Congress Series No. 2, 169 (176); *Paulsson/Rawding/Reed/Schwartz*, 15; *Lew*, 245 ff.; *Born*, 527 f.

§ 9.6.2.1.1.1: Hintergrund

Der Ansatz, dass das Kollisionsrecht am Sitz des Schiedsgerichts von den Schiedsrichtern angewandt werden soll, wurde erstmals vom *Institut de Droit International* 1957 auf seiner Amsterdamer Sitzung ins Gespräch gebracht.

Dies geschah zu Zeiten, in denen man allgemein der Ansicht war, dass es eine „organische" Verbindung zwischen dem Schiedsgericht und dem Recht am Sitz des Schiedsgerichts gäbe. Der Ansatz ging dabei von der Annahme aus, dass das Schiedsgericht durch seinen Sitz an dasselbe Kollisionsrecht gebunden ist, welches in staatlichen Verfahren gelten würde.[713] Zu diesem Resultat kam man, indem man dem Sitz des Schiedsgerichts ebenso großes Gewicht zusprach, wie dem Forum eines staatlichen Gerichts. Basis dieser Annahme ist die Schlussfolgerung, dass ein nationales Gericht und ein Schiedsgericht dieselbe (rechtsprechende) Rolle in einem Rechtssystem einnehmen, d.h. eigentlich ersetzt der Schiedsrichter oder das Schiedsgericht den nationalen Richter oder das nationale Gericht. Demzufolge ist es nur ein kleiner Schritt von diesem Ausgangspunkt aus zu sagen, wenn der nationale Richter sein IPR, d.h. das IPR des Forums anwenden muss, muss das Schiedsgericht dies *mutatis mutandis* ebenso tun. Der Schiedsrichter hat somit das IPR seines „natürlichen Forums"[714], anzuwenden.[715]

Führender Vertreter dieses Ansatzes ist *MANN*:

> „[T]he judge has to apply the private international law of the forum, so the arbitrator has to apply the private international law of the forum."[716]

Das *Institut de Droit International* (mit dem Befürworter dieser Ansicht *SAUSER-HALL*, Berichterstatter des *Institut de Droit International*) verabschiedete in der Folge 1957 auf seiner Amsterdamer Sitzung eine Resolution mit dem Wortlaut:

> „The **rules of choice of law** in force in the State of the seat of the arbitral tribunal must be followed to settle the law applicable to the substance of the difference. Within the limits of such law, arbitrators shall apply the law chosen by the parties or, in default of any express indication by them, shall determine what is the will of the parties in this respect having regard to all the circumstances of the case.

---

712 ICC Schiedsspruch Nr. 1039 (1962); ähnlich: ICC Schiedsspruch Nr. 1592 (1970); Nr. 1817 (1971), mit Bezugnahme auf das Genfer Protokoll über die Schiedsklauseln im Handelsverkehr vom 24.9.1923; Nr. 1505 (1971).

713 *B.V. HAEGENS BOUW V. N.V. THEUMA DEURENINDUSTRIE* (1993), XVIII (1993) YCA 612 (614, Court of Appeal, Brüssel).

714 *WORTMANN*, 14 (1998) AI 97 (106).

715 Vgl. auch: *CZARNIKOW V. ROTH, SCHMIDT & CO.*, 2 (1922) KB 478 (488).

716 *MANN*, Lex Facit Arbitrum, in: *SANDERS* (Hrsg.), International Arbitration: Liber Amicorum for *MARTIN DOMKE* (The Hague 1967) 157 (167) = neu abgedruckt in: 2 AI 1986, 241 (248); vgl. auch: *MANN*, The Theoretical Approach Towards the Law Governing Contracts between States and Private Persons, Rev.belge dt.int. 1975, 562 (565).

If the law of the place of the seat of the arbitral tribunal so authorises them, the parties may give the arbitrators power to decide *ex aequo et bono* or according to the rules of professional bodies."[717]

Diese Ansicht wurde zunächst bestätigt,[718] jedoch mittlerweile vom Institut wieder aufgegeben. In der Resolution von 1991 (Basel) bzgl. „*The Autonomy of the Parties in International Contracts between Private Parties and Entities*" wurde nunmehr folgender Passus aufgenommen:

„In the absence of an express agreement [on applicable substantive law by the parties] the choice shall be derived from those circumstances which indicate clearly the intention of the parties."[719]

In geschichtlicher Hinsicht haben viele *civil* und *common law* Nationen diesen Ansatz aufgegriffen und das Kollisionsrecht (oder materielle Recht)[720] am Sitz des Schiedsgerichts angewandt.[721] Hinter beiden Fällen stand der Gedanke, dass die Parteien mit der Sitzbestimmung zumindest eine implizite Rechtswahl zugunsten des Sitzrechts vornehmen.

§ 9.6.2.1.1.2: Zwingende Anwendung des Sitzrechts

Beim diesem Ansatz muss man zwischen der zwingenden Anwendung des Rechts am Sitz des Schiedsgerichts und der freiwilligen Anwendung unterscheiden.

Als zwingend wurde dieser Ansatz in England noch vor dem *English Arbitration Act* 1996 angesehen, wo Schiedsgerichte mit Sitz in England das Kollisionsrecht anzuwenden hatten, welche die staatlichen Gerichte ebenfalls anwenden mussten.[722]

So wendete das ICC Schiedsgericht im Fall Nr. 5460 (1987) unter dem Schiedsrichter *PAUL SIEGHART* die Kollisionsregeln des Forums mit der Begründung an, dies sei eine zwingende Bestimmung des Forumstaates.[723] In dem Streit zwischen einem österreichischen Franchisegeber und einem südafrikanischen Franchisenehmer, hatten die Parteien sich nicht auf einen Sitz geeinigt, sich aber der ICC Schiedsgerichtsbarkeit unterworfen. Die ICC wählte (regelkonform) London als Sitz des Schiedsgerichts aus. Folgerichtig mussten im Rahmen der kollisionsrechtlichen Fragestellung unter dem *English Arbitration Act* das englische Kollisionsrecht Beachtung finden. Anders als im Recht anderer Staaten galt hier prinzipiell nicht die *lex loci contractus*, sondern vielmehr das Recht des Staates, mit dem der Vertrag die engsten Verbindungen aufwies. In der Praxis hieß dies, der

717 Art. 11 Abs. 1 der Resolution von 1957 (Amsterdam) bzgl. Arbitration in Private International Law des *Institut de Droit International*; vgl.: AnnIDI Vol. 47: II (1957) 496.
718 1959 auf der Sitzung in Neuchatel, vgl.: AnnIDI Vol. 48: II (1959) 264.
719 Art. 3 Abs. 2, 64 (1991) Yearbook Institute Int'l Law 384.
720 Hierzu später beim materiellen Recht.
721 Vgl.: *BORN*, 529, 536 ff. m.w.N.
722 *DICEY/MORRIS*, The Conflict of Laws[11] (London 1987) 543; ICC Schiedsspruch Nr. 5460.
723 ICC Schiedsspruch Nr. 5460 (1987), in: *JARVIN/DERAINS/ARNALDEZ* (Hrsg.), Collection of ICC Arbitral Awards 1986-1990 (Deventer 1994) 138 [zukünftig zitiert als: ICC Awards II].

Ort, an dem die wesentlichen Vertragspflichten erfüllt werden mussten. In diesem Fall waren die Vertragspflichten für beide Parteien in Südafrika zu erfüllen. Die engste Verbindung bestand damit nach allen in Frage kommenden wirtschaftlichen Sichtweisen mit Südafrika. Nach englischem IPR gilt jedoch, dass ausländisches Recht bewiesen werden muss und dass bis zum Beweis gilt, dass das englische Recht dem ausländischen entspricht. Ein solcher Beweis wurde hier nicht erbracht, womit englisches Recht angewandt wurde.

In anderen Ländern erfordert das nationale Recht, die Praxis oder die institutionellen Schiedsregeln die Anwendung des nationalen Sachrechts durch die Schiedsgerichte.[724]

> „If a concrete rule of conflict rules has to be applied, the law in force at the seat of the arbitral tribunal must be followed."[725]

§ 9.6.2.1.1.3: Freiwillige Anwendung des Sitzrechts

Während die zwingende Anwendung des Rechts am Sitz des Schiedsgerichts mehr und mehr auf dem Rückzug ist, ist die freiwillige Anwendung selbigen Ansatzes nach wie vor eine durchaus übliche Praxis, sofern das Schiedsgericht der Ansicht ist, dass es in diesem speziellen Fall angebracht ist.[726]

> „[T]he solution which is in practice the most convenient [...] consists in the reference to the conflict of laws rules of the forum."[727]
>
> „Provision by the parties in a contract that arbitration shall take place in a certain state may provide some evidence of an intention on their part that the local law of this state should govern the contract as a whole. This is true not only because the provision shows that the parties had this particular state in mind; it is also true because the parties must presumably have recognized that arbitrators sitting in that state would have a natural tendency to apply its local law."[728]

§ 9.6.2.1.1.4: Vorteile

Vorteil dieses Ansatzes ist seine Einheitlichkeit und die Vorhersehbarkeit. Sofern dieser Ansatz allgemein umgesetzt werden würde, würde dies die Prozedur der Feststellung des

---

724 *SALEH*, Commercial Arbitration in the Arab Middle East (London 1984) 54; USSR Maritime Arbitration Commission Award Nr. 82/1981, XIV (1989) YCA 201, wo russisches Kollisionsrecht von einem in Russland sitzendem Schiedsgericht angewandt wurde.

725 ICC Schiedsspruch Nr. 1598 (1971).

726 Vgl.: Restatement (Second) Conflict of Laws § 218 comment b (1971); *SCHERK V. ALBERTO-CULVER CO.*, 417 US 506 (519 Nr. 13) (1974); *WESTINGHOUSE INT'L PROPERTY CO. V. NATIONAL POWER CORP.*, ICC Schiedsspruch Nr. 6401 (1991); *ALSING TRADING CO. LTD. AND SVENSKA TANDSTICKS AKTIEBOLAGET V. GREECE*, Schiedsspruch vom 22.12.1954, 23 (1956) ILR 633 (637); *SAPPHIRE INTERNATIONAL PETROLEUM LTD. V. NATIONAL IRANIAN OIL COMPANY* vom 15.3.1963, 35 (1967) ILR 136 (171).

727 ICC Schiedsspruch Nr. 1455 (1967); vgl. auch: ICC Schiedsspruch Nr. 2637 (1975).

728 Restatement (Second) Conflict of Laws § 218 comment b (1971).

anwendbaren Rechts bei Ausbleiben einer Rechtswahl durch die Parteien vereinheitlichen und die Parteien würden im voraus wissen, welche Kollisionsregeln zur Feststellung des anwendbaren materiellen Rechts anwendbar sind. Dies zumindest dort, wo ein Sitz vereinbart wurde. Auch wird dieser Ansatz (allerdings nur bei einheitlicher Anwendung durch internationale Schiedsgerichte, wie sie nicht gegeben ist) dem Willen der Parteien gerecht, indem über die Wahl des Sitzes indirekt das anwendbare Kollisionsrecht durch die Parteien bestimmt wird. Ein weiterer Vorteil dieses Ansatzes ist die Einheitlichkeit des Prozessrechts (*lex arbitri*) mit dem anwendbaren Kollisionsrecht.[729]

§ 9.6.2.1.1.5: Kritik

§ 9.6.2.1.1.5.1: Einleitung

Viele nationale Gerichte und Autoren haben diesen traditionellen Ansatz vor allem in internationalen Angelegenheiten kritisiert, abgeschafft oder zumindest abgeschwächt.[730] Gerade in den letzten Jahren wurde der traditionelle Ansatz mehr und mehr in Frage gestellt und verlor stark an Bedeutung. Vielmehr lehnen zeitgenössische Autoren die automatische Anwendung des Sitzrechts, zugunsten eines weniger „mechanischen" Ansatzes,[731] sogar gänzlich ab.[732] Ebenso lehnen die internationalen Schiedsgerichte eine derartige Vorgehensweise immer öfter ab.[733]

> „It is appropriate to eliminate forthwith the law of the forum, whose connection with the case is purely fortuitous."[734]

GOLDMAN zufolge soll gar Folgendes für diesen Ansatz gelten:

> „[There is a] almost total abandonment of the application of the rules of conflict of the so-called arbitral forum."[735]

---

729 So: *WORTMANN*, 14 (1998) AI 97 (106).

730 Vgl.: *BORN*, 529, 539 f.

731 *BORN*, 529.

732 *COLLINS*, Arbitration Clauses and Forum Selecting Clauses in the Conflict of Laws: Some Recent Developments in England, 2 (1971) J. Mar. L. & Com. 363 ff.; *KOPELMAANS*, The Settlement of Disputes in International Trade, 51 (1961) Colum. L. Rev. 384 ff.; *RUBINO-SAMMARTINO*, International Arbitration Law (Deventer 1990) 256; so auch schon: *LEW*, 190, 204.

733 ICC Schiedsspruch Nr. 2930 (1982); Nr. 4237 (1984); Nr. 6527 (1991), welches die Anwendung des Kollisionsrechts am Sitz des Schiedsgerichts abgelehnt hat.

734 ICC Schiedsspruch Nr. 1422 (1966).

735 *GOLDMAN*, La lex mercatoria dans le contrat et l'arbitrage internationaux: réalité et perspectives, 106 (1979) JDI (Clunet) 475 (492).

Dieselbe Entwicklung ist in den USA zu beobachten und damit auch hier eine Abkehr von der automatischen Anwendung des am Sitz geltenden Kollisions- oder materiellen Rechts.[736]

Moderne Schiedsrechte und Schiedsordnungen geben nunmehr dem Schiedsgericht die Freiheit, die *„rules of law which it determines to be appropriate"* anzuwenden.[737] Weiter geht noch der so genannte *voie directe*, der keinerlei Bezugnahme auf ein Kollisionsrecht bedarf, sondern die direkte Anwendung eines materiellen Rechts zulässt.[738]

Die Einwände gegen eine zwingende oder automatische Anwendung des (Kollisions-) Rechts am Sitz des Schiedsgerichts sind sowohl praktischer wie theoretischer Natur.

§ 9.6.2.1.1.5.2: Keine Vergleichbarkeit mit staatlichen Gerichten

Ein Punkt, der die Schwäche der Sitztheorie zeigt, ist eher theoretischer Natur. Es wird behauptet, dass Schiedsgerichte den nationalen Gerichten vergleichbar sind. Das Argument, dass Schiedsgerichte die nationale Gerichtsbarkeit ersetzen, wird überbeansprucht, zumal beide ihre Gewalten aus verschiedenen Rechtsquellen ableiten.

Der Sitz eines Schiedsgerichts ist nicht gleichbedeutend mit dem Forum eines staatlichen Gerichts. Schiedsrichter haben bei weitem nicht die gleiche Treuepflicht (Staatstreue), wie sie ein staatlicher Richter innehat.[739] Schiedsrichter sind nicht, wie der staatliche Richter, „Regierungsbeauftragte", sprich Beamte. Der Auftrag eines Schiedsrichters ist ein anderer, als der eines staatlichen Richters:

> „A national judge must apply the conflict rules of the forum. He applies his own national law to determine the proper choice of law rules. These are the rules of the State upon which his powers depend, and may express the State's policies as to the correct determination of the extent of legislative jurisdiction of other States. The international arbitrator's powers, on the other hand, are derived from an arbitration agreement, and an arbitrator does not exercise public or institutional powers in the name of the State."[740]

Folgerichtig bleibt festzustellen: Das (private) Schiedsgericht zieht seine Rechtsprechungsgewalt alleine aus dem Schiedsvertrag oder aus der Schiedsklausel selber.
Demgegenüber zieht das nationale Gericht seine Befugnisse aus der Staatsgewalt seines Landes, übt folglich öffentliche Gewalt aus. Dagegen übt das Schiedsgericht keine öffent-

---

736 *WILNER*, Determining the Law Governing Performance in International Commercial Arbitration: A Comparative Study, 19 (1965) Rutgers L. Rev. 646 (679 f.).

737 Bspw.: Art. 17 ICC ArbRules (1998), vgl. auch: Art. 43 Abs. 3 EAA 1996; Art. 1496 franzNCPC; Art. 1054 Abs. 2 niederländischeZPO; Art. 59 Abs. 1 WIPO ArbRules (2002); Art. 24 Abs. 1 SCC ArbRules (1999); Art. 28 Abs. 1 AAA ArbRules (2003); Art. 22.3 LCIA ArbRules; Art. 46 NAI ArbRules (2001) etc. pp.

738 Hierzu später.

739 *CHUKWUMERIJE*, 126.

740 *CRAIG/PARK/PAULSSON*, International Chamber of Commerce Arbitration² (New York 1991) 285.

liche Gewalt im Namen eines Landes aus. Im Umkehrschluss bedeutet dies für die Sitztheorie, dass der Vergleich eines nationalen Gerichts mit einem Schiedsgericht, den privaten Charakter der Schiedsgerichtsbarkeit arg vernachlässigt.

§ 9.6.2.1.1.5.3: Keinerlei Bezug zum tatsächlichen Verfahren

Ein weiterer Kritikpunkt ist der, dass oftmals der Sitz des Schiedsgerichts nicht einmal eine Verbindung zu den Parteien geschweige denn zu der Streitfrage hat. Im Normalfall weist der Sitz des Schiedsgerichts keinerlei Anknüpfungspunkte oder überhaupt Bezugspunkte mit der Streitfrage an sich auf. Schlimmer noch kann die Anwendung des Kollisionsrechts am Sitz des Schiedsgerichts zur Folge haben, dass das Schiedsgericht ein von beiden Parteien nicht gewolltes Recht anwendet.[741]

§ 9.6.2.1.1.5.4: Bequemlichkeit / Zweckmäßigkeit

Genauer gesagt ist die Wahl des Sitzes oftmals mehr eine Wahl der Bequemlichkeit oder die Parteien wählen diesen einen Sitz, weil es ihnen praktisch erscheint.

Praktisch mag es ihnen z.B. erscheinen, weil ihnen das Prozessrecht am Sitzort zusagt, aufgrund der Neutralität des Sitzes, der Nähe des Sitzes zu den Schiedsrichtern oder den Parteien, der vorhandenen Infrastruktur am Sitzort (bspw.: Hotels, Konferenzräume etc.) oder einfach nur aufgrund der Annehmlichkeit und Zweckmäßigkeit.[742] Somit erweist sich eine Sitzwahl oftmals weniger als eine Rechtswahl, die eine Verbindung zum Vertrag oder zur Streitsache an sich aufweist.[743]

Die Vertreter dieses Ansatzes legen zuviel Gewicht auf die Sitzwahl. Die Sitzwahl beruht annähernd ausschließlich auf anderen Aspekten als der Wahl des dortigen (Kollisions-)Rechts. Aus diesem Grunde entbehrt die Regel *qui eligit arbitrum eligit ius* in der internationalen Schiedsgerichtsbarkeit zumindest als reiner Automatismus ihrer Grundlage.[744] Nochmals sei gesagt,[745] die Wahl zugunsten eines Sitzes ist nur einer der Faktoren, die bei einer impliziten Rechtswahl für eine Entscheidung herangezogen werden kann. Alleine ist dieser Faktor jedoch nicht imstande, über das anwendbare Kollisionsrecht sachgerecht zu entscheiden. Weiterhin kann es sein, dass sich die Parteien gar nicht bewusst sind, mit der Wahl des Sitzes zugleich über den wichtigen Punkt des anwendbaren Kollisionsrechts mit zu entscheiden.

---

741 So: *Wortmann*, 14 (1998) AI 97 (106 f.) mit einem Beispiel.

742 *Born*, 537; *Chukwumerije*, 127; *Paulsson/Rawding/Reed/Schwartz*, 15.

743 *Lew*, 252 f.; *Lando*, The Law Applicable to the Merits of the Dispute, in: *Lew* (Hrsg.), Contemporary Problems in International Arbitration (Dordrecht 1987) 101 (102).

744 Ebenso: *Wortmann*, 14 (1998) AI 97 (107 f.).

745 Siehe oben schon bei der Rechtswahl durch die Parteien.

§ 9.6.2.1.1.5.5: Sitzwahl durch das Schiedsgericht / Institution

Einer der wichtigsten Kritikpunkte ist der, dass dieses Prinzip nicht anwendbar ist, wenn eine Sitzwahl nicht durch die Parteien erfolgt ist:[746]

> „It does not seem permissible to determine the applicable substantive law of the contract on the basis of the *lex fori* of that seat of arbitration, because that would mean that the parties – not knowing of course which seat might be determined later – would have no possibility of finding out the applicable substantive law while performing that contract.“[747]

Folgerichtig wird ein großer Nachteil dieses Ansatzes offensichtlich, sobald es die Schiedsparteien unterlassen haben, einen Sitz für das Schiedsgericht zu bestimmen und es so am Schiedsgericht selbst,[748] einer Schiedsgerichtsorganisation[749] oder an einer sonstigen dritten Person ist, den Ort des Verfahrens festzulegen. In einem solchen Fall wäre das Argument, dass ja gerade der Wille der Parteien berücksichtigt werden würde, obsolet.

§ 9.6.2.1.1.6: Zusammenfassung

Es erscheint somit wenig sachgerecht, dem aufgrund eines der Zweckmäßigkeit wegen gewählten oder zufällig bestimmten Sitzes zuviel Gewicht zu verleihen und über ihn das anwendbare materielle Recht zu bestimmen.[750] Folgerichtig überwiegen die Nachteile der Sitztheorie.[751] Eben diese Schwäche führte in der Folge zu ihrer weitgehenden Abschaffung.[752]

Ihr „Abstieg“ begann mit Einführung des EuÜ und damit, dass der Schiedsrichter nunmehr in Abwesenheit einer Rechtswahl durch die Parteien das IPR anwenden sollte, welches er für anwendbar erachtet (*deem applicable*). Diese hier neu eingeführte Regel befreite das Schiedsgericht davon, das IPR des Forums, d.h. des Sitzes, zwingend anzuwenden. Die damit verbundene (implizite) Nichtanerkennung der Resolution des *Institut de Droit International* ermunterte die Schiedsrichter dazu, hinter die Kollisionsregeln des Forums zu blicken, um das anwendbare Recht festzulegen. Die Nachkommen des Ansatzes des EuÜ sind z.B. die ICC ArbRules, die UNCITRAL ArbRules, das ML und einige andere. Diese haben die Abkehr von der Sitztheorie weiter vorangetrieben.

---

746 Vgl. auch: *CHUKWUMERIJE*, 127.

747 *BÖCKSTIEGEL*, Arbitration And State Enterprises, Survey on the National and International State of Law and Practice (Deventer 1984) 27.

748 Vgl. bspw.: Art. 20 Abs. 1 ML.

749 Vgl. bspw.: Art. 12 ICC ArbRules, Art. 7.1 LCIA Rules.

750 *BAKER/DAVIS*, The UNCITRAL Arbitration Rules in Practice: The Experience of the Iran-United States Claims Tribunal (Deventer, 1992) 176; zustimmend: *CHUKWUMERIJE*, 127.

751 Ebenso: *WORTMANN*, 14 (1998) AI 97 (108).

752 *CHUKWUMERIJE*, 127.

§ 9.6.2.1.1.6.1: Exkurs: EU-Übereinkommen

Das EuÜ wird als eine der bedeutendsten Neuerungen des letzten Jahrhunderts auf dem Gebiet der internationalen Schiedsgerichtsbarkeit angesehen.[753]

> Art. VII Abs. 1 S. 1: „Failing any indication by the parties as to the applicable law, the arbitrators shall apply the proper law under the rules of conflict that the arbitrators deem applicable."[754]

Wenn hier auf das Kollisionsrecht Bezug genommen wird, so ist damit nicht zwangsläufig das Kollisionsrecht am Sitz des Schiedsgerichts gemeint.[755] Ziel dieser Formulierung ist es, dem Schiedsgericht nahezu völlige Freiheit bei der Bestimmung des anwendbaren Kollisionsrechtes zu geben. Hiernach war es nicht mehr nötig, ein Kollisionsrechtssystem als Ganzes, also ein nationales IPR, anzuwenden, sondern vielmehr kann im Endeffekt jede Kollisionsregel angewandt werden.

Teilweise wird diese Vorschrift sogar so ausgelegt, dass das Schiedsgericht das anwendbare materielle Recht bestimmen könne.[756] Diese Auslegung wäre zwar sachgerechter, ist jedoch schwerlich mit dem Wortlaut und Sinn der Vorschrift vereinbar.[757] Der Sinn der Vorschrift ist lediglich der, das Schiedsgericht davon zu entbinden, die Kollisionsnormen seines Sitzes anwenden zu müssen![758] Das Schiedsgericht kann die Kollisionsregeln anwenden, die der Streitigkeit entsprechen und ein vernünftiges Ergebnis erwarten lassen. Stimmen unterschiedliche Kollisionsnormen inhaltlich überein, so ist das Recht anzuwenden, auf das sie verweisen.[759] Bei Divergenz der Kollisionsnormen hat das Schiedsgericht die zweckmäßigste auszuwählen.[760]

Art. VII EuÜ hat eine Vielzahl von Schiedsgerichtsordnungen beeinflusst, die wiederum die nationalen Gesetzgeber stark beeinflusst haben. Die meisten der zwischen 1960 und 1985 geänderten Schiedsgerichtsordnungen haben die Lösung des Art. VII EuÜ übernommen.[761]

---

753 *BLESSING*, 14 (1997) J.Int'lArb. 39 (54).

754 Sowohl das ML als auch die UNCITRAL ArbRules verwenden eine ähnliche Terminologie und Formulierung.

755 *REDFERN/HUNTER*, 96.

756 *HASCHER*, European Convention on International Commercial Arbitration 1961 - Commentary - Part V- B. Court Decisions on the European Convention 1961, XX (1995) YCA 1030.

757 Ebenso:*SCHWAB/WALTER*, Schiedsgerichtsbarkeit[6] (München 2000) Kap. 55 Rn. 2.

758 Ebenso:*SCHWAB/WALTER*, Schiedsgerichtsbarkeit[6] (München 2000) Kap. 55 Rn. 2.

759 *SCHWAB/WALTER*, Schiedsgerichtsbarkeit[6] (München 2000) Kap. 55 Rn. 2.

760 *VON HOFFMANN*, 128 ff.; *SCHLOSSER*, Rn. 728; *SCHWAB/WALTER*, Schiedsgerichtsbarkeit[6] (München 2000) Kap. 55 Rn. 2.

761 ICC ArbRules (1975), UNCITRAL ArbRules (1976), Inter-American Commercial Arbitration Commission Rules (1978), HKIAC ArbRules (1985), CRCICA ArbRules (1978), Vienna ArbRules (1991) etc. pp.

§ 9.6.2.1.1.6.2: Ergebnis

Um nur ein Beispiel zu nennen: Die alten ICC Rules[762] enthielten noch keine Klausel über die Feststellung des anwendbaren Rechts durch das Schiedsgericht in Abwesenheit einer Rechtswahlklausel durch die Parteien. Vielmehr ließen sich die meisten ICC Schiedsrichter von der Resolution des *Institut de Droit International* beeinflussen und wandten das IPR am Sitz des Schiedsgerichts an. Mit Einführung der ICC Rules (1975) und dessen Art. 13 Abs. 3, gab es nun auch hier eine vom EuÜ beeinflusste Regelung und damit eine Trendumkehr. Dieser neue Trend schlug sich gleichfalls in den darauf folgenden Schiedsgerichtsentscheidungen nieder:

> „[I]n this field the most recent and authoritive doctrine as well as the jurisprudence of arbitrators, especially that of ICC, acknowledge that, in determining the substantive law, arbitrators may avoid the rules of conflict of the forum."[763]
>
> „[...] the most authoritative present-day doctrine and international arbitration jurisprudence admit that in determining the substantive law, the arbitrator may leave aside the application of the conflict rules of the forum."[764]

Trotz aller Kritik wäre es jedoch verfrüht zu sagen, dass dieser traditionelle Ansatz gänzlich aus der internationalen Schiedsgerichtsbarkeit verschwunden ist, selbst wenn es hierzu anders lautende Aussagen gibt:

> „The almost-total abandonment of the application of the rules of conflict of the so-called arbitral forum."[765]

Vielmehr ist unklar, welche Regeln nun anstelle dieses Ansatzes getreten sind. Leider sind zwar diverse alternative Ansätze zum traditionellen Ansatz in der heutigen internationalen Schiedsgerichtsbarkeit auszumachen, es gibt jedoch keinen klar erkennbaren Konsens oder Trend.[766] Dies stimmt jedoch nicht ganz. Der Trend geht in Richtung der freien Anwendbarkeit der materiellen Rechtsvorschriften (*rules of law*), welche das Schiedsgericht für angemessen erachtet.[767]

Die Abkehr von der Sitztheorie bedeutet jedoch keineswegs, dass das IPR des Forums niemals anwendbar ist. Im Gegenteil, die Abkehr bedeutet lediglich die Abkehr von der „zwingenden" Anwendung des IPR am Sitz des Schiedsgerichts, ohne dass weitere Indikatoren für eine Anwendung des Sitzrechts dazukommen. Ein weiterer Indikator kann

---

762 In den alten Fassungen vor der Fassung von 1975.

763 ICC Schiedsspruch Nr. 3540 (1980).

764 ICC Schiedsspruch Nr. 2930 (1982).

765 *GOLDMAN*, La lex mercatoria dans le contrat et l'arbitrage internationaux: realité et perspectives, 106 (1979) JDI (Clunet) 475 (491).

766 So noch: *BORN*, 530.

767 Bspw.: Art. 17 Abs. 1 S. 2 ICC ArbRules (1998), Art 1054 Abs. 2 S. 2 niederländCPC, Art 187 schweizIPRG, Art 1059 Abs. 1 S. 3 WIPO ArbRules (2002), die Diskussion um eine neue öZPO etc. pp.

z.B. sein, dass das Forum zugleich der Ort der vertragscharakteristischen Leistung ist und damit kann das Schiedsgericht auf einer durchaus sachgerechten Basis entscheiden, dass das Recht am Sitz des Schiedsgerichts zur Anwendung gelangen muss.

§ 9.6.2.1.1.7: Lex fori-*Ansatz*

Ein anderer Ansatz, aber mit den gleichen Resultaten wie die Anwendung des Sitzrechts, ist die Anwendung des Kollisionsrechts der *lex fori*,[768] sprich das Kollisionsrecht des Landes, welches in Abwesenheit einer Schiedsklausel für die Bestimmung des anwendbaren Rechts zuständig gewesen wäre. Dies war einer der ersten Ansätze, die zu diesem Problem überhaupt existierten. Vertreten wurde dieser Ansatz vor allem von *DIONISIO ANZILOTTI*.[769] Dieser Ansatz war der vorherrschende in den 50er Jahren und wurde immer wieder von Schiedsgerichten angewandt.[770]

Erstaunlich ist, dass dieser Ansatz noch immer in einigen Schiedsgesetzen oder Schiedsordnungen herumgeistert („*like a ghost*")[771], obwohl er durch das EuÜ von 1961 in den Ruhestand geschickt wurde.

Wie die ähnliche Sitztheorie ist dieser Ansatz in vielerlei Hinsicht zweifelhaft. Als erstes Problem stellt sich die Frage, welches Land für diesen Rechtstreit überhaupt zuständig gewesen wäre? In der Praxis ist diese Frage alles andere als einfach zu beantworten. Dies gerade, zumal viele Staaten zuständig sein könnten und bei nationalen Gerichten gerade das so genannte *forum shopping*[772] der Parteien ein Problem darstellt. Dieser Ansatz macht damit eine Entscheidung mehr als nur unvorhersehbar und konterkariert die eigentliche Absicht. Zum anderen handelt es sich hierbei um einen Zirkelschluss. Denn um festzustellen, welches nationale Gericht in Abwesenheit einer Schiedsklausel zuständig gewesen wäre, muss der Schiedsrichter ein Kollisionsrecht anwenden, um festzustellen, welches Kollisionsrecht anwendbar ist. Womit er wiederum beim Ausgangsproblem wäre.

Oftmals unterwerfen sich die Parteien einem Schiedsgericht, um sich nicht nationalen Gerichten zu unterwerfen. Dies spricht gegen den *lex fori* Ansatz oder die Anwendung des Kollisionsrechts am Sitz des Schiedsgerichts, da so die Schiedsrichter im Endeffekt an die Starrheit eines nationalen Gerichts gebunden wären.

---

768 Vgl.: *LEW*, 268 ff.

769 *ANZILOTTI*, Rivista di Diritto Internationale 1906, 467.

770 ICC Schiedsspruch Nr. 1455 (1967); Nr. 791 (1951); Nr. 1354 (1965); Nr. 1913 (1971); Nr. 2096 (1972), zitiert in: *DERAINS*, L'application cumulative par l'arbitre des systèmes de conflits de lois intéressées au litige Rev.Arb. 1972, 99 (110 ff.); Ad hoc Schiedsspruch vom 22.7.1966, I (1976) YCA 141.

771 *BLESSING*, 14 (1997) J.Int'lArb. 39 (51).

772 Zum *forum shopping*: *KROPHOLLER*, Das Unbehagen am forum shopping, in: *HENRICH/VON HOFFMANN* (Hrsg.), Festschrift für *KARL FIRSCHING* zum 70. Geburtstag (München 1985) 165 ff.

Grund für die Abschaffung dieses Ansatzes ist weiterhin, dass er zwei grundsätzliche Anforderungen nicht erfüllen konnte. Dies waren zum einen die Vorhersehbarkeit der Entscheidungen und zum anderen die angemessene Sicherheit. Der Grund hierfür ist, dass die einzelnen Kollisionsrechtssysteme bei genauerer Betrachtung die verbindenden Faktoren anders gewichten und somit zum Teil gegensätzlich anknüpfen, so dass wiederum alle Ergebnisse möglich erscheinen, je nachdem welches IPR angewandt wird. Dies wird schon beim Test der engsten Verbindung (*closest connection, most characteristic performance, centre of gravity* etc. pp.) deutlich. Hier gibt es zwei prinzipielle Ansätze: Zum einen den vom schweizerischen und deutschen Recht initiierten und nun im EVÜ verankerten (und im *civil law* vorherrschenden) Ansatz, dass die engste Verbindung im Falle einer Vertragsstreitigkeit mit dem Sitzrecht derjenigen Partei besteht, die die vertragscharakteristische Leistung zu erbringen hat.[773] Zum anderen wird noch ein weiterer Ansatz – allerdings von weit weniger Ländern – vertreten. Hiernach wird besonderer Wert darauf gelegt, an welchem Ort die vertragscharakteristische Leitung erbracht werden muss, und dieses Recht wird in der Folge angewandt (*lex loci solutionis*). Dieser Ansatz, welcher ursprünglich vom französischen Recht beeinflusst wurde, ist in *civil law* Ländern noch immer recht verbreitet. Beide Ansätze führen somit unter Umständen zu völlig gegensätzlichen Ergebnissen. Unabhängig von den beiden zuvor genannten Ansätzen existieren noch weitere Ansätze: Einige *civil law* Länder (wie z.B. Spanien und vor 1994 auch noch Italien) schenken dem Ort des Vertragsschlusses besondere Bedeutung (*lex loci contractus*),[774] obwohl dies heutzutage zumeist der einzige mit diesem Recht verbindende Faktor ist und weit stärkere Bindungen zu anderen Rechten außer Acht bleiben. Schlimmer noch, die Vertragsausfertigung findet zumeist an verschiedenen Orten statt, zumal eine Partei in Land A signiert und die andere Partei in Land B und die Parteien sich die Schriftstücke gegenseitig zusenden. Welches Recht gilt nun?

Verständlich ist zunächst das Begehren der Schiedsgerichte, ein Recht zu wählen, welchem nicht eine Parteilichkeit der Schiedsrichter vorgeworfen werden kann. Die Verschiedenheit der Herangehensweise hat zu Recht viel Kritik hervorgerufen und den Weg geebnet für ein modernes Verständnis. Folgerichtig konnte sich dieser Ansatz nie richtig durchsetzen.[775]

---

773 Dies ist gleichzeitig auch die herrschende Meinung.

774 Unter ihnen auch islamisch geprägte Länder wie: Syrien, Jordanien, Irak, Ägypten, Libyen etc.), vgl.: *SALEH*, Commercial Arbitration in the Arb Middle East (London 1984).

775 *CROFF*, The Applicable Law in an International Commercial Arbitration: Is it Still a Conflict of Laws Problem?, International Lawyer 1982, 613 (624).

*§ 9.6.2.1.2: Kumulativer Ansatz (*false conflict*)*

§ 9.6.2.1.2.1: Einleitung

In der Praxis sucht das Schiedsgericht meist nach übereinstimmenden Kollisionsnormen, die entweder mit dem streitigen Rechtsverhältnis in Verbindung stehen oder es vergleicht die modernen Rechtssysteme überhaupt.[776]

§ 9.6.2.1.2.1: Ansatz

Schiedsgerichtsentscheidungen vertrauen oftmals auf die kumulative Anwendung aller Kollisionsrechte, die mit dem Streit eine Verbindung aufweisen.[777] Sofern alle in Frage kommenden Rechtssysteme zum selben Ergebnis gelangen, z.B. der Anwendung desselben nationalen materiellen Rechts, kann das Schiedsgericht dieses Recht anwenden und seine Entscheidung auf diese kumulative Anwendung stützen und ohne Bezugnahme auf ein bestimmtes Kollisionsrecht eine Rechtswahl treffen.[778] Anstelle einer Entscheidung zugunsten eines Kollisionsrechts oder eines materiellen Rechts kann diese hier offen bleiben, zumal entweder alle Kollisionsnormen zum selben materiellen Recht führen oder alle möglichen Ansätze und anwendbaren materiellen Rechte zum selben Ergebnis gelangen. Diese Situation wird deshalb als *false conflict (doctrine)* bezeichnet.[779]

Dieser Ansatz entwickelte sich aus dem US-amerikanischen kollisionsrechtlichen Ansatz.[780] Er umfasst die kumulative Anwendung der kollisionsrechtlichen Normen, derer Rechtssysteme, die eine Verbindung mit dem Streit aufweisen.

> „[I]f the laws of both States relevant to the set of facts are the same or would produce the same decision in the lawsuit, there is no real conflict of laws and the case ought to be decided under the law that is common to both States."[781]

---

776 *Böckstiegel*, FS *Beitzke*, 443 (453 m.w.N.); als praktisches Beispiel vgl.: BGH (Urteil vom 26.9.1985), NJW 1986, 1436 (1437).

777 *Born*, 540 m.w.N.; *Lew*, 335 ff.; *Craig/Park/Paulsson*, § 17.02 ii); *Cohn*, The Rules of Arbitration of the International Chamber of Commerce, 14 (1965) ICLQ 132 (162 f.); *Sandrock*, RIW 1992, 785 (794); ausführlich hierzu: *Derains*, L'application cumulative par l'arbitre des systèmes de conflits de lois intéressés au litige, Rev.Arb. 1972, 93 (99).

778 ICC Schiedsspruch Nr. 953 (1956); Nr. 1512 (1971); Nr. 5103 (1988); Nr. 6149 (1990), in: *Arnaldez/Derains/Hascher* (Hrsg.), Collection of ICC Arbitral Awards 1991-1995 (Deventer 1997) 327 [zukünftig zitiert als: ICC Awards III].

779 Vgl.: *Naón*, Choice of Law Problems in International Arbitration (Tübingen 1992) 75 ff.; *Garnett/Gabriel/Waincymer/Epstein*, A Practical Guide to International Commercial Arbitration (New York 2000) 27 f.

780 *Danilowicz*, The Choice of Law in International Arbitration, 9 (1986) Hastings Int'l & Comp. L.R. 235 (265).

781 So schon: *Leflar*, American Conflicts Law (New York 1968) 239 Abs. 103.

Demnach gilt es festzustellen, ob die relevanten Kollisionsregeln alle auf dasselbe materielle Recht verweisen oder zum selben Endergebnis führen.

Der Grundgedanke dieses Ansatzes ist der folgende:

> „[I]f [arbitrators] can show the question in issue that the conflict rules of the different States with which the matter submitted to them have any ties that are similar or lead to a same result, they have the power to apply these common conflict rules since they can be sure of satisfying the implicit or supposed intention of the parties from which they derive their power."[782]

Ein neuerlicher Trend besteht darin, den vergleichenden Ansatz noch weiter auszudehnen und diejenigen IPR-Regeln anzuwenden, welche in den führenden Rechtssystemen der Welt vorherrschend sind und sich in internationalen Abkommen widerspiegeln,[783] oder es werden solche IPR-Regeln angewandt, denen im Allgemeinen in internationalen Schiedsverfahren mit Vergleich zum konkreten Fall Beachtung geschenkt wird.[784]

§ 9.6.2.1.2.3: Praxis

In der Schiedspraxis tendieren die Schiedsgerichte dazu, die verschiedenen IPR-Regeln aller in Frage kommenden und mit dem Sachverhalt eine Beziehung aufweisenden Nationen zu vergleichen und im Ergebnis sich deckende und übereinstimmenden Regeln dieses Vergleiches anzuwenden.[785]

Gerade ICC Schiedsgerichte wählen am häufigsten einen rechtsvergleichenden Ansatz, indem sie die verschiedenen in Frage kommenden Kollisionsregeln kumulativ anwenden.[786] Zum Teil wenden die Schiedsrichter das IPR der beteiligten Nationen kumulativ an und beziehen hierin (zur Sicherheit) zum Teil noch das Recht am Sitz des Schiedsgericht ein.[787] Dieser Ansatz ist aus der Natur der Sache besonders Erfolg versprechend,

---

782 ICC Schiedsspruch Nr. 1176, zitiert von: *DERAINS* Possible Conflict of Laws Rules and the Rules Applicable to the Substance of the Dispute, in: *SANDERS* (Hrsg.), UNCITRAL'S Project for a Model Law on International Commercial Arbitration, ICCA Congress Series No. 2 (Deventer 1984) 169 (177); vgl. auch: ICC Schiedsspruch Nr. 953 (1956).

783 ICC Schiedsspruch Nr. 5713, spricht von einem: „*general trend in conflict of laws*"; Nr. 6281, 118 (1991) JDI (Clunet) 1054 mit Anmerkung von *HASCHER*, 1056.

784 ICC Schiedsspruch Nr. 4237; *VAN HOF*, Commentary on the UNCITRAL Arbitration Rules (The Hague 1991) 238 („*general principles of private international law*"); *BERGER*, IEA, 498 m.w.N.

785 *BÖCKSTIEGEL*, RIW 1984, 670 (677); *ROTH*, Art. 28 Rn. 8; *BERGER*, IEA, 497 ff.

786 ICC Schiedsspruch Nr. 6281 (1990); Nr. 4996 (1985); Nr. 4434 (1983); Nr. 2879 (1978); Nr. 2096 (1972), zitiert in: *DERAINS*, L'application cumulative par l'arbitre des systèmes de conflits de lois intéressées au litige Rev.Arb. 1972, 99 (100); Nr. 5118 (1986); Nr. 4996; Nr. 2930 (1982); Nr. 4434 (1983); 2438; Nr. 853; Nr. 4434 (1982); Nr. 3880 (1983); Nr. 3742 (1983); Nr. 953 (1956); Nr. 1512 (1971); Nr. 5103 (1988); Nr. 6149 (1990); Nr. 2930 (1982).

787 ICC Schiedsspruch Nr. 6281 (1990).

wenn alle relevanten Kollisionsrechte zum selben Ergebnis kommen.[788] In einigen Fällen des kumulativen Ansatzes hat sich das Schiedsgericht sogar die Mühe gemacht und den Parteien bewiesen, wie „überreichlich" die Rechtssysteme tatsächlich übereinstimmen. Dies, indem es zunächst aufgezeigt hat, dass das IPR der beteiligten Staaten auf ein und dasselbe Recht verweist, dann hat es aber weiterhin noch bewiesen, dass selbst das materielle Recht der beteiligten Staaten zu ein und demselben Ergebnis gelangen würde.[789]

§ 9.6.2.1.2.4: Vorteile

Dieser Ansatz birgt sowohl Vor- wie Nachteile.

Ein großer Vorteil ist es, dass das Schiedsgericht die verschiedenen Kollisionsrechte kumulativ anwendet und damit eine für alle Seiten akzeptable Lösung anbietet und somit die Vollstreckbarkeit abgesichert wird. Gerade das Vertrauen der Parteien in die Rechtswahl durch das Schiedsgericht wird hierdurch gestärkt.[790] Die kumulative Anwendung der relevanten Kollisionsregeln demonstriert den Parteien, dass das Schiedsgericht einen bewussten Versuch unternimmt, die Frage des anwendbaren Rechts im konkreten Streitfall mit der Beziehung zwischen den Parteien und dem Vertrag in Einklang zu bringen. Folgerichtig wird diese Methode eher den Erwartungen der Parteien gerecht, als die Sitztheorie, die schlichtweg dem Kollisionsrecht am Sitz des Schiedsgerichts den Vorrang gibt. Oft führen die mit dem Rechtsstreit verbundenen Ansätze ohnehin zum selben Ergebnis, zumal sich die kollisionsrechtlichen Ansätze moderner Rechtssysteme sehr stark annähern.

§ 9.6.2.1.2.5: Kritik und Zusammenfassung

Ergibt sich ein Unterschied, wird meist auf die Sachnähe sowie darauf abgestellt, dass das schließlich anwendbare Recht möglichst weitgehend den Parteivereinbarungen sowie den Branchenbräuchen Raum zur Entfaltung gewährt.[791]

Nicht verleugnet werden kann allerdings das Problem, dass dieser Ansatz nur in Situationen brauchbar ist, wenn tatsächlich ein so genannter *false conflict* vorliegt. Folgerichtig ist die Achillessehne dieses Ansatzes der Fall, dass ein tatsächlicher Konflikt zwischen den einzelnen in Frage kommenden Kollisionsrechten auftaucht und das IPR auf verschiedenes materielles Recht verweist oder dieses zu verschiedenen Ergebnissen gelangt. In diesen Fällen müssen die Schiedsrichter eine andere Methode anwenden, um sich für ein anwendbares Kollisionsrecht zu entscheiden und damit zugunsten eines anwendbaren materiellen Rechts zu votieren.

---

788 Vgl.: ICC Schiedsspruch Nr. 3043 (1978); *CRAIG/PARK/PAULSSON*, § 17.02 ii).

789 ICC Schiedsspruch Nr. 3235.

790 Ebenso: *CHUKWUMERIJE*, 129.

791 Deutschland sprach sich für die Regelung dieser Gesichtspunkte aus: UN Doc. A/CN.9/263, para. 9.

§ 9.6.2.2: Anwendung einer Kollisionsregel

Ein weiterer Ansatz ist der der direkten Anwendung einer Kollisionsregel ohne Einschaltung jedweden nationalen (Kollisions-)Rechts in seiner Gesamtheit.

Es wird unterdessen alltäglich, dass Schiedsgerichte eine Kollisionsregel anwenden, ohne konkreten Bezug auf ein nationales Recht zu nehmen.[792] Nach diesem Ansatz untersuchen die Schiedsgerichte die Faktoren, die den jeweiligen Rechtsstreit mit einem bestimmten nationalen Recht verbinden, mit dem Ziel das Recht zu finden, welches die engste Beziehung zum Rechtsstreit aufweist. Verwandt ist dieser Ansatz mit der englischen *proper law doctrine*. Unter anderem findet nach diesem Ansatz eine Bezugnahme auf Kollisionsregeln in internationalen Übereinkommen ohne bindenden Charakter, wie z.B. Übereinkommensentwürfe oder Entwürfen von Modellgesetzen, statt.[793] Zum Teil wenden bspw. ICC Schiedsgerichte Kollisionsregeln an, ohne anzugeben, welchem Recht sie entnommen wurden.[794]

> „In view of the international character of the present arbitration, the arbitrator deems it appropriate to apply those conflict rules which are generally followed in international arbitrations of this kind under consideration. The decided international awards published so far show a preference for the conflict rule according to which the contract is governed by the law of the country with which it has the closest connection. The country with which it has its closest connection is the country where the party who has to carry out the most characteristic performance has its head office."[795]

Dieser Ansatz scheint einigen Autoren zufolge die beste Möglichkeit zu sein, den Problemen der unterbliebenen Rechtswahl durch die Parteien zu begegnen.[796] Wäre er allgemein anerkannt, würde er die Schiedsgerichte dazu ermächtigen, das jeweilige anwendbare materielle Recht festzulegen, ohne die Probleme vorher feststellen zu müssen, welches Kollisionsrecht *in toto* anwendbar ist. Ein Schiedsrichter, der demnach mit dem Problem einer unterbliebenen Rechtswahl durch die Parteien konfrontiert wäre, würde damit direkt das materielle Recht mit dem größten Fallbezug auswählen können. So bleibt es – *CHUKWUMERIJE* zufolge – zu hoffen, dass mehr und mehr novellierte Schiedsrechte und Schiedsgerichtsordnungen diesem Ansatz folgen. Im Ergebnis entspricht dieser Ansatz jedoch weitgehend dem weiter unten behandelten *voie directe*.

---

792 *CHUKWUMERIJE*, 132.

793 BGH 19.09.1973, IPRspr. 1973, Nr. 11.

794 ICC Schiedsspruch Nr. 2735 (1976); Nr. 2870 (1978), nicht veröffentlicht, zitiert nach *LANDO*, The Law Applicable to the Merits of the dispute, 2 (1988) AI 104 104 (111, 115 Fn. 43).

795 ICC Schiedsspruch Nr. 4237; ähnlich: ICC Schiedsspruch Nr. 3316; ICC Schiedsspruch (Teilschiedsspruch) Nr. 5717 (1988), Auszüge in: 1:2 (1990) The ICC Int'l Court of Arbitration Bull, 22; ICC Schiedsspruch (Teilschiedsspruch) Nr. 5660 (1990), XVII (1992) YCA 226.

796 So z.B.: *CHUKWUMERIJE*, 133.

§ 9.6.2.3: Kollisionsregeln des Völkerrechts

Ein weiterer „internationalisierender“ Ansatz ist die Anwendung derjenigen kollisionsrechtlichen Regelungen, welche im Völkerecht verankert sind, um das anwendbare materielle Recht zu ermitteln.[797]

Dieser Ansatz ist vor allem aus praktischen Erwägungen heraus zu kritisieren. Der Versuch, aus dem Völkerrecht Kollisionsnormen zu gewinnen, war bisher nicht von Erfolg gekrönt.[798] Die „Flucht“ ins Völkerrecht ist oftmals nicht mehr, als ein Versuch des Schiedsgerichts, das Recht anzuwenden, welches es sich tatsächlich wünscht.[799]

§ 9.6.2.4: Allgemeine Rechtsprinzipien des IPR als anationales Kollisionsrecht

FRAGISTAS hat schon früh vorgeschlagen, dass das anwendbare Recht *ex aequo et bono* anhand der objektiven Elemente des Falls bestimmt werden soll.[800] Nationales Kollisionsrecht kann ihm zufolge nicht befriedigen, und internationales Kollisionsrecht war ihm zufolge nicht existent.[801] Jedoch wollte er schon damals dem Schiedsgericht nicht die völlige Freiheit bei der Wahl des anwendbaren Rechts überlassen. Vielmehr sollten bestimmte Kriterien vom Schiedsgericht erfüllt werden. Wichtigstes Kriterium sollte nach wie vor der Wille der Parteien sein.[802] Außerdem sollte das Recht angewandt werden, welches am besten der Charakteristik des behandelten Streites gerecht würde.[803]

Ein anderer, aber der kumulativen Anwendung des IPR beteiligter Staaten, ähnlicher Ansatz, ist die Anwendung der von allen oder den führenden Rechtssystemen und internationalen Übereinkommen allgemein anerkannten kollisionsrechtlichen Ansätze ohne Zwischenschaltung eines nationalen Kollisionsrechts.[804] Dieser Ansatz – wie auch die kumulative Anwendung des in Betracht kommenden IPR – basiert auf einem rechtsvergleichenden (kollisionsrechtlichen) Ansatz und damit zugleich auf dem beteiligten IPR, wobei der hier erwähnte Ansatz mehr Rechte in Betracht zieht. Er fußt auf der Annahme, dass bestimmte kollisionsrechtliche Prinzipien allen modernen Rechtsordnungen gemein sind oder zumindest von einer Mehrheit der Weltgemeinschaft bemüht werden und die

---

797 Prof. *DUPUY*'s Aussage im Fall: *TEXACO OVERSEAS PETROLEUM COMPANY (TOPCO) V. CALIFORNIA ASIATIC OIL COMPANY (CALASIATIC) AND THE GOVERNMENT OF THE LIBYAN ARAB REPUBLIC* vom 19.1.1977, 52 (1979) ILR 422 (445); *LIBYAN AMERICAN OIL CO. V. THE GOVERNMENT OF THE LIBYAN ARAB REPUBLIC*, 12.4.1977, 20 (1981) ILM 42.

798 *WORTMANN*, 14 (1998) AI 97 (110 f.); vgl. auch: *TOOPE*, 51.

799 *TOOPE*, 51.

800 *FRAGISTAS*, Rec.crit. 1960, 1 (17).

801 *FRAGISTAS*, Rec.crit. 1960, 1 (15).

802 *FRAGISTAS*, Rec.crit. 1960, 1 (17).

803 *FRAGISTAS*, Rec.crit. 1960, 1 (18).

804 ICC Schiedsspruch Nr. 4650 (1985); vgl. auch: ICC Schiedsspruch Nr. 1717 (1972); Nr. 2680 (1977); Nr. 3316 (1979); Nr. 5713 (1989); Nr. 6281 (1989); *LEW*, 584.

sich dazu in allgemein akzeptierten internationalen Übereinkommen und der internationalen Handelspraxis widerspiegeln.[805] Zweifellos gibt es allgemein akzeptierte Prinzipien.[806]

Der Unterschied zwischen den genannten Ansätzen besteht jedoch darin, dass es der Schiedsrichter im Falle der *false conflict doctrine* offen lassen kann, welches Kollisionsrecht anwendbar ist, während das Schiedsgericht bei dem jetzt behandelten Ansatz einen Kompromiss aus den in Frage kommenden Kollisionsregeln synthetisieren muss. Der kumulative Ansatz ist somit gebräuchlich, sofern kein so genannter *false conflict* vorliegt. Beide Ansätze ergänzen sich somit ideal. Kommt man mit der *false conflict doctrine* nicht zum Ziel, tut man dies mit der Anwendung allgemein anerkannter kollisionsrechtlicher Prinzipien.

Als „*general principles of conflict of laws*“[807] oder „*general principles of private international law*“[808] wurden durch ICC Schiedsgerichte bspw. u.a. angewandt:

- *centre of gravity of contractual relations was the place where a commercial agent exercised his activities*,[809]
- *law of the place of performance*,[810]
- in anderen Fällen hat das Schiedsgericht die „*criteria of localisation generally applied in private international law*“ angewandt, um das Recht mit der engsten Verbindung (*closest connection*) zur Transaktion zu ermitteln.[811]

Schiedsgerichte entnehmen die kollisionsrechtlichen Regeln anationalen Quellen, d.h. den allgemeinen (kollisionsrechtlichen) Rechtsprinzipien (*general principles of private international law*) oder dem „internationalen“ Kollisionsrecht in internationalen Übereinkommen.[812]

Diskutiert wurde dieser Ansatz „internationaler Kollisionsregeln“ schon sehr früh von *Lew*, der hierzu bereits einige Präzedenzfälle parat hielt.[813] Nationales Kollisionsrecht birgt den Nachteil, dass es rein national ausgerichtet ist und selbst wenn es eine internationale Ausrichtung hat, diese durch nationale Interessen und Besonderheiten stark beeinflusst ist.[814] Folgerichtig bleibt ein IPR trotz seiner scheinbaren Internationalität immer nationales Recht. Nationales Kollisionsrecht wurde ausschließlich für die Anwendung

---

805 *Chukwumerije*, 129 f.

806 Vgl.: *Chukwumerije*, 129.

807 ICC Schiedsspruch Nr. 2096 (1972), zitiert in: *Derains*, L'application cumulative par l'arbitre des systèmes de conflits de lois intéressées au litige, Rev.Arb. 1972, 99 (110).

808 ICC Schiedsspruch Nr. 3880 (1982).

809 ICC Schiedsspruch Nr. 2585 (1977).

810 ICC Schiedsspruch Nr. 3755 (1988, *turnkey contract*); Nr. 6560 (1990).

811 ICC Schiedsspruch Nr. 2734 (1977).

812 *Born*, 540 m.w.N.

813 *Lew*, 264, 285 ff.; vgl. auch: ICC Schiedsspruch Nr. 2930 (1982), hat wie es selber sagt internationale Kollisionsregeln angewandt.

814 Ähnlich: *Lew*, 285.

durch die nationalen Gerichte entwickelt. Es beschützt insofern vor allem nationale Interessen. Die Anwendung eines nationalen Kollisionsrechtssystems hat den Effekt, dass ein internationales Rechtsverhältnis auf eine rein nationale Ebene gestellt wird.

Nichtsdestotrotz ist es von großer Bedeutung, dass Schiedsrichter sich nicht hinter den allgemeinen Rechtsprinzipien verstecken, um rein praktische Erwägungen zu verdecken.[815]

§ 9.6.2.4.1: Praxis

Schon früh stellte ein Schiedsgericht seine Entscheidung auf Prinzipien, die allen entwickelten modernen Rechtssystemen gemein ist und wandte eben diese Prinzipien auf den Streitfall an.[816]

In der Praxis internationaler Schiedsgerichte wurde bereits hervorgehoben, dass „internationales Kollisionsrecht" existent ist und angewandt werden sollte.[817] Im konkreten Fall hatte Schiedsrichter *MALMBERG* mit einem syrischen Staatsunternehmen als Kläger und einem ghanaischen Staatsunternehmen als Beklagten zu tun. Als Schiedsort war Paris vereinbart und das Prozessrecht sollte das *„French International Arbitration Law"* sein. Keine Erwähnung fand jedoch die Frage des anwendbaren materiellen Rechts. Folglich kam die Frage auf, welches Kollisionsrecht anzuwenden ist, um das anwendbare materielle Recht zu bestimmen. Nachdem das französische Schiedsrecht selber eine Kollisionsregel in Art. 1496 franzNCPC enthält und die Parteien sich auf dieses Prozessrecht geeinigt haben, sah sich der Schiedsrichter hieran gebunden. Im Rahmen des Art. 1496 franzNCPC und des Art. 13 Abs. 3 ICC Rules (1975) sah sich der Schiedsrichter nicht an ein nationales Kollisionsrecht gebunden. Unter Berücksichtigung des internationalen Charakters dieses Schiedsverfahrens schien es dem Schiedsrichter angemessen, diejenigen Kollisionsregeln anzuwenden, die generell in Schiedsverfahren dieser Art angewandt werden. Die bisher entschiedenen und veröffentlichten Schiedsgerichtsentscheidungen bevorzugen eine Kollisionsregel, nach der das Recht anzuwenden ist, welches die engste Verbindung zum Fall aufweist. Die engste Verbindung sollte demnach zu dem Land bestehen, an dem die vertragscharakteristische Leistung zu erbringen ist.

Andere Schiedsgerichte sind diesem Beispiel gefolgt, haben – losgelöst von einem nationalen Kollisionsrecht – entschieden und allgemeine kollisionsrechtliche Prinzipien auf dem Weg zur Feststellung des anwendbaren materiellen Rechts angewandt.[818]

---

815 *CHUKWUMERIJE*, 130.

816 ICC Schiedsspruch Nr. 1434.

817 ICC Schiedsspruch Nr. 4237 (1984).

818 ICC Schiedsspruch Nr. 4650 (1985); Nr. 1717 (1972); Nr. 2680 (1977); Nr. 3316 (1979); Nr. 5713 (1989); Nr. 6281 (1989); *„general principles of conflict of laws"*: ICC Schiedsspruch Nr. 2096 (1972), zitiert in: *DERAINS*, L'application cumulative par l'arbitre des systèmes de conflits de lois intéressées au litige, Rev.Arb. 1972, 99 (110); *general „principles of private international law"*: ICC Schiedsspruch Nr. 3880 (1982); Nr. 2930 (1982), hat wie es selber sagt internationale Kollisionsregeln angewandt.

„[...] does not deem it necessary to decide on a specific rule of conflict to designate the proper law of the contract in view of the fact that most major rules in some form or other point to the place of the characteristic or dominant work."[819]

„[...] more appropriate to apply the general principles of international private law as stated in international conventions."[820]

§ 9.6.2.4.2: Quellen eines anationalen Kollisionsrechts

Die Hauptschwierigkeit in der Anwendung eines anationalen Kollisionsrechts besteht darin, zu wissen, wo ihre Regeln zu finden sind und die relevanten Regeln zu ermitteln.[821] Es gibt kein „internationales Forum", welches eine internationale Rechtsgrundlage bietet. Schiedsgerichte haben ihren Sitz in den verschiedensten Staaten der Erde mit Schiedsrichtern verschiedenster Nationalitäten und Rechtstraditionen und ebenso wird nur ein geringer Teil der Schiedsentscheidungen der Öffentlichkeit zugänglich gemacht, womit dem Schiedsgericht nur relativ wenige einheitlich behandelte Präzedenzfälle zur Verfügung stehen, um als Leitgedanke zu dienen. Dennoch hat sich im Laufe der Jahre ein gewisser Konsens in der schiedsrechtlichen Praxis herausgebildet. Zum einen speist es sich aus internationalen Übereinkommen, ähnlichen Abkommen, aber auch den Regeln internationaler Organisationen.[822] Ziel dieser Regeln und Übereinkommen ist es, ein Instrumentarium zu schaffen, bestimmte internationale Rechtsbeziehungen zu regeln und für diese Fälle ein Kollisionsrecht zur Verfügung zu stellen, welches sowohl von nationalen Gerichten wie internationalen Schiedsgerichten angewandt wird. Zum anderen speist es sich aus Regeln, welche – nicht nur in der Schiedspraxis – allgemeine Akzeptanz und Anwendung erreichen konnten.[823]

§ 9.6.2.4.3: Rechtsnatur eines anationalen IPR

Der Hauptunterschied zwischen einem nationalen und anationalen Kollisionsrecht besteht in der Bindung der Gerichte. Ein nationales, staatliches Gericht ist verpflichtet, das IPR der *lex fori* anzuwenden. Ein Fehler bei der Rechtsanwendung berechtigt zu Rechtsmitteln. Die *lex fori* bindet sowohl den Richter wie auch das Gericht und muss stets respektiert werden.

Die frühen internationalen Übereinkommen auf dem Gebiet der Schiedsgerichtsbarkeit enthielten keine kollisionsrechtlichen Bestimmungen. Erst das EuÜ von 1961 setzte diesem Trend ein Ende und enthielt in Art. VII als erstes Übereinkommen eine Entscheidung darüber, welches Kollisionsrecht in der internationalen Schiedsgerichtsbarkeit gelten sollte:

---

819 ICC Schiedsspruch Nr. 4650; vgl. auch: ICC Schiedsspruch Nr. 3043.

820 ICC Schiedsspruch Nr. 6527 (1991), XVIII (1993) YCA 44 (46).

821 *Lew*, 287.

822 So schon: *Lew*, 288.

823 So schon: *Lew*, 287.

„The parties shall be free to determine, by agreement, the law to be applied by the arbitrators to the substance of the dispute. Failing any indication by the parties as to the applicable law, the arbitrators shall apply the proper law under the rule of conflict that the arbitrators deem applicable. In both cases the arbitrators shall take into account of the terms of the contract and trade usages.

The arbitrators shall act as *amiables compositeurs* if the parties so decide and if they may do so under the law applicable to the arbitration."

Das EuÜ schlug einen damals sehr liberalen und flexiblen kollisionsrechtlichen Weg ein.[824] Art. VII EuÜ wurde dabei durchaus liberal interpretiert:

„In leaving the arbitrator master of his system of conflict, no method is forbidden to him to the favour of some other; following the circumstances of the case, he will adopt such rule of conflict, as appears to him most appropriate; this rule will not necessarily derive from a determined system of conflict; the arbitrator may according to the needs [of the case] invent it himself."[825]

Dieser Trend setzte sich in der Folgezeit mit Anpassungen und Modifikationen in den verschiedensten Übereinkommen und Regeln wieder:

- UNECE (United Nations Economic Commission for Europe) Arbitration Rules 1966: Art. 38 ist identisch mit Art. VII des Europäischen Übereinkommens;
- UNACAFE (United Nations Economic Commission for Asia and the Far East) Rules for International Commercial Arbitration 1966: Art. VII Abs. 4 lit. a weicht nur marginal von Art. VII des Europäischen Übereinkommens ab:
  „The award shall be based upon the law determined by the parties to be applicable to the substance of dispute. Failing any indication by the parties as to the applicable law, the arbitrator/s shall apply the law he/they consider/s applicable in accordance with the rules of conflict of laws. In both cases the arbitrator/s shall take account of the terms of the contract and trade usages."
- Art. 33 UNCITRAL Arbitration Rules (1976):
  „The arbitral tribunal shall apply the law designated by the parties as applicable to the substance of the dispute. Failing such designation by the parties, the arbitral tribunal shall apply the law determined by the conflict of laws rules which it considers applicable.
  The arbitral tribunal shall decide as amiable compositeur or ex aequo et bono only if the parties have expressly authorized the arbitral tribunal to do so and if the law applicable to the arbitral procedure permits such arbitration.
  In all cases, the arbitral tribunal shall decide in accordance with the contract and shall take into account the usages of the trade applicable to the arbitration."
- Art. 13 Abs. 3 bis 5 ICC Arbitration Rules (1975):
  „The parties shall be free to determine the law to be applied by the arbitrator to the merits of the dispute. In the absence of any indication by the parties as to the applicable law, the arbitrator shall apply the law designated as the proper law by the rule of conflict which he deems appropriate.[826]

---

824 So schon: *LEW*, 290.

825 *FOUCHARD*, L'arbitrage Commerciale Internationale (Paris 1965) Rn. 559.

826 Damit können nationale oder auch anationale Regeln zur Anwendung berufen werden: *LEW*, 297.

The arbitrator shall assume the powers of an amiable compositeur if the parties are agreed to give him such powers.
In all cases the arbitrator shall take account of the provisions of the contract and the relevant trade usages."

Die ICC ArbRules 1955 enthielten keine Regelungen zur Bestimmung eines anwendbaren materiellen Rechts oder Kollisionsrechts. Dieser Schwäche sollte mit den ICC ArbRules 1975 begegnet werden.

§ 9.6.2.5: Engste Verbindung

§ 9.6.2.5.1: Einleitung

Das Römische Übereinkommen von 1980 (EVÜ) stellt eine bedeutende Quelle für die Feststellung des anwendbaren Rechts dar. Auch wenn es nicht direkt in der Schiedsgerichtsbarkeit angewandt wird,[827] hat es auf diesem Gebiet große Bedeutung und Vorbildfunktion erlangt. Es kann somit als Ausdruck eines international akzeptierten Konzeptes gesehen werden.[828] Wichtigste Neuerung ist dabei der Anknüpfungspunkt der „engsten Verbindung" (*closest connection*, vgl.: Art. 4 Abs. 2 EVÜ).

§ 9.6.2.5.2: Ansatz

Der Anknüpfungspunkt der „engsten Verbindung" kann mit den zuvor genannten Ansätzen, der Anwendbarkeit eines nationalen Kollisionsrechts, eines wie auch immer gearteten Kollisionsrecht, allgemeiner kollisionsrechtlicher Prinzipien usw. beliebig kombiniert werden.

International ist das „Prinzip der engsten Verbindung" (*principe de proximité*) unter vielerlei Termini bekannt, die jedoch allesamt derselben Grundkonzeption folgen:

- stärkste Verbindung,
- engster Zusammenhang,[829]
- stärkste Beziehung,[830]
- *closest connection*,
- *closest and most real connection*,[831]
- *closest link*,[832]
- *centre of gravity*,
- *most significant relationship*,
- *most closely connected*,
- usw.

827 Hierzu später ausführlich.
828 PAULSSON/RAWDING/REED/SCHWARTZ, 15.
829 Art. 15 Abs. 1 bzw. Art. 117 Abs. 1 schweizIPRG.
830 § 1 Abs. 1 öIPRG.
831 *IN RE UNITED RAILWAYS OF HAVANA & REG LA WAREHOUSE LTD.*, AC 1961, 1007 (1068).
832 Art. 1 der Resolution des *Institut de Droit International „The Proper Law of the Contract in Agreements between a State and a Foreign Private Person"* beschlossen auf deren Athener Sitzung 1979, 58 (1979) AnnIDI, 193, 195.

Dieses ist das wohl[833] derzeit noch vorherrschende Konzept in der internationalen Schiedsgerichtsbarkeit, bspw.:

- Art. 187 Abs. 1 schweizIPRG,
- § 1051 Abs. 2 dtZPO,
- *Uniform Commercial Code* (UCC 1978), § 1-105 (USA), *Foreign Economic Contract Law* 1985, Art. 5 (China),
- *The Second Restatement of Conflict of Laws* (1971), § 188 (USA),
- ICC Schiedsspruch Nr. 6363 (1991),[834]
- usw.

Ziel ist es, dem Schiedsgericht zwar grundsätzlich ein freies Ermessen bei der Bestimmung des anwendbaren Rechts zu geben, ihm aber keine *carte blanche* zur Seite zu stellen.

Die Wurzeln der „engsten Verbindung" reichen weit zurück und beruhen auf dem von *FRIEDRICH CARL VON SAVIGNY* (1779-1861) entwickelten Bild vom „Sitz des Rechtsverhältnisses".[835] *OTTO VON GIERKE* hat später vom „Schwerpunkt des Rechtsverhältnisses" gesprochen. In den USA reicht dieser Ansatz zurück bis 1890, als ein langjähriger Streit zwischen *DICEY* und *WESTLAKE* zugunsten des letzteren entschieden wurde. Dieser Ansatz hat sich dann – befürwortet von *BATIFFOL* 1938 als *localization theory* –langsam über die Welt ausgebreitet. Später hielt dieser Ansatz Einzug in einer Resolution des *Institut de Droit International „The Proper Law of the Contract in Agreements between a State and a Foreign Private Person"*:[836]

> Art. 1: „Contracts between a State and a foreign private person shall be subjected to the rules of law chosen by the parties, or, failing such a choice, to the rules of law which the contract has the **closest link**."
>
> Art. 5: „In the absence of any choice by the parties, the proper law of the contract shall be derived from indications of the **closest connection** of the contract."

Auch in England befolgt man diesen Ansatz, wie die Aussage von Lord Justice *DENNING* zeigt:

> „The proper law of the contract depends not so much on the place where it is made, not even on the intention of the parties or on the place where it is to be performed, but on the place with which it has the **most substantial connection**."[837]

---

833 Zunehmend wird es durch die freie Wählbarkeit des anwendbaren Rechts abgelöst.

834 ICC Schiedsspruch Nr. 6363 (1991).

835 *SAVIGNY*, System des heutigen römischen Rechts – Band VIII (Berlin 1849) 28, 108; *JUNKER*, Internationales Privatrecht (München 1998) Rn. 83.

836 Beschlossen auf deren Athener Sitzung 1979, 58 (1979) AnnIDI, 193, 195.

837 *BOISSEVAIN V. WEIL*, 1 (1959) KB 482 (490 f.).

Dies wurde in der Folge von weiteren englischen Gerichtsentscheidungen untermauert.[838] Im englischen Recht ist die Suche nach der engsten Verbindung bekannt als der *proper law test.*[839]

LEW sah schon früh in diesem Ansatz eine Entwicklung in eine flexiblere und realistischere kollisionsrechtliche Methodologie in der Schiedsgerichtsbarkeit.[840]

§ 9.6.2.5.3: Faktoren

Als Faktoren, die auf eine mögliche enge Verbindung zum jeweiligen Recht hinweisen können, kommen einige in Frage und dementsprechend gibt es hier keine international einheitliche Line. In Frage kommt unter anderem die Anwendung des Rechts:[841]

- des Ortes der Vertragsausfertigung *(place of the execution of the contract, lex loci contractus)*,[842]
- des Ortes der Vertragserfüllung (*place of performance, lex loci executionis*),[843]
- des Ortes der Nationalität des Schuldners (*nationality of the debtor*),[844]
- des Domizil des Schuldners (*domicile of the debtor*),[845]
- des Ortes der vertragscharakteristischen Leistung (*place where the characteristic performance has to be rendered, lex loci solutionis*),
- usw.

§ 9.6.2.5.4: Kritik

Der Ausdruck der „engsten Verbindung" und seine verwandten Termini in Gesetzen und Schiedsverfahrensordnungen ist oftmals nicht mehr als der Ausdruck des Gesetzgebers

---

838 1961 bestätigt z.B. vor dem House of Lords als "*closest and most real connection*: *IN RE UNITED RAILWAYS OF HAVANA & REG LA WAREHOUSE LTD.*, AC 1961, 1007 (1068);); Lord *SIMONDS* verwendet im Grundsatzurteil *BONYTHON V. COMMONWEALTH OF AUSTRALIA* die gleiche Wortwahl: *BONYTHON V. COMMONWEALTH OF AUSTRALIA*, AC 1951, 201 (219); vgl. auch: *TOMKINSON V. FIRST PENNSYLVANIA BANKING AND TRUST COMPAGNY*, AC 1961, 1007; *ROSSANO V. MANUFACTURES LIFE INSURANCE CO. LTD.*, 2 (1963) QB 352.

839 *MANN*, The Proper Law of the Conflicts of Law, 36 (1987) ICLQ 437 (437 f.); *DICEY/MORRIS*, The Conflict of Laws[11] (London 1987) 1190 ff.

840 *LEW*, 342.

841 Vgl.: *MANIRUZZAMAN*, Conflict of Laws Issues in International Arbitration: Practice and Trends, 9 (1993) AI 371 (380), der auf die *lex loci contractus*, *lex loci executionis* und *lex loci solutionis* hinweist.

842 *MIDDLE EAST LTD. ET. AL. V. ARAB REPUBLIC OF EGYPT*, 22 (1983) ILM, 752 (769); Schiedsgericht der bulgarischen Handelskammer, Schiedsspruch Nr. 21/56, 1/56, 5/55, 2/56, 16/56, 17-56, 9/56, 67/64,: 94 (1967) JDI (Clunet) 171 ff., 175; ICC Schiedsspruch Nr. 6268 (1990).

843 ICC Schiedsspruch Nr. 1472 (1968); Nr. 6560 (1990, Teilschiedsspruch); Nr. 6283 (1990).

844 ICC Schiedsspruch (Teilschiedsspruch) Nr. 6560 (1990); Nr. 6283 (1990).

845 ICC Schiedsspruch Nr. 5885 (1989).

oder des „Regelaufstellers", sich nicht zu einer konkreten Entscheidung durchringen zu können. Nachdem er aber nicht schweigen will, spricht er deshalb eine Leerformel („*non-rule*")[846] aus.[847] Letztendlich ist es gerade die Aufgabe eines jeden IPR, die jeweils „engste Verbindung" selber zu bestimmen. Sollte der Gesetz- oder „Regelerlasser" dies nicht können, so sollte er schweigen und nicht in einer positiven Formel festhalten, dass er selber keine konkrete Lösung oder Leitfaden anbieten kann. Die Formel „engste Verbindung" ist weniger ein Anknüpfungspunkt als vielmehr eine unbestimmte Generalklausel.

Insofern erscheint es fragwürdig, ob eine „Beschränkung" auf die „engste Verbindung" aufgrund ihres weiten Generalklauselcharakters überhaupt sinnvoll ist und tatsächlich zu dem Ergebnis führt, welches die Gesetzgeber damit verfolgen, nämlich die bessere Vorhersehbarkeit der Ergebnisse. Betrachtet man die möglichen Faktoren und dass Schiedsgerichte je nach ihrer Herkunft und jeweiligen Ansicht mal zu diesem und mal zu jenem Faktor greifen, um die engste Verbindung zu eruieren, muss man sich bewusst werden, dass gerade von den verbindenden Faktoren und ihrer Gewichtung, die Bestimmung des anwendbaren Rechts abhängt.

Insofern würde es mehr Sinn machen, einen Weg einzuschlagen, wie ihn der deutsche Gesetzgeber in seinem Kollisionsrecht (für nationale Gerichte) vorsieht. Dieser stellt in Art. 28 dtEGBGB der „engsten Verbindung" Vermutungen bzgl. der Faktoren zur Seite, die wiederum durch eine noch engere Verbindung durchbrochen werden können.

Die „engste Verbindung" – als reine „Worthülse" – reicht alleine nicht aus, um die Entscheidung eines Schiedsgerichts vorhersehbar zu machen.

§ 9.6.2.6: Weitere kollisionsrechtliche Ansätze, die sich jedoch nie ansatzweise durchsetzen konnten

Es existiert noch eine Reihe von Ansätzen, die sich jedoch nicht durchsetzen konnten und insofern auf keiner breiten Basis fußen, wie die hier sonst behandelten Ansätze.

Beispielsweise wird weiterhin vertreten, dass der Schiedsrichter an erster Stelle sein Recht anzuwenden hat, weil er dieses kennt.[848] Ein solcher Ansatz kann jedoch nicht überzeugen, weil immer noch mehrere Möglichkeiten zur Verfügung stünden. Welchem Ansatz oder genauer welcher Anknüpfung sollte hier nämlich gefolgt werden? Der Nationalität? Dem Domizil? Oder dem Wohnsitz des Schiedsrichters? Welches ist "sein" Heimatrecht? Hier käme es zu einem Zirkelschluss, denn, um die zuvor aufgeworfene Frage zu beantworten, müsste abermals ein kollisionsrechtlicher Ansatz gewählt werden. Weitere Probleme mit diesem Ansatz tauchen auf, sofern nicht nur ein Schiedsrichter beteiligt ist, sondern es sich um ein Dreier-Schiedsgericht handelt oder wenn ein Schiedsrichter

---

846 *Berger*, IEA, 503.

847 *Kegel/Schurig*, Internationales Privatrecht[8] (München 2000) § 6 I 4 b.

848 *Croff*, The Applicable Law in an International Commercial Arbitration: Is it Still a Conflict of Laws Problem?, International Lawyer 1982, 613 (628); vgl. auch: *Rubino-Sammartano*, 261 f. m.w.N.

ausgetauscht werden muss und der nachfolgende Schiedsrichter eine andere Nationalität besitzt.[849] Es stellt sich bei diesem Ansatz ohnehin eine grundlegende und gravierende Frage: Warum sollte man den Weg über ein Schiedsgericht beschreiten, wenn man dem Schiedsrichter lediglich zutraut, auf Basis seines eigenen Rechtes zu entscheiden? Schiedsrichter werden vielmehr gerade aufgrund ihrer internationalen Erfahrung mit den verschiedensten Rechtssystemen und komplexen Fragestellungen ernannt.[850]

Ein weiterer Ansatz muss abgelehnt werden. Das Schiedsgericht kann nicht ohne weitere Überlegungen und ohne Umschweife das Kollisionsrecht einer der Parteien anwenden. Zumindest eine der Parteien wird mit einem solchen Ansatz mehr als unzufrieden sein und den Eindruck eines parteiischen Schiedsrichters bekommen.

Ein weiterer Ansatz ist die Anwendung desjenigen Kollisionsrechts am Ort, wo der Schiedsspruch anerkannt und vollstreckt werden soll. Auch wenn der Schiedsrichter hier zumindest alle Anstrengungen unternehmen würde, einen vollstreckbaren Schiedsspruch zu erlassen, kann dieser Ansatz nicht überzeugen. Oftmals kann nicht oder nur schwerlich vorhergesehen werden, in welchem Land der Schiedsspruch vollstreckt werden soll, zumal die unterlegene Partei in internationalen Schiedsverfahren oftmals Vermögen in den verschiedensten Ländern besitzen. In einem solchen Fall wird die obsiegende Partei dasjenige Land auswählen (im Wege des sog. *forum shopping*)[851], in dem sie die Vollstreckung in das Vermögen der unterlegenen Partei schnellst möglich und bequem erreichen kann.

Somit vermag keine Theorie überzeugen, die die Anwendung eines einzelnen, nationalen IPR bevorzugt.[852]

§ 9.6.2.7: Kritik Kollisionsrecht insgesamt

Die Kriterien, die das Schiedsgericht anwenden wird, lassen sich nicht vorhersagen, da es keinen etablierten Kreis von maßgeblichen Gesichtspunkten gibt, zumal jedes Vertragsverhältnis individuelle Einschläge hat. Folglich hängt die Auswahl des (wie auch immer gearteten) Kollisionsrechts oder einer bestimmten Kollisionsregel sehr stark vom jeweiligen Schiedsgericht und dem rechtlichen Hindergrund seiner Schiedsrichter ab.[853]

Die Gewähr eines so breiten Ermessensspielraumes kann – einigen Autoren zufolge – zu einer großen Unsicherheit der Parteien führen, welches materielle Recht letztendlich

849 Ebenso: *WORTMANN*, 14 (1998) AI 97 (109).

850 Vgl.: *REDFERN/HUNTER*, 216 ff.

851 Ausführlich zum *forum shopping*: *KROPHOLLER*, Das Unbehagen am forum shopping, in: *HENRICH/VON HOFFMANN* (Hrsg.), Festschrift für *KARL FIRSCHING* zum 70. Geburtstag (München 1985) 165 ff.

852 Ebenso: *WORTMANN*, 14 (1998) AI 97 (109).

853 *BÖCKSTIEGEL*, FS *BEITZKE*, 443 (448) zum früher gleichlautenden Art. 13 Abs. 3 S. 2 ICC ArbRules (1975).

ihrem Vertrag zugrunde gelegt werden wird.[854] Diese Autoren sind hierbei der Ansicht, dem Schiedsrichter ohne Rücksicht auf eine Parteiermächtigung die Wahl des Kollisionsrechts freizustellen, birgt die Gefahr eines Willkürentscheids in sich.[855] Diese so genannte Willkür könnte bei einer späteren gerichtlichen Kontrolle nicht aufgehoben werden, zumal der Grundsatz der Unüberprüfbarkeit der schiedsrichterlichen Sachentscheidung in Angelegenheiten der internationalen Handelsschiedsgerichtsbarkeit mittlerweile als Gemeingut beinahe aller nationalen Rechtsordnungen gilt.[856]

> „Wenn aber die Sachentscheidung des Schiedsgerichts auf ihren Inhalt hin nicht nachgeprüft werden kann, und dies ist eine echte Bevorzugung der Schiedsgerichtsbarkeit vor der staatlichen Gerichtsbarkeit, dann soll der Erlass der schiedsrichterlichen Sachentscheidung zumindest unter denselben Garantien einer richtigen Entscheidung stehen wie die Entscheidung des staatlichen Gerichts."[857]

In der Folge ist *Calavros* der Ansicht, dass ein Schiedsgericht kein Kollisionsrecht anwenden darf, das weder an das Verfahrensstatut noch an das Statut des Schiedsortes angeknüpft ist.[858]

§ 9.6.2.8: Zusammenfassung zum Kollisionsrecht insgesamt

Fraglich ist jedoch, ob eine Zwischenschaltung eines Kollisionsrechts überhaupt sinnvoll ist. Das französische Recht ging hier schon früh einen sensibleren und logischeren Weg.[859]

> „The arbitrator shall settle the dispute in accordance with the rules which the parties have chosen, and in the absence of such a choice, in accordance with those rules which he considers to be appropriate."[860]

Insgesamt bleibt festzuhalten, dass die Feststellung des anwendbaren materiellen Rechts über den Umweg über ein zu bestimmendes Kollisionsrecht einen Anachronismus in der internationalen Handelsschiedsgerichtsbarkeit darstellt.[861] Es entspricht vielmehr

---

854 *Jaffey*, Arbitration of International Commercial Contracts: The Law to be Applied by the Arbitrators, in: *Perrott/Pogany* (Hrsg.), Current Issues in International Business Law (Aldershot 1988) 129 (132); *Lando*, The Law Applicable to the Merits of the Dispute, in: *Lew* (Hrsg.), Contemporary Problems in International Arbitration (Dordrecht 1987) 101 (159).

855 *Calavros*, 128; *Schlosser*, Rn. 610; *von Hoffmann*, 114 f.

856 *Calavros*, 128.

857 *Calavros*, 128.

858 *Calavros*, 128 f.

859 *Redfern/Hunter*, 96.

860 Art. 1496 franzNCPC vom 12.5.1981; Übersetzung nach *Redfern/Hunter*, 96.

861 Ebenso: *Redfern/Hunter*, 97.

einem modernen Trend, das materielle Recht direkt zu bestimmen.[862] Sofern einem Schiedsgericht zugetraut wird, einen Rechtsstreit für alle Parteien bindend zu entscheiden, kann es ihm „vermutlich" ebenso zugetraut werden, das diesen Rechtsstreit am ehesten und gerechtesten lösenden materiellen Recht zu bestimmen. Dies vor allem unter der Maßgabe, dass die Parteien, sofern ein derartiger Ansatz ihnen zu weit geht, diese jederzeit die Rechtswahlmöglichkeiten des Schiedsgerichts einschränken oder selbst eine Rechtswahl vornehmen können.

§ 9.6.3: Materielles Recht

§ 9.6.3.1: Sitztheorie

Wie schon bei der Anwendung eines Kollisionsrechts, wird zum materiellen Recht die Regel ***qui elegit arbitrum elegit ius*** vertreten. Damit ist eine der Strömungen, das anwendbare materielle Recht von der Sitzwahl abzuleiten, d.h. das materielle Recht am Sitz des Schiedsgerichts anzuwenden.[863]

Vor allem ältere Schiedsgerichtsentscheidungen verweisen direkt auf das am Sitz des Schiedsgerichts anwendbare materielle Recht.[864] Hierbei fällt auf, dass diese Vorgehensweise besonders im angelsächsisch geprägten Bereich, d.h. den USA und Großbritannien verbreitet war:[865]

> „It is widely held that the parties who have chosen a place of arbitration have thus impliedly agreed on the applicability of both the procedural and substantive law of that place."[866]

Historisch betrachtet, haben englische Gerichte mit der Wahl des Forums gleichzeitig die Wahl des materiellen Rechts verbunden.[867] Zum Teil ebenso verfahren US Gerichte und Gelehrte, wobei hier zu beachten ist, dass die US Gerichte und Gelehrten dieser Frage in der Vergangenheit weit weniger Beachtung geschenkt haben als ihre europäischen Kol-

---

862 Ebenso: *Redfern/Hunter*, 97; vgl. bspw.: Art. 1496 franzNCPC, § 1051 Abs. 2 dtZPO, Art. 834 Abs. 1 S. 2 italZPO, Art. 1054 Abs. 2 S. 2 niederländischeZPO, Art 17 Abs 1 S. 2 ICC ArbRules (1998), Art. 59 Abs. 1 S. 3 WIPO ArbRules (2002), Art. 24 Abs. 1 S. 2 SCC ArbRules (1999), Art. 28 Abs. 1 S. 2 AAA ArbRules (2003), Art. 22.3 S. 2 LCIA ArbRules, Art. 46 S. 2 NAI ArbRules (2001), Art. 3 Abs. 3 Milan ArbRules (2004) etc. pp.

863 Vgl.: *Born*, 529, 536 ff. m.w.N.

864 ICC Schiedsspruch Nr. 2735 (1976); Nr. 2391 (1977).

865 USA: *Splosna Plovba of Piran v. Agrelak Steamship Corp.*, 381 F.Supp. 1368 (1370) (SDNY); *In re Application of Doughboy Indus. Inc.*, 233 NYS 2d 488 (1962); vgl. aber auch für deutsche und französische Entscheidungen: *Lando*, The Law Applicable to the Merits of the Dispute, in: *Sarcevic* (Hrsg.), Essays on International Commercial Arbitration (London 1989) 129 (136).

866 *Ehrenzweig*, A treatise on the conflict of laws (St. Paul 1962) 540.

867 *Tzortizis and Sykias v. Monark Lines A/B* (1968) 1 Lloyd's L.Rep. 337 (C.A.); *Norske Atlas Co., Ltd. v. London General Ins. Co., Ltd.* (1927), 2 Lloyd's L.Rep. 104.

legen. Hier wurde den kollisionsrechtlichen Fragen in der Schiedsgerichtsbarkeit im Allgemeinen wenig Aufmerksamkeit gewidmet. In den USA war die traditionelle Sicht die, dass in Abwesenheit einer Rechtswahl durch die Parteien das Schiedsgericht normalerweise das materielle Recht des Staates, in dem das Schiedsgericht seinen Sitz hatte, anwenden musste.[868] Die Auswahl des Sitzes durch die Parteien wurde als implizite Rechtswahl zugunsten des materiellen Rechts am Sitz des Schiedsgerichts angesehen.[869]

„Under some circumstances, the designation of arbitration in a certain place might also be viewed as implicitly selecting the law of the place to apply to that transaction."[870]

Die Kritik ist hier die gleiche wie schon oben zum Kollisionsrecht.[871] Eine Sitzwahl wird aus anderen Gründen vorgenommen als eine Rechtswahl.[872] Bspw. wird eine Sitzwahl nur aufgrund seiner geographischen Lage oder seinem Ruf als bedeutender Schiedsort getroffen.[873] Gerichte haben diese Kritik aufgenommen, und so scheint es nun einem internationalen Trend zu entsprechen, diesen Ansatz nicht mehr zu verfolgen.[874]

§ 9.6.3.2: Tronc commun doctrine

Eine entscheidende Frage, die sich stellt, ist, wenn die Parteien keine Rechtswahl getroffen haben, ob sie nicht unter Umständen hierdurch eine negative Rechtswahl getroffen haben. Schließen die Parteien mit dem Ausbleiben einer Rechtswahl zugunsten eines materiellen nationalen Rechts gleichzeitig die Anwendbarkeit jeglichen nationalen Rechts aus? Letztendlich möchte jede Partei nach Möglichkeit das ihnen bekannte nationale Recht ihres eigenen Ursprungslandes zur Anwendung berufen. Kann dies im Rückschluss nicht gleichzeitig heißen, dass bei einer unterbliebenen Rechtswahl das nationale materielle Recht der vertragsschließenden Parteien insoweit anwendbar ist, als dass es nicht in Konflikt steht?

„The tronc commun consists in identifying a tacit choice by the parties, without having to resort to residual criteria. Rather than being a mixture of usages and national principles, it is formed by the

868 Vgl. *Born*, 529, 536 f.; *Ehrenzweig*, A treatise on the conflict of laws (St. Paul 1962) 540; *Wilner*, Determining the Law Governing Performance in International Commercial Arbitration: A Comparative Study, 19 (1965) Rutgers L. Rev. 646 (676 f.); Restatement (Second) Conflict of Laws § 218 comment b (1971).

869 Restatement (Second) Conflict of Laws § 218 comment b (1971).

870 *Scherk v. Alberto-Culver Co.* (1974), 417 US 506 (519 Nr. 13).

871 Aus diesem Grunde sei auch für genauere Ausführungen auf die obige Kritik verwiesen.

872 *Garnett/Gabriel/Waincymer/Epstein*, A Practical Guide to International Commercial Arbitration (New York 2000) 27; *Redfern/Hunter*, 130.

873 *Redfern/Hunter*, 130.

874 *Garnett/Gabriel/Waincymer/Epstein*, A Practical Guide to International Commercial Arbitration (New York 2000) 27.

common part of the laws of the contracting parties and consequently consists of statutory provisions."[875]

Jedoch kann nicht vom Ausbleiben einer expliziten Rechtswahl durch die Parteien, im Wege einer negativen Rechtswahl, auf die *tronc commun doctrine* geschlossen werden. Vielmehr kann das Ausbleiben einer Rechtswahl vielschichtige Gründe haben, wie bereits des Öfteren in dieser Arbeit dargelegt, vom Vergessen bis hin zu einer absichtlichen Nichtaufnahme, um die Vertragsverhandlungen nicht zu gefährden. Kommen also keine weiteren Indizien hinzu, erscheint es fraglich, ob man direkt die *tronc commun doctrine* anwenden kann.

§ 9.6.3.3: Voie directe

§ 9.6.3.3.1: Notwendigkeit der Anwendung eines Kollisionsrechts?

Die Frage, die sich jedoch ganz allgemein stellt, ist:

> Ist die Anwendung eines Kollisionsrechts überhaupt nötig?

Die Frage ist, wenn schon den Parteien die Freiheit der Rechtswahl zugunsten eines materiellen Rechts zur Seite steht, warum sollte nicht das Schiedsgericht in der Lage sein, das materielle Recht direkt zu bestimmen? Anders gesagt, geht es um die direkte Anwendung eines materiellen Rechts durch das Schiedsgericht, dem so genannten *voie directe*. In derart gelagerten Fällen würde sich das Problem, ein IPR zu wählen, erübrigen.

§ 9.6.3.3.2: Ansatz

Einige Länder legen dem Schiedsgericht über das Verfahrensrecht die Anwendung bestimmter Kollisionsregeln auf. In der Schweiz enthält z.B. Art. 187 Abs. 1 schweizIPRG eine Kollisionsregel, welche angewandt wird, sofern keine Vereinbarung der Parteien existiert. Hiernach soll das Schiedsgericht die Rechtsvorschriften (*rules of law*) anwenden, die zum Fall die engste Verbindung aufweisen.[876]

Sofern das Schiedsgericht das materielle Recht ohne Einschaltung eines IPR auswählen darf, spricht man vom *voie directe*. Eine derartige „Abkürzung" wird dabei unternommen, um so die Unwägbarkeiten eines Kollisionsrechts zu vermeiden.[877] Nach diesem Ansatz entscheidet das Schiedsgericht nicht anhand eines Kollisionsrechts oder bestimmter Kollisionsregeln, welches materielle Recht anwendbar ist, sondern es entscheidet vielmehr selbst und ohne eine wie auch immer geartete (bewusste oder zwingende) Zwischenschaltung zugunsten eines bestimmten materiellen Rechts. Dieser Ansatz ist dem der

---

875 *RUBINO-SAMMARTANO*, 279.

876 *BUCHER/TSCHANZ*, International Arbitration in Switzerland (Basel 1989) 95 f.

877 Vgl.: *LEW*, 371 ff.

Anwendung allgemeiner Rechtsprinzipien ähnlich. Dennoch gibt es einen gravierenden Unterschied zwischen der Anwendung allgemeiner Rechtsprinzipien und der hier zu behandelnden direkten Methode. Schiedsrichter, die die direkte Methode anwenden, vertrauen auf verbindende Faktoren zu dem letztendlich anwendbaren Sachrecht, nicht, weil diese allgemein akzeptiert werden, sondern vielmehr, weil sie diese für anwendbar erachten. Sie müssen nicht nachweisen, dass dieser – von ihnen gewählte Ansatz – allgemein akzeptiert wird.

Hierbei herrschen unterschiedliche Strömungen. Die einen wollen das Schiedsgericht auf ein nationales Recht beschränken, andere gehen hier wieder den Weg über die „engste Verbindung" und einige legen dem Schiedsgericht keinerlei Beschränkungen auf.[878]

§ 9.6.3.3.3: Praxis

Die direkte Bestimmung des auf den Sachverhalt anwendbaren materiellen Rechts ohne Zwischenschaltung von Kollisionsrecht oder -regeln, entspricht einem Trend in der internationalen Schiedsgerichtsbarkeit.[879] Inspiriert und begründet wurde dieser Trend durch die liberale Regelung des französischen Rechts in Art. 1496 franzNCPC und spiegelt sich in verschiedenen Ausprägungen nicht nur in diversen Schiedsverfahrensgesetzen[880], sondern in den verschiedenen Schiedsgerichtsordnungen[881] und Schiedsgerichtsentscheidungen wider.

Schiedsgerichte haben in einigen Fällen direkt das materielle Recht der beteiligten Staaten miteinander verglichen und eine Übereinstimmung festgestellt, so dass alle zum selben Ergebnis führten.[882] In anderen frühen Fällen hat das Schiedsgericht ein bestimmtes materielles Recht ohne die Angabe von Gründen bestimmt.[883]

> „The tribunal observes that most of the contract should have been executed in Korea and that for this reason Korean private law must be chosen as the law governing the contract."[884]

Dass sich dieser Ansatz in Schiedsgerichtsordnungen widerspiegelt, zeigen nicht zuletzt Art. 17 Abs. 1 der ICC ArbRules (1998) sowie Art. 28 der AAA ArbRules (2003):

---

878 Auf die einzelnen Strömungen soll in den folgenden Ausführungen noch eingegangen werden.

879 *Craig/Park/Paulsson*, § 17.01 i); *Lando*, The Law Applicable to the Merits of the Dispute, in: *Lew* (Hrsg.), Contemporary Problems in International Arbitration (Dordrecht 1987) 101 (142 f.).

880 Bspw. § 1051 Abs. 2 dtZPO, 1054 Abs. 2 niederländCPC etc.

881 Art. 29 Abs. 1 AAA ArbRules: „The tribunal shall apply the substantive law or laws designated by the parties as applicable to the dispute. Failing such a designation by the parties, the tribunal shall apply such law or laws as it determines appropriate."

882 ICC Schiedsspruch Nr. 2886 (1977).

883 ICC Schiedsspruch Nr. 1422 (1966).

884 ICC Schiedsspruch 4132 (1983).

Art. 28 Abs. 1 AAA ArbRules: „The tribunal shall apply the substantive law(s) or rules of law designated by the parties as applicable to the dispute. Failing such a designation by the parties, the tribunal shall apply such law(s) or rules of law as it determines to be appropriate."

§ 9.6.3.3.4: Kritik

Dieser Ansatz scheint einigen Autoren zweifelhaft.[885] Ihnen zufolge liegt der Sinn in den Kollisionsregeln darin, den Parteien einen gewissen Maßstab an Sicherheit bzgl. des anwendbaren materiellen Rechts zu geben.

Das materielle Recht direkt und ohne „Umweg" über ein Kollisionsrecht oder der Konsultation kollisionsrechtlicher Regeln anzuwenden, färbt die Entscheidung über das anwendbare Recht sehr subjektiv ein, so dass das Schiedsgericht dem unausgesprochenen Instinkt seiner individuellen Schiedsrichter unterliegt und dem Interesse der Vorhersehbarkeit und Fairness wenig förderlich ist.[886] Ihnen zufolge erscheint es besser, kollisionsrechtliche Regeln zu entwickeln, welche die Vorhersehbarkeit und Transparenz von Schiedsgerichtsentscheidungen fördern.[887]

Einer Ansicht nach ist es ohne die Bezugnahme auf ein Kollisionsrecht für die Parteien nicht vorhersehbar, welches materielle Recht das Schiedsgericht für anwendbar erachten wird.[888] Eine solche Unsicherheit kann nicht nur zur Unvorhersehbarkeit der Entscheidung führen, sondern außerdem dazu, dass die Parteien nicht dazu imstande sind, ihren konkreten Fall vor dem Schiedsgericht zu präsentieren.[889] Dies, zumal sie nicht wissen, auf welcher rechtlichen Grundlage verhandelt werden soll, um eine Lösung für den vorliegenden Fall herbeizuführen. Insbesondere Fragen der Verfristung, Zinshöhe, Risikoverteilung differieren von Rechtssystem zu Rechtssystem. Dem ist jedoch entgegen zu halten, dass es den Parteien im Zuge ihrer Parteiautonomie gestattet ist, vom Schiedsgericht einen Teilschiedsspruch und damit eine verbindliche Entscheidung oder des auf den Rechtsstreit anwendbaren Rechts zu erreichen.

Insgesamt ist die Kritik wenig überzeugend. Dies gerade, zumal beim kollisionsrechtlichen Ansatz gezeigt wurde, welche Vielfalt von Ansätzen existiert und wie wenig vorhersehbar eine schiedsrichterliche Entscheidung ist.

---

885 Bspw.: *BORN*, 531.

886 *BORN*, 531.

887 Was von einer derartigen Kritik zu halten ist, wird später nach Abhandlung der einzelnen Strömungen behandelt unter dem Punkt „Konvergenz der Lösungsansätze".

888 *WORTMANN*, 14 (1998) AI, 97 (100).

889 *WORTMANN*, 14 (1998) AI 97 (100).

§ 9.6.3.4: Engste Verbindung

Das – vor allem – durch das schweizerische Recht in der internationalen Schiedsgerichtsbarkeit eingeführte und bekannt gewordene Prinzip des „engsten Zusammenhangs“[890] ist zudem als „engste Verbindung“[891], „stärkste Verbindung“[892], *„closest and most real connection“*[893], *„most significant relationship“*[894], *„liens (rapports) les plus étroits“*[895], des Vertrages mit einer bestimmten Rechtsordnung bekannt und ein international kollisionsrechtlich akzeptiertes Grundprinzip des IPR,[896] das folgerichtig ebenso für internationale Schiedsgerichte gilt.[897]

---

890 Vgl.: Art. 117/187 Abs. 1 GIPR, dazu: *BROGGINI*, La Nouvelle Loi Fédérale Sur Le Droit International Privé, Schw.Jahrb.Int.R. 1988, 132 (136 ff.).

891 Art. 28 Abs. 1 S. 1 dtEGBGB; § 1051 Abs. 2 dtZPO; Art. 4 Abs. 1 S. 1 Römisches EWG Übereinkommen (zur Vorbildfunktion der Konvention für internationale Schiedsrichter in dieser Hinsicht: ICC Schiedsspruch Nr. 1717; Nr. 4996; Nr. 2730, 111 (1984) JDI (Clunet) 914 mit Anm. *DERAINS*, 918 f.).

892 § 1 Abs. 1 öIPRG.

893 *DICEY/MORRIS*, The Conflict of Laws[11] (London 1987) 769 ff.; vgl. bereits: *WESTLAKE*, A Treatise on Private International Law[2] (London 1880) § 212; vgl. weiterhin: Art. 5 Abs. 1 des chinesischen Außenwirtschaftsvertragsgesetzes von 1985, abgedruckt bei: *HORN/SCHÜTZE*, Wirtschaftsrecht der VR China, 438 (439).

894 § 188 amerikanisches Restatement of Law (Second), Conflict of Laws.

895 Art. 13 Abs. 3 BeNeLux IPR Abkommen (nicht ratifiziert).

896 *LALIVE*, Ordre Public Transnational (Ou Réellement International) Et Arbitrage International, Rev.Arb. 1986, 329 (355); *BLESSING*, Schweiz II, 13 (65) („Minimalanforderung, die als selbstverständlich betrachtet werden darf.“); *DELAUME*, Law and Practice of Transnational Contracts (New York 1988) § 3.01; *LAGARDE*, Le principe de proximité dans le droit international privé contemporain, Recureil des Cours 196 (1986-I), 29 ff.; *KEGEL/SCHURIG*, Internationales Privatrecht[8] (München 2000) § 18 I 1 d; *DE LY*, De Lex Mercatoria, Inleiding op de studie van het transnationaal handelsrecht (Antwerpen 1989) 181 f.; *LANDO*, Conflict of Law Rules for Arbitrators, in: *BERNSTEIN* (Hrsg.), Festschrift für *KONRAD ZWEIGERT* zum 70. Geburtstag (Tübingen 1981) 157 (169); *FERID*, Internationales Privatrecht – Ein Leitfaden für Praxis und Ausbildung[2] (Frankfurt am Main 1982) Rn. 6-37; kritisch jedoch: *NEUHAUS*, Die Grundbegriffe des Internationalen Privatrechts[2] (Tübingen 1976) 165 f.; vgl. auch: USA: im *common law*: *BONYTHON V. COMMONWEALTH* (1951) AC 201 (English House of Lords); Second Restatement on the Conflict of Laws, §§ 187 und 188; vgl. weiterhin: Art. 4 Abs. 2 EVÜ.

897 Vgl.: *SANDERS*, Het nieuwe arbitragerecht (Deventer 1987) 143 (für das niederländische Recht); allgemein: *EISEMANN*, FS *BÜLOW*, 59 (63); *LALIVE*, Ordre Public Transnational (Ou Réellement International) Et Arbitrage International, Rev.Arb. 1986, 329 (356); vgl. ebenso: ICC Schiedsspruch Nr. 3742, 111 (1984) JDI (Clunet) 911 mit zustimmenden Anm. *DERAINS*, 912 (913); Nr. 4132, X (1985) YCA 49 (52), *„Centre of Gravity Test“*; Nr. 2730; Nr. 4237; Nr. 5717; *IRAN-US CLAIMS TRIBUNAL HARNISCHFEGER CORP. V. MINISTRY OF ROADS AND TRANSPORTATION*, 7 CTR 1984, 90 (99).

Die für eine Spezifizierung dieser Termini nötigen Wertungskriterien sind in internationalen Konventionen[898] sowie von nationalen Rechten[899] zu entnehmen. Tatsächlich liegen diese allgemeinen Kriterien einer Entscheidung für ein anwendbares Recht ebenfalls dann zugrunde, wenn angeblich „direkt" angeknüpft wird.[900]

Die voran genannte Typisierung der kollisionsrechtlichen Lösung soll dabei zu einem – auch in der Schiedsgerichtsbarkeit – angestrebten Maß an Rechtssicherheit und Vorhersehbarkeit kollisionsrechtlicher Anknüpfungen führen.[901] Letzte Sicherheit lässt sich mit keiner gesetzlichen Regelung schaffen.[902] Jeder Schiedsrichter wird letztendlich bei seiner Anknüpfung von seinem persönlichen Hintergrund und von den jeweiligen Grundsätzen und Prinzipien seiner „Heimatrechtsordnung" beeinflusst.[903] Darüber hinaus werden oftmals die kollisionsrechtlichen Vorschriften von anderen Erwägungen wie z.B. anwendbaren Exportkontroll- und Devisenvorschriften überlagert.[904] Diese Unsicherheit ist jedoch keine Besonderheit der Schiedsgerichtsbarkeit, sondern vielmehr eine Eigenart, die allen gerichtlichen Anknüpfungsentscheidungen immanent ist, seien sie nationaler oder schiedsgerichtlicher Art.[905] Außerdem bietet das herkömmliche IPR, als meist offenes System, Einbruchstellen für herkömmliche Anknüpfungsmethoden.[906] Insofern hat die Schiedsgerichtsbarkeit gerade den Vorteil, dass Rechtsentscheidungen von einem in internationalen Fällen erfahrenen Praktiker gefällt werden, so dass eine größere Gewähr für die Herbeiführung „internationalprivatrechtlicher Gerechtigkeit"[907] herbeigeführt und die Anwendung des für die Lösung des konkreten Falles fortschrittlichsten Rechts gefördert wird.[908]

Als mögliche, verbindende Faktoren kommen dieselben in Betracht, die schon oben beim Kollisionsrecht genannt wurden.

---

898 *BASEDOW*, Vertragsstatut und Arbitrage nach neuem IPR, in: *GLOSSNER* (Hrsg.), JPS 1987 (Heidelberg 1988) 3 (18), Manifestierung einer „rechtsvergleichenden *ratio scripta*"; Wertungskatalog in Art. 4 ff. Römisches EWG Übereinkommen, zur Übernahme dieses Wertungskataloges durch internationale Schiedsgerichte: *SANDERS*, Het nieuwe arbitragerecht (Deventer 1987) 14; *VAN DEN BERG*, An de Balie van het Schiedsgerecht, TvA 1984, 171 (200); ICC Schiedsspruch (Teilschiedsspruch) Nr. 4710; vgl. ebenso: Art. 3 Abs. 1 des Haager Übereinkommen betreffend das auf internationale Kaufverträge anwendbare Recht vom 15.6.1955, vgl. hierzu: ICC Schiedsspruch Nr. 5713; vgl. auch: Nr. 2438; Nr. 6281.

899 Art. 28 ff. dtEGBGB; Art. 117 ff. schweizIPRG.

900 Vgl.: ICC Schiedsspruch Nr. 4650; Nr. 2730.

901 *BERGER*, 360.

902 Ebenso: *BERGER*, 360.

903 *BERGER*, 360; *BÖCKSTIEGEL*, FS *BEITZKE*, 443 (448).

904 Vgl. zu Exportkontrollvorschriften: ICC Schiedsspruch Nr. 2930 (1982); *GROßFELD/JUNKER*, Das CoCom im internationalen Wirtschaftsrecht (Tübingen 1991) 140 f.

905 *BERGER*, 360.

906 Bspw.: Art. 4 Abs. 5 S. 2 Römisches EWG Übereinkommen, Art. 28 Abs. 5 dtEGBGB; Art. 15 schweizIPRG etc.

907 *KEGEL/SCHURIG*, Internationales Privatrecht[8] (München 2000) § 2 I; *BERGER*, 360.

908 *BERGER*, 360 m.w.N.

*§ 9.6.3.5: **Progressive Methode*** / rules of law

Der progressiven Methode folgt als Initiator das französische Recht.[909] Das anwendbare Recht wird hiernach direkt (*voie directe*) und scheinbar ohne Rückgriff auf Kollisionsnormen ermittelt,[910] sei es, weil ohnehin alle in Betracht kommenden Rechtsordnungen zum selben Ergebnis führen,[911] sei es, weil das Schiedsgericht die Anwendung eines bestimmten Rechts für angemessen erachtet. Hierbei unterliegt jedoch das Schiedsgericht keinen Beschränkungen. Hervorzuheben ist dies besonders, zumal es von Seiten der Gerichte und Gelehrten zunehmende Unterstützung für die Annahme gibt, dass die *lex mercatoria* mehr ist als ein akademisches Konzept.[912]

Frankreich, die Niederlande[913] und die Schweiz[914] haben ein sehr liberales Schiedsrecht und geben dem Schiedsrichter im Falle der Abwesenheit einer Rechtswahl durch die Parteien die Möglichkeit, diejenigen "Rechtsvorschriften" auszuwählen, die er für anwendbar erachtet. Auch wenn dies einem durchaus modernen Trend entspricht, sind die meisten anderen Staaten weniger liberal und verpflichten das Schiedsgericht, ein nationales Recht anzuwenden.

Nach dem schweizerischen Recht hat das Schiedsgericht zwar eine objektive Anknüpfung zu treffen, spricht aber von *„règles du droit"* und lässt damit die Wahl der *lex mercatoria* durch das Schiedsgericht zu.[915] Folglich eröffnen sich im Rahmen der Rechtswahl durch das Schiedsgericht im schweizerischen Recht dieselben Möglichkeiten, wie bei der Rechtswahl durch die Parteien. Dies entspricht dem zurzeit aktuellsten Trend in der internationalen Schiedsgerichtsbarkeit, der aber schon kurz nach Einführung der Reformen im französischen und schweizerischen Recht und nach Einführung des ML[916] eingesetzt

909 Art. 1496 franzNCPC.

910 ICC Schiedsspruch Nr. 1776; Nr. 3880; Nr. 4381, 113 (1986) JDI (Clunet) 1102 mit zustimmenden Anm. *DERAINS*, a.a.O. 1107 (1109); *LEW*, 295; *DAVID*, Rn. 341; *VAN DEN BERG*, An de Balie van het Schiedsgerecht, TvA 1984, 171 (200).

911 Vgl.: ICC Schiedsspruch Nr. 5103.

912 *CRAIG/PARK/PAULSSON*, § 17.03 ii) m.w.N.

913 Art. 1054 Abs. 2 niederländischeZPO.

914 Art. 187 Abs. 1 schweizIPRG; ausführlich hierzu später.

915 *LALIVE/GAILLARD*, Le nouveau droit de l'arbitrage international en Suisse, 116 (1989) JDI (Clunet) 905 (946); *GAILLARD*, ICSID Rev. FILJ 1987, 424 (433 f.); *BUDIN*, La Nouvelle Loi Suisse Sur l'Arbitrage International, Rev.Arb. 1988, 51 (61); *LALIVE/POUDRET/REYMOND*, Art. 187, Rn. 19; *BLESSING*, Schweiz II, 13 (67); *REYMOND*, La Nouvelle Loi Suisse Et Le Droit de L'Arbitrage International – Réflexions De Droit Comparé, Rev.Arb. 1989, 385 (406); *DASSER*, 335; anderer Ansicht: *BUCHER*, Rn. 292, wenig überzeugend unter Berufung auf die Notwendigkeit der geographischen Lokalisierung der Anknüpfung.

916 Schon die kanadischen *common law* Provinzen haben Art. 28 Abs. 2 ML so modifiziert, dass er nunmehr die gleichen Rechtswahlmöglichkeiten einräumt wie Art. 28 Abs. 1 ML, vgl.: *NÖCKER* 140 f.

hat[917] und dem „exotischere" Gesetzgeber gefolgt sind, wie z.B. der djibutische Gesetzgeber:[918]

Art. 12 Abs. 1: „The parties are free to determine the rules of law which the arbitrators shall apply to the substance of the dispute. Failing agreement by the parties, the arbitrator shall apply the rules of law which they consider appropriate."

Art. 12 Abs. 2: „In all cases, the arbitrators shall take into account contractual provisions and shall apply international trade usages."

§ 9.6.3.5.1: Kritik: law vs. rules of law

„[T]he choice of such a law [gemeint ist die *lex mercatoria*] would require an agreement between the parties […]."[919]

Somit stellt sich die Frage, ob die vorangestellte Aussage richtig ist und wie der Streit um die progressive Methode oder das Konkurrieren des *law* mit dem *rules of law* zu bewerten ist. *Law* meint hier[920] Recht und damit ein nationales Recht in seiner Gesamtheit. Die Mehrheit der Schiedsgerichtsordnungen und Schiedsverfahrensgesetze nahmen und nehmen nach wie vor Bezug auf das Recht (*law*).[921] *Rules of law* (Rechtsvorschriften) werden demgegenüber weiter verstanden. Hierunter ist nicht nur ein nationales Recht zu verstehen, sondern ebenso die allgemeinen Rechtsprinzipien (*general principles of law*), die *lex mercatoria*, transnationale Rechtsordnungen, Rechtsprinzipien internationaler Übereinkommen usw.[922] In der heutigen Zeit globalisierender Märkte gewinnen die transnationalen Rechtsregeln mehr und mehr an Bedeutung. Mehr noch ist ein Trend zu beobachten, nationales Recht zu harmonisieren.[923] In vielen anderen Bereichen gewinnen Standards internationaler Organisationen, insbesondere im Bereich der Handelsbräuche, weiter an Bedeutung.

---

917 Bspw.: ICC ArbRules: Art. 17 Abs. 1 S. 2 ICC ArbRules (1998) spricht von „*rules of law*", während nach Art. 13 Abs. 3 ICC ArbRules (1975) nur ein nationales Recht wählbar war; Art. 1054 Abs. 2 S. 2 niederländischeZPO; Art. 28 Abs. 1 S. 2 AAA ArbRules (2003), Art. 22.3 S. 2 LCIA ArbRules, Art. 46 S. 2 NAI ArbRules (2001) etc.

918 Zitiert nach: *DERAINS*, ICCA Congress Series No. 2, 169 (174).

919 ICC Schiedsspruch Nr. 4650.

920 Wie schon bei der Rechtswahl durch die Parteien ausgeführt.

921 Bspw.: Art. VII Abs. 1 S. 2 EuÜ, Art. 13 Abs. 3 ICC ArbRules (1975), Art. 33 Abs. 1 S. 2 UNCITRAL ArbRules (1976), Art. 28 Abs. 2 ML, § 46 Abs. 3 EAA 1996, § 1051 Abs. 2 dtZPO; aber auch die: Art. 33 Abs. 1 S. 2 CRCICA ArbRules (2002), Art. 16 Abs. 1 S. 2 Wiener Regeln (2001) etc. pp.

922 Wie schon bei der Rechtswahl durch die Parteien ausgeführt.

923 Zum Beispiel auf dem Gebiet des Telekommunikationsrechts, des Wettbewerbsrechts, des Bank- und Finanzrechts usw.

§ 9.6.3.5.2: Exkurs: Fall NORSOLOR V. PABALK[924]

NORSOLOR, eine französische Gesellschaft, wurde von einem ICC Schiedsgericht der Vertragsverletzung mit einem türkischen Handelsvertreter (*commercial agent*) für schuldig befunden. Die ICC legte damals Wien als Sitz des Schiedsgerichts (*place of arbitration*) fest. Die Parteien hatten sich auf kein anwendbares Recht geeinigt, insbesondere war das Schiedsgericht nicht zu einer Billigkeitsentscheidung ermächtigt. In der Folge hat das Schiedsgericht kein einzelnes nationales Recht zur Anwendung berufen, d.h. weder französisches noch türkisches oder österreichisches Recht kam hier zu Anwendung. Vielmehr basierte die Entscheidung auf dem Vertragsverständnis des Schiedsgerichts, der *lex mercatoria* sowie auf den Prinzipien des guten Glaubens und gegenseitigem Vertrauen in internationalen Handelsgeschäften.

NORSOLOR versuchte die Aufhebung dieses Schiedsspruches vor den österreichischen Gerichten zu erreichen. Das erstinstanzliche österreichische Gericht hat daraufhin einen Teil des Schiedsspruches mit der Begründung aufgehoben, dass die Schiedsrichter Art. 13 (3) ICC ArbRules (1975)[925] nicht befolgt hätten. Das Gericht legte diesen Passus so aus, dass eine Entscheidung des Schiedsgerichts zum anwendbaren Recht auf ein nationales Recht gestützt werden muss, welches über eine rechtsvergleichende Betrachtung der Kollisionsrechte gefunden werden musste.[926] Es war demnach nach den Prozessregeln nicht zulässig, auf die *lex mercatoria* Bezug zu nehmen.

Nachdem das Schiedsgericht nicht nachgewiesen hatte, dass das französische wie türkische Recht eine identische Lösung für den vorgelegten Fall anbieten konnte, hielt es das österreichische Gericht für notwendig festzustellen, welches der beiden Rechte anwendbar ist.

Das österreichische oberste Gericht (OGH) wies die Entscheidung des Vorgerichts jedoch zurück und setzte den Schiedsspruch wieder in Kraft.[927] Es wies insbesondere darauf hin, dass das Schiedsgericht keine zwingenden Bestimmungen verletzt hätte. Weiterhin wies das Obergericht das Argument zurück, dass die Schiedsrichter ihre Befugnisse über-

---

924 ICC Schiedsspruch Nr. 3131 (1979), *PABALK TICARET LIMITED SIRKETI V. NORSOLOR S.A.* vom 26.10.1979; OGH vom 18.11.1982, RIW 1983, 868 ff., Auszüge auf Englisch in: IX (1984) YCA 109; ausführlich zum gesamten Fall Norsolor und dem Auftreten vor den staatlichen Gerichten Frankreichs und Österreichs: *GOLDMAN*, Une bataille judiciare autour de la lex mercatoria, Rev.Arb. 1983, 378 ff.; *BAJONS*, Zur Nationalität internationaler Schiedssachen – Der Fall „*NORSOLOR*" vor den österreichischen Gerichten, in: *RECHBERGER/WELSER*, Festschrift für *WINFRIED KRALIK* zum 65 Geburtstag (Wien 1986) 3 ff. [zukünftig zitiert als: *BAJONS*, FS *KRALIK*]; näher hierzu beim österreichischen Recht.

925 Zur Erinnerung, Art. 13 Abs. 3 ICC ArbRules (1975): „In the absence of any indication by the parties as to the applicable law, the arbitrator shall apply the law designated as the proper law by the rule of conflict which he deems appropriate."

926 Nach den neuen ICC ArbRules (1998) ist dies nicht mehr notwendig, aber nach wie vor nach dem ML.

927 OGH vom 18.11.1982, RIW 1983, 868 ff.

schritten hätten. Der Schiedsspruch *Norsolor* wurde letztendlich in Frankreich vollstreckt.[928]

In einer gleichen Entscheidung wie *Norsolor* hat der französische oberste Gerichtshof ebenfalls einen ICC Schiedsspruch, welcher in Genf erlassen wurde, aufrechterhalten.[929] Hier hatte das Schiedsgericht Prinzipien angewandt, welche *„generally applicable in international commerce"* sind. Die unterlegene Partei reklamierte hier, dass das Schiedsgericht die Rolle eines *amiable compositeurs* eingenommen hätte. Die Entwicklung des französischen Fallrechts lässt keinen Zweifel aufkommen, dass sich die internationale *lex mercatoria* wie eine positiv rechtliche Regelung verhält.[930]

§ 9.6.3.5.3: Zwischenergebnis

Dementsprechend hat in den letzten Jahrzehnten ein Prozess eingesetzt, der sich vom traditionellen Ansatz wegbewegt hin zum progressiven (mehr transnationalen) Ansatz, welcher nicht mehr ein nationales Recht einfordert, sondern vielmehr besagt, dass ein solches gerade nicht von Nöten ist, um eine allen Seiten gerecht werdende Lösung zu finden. Dieser moderne Ansatz hat nicht nur bereits in den Schiedsverfahrensgesetzen von Frankreich und der Schweiz seinen Niederschlag gefunden,[931] sondern in diversen modernen Schiedsgerichtsordnungen.[932]

Mit Bedauern wurde zur Kenntnis genommen, dass jüngste Revisionen von Schiedsverfahrensgesetzen bedeutender Rechtsnationen[933] diesem modernen Trend nicht gefolgt sind.[934]

Der progressive Ansatz ist insofern sachgerecht, als dass er einen „ehrlichen" Weg der Ermittlung des anwendbaren materiellen Rechts darstellt. Nachdem sich ohnehin das Gros der Beobachter einig ist, dass die geläufigen Ansätze regelmäßig zum gleichen materiellen Recht führen werden und Schiedsgerichte immer versucht sein werden, das Recht zur Anwendung zu bringen, welches sie für sachgerecht halten, werden Schiedsgerichte immer einen Weg finden anationales Recht zur Anwendung zu berufen. Dies kann nicht zuletzt durch das Einfallstor der Handelsbräuche geschehen, durch welches Prinzipien der *lex mercatoria*, allgemeiner Rechtsgrundsätze oder ähnlichem anationalem Recht Einzug

---

928 Tribunal de grande instance de Paris vom 20.6.1983, *Société Norsolor S.A. v. Société Pabalk Ticaret Sirketi*, Rev.Arb. 1983, 465; ausführlich zur Entscheidung *Norsolor* später im Rahmen des österreichischen Rechts.

929 Cour de cassation vom 9.12.1981, *Fougerolle (Frankreich) v. Banque du Proche Orient (Libanon)*, 109 (1982) JDI (Clunet) 931.

930 *Oppetit*, Fallanmerkungen, 109 (1982) JDI (Clunet) 931 (940).

931 Wie oben schon dargelegt.

932 Art. 22.3 LCIA Arb Rules; Art. 46 S. 2 NAI ArbRules (2001); Art. 17 Abs. 1 S. 2 ICC ArbRules (1998); Art. 59 Abs. a S. 3 WIPO ArbRules (2002); Art. 28 Abs. 1 S. 2 AAA ArbRules (2003) usw.

933 Bspw.: § 1051 Abs. 2 dtZPO; § 46 Abs. 3 English Arbitration Act 1996 usw.

934 Bspw.: *Blessing*, 14 (1997) J.Int'lArb. 39 (58).

finden können. Selbst der Schiedsrichter, der dem *voie directe* eines Landes folgt, welches sich dem progressiven Ansatz verschrieben hat, wird allgemeinen kollisionsrechtlichen Prinzipien bei seiner Entscheidung bzgl. der anwendbaren Rechts folgen und nur ausnahmsweise alleine aufgrund eines a- oder transnationalen Rechts entscheiden.

Für die Vorhersehbarkeit ist es unbedeutend, ob das Schiedsgericht an ein Kollisionsrecht gebunden ist oder gänzlich unbeschränkt entscheiden kann, nachdem selbst das Kollisionsrecht eine Vielfalt von Auslegungen erfahren kann.

Insofern bleibt zu hoffen, dass viele Länder dem von Frankreich aufgezeigten Weg folgen werden und dem Schiedsgericht – im Sinne einer möglichst sachgerechten Entscheidung – freie Hand bei der Ermittlung des anwendbaren Rechts geben. Insofern sind die Überlegungen des österreichischen Gesetzgebers bei seiner Reformierung seines Schiedsverfahrensrechts hin zu einem unbeschränkten *voie directe* zu begrüßen.

§ 9.6.3.5.4: Anationales Recht

Einem internationalen Trend zufolge, wenden Schiedsrichter immer wieder ein transnationales oder anationales materielles Recht direkt an.

Einer aktuellen Entwicklung in der schiedsgerichtlichen Praxis entspricht es dabei vor allem, dass Schiedsrichter, in Abwesenheit einer Rechtswahl durch die Parteien, die so genannte *lex mercatoria* ohne Umweg über ein nationales (Kollisions-)Recht anwenden.[935] Wie schon gezeigt,[936] gehen hierbei einige Autoren soweit, dass sie die fehlende Einigung auf ein nationales Recht durch die Schiedsparteien als implizite Rechtswahl zugunsten eines materiellen anationalen Rechts begreifen.[937]

Festzuhalten bleibt jedoch zunächst: Haben die Parteien ein nationales Recht gewählt, so darf sich das Schiedsgericht darüber nicht, durch die Anwendung der Grundsätze der *lex mercatoria*, hinwegsetzen.[938]

> „[The] *lex mercatoria* has the advantage that it does away with the choice-of-law process which many lawyers abhor.“[939]

---

935 *CHUKWUMERIJE*, 130.

936 Unter der Überschrift: "Negative Rechtswahl" zum Kollisionsrecht.

937 Bspw.: *CARBONNEAU*, Rendering Arbitral Awards with Reasons: The Elaboration of a Commercial Law of International Transactions, 23 (1985) Colum. J. Transnat'l L. 579 (597).

938 *VON HOFFMANN*, Grundsätzliches zur Anwendung der „lex mercatoria" durch internationale Schiedsgerichte, in: *MUSIELAK* (Hrsg.), Festschrift für *GERHARD KEGEL* zum 75. Geburtstag (Stuttgart 1987) 215 (230); *BERGER*, 387 Fn. 259; anderer Ansicht aber: *LOQUIN*, Le pouvoirs des arbitres internationaux à la lumière de l'evolution récente du droit de l'arbitrage international (The authority of international arbitrators in the light of the recent evolution of international arbitration law), 110 (1983) JDI (Clunet) 293 (337 f.); kritisch hierzu: *VON BREITENSTEIN*, Frankreich, 15 (41).

939 *LANDO*, The Lex Mercatoria and International Commercial Arbitration, 34 (1985) ICLQ 747 (754).

Streitbarere Befürworter dieser Ansicht gehen sogar soweit zu sagen, dass Schiedsgerichte die *lex mercatoria* anwenden dürfen, wenn der Staat, dessen Kollisionsrecht anwendbar ist, keine klare Antwort für den aktuellen Streitgegenstand gewährleistet. Weiterhin vertreten sie, dass die *lex mercatoria* dort anwendbar ist wo:

> „[The relevant national law is] clearly out of line with the reasonable expectations of the parties and the business community as a whole" or where "the rule is not fit for international trade."[940]

Gerade letztere Ansicht würde einen Schritt hin zur Billigkeitsentscheidung bedeuten, denn der Schiedsrichter müsste und würde darüber befinden, ob ein nationales Recht dem internationalen Handel gerecht würde. Hier würden vor allem die nationalen Hintergründe der Schiedsrichter eine große Rolle spielen. Ein Schiedsrichter wird oft sein eigenes Heimatrecht zum Maßstab nehmen und Staaten mit einem anderen (aber trotzdem fortschrittlichen) Rechtsverständnis oder Lösungsansatz als rückständig ansehen. Was dem Westlichen als fortschrittlich erscheint, muss einem Schiedsrichter aus dem Nahen-Osten noch lange nicht fortschrittlich erscheinen und umgekehrt gilt dies erst recht, zumal dem Westen das Verständnis für religiös geprägte Rechtsordnungen aufgrund seiner oft vorhandenen Trennung von Kirche und Staat fehlen wird.

Wie schon bei der Rechtswahl durch die Parteien dargelegt, fehlt es der so genannten *lex mercatoria* an einem umfassenden Regelwerk, welches ausreichend ist, um komplexe Handelsbeziehungen zu regulieren.[941] Schlimmer wiegt jedoch, dass ihre Rechtmäßigkeit in einigen Jurisdiktionen streitig ist und Schiedsrichter mit ihrer Anwendung das Risiko eingehen, einen nicht vollstreckbaren Schiedsspruch zu erlassen:

> „[I]t would seem futile and imprudent to make abstract declarations to the effect that they [the arbitrators] have rendered an award on a legal foundation whose legitimacy may still not be apparent to many national courts."[942]

Wären die Befürworter der *lex mercatoria* der Ansicht, dass Schiedsgerichte, unabhängig vom anwendbaren nationalen Recht, Handelsgewohnheiten (*trade usages*)[943] in Betracht ziehen müssen, würden dem nur wenige Autoren widersprechen. In der Tat verfolgen Schiedsgerichte wie nationale Gerichte diese Ansicht.

Bedauerlicherweise haben sich die Entscheidungen *PABLAK TICARET V. NORSOLOR* und *COMPAGNIA VALENCIANA DE CEMENTOS PORTLAND V. PRIMARY COAL INC.* sich nicht damit auseinander gesetzt, ob die *lex mercatoria* ein umfassendes Regelwerk darstellt. In Anbetracht der Tatsache, dass über die rechtlichen Grundlagen der *lex mercatoria* (insbesondere

---

940 *LOWENFELD*, Lex Mercatoria: An Arbitrator's View, in: *CARBONNEAU* (Hrsg.), Lex Mercatoria and Arbitration (New York 1990) 37 (51).

941 *CHUKWUMERIJE*, 130.

942 *CRAIG/PARK/PAULSSON*, International Chamber of Commerce Arbitration² (New York 1991) 300.

943 Hierzu später unter der Überschrift „Berücksichtigung der Vertragsklauseln und Handelsbräuche".

in einigen *common-law* Rechtsprechungen) gestritten wird und aufgrund ihrer unvollständigen Natur, sollten Schiedsrichter die *lex mercatoria* nur dort anwenden, wo Anzeichen dafür bestehen, dass dies im Sinne der Parteien ist.[944] Nach wie vor sprechen sich generell einige Autoren gegen die Anwendung der *lex mercatoria* ohne Parteiermächtigung aus.[945]

§ 9.6.4: Negative Rechtswahl

Leider nicht zu selten sehen die Schiedsgerichte in der Abwesenheit einer expliziten Rechtswahlklausel eine implizite „negative Rechtswahl". Diese negative Rechtswahl soll zur Folge haben, dass die Parteien die Anwendbarkeit eines nationalen Rechts ausschließen und so implizit die Anwendung transnationaler Rechtsprinzipien vereinbaren. Das heißt, dass aus der Tatsache, dass die Parteien sich nicht auf die Anwendung des jeweiligen nationalen Heimatrechts einigen konnten, generell geschlossen wird, ihr Wille sei auf die Anwendung anationaler Rechtsgrundsätze gerichtet.[946]

In ähnlicher Weise versucht man bereits in der Vereinbarung eines internationalen Schiedsgerichts, eine stillschweigende Wahl transnationaler Rechtsgrundsätze zu erblicken.[947]

---

944 Ebenso: *CHUKWUMERIJE*, 132.

945 *SAMUEL*, Jurisdictional Problems in International Commercial Arbitration – A Study of Belgian, Dutch, English, French, Swedish, US and West German Law (Zürich 1989) 241 ff.; *VON HOFFMANN*, „Lex mercatoria" vor internationalen Schiedsgerichten, IPRax 1984, 106 (107); *TSCHANZ*, Le Nouveau Droit Suisse De L'Arbitrage International, RDAI 1988, 437 (448).

946 ICC Schiedsspruch Nr. 7375, (1996); Nr. 5953 (Teilschiedsspruch) *PRIMARY COAL INC. V. COMPANIA VALENCIANA DE CEMENTOS PORTLAND*, Rev.Arb. 1990, 701; Nr. 5065; Nr. 3572 *DEUTSCHE SCHACHTBAU- UND TIEFBOHRGESELLSCHAFT MBH ET AL. V. THE GOVERNMENT OF THE STATE OF R'AS AL KHAIMAH AND THE R'AS AL KHAIMAH OIL COMPAGNY (RAKOIL) (DTS V. RAKOIL)*; *SAPPHIRE INTERNATIONAL PETROLEUM LTD. V. NATIONAL IRANIAN OIL COMPANY* vom 15.3.1963, 13 (1964) ICLQ, 987 (1011 ff.); *BERGER*, IEA, 559 ff. m.w.N.; *BLESSING*, 14 (1997) J.Int'lArb. 39 (45 ff.); *BLESSING*, Regulations in Arbitration Rules on Choice of Law, in: *VAN DEN BERG* (Hrsg.), Planning efficient Arbitration Proceedings, ICCA Congress Series No. 7 (Deventer 1996) 391 (396 ff.); *BLESSING*, Schweiz II, 13 (68); *KÜHN*, Express and Implied Choice of Substantive Law in the Practice of International Arbitration, in: *VAN DEN BERG* (Hrsg.), Planning efficient Arbitration Proceedings, ICCA Congress Series No. 7 (Deventer 1996) 380 ff.; *RUBINO-SAMARTANO*, Le „Tronc Commun" des Lois Nationales En Présence (Réflexions Sur Le Droit Applicable Par L'Arbitre International), Rev.Arb. 1987, 133 (135); *LALIVE/POUDRET/REYMOND*, Art. 187 Rn. 10; *MATRAY*, La Loi Belge Du 27 Mars 1985 Et Ses Répercussions Sur L'Arbitrage Commercial International, Rev.dr.int.dr.comp. 1987, 243 (245); *DERAINS*, Le Statut Des Usages Du Commerce International Devant Les Jurisdictions Arbitrales, Rev.Arb. 1973, 122 (133); *EHRICKE*, Zur Einführung: Grundstrukturen und Probleme der lex mercatoria, JuS 1990, 967 (968); *TOOPE*, 95.

947 *LANDO*, The Law Applicable to the Merits of the Dispute, in: *LEW* (Hrsg.), Contemporary Problems in International Arbitration (Dordrecht 1987) 101 (155); *DERAINS*, Le Statut Des Usages Du Commerce International Devant Les Jurisdictions Arbitrales, Rev.Arb. 1973, 122 (137 ff.); *TEXACO OVERSEAS PETROLEUM COMPANY (TOPCO) V. CALIFORNIA ASIATIC OIL COMPANY (CALASIATIC) AND THE GOVERNMENT OF THE LIBYAN ARAB REPUBLIC* vom 19.1.1977, 17

„[The parties] engagement in a transnational commercial venture and invocation of the international arbitral process constitutes an implied submission to the law which governs all transnational commercial venture.“[948]

§ 9.6.4.1: Exkurs: Der Fall COMPANIA VALENCIANA V. PRIMARY COAL[949]

Wohin diese Befugnis führen kann, wurde im ICC Fall *COMPANIANA VALENCIANA DE CEMENTOS PORTLAND S.A. v. PRIMARY COAL INC.* deutlich.[950]

Zum Fall: Die Parteien hatten Ende 1994 einen Sukzessivlieferungsvertrag geschlossen. Über drei Jahre hinweg sollte eine bestimmte Menge Kohle aus Südafrika geliefert werden. Der Preis für diese Lieferungen sollte alle sechs Monate neu verhandelt werden (sog. *price revision clause*). Nach drei erfolgreichen Lieferungen scheiterten diese Preisverhandlungen jedoch. Daraufhin strengte *PRIMARY COAL* ein Schiedsverfahren gegen *COMPANIA VALENCIANA* an.

Da die Parteien kein anwendbares Recht vereinbart hatten, zumal sie sich nicht auf die Anwendung des jeweiligen Heimatrechts einigen konnten, forderten sie den Schiedsrichter auf, vorab einen Teilschiedsspruch[951] über die Frage des anwendbaren Rechts zu entscheiden.[952] Eine Rechtswahlklausel, wonach das Recht von New York angewandt werden sollte, wurde während der Vertragsverhandlungen gestrichen. In früheren Verträgen war ebenfalls eine Klausel zugunsten des spanischen Rechts gestrichen worden. Lediglich der erste zwischen den Parteien geschlossene Vertrag enthielt eine Rechtswahlklausel zugunsten des spanischen Rechts. Das Verfahren war den ICC ArbRules (1975) sowie dem französischen Recht unterstellt worden.[953] Die Regelungen in diesen beiden Rechtsord-

---

(1978) ILM 1 (16); *GOLDMAN*, The applicable law: general principles of law – the lex mercatoria, in: *LEW* (Hrsg.), Contemporary Problems in International Arbitration (London 1986) 113 (117).

948 *CARBONNEAU*, Rendering Arbitral Awards with Reasons: The Elaboration of a Commercial Law of International Transactions, 23 (1985) Colum. J. Transnat'l L. 579 (597).

949 Hierzu bspw.: *BERGER*, Lex mercatoria in der internationalen Wirtschaftsschiedsgerichtsbarkeit: Der Fall „Compania Valenciana“, IPRax 1993, 281 ff.; *LÖRCHER*, Frankreich,74 ff.

950 ICC Schiedsspruch (Teilschiedsspruch) Nr. 5953 *COMPAGNIA VALENCIANA V. PRIMARY COAL*, Cour d'appel de Paris (1re Ch. suppl.) vom 13.7.1989; bestätigt durch Cour d'appel de Paris, Rev.Arb. 1990, 663 ff.; Cour de cassation (1re Ch. civile) vom 22.10.1991, Rev.Arb. 1992, 457; zustimmend: *GOLDMAN*, Anmerkungen zu Cour d'appel de Paris vom 13.7.1989 – *COMPANIA VALENCIANA DE CEMENTOS PORTLAND C. SOCIÉTÉ PRIMARY COAL LTD.*, 117 (1990) JDI (Clunet) 433 (440).

951 Die Parteien können dem Schiedsrichter Vorschriften im Hinblick auf das Verfahren und damit zu erlassende Teilschiedssprüche machen, die Schiedsrichter sind in derartigen Fällen an die Vorgaben der Parteien gebunden; vgl.: *BERGER*, 412 f.

952 ICC Schiedsspruch (Teilschiedsspruch) Nr. 5953, *PRIMARY COAL INC. (USA) C. COMPANIA VALENCIANA DE CEMENTOS PORTLAND* vom 1.9.1988, Rev.Arb. 1990, 701 ff.

953 Vgl. Acte de Mission, abgedruckt in: ICC Schiedsspruch (Teilschiedsspruch) Nr. 5953, *PRIMARY COAL INC. (USA) C. COMPANIA VALENCIANA DE CEMENTOS PORTLAND* vom 1.9.1988, Rev.Arb. 1990, 701 ff.

nungen für die Bestimmung des anwendbaren Rechts waren jedoch nicht identisch. Art. 1496 franzNCPC ermächtigt das Schiedsgericht dazu, das anwendbare Recht und damit die anwendbaren Rechtsvorschriften direkt auszuwählen. Art. 13 Abs. 3 ICC ArbRules (1975) folgte demgegenüber dem kollisionsrechtlichen Ansatz (*voie indirecte*), und das Schiedsgericht sollte diejenigen Kollisionsnormen anwenden, die es für anwendbar erachtet. Nach den ICC ArbRules (1975) hätte das Schiedsgericht dementsprechend kollisionsrechtlich anknüpfen müssen und nicht nach dem sehr liberalen Art. 1496 franzNCPC. Stattdessen stützte das Schiedsgericht seine Entscheidung auf beide Vorschriften. Dafür erwog das Schiedsgericht zunächst neun mögliche Anknüpfungspunkte, hielt diese allesamt für unzulässig, um dann festzustellen, dass es ohnehin nicht an Anknüpfungskriterien gebunden sei, wenn sich ein hypothetischer Parteiwille ermitteln lässt.[954] Dies wäre – streng genommen – eigentlich vor der objektiven Anknüpfung zu prüfen gewesen.

Nachdem die Parteien keine Rechtswahl getroffen hatten, konstruierte das Schiedsgericht eine negative Rechtwahl[955] zugunsten der *lex mercatoria*. Einzig die Anwendung der *lex mercatoria* könne – dem Gericht zufolge – von den Parteien aufgrund ihrer negativen Rechtswahl gewollt gewesen sein.[956] Dies sollte daraus folgen, dass die fehlende Wahl eines nationalen Rechts auf den Willen der Parteien hindeutet, als Recht *„un droit purement international*" („wahrhaftig internationales Recht") auf ihren Rechtsstreit anwenden zu wollen.[957] Als „Gesamtheit der internationalen Handelsbräuche" stelle die *lex mercatoria* eine eigenständige internationale Rechtsordnung dar.[958] Diese Rechtsordnung soll für alle Parteien, die sich auf dem Gebiet des internationalen Handels betätigen, gelten.

Es handelt sich hierbei jedoch nur um Indizien, die der Verifizierung durch weitere Anhaltspunkte bedürfen.[959] Häufig ist die fehlende Rechtswahl nämlich nur ein Indiz da-

---

954 ICC Schiedsspruch (Teilschiedsspruch) Nr. 5953, *Primary Coal Inc. (USA) c. Compania Valenciana de Cementos Portland*, 01.09.1988, Revue de L'Arbitrage 1990, 701 (707 ff.).

955 Vgl. zur These der „negativen Rechtswahl" der Parteien schon: *Sapphire International Petroleum Ltd. v. National Iranian Oil Company* vom 15.3.1963, 35 (1967) ILR 136 ff.; *Texaco Overseas Petroleum Company (TOPCO) v. California Asiatic Oil Company (CALASIATIC) and the Government of the Libyan Arab Republic* vom 19.1.1977, 17 (1978) ILM 1 (16).

956 ICC Schiedsspruch (Teilschiedsspruch) Nr. 5953, Rev.Arb. 1990, 663 (712).

957 ICC Schiedsspruch (Teilschiedsspruch) Nr. 5953, Rev.Arb. 1990, 711 f.

958 ICC Schiedsspruch (Teilschiedsspruch) Nr. 5953, Rev.Arb. 1990, 663 (701).

959 *Mustill*, The New Lex Mercatoria: The First Twenty-Five Years, 4 (1988) AI 86 (101); *Lowenfeld*, „Lex mercatoria: An Arbitrators View", 6 (1990) AI 133 (146 f.); *Derains*, Le Statut Des Usages Du Commerce International Devant Les Jurisdictions Arbitrales, Rev.Arb. 1973, 122 (139); *Texaco Overseas Petroleum Company (TOPCO) v. California Asiatic Oil Company (CALASIATIC) and the Government of the Libyan Arab Republic* vom 19.1.1977, 17 (1978) ILM 1 (16); *Jarvin*, Anmerkungen zu Schiedsspruch Nr. 5118, 114 (1987) JDI (Clunet) 1028 (1029); *Lagarde*, Anmerkungen zu Cour d'appel de Paris in Sachen *Compania Valenciana de Cementos Portland c. Primary Coal*, Rev.Arb. 1990, 666 (668 f.); *von Hoffmann*, Grundsätzliches zur Anwendung der „lex mercatoria" durch interna-

für, dass sich die Parteien nicht auf die Anwendung eines bestimmten nationalen Rechts einigen konnten, mehr nicht. Dies muss nicht für den Ausschluss aller nationalen Rechte durch die Parteien gelten.[960]

Bevor ein Rückschluss auf die implizite Wahl eines anationalen Rechts geschlossen werden darf, muss der reale Wille und das tatsächliche Interesse der Parteien sorgfältig untersucht werden. Diesen Anforderungen werden jedoch viele Entscheidungen auf diesem Feld nicht gerecht. Sie entscheiden sich voreilig für eine implizite negative Rechtswahl zugunsten eines anationalen Rechts.[961] Oftmals überlassen die Parteien dem Schiedsgericht die Auswahl des materiellen Rechts, weil sie die Vertragsverhandlungen nicht durch langwierige Diskussionen und einer möglichen Uneinigkeit auf diesem Feld gefährden wollen. Kommen keine weiteren Indikatoren hinzu, ist es folglich zu weit gegriffen, davon auszugehen, dass sie auf diese Weise implizit ein anationales Recht gewählt haben. Auf der anderen Seite mag es Situationen geben, in denen die Parteien in der Tat implizit von der Anwendbarkeit eines anationalen Rechts ausgehen, um ihr Vertragsverhältnis zu „denationalisieren". Wie auch immer, in derartigen Fällen, ist die Unterlassung einer Rechtswahl nur ein kleines Indiz des Willens der Parteien, die Anwendbarkeit eines nationalen Rechts auszuschließen, sofern nicht noch weitere Indikatoren dieses Ergebnis bestätigen.[962]

Der von *Compania Valenciana* beantragten Aufhebung des Schiedsspruches wurde in allen Instanzen nicht nachgegeben und durch die nationalen Gerichte bestätigt.[963] Das Schiedsgericht habe „allgemeine Rechtsgrundsätze des Kollisionsrechts" angewandt, was nicht zu beanstanden sei.[964] Nachdem sich das Schiedsgericht auf die *lex mercatoria* berufen habe, habe es zudem Rechtsregeln angewandt und nicht nach Billigkeit entschieden. Eine weitere Überprüfung des Schiedsspruches steht dem nationalen Gericht nicht zu.[965]

So kann es sein, dass die Parteien eine Rechtswahl für überflüssig hielten, weil – für sie – die Anwendbarkeit eines bestimmten nationalen Rechts auf der Hand lag oder weil sie davon ausgegangen sind, dass der Vertrag selber genügend Anhaltspunkte für eine Streitlösung bereit hält und sich insofern gar keine Gedanken über ein möglicherweise anwendbares Recht gemacht haben. Nur in einem Fall, wo die Parteien klar zu erkennen

---

tionale Schiedsgerichte, in: *Musielak* (Hrsg.), Festschrift für *Gerhard Kegel* zum 75. Geburtstag (Stuttgart 1987) 215 (230); vgl. aber auch ICC Schiedsspruch Nr. 4650, wo das Schiedsgericht eine ausdrückliche Rechtswahl für die Anwendung der *lex mercatoria* forderte.

960 ICC Schiedsspruch Nr. 3540 (1980).

961 Vgl. die einzelnen Ausführungen bei der Rechtswahl und den Möglichkeiten der zu vereinbarenden Rechte.

962 *Berger*, IEA, 559 ff.; *Roth*, Art 28 Rn. 11.

963 Cour d'appel de Paris (1re Ch. suppl.) vom 13.7.1989, *Compania Valenciana de Cementos Portland c. Primary Coal*, Rev.Arb. 1990, 430; Cour de cassation 22.10.1991, *Société Compania Valenciana de Cementos Portland c. Société Primary Coal Inc.*, Rev.Arb. 1992, 457.

964 Cour d'appel de Paris (1re Ch. suppl.) vom 13.7.1989, Rev.Arb. 1990, 663 ff.

965 Cour d' Cassation (1re Ch. civile) vom 22.10.1991, Rev.Arb. 1992, 457 (458).

geben (sei es explizit oder implizit), das Schiedsgericht solle sich „an kein bestimmtes nationales Recht gebunden fühlen", ist die Wahl der *lex mercatoria* zulässig,[966] dies zumindest dort, wo wie in diesem Fall (Art. 13 ICC ArbRules [1975]) die zugrunde liegenden Rechtsvorschriften eine derartige Wahl nicht zulassen.

Das Vorliegen einer stillschweigenden Rechtswahl erfordert die Annahme eines gewissen Grades an Sicherheit.[967] Insofern ist eine negative Rechtswahl zugunsten eines transnationalen Rechts seitens des Schiedsgerichts nur mit äußerster Vorsicht zu genießen und es sind alle möglichen Gründe einer unterbliebenen Wahl zugunsten eines nationalen Rechts auf das Genaueste zu durchleuchten. Gerade aufgrund der komplexen Interessenlagen der Parteien bei den Vertragsverhandlungen, gibt es keinen allgemeinen Rechtsgrundsatz, dass in Abwesenheit einer Rechtswahl zugunsten eines nationalen Rechts automatisch die *lex mercatoria* heranzuziehen ist.[968] Die fehlende Bezugnahme auf ein nationales Recht ist nicht mehr als „ein" Indiz. Das Schiedsgericht hat im Fall *COMPANIA VALENCIANA* vorschnell entschieden und hätte sich noch eingehender mit der Frage der negativen Rechtswahl auseinandersetzen müssen, nachdem es von den damaligen ICC ArbRules auf ein nationales Recht verpflichtet wurde.[969]

§ 9.6.4.2: Zusammenfassung zur negativen Rechtswahl

In der Praxis wird das jeweilige Schiedsgericht bei fehlender Rechtswahl diese Frage in der Regel mit den Parteien erörtern.[970] In einem solchen Fall können die Parteien noch immer eine direkte Rechtswahl treffen oder die Rechtswahlmöglichkeiten des Schiedsgerichts (weiter)[971] einschränken oder die Befugnisse des Schiedsgerichts gar erweitern, da in der Regel die nationalen Schiedsverfahrensgesetze, die Bestimmung über die Rechtswahl durch das Schiedsgericht als eine abdingbare Vorschrift ansehen. Dies folgt schon aus der Zulässigkeit, das Schiedsgericht zur Entscheidung nach Billigkeit zu ermächtigen, welche nahezu allen Schiedsverfahrensgesetzen und Schiedsgerichtsordnungen bekannt ist. Dort, wo das Schiedsgericht von der Verpflichtung jedweden (nationalen) Rechts ent-

---

966 Schweizer Kantonsgericht Vaud, ASA Bull. 1986, 131 (135 f.) mit Anm. *VULLIEMIN*, a.a.O. 137.

967 *BERGER*, IPRax 1993, 281 (286 m.w.N.).

968 *BERGER*, IPRax 1993, 281 (287 m.w.N.).

969 Mit der Wahl der ICC ArbRules (1975) haben die Parteien die weiten Rechtsbestimmungsbefugnisse, wie sie das französische Recht vorsieht – entgegen der kumulativen Anwendung durch das Schiedsgericht – abbedungen und in Bezug auf das anwendbare materielle Recht galten die ICC ArbRules exklusiv.

970 Vgl. BGH NJW 1986, 1436 (1437); kritisch zu derartigen „Rechtsgesprächen" im Hinblick auf Verzögerungstaktiken: *VON HOFFMANN*, „Lex mercatoria" vor internationalen Schiedsgerichten, IPRax 1984, 106 (108 Fn. 16).

971 Je nach anwendbarem Verfahrensrecht, Schiedsgerichtsordnung oder etwaigen Parteiabsprachen.

bunden werden kann, muss eine Vereinbarung der Parteien zulässig sein, das Schiedsgericht an ein wie auch immer geartetes Rechtsgefüge zu binden.

Plädieren die Parteien während des Verfahrens für die Anwendung unterschiedlicher nationaler Rechtsordnungen, so muss hierin gleichzeitig eine konkludente Einschränkung der Rechtswahlbefugnisse[972] des Schiedsgerichts auf nationale Rechte gesehen werden.[973] Wobei es unter Umständen schon ausreichen kann, wenn beide Parteien lediglich auf Basis eines nationalen Rechts argumentieren. Hierin kann bereits ein klares Indiz gesehen werden, dass die Parteien nicht auf Basis einer transnationalen Rechtsordnung zu streiten gedenken. Die Anwendung anationaler Rechtsgrundsätze würde dann eine Überschreitung der Befugnisse des Schiedsgerichts bedeuten.[974]

„Based on the evidence presented to the arbitral tribunal the question of the governing law did not appear to have been discussed between the parties and it would seem obvious that no tacit agreement or understanding had been reached. In the absence of any evidence regarding an actual agreement or concurrent intentions of the parties, the arbitral tribunal is of the opinion that one cannot consider that the parties had chosen Swiss substantive law or the lex mercatoria. It would seem to the arbitral tribunal that the choice of such a law would require an agreement between the parties which in the present case was not reached."[975]

Im Wege der „negativen Rechtswahl" könnten restriktive Regelungen – wie die des Art. 28 Abs. 2 ML – umgangen werden.[976] Dies wäre sicherlich nicht im Sinne der Urheber der jeweiligen Gesetze und Schiedsordnungen. Ihre Intention mit der „Brechstange" auszuhebeln, würde Zweifel an der Vollstreckbarkeit so ergangener Schiedssprüche aufkommen lassen, wenn auch Gerichte in dem hier vorliegenden Fall anders entschieden haben. Insofern ist zumindest im Rahmen des ML davon auszugehen, dass die Anwendung der *lex mercatoria* oder eines anationalen Rechts ohne ausdrückliche Ermächtigung zu einer Aufhebung des Schiedsspruches wegen Überschreitung des Schiedsrichterauftrages führen würde.[977] Problematisch ist jedoch in diesem Zusammenhang, dass aus den wenigsten Schiedssprüchen klar hervorgeht, ob die *lex mercatoria* angewandt wurde oder diese nur ergänzend oder als allgemeiner Rechtsgrundsatz herangezogen wurde.[978] Insofern ist es ratsam, Unklarheiten in dieser Hinsicht auszuschließen, indem den Parteien na-

972 Vgl. zur Einschränkung der Rechtswahlbefugnisse des Schiedsgerichts durch die Parteien: UN Doc. A/CN.9/264, Art. 28 para. 6.

973 *Berger*, 390.

974 *Lando*, The Law Applicable to the Merits of the Dispute, in: *Sarcevic* (Hrsg.), Essays on International Commercial Arbitration (London 1989) 129 (154 f.); ICC Schiedsspruch Nr. 4650.

975 ICC Schiedsspruch Nr. 4650 (1985).

976 *Roth*, Art. 28 Rn. 11.

977 *Jäger*, 100.

978 *Berger*, IPRax 1993, 281 ff.

he zu legen ist, eine möglichst deutliche Rechtswahl zu treffen oder die Anwendung der *lex mercatoria* ausdrücklich auszuschließen.[979]

Nur sofern das von den Parteien gewählte oder vom Schiedsgericht kollisionsrechtlich ermittelte (nationale) Recht lückenhaft ist, darf das Schiedsgericht nach allen Gesetzen die Grundsätze der *lex mercatoria* zur Lückenfüllung heranziehen.[980]

§ 9.6.4.3: Kritik am Konzept der „negativen Rechtswahl"

Die Ansicht der negativen Rechtswahl übersieht die Realitäten.

Das Gros der Parteien in internationalen Schiedsverfahren unterwirft sich einem nationalen Recht und nicht der allgemeinen *lex mercatoria* oder einem transnationalen Recht.[981] Selbst wenn die Parteien keine explizite Rechtswahl vornehmen, wird in der Überzahl der Schiedsgerichtsentscheidungen ein nationales Recht angewandt.[982] Ein Fakt also, der indiziert, dass es kein „Recht" gibt, welches transnationale Handelsstreitigkeiten ganz allgemein regelt, wie es uns CARBONNEAU[983] glauben machen will.[984]

Das Ausbleiben einer Rechtswahl durch die Parteien kann verschiedenste Gründe haben. Nur in den seltensten Fällen jedoch wird eine negative Rechtswahlklausel gewollt sein. Vielmehr müssen für eine negative Rechtswahl weit mehr Indizien sprechen als nur das Ausbleiben einer expliziten Rechtswahl.

---

979 Vgl.: *LIONNET*, Handbuch der internationalen und nationalen Schiedsgerichtsbarkeit² (Stuttgart 2001) 256.

980 *VON HOFFMANN*, Grundsätzliches zur Anwendung der „lex mercatoria" durch internationale Schiedsgerichte, in: *MUSIELAK* (Hrsg.), Festschrift für *GERHARD KEGEL* zum 75. Geburtstag (Stuttgart 1987) 215 (231); *LOWENFELD*, „Lex mercatoria: An Arbitrators View", 6 (1990) AI 133 (143); *RUBINO-SAMMARTANO*, 137 f. (*lex mercatoria* subsidiär zu *tronc commun*); *LOQUIN*, L'Amiable Composition en Droit Comparé et International (Paris 1980) 314; ICC Schiedsspruch Nr. 4761 (1986) JDI (Clunet) 1137 (Teilschiedsspruch), 114 (1987) JDI (Clunet) 1014 (Endschiedsspruch) mit Anm. *JARVIN*, 1017 f.; zur gleichzeitigen Anwendung von nationalem Recht und der *lex mercatoria* allgemein: *GOLDMAN*, Anmerkungen zu Cour d'appel de Paris vom 13.7.1989 – *COMPANIA VALENCIANA DE CEMENTOS PORTLAND C. SOCIÉTÉ PRIMARY COAL LTD.*, 117 (1990) JDI (Clunet) 433 (440).

981 Ähnlich: *CHUKWUMERIJE*, 130.

982 *CHUKWUMERIJE*, 130.

983 „[The parties] engagement in a transnational commercial venture and invocation of the international arbitral process constitutes an implied submission to the law which governs all transnational commercial venture.": *CARBONNEAU*, Rendering Arbitral Awards with Reasons: The Elaboration of a Commercial Law of International Transactions, 23 (1985) Colum. J. Transnat'l L. 579 (597).

984 So: *CHUKWUMERIJE*, 130.

§ 9.6.5: Konvergenz der Lösungsansätze

Im Folgenden wird die Frage aufgeworfen, ob nicht eine Konvergenz der Lösungsansätze bzgl. des Verweises auf Kollisionsrecht und materielles Recht vorliegt. Sollte dies der Fall sein, wäre es eigentlich egal, welchem Ansatz das Schiedsgericht folgen muss, d.h. ob es ein Kollisionsrecht bei der Ermittlung des materiellen Rechts zwischenschalten soll oder nicht.

Die unterschiedlichen Lösungsansätze spiegeln alle lediglich das Bemühen wieder, einerseits die Voraussehbarkeit und Berechenbarkeit der schiedsrichterlichen Rechtswahlentscheidung zu gewährleisten[985] und anderseits gleichzeitig die für die Rechtsfindung im internationalen Handel notwendige Flexibilität sicherzustellen.[986]

Das Fehlen einer *lex fori* des Schiedsgerichts und damit eines im voraus bestimmbaren Satzes staatlicher Kollisionsnormen, die Trennung der Rechts- von der Billigkeitsentscheidung und die grundsätzliche Unüberprüfbarkeit der schiedsrichterlichen Rechtsanwendung durch eine höhere Instanz,[987] sprechen für eine Begrenzung der schiedsrichterlichen Rechtswahlfreiheit.

Das Bemühen der Schiedsrichter, sich stärker als der staatliche Richter, bei ihrer Entscheidung von rechtspraktischen Erwägungen, wie dem wirtschaftlichen Ziel der Vertrages,[988] den legitimen Erwartungen der Parteien[989] und den möglichen Konsequenzen der Rechtswahl für den Ausgang des Rechtsstreits[990] leiten zu lassen,[991] verlangt dagegen eine gegenüber dem starren staatlichen Kollisionsrecht ausgeweitete Rechtswahlfreiheit.

---

985 UN Doc. A/40/17, para. 236.

986 *BERGER*, 354.

987 Zur fehlenden obergerichtlichen Entscheidungskontrolle in der Schiedsgerichtsbarkeit: *ADEN*, Die Anwendung materiellen Rechts durch den Schiedsrichter, RIW 1984, 934 (935): „Wer wie ein Schiedsrichter ohne Rechtsaufsicht entscheiden kann, entscheidet freier, in gewissem Sinne willkürlicher, jedenfalls kann seine Entscheidung individueller geprägt sein, als die eines instanzenunterworfenen Richters."

988 Stellungnahme der deutschen Delegation: UN Doc. A/CN.9/263, para. 3.

989 *DERAINS*, International Commercial Arbitration in Civil Law Countries, in: *SANDERS* (Hrsg.), Arbitration in settlement of international commercial disputes involving the Far East and arbitration in combined transportation, ICCA Congress Series No. 4 (Deventer 1989) 229 (239 f.); *FRANX*, Het Ontwerp Boek IV van het Wetboek van Burgerlijke Rechtsvordering (Zwolle 1985) 35; *VON MEHREN*, To what Extent is International Commercial Arbitration Autonomous?, in: *FOUCHARD/KAHN/LYON-CAEN* (Hrsg.), Le droit des relations Économiques Internationales, Études offertes à *BERTHOLD GOLDMAN* (Paris 1982) 217 (227); *WENGER*, Die internationale Schiedsgerichtsbarkeit, Bas.Jur.Mitt. 1989, 337 (353); *LANDO*, Conflict of Law Rules for Arbitrators, in: *BERNSTEIN* (Hrsg.), Festschrift für *KONRAD ZWEIGERT* zum 70. Geburtstag (Tübingen 1981) 157 (169); *LALIVE*, Ordre Public Transnational (Ou Réellement International) Et Arbitrage International, Rev.Arb. 1986, 329 (356 f.).

990 *GAILLARD*, The Use of Comparative Law in International Commercial Arbitration, in: *SANDERS* (Hrsg.), Arbitration in settlement of international commercial disputes involving the Far East and arbitration in combined transportation, ICCA Congress Series No. 4 (Deventer 1989) 283 (288); *BÖCKSTIEGEL*, RIW 1984, 670 (677).

In der Realität sind die Unterschiede des Ansatzes des ML und der niederländischenZPO nur gering,[992] d.h. der kollisionsrechtliche Ansatz unterscheidet sich in der Praxis nicht so stark vom *voie directe*, wie man annehmen könnte.

Auch nach dem progressiven niederländischen und französischen Recht kommt es nicht alleine auf die „subjektive“ Ansicht des Schiedsgerichts an. In keinem Fall steht dem Schiedsgericht ein von jeder normativen Regelung freier Ermessensspielraum zu.[993] Dies jedenfalls nicht, solange die Parteien den Schiedsrichter nicht ausdrücklich zu einer Billigkeitsentscheidung ermächtigt haben. Das Schiedsgericht muss immer eine – auch die unterliegende Partei – überzeugende objektive Anknüpfungsentscheidung treffen, wenn die in Betracht kommenden Rechtsordnungen zu unterschiedlichen Ergebnissen kommen.[994]

> „Die Begründung ist in Wahrheit nichts anderes als eine Kollisionsregel.“[995]

Folgerichtig folgen die Rechtsvertreter der Parteien – ebenso wie das Schiedsgericht – fast immer allgemeinen Prinzipien des Kollisionsrechts, selbst wenn das anwendbare Recht “direkt” über den *voie directe* bestimmt wird.[996]

---

991 *BUCHER*, Rn. 245 a.E.

992 *REYMOND*, La Nouvelle Loi Suisse Et Le Droit de L'Arbitrage International – Réflexions De Droit Comparé, Rev.Arb. 1989, 385 (406); *LALIVE/POUDRET/REYMOND*, Art. 187, Rn. 18; *LALIVE/GAILLARD*, Le nouveau droit de l'arbitrage international en Suisse, 116 (1989) JDI (Clunet) 905 (946); a.A.: *VON HOFFMANN*, Anmerkungen zum neuen internationalen Schiedsrecht der Schweiz, in: *BÖCKSTIEGEL* (Hrsg.), Die internationale Schiedsgerichtsbarkeit in der Schweiz II (Köln 1989) 147 (159), mit einem zweifelhaften Beispiel.

993 *BUCHER*, Rn. 242; *LALIVE*, Ordre Public Transnational (Ou Réellement International) Et Arbitrage International, Rev.Arb. 1986, 329 (351).

994 *BASEDOW*, Vertragsstatut und Arbitrage nach neuem IPR, in: *GLOSSNER* (Hrsg.) JPS 1987 (Heidelberg 1988) 3 (17); *LALIVE*, Ordre Public Transnational (Ou Réellement International) Et Arbitrage International, Rev.Arb. 1986, 329 (357); *VON BAR*, Internationales Privatrecht I, Allgemeine Lehren (München 1987) Rn. 106.

995 *REINER*, ZRVgl. 1986, 162 (210).

996 *GAILLARD*, ICSID Rev. FILJ 1987, 424 (433); *TSCHANZ*, Le Nouveau Droit Suisse De L'Arbitrage International, RDAI 1988, 437 (447); *KARRER*, The Position of the Arbitration Chapter in Switzerland's Private International Law Codification, ASA Bull. 1989, 13 (21); vgl. auch: *LOQUIN*, 110 (1983) JDI (Clunet) 293 (340); *KOKKINI-IATRIDOU*, Aspecten Van De Nieuwe Zwitserse Codificatie Inzake De Internationale Arbitrage – In Rechtsvergelijkend Perspektief, in: *KOKKINI-IATRIDOU/GROSHEIDE* (Hrsg.), Eenvorming En Vergelijkend Privaatrecht 1989 (Lelystad 1989) 267 (324); *BUCHER* Transnationales Recht im IPR, in: *SCHWIND* (Hrsg.) Aktuelle Fragen zum Europarecht aus der Sicht in- und ausländischer Gelehrter (Wien 1986) 11 (36), der allerdings meint, der „direkte“ Weg laufe letztendlich darauf hinaus, dem Schiedsgericht die Begründung einer Rechtswahl zu ersparen; die allgemeine gesetzliche Begründungspflicht wird jedoch durch die Rechtswahlvorschriften nicht außer Kraft gesetzt und von den Schiedsgerichten in der Praxis auch zumeist nicht so verstanden.

Die fehlende gerichtliche Kontrolle der Rechtswahl wird zumindest indirekt durch „soziale" Sanktionen ersetzt und weiterhin zwingt die Obliegenheit einen vollstreckbaren Schiedsspruch zu erlassen, zur Vorsicht und Sorgfalt bei der Rechtswahl.[997]

In der Folge heißt dies, dass die praktischen Unterschiede unmittelbarer Rechtswahl und mittelbarer nicht sonderlich groß sind.[998] Beim *voie directe* wird das Schiedsgericht ebenfalls die Kollisionsnormen verschiedener Rechtsordnungen miteinander vergleichen, die zum Einzelfall einen Bezug aufweisen, um nicht die Erwartungen der Parteien bzgl. ihrer Rechtswahl zu enttäuschen.[999]

In keinem Fall und unabhängig von der Herangehensweise steht dem Schiedsgericht ein von jeder normativen Regelung befreiter Ermessensspielraum zu.[1000]

> „Insoweit können die Bedenken einiger Autoren nicht geteilt werden."[1001]

§ 9.6.6: Keine Anforderungen

Der modernste Ansatz ist der, dass keine bestimmten Anforderungen gestellt werden. In den letzten Jahrzehnten kam mehr und mehr die Ansicht auf, dass es falsch wäre, dem Schiedsgericht eine Art von Zwang aufzuerlegen, z.B. indem man ihm eine bestimmte Methode der Rechtsermittlung vorgibt. Hiernach sollte es letztendlich dem Schiedsgericht überlassen bleiben, welchem der weltweit vertretenen Ansätze es folgen will und welcher dem Fall am ehesten gerecht wird. Moderne Schiedsgerichtsordnungen und Gesetze enthalten damit keine speziellen Kollisionsnormen mehr, sondern vielmehr nur noch einen Passus, dass es am Schiedsgericht ist, das anwendbare materielle Recht zu ermitteln, welches es für anwendbar erachtet. Die Methode, wie dies geschehen soll, bleibt dabei offen. Dem Schiedsgericht steht es damit frei, ein Kollisionsrechtssystem oder eine Kollisionsnorm zu wählen oder alternativ dem so genannten *voie directe* zu folgen und das Sachrecht direkt zu wählen. Das Schiedsgericht hat damit keine irgendwie geartete Pflicht zu begründen, auf welchen rechtlichen Annahmen die Rechtswahl zurückzuführen ist.[1002]

Für einen solchen Ansatz spricht nicht nur die von einem Schiedsgericht immer geforderte und viel gelobte Flexibilität, sondern gesetzgeberische Gesichtspunke. Wäre es einem nationalen Gesetzgeber so immanent wichtig, dass das Schiedsgericht bei der Wahl des Rechts einer Einschränkung unterliegt, hätte er hierzu (außerhalb des eng zu verste-

---

997 Siehe ausführlicher unten bei der gerichtlichen Überprüfbarkeit.

998 *Hußlein-Stich*, 146.

999 *Hußlein-Stich*, 146.

1000 Ebenso: *von Schlabrendorff*, Auswirkungen des neuen Rechts auf die Praxis des Schiedsverfahrens, DIS-MAT IV (Bonn 1998) 27 (49); *Bucher*, Rn. 242; *Gaillard*, ICSID Rev. FILJ 1987, 424 (432); *von Saucken*, Die Reform des österreichischen Schiedsverfahrensrechts auf der Basis des UNCITRAL-Modellgesetzes über die internationale Handelsschiedsgerichtsbarkeit (Dissertation Salzburg 2003) 183 [zukünftig zitiert als: *von Saucken*].

1001 *Hußlein-Stich*, 146.

1002 *Blessing*, 14 (1997) J.Int'lArb. 39 (55).

henden *ordre public*) eine Klagemöglichkeit schaffen müssen. Stattdessen ist die Rechtswahl durch das Schiedsgericht in nahezu allen Schiedsverfahrensgesetzen und Schiedsgerichtsordnungen nicht gerichtlich überprüfbar.

Dennoch beklagen noch immer einige Autoren, dass bei einem derartigen Ansatz das Ermessen der Schiedsrichter (viel) zu weit geht.[1003]

Trotz aller Kritik folgen die führenden Schiedsgerichtsorganisationen und Schiedsverfahrensgesetze diesem Ansatz.[1004] Umso bedauerlicher ist es, dass erst kürzlich vorgenommene Reformen noch immer eine Beschränkung, z.B. über die „Worthülse" der „engsten Verbindung", vorsehen. So geschehen in Deutschland und seinem § 1051 Abs. 2 dtZPO.

§ 9.6.7: Zusammenfassung: Rechtswahl durch das Schiedsgericht

Die Schlussfolgerungen, die man aus diesen umfangreichen Ausführungen zur Rechtswahl durch die Parteien generell ziehen kann, sind die folgenden:

Generell dürfte den Parteien besser gedient sein, wenn sie eine Rechtswahl selbst treffen. Vorzugsweise treffen sie eine solche zugunsten eines nationalen Rechts. Sofern ihnen Bedenken kommen, dass sich dieses nationale Recht zu ihren Ungunsten entwickeln könnte (vor allem im Falle eines *state contracts*), können sie dieses Recht durch die allgemeinen Rechtsprinzipien (*general principles of law*) oder die sog. *lex mercatoria* absichern.[1005] Eine solche Rechtswahl durch die Parteien vereinfacht das Schiedsverfahren in hohem Maße. Das Prinzip der Parteiautonomie hat zur Folge, dass eine solche Rechtswahl für das Schiedsgericht verbindlich ist. Dies jedenfalls, soweit keine zwingenden Bestimmungen (*mandatory provisions*) oder der *ordre public* betroffen sind.

Eine Rechtswahl durch die Parteien kann dabei auch noch während des Verfahrens erfolgen, selbst wenn das Schiedsgericht bereits ein Recht bestimmt haben sollte. Dies folgt schon aus der Parteiautonomie. Jedoch bleibt zu beachten, dass eine verspätete Rechtswahl nicht nur höhere Kosten nach sich zieht, sondern zugleich eine Verfahrensverzögerung.

„Thus, if the international arbitrator would like to be more than simply a slave and a kind of mechanic who blindly takes the local tools to fix a problem, he will have to do more careful thinking and more careful reflection. [...] Indeed, the international arbitrator is today challenged and called

---

1003 *WORTMANN*, 14 (1998) AI 97 (111).

1004 Art. 1054 Abs. 2 S. 2 niederländischeZPO (1986), Art. 1496 Abs. 1 2. HS franzNCPC (1981), Art. 28 Abs. 1 S. 2 AAA ArbRules (2003), Art. 24 Abs. 1 S. 2 SCC ArbRules (1999), Art. 22.3 S. 2 LCIA ArbRules (1998), Art. 46 S. 2 NAI ArbRules (2001), Art. 59 Abs. 1 S. 3 WIPO ArbRules (2002), Art. 17 Abs. 1 S. 2 ICC ArbRules (1998) etc. pp.

1005 Vgl. hierzu die Ausführungen zur Rechtswahl durch die Parteien.

upon to reflect more carefully on his decision than any State court judge. For that purpose, modern arbitration acts concede a very vast degree of freedom to the arbitrator."[1006]

Die Feststellung des anwendbaren Rechts durch das Schiedsgericht in Abwesenheit einer Parteivereinbarung ist noch immer im Fluss und Schiedsgerichte wie Staaten wählen – wie hier ausführlich dargelegt – oft allzu unterschiedliche Ansätze. Schon aus diesem Grund sind die Parteien besser beraten, eine Rechtswahl selbst vorzunehmen, da zumindest die Parteiautonomie auf diesem Gebiet allgemein anerkannt ist.

Im Großen und Ganzen sind vier Grundströmungen für die Rechtswahl durch das Schiedsgericht geläufig und international im nationalen Recht wie in den Schiedsverfahrensordnungen vertreten:

Der erste Ansatz stellt das Schiedsgericht bei der Wahl den anwendbaren Rechts oder der anwendbaren Rechtsvorschriften völlig frei. Das Schiedsgericht kann dasjenige Kollisionsrecht oder dasjenige materielle Recht wählen, welches es für anwendbar erachtet. Jedoch wird ein Schiedsgericht ebenfalls in den derart gelagerten Fällen kollisionsrechtliche Überlegungen anstellen und zumindest unterbewusst kollisionsrechtliche Prinzipien anwenden, um zu einem bestimmten Recht zu gelangen; muss jedoch seine derartigen Überlegungen nicht offen legen.[1007]

Eine Abwandlung dieses Ansatzes ist der beschränkte *voie directe*. Dieser erlaubt zwar dem Schiedsgericht das anwendbare materielle Recht direkt zu bestimmen, beschränkt das Schiedsgericht jedoch insoweit, als dass es ihm für die Bestimmung des anwendbaren Rechts Auflagen vorschreibt. Diese Auflagen erscheinen zumeist in Form einer Beschränkung auf das Recht mit der „engsten Verbindung" zum Fall. Nachdem jedoch die „Worthülse" der engsten Verbindung beliebig ausgelegt werden und je nach unterschiedlicher Schwerpunktsetzung zu einem anderen Recht führen kann, ist dieser Ansatz der erwarteten Vorhersehbarkeit der Entscheidung nicht besonders förderlich.

Der zweite Ansatz ist der, dass die Schiedsrichter das Kollisionsrecht anzuwenden haben, welches sie für anwendbar erachten. Diese Regelungen machen deutlich, dass zwar die Parteien bei ihrer Rechtswahl frei sind, nicht jedoch das Schiedsgericht. Letztere haben lediglich das Recht, ein Kollisionsrecht oder eine Kollisionsregel zu bestimmen.[1008]

Der dritte Ansatz geht restriktiv vor und gibt dem Schiedsgericht keine Möglichkeit einer Rechtswahl vor, sondern verweist es auf ein bestimmtes Recht. So wurden bspw. in den ehemals sozialistischen Staaten die Schiedsrichter direkt auf die *lex fori* verwiesen.[1009]

1006 *BLESSING*, 14 (1997) J.Int'lArb. 39 (42 f.).
1007 *FRICK*, 54 m.w.N.
1008 Vgl.: *FRICK*, 55 f. m.w.N.
1009 Vgl.: *FRICK*, 56 m.w.N.

Der vierte Ansatz besteht schlicht und ergreifend darin, keine diesbezüglichen Regelungen vorzusehen.[1010]

Generell ist es am sinnvollsten und im Vergleich zu anderen Ansätzen widerspruchsfreier, dem Schiedsgericht keinerlei Beschränkungen bei der Rechtswahl aufzuerlegen und somit dem liberalen Ansatz zu folgen. Dem Schiedsgericht sollten die gleichen Rechtswahlmöglichkeiten gewährt werden, wie den Parteien. Dies folgt zum einen aus der Möglichkeit der jederzeitigen Rechtswahl durch die Parteien und zum anderen der Möglichkeit der Parteien, die Rechtswahl des Schiedsgerichts zu beschränken. Können sich die Parteien schon nicht auf ein anwendbares Recht einigen, fällt es ihnen u.U. leichter, sich auf das unter keinen Umständen anwendbare Recht zu einigen. Diese Beschränkung hat in der Folge das Schiedsgericht zu beachten.

Wie dargelegt, fördert weder die Anwendung eines Kollisionsrechts oder einer Kollisionsregel die Vorhersehbarkeit des im Endeffekt anwendbaren materiellen Rechts, noch Beschränkung durch „leere Worthülsen" wie die „engste Verbindung" und dergleichen. Zum einen ist nicht vorhersehbar, welches Kollisionsrecht oder welche Kollisionsregel ein Schiedsgericht anwenden wird und je nach rechtlichem und privatem Hindergrund des Schiedsrichters wird es zu einem anderen Kollisionsrecht tendieren. Zum anderen sind Worthülsen, wie die der „engsten Verbindung", beliebig interpretierbar. Denn welches sind die maßgeblichen Faktoren, die zu einer engen Verbindung führen. Je nach Hintergrund der Schiedsrichter werden hier andere Schwerpunkte gesetzt.

Insofern wäre es nur konsequent, dem Schiedsgericht die gleiche Wahlfreiheit bzgl. des anwendbaren materiellen Rechts zu gestatten, wie sie den Parteien zusteht und sich nicht in beliebig interpretierbare Beschränkungen einer Rechtswahl durch das Schiedsgericht zu flüchten. Ebenso erscheint es im Rahmen der internationalen Wirtschaftsbeziehungen und der sich immer mehr herauskristallisierenden *lex mercatoria* nur gerecht, wenn es dem Schiedsgericht zusteht, „Rechtsvorschriften" zur Anwendung zu berufen. Internationale Schiedsgerichtsverfahren bekommen mehr und mehr einen transnationalen Charakter und haben sich längst von einer rein nationalen Betrachtungsweise gelöst. Gerade in hochkomplexen Verträgen, der sog. *global player* oder den *state contracts*, lassen sich unter Umständen die sachnäheren Bestimmungen einem transnationalen Recht entnehmen. Es wäre unsauber, allgemeine Rechtsgrundsätze, die *lex mercatoria* oder allgemein transnationales Recht zwar nicht zur Anwendung berufen zu dürfen, diese aber indirekt über die Hintertür der Handelsbräuche anzuwenden, wie es Schiedsgerichte bereits bei restriktiven Schiedsverfahrensrechten getan haben und weiterhin tun werden, wenn sie sich nicht direkt auf diese berufen dürfen.

Dementsprechend erscheint es als die konsequenteste, sauberste und ehrlichste Lösung, dem Schiedsgericht dieselben Rechtswahlmöglichkeiten zu gewähren, wie den Parteien. Auf diese Weise kann es letztendlich das Recht oder diejenigen Rechtsvorschriften

---

1010 *FRICK*, 56, nennt hier als Beispiel die SCC ArbRules, die jedoch schon im Jahre 1999 in § 24 SCC ArbRules (1999) eine Regelung bzgl. des anwendbaren Rechts enthielten und dem sehr liberalen Ansatz folgen.

zur Anwendung berufen, die es selber nach seinem eigenen Ermessen für anwendbar erachtet.

§ 9.7: UNCITRAL Modellgesetz

Art. 28 Abs. 2 ML:
Failing any designation by the parties, the arbitral tribunal shall apply the law determined by the conflict of laws rules which it considers applicable.

Art. 28 Abs. 2 ML ist dem Art. 7 Abs. 1 S. 2 des Europäischen Übereinkommens von 1961 nachempfunden und stimmt weitgehend mit anderen Bestimmungen überein, [1011] die ebenfalls eine Vorbildfunktion bei der Ausarbeitung hatten.[1012]

Diese Vorschrift wendet in Ermangelung einer Rechtswahl durch die Parteien das Recht an, auf welches die jeweiligen Kollisionsnormen verweisen, welche das Schiedsgericht jeweils für anwendbar erachtet.

Die Auswahl eines bestimmten (Kollisions-)Rechts ist einer gerichtlichen Überprüfung (z.B. aufgrund eines Verfahrensfehlers) nicht zugänglich. Maßgeblich für die Wahl des materiellen Rechts ist nicht ein objektiv feststehendes Kollisionsrecht, sondern die subjektive Ansicht des Schiedsgerichts darüber.[1013]

§ 9.7.1: Entstehungsgeschichte

Problematisch war bei den Beratungen von Beginn an, wie bei Fehlen einer Parteivereinbarung verfahren werden sollte.[1014] Die Wortwahl in Abs. 2 führte gerade im Verhältnis zur Wortwahl in Abs. 1 zu langwierigen Diskussionen. Während die Parteien in der endgültigen Version des Art. 28 ML das anwendbare Recht oder die anwendbaren Rechtsvorschriften noch direkt und ohne Umweg über Kollisionsnormen bestimmen dürfen, darf das Schiedsgericht nur die Kollisionsnormen wählen, anhand derer das anwendbare Recht ermittelt wird (*voie indirecte*). Damit trägt Abs. 2 nicht einem Trend einiger Länder

---

1011 Bspw.: Art. 33 Abs. 1 UNCITRAL-ArbRules, Art. 13 Abs. 3 ICC-Rules (1975).

1012 UN Doc. A/CN.9/264, Art. 28 para. 6.

1013 Vgl.: UN A/40/17, para. 236; Bedenken in: UN Doc. A/CN.9/246, para. 104; zur Überprüfung der Rechtswahl vgl. BGH (26.9.1985) NJW 1986, 1436 (1437) = mit Anmerkungen von: SANDROCK, Zügigkeit und Leichtigkeit versus Gründlichkeit – Internationale Schiedsverfahren in der Bundesrepublik Deutschland (Anmerkungen zu BGH (26.9.1985) [NJW 1986, 1436 (1437)]) JZ 1986, 370 (373 f.).

1014 Vgl.: A/40/17,para. 236; zu den Diskussionen innerhalb der Arbeitsgruppe vgl.: UN Doc. A/CN.9/216, paras. 88-89; UN Doc. A/CN.9/232, para. 163; UN Doc. A/CN.9/245, paras. 96-97.

Rechnung, wonach die Schiedsrichter – ebenso wie die Parteien – eine uneingeschränkte Rechtswahl vornehmen dürfen.[1015]

Am Anfang stand dabei zunächst folgende Frage:

„Failing an agreement envisaged under question 5-10 [agreement by the parties as to law applicable to the substance of their dispute], should the arbitral tribunal apply the law it deems appropriate (as e.g., under art. 1496 of the French New Code of Civil Procedure) or the law determined by the conflict of laws rules which it considers applicable (as e.g., under art. 33 (1) of the UNCITRAL Arbitration Rules)?"[1016]

Für die beiden grundlegend verschiedenen Ansätze gab es innerhalb der Arbeitsgruppe Unterstützung sowie einige Modifikationsvorschläge. Aus diesem Grund wurde das Sekretariat der UNCITRAL damit beauftragt, alternative Fassungen auf Basis der vorangegangenen Diskussionen zu entwickeln.[1017] Dem Bericht über die zweite Sitzung der Arbeitsgruppe ist zu entnehmen, dass die allgemeine Unterstützung dem Ansatz mit der folgenden Formulierung galt:

„[T]he law determined by the **conflict of laws rules** which it considers applicable."[1018]

Die Diskussionen um Abs. 1 und Abs. 2 waren unmittelbar miteinander verbunden. Nachdem die Arbeitsgruppe auf ihrer vierten Sitzung beschlossen hatte, in Art. 28 Abs. 1 ML den Terminus „*law*" durch den Terminus „*rules of law*"[1019] zu ersetzen, kam einige Unterstützung für den Vorschlag auf, Abs. 2 an den neuen Abs. 1 anzupassen:

„[S]hall apply the **rules of law** it considers appropriate."[1020]

Damit sollte das Schiedsgericht sowohl von der Anwendung eines bestimmten Kollisionsrechts sowie von der zwingenden Anwendung eines nationalen Rechts (*law*) befreit werden. Innerhalb dieses Ansatzes stimmte man in der Ansicht überein, dass hierdurch die Schwierigkeiten bei der Anwendung der Kollisionsregeln vermieden werden, wodurch dieser den Anforderungen und Gegebenheiten der internationalen Handelsschiedsgerichtsbarkeit gerecht werden würde.[1021] Unter anderem argumentierten sie, dass dieser

---

1015 Bspw.: Frankreich, Art. 1496 S. 1 2. HS franzNCPC; Niederlande, Art. 1054 Abs. 2 S. 2 niederländischerCPC; Schweiz, Art. 187 Abs. 1, allesamt bei Verabschiedung des ML in Kraft; gerade dies war bei den Beratungen einer der gravierendsten Streitpunkte, zum Meinungsstand: UN Doc. A/CN.9/216, paras. 88 f.; UN Doc. A/CN.9/245, paras. 96 f.; UN Doc. A/CN.9/264, Art. 28 paras. 5 f.; UN Doc. A/40/17, para. 236.

1016 UN Doc. A/CN.9/WG.II/WP.35, para. 13 (question 5-11).

1017 UN Doc. A/CN.9/216, paras. 88 ff.

1018 UN Doc. A/CN.9/232, para. 163.

1019 Vergleiche zur Terminologie die Ausführungen zu Art. 28 Abs. 1.

1020 UN Doc. A/CN.9/245, para. 96; vgl. auch: UN Doc. A/CN.9/SR.326, paras. 49 (Italien), 50 (Irak); UN Doc. A/CN.9/SR.327, paras. 8 (Italien), 15 (Philippinen); UN Doc. A/40/17, para. 237.

1021 UN Doc. A/CN.9/245, para. 96.

Ansatz der Praxis in der internationalen Handelsschiedsgerichtsbarkeit gerecht würde, wo Schiedsgerichte oftmals nicht an erster Stelle über das Kollisionsrecht entscheiden, sondern das anwendbare materielle Recht vielmehr direkt bestimmen.[1022] Der Verweis auf ein Kollisionsrecht trage nicht zur angestrebten größerer Vorhersehbarkeit bei, weil die Kollisionsnormen der einzelnen Staaten unterschiedlich sind und somit auf verschiedene Rechtsordnungen verweisen.[1023] Außerdem dürfe die Parteiautonomie nicht weiter reichen als die Autonomie der Schiedsrichter.[1024]

Die Mehrheit war jedoch der Ansicht, zur vorherigen Fassung zurückzukehren. Ihr zufolge sollte ein vorsichtigerer Ansatz („*more cautious approach*") als noch in Abs. 1 und nicht ein solch progressiver Ansatz („*rather progressive approach*") wie dort gewählt werden.[1025] Die durch Abs. 1 gewährte Freiheit sei in Bezug auf die Parteien angebracht, weniger aber im Falle einer Rechtsbestimmung durch das Schiedsgericht.[1026] Die Unterschiede zu Abs. 1 sollten akzeptabel sein, zumal den Parteien im Rahmen ihrer Autonomie ein weiteres Feld überlassen werden sollte und nur sie über diesen weiten Rahmen bestimmen sollten. Sie argumentierten, dass die eingeschränkte Freiheit des Schiedsgerichts der Vorhersehbarkeit und Sicherheit zuträglich sein würde.[1027] Auf diese Weise ist nicht nur die Wahl eines Kollisionsrechts durch das Schiedsgericht erforderlich, sondern darüber hinaus ebenso die Wahl eines nationalen Rechts.[1028]

Sowohl Schweden als auch die ICC[1029] bedauerten diese Entscheidung in ihren schriftlichen Stellungnahmen. Schweden zufolge könnte dieser „*rather traditional view*" negative Auswirkungen auf den Trend der freien Entscheidung zugunsten des anwendbaren Rechts haben.[1030] Die Kritik der ICC ging in die gleiche Richtung mit der Aussage, dass diese Fassung des Art. 28 Abs. 2 ML nicht mit der modernen internationalen Schiedspraxis konform ginge. Die Feststellung des auf den Sachverhalt anwendbaren materiellen Rechts durch das Schiedsgericht erfolgt nicht zwangsläufig über existente Kollisionsregeln, sondern vielmehr im Wege einer direkteren Lösung.[1031]

Der japanische Delegierte sprach sich dafür aus, die Anforderung, das anwendbare materielle Recht über den Weg des Kollisionsrechts zu bestimmen, zu streichen. Sofern dies geschehen ist, sollte es dem rezipierenden Staat möglich sein, dem Terminus „*law*"

1022 UN Doc. A/40/17, para. 237; UN Doc. A/CN.9/SR.326, paras. 46 f.; *Derains*, ICCA Congress Series No. 2, 169 (176-179, 185-189, 192-193).

1023 UN Doc. A/40/17, para. 237.

1024 UN Doc. A/40/17, para. 237 a.E.; *Derains*, ICCA Congress Series No. 2, 169 (192).

1025 UN Doc. A/CN.9/245, para. 97.

1026 UN Doc. A/CN.9/245, para. 97; UN Doc. A/CN.9/SR.327, para. 5 (Indien).

1027 UN Doc. A/40/17, para. 236; UN Doc. A/CN.9/SR.326, para. 53.

1028 UN Doc. A/CN.9/245, para. 97; UN Doc. A/40/17, para. 239.

1029 Deren ICC ArbRules (1975) einen ähnlich restriktiven Ansatz verfolgten, der zugunsten eines progressiven Ansatzes erst mit Einführung der ICC ArbRules (1998) abgeschafft wurde.

1030 UN Doc. A/CN.9/263, Art. 28 para. 1.

1031 UN Doc. A/CN.9/263, Art. 28 para. 1.

ein weites oder enges Verständnis zu geben.[1032] Der italienische Delegierte unterstützte diesen Vorschlag und schlug weiterhin vor, dass der Terminus „*law*", wie er in Abs. 1 in der damaligen Fassung verwandt wurde, im Report erläutert werden sollte. Was den Abs. 2 anbelangt, schlug er vor, dass nationale Gesetzgeber einen einheitlichen Ansatz für die Absätze 1 und 2 wählen sollten, wenn sie diese in ihr nationales Recht transferieren.[1033] Der irakische Delegierte wandte ein hieraufhin vor, dass die Eliminierung der „*rules of law*" in Abs. 1 zu einem Gleichlauf mit Abs. 2 führen würde.[1034]

Mit Hinweis auf einen modernen Trend in der internationalen Handelsschiedsgerichtsbarkeit befürworteten die Streichung des Umweges über das Kollisionsrecht die Delegierten der Länder USA, Argentinien, Frankreich, Schweden, Australien und Kanada,[1035] die ja zum Teil ein sehr liberales Schiedsrecht hatten (z.B. Frankreich) oder bei der Umsetzung des ML diesem liberalen Ansatz gefolgt sind (z.B. Kanada).

Zwei Delegierte waren darum besorgt, dass die Streichung des Hinweises auf das Kollisionsrechts negative und ungünstige Auswirkungen auf das Verhältnis zwischen den Abs. 1 und 2 haben könnte. Der ungarische Delegierte drückte aus, dass der Terminus „*law*" in Abs. 1 – sollte er weiter verstanden werden und solche Dinge umfassen, die von der klassischen Definition nicht gedeckt sind – zu erheblichen Auslegungsschwierigkeiten führen würde, wenn man in Abs. 2 ebenfalls „*law*" als Terminus verwende.[1036] Ihm zufolge würde dies einiges an Unklarheit verursachen und zu verschiedenen Auslegungen durch die Jurisdiktionen führen. Der österreichische Delegierte bemerkte, dass der Terminus „*law*" im damaligen Abs. 1 so interpretiert werden könnte, dass er noch nicht in Kraft getretene Übereinkommen umfasst, während der Terminus „*law*" in Abs. 2 nur ein existentes nationales Recht meinen würde. Insofern wäre es ratsam, den Terminus „*rules of law*" wieder einzuführen. [1037] Der russische Delegierte hingegen vertrat die Ansicht, Abs. 2 solle so bleiben wie er ist. Er repräsentiere einen weit bekannten Kompromiss, welcher bereits 1961 im EuÜ erzielt wurde. Die Streichung des Verweises auf das Kollisionsrecht würde dem Schiedsgericht absolute Freiheit bei der Wahl des anwendbaren (materiellen) Rechts gewähren und würde so einen Präzedenzfall schaffen, welcher für viele Länder inakzeptabel wäre.[1038] Ebenso traten der Streichung der Kollisionsrechte die Delegierten der Länder der (damaligen) DDR, Ägypten, China, Kenia, Indien, Tschechoslowakei, Algerien, Portugals und der Philippinen entgegen.[1039]

1032 UN Doc. A/CN.9/SR.326, para. 38 (Japan).

1033 UN Doc. A/CN.9/SR.326, para. 49 (Italien).

1034 UN Doc. A/CN.9/SR.326, para. 50 (Irak).

1035 UN Doc. A/CN.9/SR.326, paras. 40 (USA), 43 (Argentinien), 46 (Schweden), 48 (Australien), 54 (Kanada).

1036 UN Doc. A/CN.9/SR.326, para. 47 (Ungarn).

1037 UN Doc. A/CN.9/SR.326, para. 56.

1038 UN Doc. A/CN.9/SR.326, para. 53 (Russische Föderation).

1039 UN Doc. A/CN.9/SR.326, paras. 42 (ehemalige DDR), 45 (Ägypten), 51 (China); UN Doc. A/CN.9/SR.327, paras. 5 (Indien), 7 (Tansania), 14 (Portugal), 15 (Philippinen).

Die Diskussion nahm eine Wende, nachdem der italienische Delegierte bemerkte, dass die Kommission – unabhängig von den Streitpunkten – nunmehr eine Veränderung in Abs. 1 akzeptiert hat. Um Abs. 2 mit Abs. 1 vereinbar zu halten, sollte eine Streichung der Kollisionsregeln akzeptiert werden, welche ebenso umstritten war. Dies jedoch hielt er für unbefriedigend und schlug als Kompromiss vor, dass die Entscheidung bzgl. Abs. 1 wieder rückgängig gemacht werden sollte und dass die Abs. 1 und 2 so beibehalten werden sollten, wie sie von der Arbeitsgruppe entworfen worden waren.[1040] Der Delegierte der Philippinen, welcher die Beibehaltung des Abs. 2 favorisierte, bemerkte, dass im Zuge der Vereinbarkeit von Abs. 1 und 2 die Terminologie *„rules of law"* in beiden Absätzen beibehalten werden sollte. Er fügte hinzu, dass dort, wo es gespaltene Ansichten gäbe, die von der Arbeitsgruppe erstellte Fassung beibehalten werden sollte.[1041] Die letztere Ansicht wurde ebenso von den Vertretern Frankreichs, Australiens sowie USA unterstützt.[1042] Sie alle waren bereit, die von der Arbeitsgruppe erstellte Version zu akzeptieren. Der russische Delegierte merkte an, dass Art. 28 nichts weiter sei als eine Richtlinie. Dies, zumal es innerhalb des ML keine Sanktionen gäbe, sofern der „Richtlinie" nicht gefolgt werden würde. Nachdem die Kommission sich ohnehin nicht auf den Inhalt dieser Richtlinie einigen konnte, wäre es vielleicht sinnvoller, einen radikaleren Ansatz zu wählen und beide Absätze ganz zu streichen.[1043] Dem konnte der französische Delegierte nicht zustimmen und wies darauf hin, dass ein Modellgesetz zur internationalen Handelsschiedsgerichtsbarkeit bzgl. der Rechtswahl oder dem auf den Rechtsstreit anwendbaren materiellen Recht nicht schweigen dürfe.[1044]

Der deutschen Delegation ging die derzeitige Formulierung des ML noch immer zu weit. Nach ihrer Auffassung kommt so dem Schiedsgericht ein zu großer Ermessensspielraum zu. Dieser erschwert zum einen die Entscheidung und zum anderen könnte er zu Schwierigkeiten hinsichtlich der schließlich getroffenen Rechtswahl führen.[1045] Interessanterweise sprachen sich die deutschen Delegierten für die Anwendung der am Sitz des Schiedsgerichts gültigen Kollisionsnormen aus, sofern dieser Sitz von den Parteien bestimmt wurde.[1046] Interessant insofern, als dass dies ganz im Gegensatz zu der damals herrschenden Meinung in der Bundesrepublik vertreten wurde.[1047] Dieser Vorschlag kann aber nicht überzeugen, zumal er schon in den Fällen versagt, in denen der Ort des

---

1040 UN Doc. A/CN.9/SR.327, para. 8 (Italien).

1041 UN Doc. A/CN.9/SR.327, para. 15 (Philippinen).

1042 UN Doc. A/CN.9/SR.327, para. 17 (Frankreich), 19 (Australien), 21 (USA).

1043 UN Doc. A/CN.9/SR.327, para. 16 (Russische Föderation).

1044 UN Doc. A/CN.9/SR.327, para. 17 (Frankreich).

1045 UN Doc. A/CN.9/264, Art. 28 para. 8; im Übrigen vertritt der deutsche Gesetzgeber noch heute diese Linie und begrenzt die Rechtswahlmöglichkeiten in seiner jüngsten Reform auf die „engste Verbindung".

1046 Diese Ansicht war – wie oben dargelegt – schon damals antiquiert und spätestens seit Einführung des EuÜ überholt.

1047 *ZERBE*, 215 m.w.N.

Schiedsverfahrens von den Schiedsrichtern oder einer Schiedsgerichtsinstitution bestimmt wird.[1048]

Abschließend war man sich jedoch weitgehend einig, dass, unabhängig von der gewählten Formulierung, die Ergebnisse in der Praxis ähnlich sein würden, gerade in Bezug auf den Umstand, ob Kollisionsrecht zwischengeschaltet wird oder nicht. Insbesondere wurde deutlich gemacht, dass die Gründe eines Schiedsgerichts, ein bestimmtes materielles Recht direkt zu wählen, oftmals die gleichen sind, wie die Anknüpfungen (*connecting factors*), wie sie im Kollisionsrecht bekannt sind.[1049]

Letztendlich entschied sich die Arbeitsgruppe jedoch für die von der Kommission bestätigte Lösung, da dies der vorsichtigere Ansatz sei und die uneingeschränkte Gewährung von Parteiautonomie in Abs. 1 ohnehin bereits recht weit gehe.[1050] Die gewählte Regelung sollte das Gericht zu sorgfältigerem Vorgehen bei der Wahl des anwendbaren Rechts anhalten.[1051]

§ 9.7.2: Auslegung

§ 9.7.2.1: Einleitung

Im Vergleich zur Rechtswahl durch die Parteien in Art. 28 Abs. 1 ML ist der letztendlich verabschiedete Ansatz in Art. 28 Abs. 2 ML in dreierlei Hinsicht limitiert:

> **Erstens**: Das Schiedsgericht kann das anzuwendende (materielle) Recht nicht alleine nach seinem eigenen Ermessen auswählen, sondern ist an die Anwendung von Kollisionsnormen (*conflict of laws rules*) gebunden. Es verschreibt sich damit der „indirekten" oder „klassischen" Methode (*indirect/classical method*), dem so genannten *voie indirecte*.
>
> **Zweitens**: Das Schiedsgericht kann die Kollisionsnormen nicht gänzlich frei auswählen, sondern muss die eines bestimmten Landes wählen.[1052]
>
> **Drittens**: Das Schiedsgericht muss letztendlich das (materielle) Recht eines bestimmten Landes wählen, wie die Formulierung „Recht" („*law*", „*loi*") anstelle von „Rechtsvorschriften" („*rules of law*", „*règles de droit*") in Abs. 1 deutlich machen soll.[1053]

Die Rechtswahlfreiheit des Schiedsgerichts ist damit – wie beabsichtigt –[1054] erheblich enger als die der Parteien.

Die Wahl eines anwendbaren Kollisionsrechts durch das Schiedsgericht ist nach Art. 28 Abs. 2 ML dadurch bedingt, das aufgrund der Regelung des Art. 1 Abs. 2 ML das

---

1048 Vgl. zur Kritik die obigen Ausführungen zur Sitztheorie, sowie: *Zerbe*, 219.

1049 UN Doc. A/40/17, para. 237; UN Doc. A/CN.9/232, para. 163.

1050 UN Doc. A/CN.9/245, para. 97.

1051 UN Doc. A/40/17, para. 236.

1052 So auch allgemein: *Schlosser*, Rn. 610; ferner: *von Hoffmann*, 128 ff.

1053 Ob diese Ansicht im Gesetzestext hinreichend deutlich zum Ausdruck kommt, kann freilich bezweifelt werden. Allgemein hierzu: *David*, Rn. 387.

1054 UN Doc. A/CN.9/245, para. 97.

ML immer die *lex fori* des Schiedsgerichts ist, wenn Schiedsort im Hoheitsgebiet des rezipierenden Staates liegt.

§ 9.7.2.2: Anwendung eines IPR

§ 9.7.2.2.1: Keine zwingende Anwendung des IPR des Forums

Eine wichtige Bedeutung von Art. 28 Abs. 2 ML liegt u.a. darin, jegliche Vermutung zugunsten des Kollisionsrechts am Sitz des Schiedsgerichts zu entkräften,[1055] wie es früher in der Schiedsgerichtsbarkeit vertreten wurde.[1056] Dies ist insoweit sachgerecht, als das im Fall der Nichtzuständigkeit des Schiedsgerichts in der Regel die Gerichte mehrerer Staaten in Betracht kämen, die jeweils ihr eigenes Kollisionsrecht anwenden würden. Dem ML zufolge soll jedoch der Schiedsort eine möglichst geringe Bedeutung haben. Aus diesem Grund darf der Sitz des Schiedsgerichts alleine keinen gravierenden Ausschlag hierfür geben.[1057]

§ 9.7.2.2.2: Limitation auf ein IPR

Im Bewusstsein, dass die Schiedsrichter in der Wahl des IPR frei sind, sollten sie jedoch eine Wahl treffen, die die unterliegende Partei überzeugt.[1058] Dies, obwohl die Entscheidung für oder gegen ein IPR und in der Konsequenz für oder gegen ein nationales Recht nicht Gegenstand einer gerichtlichen Überprüfung des Schiedsspruches sein kann.[1059]

Art. 28 Abs. 2 ML folgt – wie dargelegt in seiner verabschiedeten Fassung – dem traditionellen Ansatz, welcher die Wahlmöglichkeiten bzgl. des Kollisionsrechts zur Feststellung des anwendbaren materiellen Rechts des Schiedsgerichts beschränkt. In der Folge bedeutet dies, dass das Schiedsgericht das anwendbare Recht nicht direkt bestimmen darf, sondern den Weg über die Kollisionsnormen eines bestimmten Staates beschreiten

1055 *LANDO*, The Law Applicable to the Merits of the Dispute, in: *SARCEVIC* (Hrsg.), Essays on International Commercial Arbitration (London 1989) 129 (137); *ZERBE*, 218; *GRANZOW*, 171; *ROTH*, Art. 28 Rn. 8; *BERGER*, 353; *BERGER*, IEA, 495 ff.; 498, 506, 508 m.w.N.; *BUCHER*, Transnationales Recht im IPR, in: *SCHWIND* (Hrsg.) Aktuelle Fragen zum Europarecht aus der Sicht in- und ausländischer Gelehrter (Wien 1986) 11 (29); *REDFERN/HUNTER*, 131 ff. m.w.N.; *SAPPHIRE INTERNATIONAL PETROLEUM LTD. V. NATIONAL IRANIAN OIL COMPANY* vom 15.03.1963, 13 (1964) ICLQ, 987 (1011); siehe aber: *CALAVROS*, 128.

1056 Vgl. oben die Ausführungen zur zwingenden Anwendung der Sitztheorie.

1057 Vgl.: UN Doc. A/CN.9/SR.326, para. 39 (Deutschland), anders aber noch: UN Doc. A/CN.9/263, Art. 28 para. 8 f.

1058 UN Doc. A/40/17, para. 236; *BERGER*, IEA, 498, 500 ff.; *BUCHER*, Transnationales Recht im IPR, in: *SCHWIND* (Hrsg.) Aktuelle Fragen zum Europarecht aus der Sicht in- und ausländischer Gelehrter (Wien 1986) 11 (35); *ADEN*, Die Anwendung materiellen Rechts durch den Schiedsrichter, RIW 1984, 934 ff.

1059 *ROTH*, Art. 28 Rn. 8; für weitere Nachweise siehe unten unter der diesbezüglichen Überschrift.

muss.[1060] Dieser Ansatz geht konform mit Art. VII des EuÜ[1061] und Art. 33 Abs. 1 UNCITRAL ArbRules[1062]

Das Schiedsgericht kann das anwendbare Recht anhand der Kollisionsregeln ermitteln, die es für anwendbar hält. In der Praxis werden nach wie vor entweder diejenigen des Sitzstaates angewendet[1063] oder – losgelöst von den Kollisionsnormen des Sitzstaates – eine Zusammenschau derjenigen (nationalen) IPR-Normen vorgenommen, die mit dem Vertrag einen kollisionsrechtlichen Zusammenhang aufweisen[1064] und zum selben Ergebnis führen (*false conflict*).[1065] In der Praxis weisen die Schiedsrichter häufig auf die Konvergenz der kollisionsrechtlichen Anknüpfung nach den Heimatrechtsordnungen der Parteien hin, um dem Schiedsspruch mehr Überzeugungskraft zu verleihen.[1066]

Die Entscheidung der Verfasser bzgl. der Beschränkung auf ein IPR im ML beruhte auf folgenden Erwägungen: Die durch Abs. 1 ML gewährte uneingeschränkte Parteiautonomie sahen sie als zu weitgehend für eine Rechtswahl durch das Schiedsgericht an. Vielmehr müsse hierfür ein vorsichtigerer Ansatz gewählt werden.[1067] Die Bindung des Schiedsgerichts solle so letztlich zu mehr Vorhersehbarkeit und zu einer sorgfältigeren Entscheidungsfindung beitragen.[1068]

§ 9.7.2.2.3: Beschränkung auf ein nationales Kollisionsrecht?

Immer häufiger werden diejenigen kollisionsrechtlichen Grundsätze herangezogen, die allen oder zumindest allen führenden Rechtsordnungen gemeinsam sind.[1069] Die Frage ist jedoch, ob ein solches Vorgehen vom ML gedeckt ist.

1060 *BERGER*, 352; *ZERBE*, 218.

1061 European Convention on International Commercial Arbitration, Genf 4. April 1961, 484 UNTS 349; vgl. auch: *ROTH*, Art. 28 Rn. 9.

1062 UN Doc. A/CN.9/264, para. 6; die ergänzend erwähnten ICC Schiedsregeln (1975) haben mittlerweile den *voie directe* übernommen, die Terminologie an Art. 28 Abs. 1 ML angepasst und reden auch hier von den „*rules of law*", Art. 17 (1) ICC Schiedsregeln (1998); vgl. auch: *ROTH*, Art. 28 Rn. 9.

1063 ICC Schiedsspruch Nr. 5460; Nr. 6281; *LEW*, 245 ff.; *VON HOFFMANN*, 111; etwas zweifelhaft: *CALAVROS*, 128.

1064 ICC Schiedsspruch Nr. 2438; Nr. 2730; Nr. 2886 (1977); Nr. 3034; Nr. 4434; Nr. 4996; Nr. 5118, 114 (1987) JDI (Clunet) 1027 mit zustimmenden Anm. *JARVIN*, a.a.O. („gleichermaßen anerkannt wie etabliert") 1028; Nr. 6281; *DERAINS*, L'application cumulative par l'arbitre des systèmes de conflits de lois intéressés au litige, Rev.Arb. 1972, 99 ff.; *VAN HOUTTE*, Arbitrage En Toepasselijk Recht, TvPr 1982, 703 (715).

1065 Siehe auch die Ausführungen zu den kollisionsrechtlichen Ansätzen im Allgemeinen.

1066 *BUCHER*, Transnationales Recht im IPR, in: *SCHWIND* (Hrsg.) Aktuelle Fragen zum Europarecht aus der Sicht in- und ausländischer Gelehrter (Wien 1986) 11 (35).

1067 UN Doc. A/CN.9/245, para. 97.

1068 UN Doc. A/40/17, para. 236 ; vgl. auch die Ausführungen zur Entstehungsgeschichte.

1069 *BÖCKSTIEGEL*, FS *BEITZKE*, 443 (453); *VON HOFFMANN*, 40; *HELLWIG*, Nationale und internationale Schiedsgerichtsbarkeit, RIW 1984, 421 (426), der von der „*lex mercatoria* der Kollisionsnormen" spricht; *GOLDMAN*, Anmerkungen zu Cour d'appel de Paris vom 13.7.1989 –

Im Rahmen der Verhandlungen des ML war man sich weitgehend einig, dass unabhängig von der gewählten Formulierung die Ergebnisse in der Praxis ähnlich sein würden, gerade in Bezug auf den Umstand, ob Kollisionsrecht zwischengeschaltet wird oder nicht. Insbesondere wurde deutlich gemacht, dass die Gründe eines Schiedsgerichts ein bestimmtes materielles Recht direkt zu wählen, oftmals die gleichen sind, wie die Anknüpfungen (*connecting factors*), wie sie im Kollisionsrecht bekannt sind.[1070] Demzufolge geht *Derains* von der folgenden Auslegung des Abs. 2 aus:

> „From the moment the arbitrator is not bound to find the conflict rule of his choosing in a preexisting conflict of laws system – which the draft does not compel him to do because it aims at a ‚conflict rule' and not a ‚conflict system' – the formulation by the arbitrator of a conflict rule is, simply an indication of the reasons which bring him to apply a particular law at the expense of another."[1071]

Er ist somit der Ansicht, dass die Bezugnahme auf die *conflict of laws rules* in Abs. 2 lediglich dazu dient, dass das Schiedsgericht seine Rechtswahl und die Gründe seiner Rechtswahl darlegen „sollte". Es verlangt folglich keine Bezugnahme auf ein IPR eines bestimmten Staates (*„conflict system"*), sondern vielmehr lediglich auf *rules*.[1072] Ihm zufolge wird damit sogar die Befugnis eingeräumt, Kollisionsnormen frei zu erfinden.

Eine solche Interpretation ist jedoch fragwürdig. Dies umso mehr, nimmt man die Diskussionen zu diesem Punkt zur Hand. Die Arbeitsgruppe hat Abs. 2 bewusst und absichtlich enger formuliert als Abs. 1.[1073] Insofern ist es fraglich, ob eine „aufweichende" Interpretation dem Willen der Väter des ML entspricht.[1074] Gerade der Fakt, dass diese Formulierung bewusst so gewählt wurde und so zu mehr Vorhersehbarkeit führen sollte,[1075] spricht gegen eine derartige Interpretation, zumal auf diese Weise die Entscheidungen der Schiedsgerichte noch weniger vorhersehbar werden, als dies schon nach den nationalen Kollisionsrechten der Fall wäre. Ergo darf es diese Kollisionsnormen nicht selbst entwickeln, sondern muss diejenigen eines bestimmten Staates anwenden.[1076] So wünschenswert ein anderer Ansatz sein mag, dem Willen des ML wird man nur über diese Beschränkung gerecht.

Compania Valenciana de Cementos Portland c. Société Primary Coal Ltd., 117 (1990) JDI (Clunet) 433 (439); *Toope*, 55; ICC Schiedsspruch Nr. 2680; Nr. 3316; Nr. 3880; Nr. 4237; Nr. 5713.

1070 UN Doc. A/40/17, para. 237; UN Doc. A/CN.9/232, para. 163.

1071 *Derains*, ICCA Congress Series No. 2, 169 (192).

1072 *Derains*, ICCA Congress Series No. 2, 169 (192).

1073 Vgl.: UN Doc. A/CN.9/245, para. 97.

1074 Ebenso: *Holtzmann/Neuhaus*, 770 Fn. 36 a.E.

1075 UN Doc. A/40/17, para. 236.

1076 Ebenso: *Zerbe*, 218; *Calavros*, 127 (*Calavros* lehnt die Wahl eines frei erfundenen Kollisionsrechts sowie eines solchen, die keinerlei Bezug zum gegenwärtigen Verfahren haben, ab).

Unproblematisch wäre allenfalls der *false conflict*-Ansatz, nachdem er feststellt, dass nicht nur ein nationales IPR sondern auch andere Kollisionsregeln zum selben Ergebnis führen.

§ 9.7.2.2.4: Beschränkung auf ein nationales materielles Recht

Schließlich muss das Schiedsgericht zu einer bestehenden nationalen Rechtsordnung gelangen.[1077] Art. 28 Abs. 2 ML verwendet die Formulierung „Recht" (*law*) ganz im Gegensatz zu Abs. 1 (sowie zu Art. 1496 2. HS franzNCPC)[1078], wo noch von „Rechtsvorschriften" (*rules of law*) die Rede ist.[1079]

Ziel dieser Beschränkung ggü. Abs. 1 soll es sein, die Parteien vor Willkürentscheidungen des Schiedsgerichts zu schützen.

§ 9.7.2.2.5: Rechtswahlbeschränkung durch die Parteien

Aus Art. 28 Abs. 1 ML folgt im Umkehrschluss für Abs. 2, dass die Parteien dazu berechtigt sind, die Rechtswahl der Schiedsrichter einzuschränken, indem sie gewisse nationale[1080] Rechtsordnungen von der Anwendung ausschließen.[1081] Wenn sie schon positiv dazu berechtigt sind, jedwede Rechtsordnung zur Anwendung zu berufen, müssen sie erst recht berechtigt sein, einzelne Rechtsordnungen von der Anwendung auszuschließen. Zum Beispiel besteht die Möglichkeit, das Schiedsgericht auf bestimmte (also einzelne) nationale Rechte zu beschränken.[1082] Eine solche Beschränkung muss das Schiedsgericht bei der Rechtswahl berücksichtigen.

*§ 9.7.2.3: Kein zwingendes Recht (*mandatory provision, mandatory rule*) / Aufweitung der Rechtswahlmöglichkeiten durch die Parteien*

Art. 28 Abs. 2 ML ist keine zwingende Bestimmung (*mandatory rule*) des ML und damit – allgemeinen Grundsätzen entsprechend – abdingbar.[1083]

1077 *Derains*, ICCA Congress Series No. 2, 169 (192); *Hußlein-Stich*, 145; *Calavros*, 129; *Granzow*, 170; *Lando*, The Law Applicable to the Merits of the Dispute, in: *Sarcevic* (Hrsg.), Essays on International Commercial Arbitration (London 1989) 129 (154); *Jarvin*, La Loi-Type De La C.N.U.D.C.I. Sur L'Arbitrage Commercial International, Rev.Arb. 1986, 509 (522); *Dasser*, 295; *Nöcker*, 140 f.

1078 Vgl.: *von Breitenstein*, Frankreich, 15 (40).

1079 Zur Philosophie hinter der Wortwahl vgl. auch die Ausführungen zur Rechtswahl durch die Parteien.

1080 Die Wahl anationalen Rechts ist im Rahmen von Abs. 2 ohnehin nicht möglich, wär sie möglich, könnte selbstverständlich auch dies begrenzt bzw. ausgeschlossen werden.

1081 UN Doc. A/CN.9/264, Art. 28 para. 6; zustimmend: *Hußlein-Stich*, 146.

1082 UN Doc. A/CN.9/ 264, para. 6; *Granzow*, 172, *Berger*, IEA, 563; *Roth*, Art. 28 Rn. 11.

1083 *Granzow*, 172; *Roth*, Art. 28 Rn. 10.

Es gibt zwar eine Rechtswahlbeschränkung, diese kann jedoch auf einfachste Weise umgangen werden. Es handelt sich bei Art. 28 Abs. 2 ML nicht um zwingendes Recht, sondern um abdingbares Recht. So ist es den Parteien jeder Zeit freigestellt, die Wahlmöglichkeiten der Schiedsrichter zu erweitern und denen des Abs. 1 anzugleichen, so dass diese anationales Recht für anwendbar erklären dürfen.

Dies ist umso bedeutender für die Rechtswahlklauseln, die in den Schiedsordnungen mehrerer Schiedsgerichtsinstitutionen enthalten sind und denen sich ein Schiedsgericht mit Sitz in einem ML rezipierenden Land unterwerfen kann. Wählen also die Parteien eine liberalere Schiedsgerichtsordnung wie z.B. die ICC ArbRules (1998)[1084], so gelten die Rechtswahlmöglichkeiten dieser Verfahrensordnung und nicht der restriktive Weg des ML. Hiernach wäre das Schiedsgericht ebenso frei in seiner Rechtswahl wie die Parteien nach dem ML. So könnte es damit unter anderem anationales Recht, wie z.B. die *lex mercatoria* oder allgemeine Rechtsprinzipien (*general principles of law*), wählen.

§ 9.7.2.4: Zusammenfassung

Folglich unterliegt die Rechtswahl durch das Schiedsgericht wesentlich engeren Grenzen als die durch Parteivereinbarung in Abs. 1.[1085] Das Schiedsgericht muss bei einer vorzunehmenden Rechtswahl darauf achten, dass es

- ein Kollisionsrecht wählt,
- dieses ein nationales Kollisionsrecht ist und
- dieses nationale Kollisionsrecht auf ein nationales, materielles Recht verweist.

Dies jedoch nur insofern, als dass die Bestimmung des Art. 28 Abs. 2 ML nicht abbedungen oder aufgeweitet wurde, z.B. durch die Wahl einer liberaleren Schiedsgerichtsordnung (*arbitration rules*).

§ 9.7.2.5: Kritik

Gerade die Beschränkungen in Art. 28 Abs. 2 ML sind zum Teil auf Kritik gestoßen.[1086] Das ML sei enttäuschend, überraschend konservativ und unlogisch ausgefallen.[1087]

1084 Art. 17 Abs. 1 S. 2 ICC ArbRules (1998) lautet: „In the absence of any such agreement, the Arbitral Tribunal shall apply the *rules of law* which it determines to be appropriate."; vgl. aber auch: Art. 59 WIPO ArbRules (2002), Art. 22.3 LCIA ArbRules (1998), Art. 28 Abs. 1 S. 2 AAA ArbRules (2003) usw.

1085 *HOLTZMANN/NEUHAUS*, 770.

1086 Vgl.: *BERGER*, 388; *LALIVE*, Possible Conflict of Laws and the Rules applicable to the Substance of the Dispute, Rass.d'Arb. 1984, 49 (51); *JARVIN*, La Loi-Type De La C.N.U.D.C.I. Sur L'Arbitrage Commercial International, Rev.Arb. 1986, 509 (523); *BÖCKSTIEGEL*, RIW 1984, 670 (677); dagegen: *HERRMANN*, The UNCITRAL Model Law – its background, salient features and purposes 1 (1985) AI 6 (23); *LALIVE*, Possible Conflict of Laws and the Rules ap-

Die Kritik der französischen Autoren ist mit Blick auf den sehr liberalen Art. 1496 franzNCPC leicht erklärbar. Sie kann jedoch auch andere Autoren nicht überzeugen,[1088] zumal sich zum Teil eine noch konservativere Entwicklung feststellen ließ.[1089] Der ICC zufolge entsprach Art. 28 Abs. 2 schon damals nicht den Realitäten in der modernen Schiedspraxis. Die Einführung von Beschränkungen im ML würde vielmehr einen Rückschritt bedeuten und sich negativ auf die weitere Entwicklung in der internationalen Schiedsgerichtsbarkeit auswirken.[1090] Diesbezüglich kann jedoch „Entwarnung" gegeben werden, zumal sich die Entwicklung in der Schiedspraxis über die Entscheidung des ML mehr und mehr hinwegsetzt und die das ML übernehmenden Länder gerade im Rahmen des Art. 28 Abs. 2 ML Anpassungen an die realen Gegebenheiten vornehmen.

§ 9.7.2.5.1: Voie directe

Art. 28 Abs. 2 ML erfuhr – wie dargelegt – schon während der Formulierung einiger Kritik. Der komplizierte Weg des *voie indirecte* über die nationalen Kollisionsregeln entspricht nicht der modernen Schiedspraxis.[1091]

Gegen die unmittelbare Rechtswahl soll es – *Hußlein-Stich* zufolge – sprechen, dass es für die Parteien eher vorhersehbar ist, welches materielle Recht Anwendung findet, wenn die Schiedsrichter zunächst die Kollisionsnormen auswählen.[1092] Die Parteien sollen dieser Ansicht zufolge davor geschützt werden, dass das Schiedsgericht willkürlich die anwendbaren Sachnormen bestimmt.[1093] Dass den Parteien in Abs. 1 eine größere

---

plicable to the Substance of the Dispute, Rass.d'Arb. 1984, 49 (50 f.), „enttäuschend und überraschend konservativ, ja wahrhaftig reaktionär", Äußerung von *Derains*, Vorsitzender der Arbeitsgruppe über anwendbares Recht der UNCITRAL.

1087 *Derains*, ICCA Congress Series No. 2, 169 (192); nicht ganz so drastisch: *Jarvin*, La Loi-Type De La C.N.U.D.C.I. Sur L'Arbitrage Commercial International, Rev.Arb. 1986, 509 (523).

1088 *Hußlein-Stich*, 146; *Herrmann*, UNCITRAL's Work Towards a Model Law on International Commercial Arbitration, 4 (1983/84) Pace L.R. 537 (559); *Herrmann*, The UNCITRAL Model Law – its background, salient features and purposes 1 (1985) AI 6 (23).

1089 Dies stellt *Gaillard*, ICSID Rev. FILJ 1987, 424 (433), fest, der betont, dass diese Methode noch direkter sei, als die „direkte Methode", weil den Schiedsrichtern eine rechtsvergleichende Analyse, die beim *voie directe* nötig sei, erspart bleibe. Dem kann man sich jedoch nur schwerlich anschließen, da gerade bei komplexen Fällen eine derartige rechtsvergleichende Analyse wünschenswert ist, um auch tatsächlich das am besten auf den Fall passende Recht zu ermitteln.

1090 UN Doc. A/CN.9/263/ADD.1, para. 1.

1091 UN Doc. A/CN.9/SR.326, paras. 38 (Japan), 40 (USA), 43 (Argentinien), 44 (Frankreich), 46 (Schweden), 48 (Australien), 49 (Italien), 54 (Kanada); UN Doc. A/CN.9/SR.327, paras. 1 (Korea), 6 (Schweiz), 11 (Finnland).

1092 *Hußlein-Stich*, 145.

1093 *Hußlein-Stich*, 145.

Wahlfreiheit zugestanden wird, als dem Schiedsgericht in Abs. 2, ist durch den Vorrang der Parteiautonomie bei der Wahl des anwendbaren materiellen Rechts gerechtfertigt.[1094]

Es wurde schon oben herausgestellt, dass der kollisionsrechtliche Ansatz (*voie indirecte*) in der Realität keinen höheren Grad der Gewissheit der Rechtsanwendung gäbe, als die direkte Anwendung eines Sachrechts über den *voie directe*.[1095] Diese Annahme resultiert vor allem aus der Feststellung, dass die einzelnen Kollisionsregeln von nationalem Recht zu nationalem Recht differieren und dass die Gründe, welchen einen Schiedsrichter zur Anwendung eines bestimmten nationalen Rechts veranlassen, den gleichen Anknüpfungsgrund/-punkt haben, wie das jeweilige IPR im Falle des *voie indirecte*.[1096] In der Konsequenz haben über die Hälfte der Länder[1097], die das ML übernommen haben, die Übernahme des kollisionsrechtlichen Ansatzes abgelehnt und sich z.T.[1098] für den *voie directe* entschieden.

Einige Kommentatoren argumentieren, dass ein Schiedsgericht sich nicht auf ein nationales Kollisionsrecht besinnen muss, wenn es nach dem anwendbaren materiellen Recht sucht. Um diesen Streitpunkt zu vermeiden, haben alle *common law* Provinzen und Territorien Kanadas, die das ML übernommen haben, eine Modifikation vorgenommen, welche die Schiedsrichter von der Anwendung eines nationalen Kollisionsrechts befreit.[1099]

Andere haben sich für den Ansatz der „engsten Verbindung“[1100] entschieden, d.h. das Schiedsgericht hat das Sachrecht mit der engsten Verbindung zum Fall anzuwenden.[1101] Dieser Ansatz der engsten Verbindung ist – wie bereits oben dargestellt – nahezu allen Rechtssystemen bekannt und wird konsequenterweise in internationalen Schiedsverfahren angewandt.[1102] Eine Anzahl dieser Staaten hat die Gelegenheit der Abweichung vom ML des Weiteren dazu genutzt, den restriktiven Terminus *law* durch die in Abs. 1 erwähnten

---

1094 UN Doc. A/CN.9/264, Art. 28 para. 6; *HERRMANN*, The UNCITRAL Model Law – its background, salient features and purposes 1 (1985) AI 6 (23).

1095 Bemerkenswert ist, dass insbesondere: *HUẞLEIN-STICH*, 146, die praktischen Unterschiede unmittelbarer Rechtswahl und mittelbarer nicht groß einschätzt und anmerkt: „Insoweit können die Bedenken einiger Autoren nicht geteilt werden“, dies jedoch muss dann im Umkehrschluss ebenso für die von ihr vorgetragenen Bedenken gelten.

1096 UN Doc. A/40/17, para. 237.

1097 Unter ihnen die kanadischen Provinzen außer Quebec, Ägypten, Deutschland, Ungarn, Indien, Kenia, Mexiko, Oman, Tunesien und in den USA: Kalifornien und Oregon.

1098 Bspw.: Als erste rezipierende Staaten, die kanadischen Provinzen außer Quebec sowie Tunesien, Oregon etc.

1099 Vgl.: *CASTEL*, International Commercial Arbitration, in: *EMOND* (Hrsg.), Commercial Dispute Resolution: Alternatives to Litigation (Ontario 1989) 121 (142); bspw.: Art. 28 Abs. 3 des British Columbia International Commercial Arbitration Acts: „the arbitral tribunal shall apply the rules of law it considers appropriate given all the circumstances surrounding the dispute."

1100 Vgl. die obigen Ausführungen zur engsten Verbindung im allgemeinen Teil.

1101 Bspw.: Deutschland (§ 1051 Abs. 2 dtZPO), Schweiz (Art. 187 Abs. 1 schweizIPRG), Italien (Art. 834 italSchiedsG), Art. 3 Abs. 3 Milan ArbRules (2004) usw.

1102 ICC Schiedsspruch Nr. 5717; Nr. 4237 (1984); Iran-US Claims Tribunal Schiedsspruch: *HARNISCHFEGER CORP. V. MINISTRY OF ROADS AND TRANSPORTATION* (1984) 7 Iran-US CTR 90 (99).

umfangreichen Rechtswahlmöglichkeiten der *rules of law* zu ersetzen.[1103] Auf diese Weise wurden die Rechtswahlmöglichkeiten der Parteien und des Schiedsgerichts einander angeglichen und harmonisiert. Diese Vorgehensweise entspricht einem internationalen Trend in der internationalen Handelsschiedsgerichtsbarkeit.[1104]

§ 9.7.2.5.2: Beschränkung auf ein nationales Recht?

Dass die Sachentscheidung aufgrund einer nationalen Rechtsordnung stattzufinden hat, wurde in der Folgezeit ebenfalls als enttäuschend qualifiziert.[1105]

Die zwangsweise Anwendung eines nationalen Kollisionsrechts entsprach schon damals nicht dem internationalen Trend hin zur Anwendung anationaler Regeln.[1106] Es erscheint widersprüchlich, den Parteien zwar eine umfassende Rechtswahl zu erlauben, dem Schiedsgericht aber nicht.[1107] Dieser Widerspruch wird umso aufdringlicher, nachdem es den Parteien aufgrund ihrer Autonomie jederzeit freisteht, die Rechtswahl durch das Schiedsgericht zu beschränken, oder noch während des Verfahrens zu beeinflussen und zu ändern.

Was kann das Schiedsgericht in dem Fall unternehmen, in dem es zu dem Schluss gelangt, dass die beste Lösung die Anwendung eines anationalen Rechts wäre? In diesem Fall könnte es nur einen sehr zweifelhaften Weg beschreiten und eine implizite Rechtswahl durch die Parteien konstruieren. Was von einer solchen Umgehung mittels einer „negativen Rechtswahl" zu halten ist, wurde bereits oben dargestellt.

Die zu stellende Frage ist folglich, ob es wirklich sinnvoll ist, das Schiedsgericht auf die Anwendung eines (nationalen) Rechts zu beschränken? *DERAINS* schlägt vor, Art. 28 Abs. 1 und 2 ML in Bezug auf die *rules of law* zu harmonisieren.[1108] Er schlägt weiterhin vor, dass das Schiedsgericht nicht auf ein einziges Recht (*rule of law*) beschränkt sein soll, sondern bei Bedarf vielmehr verschiedene Rechte (*rules of law*) anwenden kann.[1109]

Vorschlag: „Failing any designation by the parties, the arbitral tribunal shall apply the rule or rule(s) of law which it considers applicable in the circumstances of each case."

Diese Kritik ist einigen Autoren zufolge ungerechtfertigt.[1110] Dem Schiedsgericht kann nicht ein derartig breiter Ermessensspielraum eingeräumt werden, wie ihn

---

1103 Hierzu zählen bspw. die kanadischen Provinzen außer Quebec, sowie der US Bundesstaat Oregon.

1104 Bzgl. der Kritik sei auf die allgemeinen Ausführungen weiter oben verwiesen.

1105 *DERAINS*, ICCA Congress Series No. 2, 169 (192 f.).

1106 *DERAINS*, ICCA Congress Series No. 2, 169 (192).

1107 Ebenso: *DERAINS*, ICCA Congress Series No. 2, 169 (192).

1108 *DERAINS*, ICCA Congress Series No. 2, 169 (193).

1109 *DERAINS*, ICCA Congress Series No. 2, 169 (193).

1110 *CALAVROS*, 129.

Art. 28 Abs. 1 ML gewährt. Die Parteien sind zwar in der Lage, diejenigen Rechtsvorschriften zu wählen, die am ehesten auf ihren Fall im Sinne einer interessengerechten Lösung anwendbar sind, das Schiedsgericht soll jedoch naturgemäß, zumindest im Zeitpunkt der Bestimmung des anwendbaren Rechts, also zum Beginn des Schiedsverfahrens, nicht in einer solchen Lage sein. Dem Schiedsgericht eine diesbezügliche Ermessensfreiheit zu geben, und zwar ohne Rücksicht auf eine ausdrückliche Parteiermächtigung, würde darüber hinaus schon vom Prinzip her nicht in Einklang mit dem das Recht der Schiedsgerichtsbarkeit beherrschenden Grundsatz der Parteiautonomie stehen.[1111] Das Wort „Rechtsvorschriften" (*rules of law*) wurde – *CALAVROS* zufolge – zu Recht nicht benutzt.[1112]

Zusammenfassend sei hier gesagt, dass die Kritik *DERAINS* berechtigt ist und dem Schiedsgericht die Wahl von Rechtsvorschriften (*rules of law*) gestattet werden sollte. Dem Schiedsgericht würde hier auf keinen Fall eine zu breite Rechtswahlmöglichkeit eingeräumt, gerade, wenn man die Rechtswahlmöglichkeiten der Parteien in Betracht zieht. Diese haben nicht nur die Möglichkeit, eine negative Rechtswahl[1113] zu treffen, sondern diese kann weiterhin jederzeit erfolgen, d.h. selbst während des schiedsgerichtlichen Verfahrens. Können sich die Parteien folglich nicht auf ein bestimmtes anwendbares Recht einigen, steht es ihnen jederzeit offen, die Rechtswahlmöglichkeiten des Schiedsgerichts zu diskutieren. Kann man sich nicht positiv einigen, so wird es aller Wahrscheinlichkeit nach den Parteien leichter fallen, diejenigen Rechte und Rechtsvorschriften von einer Anwendbarkeit auszuschließen, die den beteiligten Parteien „nicht geheuer" sind. Selbst wenn während des Verfahrens das Schiedsgericht andeutet, dass es gewillt ist, z.B. allgemeine Rechtsprinzipien anzuwenden, können die Parteien sich noch auf einen Ausschluss einigen.

Insofern ist es wünschenswert, wenn zukünftige an das ML angelehnte Reformen diesem moderneren Schiedsverfahrensverständnis folgen würden.

§ 9.7.2.5.3: Grenzen der Ermessensfreiheit?

Die Frage nach den Grenzen der Ermessensfreiheit des Schiedsgerichts wird in der Literatur unterschiedlich beantwortet.

Eine Auffassung hält das Verfahrensrecht für maßgeblich und beschreitet seinen Weg damit in Anlehnung an die staatliche Gerichtsbarkeit. Damit entscheidet das Verfahrensstatut über die Kollisionsnormen.[1114] Haben die Parteien kein Verfahrensrecht einer bestimmten Rechtsordnung vereinbart, sondern vielmehr Verfahrensregeln verschiedener

---

1111 Vgl. *CALAVROS*, 129, zufolge: UN Doc. A/CN.9/264, Art. 28 para. 6.

1112 *CALAVROS*, 129.

1113 Wobei eine solche möglichst explizit bzw. eindeutig erfolgen sollte.

1114 *SCHLOSSER*, Rn. 609 f.; *LEW*, 120 ff.; *LANDO*, The Law Applicable to the Merits of the Dispute, in: *LEW* (Hrsg.), Contemporary Problems in International Arbitration (Dordrecht 1987) 101 (106).

Prozessrechte miteinander kombiniert, ist es nach dieser Ansicht schwierig, die anwendbaren Kollisionsnormen zu finden.

Aus diesem Grund wird nach wie vor vertreten, dass es am vorteilhaftesten ist, das Kollisionsrecht am Ort des Schiedsverfahrens – die *lex loci arbitri* – anzuwenden.[1115]

CALAVROS überträgt die Ansichten auf das ML.[1116] Er meint, dass das Schiedsgericht entweder das Kollisionsrecht am Verfahrensort anzuwenden hat, oder dass das Verfahrensstatut das anwendbare Kollisionsrecht bestimmt. So gelangt er zum Kollisionsrecht des rezipierenden Staates. Diese Schlussfolgerung ist nach seiner Herangehensweise logisch, nachdem das ML immer das maßgebliche Verfahrensrecht ist, wenn der Schiedsort im rezipierenden Staat liegt.

Dennoch kann diese Ansicht nicht überzeugen. Aus der Entstehungsgeschichte des ML ergeben sich keinerlei Anzeichen dafür, dass die Verfasser zwingend das Kollisionsrecht am Verfahrensort als einzig maßgeblich ansahen, im Gegenteil räumten sie ja gerade eine freie Wahl des Kollisionsrechts ein. Wäre letzteres gewollt, hätten die Verfasser des ML nicht folgende Formulierung übernommen: *„determined by the conflict of law rules which it considers applicable.“* Was für einen Sinn hätte die Einräumung eines Ermessensspielraumes, wenn das Ermessen von vornherein gegen Null tendiert? Hätten sie eine Bindung an das Sitzstatut beabsichtigt, dann hätten sie dies sicherlich in Art. 28 Abs. 2 ML festgehalten![1117] Aus diesem Gunde wählt das Schiedsgericht die Kollisionsnormen in der Weise, dass sie sämtliche Rechtsordnungen, zu denen die Streitsache einen Bezug aufweist, auf die geeigneten Kollisionsnormen hin untersuchen.[1118] Stimmen die Kollisionsnormen überein, ist das Recht anzuwenden, auf das sie übereinstimmend verweisen. Bei Divergenz muss das Schiedsgericht die meist geeignete auswählen. Dies wird regelmäßig diejenige sein, zu der das streitige Rechtsverhältnis die stärksten Anknüpfungspunkte aufweist.[1119]

Die Wahl der Kollisionsnormen auf das Verfahrens- und Ortsstatut zu begrenzen, hieße, den Schiedsspruch denselben Anforderungen zu unterwerfen, wie er von staatlichen Gerichten gefordert wird, um so die internationale Handelsschiedsgerichtsbarkeit zu

---

1115 *SCHÜTZE/TSCHERNING/WAIS*, Handbuch des Schiedsverfahrens² (Berlin 1990) Rn. 505; *MAIER*, Handbuch der Schiedsgerichtsbarkeit (Herne 1979) Rn. 545; *FOUCHARD*, L'arbitrage Commerciale Internationale (Paris 1965) Rn. 546, 551; *LEW*, 120 ff.; *DAVID*, Rn. 123.

1116 *CALAVROS*, 128.

1117 So zu Art. 7 Abs. 1 EuÜ, der Art. 28 Abs. 2 ML zugrunde liegt: *VON HOFFMANN*, 129; vgl. auch: *HUßLEIN-STICH*, 147.

1118 Diese Ansicht wird zum überwiegend wortgleichen Art. 7 Abs. 1 S. 2 EuÜ vertreten und sind aus diesem Grund auf das ML übertragbar: *SCHWAB/WALTER*, Schiedsgerichtsbarkeit⁶ (München 2000) Kap. 55 Rn. 2; *SCHLOSSER*, Rn. 614; *MAIER*, Handbuch der Schiedsgerichtsbarkeit (Herne 1979) Rn. 556; *RAUH*, Die Schieds- und Schlichtungsordnung der UNCITRAL (Köln 1983) 118; *BÖCKSTIEGEL*, FS *BEITZKE*, 443 (453); zu Art. 28 Abs. 2 ML: *DERAINS*, ICCA Congress Series No. 2, 169 (177).

1119 *MAIER*, Handbuch der Schiedsgerichtsbarkeit (Herne 1979) Rn. 556; ders., EuÜ, Art. VII, Rn. 4.

nationalisieren, statt – wie gewollt – zu „denationalisieren". Im Interesse einer ausgewogenen Rechtswahl muss dem Schiedsgericht die letzte Entscheidung über die anwendbaren Kollisionsnormen zustehen.[1120]

Andere Autoren kritisieren, dass dem Schiedsrichter, ohne Rücksicht auf eine Parteiermächtigung, die Wahl des Kollisionsrechts freizustellen, zudem sie die Gefahr eines Willkürentscheids birgt.[1121] Diese so genannte Willkür könnte bei einer späteren gerichtlichen Kontrolle nicht aufgehoben werden, zumal der Grundsatz der Unüberprüfbarkeit der schiedsrichterlichen Sachentscheidung in Angelegenheiten der internationalen Handelsschiedsgerichtsbarkeit mittlerweile als Gemeingut beinahe aller nationalen Rechtsordnungen gilt.[1122]

> „Denn würde man dem Schiedsgericht einen derartig breiten Ermessensspielraum einräumen, um zum anwendbaren materiellen Recht zu gelangen, so braucht dies nicht über den Umweg eines Kollisionsrechts zu geschehen: Man könnte viel einfacher dem Schiedsgericht die Möglichkeit geben, direkt das anwendbare materielle Recht zu wählen."[1123]
>
> „Wenn aber die Sachentscheidung des Schiedsgerichts auf ihren Inhalt hin nicht nachgeprüft werden kann, und dies ist eine echte Bevorzugung der Schiedsgerichtsbarkeit vor der staatlichen Gerichtsbarkeit, dann soll der Erlass der schiedsrichterlichen Sachentscheidung zumindest unter denselben Garantien einer richtigen Entscheidung stehen wie die Entscheidung des staatlichen Gerichts."[1124]

Dennoch ist diese „umfangreiche Ermessensfreiheit" nicht zu kritisieren. Dies schon gar nicht mit dem Argument, dass man dann dem *voie directe* hätte folgen können. Sinn und Zweck des Art. 28 Abs. 2 ML ist es, das für die Lösung des Rechtsstreites am besten geeignete (Kollisions-)Recht herauszukristallisieren. Gerade in komplexen und internationalen Handelstreitigkeiten verbietet sich hier jede schemenhafte Lösung. Vielmehr ist jeder Einzelfall genauestens auf seine Eigenarten und Facetten hin zu analysieren und dann eine geeignete Wahl zu treffen. Eine solche geeignete Wahl wäre nicht möglich, räumte man dem Schiedsgerichts nur einen geringen Ermessensspielraum ein. Gerade die Kritik von *CALAVROS*, nach dem ein Schiedsgericht kein Kollisionsrecht anwenden darf, das weder an das Verfahrensstatut noch an das Statut des Schiedsortes angeknüpft ist,[1125] entbehrt jeglicher Grundlage. Weder historisch noch logisch ist sein Ansatz begründbar.

Der vom ML eingeräumte Ermessensspielraum ist in keinster Weise zu weit, wenn man das Kollisionsrecht ermitteln möchte, welches am besten auf den jeweiligen Einzelfall passt.

1120 Ebenso: *HUßLEIN-STICH*, 148.
1121 *CALAVROS*, 128; *SCHLOSSER*, Rn. 610, *VON HOFFMANN*, 114 f.
1122 *CALAVROS*, 128.
1123 *CALAVROS*, 127.
1124 *CALAVROS*, 128.
1125 *CALAVROS*, 128.

Nur eine möglichst flexible Lösung, die dem Schiedsgericht einen breiten Ermessensspielraum zur Seite stellt, kann den komplexen Beziehungen internationaler Wirtschaftsstreitigkeiten gerecht werden.

§ 9.7.2.5.4: Zusammenfassung zur Kritik

Das ML folgt bedauerlicherweise im Falle des Fehlens einer Rechtswahl durch die Parteien einem recht konservativen Ansatz.

Wünschenswert wäre es, wenn zukünftige Rezipienten den Art. 28 Abs. 2 ML nicht wörtlich übernehmen. Vielmehr sollten zukünftige Regelungen dem Art. 28 Abs. 1 ML angepasst werden und in der Folge dem Schiedsgericht die Möglichkeit geben, nicht nur dem *voie directe* zu folgen, sondern ein anationales Recht zur Anwendung berufen zu können, wenn dies als das beste auf den Einzelfall anwendbare Recht erscheint.

Eine Rechtswahlbegrenzung auf die „engste Verbindung" und ähnlicher Termini erscheint wenig sinnvoll. Derartige Worthülsen sind meist Ausdruck dessen, dass der Gesetzgeber sich – in Anbetracht der Vielfältigkeit der Möglichkeiten in modernen und komplexen Wirtschaftsbeziehungen – außerstande sah, genauere Angaben zu machen, welches Recht er anstrebt. Derartige „Floskeln" erhöhen in keinster Weise die Vorhersehbarkeit einer schiedsrichterlichen Entscheidung, zumal noch immer die Frage offen bliebe, wann denn eine solche „engste Verbindung" vorliegen sollte. Jedes Schiedsgericht würde aufgrund seines rechtsgeschichtlichen Hindergrundes die Faktoren, die auf eine „engste Verbindung" hindeuten, anders gewichten und einteilen. Wenn also nicht wie im dtEGBGB eine Art widerlegbarer Katalog geschaffen wird, ist die Bezugnahme auf die „engste Verbindung" nicht mehr als eine sinnentleerte Phrase. Somit wäre es wünschenswert, wenn das Schiedsgericht in seiner Entscheidung völlig frei ist, um nationalen Gerichten nicht die Möglichkeit zu geben, über den *ordre public* und die Einbruchstelle der „engsten Verbindung", national geprägte Besonderheiten in der internationalen Handelsschiedsgerichtsbarkeit durchzusetzen.

Nationales zwingendes Recht muss auf jeden Fall vom Schiedsgericht angewandt werden, um einen vollstreckungsfähigen und vollstreckbaren Schiedsspruch zu erlassen. Zum Beispiel muss laut den staatlichen US-Gerichten das US-Kartell- und Sicherheitsrecht auf jeden Fall beim Erlass eines Schiedsspruchs beachtet werden, unabhängig vom anwendbaren materiellen Recht.[1126] Ebenso haben europäische Gerichte hervorgehoben, dass EU-Recht Beachtung finden muss.

> „Der Autonomie des Schiedsgerichts kommt eine Garantiefunktion[1127] zu: Der Schiedsrichter kann den berechtigten Erwartungen der Parteien nur entsprechen, wenn er das Recht oder die Rechtsregeln anwenden darf, die zu den wirtschaftlichen und sozialen Verhältnissen des Falles am

---

1126 *Mitsubishi Motors Corp. v. Soler Chrysler-Plymouh Inc.* 473 US 614 (1985); *PPG Industries, Inc. v. Pilkington plc*, 825 F.Supp. 1465 (D.Ariz. 1993)

1127 *Blessing*, Schweiz II, 13 (70).

besten passen. Die Bindung an eine bestimmte Rechtsordnung (z.B. an das IPR des Sitzstaates) würde stattdessen nur Rechtsunsicherheit schaffen. Denn ein Geschäftsmann, der für die Erledigung von Streitigkeiten im Zusammenhang mit einem internationalen Vertrag die Schiedsgerichtsbarkeit gewählt hat, will sich auf die ihm geläufigen fundamentalen Rechtsprinzipien verlassen können [...]. Die Autonomie des Schiedsrichters ist also ein notwendiges Instrumentarium der Rechtssicherheit und auch eine logische Folge der ‚Delokalisierung' der internationalen Verträge."[1128]

Ergo folgen moderne Regelungen wie bspw. die ICC ArbRules (1998) dem Trend, dem Schiedsgericht keine, wie auch immer gearteten, Beschränkungen der Rechtswahl aufzuerlegen. Es bleibt zu hoffen, dass sich diesem Trend zukünftige Übereinkommen, nationale Schiedsverfahrensgesetze und Schiedsgerichtsordnungen anschließen.

§ 10: Exkurs: Besteht eine Bindung an die Vorgaben des EVÜ?

Die Frage, ob (private) Schiedsgerichte den Regeln des nationalen IPR unterworfen sind und wenn ja welchen, gehört zu einer viel beachteten Frage des Schiedsverfahrensrechts. Innerhalb der Grenzen der Rechtswahlmöglichkeiten der Parteien und Schiedsgerichte ist weiterhin fraglich, inwiefern und inwieweit sie dem EVÜ Berücksichtigung schenken müssen.

Die Anwendbarkeit und Berücksichtigung des EVÜ im Rahmen der Neuregelung von Schiedsverfahrensgesetzen in den Mitgliedstaaten dieses Übereinkommens ist umstritten. Vorab ist jedoch zu beachten, dass das EVÜ nur Kollisionsnormen für vertragliche Schuldverhältnisse enthält, während die Schiedsgerichtsbarkeit über den Regulator der objektiven Schiedsfähigkeit meist mehr Streitigkeiten abdeckt und so bspw. ebenso deliktsrechtliche, sachenrechtliche oder gesellschaftsrechtliche (usw.) Streitigkeiten umfasst. Die Frage nach dem Verhältnis des EVÜ zu kollisionsrechtlichen Normen in Schiedsverfahrensgesetzen stellt sich damit nur in Streitigkeiten, die aus vertraglichen Schuldverhältnissen resultieren.

Während sich der deutsche Gesetzgeber bei seiner Neuregelung seines Schiedsverfahrensrechts an dieses gebunden sah, ging der österreichische Entwurfsgesetzgeber einen anderen Weg.

Es stellte sich die Frage, ob der von der österreichischen Arbeitsgruppe vorgeschlagene direkte Ansatz mit dem EVÜ konform geht oder ob Österreich im Rahmen der Schiedsgerichtsbarkeit und dem auf die Streitsache anwendbaren Recht an das EVÜ gebunden ist. Erstaunlich ist insoweit, dass die Arbeitsgruppe selber bewusst hierzu keine Aussage trifft. Vielmehr überlässt sie die Entscheidung, ob das EVÜ im konkreten Fall anzuwenden ist, den Schiedsgerichten.[1129]

1128 *WALTER/BOSCH/BRÖNNIMANN*, Internationale Schiedsgerichtsbarkeit in der Schweiz (Bern 1991) Art. 187 A I 2 b [zukünftig zitiert als: *WALTER/BOSCH/BRÖNNIMANN*, Art.].

1129 Vgl.: *OBERHAMMER*, Entwurf eines neuen Schiedsverfahrensrechts (Wien 2002) 110 [zukünftig zitiert als: *OBERHAMMER*].

„Im deutschen Gesetzgebungsprozess wurde intensiv diskutiert, ob das Schiedsgericht das EVÜ anwenden muss, und ob und inwiefern dies durch entsprechende gesetzliche Vorkehrungen sicherzustellen sei. Der vorliegende Entwurf enthält dazu bewusst keine Aussage; geht das Schiedsgericht davon aus, dass es das EVÜ anzuwenden hat, so wird es sich bei seiner Entscheidung, welches Recht ‚angemessen' ist, von dessen Bestimmungen leiten lassen."[1130]

Dies ist insofern eine zweifelhafte Vorgehensweise, als dass die Anwendbarkeit des EVÜ im Schiedsverfahren nicht zur Disposition der Schiedsgerichte stehen sollte. Sollte das EVÜ in seinem Anwendungsbereich zwingend für internationale Schiedsverfahren Geltung beanspruchen, so wäre der Gesetzgeber gefordert, aufgrund des Anwendungsvorrangs internationaler Übereinkommen, die einschlägigen Normen (insbes. Artt. 3 ff. EVÜ) bei einer Neuregelung des schiedsgerichtlichen Kollisionsrechts gebührend zu berücksichtigen,[1131] um deren Anwendung durchzusetzen.

Tatsächlich sah sich der deutsche Gesetzgeber in diesem Rahmen bei seiner Neugestaltung des Schiedsverfahrensrechts (insbes. § 1051 Abs. 2 dtZPO) an das EVÜ und seinen sachlichen Anwendungsbereich völkerrechtlich gebunden. Das EVÜ stellt ihm zufolge ebenso im Bereich der internationalen Schiedsgerichtsbarkeit unmittelbar geltendes Recht dar. Art. 28 Abs. 2 ML könne deshalb nicht ins deutsche Recht übernommen werden, da die zwingende Anwendung des EVÜ eine andere Anknüpfung erfordere.[1132] Statt aber nunmehr für vertragliche Schuldverhältnisse auf die Artt. 27 ff. dtEGBGB zu verweisen, was konsequent wäre, wird § 1051 Abs. 2 dtZPO diesem Ansatz in einem „eigentümlichen Kompromiss"[1133] aus Art. 28 Abs. 2 ML und Artt. 27 ff. dtEGBGB angepasst. Folglich ist mangels Parteivereinbarung gem. § 1051 Abs. 2 dtZPO in Anlehnung an Art. 4 Abs. 1 S. 1 EVÜ und Art. 28 Abs. 1 dtEGBGB[1134] das Recht des Staates anzuwenden, mit dem der Gegenstand die engste Verbindung aufweist. Bei der Bestimmung jener engsten Verbindung ist hierbei auf die Vermutungen der übrigen Absätze des Art. 28 dtEGBGB zurückzugreifen, die ebenso eine Ausweichklausel einer noch engeren Verbindung enthalten. Begründet wird diese Auffassung im Wesentlichen mit – einer eher beiläufigen Aussage – aus dem Bericht von *GIULIANO* und *LAGARDE* zum EVÜ. Hiernach soll sich die Ausschlussklausel des Art. 1 Abs. 2 EVÜ[1135] nur auf die Schiedsklausel des Vertrages erstrecken; d.h. nur auf diese Klausel selbst und nicht dagegen auf den Haupt-

---

1130 *OBERHAMMER*, 110.

1131 Ähnlich: *VON SAUCKEN*, 181.

1132 Vgl.: BT-Drucks. 13/5274, 52 f.

1133 *JUNKER*, Deutsche Schiedsgerichte und Internationales Privatrecht (§ 1051 ZPO), in: *BERGER/EBKE/ELSIN/GROßFELD/KÜHNE* (Hrsg.), Festschrift für *OTTO SANDROCK* zum 70. Geburtstag (Heidelberg 2000) 443 (451) [zukünftig zitiert als: *JUNKER*, FS *SANDROCK*].

1134 Deutschland wendet als einziger EVÜ Mitgliedsstaat dieses nicht direkt an, sondern hat dessen Normen in sein dtEGBGB übernommen.

1135 Art. 1 Abs. 1 EVÜ: „Die Vorschriften dieses Übereinkommens sind auf vertragliche Schuldverhältnisse bei Sachverhalten, die eine Verbindung zum Recht verschiedener Staaten aufweisen, anzuwenden.", Abs. 2: „Sie sind nicht anzuwenden auf [...] d) Schieds- und Gerichtsstandsvereinbarungen; [...]".

vertrag und damit auf die Frage des auf den Hauptvertrag anwendbaren materiellen Rechts.[1136]

Aus dieser Aussage lässt sich jedoch zunächst nur schlussfolgern, dass eine Schiedsvereinbarung ein rechtswahlbegründender Umstand i.S.d. Art. 3 Abs. 1 EVÜ sein kann mit der Folge, dass ein Schiedsgericht seiner kollisionsrechtlichen Entscheidung das EVÜ zugrunde legen „kann".[1137]

Es ergeben sich jedoch gewichtige Zweifel am Ansatz des deutschen Gesetzgebers und seiner Auslegung des EVÜ. Die Verbindlichkeit des EVÜ wurde in Deutschland keineswegs einheitlich beurteilt. So hat sich die Expertenkommission in ihrem Bericht gegen eine solche ausgesprochen.[1138] Der Aussage von *GIULIANO* und *LAGARDE* zum EVÜ kann keinesfalls ein zwingend vorhandener Wille der Verfasser des EVÜ entnommen werden, dass dieses Übereinkommen ebenso auf internationale Schiedsverfahren bindend Anwendung finden müsse.[1139] An keiner Stelle enthalten das EVÜ oder der dazu vorgelegte Bericht einen Hinweis darauf, dass das Übereinkommen für Schiedsverfahren oder Schiedsgerichte Geltung erlangen soll.

Dagegen betont der Bericht umso deutlicher seinen Zusammenhang mit dem EuGVÜ[1140] (nun EuGVVO). Gerade die Betonung dieser Abhängigkeit und Verbindung lässt einen anderen Schluss zu. Das EuGVÜ (und nunmehr die EuGVVO) regelt ausschließlich das Verfahren vor „staatlichen Gerichten". Folgerichtig kann ebenso vertreten werden, dass aufgrund der engen Verbindung dieser beiden Werke, das EVÜ nur von und vor staatlichen Gerichten anzuwenden ist.[1141]

Des Weiteren ist gesetzliches Kollisionsrecht seinem Wesen nach nationales Recht, welches die „staatlichen Gerichte" in der Weise bindet, welches materielle Recht in internationalen Sachverhalten Anwendung findet. Dies wird nicht zuletzt dadurch deutlich, dass mittlerweile alle modernen Schiedsverfahrensgesetze eine eigene Kollisionsnorm beinhalten, welche andernfalls überflüssig wären.[1142] Mehr noch spricht gerade diese

---

1136 *GIULIANO/LAGARDE*: „Der Ausschluss der Schiedsvereinbarungen [in Art. 1 Abs. 2 lit. d EVÜ] betrifft nicht nur die verfahrensrechtlichen Aspekte, sondern auch das Zustandekommen, die Rechtsgültigkeit und die Wirkungen dieser Vereinbarungen. [...] Dieser Ausschluss hindert nicht, [eine Schiedsvereinbarung] bei der Anwendung des Art. 3 I EVÜ zu berücksichtigen.", dtBT-Drucks. 10/503, 45; vgl. auch: dtBT-Drucks. 13/5274, 52; Bericht von *GIULIANO/LAGARDE*, abgedruckt bei: *KRESBACH/RATHKOLB*, 133 (148).

1137 Ebenso: *JUNKER*, FS *SANDROCK*, 443 (453).

1138 Bundesministerium der Justiz (Hrsg.), Kommission zur Neuordnung des Schiedsverfahrensrechts, Bericht mit Diskussionsentwurf (Bonn 1994) 167.

1139 Ebenso: *JUNKER*, FS *SANDROCK*, 443 (453 f.); *VON SAUCKEN*, 182.

1140 BT-Drucks. 10/503, 36 f.; vgl. auch: BT-Drucks. 10/503, 21.

1141 Ebenso: *JUNKER*, FS *SANDROCK*, 443 (454); *VON SAUCKEN*, 182; vgl. auch: *SANDROCK*, RIW 1992, 785 (792).

1142 Vgl.: *SCHLOSSER*, RIW 1994, 723 (727); *SOLOMON*, Das vom Schiedsgericht in der Sache anzuwendende Recht nach dem Entwurf eines Gesetzes zur Neuregelung des Schiedsverfahrensrechts, RIW 1997, 981 (988 f.); *MARTINY*, Die Bestimmung des anwendbaren Sachrechts durch das Schiedsgericht, in: *GEIMER* (Hrsg.) Wege zur Globalisierung des Rechts,

Staatenpraxis gegen eine Anwendung des EVÜ. So haben bspw. Großbritannien, Frankreich und die Niederlande das EVÜ unterschrieben, ohne die kollisionsrechtlichen Regelungen ihrer Schiedsverfahren an das EVÜ anzupassen. Weiterhin kommt die fehlende Bindung der Schiedsgerichte an innerstaatliches Kollisionsrecht darin zum Ausdruck, dass es weder nach österreichischem Recht, nach dem ML, noch nach anderen Rechtsordnungen eine Überprüfungsmöglichkeit seitens staatlicher Gerichtsbarkeit dahin gibt, ob das Schiedsgericht in Übereinstimmung mit staatlichen Kollisionsnormen seine Sachentscheidung getroffen hat.[1143]

Noch gravierender ist folgende Überlegung, die *JUNKER* aufgeworfen hat: Wäre die Bundesrepublik Deutschland völkerrechtlich den Regeln des EVÜ verpflichtet, wie erklärt es sich dann, dass die Parteien Schiedsgerichte zur Entscheidung nach Billigkeit legitimieren können?[1144] Die Gesetzesbegründung des deutschen Gesetzgebers führt hierzu aus, dass ein staatliches Gericht stets materielles Recht zu beachten hat, dies jedoch nicht für die Schiedsgerichte gilt.[1145] Wenn nun schon hier das Schiedsgericht nicht an das materielle Recht gebunden sein soll, wieso ist es dies dann bzgl. des EVÜ? Das EVÜ erlaubt keine Entscheidung *ex aequo et bono.* Warum aber ist diese – trotz der behaupteten Bindung an das EVÜ – im Schiedsverfahren nach § 1051 Abs. 3 dtZPO zulässig? *SCHUMACHER* will Abs. 3 von der Ausschlussklausel des Art. 1 Abs. 2 lit. d EVÜ erfasst sehen und versucht auf diese Weise, den Widerspruch zu lösen.[1146] Dieses Argument ist jedoch an den Haaren herbeigezogen[1147] und vermag nicht zu überzeugen. Wäre der deutsche Gesetzgeber wirklich an das EVÜ gebunden gewesen, hätte er Art. 28 Abs. 3 ML nicht in dieser Form übernehmen dürfen und zumindest für den Anwendungsbereich des EVÜ ausnehmen müssen.

Ebenso ist es widersprüchlich, sich auf der einen Seite an das EVÜ gebunden zu sehen und auf der anderen Seite in § 1051 Abs. 1 S. 2 dtZPO bzw. Art. 28 Abs. 1 S. 2 ML eine Rechtswahl zugunsten eines Kollisionsrechts durch die Parteien zuzulassen. Das EVÜ kennt ausnahmslos die Sachrechtverweisung (Artt. 3 Abs. 1, 15 EVÜ bzw. Artt. 27 Abs. 1, 35 Abs. 1 dtEGBGB). Außerdem wäre nach einhelliger Auffassung eine

---

Festschrift für *ROLF A. SCHÜTZE* zum 65. Geburtstag (München 1999) 529 (534) [zukünftig zitiert als: *MARTINY*, FS *SCHÜTZE*]; *JUNKER*, FS *SANDROCK*, 443 (455).

1143 In Österreich käme hierfür allenfalls der Aufhebungsgrund des § 595 Abs. 1 Nr. 6 öZPO oder § 611 Abs. 2 Nr. 2 lit. b öZPO-E in Betracht. Jedoch ist auch hier hervorzuheben, dass ein Verstoß gegen den *ordre public* nicht bereits darin begründet liegt, dass das Schiedsgericht ein aus Sicht des anerkennenden oder vollstreckenden Staates nicht anwendbares Recht angewendet hat. Für das deutsche Recht: *SOLOMON*, RIW 1997, 981 (988 ff. m.w.N.); nach der Entscheidung des OGH aus dem Jahre 1982, gilt dies aber wohl erst recht für das österreichische Recht: OGH GesRZ 1983, 102 = RIW 1983, 868 ff. mit Anm. *SEIDL-HOHENVELDERN*.

1144 *JUNKER*, FS *SANDROCK*, 443 (455).

1145 So in der Begründung des § 1051 Abs. 3 dtZPO: BT-Drucks. 13/5274, 53.

1146 *SCHUMACHER*, Das neue 10. Buch der Zivilprozessordnung im Vergleich zum UNCITRAL-Modelgesetz über die internationale Handelsschiedsgerichtsbarkeit, BB 1998 Beilage 2, 6 (13).

1147 So: *JUNKER*, FS *SANDROCK*, 443 (455).

Rechtswahl zugunsten eines anationalen Rechts wie der *lex mercatoria* nach dem EVÜ nicht zulässig, womit ein weiterer Widerspruch von § 1051 Abs. 1 dtZPO und dem EVÜ evident wird. Insofern kann sich der deutsche Gesetzgeber nicht wirklich zwingend an das EVÜ gebunden gesehen haben.

Die aus dem Bericht zitierte Aussage ist folglich in dem Sinne auszulegen, als dass lediglich die staatlichen Gerichte außerhalb eines Schiedsverfahrens – bei Vorliegen einer Schiedsvereinbarung – den Hauptvertrag nach dem Grunde des EVÜ anzuwendenden materiellen Rechts zu behandeln haben.[1148] Des Weiteren bezieht sich die Aussage nur auf die Beurteilung des Vertrages durch ein staatliches Gericht.[1149] Nicht zuletzt war es Sinn und Zweck des Art. 28 Abs. 2 ML, die Vermutung zugunsten des Kollisionsrechts am Sitz des Schiedsgerichts zu entkräften.[1150]

Zu beachten ist des Weiteren, dass der Deutsche Gesetzgeber sich zwar an das EVÜ und dessen Auslegungsregeln gebunden sah, in § 1051 Abs. 2 dtZPO diese Auslegung jedoch nicht verankert hat. Insbesondere ist zu berücksichtigen, dass die Gesetzesbegründung weder Gesetzeskraft hat, noch für die Auslegung des Gesetzes verbindlich ist.[1151]

Des Weiteren lässt sich mit dem Wesen der Schiedsgerichtsbarkeit argumentieren. So lässt sich argumentieren, dass staatliche Gerichte das EVÜ anwenden, weil dies ihre *lex fori* ist. Schiedsgerichte jedoch leiten ihre Existenz aus der Übereinkunft der Parteien her und haben keine *lex fori*.[1152] Folglich ist das EVÜ für Schiedsgerichte nicht verpflichtend.[1153]

Demzufolge ist ein Gesetzgeber in einem EVÜ rezipierenden Staat bei der Ausarbeitung neuer Regelungen der internationalen Schiedsgerichtsbarkeit nicht an das EVÜ gebunden, sondern kann das Gesetz alleine an den Bedürfnissen internationaler Schiedsverfahren ausrichten.[1154]

Dementsprechend hat ein Gesetzgeber bei der Ausarbeitung neuer Regelungen zum internationalen Schiedsverfahrensrecht das EVÜ nicht zu berücksichtigen, zumal es keinen bindenden Charakter für Schiedsverfahren entfaltet. Schiedsgerichten bleibt es dem-

---

1148 Ebenso: *Martiny*, FS *Schütze*, 529 (533).

1149 *Kassis*, Le nouveau droit européen des contrats internationaux (Paris 1993) 492 ff.; sich anschließend: *Martiny*, FS *Schütze*, 529 (533).

1150 Vergleiche hierzu die Ausführungen zu Art. 28 Abs. 2 ML.

1151 *Larenz*, Methodenlehre der Rechtswissenschaft^6 (Berlin 1991) 316.

1152 Siehe oben, sowie bspw.: *Derains*, La jurisprudence des arbitres du commerce international en matière de détermination du droit applicable au contrat, RDAI/IBLJ 1996, 514 (525 f. m.w.N.).

1153 *Kassis*, Le nouveau droit européen des contrats internationaux (Paris 1993) 491 ff.; sich anschließend: *Martiny*, FS *Schütze*, 529 (534).

1154 Im Ergebnis ebenso: Bundesministerium der Justiz (Hrsg.), Kommission zur Neuordnung des Schiedsverfahrensrechts, Bericht mit Diskussionsentwurf (Bonn 1994) 167; *Schlosser*, RIW 1994, 723 (727); *Sandrock*, RIW 1992, 785 (791 ff.); *Solomon*, RIW 1997, 981 (988 f.); *Voit*, Privatisierung der Gerichtsbarkeit, JZ 1997, 120 (122 f.); *Martiny*, FS *Schütze*, 529 (533 m.w.N.).

gegenüber unbenommen, sich an den Regelungen des EVÜ zu „orientieren". Gebunden sind aber auch sie nicht.[1155]

§ 11: Grenzen der Rechtswahl durch Schiedsgericht und Parteien[1156]

Überdenkt man die obigen Ausführungen zur Rechtswahl durch die Parteien oder bei ihrem Ausbleiben, durch das Schiedsgericht, mag man den Eindruck bekommen, einer Rechtswahl seien keine oder bei einer Rechtswahl durch das Schiedsgericht (nach einigen Rechtsordnungen) nur geringfügige Beschränkungen auferlegt. Bedenkt man weiterhin die Vielfalt der Möglichkeiten, die den Parteien von der Parteiautonomie bei der Wahl des anwendbaren materiellen Rechts zur Seite gestellt wird, scheint dies eigentlich zu schön und unkompliziert, als dass es wahr sein könnte. Der natürliche Reflex, der sich dem objektiven Betrachter hier aufdrängt, ist die Frage, ob es überhaupt irgendeine Form der Begrenzung der Rechtswahl gibt und wenn ja, welche dies ist. Unbegrenzt kann eine solche Rechtswahl sicherlich nicht gewährt werden? Dieser objektive Eindruck stimmt. Jedoch sind die Rechtswahlmöglichkeiten weitgehend unbegrenzt.

> „Every legal system, national and international, has certain immutable moral and ethical standards that cannot generally be ignored or avoided by different choice of law."[1157]

Allgemein liegen die Grenzen der Rechtswahl im „guten Glauben" (*bona fide*) und dem „öffentliche Interesse" oder dem *ordre public* (*public policy*) begründet. Mit gutem Glauben (*bona fide*) sind hierbei die zwingenden Vorschriften (*mandatory rules*) des Schiedsrechts gemeint, die nicht umgangen werden können.[1158] Mit der Wahl des auf den Vertrag anwendbaren Rechts wird nicht nur das Recht gewählt für den Fall, dass der Vertrag Lücken aufweist oder auszulegen ist, sondern ebenso dessen zwingende Vorschriften (*mandatory rules*).[1159]

Eine zunehmende Zahl von Rechtswahlentscheidungen wird durch ausländisches zwingendes Recht beeinflusst, welche ihre Anwendbarkeit und Berücksichtigung einfor-

---

1155 Weitere Ausführungen zu diesem Problemkomplex finden sich bei der Behandlung des österreichischen und insbesondere des deutschen Rechts.

1156 Weiterführende Literatur zum Thema: *HOCHSTRASSER*, Choice of Law and Foreign Mandatory Rules in International Arbitration, 11 (1994) J.Int'lArb. 57 ff.; *MAYER*, Mandatory Rules of Law in International Arbitration, 2 (1986) AI 274 ff.; *DERAINS*, Public Policy and the Law Applicable to the Dispute in International Arbitration, in: *SANDERS* (Hrsg.), Comparative Arbitration Practice and Public Policy, ICCA Congress Series No. 3 (Deventer 1986) 227 ff.; *BLESSING*, 14 (1997) J.Int'lArb. 39 (58 ff. m.w.N.).

1157 *LEW/MISTELIS/KRÖLL*, 422.

1158 Vgl.: *REDFERN/HUNTER*, 75.

1159 *CRAIG/PARK/PAULSSON*, § 7.04; *MAYER*, Mandatory Rules of Law in International Arbitration, 2 (1986) AI 274 ff.

dern.[1160] Problematisch ist hier beispielsweise die Anwendung ausländischer Ausfuhrbestimmungen ohne konkreten Bezug zum anwendbaren Recht, wie dem *„Helms-Burton Act“*. Welche verschiedenen Problematiken bei der Berücksichtigung von zwingendem Recht u.a. auftauchen können, wird beispielhaft bei *BLESSING* erwähnt.[1161]

Einschränkungen der Rechtswahlklausel können sich nur aus der Natur des Rechtsverhältnisses[1162] und der Anwendung des *ordre public* ergeben. Folglich kann sich eine Rechtswahlbeschränkung nur aus folgenden Gründen ergeben: durch zwingende Bestimmungen (*mandatory rules, lois d'application immédiate*) oder durch den *ordre public* (*grounds of public policy*).[1163]

Rechtswahlgrenzen resultieren zumeist daraus, dass die Souveränität des Staates oder der *lex fori* aufrechterhalten werden soll. In der internationalen Schiedsgerichtsbarkeit ist dies problematisch, zumal das Schiedsgericht keine eigene *lex fori* besitzt und damit keine Verpflichtung, das Recht eines Staates aufrechtzuerhalten. Eine Verpflichtung besteht nur den Parteien gegenüber, maximal noch gegenüber eines so genannten internationalen Handels(gewohnheits)rechts. Alleine der Fakt, dass es sich die Rechtswahl unter anderem zum Ziel gesetzt hat, unannehmbares und restriktives Recht von der Anwendung auszuschließen, spricht gegen eine Beschränkung der Rechtswahl, da so der Sinn und Zweck der Rechtswahlklausel konterkariert werden könnte.

Festzuhalten bleibt jedoch vorab, dass der h.M. folgend, das staatliche Gericht im Rahmen des Aufhebungsverfahrens weder die unrichtige Anwendung noch Auslegung des richtig ermittelten Rechts zu überprüfen hat.[1164] Dies gilt sowohl für die Vertragsauslegung selber,[1165] als auch für die Tatsachenwürdigung[1166] durch das Schiedsgericht. Insoweit beherrscht das Interesse an der Finalität des Schiedsspruches die gesetzlichen Vorgaben.[1167]

Fragen des anwendbaren Rechts können nach der NYC nur im Rahmen des *ordre public* beantwortet werden.[1168] Die Wahl des anwendbaren Kollisionsrechts bzw. der an-

---

1160 Vgl.: *BLESSING*, 14 (1997) J.Int'lArb. 39 (58).

1161 *BLESSING*, 14 (1997) J.Int'lArb. 39 (59 f.).

1162 *BUCHER*, Rn. 243; *VAN DEN BERG/VAN DELDEN/SNIJDERS*, Arbitragerecht (Zwolle 1988) 99, nennen als Beispiele Einschränkungen der Parteiautonomie im Sachenrecht, auf die sich die Vorschriften der Schiedsgesetze auch beziehen.

1163 *BERGER*, IEA, 491, 538 m.w.N.; *REDFERN/HUNTER*, 96 ff.; *RUBINO-SAMMARTANO*, 252; *ROTH*, Art 28 Rn. 3.

1164 *BERGER*, 478.

1165 *FOUCHARD*, Les usages, l'arbitre et le juge, in: *FOUCHARD/KAHN/LYON-CAEN* (Hrsg.), Études offertes à *BERTHOLD GOLDMAN* (Paris 1982) 67 (85).

1166 *DAVID*, Rn. 374 f.; *MEZGER*, La distinction entre l'arbitrage dispensé d'òbserver la règle de la loi et l'arbitrage statuant sans appel, in: *SANDERS* (Hrsg.), Liber Amicorum For *MARTIN DOMKE* (Den Haag 1967) 184 (191).

1167 Zu den zwei (konturenschwachen) Fallgruppen, in denen hiervon von einigen Autoren eine Ausnahme gemacht werden soll: *BERGER*, 478 ff. m.w.N.

1168 *FRICK*, 136.

wendbaren Kollisionsregel(n) selbst kann nicht überprüft werden.[1169] Außerrechtliche Sanktionen gibt es durchaus: Schiedsrichter, die ihre Arbeit „schlecht“ machen, müssen fürchten, nicht wieder ernannt zu werden.

Insgesamt ist ein Schiedsspruch zweierlei Kontrollebenen unterworfen,[1170] die ihrerseits zwingendes Recht und den *ordre public* durchsetzen. Dies ist zum einen die primäre Kontrolle des Schiedsspruches im Schiedsforum (*arbitral forum*). Moderne Schiedsverfahrensregelungen erlauben in der Regel die Aufhebung eines Schiedsspruches nur aus dreierlei Gründen: a) im Falle des Fehlens oder der Fehlerhaftigkeit der Schiedsklausel oder der Schiedsvereinbarung, b) sofern gravierende Verletzungen verfahrensrechtlicher Regelungen vorliegen und c) sofern eine Verletzung des *ordre public* vorliegt.[1171] Zum anderen findet eine sekundäre Kontrolle über das anerkennende oder vollstreckende Forum statt (bspw. nach Art. V NYC). Ähnlich wie nach der NYC, bestehen nach anderen Schiedsverfahrensgesetzen lediglich zwei Gründe, um die Anerkennung und Vollstreckung in Bezug auf das anwendbare materielle Recht zu versagen. In Anlehnung an Art. V Abs. 1 lit. c NYC, „dass der Schiedsspruch eine Streitigkeit betrifft, die in der Schiedsabrede nicht erwähnt ist oder nicht unter die Bestimmungen der Schiedsklausel fällt, oder dass [der Schiedsspruch] Entscheidungen enthält, welche die Grenzen der Schiedsabrede oder der Schiedsklausel überschreiten; kann jedoch der Teil des Schiedsspruches, der sich auf Streitpunkte bezieht, die dem schiedsrichterlichen Verfahren unterworfen waren, von dem Teil, der Streitpunkte betrifft, die ihm nicht unterworfen waren, getrennt werden, so kann der erstgenannte Teil des Schiedsspruches anerkannt und vollstreckt werden [...].“[1172] Zum anderen in Anlehnung an Art. V Abs. 2 NYC, sofern der Schiedsspruch dem *ordre public* des anerkennenden oder vollstreckenden Staates widerspricht.

Festzuhalten bleibt, dass die nationalen Gerichte generell dazu angehalten sind, einen Schiedsspruch im Rahmen des Aufhebungsverfahrens so zu überprüfen, als würde es um die Anerkennung und Vollstreckung eines Schiedsspruches gehen (welcher mit dem Sitzland nur eine geringe Beziehung aufweist).[1173]

1169 *BUCHER*, Das Kapitel 11 des IPR-Gesetzes über die internationale Schiedsgerichtsbarkeit, in: *SCHWANDER* (Hrsg.), Beiträge zum neuen IPR des Sachen-, Schuld- und Gesellschaftsrechts: Festschrift für *RUDOLF MOSER* (Zürich 1987) 193 (214).

1170 So Bspw.: *FRICK*, 130 f.

1171 Vgl.: *FRICK*, 130.

1172 Auch bekannt als *„excès de pouvoir“*.

1173 *BERGER*, 476 m.w.N.

*§ 11.1: Zwingendes Recht (*mandatory provisions*)*

Der Rechtswahl kann die Verletzung zwingender Normen entgegenstehen.

Das Schiedsgericht hat zunächst die zwingenden Eingriffsnormen der *lex causae* anzuwenden.[1174]

Problematischer jedoch ist die Einflussnahme ausländischen zwingenden Rechts. Die Einflussnahme ausländischen zwingenden Rechts kann in drei Hauptgruppen unterteilt werden:[1175]

- In der ersten Kategorie lassen sich diejenigen zwingenden Bestimmungen fassen, die aufgrund ihrer Herkunft Anwendung begehren. Diese können der *lex causae*, dem Recht des Sitzlandes des Schiedsgerichts (seiner *lex fori*), einer dritten Rechtsordnung oder dem Recht des Staates oder der Staaten entspringen, in welchem potenziell der Schiedsspruch anerkannt und vollstreckt werden soll.
- In einer zweiten Gruppe lässt sich das zwingende Recht zusammenfassen, welches dem Schutz einer bestimmten Politik und bestimmter kultureller Werte oder sozialer Interessen dient. Einige dieser Bestimmungen haben lediglich zum Ziel, bestimmte monetäre Interessen eines Staates zu schützen, wie bspw. die jeweiligen Devisenbestimmungen. Andere Bestimmungen dieser Kategorie wollen den Staat oder seine Bürger selber schützen oder dienen dem Schutz des freien Handels und der Funktionsfähigkeit der freien Marktwirtschaft.
- Die dritte Gruppe besteht aus Bestimmungen, die ausschließlich politischer Herkunft sind.

Andere Bestimmungen, wie bspw. das jeweilige Wettbewerbsrecht, werden zweifellos zum Bestand des *ordre public* eines Landes gehören.

Ob eine zwingende Bestimmung direkt angewandt werden muss oder zumindest vom Schiedsgericht in Betracht gezogen werden muss, ist anhand folgender Kriterien zu entscheiden:[1176]

- die betreffende Bestimmung muss dem zwingenden Recht entspringen, also einen zwingenden Charakter (*mandatory character*) aufweisen;
- die Bestimmung muss aus sich selbst heraus anwendbar sein, unabhängig vom jeweils anwendbaren Recht;

1174 *LOQUIN*, 110 (1983) JDI (Clunet) 293 (342); *MAYER*, Mandatory Rules of Law in International Arbitration, 2 (1986) AI 274 (281); *DROBING*, Internationale Schiedsgerichtsbarkeit und wirtschaftliche Eingriffsnormen, in: *MUSIELAK* (Hrsg.), Festschrift für *GERHARD KEGEL*: zum 75. Geburtstag (Stuttgart 1987) 95 (106); ICC Schiedsspruch Nr. 1397; Nr. 2811.

1175 Nach: *BLESSING*, 14 (1997) J.Int'lArb. 39 (61).

1176 Nach: *BLESSING*, 14 (1997) J.Int'lArb. 39 (61).

- die Voraussetzungen der Anwendbarkeit der fraglichen Bestimmung müssen vorliegen, wobei generell der Anwendungsbereich zwingenden Rechts eng zu ziehen ist;
- es muss eine enge Verbindung zwischen der Streitsache des Vertrages und dem erlassenden Staat oder der Jurisdiktion bestehen, welche das zwingende Recht verkündet hat;
- und schließlich muss das zwingende Recht selber „anwendungswürdig" (*application-worthy*) sein; dies insbesondere in Bezug auf sein finanzielles oder sozio-ökonomisches Interesse und der ihm zugrunde liegenden Politik.

Die Frage der „Anwendungswürdigkeit" muss im Wege einer funktionellen Analyse durchgeführt werden, d.h. insbesondere anhand:

- der Natur der Werte, die von dieser Norm geschützt werden sollen.
  Es stellt sich hier die Frage: Sind diese Werte von essentiellem Charakter („*shared values test*")? Spiegelt die betreffende Regel oder Norm eine Vorstellung zugehörig zum (transnationalen) *ordre public* wieder? Versucht sie ein fundamentales Prinzip oder allgemein akzeptiertes Recht zu schützen?;
- des Einschlages, den die Anwendbarkeit der Norm auf das fragliche Rechtsverhältnis hätte;
- der Rechtsfolge, den die Anwendung dieser Norm nach sich ziehen würde (bspw. Nichtigkeit, teilweise Nichtigkeit, Ausnahmeregelung aufgrund höherer Gewalt etc.).

Zentrale Bedeutung kommt zweifelsohne der „Anwendungswürdigkeit" zu. Bspw. wurde im ICC Schiedsspruch Nr. 6329 der amerikanische „*U.S. Rico Act*" als nicht anwendungswürdig angesehen, weil es ihm an einem „*strong and legitimate interest*" fehlte.[1177]

Im Großen und Ganzen lässt sich sagen, dass zwingendes Recht, welches „lediglich" dem Schutz finanzieller, fiskalischer oder politischer Interessen eines Staates gilt, den „Anwendungswürdigkeitstest" (*application-worthiness test*) nicht bestehen wird.[1178] Dies zumindest solange nicht besondere Umstände oder verbindende Faktoren im Wege einer Sonderanknüpfung hinzutreten.

1177 Zitiert nach *BLESSING*, 14 (1997) J.Int'lArb. 39 (62), mit Hinweis auf: *LAZAREFF*, Mandatory Extraterritorial Application of National Law, 11 (1995) AI 137 (146 ff.).

1178 *BLESSING*, 14 (1997) J.Int'lArb. 39 (62).

§ 11.2: Ordre public[1179]

Der *ordre public*-Vorbehalt ist eine rechtsstaatliche Selbstverständlichkeit. Mehr noch ist er eine *conditio sine qua non* jeder staatlichen Zulassung und Anerkennung der Schiedsgerichtsbarkeit.[1180]

> „This clause has, therefore, the nature of an escape clause."[1181]

Der *ordre public* ist in zwei Bereichen der Schiedsgerichtsbarkeit relevant und kann zweimal zu einer Überprüfung des Schiedsspruches führen. Zum einen kann er im Rahmen der Aufhebung eines Schiedsspruches und im Rahmen der Anerkennung und Vollstreckung eines solchen relevant werden.

Die Erfahrungen mit Art. V Abs. 2 NYC haben gezeigt, dass der *ordre public*-Verstoß häufig von den Parteien eingewandt wird, zumal jeder Parteivertreter in der Lage ist, einen solchen zu konstruieren. Dies geschieht meist, um eine *révision au fond* des Schiedsspruches durchzusetzen.[1182]

In *ROBERT E. SCHRETER V. GASMAC INC.* wurde durch ein kanadisches Gericht einmal mehr herausgestellt, dass der *ordre public* (im Rahmen des Art. 36 Abs. 1 lit. b (ii) ML) restriktiv zu verstehen ist und nicht als Mittel verstanden werden darf, die Sachentscheidung des Schiedsgerichts generell zu überprüfen.[1183]

1179 Hier wird nur allgemein vom *ordre public* gesprochen, als dass weitergehende Ausführungen den Rahmen dieser Arbeit sprengen würden. Angemerkt sei aber, dass einige Autoren (zumeist zu Unrecht) den *ordre public* weiter unterscheiden in einen *ordre public national, regional, international* und *transnational.* Insofern sei auf die einschlägige Spezialliteratur verwiesen, bspw.: *LALIVE*, Transnational (or Truly International) Public Policy and International Arbitration, in: *SANDERS* (Hrsg.), Comparative Arbitration Practice and Public Policy in Arbitration (Deventer 1987) 312 ff.; kritisch zur Unterscheidung in einen internen und einen internationalen *ordre public*: *MOSS*, International commercial arbitration – Party Autonomy and Mandatory Rules (Oslo 1999) 300 ff.; vgl. zur Kritik an der Unterscheidung des *ordre public* in einen internen und einen internationalen im deutschen IPR: *SANDROCK*, „Scharfer" ordre public interne und „laxer" ordre public international, in: *COESTER/MARTINY/PRINZ VON SACHSEN GESSAPHE* (Hrsg.), Privatrecht in Europa, Festschrift für *HANS JÜRGEN SONNENBERGER* zum 70. Geburtstag (München 2004) 615 ff.

1180 *KORNBLUM*, Zur Übernahme des UNCITRAL-Modellgesetzes über die internationale Handelsschiedsgerichtsbarkeit in das deutsche Schiedsverfahrensrecht, in: Glossner (Hrsg.), JPS 1987 (Heidelberg 1988) 34 (42).

1181 *MOSS*, International commercial arbitration – Party Autonomy and Mandatory Rules (Oslo 1999) 132.

1182 *KESSEDJIAN*, Anmerkungen zu Cour d'appel de Paris vom 20. 1 1987, *SOCIÉTÉ BOMAR OIL N.V. V. E.T.A.P.*, Rev.Arb. 1987, 489.

1183 *ROBERT E. SCHRETER V. GASMAC INC.*, 7 Ontario Reports (3d) 608 = CLOUD Case Nr. 30 = mit Kommentierung von *CHUKWUMERIJE*, 22 (1993) Canadian Business Law Journal 296.

Inhalt des *ordre public* sind die fundamentalen Prinzipien des Rechts sowie der Rechtsprechung.[1184] Das Konzept des *ordre public* und seines Inhalts entspringt der *civil law* Tradition. Zum Inhalt des *ordre public* gehören Missbrauchstatbestände wie Korruption, Bestechung, Betrug und ähnlich gravierender Rechtsmissbrauch.[1185] Nach h.M. umfasst die Verletzung des *ordre public* sowohl verfahrensrechtliche als auch materiellrechtliche Aspekte.[1186]

Letztendlich kommt es nicht auf die *ordre public*-Widrigkeit der schiedsgerichtlichen Entscheidung an, sondern vielmehr auf die *ordre public*-Widrigkeit des Schiedsspruches selber, d.h. eine Aufhebung bzw. Nichtanerkennung und -vollstreckung kann nur dann erfolgen, sofern das „Ergebnis" des Schiedsspruchs zu einem gegen den *ordre public* verstoßenden Resultat führt.

Eine mangelnde Begründung eines ausländischen Schiedsspruches ergibt für sich noch keinen Grund, die Anerkennung und Vollstreckung eines Schiedsspruches auf Basis des *ordre public* zu versagen.[1187] Insofern liegt noch kein Verstoß gegen den *ordre public* vor, wenn ein Schiedsgericht seine Rechtswahl nicht ausführlich begründet. Zu beachten ist jedoch, dass hier nur von einer mangelnden Begründung gesprochen wird und nicht von einer gänzlich unterbliebenen. Eine solche würde mit Art. 31 Abs. 2 ML in Konflikt geraten und sollte dementsprechend im Interesse der Parteien undurchsetzbar sein.

§ 11.2.1: Bewusste Missachtung

Fehler bei der Rechtswahl können in zweierlei Hinsicht auftreten. Zum einen kann es vorkommen, dass das Schiedsgericht eine Rechtswahl der Parteien bewusst missachtet.

1184 UN Doc. A/40/17, para. 296; *ROTH*, Art. 34 Rn. 23; zum genaueren Inhalt wird auf die einschlägige Spezialliteratur verwiesen, die auch näher auf die oft und umfangreich diskutierte Unterscheidung in den *ordre public interne*, den *ordre public internationale* und den transnationalen *ordre public* eingeht; deren Diskussion den Rahmen dieser Arbeit sprengen würde.

1185 UN Doc. A/40/17, paras. 296 f.

1186 UN Doc. A/40/17, para. 297; *BERGER*, 477 m.w.N.; für eine Beschränkung des *ordre public* auf materiellrechtliche Aspekte, in Bezug auf das ML: *CALAVROS*, 161; ansonsten vgl. auch: *BUCHER*, Rn. 359; *LALIVE*, Le chapitre 12 de la Loi fédérale sur le droit international privé: L'arbitrage international, in: Le nouveau droit international privé suisse: Travaux des journées d'études organisées par le centre du droit de l'entreprise les 9 et 10 octobre 1987 à Lausanne (Lausanne 1988) 209 (228). Begründet wird dies damit, dass ein verfahrensrechtlicher *ordre public* dem Streben nach Finalität des Schiedsspruches entgegenstünde, sowie der erhöhten Verantwortlichkeit der Parteien in der internationalen Schiedsgerichtsbarkeit; vgl.: *BERGER*, 477. Eine – restriktiv zu verstehende Ausnahme – soll nur dann gemacht werden, sofern es um praktisch jene seltenen Fälle geht, in denen ein Schiedsspruch durch Betrug, Korruption oder ähnlich gelagerte Fälle ergeht: UN Doc. A/40/17, para. 297; *NÖCKER*, 164; *HOLTZMANN/NEUHAUS*, 914; *TSCHANZ*, Le Nouveau Droit Suisse De L'Arbitrage International, RDAI 1988, 437 (449).

1187 *NAVIGATION SONOMAR INC. V. ALGOMA STEAMSHIPS LTD.*, Requeils de Jurisprudence du Quebec 1987, 1346 = CLOUD Case Nr. 10, mit Kommentaren von: *TETLY*, LMCLQ 1993, 239; *ROTH*, Art. 36 Rn. 12 m.w.N.

Zum anderen geht es in Abwesenheit einer (klaren) Rechtswahl durch die Parteien um die Anwendung des „falschen“ Rechts. In beiden Fällen handelt es sich nicht um einen Verfahrensfehler.[1188] Vielmehr handelt es sich um eine Frage des materiellen Rechts. Durch die Rechtswahlklausel der Parteien oder durch die kollisionsrechtliche Entscheidung des Schiedsgerichts, werden dem Schiedsgericht das materiellrechtliche Handwerkszeug zur Seite gestellt und damit die Vorgaben gemacht, die es in Zukunft zu berücksichtigen hat. Eine Beurteilung kann somit nur im Rahmen der *ordre public*-Klausel vorgenommen werden.[1189]

Der Schiedsspruch basiert auf der Schiedsvereinbarung der Parteien. Folgerichtig kann ein Schiedsgericht nur im Rahmen dieser entscheiden.[1190]

„It is the parties who give to what is essentially a private tribunal the authority to decide disputes between them; and the arbitral tribunal must take care to stay within the terms of this authority."[1191]

Es wurde vorgeschlagen, dass es Situationen gibt, welche Schiedsgerichten die Erlaubnis erteilt, ein anderes, als das von den Parteien gewählte Recht, anzuwenden.[1192] Dieser Ansatz wird jedoch weitgehend als unbefriedigend angesehen.[1193]

Im Rahmen einer bewussten Missachtung durch das Schiedsgericht ist fraglich, ob das Schiedsgericht zwar eine Rechtsentscheidung trifft, hierfür aber ein anderes als das von den Parteien gewählte Recht anwendet oder ob das Schiedsgericht völlig von der Vereinbarung durch die Parteien abweicht und eine Entscheidung nach Billigkeit trifft.

Im Falle der bewussten Abweichung, aber zugleich Fällung einer Rechtsentscheidung ist umstritten, ob diese Abweichung ausnahmslos einen Aufhebungsgrund darstellen soll.[1194]

Im Falle einer Entscheidung zugunsten einer Billigkeitsentscheidung jedoch wird der Grundsatz der Bindung des Schiedsgerichts an das materielle Recht als Teil des *ordre public* angesehen.[1195] Somit wäre die Aufhebung des Schiedsspruches unumgänglich.[1196]

1188 BGHZ 96, 40 (45); OLG Frankfurt, RIW 1984, 400 (401); *VON HOFFMANN*, „Lex mercatoria“ vor internationalen Schiedsgerichten, IPRax 1984, 106 (108); *RAESCHKE-KESSLER*, Neuere Entwicklungen im Bereich der internationalen Schiedsgerichtsbarkeit, NJW 1988, 3041 (3048).

1189 *BERGER*, 480 m.w.N.

1190 Vgl.: *REDFERN/HUNTER*, 271.

1191 *REDFERN/HUNTER*, 271.

1192 *POMMIER*, La résolution du conflit de lois en matière contractuelle en présence d'une élection de droit; le rôle de l'arbitre, 119 (1992) JDI (Clunet) 5 ff.

1193 *LEW/MISTELIS/KRÖLL*, 419 m.w.N. und drei Beispielen, warum auch bei einer unzureichenden, überraschenden oder unfairen Rechtswahl, von einer solchen nicht abgewichen werden darf.

1194 *JÄGER*, 98 f.

1195 *LIONNET*, Handbuch der internationalen und nationalen Schiedsgerichtsbarkeit² (Stuttgart 2001) 245; *TRIEBEL/PETZOLD*, Grenzen der lex mercatoria in der internationalen Schiedsgerichtsbarkeit, RIW/AWD 1988, 245 ff.; *JÄGER*, 98f.

1196 *JÄGER*, 98 f.

Nochmals aber zur umstrittenen erstgenannten Alternative. Setzt sich das Schiedsgericht bewusst über eine „zweifelsfreie" Rechtswahl durch die Parteien hinweg, muss dies als Verstoß gegen das Primat der Privatautonomie angesehen werden und stellt folglich einen Verstoß gegen den *ordre public* dar.[1197] Dies muss schon aus der Bedeutung der Rechtswahlfreiheit durch die Parteien in der internationalen Schiedsgerichtsbarkeit, die zum Bestandteil der *lex mercatoria* zu zählen ist, folgen. Eine Kausalität ist nicht erforderlich.[1198]

Festzuhalten ist, dass generell ein Schiedsspruch aufgrund eines *ordre public*-Verstoßes bei einer bewusst willkürlichen Fehlanknüpfung, einer Anknüpfung an ein Recht mit keinerlei Beziehung zum Sachverhalt (ohne dass die Parteien dieses Recht gewählt haben) oder im Falle der Anwendung einer „aus der Luft gegriffenen"[1199] Rechtsordnung (ohne eine diesbezügliche Rechtswahl durch die Parteien), anfechtbar ist. Jedoch ist diese Fallgruppe nur schwerlich nachweisbar.[1200] Dies resultiert aus der Tatsache, dass ein Schiedsgericht gehalten ist, einen vollstreckbaren Schiedsspruch zu fällen, was zur Folge hat, dass die Rechtswahl durch das Schiedsgericht zumeist begründet werden wird.[1201] Oftmals wird das Schiedsgericht sogar Bezug auf das Recht der unterlegenen Partei nehmen, um aufzuzeigen, dass zugleich dieses Recht die Entscheidung des Gerichts unterstützt.[1202]

§ 11.2.2: Anwendung des „falschen" Rechts

Anders ist die Lage, sofern eine Rechtswahl der Parteien unklar oder auslegungsbedürftig ist. Dieses Problem fällt in die zweite Fallgruppe der Anwendung des „falschen" Rechts durch das Schiedsgericht.

Zu beachten ist, dass in derart gelagerten Fällen, generell – wie auch in den Fällen einer gänzlich unterbliebenen Rechtswahl durch die Parteien – dem Schiedsgericht eine „weite Rechtsfindungsprärogative"[1203] zukommt. Das heißt, der Bewertungsmaßstab, an welchem sich das Schiedsgericht bei der Rechtsfindung messen lassen muss, ist – im Gegensatz zu dem eines staatlichen Gerichts – wesentlich weiter. Hierin liegt zugleich ein gravierendes Problem. Die Frage ist, an welcher Stelle das Gericht seine Einschätzungsprärogative verlässt und bewusst oder absichtlich von dem Willen der Parteien abweicht. Insofern stellt sich ebenso die Frage der Beweisbarkeit einer solchen bewussten oder absichtlichen Abweichung.

1197 *Berger*, 480 f. m.w.N.; *Frick*, 133.

1198 *Berger*, 481, mit Nachweisen zu einer gegenteiligen Ansicht.

1199 *von Hoffmann*, Anmerkungen zum neuen internationalen Schiedsrecht der Schweiz, in: *Böckstiegel* (Hrsg.), Die internationale Schiedsgerichtsbarkeit in der Schweiz II (Köln 1989) 147 (161).

1200 Vgl. hierzu: *Berger*, 481 f. m.w.N.

1201 Ähnlich: *Lando*, The law applicable to the merits of the dispute, 2 (1988) AI 104 (110).

1202 *Lando*, The law applicable to the merits of the dispute, 2 (1988) AI 104 (110).

1203 *Berger*, 481.

Die Auswahl eines bestimmten (Kollisions-)Rechts ist einer gerichtlichen Überprüfung (z.B. aufgrund eines Verfahrensfehlers) nicht zugänglich. Dies aus dem einfachen Grunde, als dass für die Wahl des materiellen Rechts nicht ein objektiv feststehendes Kollisionsrecht maßgeblich ist, sondern die subjektive Ansicht des Schiedsgerichts darüber.[1204]

Eine falsche Feststellung des anwendbaren Rechts durch das Schiedsgericht ist für sich noch keine Verletzung des *ordre public.*[1205] Weiterhin verhindert die Anwendung des „falschen" Kollisionsrechts nicht die Anerkennung und Vollstreckung eines Schiedsspruchs.[1206] Das Kollisionsrecht ist nicht Teil des *ordre public* und seine Verletzung wäre folgerichtig keine Missachtung des *ordre public*, es sein denn, ein Schiedsgericht setzt sich absichtlich (umstritten) über eine klare Rechtswahlklausel der Parteien hinweg.[1207]

> „Der *ordre public* sollte grundsätzlich nur eingreifen, wenn ein Entscheid *im Ergebnis* stoßend ist."[1208]

Kommen die Schiedsrichter folglich zu einem „Schiedsspruch", welcher die fundamentalen moralischen Konventionen eines Rechtssystems nicht verletzen, liegt keine Verletzung des *ordre public* vor, unabhängig davon ob diese das „richtige" oder „falsche" Recht angewandt haben.[1209]

> „Der *ordre public* als Vorbehaltsklausel darf nur zum Zuge kommen, wenn überragende Schutzbedürfnisse des Staates oder Privater, insbesondere der Vertragsparteien, auf dem Spiel stehen. Solche Bedürfnisse können durch ein stoßendes Ergebnis eines Schiedsentscheids verletzt werden, nicht aber durch die Anwendung einer bestimmten Norm als solche, da im letzteren Fall zumindest noch zu prüfen wäre, ob die Anwendung einer anderen Norm ein erheblich anderes Ergebnis bewirken würde"[1210]

1204 Vgl.: UN A/40/17, para. 236; Bedenken in: UN Doc. A/CN.9/246, para. 104; zur Überprüfung der Rechtswahl vgl. auch: BGH (26.9.1985) NJW 1986, 1436 (1437) = mit Anm. SANDROCK, Zügigkeit und Leichtigkeit versus Gründlichkeit – Internationale Schiedsverfahren in der Bundesrepublik Deutschland (Anmerkungen zu BGH (26.9.1985) [NJW 1986, 1436 (1437)]) JZ 1986, 370 (373 f.).

1205 *FRICK*, 134.

1206 *FRICK*, 136, vgl. auch: 132 mit Verweis auf die Rechtsprechungen zu *NORSOLOR* und *MOBIL OIL (INDONESIA) V. ASAMERA OIL (INDONESIA)*, 487 F.Supp. 63 (SDNY 1980); vgl. auch: *MUSTILL/BOYD*, Commercial Arbitration² (London 1989) 554 [zukünftig zitiert als: *MUSTILL/BOYD*].

1207 *BERGER*, IEA, 682; *FRICK*, 135.

1208 *DASSER*, 284; sich anschließend: *FRICK*, 135: „Whether the ordre public is violated depends on the result of the case."; vgl. hierzu auch den *ordre public* Vorbehalt des deutschen EGBGB, welcher in Art. 6 dtEGBGB explizit vom „Ergebnis" des Schiedsspruchs spricht.

1209 *FRICK*, 135.

1210 *DASSER*, 282.

Hauptproblem hierbei ist die Grenzziehung zwischen der Überschreitung der dem Schiedsgericht gesteckten Grenzen und dem nicht zu überprüfenden Rechtsanwendungsfehler durch das Schiedsgericht.

„Courts open a Pandora's box, when they attempt to distinguish between an arbitrator's normally unreviewable legal error when he renders a ‚bad' award, and a deliberate refusal to apply the chosen law or otherwise to respect the terms of his mission. Excess of authority and the related concept of manifest disregard of law are slippery notions by which courts deal with fundamental discord between how the arbitrator was authorized to decide and how he in fact did decide."[1211]

Ein weites Verständnis des *excès de pouvoir* führte letztendlich zu einer substanziellen Überprüfbarkeit eines Schiedsspruches und würde damit dem modernen Verständnis sowie der Natur der internationalen Schiedsgerichtsbarkeit nicht gerecht werden.[1212] Einziges Kriterium, welches präzise genug ist, eine Intervention nationaler Gerichte in einer beschränkten Zahl von Schiedsgerichtsentscheidungen zu erlauben, ohne die Gefahr einer exzessiven Überprüfung der schiedsgerichtlichen Entscheidung mit sich zu bringen, ist der (restriktiv und eng auszulegende) *ordre public*.[1213] Im Gegensatz zum *excès de pouvoir* ist der *ordre public* in Rechtsprechung und Praxis allgemein anerkannt, ausgeformt und lediglich auf die „Extremfälle" beschränkt.

Abgesehen von diesen Ausnahmefällen, die praktisch bedeutungslos sind, muss generell von einer grundsätzlich unüberprüfbaren Rechtswahl durch das Schiedsgericht ausgegangen werden.[1214]

§ 11.2.3: Ordre public *und die Anwendung der* lex mercatoria

Zunächst ist nach den weiten Rechtswahlmöglichkeiten durch die Parteien festzuhalten, dass der Schiedsspruch nicht aufgrund der Verletzung des *ordre public* angefochten werden kann, sofern das Schiedsgericht – aufgrund einer ausdrücklichen Parteiermächtigung – nach den Grundsätzen der *lex mercatoria* entscheidet.[1215] Eine Ausnahme muss nur dort gelten, wo der vom Schiedsgericht angewandte Grundsatz (der *lex mercatoria*) offensichtlich nicht besteht.[1216]

Strittig hingegen ist die Fallgruppe, in denen das Schiedsgericht im Rahmen seiner objektiven Anknüpfung zur Anwendbarkeit der *lex mercatoria* gelangt. Das heißt, es stellt sich die Frage, ob ein Schiedsspruch aufgehoben werden kann, wenn das Schiedsgericht

---

1211 *Park*, Control Mechanism in the development of a modern lex mercatoria, in: *Carbonneau* (Hrsg.), Lex mercatoria and arbitration. A Discussion of the New Law Merchant (New York 1990) 127.

1212 Ähnlich: *Frick*, 133.

1213 Ebenso: *Frick*, 133.

1214 Ebenso: *Berger*, 482.

1215 *Berger*, 483 m.w.N.

1216 *Berger*, 483.

ohne eine besondere Ermächtigung (durch die Parteien) die *lex mercatoria* angewandt hat.

Französische Gerichte und Autoren, welche die *lex mercatoria* als ein Recht im engeren Sinne verstehen, geben diesem Klagebegehren nicht nach.[1217] Demgegenüber sind deutsche Autoren, nach einer bisher vorherrschenden Ansicht, der Meinung, dass das Schiedsgericht mit der Anwendung der *lex mercatoria* die Position eines *amiables compositeurs* einnimmt. Dies angesichts der Tatsache, dass die *lex mercatoria* sich aus nichts anderem zusammensetzt als aus Handelsbräuchen.[1218] Ebenso wird in der Schweiz vereinzelt vertreten, dass das Schiedsgericht eine Billigkeitsentscheidung träfe, ohne hierzu von den Parteien ermächtigt worden zu sein.[1219] Hierdurch verletze das Schiedsgericht den *ordre public*, genauer gesagt die zum *ordre public* gehörige Regel, dass in Abwesenheit einer Autorisation durch die Parteien, das Schiedsgericht „Recht" anzuwenden habe.[1220]

Die Frage der *lex mercatoria* sollte jedoch nicht anders behandelt werden, als die anderer Streitfragen. Folgerichtig muss in dem Falle, in dem ein Schiedsgericht die *lex mercatoria* angewandt hat, ohne von den Parteien oder einer Ermächtigungsgrundlage[1221] auf die sich das Schiedsgericht stützen kann, bevollmächtigt zu sein, nicht anhand dieser Tatsache beurteilt werden, sondern vielmehr anhand des Ergebnisses des Schiedsspru-

---

1217 *GOTTWALD*, FS *NAGEL* 54 (64); vgl. auch: *WEISE*, Lex Mercatoria: Materielles Recht vor der internationalen Handelsschiedsgerichtsbarkeit (Frankfurt am Main 1990) 159; vgl. auch generell für die Anwendbarkeit der *lex mercatoria*: Italienischer Kassationsgerichtshof, *DITTA FRATELLI DAMIANO S.N.C. V. AUGUST TÖPFER & CO. GMBH*, 8.2.1982 Nr. 722; Riv.dir.int.priv.proc. 1982, 829; Schiedsspruch *GÖTAVERKEN*, *GÖTAVERKEN AB V. LIBYAN GENERAL NATIONAL MARITIME TRANSPORT CO.*, zitiert von: *WETTER*, The International Arbitral Process, Band II (New York 1979) 178; französisches Appellationsgericht in Paris, *GENERAL NATIONAL MARITIME TRANSPORT CO. V. GÖTAVERKEN ARENDAL AB*, 107 (1980) JDI (Clunet) 660; schwedischer Oberster Gerichtshof, *GÖTAVERKEN ARENDAL AB V. LIBYAN GENERAL NATIONAL MARITIME TRANSPORT CO.*, Virginia Journal of International Law 1980-81, 244.

1218 *VON HOFFMANN*, „Lex mercatoria" vor internationalen Schiedsgerichten, IPRax 1984, 106 (108); *GOTTWALD*, FS *NAGEL* 54 (65); *SCHLOSSER*, Das Internationale an der internationalen privaten Schiedsgerichtsbarkeit, RIW 1982, 857 (867); *RAESCHKE-KESSLER*, Neuere Entwicklungen im Bereich der internationalen Schiedsgerichtsbarkeit, NJW 1988, 3041 (3048); *BÖCKSTIEGEL*, FS *BEITZKE*, 443 (463); *TRIEBEL/PETZOLD*, Grenzen der lex mercatoria in der internationalen Schiedsgerichtsbarkeit, RIW/AWD 1988, 245 (249).

1219 *BUCHER*, Rn. 292 a.E.; vgl. gegen die Anwendbarkeit der lex mercatoria auch das englische House of Lords: *AMIN RASHEED SHIPPING CORPORATION V. KUWAIT INSURANCE CO.*, 2 All. ER (1983) 884.

1220 *TRIEBEL/PETZOLD*, Grenzen der lex mercatoria in der internationalen Schiedsgerichtsbarkeit, RIW/AWD 1988, 245 (249 f.); *SANDROCK*, Zügigkeit und Leichtigkeit versus Gründlichkeit – Internationale Schiedsverfahren in der Bundesrepublik Deutschland (Anmerkungen zu BGH (26.9.1985) [NJW 1986, 1436 (1437)]) JZ 1986, 370 (373); vgl. auch: *SCHLOSSER*, Rn. 863.

1221 Wie oben dargelegt, billigen nicht alle Rechtsordnungen und Schiedsverfahrensordnungen dem Schiedsgericht dieselben Rechtswahlmöglichkeiten wie den Parteien zu und begrenzen diese auf verschiedenste Art und Weise, z.B. auf die Anwendung eines nationalen Rechts, wie dies in Art. 28 Abs. 2 ML zu erkennen ist.

ches.[1222] Erst wenn die Anwendbarkeit der *lex mercatoria* zu einem dem *ordre public* widersprechenden „Ergebnis" führt, kann von einem *ordre public*-Verstoß durch die Anwendung der *lex mercatoria* ohne Ermächtigung gesprochen werden. Alleine der Fakt, dass das Schiedsgericht die *lex mercatoria* angewandt hat, ohne dass dies von den Parteien erwartet (Ausnahme ist hier eine klare, unmissverständliche Rechtswahl zugunsten eines nationalen Rechts) wurde, reicht für eine *ordre public*-Widrigkeit nicht aus. Dies schon zumal es sich, wie bereits dargelegt, bei der Entscheidung nach den Grundsätzen der *lex mercatoria* um eine Rechts- und nicht um eine Billigkeitsentscheidung handelt. Weiterhin unterscheidet sich ein derartiger Fall substanziell kaum von dem Fall, in dem das Schiedsgericht ein nationales Recht anwendet, welches nicht den Erwartungen der Parteien entspricht.[1223]

> „Weder die Machtinteressen des Staates noch die Gerechtigkeitsinteressen der Parteien werden durch die Anwendung von allgemeinen Rechtsgrundsätzen und Handelsbräuchen in schwerwiegender Weise verletzt."[1224]
>
> Folgerichtig: „[T]here is no violation of the ordre public international or an excess of the tribunal's mandate."[1225]

Ergo, erst wenn das Ergebnis des Schiedsspruches eine Verletzung des *ordre public* darstellt, ist ein Eingreifen staatlicher Gerichte gerechtfertigt. Das Kriterium des *ordre public* ist präzise genug und zugleich international akzeptiert, so dass es die richtige Balance in der Interaktion zwischen Schiedsrichtern und Schiedsparteien, sowie zwischen der Autonomie der Schiedsgerichtsbarkeit und der staatlichen Kontrolle einer solchen finden kann.

Wie dargelegt, stellt sich in Frankreich diese Frage nicht. Schiedssprüche, die auf der Anwendung der *lex mercatoria* basieren, werden anerkannt, unabhängig davon, ob diese aufgrund einer Parteiermächtigung angewandt wurde oder nicht.[1226]

> „Es ist keine Rechtsordnung auf der Welt bekannt, die einen inländischen oder ausländischen Schiedsspruch nur deshalb nicht anerkennen oder vollstrecken würde, weil er auf Grundlage der lex mercatoria ergangen ist. Stattdessen zeigt sich [...] ein Trend zur Anerkennung der lex mercatoria. Um jedoch in der Praxis keine unnötigen Risiken einzugehen, erscheint es derzeit gleichwohl noch ratsam, die vorhandenen Steuerungsmechanismen gezielt zu nutzen. Das heißt, Vertragswerke, bei denen von vornherein oder auch erst im Laufe eines etwaigen Schiedsgerichtsverfahrens die Anwendung der lex mercatoria als theoretisch möglich und sinnvoll erscheint, sollten eine entsprechende Ermächtigung der Schiedsrichter vorsehen und solche Länder als Schiedsorte meiden, deren Rechte

---

1222 Ebenso: *FRICK*, 137.
1223 *DASSER*, 285.
1224 *DASSER*, 287.
1225 *BERGER*, IEA, 685.
1226 *WEISE*, Lex Mercatoria: Materielles Recht vor der internationalen Handelsschiedsgerichtsbarkeit (Frankfurt am Main 1990) 159.

keine Billigkeitsentscheidung anerkennen und deren Bestimmungen der Schiedsgerichtsbarkeit gegenüber dem derzeitigen Weltmaßstab zurückbleiben und unklar erscheinen."[1227]

Nach der NYC gilt für die Anwendbarkeit der *lex mercatoria* nichts anderes. Dennoch kann nach der Formel, wie sie Art. V Abs. 1 lit. c NYC verwendet, nicht ausgeschlossen werden, dass aufgrund seiner umfassenden Formulierung die Anerkennung und Vollstreckung eines auf die *lex mercatoria* gestützten Schiedsspruches versagt wird, selbst wenn bisher noch kein derartiger Fall bekannt wurde.[1228] Dieses Risiko kann und darf jedoch auf keinen Fall einziger Grund dafür sein, dass ein Schiedsgericht die *lex mercatoria* nicht anwendet. Die NYC verlangt bei genauerer Betrachtung nur, dass ein Schiedsspruch zwar an ein nationales Recht gebunden ist und auf diesem basiert, dies gilt jedoch ausschließlich für das Prozessrecht und nicht für das auf den Rechtsstreit anwendbare materielle Recht. Dieses kann ebenso anationalen Ursprungs sein.[1229]

Folgerichtig handelt es sich bei der Anwendung der *lex mercatoria* durch ein hierzu nicht ausdrücklich ermächtigtes Schiedsgericht um eine Rechtsentscheidung und damit um die Frage der falschen Anknüpfung.[1230] Folgerichtig besteht ein (höchstgerichtlicher) Trend dahingehend, in den Fällen der „unerwarteten" Anwendung der *lex mercatoria*, keinen Grund für die Aufhebung oder die Versagung der Anerkennung und Vollstreckung eines Schiedsspruches zu sehen.[1231] Eine Aufhebung des Schiedsspruches kommt damit nur in sehr limitierten Ausnahmefällen in Frage, in welchen das Ergebnis eines auf Basis der *lex mercatoria* ergangenen Schiedsspruches gegen den *ordre public* verstößt.

§ 11.2.4: Ergebnis zum ordre public

Folgerichtig muss nicht die Anwendung eines bestimmten Rechts gegen den *ordre public* verstoßen, sondern das Ergebnis des Schiedsspruchs selber muss einen solchen Verstoß darstellen. Dies ist – aufgrund der Enge des *ordre public* – nur in sehr wenigen Ausnahmefällen der Fall.

Im Rahmen des anwendbare (materiellen Rechts) werden sich nur äußerst selten Situationen ergeben, die eine Rechtswahl des Schiedsgerichts oder der Parteien aufgrund eines *ordre public*-Verstoßes ungültig machen. Die Anwendung des „falschen" Rechts jedoch stellt für sich genommen noch keinen Verstoß gegen den *ordre public* dar. Insbesondere verstößt ein Schiedsgericht nicht gegen diesen, wenn es ohne eine explizite Ermächtigung der Parteien die *lex mercatoria* zur Anwendung beruft, da es sich hier allemal um eine Frage der Anwendung des „falschen" Rechts handelt, die nicht anders beantwor-

---

1227 *WEISE*, Lex Mercatoria: Materielles Recht vor der internationalen Handelsschiedsgerichtsbarkeit (Frankfurt am Main 1990) 168.

1228 *FRICK*, 132.

1229 *BERGER*, IEA, 541.

1230 Ebenso: *BERGER*, 484 mit weiteren Ausführungen und Nachweisen.

1231 Übersicht bei: *KAPPUS*, Lex mercatoria in Europa und Wiener UN-Kaufrechtskonvention 1980 (Frankfurt am Main 1990) 89 ff.

tet werden darf, als wenn sich das Schiedsgericht zugunsten eines „falschen" nationalen Rechts entscheidet.

Wahrscheinlicher ist ein *ordre public*-Verstoß im Rahmen der Billigkeitsentscheidung, bspw. wenn die Parteien das Schiedsgericht zur Entscheidung nach Billigkeit ermächtigen, um die Restriktionen eines nationalen Rechts zu umgehen, um so einem „Schmugglervertrag", „Bestechungsvertrag" etc. zur Durchsetzung zu verhelfen.

§ 11.3: Modellgesetz

Nach dem bisher Gesagten stellt sich die Frage, was speziell für das ML gilt.

Gemäß Artt. 34 Abs. 2 lit. b (ii), 36 Abs. 1 lit. b (ii) ML kann ein Schiedsspruch (durch ein von Art. 6 ML spezifiziertes) staatliches Gericht aufgehoben oder die Anerkennung und Vollstreckung versagt werden, sofern er der öffentlichen Ordnung dieses Staates widerspricht (*ordre public*-Vorbehalt). Wie Art. V Abs. 2 lit. b NYC nimmt diese Bestimmung Bezug auf den jeweiligen nationalen *ordre public* (*domestic public policy*).[1232] Der *ordre public* Begriff des ML unterscheidet somit nicht in einen *ordre public interne* und den engeren *ordre public international* oder gar den minimalisierten *ordre public transnational*, wie er von einigen Rechtsordnungen und Autoren vertreten wird.[1233] Eine Unterscheidung in einen *ordre public interne* und einen *ordre public international* ist nur dort legitim, wo – wie im französischen und schweizerischen Recht – inländische Schiedssprüche einer entsprechenden Kontrolle unterliegen, welche über den Umfang der jeweiligen nationalen Grundwerte und Grundprinzipien (erheblich) hinausgeht.[1234] Der *ordre public transnational* demgegenüber spiegelt die unbedingte Berücksichtigung der jeweiligen nationalen Grundwerte und -prinzipien nur ungenügend wieder, da in ihm ein Substrat aller, in zivilisierten Staaten anerkannten, Grundprinzipien und Grundwerte gesehen wird und somit lediglich einen extrem minimalisierten Werteschutz einer nationalen Rechtsordnung darstellt, auf den sich kaum ein Staat einlassen würde. Mehr noch birgt die Unterscheidung in einen *ordre public*, einen *ordre public international* und einen

---

1232 ROTH, Art. 34 Rn. 22.

1233 Vgl.: KORNBLUM, Zur Übernahme des UNCITRAL-Modellgesetzes über die internationale Handelsschiedsgerichtsbarkeit in das deutsche Schiedsverfahrensrecht, in: GLOSSNER (Hrsg.), JPS 1987 (Heidelberg 1988) 34 (42); kritisch zur Unterscheidung in einen internen und einen internationalen ordre public: MOSS, International commercial arbitration – Party Autonomy and Mandatory Rules (Oslo 1999) 300 ff.; vgl. zur Kritik an der Unterscheidung des *ordre public* in einen internen und einen internationalen im deutschen IPR: SANDROCK, „Scharfer" ordre public interne und „laxer" ordre public international, in: COESTER/MARTINY/PRINZ VON SACHSEN GESSAPHE (Hrsg.), Privatrecht in Europa, Festschrift für HANS JÜRGEN SONNENBERGER zum 70. Geburtstag (München 2004) 615 ff.

1234 Ähnlich: KORNBLUM, Zur Übernahme des UNCITRAL-Modellgesetzes über die internationale Handelsschiedsgerichtsbarkeit in das deutsche Schiedsverfahrensrecht, in: Glossner (Hrsg.), JPS 1987 (Heidelberg 1988) 34 (42).

ordre public transnational viele Unwägbarkeiten. Gerade was zum jeweiligen *ordre public* zu zählen ist, erscheint problematisch. Am besten wird der Gerechtigkeit damit gedient, wenn man nur einen einheitlich und restriktiv verstandenen *ordre public*-Begriff zur Anwendung bringt.

Folgerichtig wurde der Vorschlag, im ML auf den *ordre public international* Bezug zu nehmen, abgelehnt.[1235] Dies, obwohl der internationale Trend erkannt wurde, zwischen einem weniger strengen internationalen *ordre public* und einem nationalen *ordre public* zu unterscheiden.[1236] Abgelehnt wurde diese – vom UNCITRAL Sekretariat vorgeschlagene[1237] – Unterscheidung jedoch mit der Begründung, dass Zweifel daran bestünden, ob eine derartige Differenzierung allgemein akzeptiert würde und vor allem, weil diese Konzeption die Genauigkeit und Klarheit vermissen lässt, sprich zu unpräzise ist.[1238]

Obwohl sich die Verfasser des ML darüber im Klaren waren, dass Artt. 34 und 36 ML zu einer doppelten Kontrolle führen können, hat man sich nicht auf ein Konzept zur Vermeidung dieses Problems einigen können. Zu einer doppelten Kontrolle käme es, sofern eine Überprüfung des Schiedsspruchs am Sitz des Schiedsgerichts einhergeht mit einer Überprüfung durch den anerkennenden oder vollstreckenden Staat. Dies kann zu widersprüchlichen Entscheidungen führen, was der Effizienz sowie Ökonomie des Verfahrens abträglich ist.[1239]

Ein Ansuchen bzgl. der Aufhebung eines Schiedsspruches, welcher auf Basis der *lex mercatoria* getroffen wurde, obwohl hierzu keine ausdrückliche Rechtswahl durch die Parteien erfolgt ist und deren Anwendbarkeit durch Rechtswahl des Schiedsgerichts gem. Art. 28 Abs. 2 ML eigentlich ausgeschlossen ist, hat keine Aussicht auf Erfolg.[1240] Dies gilt zumindest sofern es sich bei der Entscheidung auf Basis der *lex mercatoria* – wie hier vertreten – um eine Rechtsentscheidung handelt. Die Erfolglosigkeit einer solchen Klage folgt nicht zuletzt daraus, dass man die Norm des Art. 28 Abs. 2 ML nicht zum *ordre public* des rezipierenden Staates zählen darf. „[A]lle Regeln des IPR, die sich auf vertragliche Schuldverhältnisse beziehen und nur mangels Bestimmung des anwendbaren Rechts durch die Parteien gelten, gehören nicht zum *ordre public*."[1241] Nicht zuletzt muss dies aus der Tatsache folgen, dass es sich – wie oben dargelegt – bei Art. 28 Abs. 2 ML um eine abdingbare Vorschrift handelt. Des Weiteren muss einmal mehr herausgestellt werden, dass es auf die *ordre public*-Widrigkeit des Ergebnisses, also des Schiedsspruches ankommt und nicht auf die Frage, ob die Rechtswahl u.U. gegen den *ordre public* verstößt.

1235 Vgl.: UN Doc. A/CN.9/264, Art. 34 para. 12.

1236 Vgl.: UN Doc. A/CN.9/168 paras. 46 f.; UN Doc. A/CN.9/207 para. 21; UN Doc. A/CN.9/232, para. 292.

1237 UN Doc. A/CN.9/WG.II/WP.35 para. 30.

1238 UN Doc. A/CN.9/233, para. 154; *Holtzmann/Neuhaus*, 919; *Granzow*, 202 f.

1239 Vgl.: UN Doc. A/CN.9/245, paras. 156 ff.; UN Doc. A/CN.9/264, Art. 36 para. 5; UN Doc. A/CN.9/264, para. 1 (USA).

1240 *Dasser*, 297; *Berger*, 485.

1241 *Mezger*, Verstoß gegen die öffentliche Ordnung bei Beurteilung ausländischer Schiedssprüche, NJW 1970, 368 (370).

Etwas anderes kann nur gelten, wenn die Parteien klar zu erkennen gegeben haben, dass das Schiedsgericht auf Basis eines nationalen Rechts zu entscheiden habe. Hier muss jedoch wiederum gelten, dass die Anwendung der *lex mercatoria* schon gar nicht zu beanstanden ist, wenn sie lediglich der Lückenfüllung eines nationalen Rechts galt.

§ 11.4: Ergebnis

Weder die NYC noch die meisten der modernen nationalen Schiedsrechte erlauben explizit die Aufhebung eines Schiedsspruchs aufgrund von Fehlern in der kollisionsrechtlichen Entscheidung durch das Schiedsgericht.[1242]

Schiedsgerichte und nationale Gerichte dürfen eine Rechtswahlklausel nur dort nicht beachten und ablehnen, wo die Rechtswahl oder genauer gesagt das Ergebnis des Schiedsspruches gegen zwingendes Recht oder den *ordre public* verstoßen.[1243] Aus diesem Grund ist die Parteiautonomie im Rahmen der Rechtswahl verhältnismäßig uneingeschränkt zu gewähren.[1244] Welche Rechtswahlbeschränkungen sich auch immer die einzelnen Rechtssysteme ausdenken mögen, sie binden immer nur die nationalen Gerichte dieses einen Rechtssystems, nicht aber das Schiedsgericht. Dennoch sind diese Beschränkungen zu beachten, da das Schiedsgericht damit beauftragt ist, einen vollstreckungsfähigen Schiedsspruch zu erlassen.

Sofern die Parteien ein Recht wählen, dass dem so genannten internationalen Handelsrecht zuzuordnen ist, kann es passieren, dass ein Staat die Anerkennung und Vollstreckung versagt oder den Schiedsspruch aufhebt, sofern der jeweilige Staat eine solche Rechtswahl als ungültig ansieht.[1245]

Beachtet werden muss, dass einige Länder die Anerkennung und Vollstreckung bestimmter Rechtswahlklauseln ablehnen, nämlich z.T. eine solche Rechtswahl, die keinerlei Beziehungen (*reasonable relationship*)[1246] zu dem Verhältnis zwischen den Parteien aufweist.[1247] Auf der anderen Seite verlangen nicht alle Jurisdiktionen dieses Verhältnis

---

1242 Vgl.: BORN, 541; ADEN, Die Anwendung materiellen Rechts durch den Schiedsrichter, RIW 1984, 934 (935).

1243 So schon: LEW, 104 m.w.N.

1244 LEW, 104.

1245 Vgl.: REDFERN/HUNTER, 91.

1246 Ein *reasonable relationship* wird von einigen Gerichten in NY gefordert, vgl.: *A.S. RAMPELL, INC. V. HYSTER CO.*, 165 NYS2d 475 (1957); *GRUSON*, Governing Law Clauses in Commercial Agreements – New York's Approach, 18 (1979) Colum. J. Transn'l L. 323 ff.

1247 *BORN*, 546; z.T. ist dies in den USA der Fall (vgl. § 187 *Restatement (Second) Conflict of Laws, reasonable basis*) und England; vgl. auch die obigen Ausführungen; Derartige Forderungen sind eher die Ausnahme. In den 80ern hat New York ein Kollisionsrecht zur Eliminierung derartiger Beschränkungen eingeführt, sofern die Parteien das Recht des Staates NY gewählt haben: New York General Obligations Law § 5-1401 (McKinny Supp. 1988).

zum gewählten Recht. Im Gegenteil ist eine derartige Forderung eher die Ausnahme.[1248] Internationale Schiedsrichter verweigern nur sehr selten die Rechtswahl der Parteien aufgrund einer fehlenden Beziehung zum gewählten Recht.[1249]

Die fehlende gerichtliche Kontrolle der Rechtswahl wird zumindest indirekt durch „soziale“ Sanktionen, wie die Gefahr der Rufschädigung des Schiedsrichters[1250] und das Bemühen um zukünftige Ernennungen ersetzt.[1251] Des Weiteren zwingt die Obliegenheit einen vollstreckbaren Schiedsspruch zu erlassen, zur Vorsicht und Sorgfalt bei der Rechtswahl.[1252]

Damit liegen die Grenzen der Rechtswahl in den zwingenden Bestimmungen sowie dem *ordre public* (der betroffenen Staaten, insbesondere der Vollstreckungsstaaten sowie der *lex causae*).

§ 12: Die Billigkeitsentscheidung

§ 12.1: Einleitung

Genau genommen ist die Ermächtigung zur Entscheidung nach Billigkeit dogmatisch gesehen ein Unterfall der Rechtswahl durch die Parteien. Der Systematik der meisten Übereinkommen, Schiedsverfahrensgesetze und Schiedsgerichtsordnungen folgend, soll diese hier jedoch separat betrachtet werden. Dies gerade zumal das ML in Art. 28 Abs. 1 und 3 eine Trennung vornimmt.

Die Möglichkeit der Parteien, das Schiedsgericht zu einer Entscheidung nach Billigkeit zu ermächtigen, folgt dabei bereits aus dem Grundsatz der Vertragsfreiheit oder der Parteiautonomie.[1253]

Die Ermächtigung zur Entscheidung nach Billigkeit wird in der internationalen Schiedsgerichtsbarkeit unter den verschiedensten Begrifflichkeiten behandelt:

1248 Die *Rome Convention* (EVÜ) verlangt gar kein derartiges Kriterium, wie das *reasonable relationship*. Die Schweiz verlangt ebenso keine Verbindung zum gewählten Recht, wie das ML: *BUCHER/TSCHANZ*, International Arbitration in Switzerland (Basel 1989) 99-100.

1249 *BORN*, 547.

1250 Gerade das Ansehen eines Schiedsrichters wird von der „Mundpropaganda“ bestimmt und damit seine Beliebtheit, ihn als Schiedsrichter einzusetzen.

1251 *HERRMANN*, The UNCITRAL Model Law – its background, salient features and purposes 1 (1985) AI 6 (23 Fn. 21).

1252 *VAN DEN BERG/VAN DELDEN/SNIJDERS*, Arbitragerecht (Zwolle 1988) 99.

1253 *GEIMER*, Internationales Zivilprozeßrecht[4] (Köln 2001) Rn. 3872; *SCHÜTZE/TSCHERNING/WAIS*, Handbuch des Schiedsverfahrens[2] (Berlin 1990) Rn. 585, 587; *SCHÜTZE*, Schiedsgericht und Schiedsverfahren[3] (München 1999) Rn. 183; ausführlich zur *amiablen composition* und ihrem Verständnis: *YU*, Amiable Composition – A Learning Curve, 17 (2000) AI 79 ff.; zum *amiable compositeur* in der Schiedsgerichtsbarkeit im Allgemeinen: *RIEDBERG*, Der amiable compositeur in internationalen privaten Schiedsgerichtsverfahren (Frankfurt am Main 1962).

- *ex aequo et bono,*
- *amiable composition, amiables compositeur, amicable composition,*
- *honourable engagement,*
- *goede mannen naar billijkheit,*
- *equity (clause)* etc.

Oftmals wird die Billigkeitsentscheidung (*amiable composition*) als „negative Rechtswahlklausel" bezeichnet, nachdem mit ihrer Hilfe das nationale Rechtssystem „substituiert" wird.[1254]

Aufgrund ihrer „unscharfen Konturen"[1255] werden die Entscheidungen *ex aequo et bono* und *amiable composition* als außerordentlich schillernde Rechtsinstitute bezeichnet.[1256] Ob dem so ist und wie dieses Rechtsinstitut zu beurteilen ist, bleibt einem jeden selbst überlassen. Die Konturen werden auf alle Fälle im Folgenden umrissen und die mit dem Rechtsinstitut verbundenen Möglichkeiten und Schwierigkeiten aufgezeigt.

§ 12.2: Verbreitung

Nach mittlerweile fast allen Übereinkommen[1257], Gesetzen[1258] und Schiedsgerichtsordnungen[1259] können die Schiedsrichter nach Billigkeitsgesichtspunkten entscheiden, sofern sie von den Parteien vor oder während des Verfahrens dazu ermächtigt worden sind. Die Ermächtigung zur Entscheidung nach Billigkeit ist (meist)[1260] eine Sachnorm des IPR.[1261]

1254 *DEVLIN*, The Judge (Oxford 1979) 92.

1255 *ZERBE*, 220.

1256 *SANDROCK*, "Ex aequo et bono" und "amiable composition" – Vereinbarungen: ihre Qualifikation, Anknüpfung und Wirkungen, in: *GLOSSNER* (Hrsg.), Jahrbuch für die Praxis der Schiedsgerichtsbarkeit 1988 (Heidelberg 1989) 120 ff. [zukünftig zitiert als: *SANDROCK*, Jahrbuch Schiedsgerichtsbarkeit].

1257 Bspw.: Art. VII Abs. 2 EuÜ (ausführlich zu Art. VII Abs. 2 EuÜ: *VON HOFFMANN*, 121 ff.), Art 42 Abs. 3 Convention on the Settlement of Investment Disputes between States and Nationals of other States usw.

1258 Bspw.: Art. 1054 Abs. 3 niederländCPC (1986), Art. 1497 franzNCPC, Art. 28 Abs. 3 ML, Art. 187 Abs. 2 schweizIPRG (1987) (Wortwahl nur „*ex aequo et bono*") usw.

1259 Bspw.: Art 39 ECE Arbitration Rules, Art. 33 Abs. 2 UNCITRAL ArbRules (1976), Art VIII Abs 4 lit. b ECAFE Rules für International Commercial Arbitration, Art. 45 Abs. 2 NAI ArbRules (2001), Art. 5 CCI ArbRules (1989), Art. 17 Abs. 3 ICC ArbRules (1998), Art. 22.4 LCIA ArbRules (1996), § 23.3 DIS ArbRules (1998), Art. 28 Abs. 3 AAA ArbRules (2003), Art. 33 Abs. 2 CRCICA ArbRules (2002), Art. 24 Abs. 3 SCC ArbRules (1999) usw.

1260 „Meist" weil bspw. nach: Art. 33 Abs. 2 UNCITRAL ArbRules, Art. VII EuÜ auf die Zulässigkeit nach dem anwendbaren Schiedsverfahrensrecht abgestellt wird: vgl.: *VON HOFFMANN*, 120. Insofern ist es in Schiedverfahrensrechten immer eine Sachnorm des IPR, nicht aber, wenn sie in einer Schiedsgerichtsordnung enthalten ist. Nach den neuen Gesetzen kommt es nicht mehr auf die umstrittene Frage an, ob die Zulässigkeit der Billigkeitsentscheidung sich nach dem Verfahrensrecht (so: *DASSER*, 144; *VON HOFFMANN*, 112; *FOUCHARD*, Le réglement

Die meisten derer Schiedsgerichtsordnungen, die eine Billigkeitsentscheidung kennen und zulassen, setzen voraus, dass die Wahl eines außerrechtlichen Maßstabes durch das Recht des Sitzlandes (*lex loci arbitri*) zulässig sein muss. In dem Fall, dass eine derartige Wahl nicht zulässig ist, hätte die Vereinbarung zur Entscheidung nach Billigkeit keinerlei Auswirkungen und wäre gesetzwidrig.[1262]

Dennoch, nicht alle nationale Rechtsordnungen erlauben eine Billigkeitsentscheidung.[1263]

§ 12.3: Wann erfolgt eine Ermächtigung zur Entscheidung nach Billigkeit?

Die Frage, die sich zunächst stellt, ist die nach dem: Wann? Wann ermächtigen Parteien das Schiedsgericht zur Entscheidung nach Billigkeit? Wann ist eine derartige Ermächtigung sinnvoll? Wann wird sie in der Praxis erteilt?

Die Billigkeitsentscheidung ist insbesondere dort eine Hilfe, wo die Parteien statt eines Rechtsexperten, einen technisch versierten Spezialisten zum Schiedsrichter bestellen, der die technischen Besonderheiten besser erfassen kann als ein Rechtsgelehrter, dafür aber ein meist recht vordergründiges rechtliches Wissen besitzt.[1264]

Billigkeitsentscheidungen kommen im internationalen Wirtschaftsverkehr insbesondere in den Fällen in Betracht, in denen es auf eine flexible und den Umständen des Einzelfalles angepasste Entscheidungsfindung ankommt. Sie kommen folglich vor allem dort zur Anwendung, wo ein – vom nationalen Zwang befreiter – flexiblerer Ansatz von Nöten ist, welcher alle relevanten Besonderheiten berücksichtigen soll.[1265]

In der Praxis sind Ermächtigungen zur Entscheidung nach Billigkeit vor allem in Schiedsverfahren zu finden, die komplexe Langzeitverträge und deren Anpassung an die veränderten Umstände betreffen.[1266] Hier soll der unabhängige Dritte diejenigen Umstän-

---

d'arbitrage, 106 [1979] JDI [Clunet] 816 [835 f.]; *GENTINETTA*, Die Lex Fori Internationaler Handelsschiedsgerichte [Bern 1973] 252), dem Recht der Schiedsvereinbarung (so: *LOQUIN*, 110 [1983] JDI [Clunet] 293 [319]) oder der Hauptsache (so: *SCHLOSSER*, Rn. 753; *TRIEBEL/PETZOLD*, Grenzen der lex mercatoria in der internationalen Schiedsgerichtsbarkeit, RIW/AWD 1988, 245 [258]; *SANDROCK*, Jahrbuch Schiedsgerichtsbarkeit, 120 [138]) richte.

1261 *VAN DEN BERG/VAN DELDEN/SNIJDERS*, Arbitragerecht (Zwolle 1988) 94; *LOQUIN*, 110 (1983) JDI (Clunet) 293 (320).

1262 Vgl. schon: *LEW*, 120.

1263 UN Doc. A/CN.9/264, Art. 28 para. 8; *SCHLOSSER*, Rn. 622; rechtsvergleichend hierzu schon: *DAVID*, Rn. 370 ff.

1264 Ähnlich: *CHUKWUMERIJE*, 118, mit einem Beispiel.

1265 Vgl.: *ROTH*, Art. 28 Rn. 14.

1266 *CHUKWUMERIJE*, 118; *DAVID*, Arbitration in international Trade (Deventer 1985) Rn. 336; *HORN*, Changes in Circumstances and the Revision of Contracts in Some European Laws and in International Law, in: *HORN* (Hrsg.), Adaption and Renegotiation of Contracts in International Trade and Finance (Deventer 1985) 15 (36); *BERGER*, IEA, 566 m.w.N.; Beispiele bei: *LOQUIN*, L'Amiable Composition en Droit Comparé et International (Paris 1980) 145 ff.

de in Betracht ziehen können, die sich in Zukunft oder während der gesamten Vertragslaufzeit (noch) ergeben können.[1267] Machen die Parteien von der Möglichkeit, dem Billigkeitsschiedsrichter genauere Entscheidungsmaßstäbe vorzugeben, keinen Gebrauch[1268], kann sich das Schiedsgericht alleine von einzelfallbezogenen Gerechtigkeitsvorstellungen leiten lassen.

§ 12.4: Was ist die Entscheidung nach Billigkeit oder amiable composition?

Der Billigkeitsschiedsrichter ist nicht mit „Hand und Fuß" an das Recht gebunden.[1269]

Der staatliche Richter ist an das materielle Recht gebunden und hat daher sein Urteil auf der Basis dieser nationalen, rechtlichen Maßstäbe zu fällen. Dies folgt aus dem Prinzip der Gewaltenteilung und nicht zuletzt aus zumeist verfassungsrechtlichen Vorschriften.[1270] Gerechtigkeits- und Billigkeitserwägungen darf der staatliche Richter nur dann zum Maßstab seiner Entscheidung machen, wenn ihm dies vom jeweiligen nationalen Gesetz her erlaubt ist (richterliches Ermessen oder Ermessensspielraum).

In der internationalen Schiedsgerichtsbarkeit spielt demgegenüber seit eh und je die Billigkeitsentscheidung eine weitaus größere Rolle.[1271] Die Beurteilung eines Streitfalles *ex aequo et bono*, gewährt dem Schiedsgericht hinsichtlich seiner Sachentscheidung ein hohes Maß an Flexibilität.

Bei der Entscheidung *ex aequo et bono* nimmt der Schiedsrichter – losgelöst von einer nationalen oder anationalen Rechtsordnung – die Stelle des Gesetzgebers selber ein und findet die Lösung des Falles alleine aufgrund seiner eigenen Billigkeits- und Gerechtigkeitsmaßstäbe. Gerade weil der *amiables compositeur* seine eigenen Gerechtigkeitsvorstellungen fern ab einer Rechtsordnung in den Schiedsspruch mit einfließen lassen kann, hat er in ähnlicher Art die Funktion des Gesetzgebers als auch eines Richters inne.[1272]

Die *amiable composition* erlaubt es dem Schiedsgericht:

- „[to] depart from the strict application of the rules of law",[1273]
- „[apply] equity and good conscience",[1274]

1267 Ähnlich: *PAULSSON/RAWDING/REED/SCHWARTZ*, 23.

1268 Vgl. hierzu: UN Doc. A/CN.9/264, Art. 28 para. 9; *GRANZOW*, 173; sowie die noch kommenden genaueren Ausführungen hierzu.

1269 *„[H]and and foot"*: *CHUKWUMERIJE*, 117.

1270 Bspw. aus Art. 97 Abs. 1 des deutschen Grundgesetzes.

1271 Vgl.: *WENGER*, Zum obligationsrechtlichen Schiedsverfahren im schweizerischen Recht (Basel 1968) 85 ff.

1272 Ähnlich: *CRAIG/PARK/PAULSSON*, § 8.05.

1273 *JARVIN*, The source and limits of the arbitrator's powers, in: *LEW* (Hrsg.), Contemporary Problems in International Arbitration (Dordrecht 1986) 50 (70) [zukünftig zitiert als: *JARVIN*, Contemporary Problems].

1274 *JARVIN*, Contemporary Problems, 50 (70).

- „[to] decide [the dispute] according to justice and fairness".[1275]

Folglich kann ein Billigkeitsschiedsrichter losgelöst vom Recht anhand seines eigenen Gerechtigkeitsempfindens entscheiden.[1276]

> „[The arbitral tribunal] may decide a case according to the principles of fairness and equity."[1277]

Führt folglich die Anwendung des Rechts im Einzelfall zu einem unbilligen Ergebnis, kann das Billigkeitsschiedsgericht diese zumindest abmildern, wenn nicht sogar diese Regeln erst gar nicht zur Anwendung gelangen lassen.[1278] Der Billigkeitsschiedsrichter kann ebenso solche Grundsätze zur Anwendung berufen, die (noch) nicht zum festen Bestand einer Rechtsordnung gehören.[1279]

Das bedeutet, dass das Schiedsgericht ohne Rücksicht auf irgendwelche Rechtsnormen den Streit nach seiner Rechtsauffassung frei entscheiden kann. In England und Frankreich führt die Ermächtigung der Schiedsrichter zur Entscheidung im Wege der *amiable composition* dazu, dass die Parteien sich von vorneherein des Rechts begeben, gegen diese Entscheidung in Berufung zu gehen.[1280]

Es geht hier also – stärker als sonst – um die Herbeiführung von Einzelfallgerechtigkeit.

> „An arbitral tribunal given powers of *amiable composition* is empowered to render a binding decision which seeks to reflect the expectations of the parties."[1281]

§ 12.4.1: Allgemeingültige Definition?

Es ist fast gänzlich unmöglich, den Terminus *amiable composition* so zu umschreiben, wie er von allen Ländern in Rechtsprechung und Lehre definiert und akzeptiert werden würde.[1282] Nur wenige Rechtsordnungen versuchen selber eine genaue Definition zu finden.[1283] Seinen Ursprung hat der *amiables compositeur* in Frankreich und wird aus die-

---

1275 *PETER*, Arbitration and Renegotiation of International Investment Agreements (Dordrecht 1986) 172.

1276 *ROTH*, Art. 28 Rn. 12; UN Doc. A/CN.9/264, para. 9; *BROCHES*, 149 ff.; *REDFERN/HUNTER*, 127 ff.; *BERGER*, IEA, 566.

1277 ICC Schiedsspruch Nr. 4567 (1986).

1278 Vgl.: ICC Schiedsspruch Nr. 3344.

1279 *LOQUIN*, 110 (1983) JDI (Clunet) 293 (344).

1280 *JÄGER*, 98.

1281 *PAULSSON/RAWDING/REED/SCHWARTZ*, 24.

1282 Ähnlich: *REDFERN/HUNTER*, 22; *PAULSSON/RAWDING/REED/SCHWARTZ*, 24.

1283 Art. 39 Abs. 4 des Ägyptischen Schiedsverfahrensgesetzes versucht die Termini zu definieren: *„Le tribunal arbitral peut, si les deux parties l'ont autorisé expressement à statuer en amiable composition, trancher le fond du litige en appliquant les règles de la justice et de l'équité, sans être lié par les dispositions d'une loi."* (weitere Nachweise auf http://www.lexmercatoria.org).

sem geschichtlichen Hintergrund dort am ehesten akzeptiert. Weniger Akzeptanz ist allerdings in England zu erwarten, welches dieses Prinzip lange nicht kannte.

Gemein ist jedoch die Charakteristik der Billigkeitsentscheidung, nämlich dass der Billigkeitsschiedsrichter nicht an die Anwendung strikter Rechtsregeln, geschweige denn an ein nationales Recht, gebunden ist. Der Billigkeitsschiedsrichter kann vielmehr einen flexibleren Weg bei seiner Rechtsfindung beschreiten, insbesondere bei Fragen der Schadensberechnung und -bemessung, bei welchen er nicht an strenge Bemessungsregeln (eines nationalen Rechts) gebunden ist, sondern vielmehr im Rahmen der Fairness und Realitäten im internationalen Wirtschaftsverkehr einen, dem speziellen Sachverhalt gerecht werdenden Lösungsansatz, finden kann.

§ 12.4.2: Begrifflichkeiten

Im Folgenden sollen nun zunächst die unterschiedlichen Termini kurz angerissen werden, unter denen die Entscheidung nach Billigkeit behandelt wird und welche Besonderheiten ihnen anhaften.[1284]

Die Ansätze *amiable composition*, *ex aequo et bono* und *equity* sind selbst bei einem strengen Verständnis sehr ähnlich und damit leicht verwechselbar.

§ 12.4.2.1: Amiable composition

Ein *amiable compositeur* muss lediglich grundlegende, verfahrensrechtliche Prinzipien, das wenige zwingende materielle Recht oder den *ordre public* berücksichtigen und kann seine Entscheidung alleine auf sein Gerechtigkeitsempfinden stützen und „wirklich" nach Billigkeit entscheiden. Ebenso ist der *amiables compositeur* an die Vertragsbestimmungen gebunden und darf sie nicht neu schreiben, indem er z.B. den Parteien neue Vertragspflichten auferlegt, die sich dem Vertrag nicht durch Auslegung entnehmen lassen.[1285]

§ 12.4.2.2: Ex aequo et bono

Diese Klausel kam zunächst nur in Schiedsverfahren zwischen Staaten vor, ist aber nun ebenso in „privaten" Schiedsverfahren gebräuchlich.

1284 Zur Unterscheidung der Begrifflichkeiten: *HELLWIG*, Nationale und internationale Schiedsgerichtsbarkeit, RIW 1984, 421 (426 f.); *RUBINO-SAMMARTANO*, Amiable Compositeur (Joint Mandate to Settle) and Ex aequo et bono (Discretional Authority to Mitigate Strict Law) – Apparent Synonyms Revised, 9 (1992) J.Int'lArb. 5 ff.; *WENGLER*, Les principes généraux du droit en tant que loi du contrat, Rec.crit. 1982, 478 (479), letzterer unterscheidet die Entscheidung *ex aequo et bono*, als ein aus dem Recht raffiniertes Substrat und der Entscheidung als *amiable compositeur*, welcher seine Entscheidung losgelöst von jeglichen Normen fällt.

1285 *CRAIG/PARK/PAULSSON*, § 8.05; ausführlich hierzu später unter einer gesonderten Überschrift.

Im Falle der Entscheidung *ex aequo et bono* ist der Schiedsrichter dazu ermächtigt, die gesetzlichen Bestimmungen außer Acht zu lassen, sofern diese ihm unbillig oder ungerecht erscheinen. Im Gegensatz zur *amiable composition* wendet der Billigkeitsschiedsrichter hier jedoch zunächst ein Recht an. Im Endeffekt ist dies im Ergebnis der *amiable composition* jedoch ähnlich.[1286]

„The term 'ex aequo et bono' refers to certain moral and legal standards or to a higher sphere of justice. Therefore, the power to decide the case ex aequo et bono enables arbitrators to have more freedom to decide the dispute based on their own notions of justice."[1287]

§ 12.4.2.3: Equity

Das Prinzip der *equity*-Entscheidung ähnelt sehr start der Entscheidung *ex aequo et bono.*

„With respect to equity, although arbitrators are bound to apply law to decide disputes, by applying the concept of equity they may ignore any rules which appear to operate harshly."[1288]

§ 12.4.2.4: Zwischenergebnis

Sollte das Schiedsgericht der Ansicht sein, dass es eine Differenzierung bei diesen Begrifflichkeiten gibt, wird es sich bei einer Entscheidung *in equity* (*ex aequo et bono*) an ein Rechtssubstrat und damit Recht gebunden fühlen und nur ausnahmsweise hiervon abweichen, während sich der *amiables compositeur* von Beginn an von jeglichem Recht befreit sehen wird.

§ 12.4.2.5: Gleichlauf

Gemeinsam sind allen diesen Ansätzen, dass sie eine Entscheidung nicht aufgrund strikter rechtlicher Erfordernisse suchen, sondern vielmehr die Einzelfallgerechtigkeit in den Vordergrund stellen.

„[A]rbitrators are required to decide the dispute in light of general notions of fairness, equity, and justice."[1289]

In der Praxis gibt es jedoch keinen gravierenden Unterschied zwischen den Begrifflichkeiten *ex aequo et bono* und *amiable composition.*[1290] Vielmehr sind die Begriffe

1286 *Redfern/Hunter*, 24.
1287 *Yu*, 17 (2000) AI 79 (82).
1288 *Yu*, 17 (2000) AI 79 (82).
1289 *Yu*, 17 (2000) AI 79 (80).
1290 *Craig/Park/Paulsson*, § 8.05.

amiable composition und *ex aequo et bono* synonym zu sehen.[1291] Wollen die Parteien jedoch sichergehen, dass das Schiedsgericht aufgrund seines eigenen Gerechtigkeitsdenkens und damit losgelöst von jeglichem Recht urteilt, sollten sie auf den *amiables compositeur* Bezug nehmen.[1292]

„[M]ost authorities appear not to distinguish between the concepts of ex aequo et bono and amiable compositeur, although different legal systems may attach varying meanings to each."[1293]

§ 12.4.3: Resümee der Einleitung

Im Rahmen der Billigkeitsentscheidung in der internationalen Schiedsgerichtsbarkeit scheint der Begriff *amiable compositeur* der gebräuchlichere zu sein.

Der Billigkeitsschiedsrichter kann beispielsweise über folgende Musterklausel ermächtigt werden:

„The arbitrator shall be entitled to decide to equity and good conscience and shall not be obliged to follow the strict rules of law."[1294]

Hieraus wird deutlich, dass die Begriffe *amiable composition*, *ex aequo et bono* oder *in equity* nicht unbedingt in der Klausel auftauchen müssen. Vielmehr muss nur deutlich werden, dass die Parteien eine Entscheidung, losgelöst von jeglichem Recht, sei es national oder anational, wünschen.

„In the vast majority of cases *amiables compositeurs* do not intend to work out a compromise, but they feel bound to decide as it prescribed by the law; they see in the law a kind of *ratio scripta* and do not find any good reason for departing from its application in particular cases. The *amiable compositeur* is in fact a judge, but one who enjoys greater flexibility in adopting the solution which he regards as best, even though from a strictly legal point of view it may not be absolutely correct."[1295]

Der *amiables compositeur* hält sich ebenfalls zunächst an den Vertrag und versucht aus ihm heraus eine Lösung zu entwickeln.[1296]

1291 CRAIG/PARK/PAULSSON, § 18.01; ICC Schiedsspruch Nr. 4265 (1984); Nr. 4467 (1984); Nr. 6503 (1990).

1292 Ebenso: CRAIG/PARK/PAULSSON, § 8.05.

1293 CRAIG/PARK/PAULSSON, International Chamber of Commerce Arbitration² (New York 1990) 310.

1294 MUSTILL/BOYD, 74.

1295 DAVID, Rn. 355.

1296 Vgl.: LEW, 513; ICC Schiedsspruch Nr. 1780 (16.12.1970).

§ 12.5: Beschränkung und Richtliniengebungskompetenz

Die Ermächtigung zur Entscheidung nach Billigkeit kann auf einzelne Bereiche oder Posten beschränkt werden. Das heißt, in ihrer Ermächtigung können die Parteien spezifizieren, inwieweit das Schiedsgericht ermächtigt wird, d.h. inwiefern und inwieweit sie ihre Ermächtigung verstanden wissen wollen. Dies kann durch das Auferlegen bestimmter Richtlinien geschehen oder einfach nur durch die Bezugnahme auf eine *amiable composition*, wie sie in einem bestimmten Rechtssystem verstanden wird oder entwickelt wurde.[1297]

Unabhängig von den dem Schiedsgericht auferlegten Richtlinien und Direktiven, muss der Billigkeitsschiedsrichter kein anwendbares Rechtssystem suchen, geschweige denn zur Anwendung bringen.[1298] Dennoch verfahren Schiedsgerichte vereinzelt so, dass sie das anwendbare Recht feststellen[1299], ohne vorher an die Anwendung des Kollisionsrechts gebunden zu sein.[1300] Ebenso können sie ihre Entscheidung auf der so genannten *lex mercatoria* fußen lassen.[1301] Selbst wenn der Billigkeitsschiedsrichter ein Recht ausgewählt hat, kann er von diesem noch abweichen, z.B. indem er von den Beweisregeln abweicht oder er den Schaden anders als das Recht bemisst, wenn die strikte Anwendung des gewählten Rechts in diesem Fall zu einem unbilligen Ergebnis geführt hätte.[1302] Unter diesen, wenn auch sehr seltenen Umständen, mag es sogar sein, dass ein Billigkeitsschiedsrichter die einschlägigen Handelsbräuche außer Acht lassen darf, die im Allgemeinen gem. Art. 28 Abs. 4 ML desgleichen im Falle eines Billigkeitsschiedsspruches zu beachten wären.[1303]

§ 12.6: Geschichte

Der Grund, weshalb es nach wie vor den *amiables compositeur* in der Schiedsgerichtsbarkeit gibt, ist in seiner Historie begründet. Früher waren Entscheidungen nach billigem Ermessen die Regel, heute sind die eher die Ausnahme. Am Beginn der Schiedsgerichtsbarkeit wurde diese in erster Linie als Institution zur Schlichtung von Streitigkeiten angesehen. In Deutschland bspw. setzte sich erst in den sechziger Jahren die Auffassung

---

1297 UN Doc. A/CN.9/264, para. 9.

1298 *Roth*, Art. 28 Rn. 13; siehe aber: *Rüede/Hadenfeldt*, Schweizerisches Schiedsgerichtsrecht (Zürich 1980) 278 ff.

1299 Bspw.: ICC Schiedsspruch Nr. 5118; *David*, Rn. 335.

1300 Bspw.: ICC Schiedsspruch Nr. 3742 (1983).

1301 Bspw.: ICC Schiedsspruch Nr. 3540 (1980); *Rubino-Sammartano*, 273; *Berger*, IEA, 566 ff.

1302 Bspw.: ICC Schiedsspruch Nr. 5118; *Berger*, IEA, 570 m.w.N.; *Roth*, Art. 28 Rn. 13; *Jarvin*, Contemporary Problems, 50 (72).

1303 *Nöcker*, 147; *Berger*, IEA, 566 ff.

durch, dass Schiedsgerichte rechtsprechende Tätigkeit ausüben, welche ihre Bindung an das materielle Recht voraussetzt.[1304]

Die historischen Wurzeln dieser Rechtsfigur liegen im *amicabilis compositor* des kanonischen Rechts, der nicht streitentscheidend, sondern vermittelnd tätig war. Außerdem ist die Streitentscheidung *de Arbitrator* ohne Bindung an das strengere Prozessrecht und das materielle Recht (*ex aequo et bono*) in der zweiten Hälfte des 17. Jahrhunderts begründet.[1305]

§ 12.6.1: Frankreich

Die *amiable composition* ist ein in Frankreich entwickeltes Konzept, welches vor allem in *civil law* Ländern nun allgemein bekannt ist, nachdem das Konzept einem *civil law* entsprungen ist. Die *amiable composition* geht aus vom *Code Napoléon* sowie dem französischen Zivilprozessrecht von 1806 hervor.[1306] Die Figur der *amiable composition* kann in Frankreich gar bis zum 13. Jahrhundert zurückverfolgt werden, „*amiablis compositor*".[1307] Ziel war es, die Harmonie zwischen den Parteien wiederherzustellen und eine neue rechtliche Beziehung zwischen den Parteien zu etablieren.[1308] Bei heutigen Billigkeitsentscheidungen gilt nichts anderes.[1309]

§ 12.6.2: England

Einige Jurisdiktionen stellen traditionell die Gültigkeit der durch Billigkeitsschiedssprüche ergangenen Entscheidungen in Frage und erkennen eine „außergesetzliche Schiedsgerichtsbarkeit" (*extra-legal arbitration*)[1310] nicht an. Eine solche hat England in der Vergangenheit dargestellt.[1311]

In diesen Jurisdiktionen wird die Ermächtigung zur Entscheidung nach Billigkeit oftmals unter dem Terminus „*equity clause*" behandelt. Gerade die Anerkennung und Vollstreckung von Billigkeitsentscheidungen war in England ein Problem, nachdem traditio-

---

1304 Vgl.: LIONNET, Handbuch der internationalen und nationalen Schiedsgerichtsbarkeit² (Stuttgart 2001) 246.

1305 Vgl.: COING, Zur Entwicklung des Schiedsvertrages im Ius Commune, in: BAUMGÄRTEL (Hrsg.), Festschrift für HEINZ HÜBNER zum 70. Geburtstag am 7. November 1984 (Berlin 1984) 35 (40).

1306 CRAIG/PARK/PAULLSON, International Chamber of Commerce Arbitration² (New York 1991) 310.

1307 Mehr zur Geschichte bei: YU, 17 (2000) AI 79 (86 ff.) m.w.N.

1308 DAVID, Rn. 334 f.

1309 Ebenso: YU, 17 (2000) AI 79 (80).

1310 REDFERN/HUNTER, 23.

1311 Zur geschichtlichen Entwicklung in England, welches zunächst die *amiable composition* zuließ, dann ablehnte und dann wieder zuließ, auch: YU, 17 (2000) AI 79 (89 ff.) m.w.N.

nell *common law* Jurisdiktionen dieser Figur skeptisch gegenüber standen und teilweise noch stehen.

§ 12.6.2.1: Judikatur

In England war die Durchsetzbarkeit von Billigkeitsentscheidungen früher problematisch:

> „[I]t is the policy of law in this country that [...] arbitrators must in general apply a **fixed and recognizable system of law** [...] and that they cannot be allowed to apply some different criterion such as the view of the individual arbitrator or umpire on abstract justice or equitable principles."[1312]

Diese zentrale Entscheidung drückt allgemein die damalige Haltung in der englischen Judikatur aus.

§ 12.6.2.2: Literatur

Ebenso haben englische Autoren die Existenz und Möglichkeiten der Billigkeitsentscheidung harsch kritisiert.

> „[T]he concept of amiable composition is happily unknown to English law."[1313]

Meinungen gegen die *amiable composition*, wie sie vor allem unter englischen Rechtsgelehrten zu finden sind, sind historisch bedingt. Das System der *amiable composition* war dem englischen Recht lange Zeit zur Gänze fremd. Ihnen zufolge ist der *amiable compositeur* nur vergleichbar mit der *conciliation* und *mediation*, welche die Parteien auf ihrem Weg zu einer Kompromiss- und Vergleichsfindung „begleiten". Eine derartige Funktion ist ihnen zufolge widersprüchlich zur Aufgabe eines Schiedsrichters, welcher einen rechtswirksamen Schiedsspruch erlässt.

> „If the function of an *amiable compositeur* is merely to mediate and conciliate, then he is not an arbitrator. If his function includes the powers to impose a compromise settlement upon the parties as a binding decision which disregards the legal position, then he would equally not be acting as an arbitrator according to law, and his 'award' would risk being set aside."[1314]

1312 *Orion Compania Espanola de Seguros v. Belfort Maatschappij voor Algemene Verzekeringen* (1962) 2 Lloyd's L.Rep. 257 (264); vgl. demgegenüber aber: *Eagle Star Insurance Co. Ltd. v. Yuval Insurance Co. Ltd.* (1978), 1 Lloyd's L.Rep. 357; vgl. auch: *Gill*, United Kingdom, II (1977) YCA 90 (107); *Cohn*, The The Rules of Arbitration of the International Chamber of Commerce, 14 (1965) ICLQ 132 (156).

1313 Aussage von Prof. *E.J. Cohn*: *Cohn*, The Rules of Arbitration of the International Chamber of Commerce, 14 (1965) ICLQ 132 (156); ähnlich noch immer: *Mustill/Boyd*, 74 ff.; *Christie*, Amiable Composition in French and English Law, Arbitration 1992, 259 (377).

1314 *Kerr*, "Equity" Arbitration in England, 2 (1991) Am.Rev.Int'l Arb. 377 (383 f.).

Dieser Ansatz hatte durchaus seine Befürworter. *MANN* z.B. wollte das Recht, unabhängig wie unzureichend dies im konkreten Fall sein möge, immer dem persönlichen Gerechtigkeitsempfinden eines Schiedsrichters vorziehen.

> „[I]t is infinitely more dangerous to allow discretion to arbitrators than to compel parties to accept the law, its relative certainty, its authority and, above all, its non-discriminatory character. The law is rarely an instrument of oppression."[1315]

Sicher ist das gewachsene Recht (relativ) bestimmt, klar greifbar und in den allermeisten Fällen ein Ergebnis langjähriger Erfahrungen und Praxis. Dennoch ist dies kein Argument, die *amiable composition* auszuschließen. Es macht schließlich keinen Unterschied, wenn man Vertrauen hat, ob man dieses Vertrauen nun in ein Recht setzt oder das Urteilsvermögen eines Einzelnen, von dem man in diesem speziellen Sachverhalt mehr Sachnähe und Gerechtigkeit erwartet als von einem abstrakten Gesetz. Den Schiedsparteien ein solches Recht abzusprechen, hieße ihnen in gewissem Maße das Urteilsvermögen abzuerkennen und diese wie einen „Minderjährigen" zu behandeln, welcher aufgrund mangelnder Erfahrung noch keine eigenen Entscheidungen treffen kann. Die internationale Schiedsgerichtsbarkeit lebt gerade von dem besonderen Vertrauen, welches die Parteien in das Urteilsvermögen internationaler Schiedsrichter setzen und welches von ihnen meist höher bewertet wird, als das eines nationalen Richters.

§ 12.6.2.3: English Arbitration Act 1996

England kennt das Prinzip der Billigkeitsentscheidung noch immer nicht explizit, selbst der *English Arbitration Act 1996* umschifft diese Klippe geschickt.

Zwar kennt der *English Arbitration Act 1996* noch immer keinen Billigkeitsschiedsrichter im eigentlichen Sinne, doch hat der Gesetzgeber mit Art. 46 Abs. 1 einen für England großen Schritt in diese Richtung unternommen. England hat nun die Idee der Billigkeitsentscheidung zumindest aufgegriffen und lässt seine Schiedsrichter *„in accordance with such other considerations as are agreed [by the parties] or determined by the tribunal"* (§ 46.1 lit. b *English Arbitration Act 1996*) entscheiden. Der DAC Report[1316] unterstützt die Ansicht, dass der im Gesetz verwendete Terminus *„other considerations"* zum einen Billigkeitsklauseln (*equity clauses*) im Allgemeinen und die *amiable composition* im Speziellen umfasst.[1317]

Die Gründe, weshalb der *English Arbitration Act 1996* die Termini *amiable composition* oder *ex aequo et bono* nicht verwendet, werden wie folgt umschrieben:

1315 *MANN*, Lex Facit Arbitrum, in: *SANDERS* (Hrsg.), International Arbitration: Liber Amicorum for *MARTIN DOMKE* (The Hague 1967) 157 (176).

1316 Department Advisory Committee on Arbitration Law: Report on the Arbitration Bill, February 1996.

1317 DAC Report 1996, 223.

„[T]he expressions do not derive from English law or arbitration practice and it was felt inappropriate to incorporate them into the Act, all the more so since Latin and French phrases have been studiously avoided in the Act in the interests of simplicity and understandability."[1318]

Jedoch ist dies gerade aus Gründen der Einfachheit und Verständlichkeit zu bedauern. Die *amiable composition* und die Entscheidung *ex aequo et bono* sind in der internationalen Schiedsgerichtsbarkeit sehr gebräuchliche, anerkannte und damit verständliche Termini. Gerade aufgrund der ablehnenden Haltung englischer Gerichte dieser Streitentscheidungsform gegenüber, wäre es begrüßenswert gewesen, zur Klarstellung ebenso diese Termini in das Gesetz zu übernehmen, damit Gerichte keinen „Fluchtweg" bei der Anerkennung und Vollstreckung von auf *amiable composition* oder *ex aequo et bono* basierenden Entscheidungen zu lassen.

Trotz der Kritik kann jetzt davon ausgegangen werden, dass England die Billigkeitsentscheidung anerkennt.

§ 12.6.3: USA

Historisch bedingt hatte die Schiedsgerichtsbarkeit in den USA mit der Billigkeitsentscheidung einige Ähnlichkeit.[1319] Schiedsrichter waren nicht dazu angehalten, ihren Schiedsspruch offiziell zu begründen. Folglich waren ihre Schiedssprüche nicht aufgrund einer falschen Anwendung des Rechts oder der Fakten aufhebbar.

§ 12.7: Heute

Die *amiable composition* ist in der EU allgemein – und nun seit 1996 auch in England – anerkannt und gesetzlich verankert.[1320]

Rechtsgelehrte, die sich für das Konzept der *amiable composition* aussprechen, können in zwei Lager unterteilt werden:

Die eine Gruppe ist der Ansicht, dass der Billigkeitsschiedsrichter akzessorisch nach Billigkeitsgesichtspunkten entscheidet, also der strengen Auffassung von *ex aequo et bono* folgt. Das heißt eine solche Ermächtigung entbindet ihn nicht grundsätzlich von einer Rechtsentscheidung, sondern vielmehr werden Billigkeitsgesichtspunkte nur ergänzend herangezogen. Allem voran trifft der Billigkeitsschiedsrichter eine Rechtsentscheidung und erst, wenn diese nach Billigkeitsgesichtspunkten ungerecht erscheint, passt er diese Entscheidung im Rahmen einer Einzelfallgerechtigkeit an. Dieser Ansicht zufolge sollten sowohl internationales Recht als auch nationales Recht zur Entscheidungsfindung

1318 RUTHERFORD/SIMS, Arbitration Act 1996: A Practice Guide (London 1996) para. 46.5.
1319 BORN, 557.
1320 CHUKWUMERIJE, 121 m.w.N. zu einzelnen Ländern.

herangezogen werden. Weitergehend sollen gar die nationalen Rechte nur unbeachtlich sein, sofern diese gegen allgemeine Rechtsprinzipien verstoßen.

„[C]onsiderations of equity are applied in an *ex aequo et bono* decision not only to supplement the law, but also to overrule it, if the application of the law would cause an inequitable result."[1321]

Demgegenüber steht ein liberalerer Ansatz. Dessen Vertreter sind der Ansicht, dass dort, wo das Recht allgemeinen Rechtsprinzipien widerspricht, Billigkeitsschiedsrichter nur internationale Rechtsprinzipien beachten müssen. Mehr noch:

„[I]n the most extreme sense, an arbitrator is under no obligation to observe the rules of law."[1322]

Dieser Ansicht zufolge kann der Billigkeitsschiedsrichter seine Entscheidung alleine auf Grundlage seines Gerechtigkeits-, Fairness- und Billigkeitsempfindens treffen und insofern vom anwendbaren Recht abweichen, solange nicht der *ordre public* betroffen ist.

§ 12.8: Praxis

Gerade in *civil law* Ländern wird die *amiable composition* explizit anerkannt.[1323] Wie bereits dargelegt, erkennen viele Schiedsgerichtsordnungen die *amiable composition* explizit an. Die ICC ArbRules bspw. sehen bereits seit 1922 eine Billigkeitsentscheidung vor.[1324] Die meisten von ihnen beschränken den Schiedsrichter nur als *amiables compositeur* in den Fällen zu entscheiden, in denen er von den Parteien hierzu ermächtigt wurde. Einige fordern eine explizite Ermächtigung, andere lassen dies ebenfalls implizit zu.

Die Möglichkeit zur Entscheidung nach Billigkeit verliert im Rahmen der Schiedsgerichtsbarkeit immer mehr an Bedeutung.[1325] Dies ist vor allem auf die mangelnde Vorhersehbarkeit einer solchen Entscheidung zurückzuführen, die durch eine fortschreitende Verrechtlichung der internationalen Wirtschaftsbeziehungen noch verstärkt wird.[1326] Ein

---

1321 *HABICHT*, The The Power of the International Judge to Give a Decision "Ex Aequo Et Bono" (London 1935) 2.

1322 *MUSTILL/BOYD*, 77.

1323 *REDFERN/HUNTER*, 23, nennen hier bspw.: Argentinien, Brasilien, Chile, Ägypten, Frankreich, Irak, Libanon, Mexiko, Panama, Peru, Schweiz, Syrien, aber unter ihnen sind auch Deutschland, Schweiz, (nunmehr auch) England etc.

1324 Vgl.: *DERAINS/SCHWARTZ*, A Guide to the New ICC ArbRules of Arbitration (The Hague 1998) 226.

1325 *JÄGER*, 98; ähnlich: *BUCHER*, Rn. 319.

1326 *LIONNET*, Handbuch der internationalen und nationalen Schiedsgerichtsbarkeit² (Stuttgart 2001) 246 f.

weiterer Grund ist die umfangreiche Parteiautonomie, die schon früh ermöglicht, das Verfahren an den jeweiligen Einzelfall anzupassen.[1327]

§ 12.9: Bindung an das Recht

Vielfach fühlen sich die Schiedsrichter, trotz ihrer Ermächtigung zur Entscheidung nach Billigkeit, an das Recht als *ratio scripta* gebunden.[1328] Folglich machen Schiedsrichter häufig in der Praxis keinen Unterschied zwischen Rechts- und Billigkeitsentscheidungen.[1329]

> „In the vast majority of cases *amiable compositeurs* do not intend to work out a compromise, but they feel bound to decide as is prescribed by the law; they see in the law a kind of *ratio scripta* and do not find any good reason for departing from its application in particular cases. The *amiables compositeur* is in fact a judge, but one who enjoys greater flexibility in adopting the solution which he regards as best, even though from a strictly legal point of view it may not be absolutely correct."[1330]

Nach dem allgemeinen Verständnis ist das Schiedsgericht jedoch nicht an ein Recht gebunden, sondern kann ohne dessen Bestimmung und Anwendung aufgrund seiner eigenen Gerechtigkeitsmaßstäbe entscheiden. Die Begründung auf Basis eines Rechts dient vielmehr dazu, der unterlegenen Partei die Entscheidung möglichst allgemeingültig und verständlich darzulegen. Dies ist auf einer rechtlichen Grundlage sicherlich einfacher und anhand dieser Grundlage lassen sich unbillige Ergebnisse einfacher erklären, als wenn ein Schiedsrichter einfach behaupten würde, dass alles andere zu einem unbilligen Ergebnis geführt hätte.

> „As a matter of principle, the arbitral tribunal does not reject the view that an *amiable compositeur* may go beyond certain solutions deriving from the normally applicable legal rules, be they those of a municipal legal system or those of the new *lex mercatoria*."[1331]

1327 *BUCHER*, Rn. 319.

1328 *BREDIN*, L'Amiable Composition Et Le Contract, Rev.Arb. 1984, 259 (262); *EISEMANN*, FS *BÜLOW*, 59 (67); *DAVID*, Rn. 335; vgl. auch: ICC Schiedsspruch Nr. 3742.

1329 Bspw.: ICC Schiedsspruch (Teilschiedsspruch) 5118, 114 (1987) JDI (Clunet) 1027 (1028), „[...] die Befugnis, als amiable compositeur zu entscheiden, schließt es in keiner Weise aus, die Rechte der Parteien im Hinblick auf ein bestimmtes Rechtssystem zu bewerten."

1330 *DAVID*, Rn. 335.

1331 ICC Schiedsspruch Nr. 3267 (1984).

Gebräuchlich ist, dass das Schiedsgericht nur aufgrund einer ausdrücklichen Ermächtigung nach Billigkeit entscheiden kann.

Dennoch lassen sowohl das EuÜ als auch das schweizerische[1332] und niederländische[1333] Recht, im Gegensatz zu Art. 28 Abs. 3 ML[1334] und den UNCITRAL ArbRules, eine konkludente Einigung zur Ermächtigung der Billigkeitsentscheidung zu.[1335] *ZWEIGERT* und *VON HOFFMANN* meinen gar, dass angesichts der Ungeeignetheit nationalen Rechts für internationale *Joint-Venture* Verträge, Schiedsrichter ohne ausdrückliche Ermächtigung der Parteien ihren Sachentscheid weitgehend auf Billigkeitsgesichtspunkte stützen können.[1336] Berechtigte Bedenken äußert nicht nur *BERGER*.[1337] Liegt eine Rechtswahl durch die Parteien vor, so kann es sich dabei nur um eine in das anwendbare Recht eingebundene Billigkeitsentscheidung handeln, d.h. Billigkeitsgesichtspunkte sind nur dort erlaubt, wo das Gesetz einen solchen Spielraum zur Verfügung stellt. Liegt keine ausdrückliche Rechtswahl vor, so kann das Schiedsgericht an die *lex mercatoria* anknüpfen, ohne dadurch eine Billigkeitsentscheidung zu treffen, zu der es nicht beauftragt war, sofern das IPR eine derartige Rechtswahl zulässt.

Aus der Bestellung eines Nichtjuristen als Schiedsrichter kann noch nicht geschlossen werden, dass die Parteien auf eine Rechtsentscheidung keinen Wert legen.[1338]

Das Erfordernis der ausdrücklichen Ermächtigung und damit die restriktive Vorgehensweise, soll die Parteien vor unüberlegten Ermächtigungen bewahren, den Schutz der unerfahrenen Partei gewährleisten[1339] und zum anderen deutlich machen, dass eine auf Recht und Gesetz basierende Entscheidung die Regel und die Billigkeitsentscheidung die Ausnahme ist.

Die Ausdrücklichkeit der Ermächtigung ist vorherrschend in der internationalen Schiedsgerichtsbarkeit.[1340] Demgegenüber gibt es jedoch noch immer Schiedsgerichtsordnungen, die ohne ausdrückliche Ermächtigung eine derartige Befugnis dem Schiedsgericht einräumen.[1341]

1332 *LALIVE/POUDRET/REYMOND*, Art. 187 Rn. 22 a.E.

1333 *SANDERS/VAN DEN BERG*, The Netherlands Arbitration Act 1986 (Deventer 1987) Rn. 68.

1334 Vgl.: UN Doc. A/CN.9/264, Art. 28 para. 8; *GRANZOW*, 173.

1335 *BERGER*, 392; *CALAVROS*, 130; *HEIGL*, Das deutsche Schiedsverfahrensrecht von 1998 im Vergleich zum English Arbitration Act 1996 (Frankfurt am Main 2000) 146 [zukünftig zitiert als: *HEIGL*].

1336 *ZWEIGERT/VON HOFFMANN*, Zur internationalen Joint-Venture, in: *GLOSSNER* (Hrsg.), Festschrift für *MARTIN LUTHER* zum 70. Geburtstag am 13. Juli 1976 (München 1976) 203 (212).

1337 *BERGER*, 392 (Fn. 282).

1338 *SCHÜTZE/TSCHERNING/WAIS*, Handbuch des Schiedsverfahrens² (Berlin 1990) Rn. 587.

1339 Vgl.: UN Doc. A/CN.9/264, Art. 28 para. 8; *GRANZOW*, 173.

1340 Bspw.: Art. 28 Abs. 3 ML, Art. 33 Abs. 2 UNCITRAL ArbRules (1976), Art. 28 Abs. 3 AAA ArbRules (2003), Art. 59 Abs. 1 S. 5 WIPO ArbRules (2002) etc. pp.

1341 Bspw.: Art. 17 Abs. 3 ICC ArbRules (1998), Art. 42 Abs. 3 ICSID ArbRules (1984) und Art. 10.3 CPR ArbRules (1992), welche keine explizite Ermächtigung voraussetzen.

Gemäß Art. 22.4 LCIA ArbRules (1996) muss eine Ermächtigung nicht nur ausdrücklich, sondern weiterhin schriftlich erfolgen.

Zum Schutze der Parteien sollte allgemein eine ausdrückliche Ermächtigung eingefordert werden. Die umfangreichen Befugnisse, die ein Schiedsgericht hieraus ziehen kann, sollten nicht voreilig und überhastet zugänglich sein und wenn nur von den Parteien autorisiert werden können. Insofern bleibt es zu wünschen, dass zukünftige Übereinkommen, Gesetze und Schiedsgerichtsordnungen eine explizite Ermächtigung einfordern und Schiedsgerichte selbst bei der Möglichkeit der konkludenten Ermächtigung diese Vorschriften restriktiv im Sinne einer ausdrücklichen Ermächtigung auslegen.

§ 12.11: Verhältnisse

§ 12.11.1: Verhältnis der amiable composition *zur* lex mercatoria

Die früher in Deutschland herrschende Meinung zog aus der Ermächtigung zur Entscheidung nach Billigkeit und der damit verbundenen Entscheidungsbefugnis anhand einzelfallbezogener Gerechtigkeitsvorstellungen im Umkehrschluss (*e.contrario*), dass die Entscheidung nach den Grundsätzen der *lex mercatoria* ebenfalls eine Entscheidung nach Billigkeit erfordert.[1342] Gleiches gilt für das englische Recht, welches lange Zeit der *amiable composition* ablehnend gegenüber stand.[1343]

Jedoch ist diese Ansicht abzulehnen. Während das Schiedsgericht bei der Anwendung der *lex mercatoria* einen über seinen Einzelfall hinausgehenden allgemeinen Rechtssatz anwendet (selbst wenn dieser ausnahmsweise nicht seinen Gerechtigkeitsvorstellungen entspricht),[1344] kann sich das Schiedsgericht bei einer Billigkeitsentscheidung ganz auf die Besonderheiten des Einzelfalles einlassen und ist kraft Parteiermächtigung gar dazu verpflichtet. Konsequent sind beide Fälle streng voneinander zu trennen.[1345]

> „Eine Vermischung [der Billigkeits- mit der Rechtsentscheidung] würde den Tod der *lex mercatoria* bedeuten, bevor sie den Kinderschuhen entwachsen ist."[1346]

1342 *GOTTWALD*, FS *NAGEL* 54 (65); *VON BAR*, Internationales Privatrecht I, Allgemeine Lehren (München 1987) Rn. 113; *VON HOFFMANN*, „Lex mercatoria" vor internationalen Schiedsgerichten, IPRax 1984, 106 (107 f.); *VON HOFFMANN*, Die Novellierung des deutschen Schiedsverfahrensrechts von 1986, IPRax 1986, 337 (340); *TRIEBEL/PETZOLD*, Grenzen der lex mercatoria in der internationalen Schiedsgerichtsbarkeit, RIW/AWD 1988, 245 (249).

1343 *BOYD*, „Arbitrator not to be bound by the Law"-Clauses, 6 (1990) AI 122 (126 ff.).

1344 *MUSTILL*, The New Lex Mercatoria: The First Twenty-Five Years, 4 (1988) AI 86 (103); *LOWENFELD*, „Lex mercatoria: An Arbitrators View", 6 (1990) AI 133 (141): „Die *lex mercatoria* erlaubt [es dem Schiedsgericht] nicht, darüber nachzusinnen, was fair ist."

1345 Ebenso: *BERGER*, 395.

1346 *DASSER*, 209; ähnlich: *DERAINS* Anmerkungen zu ICC Schiedsspruch Nr. 3267; *BRAECKMANS*, Paralegale Normen En Lex Mercatoria, TvPr 1986, 1 (55); *EHRICKE*, Zur Einführung: Grund-

In der Praxis sind die Grenzen jedoch häufig fließend.[1347] Dies gilt insbesondere deshalb, weil sich der an das Recht gebundene Schiedsrichter bei der Wahl des anwendbaren Rechts – sei es eines nationalen oder eines anationalen Rechts – meist vom Ergebnis des Rechtsstreits und damit letztendlich doch von Billigkeitsgesichtspunkten leiten lässt.[1348] Umgekehrt gilt das gleiche, selbst wenn sich das Schiedsgericht einer Billigkeitsentscheidung unterwirft und seinen eigenen Gerechtigkeitsvorstellungen unterwirft, sind eben diese Gerechtigkeitsvorstellungen meist von allgemeinen Rechtsprinzipien seiner Heimatrechtsordnung geprägt und finden sich nicht zu selten in der *lex mercatoria* oder den allgemeinen Rechtsprinzipien wieder.

Einigen Autoren zufolge macht die häufige Verweisung des nationalen Rechts auf Billigkeitserwägungen eine Differenzierung zwischen Rechts- und Billigkeitsentscheidung überflüssig. *VAN DELDEN* hält die Unterscheidung von Rechts- und Billigkeitsentscheidungen – ausgehend vom niederländischen Recht – für einen überflüssigen Anachronismus, zumal desgleichen die staatlichen (niederländischen) Richter in zunehmendem Maße nach den Grundsätzen der Fairness und Billigkeit und häufig *contra* oder *extra legem* entscheiden können.[1349] In der Tat ist es so, dass den meisten nationalen Rechtsordnungen Einbruchstellen für Billigkeitsgesichtspunkte bekannt sind, die dann als „guter Glauben", als „Sittengesetz" etc. getarnt sind. Letztendlich handelt es sich hierbei jedoch ebenfalls um ein Billigkeitskorrektiv.

Beispielsweise verlängerte das Schiedsgericht im Fall *WINTERSHALL AG ET AL V. THE GOVERNMENT OF QATAR*,[1350] ohne zur Entscheidung nach Billigkeit ermächtigt worden zu sein, eine in dem zwischen den Parteien streitigen Konzessionsvertrag enthaltene Frist zur Aufgabe eines Ölfördergebiets, um der von ihm gegebenen Auslegung des Vertrages Geltung zu verschaffen. Das Schiedsgericht berief sich dabei auf eine Vorschrift des Rechts Qatar, wonach ein Vertrag „nicht nach seinen Buchstaben, sondern nach Recht, Brauch und Billigkeit" zu erfüllen ist.[1351] In dieser Vorschrift sah das Schiedsgericht einen Ansatzpunkt, eine dem Einzelfall gerecht werdende, angemessene und billige Vertragsinterpretation zu erreichen.[1352] Das Schiedsgericht ging dabei jedoch über eine bloße Ausle-

---

strukturen und Probleme der lex mercatoria, JuS 1990, 967 (969); *FOUCHARD*, Les usages, l'arbitre et le juge, in: *FOUCHARD/KAHN/LYON-CAEN* (Hrsg.), Études offertes à *BERTHOLD GOLDMAN* (Paris 1982) 67 (77); *MEZGER*, Verstoß gegen die öffentliche Ordnung bei Beurteilung ausländischer Schiedssprüche, NJW 1970, 368 (370); vgl. ebenso: Kantonsgericht Vaud, ASA Bull. 1986, 131 (136).

1347 So schon: *LEW*, 516.

1348 *BERGER*, 395.

1349 *VAN DEN BERG/VAN DELDEN/SNIJDERS*, Arbitragerecht (Zwolle 1988) 94 ff.; vgl. auch: *VAN DEN BERG*, An de Balie van het Schiedsgerecht, TvA 1984, 171 (199); *STEIN*, Compendium van het burgerlijk procesrecht[7] (Deventer 1987) 233 f.

1350 *WINTERSHALL AG ET AL V. THE GOVERNMENT OF QATAR*, 28 (1989) ILM 795.

1351 Basis ist das Recht von Qatar, Art. 49: „[A contract] shall not bind a contracting party to the contents thereof, but it shall also extend to all its requirements in compliance with law, usage and equity depending on the nature of the obligation."

1352 *WINTERSHALL AG ET AL V. THE GOVERNMENT OF QATAR*, 28 (1989) ILM 795 (823).

gung hinaus und veränderte in bedenklicher Weise die Pflichten der Parteien, selbst wenn dies im Einzelfall billig erschien. Die Schiedsrichter sahen diesen Passus als Basis ihrer Billigkeitsentscheidung. Genau hierin, d.h. in der durch eine Parteiermächtigung nicht legitimierten Vertragsergänzung[1353] durch die Schiedsrichter, liegt ein Grund für die Aufhebung des Schiedsspruches wegen Überschreitung ihres Auftrages.[1354]

Dem ist weiterhin die Natur der Billigkeitsentscheidung entgegen zu halten. Grundsätzlich ist die materiellrechtliche Ermächtigung zur Entscheidung nach Billigkeitserwägungen im nationalen Recht stets durch den Zweckgedanken der konkreten Ermächtigungsnorm gelenkt und gebunden.[1355] Es handelt sich also um ein „gebundenes Erkenntnisermessen".[1356] Die Billigkeitsentscheidung des staatlichen Richters ist damit stets in die Dogmatik und das Fallrecht der jeweiligen nationalen Rechtsordnung eingebettet. Demgegenüber kann der Billigkeitsschiedsrichter alleine aufgrund seiner Gerechtigkeitsvorstellungen entscheiden.[1357] Der Billigkeitsschiedsrichter ist zudem nicht verpflichtet, Grundsätze eines nationalen Rechts oder eines anationalen Rechts, wie der *lex mercatoria*, anzuwenden, wenn diese nicht seinen Gerechtigkeitsvorstellungen im konkreten Fall entsprechen.[1358]

1353 Zur Möglichkeit der Vertragsergänzung im Rahmen der Billigkeitsentscheidung später.

1354 Vgl.: *MEZGER*, La distinction entre l'arbitrage dispensé d'òbserver la règle de la loi et l'arbitrage statuant sans appel, in: *SANDERS* (Hrsg.), Liber Amicorum For *MARTIN DOMKE* (Den Haag 1967) 184 (190).

1355 Ebenso: *BERGER*, 396.

1356 *ESSER*, Wandlungen von Billigkeit und Billigkeitsrechtsprechung im modernen Privatrecht, in: *HÄBERLE/ESSER* (Hrsg.), Wege der Rechtsgewinnung, Ausgewählte Aufsätze (Tübingen 1990) 141 (158).

1357 Vgl.: *SCHULTSZ*, Legislation in the Netherlands and international arbitration, Mededelingen van de Nederlands Vereniging voor Internationaal Recht, No. 93, November 1986, 3 (19); *SANDERS*, Het nieuwe arbitragerecht (Deventer 1987) 137 f.; *DERAINS*, Anmerkungen zu ICC Schiedsspruch Nr. 3093/3100.

1358 Vgl.: *LALIVE/GAILLARD*, Le nouveau droit de l'arbitrage international en Suisse, 116 (1989) JDI (Clunet) 905 (948); *LALIVE/POUDRET/REYMOND*, Art. 187 Rn. 23; *MAYER*, L'autonomie de l'arbitrage international, Rec.Cours 1989-V 319 (398); *LOQUIN*, L'Amiable Composition en Droit Comparé et International (Paris 1980) 244 f.; *DERAINS*, Anm. zu ICC Schiedsspruch Nr. 3267; enger allerdings: *RÜEDE/HADENFELDT*, 278 f., wonach die Schiedsrichter grundsätzlich das Recht anzuwenden haben, weil zu vermuten ist, dass das geschriebene Recht auch billig sei; ähnlich: *COING*, Zur Entwicklung des Schiedsvertrages im Ius Commune, in: *BAUMGÄRTEL* (Hrsg.), Festschrift für *HEINZ HÜBNER* zum 70. Geburtstag am 7. November 1984 (Berlin 1984) 35 (46); missverständlich jedoch: *DAVID*, Rn. 335; *LEW*, 508; UN Doc. A/CN.9/SER.A/1976, 179, wonach die Entscheidung als *amiable compositeur* und *ex aequo et bono* nicht auf das materielle Recht eines bestimmten Landes, sondern auf allgemeine Rechtsgrundsätze und Handelsbräuche gestützt wird.

§ 12.11.1.1: Amiable composition versus lex mercatoria

Bedauerlicherweise verwechseln einige Autoren nach wie vor die *amiable composition* und die *lex mercatoria* oder werfen beide Ansätze in einen Topf.

> „Die Anwendung der *lex mercatoria* macht den Schiedsrichter zum *amiable compositeur.*“[1359]

Beide Begrifflichkeiten sind jedoch streng voneinander zu trennen, zumal ihnen unterschiedliche Inhalte immanent sind. Selbst wenn nach wie vor der genaue Inhalt dieser beiden rechtlichen Figuren unklar bleibt, kann der Unterschied zwischen ihnen recht leicht beschrieben werden. Die *amiable composition* betrifft das Schiedsverfahren selbst, während die *lex mercatoria* ein Gebilde an Rechten betrifft, die in Schiedsverfahren vereinbart werden können. Die *amiable composition* erfordert gerade keine auf einem materiellen Recht basierende Entscheidung des Schiedsgerichts allein unter Gesichtspunkten der Billigkeit und Gerechtigkeit. Die *lex mercatoria* ist ein – auf Billigkeits- und Gerechtigkeitsgedanken basierendes – Rechtsgebilde, welches sich im Laufe der Jahrzehnte herauskristallisiert hat. Es ist jedoch nicht in einem nationalen Rechtssystem beheimatet.[1360] Weiterhin ist es nicht nötig, das Schiedsgericht zu einer Billigkeitsentscheidung zu ermächtigen, um die Regeln der *lex mercatoria* angewandt wissen zu wollen.[1361]

§ 12.11.1.1.1: Lex mercatoria

Damit lässt sich wie folgt sagen, dass unter der *lex mercatoria* die Gewohnheiten und internationalen Handelsbräuche, einschließlich der Rechtsvorschriften, die fast allen Staaten bekannt sind, verstanden werden. Strittig ist noch immer, ob die *lex mercatoria* Rechtsvorschriften oder nur *„usages“* sind.[1362] Im Rahmen der *lex mercatoria* muss der Schieds-

---

1359 SCHÜTZE, Schiedsgericht und Schiedsverfahren³ (München 1999) Rn. 182; ebenso: TRIEBEL/PETZOLD, Grenzen der lex mercatoria in der internationalen Schiedsgerichtsbarkeit, RIW/AWD 1988, 245 ff.; SCHÜTZE/TSCHERNING/WAIS, Handbuch des Schiedsverfahrens² (Berlin 1990) Rn. 587, dieser nennt die *lex mercatoria* noch ein „Pseudonormengefüge“ und hat damit offensichtlich die Zeichen der Zeit nicht erkannt.

1360 CARBONNEAU, Resolving Transnational Disputes through International Arbitration (Charlottesville 1984) 134.

1361 GOLDMAN, The applicable law: general principles of law – the lex mercatoria, in: LEW (Hrsg.), Contemporary Problems in International Arbitration (London 1986) 113.

1362 Vgl.: GOLDMAN, Une bataille judiciare au tour de la le mercatoria (A legal battle around lex mercatoria), Rev.Arb. 1983, 378 ff.; GOLDMAN, La lex mercatoria dans les contrats et l'arbitrage internationaux: réalité et perspectives, 106 (1979) JDI (Clunet) 475 ff.; LOQUIN, 110 (1983) JDI (Clunet) 293 (337 f.); VON HOFFMANN, Grundsätzliches zur Anwendung der „lex mercatoria“ durch internationale Schiedsgerichte, in: MUSIELAK (Hrsg.), Festschrift für GERHARD KEGEL zum 75. Geburtstag (Stuttgart 1987) 215 ff.

richter diese zwingend beachten und darf sich nicht von Billigkeitserwägungen leiten lassen und diese nur im Rahmen der *lex mercatoria* berücksichtigen.[1363]

§ 12.11.1.1.2: Amiable composition

Im Gegensatz dazu ist die *amiable composition* der umfassendere Begriff. Im Rahmen der Billigkeitsentscheidung ist das Schiedsgericht gerade nicht an ein Recht gebunden und damit viel flexibler in seinen Erwägungen. Jedoch darf der Billigkeitsschiedsrichter durchaus im Rahmen seiner Billigkeitserwägungen die *lex mercatoria* anwenden. Die *amiable composition* impliziert damit regelmäßig die Zulässigkeit der *lex mercatoria.*[1364] Umgekehrt impliziert aber nicht die Vereinbarung der *lex mercatoria* die Ermächtigung zur Entscheidung nach Billigkeit.[1365]

> „*Prima facie* this clause relieves the arbitrator from the duty to refer to any rule of law; if it is construed in this way, it does not designate *lex mercatoria*, of which one does not intend to make a non-law, but a combination, even if incomplete, of rules of law. One must admit that the reference to equity or, under a different form, the task to decide *ex aequo et bono* must conduct the arbitrator, *amiable compositeur*, to take into account the general principles of law and the practices of international trade; in view of that the *amiable composition* clause may be treated as impliedly designating *lex mercatoria.*"[1366]

§ 12.11.1.2: Ergebnis

Es ist somit falsch zu behaupten, ein Schiedsgericht agiere als *amiables compositeur*, wenn es die *lex mercatoria* anwendet.[1367] Schiedsrichter müssen in der Regel des existente Recht anwenden und nicht ein solches, welches sie selbst entwickeln. Hierzu ist nur der *amiables compositeur* befugt. Folgerichtig bleibt nach den vorangegangenen Ausführungen festzuhalten, dass die Begriffe der *amiable composition* und der *lex mercatoria* streng voneinander zu trennen und vor allem nicht zu vermengen sind.

1363 *LANDO*, The Lex Mercatoria and International Commercial Arbitration, 34 (1985) ICLQ 747 (754 f.).

1364 *RUBINO-SAMMARTANO*, 273; *LANDO*, The Law Applicable to the Merits of the Dispute, in: *LEW* (Hrsg.), Contemporary Problems in International Arbitration (Dordrecht 1987) 101 (104, 110); *VON HOFFMANN*, Die Novellierung des deutschen Schiedsverfahrensrechts von 1986, IPRax 1986, 337 (340); *VON HOFFMANN*, Grundsätzliches zur Anwendung der „lex mercatoria" durch internationale Schiedsgerichte, in: *MUSIELAK* (Hrsg.), Festschrift für *GERHARD KEGEL* zum 75. Geburtstag (Stuttgart 1987) 215 (220); a.A. teilweise die Urväter des ML, vgl.: UN Doc. A/CN.9/216, para. 91.

1365 Vgl. auch: *NÖCKER*, 146.

1366 *GOLDMAN*, La lex mercatoria dans la contrat et l'arbitrage internationaux, 106 (1979) JDI (Clunet) 475.

1367 *CRAIG/PARK/PAULSSON*, § 8.05.

§ 12.12: Grenzen

§ 12.12.1: Einleitung

Verpflichtet die Ermächtigung zur Entscheidung nach Billigkeit das Schiedsgericht dazu, frei von Rechtsregeln zu entscheiden? Kann es jegliches Recht beiseite schieben oder außer Acht lassen? Nein! Kein Rechtssystem der Welt wird es sich nehmen lassen, Schiedssprüche nicht anzuerkennen, die sich nicht an grundlegende Prinzipien seiner Rechtsordnung halten. Der *amiables compositeur* ist lediglich nicht an die Striktheit der Rechtsregeln gebunden, kann diese aber durchaus anwenden, wenn ihm diese gerecht und billig erscheinen. Umgekehrt kann er sie außer Acht lassen, wenn er zum Ergebnis gelangt, dass die Rechtsvorschriften in diesem speziellen Fall zu unbilligen Ergebnissen führen würden.

Bevor eine Ermächtigung zur Entscheidung nach Billigkeit erteilt wird, sollten die Parteien sicherstellen, dass das Recht am vermeintlichen Sitz des Schiedsgerichts ein derartiges Vorgehen unterstützt und dass ein so ergangener Schiedsspruch durchsetzbar ist.[1368] Zumindest bei Staaten, die das ML rezipiert und den Art. 28 ML weitgehend unverändert übernommen haben, ergeben sich keine Probleme.

Die Freiheiten des *amiables compositeurs* sind weder unendlich, noch sollten sie es sein.[1369] Vor allem kann dem Schiedsgericht nicht mehr Macht zugesprochen werden, als den Parteien über die freie Rechtswahl. Folglich gilt: Über was sich nicht einmal die Parteien hinwegsetzen können, kann sich erst recht kein Schiedsgericht hinwegsetzen. Vielmehr ist desgleichen der Billigkeitsschiedsrichter in beschränktem Maße gebunden, bspw. an:

- den Parteiwillen,
- an die Gleichbehandlung der Parteien,[1370]
- das zwingende Recht (*mandatory provisions*) der *lex arbitri*,[1371]
- und zu guter Letzt an den *ordre public*.[1372]

Die Befugnis zur Entscheidung nach Billigkeit findet damit einmal mehr ihre vorrangigen Grenzen in der Parteiautonomie und damit im Parteiwillen sowie dem *ordre public*.

1368 *PAULSSON/RAWDING/REED/SCHWARTZ*, 24.

1369 Ebenso: *REDFERN/HUNTER*, 23; *PAULSSON/RAWDING/REED/SCHWARTZ*, 24.

1370 *REDFERN/HUNTER*, 23; letztendlich ergibt sich diese aus den Versagungsgründen der Anerkennung und Vollstreckung der NYC, diese ist allgemein akzeptiert und Schiedsgerichte sind gehalten, einen vollstreckbaren Schiedsspruch zu erlassen und sollten damit die wesentlichen Verfahrensprinzipien wie das rechtliche Gehör berücksichtigen, vgl. Art. V Abs. 1 lit. b NYC.

1371 *REDFERN/HUNTER*, 23.

1372 *REDFERN/HUNTER*, 23.

Handelsbräuche sind Ausdruck der Verkehrssitte und des Grundsatzes von Treu und Glauben, über die sich auch eine Billigkeitsentscheidung nicht hinweg setzen darf.[1373]

„[*Amiables compositeurs* are] not authorized to make a decision contrary to an absolutely constraining law, particularly the rules concerning public order or morals."[1374]

§ 12.12.2: Parteiwille

Trifft das Schiedsgericht ohne Ermächtigung durch die Parteien eine Billigkeits- statt einer gebotenen Rechtsentscheidung, ist der Schiedsspruch in der Folge aufgrund der Überscheitung der Ermächtigungsgrundlage der Schiedsvereinbarung aufhebbar.[1375] Aufhebungsgrund bei einer Entscheidung nach Billigkeit ohne Ermächtigung wäre z.B. Art. 34 Abs. 2 lit. a (iv) ML.[1376] Umgekehrt jedoch, erlässt das zur Entscheidung nach Billigkeit befugte Schiedsgericht eine Rechtsentscheidung, ist dieser Schiedsspruch nur äußerst ausnahmsweise aufhebbar, weil die aufgrund des geltenden Rechts sich ergebende Entscheidung nur in den seltensten Fällen unbillig ist.[1377]

Trifft das Schiedsgericht eine Entscheidung, ohne das von den Parteien bestimmte Recht anzuwenden, so stellt dies als Verfahrensfehler grundsätzlich einen Aufhebungsgrund dar (bspw. nach: Art. V Abs. 1 lit. d NYC). Hierbei ist zu unterscheiden, ob das Schiedsgericht zwar eine Rechtsentscheidung trifft, hierfür aber ein anderes, als das von den Parteien vereinbarte Recht anwendet, oder ob es völlig von der Vereinbarung durch die Parteien abweicht und eine Entscheidung nach Billigkeit trifft. Während die erste Alternative umstritten ist, wird bei der zweiten Alternative der Grundsatz der Bindung des Schiedsgerichts an das materielle Recht als Teil des *ordre public* angesehen.[1378] Hier wäre eine Aufhebung des Schiedsspruches also unumgänglich.[1379]

§ 12.12.3: Befugnis zur Vertragsanpassung?[1380]

Der Parteiwille äußert sich nicht nur in den seltenen Anweisungen zur Entscheidungsfindung, sondern vor allem in den einzelnen Vertragsklauseln.[1381] Das Schiedsgericht ist

1373 *KRONKE*, RIW 1998, 257 (263).
1374 ICC Schiedsspruch Nr. 1677 (1975).
1375 Vgl.: BGH RIW 1985, 972.
1376 Vgl. auch: *BERGER*, 392.
1377 *GEIMER*, IZPR, Rn. 3875.
1378 *LIONNET*, Handbuch der internationalen und nationalen Schiedsgerichtsbarkeit² (Stuttgart 2001) 245; *TRIEBEL/PETZOLD*, Grenzen der lex mercatoria in der internationalen Schiedsgerichtsbarkeit, RIW/AWD 1988, 245; *JÄGER*, 99.
1379 *BERGER*, 393.
1380 Weitere Ausführungen hierzu sind zu finden bei: *BERGER*, 398 ff. m.w.N.; *KRÖLL*, Ergänzung und Anpassung von Verträgen durch Schiedsgerichte (Köln 1998).
1381 *BERGER*, 398.

damit grundsätzlich an die vertraglichen Bestimmungen gebunden.[1382] Insbesondere *BREDIN* weist darauf hin, dass – gerade im sehr subjektiv gefärbten Bereich der Billigkeitsentscheidung – der Schiedsrichter in besonderem Maße an die Vertragsbestimmungen gebunden sei.[1383] Die Vertragsauslegung und die Anwendung der Grundsätze wie Treu und Glauben sind keine Ausnahme, sondern vielmehr eine Bestätigung dieser Ansicht.[1384] Im ML wird dies durch Art. 28 Abs. 4 ML klargestellt, der besagt, dass das Schiedsgericht „in allen Fällen" nach den Bestimmungen des Vertrages zu entscheiden hat.[1385] Nur wenn sich aus den besonderen Umständen des Vertragsschlusses und insbesondere aus der Natur des Rechtsgeschäftes ergibt, dass die Parteien im Zeitpunkt des Vertragsschlusses nicht alle maßgeblichen Umstände klar überblicken konnten, ist es zumindest nach kontinentaleuropäischer Auffassung gestattet, eine Ermächtigung zur Abweichung von den Vertragsbestimmungen anzunehmen.[1386] Darüber hinaus muss sich der Billigkeitsschiedsrichter dann über die Vertragsbestimmungen hinwegsetzen können, wenn die Berufung auf dieselben rechtsmissbräuchlich wäre.[1387] Dieses Verständnis ist jedoch nur schwer einzugrenzen und kann letztendlich zu einer Konterkarierung des Grundsatzes von *pacta sunt servanda* führen.[1388] Nach angelsächsischer Rechtstradition geht ein solcher Ansatz über die schiedsrichterlichen Befugnisse hinaus.[1389]

„[I]t is a generally accepted principle in international arbitration that the paramount duty of the arbitrator, even as 'amiable compositeur', is to apply the contract of the parties, unless it is shown

---

1382 ICC Schiedsspruch Nr. 3938; Nr. 3267; *BLESSING*, Schweiz II, 13 (71); *LALIVE*, The New Swiss Law on International Arbitration, AI 1988, 2 (15); *COING*, Zur Entwicklung des Schiedsvertrages im Ius Commune, in: *BAUMGÄRTEL* (Hrsg.), Festschrift für *HEINZ HÜBNER* zum 70. Geburtstag am 7. November 1984 (Berlin 1984) 35 (45); *GRANZOW*, 174; *RÜEDE/HADENFELDT*, 279; *SANDERS*, Het nieuwe arbitragerecht (Deventer 1987) 137 f.; *SCHULTSZ*, Legislation in the Netherlands and international arbitration, Mededelingen van de Nederlands Vereniging voor Internationaal Recht, No. 93, November 1986, 3 (18); *JARVIN*, Aus der Praxis des ICC Schiedsgerichtshofes, in: *BÖCKSTIEGEL* (Hrsg.), Recht und Praxis der Schiedsgerichtsbarkeit der internationalen Handelskammer (Köln 1986) 7 (36); *REDFERN/HUNTER*, 22.

1383 *BREDIN*, L'Amiable Composition Et Le Contract, Rev.Arb. 1984, 259 (267 f.); a.A.: *TOOPE*, 63; *LOQUIN*, L'Amiable Composition en Droit Comparé et International (Paris 1980) 344 f.; *MEZGER*, Rev.Arb. 1982, 214 ff.; *SCHLOSSER*, Rn. 750.

1384 *BERGER*, 398 f.

1385 *GAILLARD*, ICSID Rev. FILJ 1987, 424 (434 f.); vgl. auch: UN Doc. A/40/17, para. 241.

1386 *BERGER*, 399 m.w.N.

1387 ICC Schiedsspruch (Teilschiedsspruch) Nr. 3267, VII (1982) YCA 96 (105), Endschiedsspruch in derselben Sache, XII (1987) YCA 87 (93); zu weitgehend: *LOQUIN*, 110 (1983) JDI (Clunet) 293 (344 ff.); *DERAINS*, Anmerkungen zu ICC Schiedsspruch Nr. 3267.

1388 *BERGER*, 399 Fn. 324.

1389 *HORN*, Procedures Of Contract Adaption And Renegotiation In International Commerce, in: *HORN* (Hrsg.), Adaptation and Renegotiation of Contracts in International Trade and Finance (Deventer 1985) 173 (180 ff.).

that the provisions relied on are clearly against the true intent of the parties, or violate a basic commonly accepted principle of public policy."[1390]

Eine zentrale Frage, die sich bei der Billigkeitsentscheidung gerade bei Verfahren i.B.a. Langzeitverträgen stellt, sich aber ebenso bei anderen Problem stellen kann, ist die folgende:
Ist der Billigkeitsschiedsrichter befugt – im Namen der Billigkeit und Fairness – bestimmte Vertragsbestimmungen außer Acht zulassen und die Vertragsbestimmungen umzuschreiben? Nachdem der *amiables compositeur* zu einer Entscheidung berufen wurde, welche allem voran auf der Billigkeit und Fairness beruhen soll, könnte zumindest implizit eine Vereinbarung angenommen werden, diejenigen Vertragsbestimmungen beiseite zu schieben, welche gegen Fairness und Billigkeit zu verstoßen scheinen.

Insofern wird vertreten, dass, solange es nicht dem *ordre public* widerspricht, der *amiables compositeur* Vertragsbestimmungen abändern kann, sofern ihm dies angemessen erscheint.[1391] Gerade in Fällen von Langzeitverträgen sind die Parteien oftmals nicht in der Lage, alle möglichen Ereignisse und Eventualitäten während der Vertragslaufzeit zu überblicken und einzukalkulieren. In einer derartigen Situation soll es dem Billigkeitsschiedsgericht erlaubt sein, die Vertragsbestimmungen umzugestalten, ja mitunter gar neu zu gestalten, um das vertragliche Gleichgewicht wieder herzustellen.[1392] Somit soll die *amiable composition* das ideale Mittel darstellen, um bei unvorhergesehenen Ereignissen, den Vertrag an die geänderten Umstände anzupassen.[1393]

Beispielsweise wurde im Fall *SEEE v. The Popular Federative Republic of Jugoslavia*[1394] der Vertragspreis durch das Billigkeitsschiedsgericht an die neuen Gegebenheiten[1395] angepasst. Fraglich ist jedoch, ob „höhere Gewalt" nicht zum allgemeinen, unternehmerischen und vertraglichen Risiko gehört, welches die Parteien selber vertraglich absichern sollten. Inwieweit hier das Schiedsgericht zum Nachteil der einen und zum Vorteil der anderen Partei eingreifen darf und in welchen konkreten Fällen es überhaupt eingreifen darf, erscheint nur schwer abgrenzbar. Im Bereich des internationalen Warenverkehrs ist es durchaus üblich, sich gegen Kursschwankungen zu versichern. Unterlassen es die Parteien, ihre Risiken abzusichern, können sie nicht erwarten, dass ihre Fehler im

---

1390 ICC Schiedsspruch Nr. 3267 (1979).

1391 *Yu*, 17 (2000) AI 79 (82).

1392 *Berger*, 399; *Sandrock*, Jahrbuch Schiedsgerichtsbarkeit, 120 (131 ff.); *Schlosser*, Das Recht der internationalen privaten Schiedsgerichtsbarkeit² (Tübingen 1989) Rn. 751; *Funck-Brentano*, Die „Amiable Composition", in: *Böckstiegel* (Hrsg.), Schiedsgerichtsbarkeit in Frankreich (Köln 1983) 89 (96).

1393 *Mezger*, Rev.Arb. 1982, 214 ff.

1394 *SEEE v. The Popular Federative Republic of Jugoslavia*, 86 (1959) JDI (Clunet) 1075; in Auszügen zu finden bei: *Lew*, 510 ff.

1395 Konkret ging es um einen Vertrag, welcher vor dem 2. Weltkrieg abgeschlossen wurde und dadurch, dass die Bindung an die Goldreserven in Frankreich aufgegeben wurden, kam es zu einer Inflation des Vertragspreises in Franc.

Nachhinein von einem Billigkeitsschiedsrichter korrigiert werden, der nicht ausdrücklich zur Vertragsanpassung ermächtigt wurde.

Vertragsbestimmungen sind ebenso Ausdruck des Willens der Parteien, wie die Schiedsvereinbarung selbst und die durch sie erteilten Gewalten. Die Vertragsbestimmungen zeigen hierbei auf, wie die Parteien ihr Verhältnis zueinander verstanden wissen wollen. Die Schiedsvereinbarung zeigt demgegenüber auf, wie die Parteien ihr Verhältnis gegenüber dem Schiedsgericht sehen und welche Befugnisse dies hat. Insofern wäre es voreilig, über die Schiedsvereinbarung zumindest implizit die Möglichkeit herein zu lesen, dass das SchiedsgerichtVertragsbestimmungen *de facto* abändern darf. Hier gilt einmal mehr die Trennung der Schiedsabrede vom eigentlichen Vertrag. Beides sind getrennt voneinander zu behandelnde Materien.

Insofern ist es nur gerecht, wenn ein Billigkeitsschiedsrichter an die Vertragsbestimmungen gebunden ist[1396] und von diesen nicht abweichen darf, solange ihm durch die Parteien keine anders lautende Ermächtigung explizit erteilt wurde.[1397] Das Recht beinhaltet somit keinerlei Grundlage, auf die sich ein *amiable compositeur* stützen könnte, um einen Vertrag zu modifizieren.[1398] Unterstützung erfährt diese Ansicht durch den allgemeinen Grundsatz von *pacta sunt servanda*, welcher als Bestandteil eines transnationalen *ordre public* nicht zuletzt in Art. 28 Abs. 4 ML Niederschlag gefunden hat. Auch der allgemein anerkannte Grundsatz von Treu und Glauben stellt keine Ausnahme, sondern vielmehr eine Bestätigung dieser Ansicht dar.[1399] Folglich können zwar Billigkeitsschiedsrichter von dem nicht zwingenden Recht abweichen, sie sind jedoch in der Regel an den Vertragstext der Parteien gebunden und können diesen nicht im Wege ihrer Rechtssprechung umschreiben.

1396 Für eine grundsätzliche Bindung der Billigkeitsschiedsrichter an die Vertragsbestimmungen: ICC Schiedsspruch Nr. 3938; Nr. 3267; *BLESSING*, Schweiz II, 13 (71); *LALIVE*, The New Swiss Law on International Arbitration, AI 1988, 2 (15); *SANDERS*, Het nieuwe arbitragerecht (Deventer 1987) 137 f.; *GRANZOW*, 174; *COING*, Zur Entwicklung des Schiedsvertrages im Ius Commune, in: *BAUMGÄRTEL* (Hrsg.), Festschrift für *HEINZ HÜBNER* zum 70. Geburtstag am 7. November 1984 (Berlin 1984) 35 (45); *SCHULTZ*, Legislation in the Netherlands and international arbitration, Mededelingen van de Nederlands Vereniging voor Internationaal Recht, No. 93, November 1986, 3 (18); insbesondere *BREDIN* weist darauf hin, dass in der subjektiv gefärbten Billigkeitsentscheidung, die Bindung an den Vertrag hervorzuheben ist: *BREDIN*, L'Amiable Composition Et Le Contract, Rev.Arb. 1984, 259 (267 f.); a.A. allerdings: *SCHLOSSER*, Rn. 750; *TOOPE*, 63; *MEZGER*, Rev.Arb. 1982, 214 ff.

1397 Ähnlich: *CHUKWUMERIJE*, 120; *BERNINI*, Arbitration during the Process of Long Term Contracts, Arbitration 1977, 51 ff.; *BERNINI*, Giorgio, Adaption of Contracts, in: *SANDERS* (Hrsg.), New Trends in the Development of International Commercial Arbitration and the Role of Arbitral and other Institutions, ICCA Congress Series No. 1 (Antwerpen 1982) 193.

1398 *ROBERT/MOREAU*, L'arbitrage, droit interne, droit international privé[5] (Paris 1983) Nr. 165 ff.; *JARVIN*, Contemporary Problems, 50 (71).

1399 *BERGER*, 398 f.

Der Schiedsrichter kann also nicht ohne weiteres eine Vertragsanpassung vornehmen. Im niederländischen Recht ist die gesetzlich fixiert worden (vgl.: Art. 1020 Abs. 4 lit. c niederländischeZPO).

Zwar dürfen die Schiedsrichter den Vertrag nicht völlig neu gestalten, sie können jedoch aufgrund allgemeiner Rechtsprinzipien entstandene Konflikte durch Anpassung des Vertrages lösen,[1400] wenn dies dem im Vertrag klar erkennbaren Willen der Parteien entspricht.

„Although some legal writers have expressed the opinion that arbitrators sitting as 'amiables compositeurs' may disregard the provisions of the agreement between the parties, this view has not been accepted in international arbitration. On the contrary, it is a generally accepted principle in international arbitration that the paramount of duty of the arbitrator, even as 'amiable compositeur" is to apply the contract of the parties, unless it is shown that the provisions relied on are clearly against the true intent of the parties, or violate a basic commonly accepted principle of public policy [...] In the view of the Arbitral Tribunal this principle is a basic requirement for the security of international trade."[1401]

Die Ermächtigung zur Billigkeitsentscheidung bedeutet dementsprechend keine generelle Ermächtigung zur Lückenschließung durch den Schiedsrichter oder gar zur Anpassung von bestehenden Vertragsklauseln. Sofern eine solche Ermächtigung von den Parteien beabsichtigt war/ist, sollten sie dies explizit in ihren Schiedsvertrag oder Schiedsklausel mit aufnehmen oder anderweitig dem Schiedsgericht explizit zu erkennen geben.[1402] Auch der *amiable compositeur* hält sich zunächst an den Vertrag und versucht aus ihm heraus eine Lösung zu entwickeln.[1403] Eine weitergehende Vertragsanpassung oder -ergänzung über die Vereinbarungen der Parteien hinaus ist nur mit äußerster Vorsicht zu genießen und kann, wenn überhaupt, nur die absolute Ausnahme darstellen.

Sachgerecht ist eine Vertragsanpassung im Rahmen der *amiable composition* nach einer vermittelnden und zu begrüßenden Ansicht nur, wenn die Vertragsanpassung im Einklang mit dem Sinn und Zweck des Vertrages steht. Das heißt, wenn durch die Modifikation des Vertrages das Gleichgewicht des Vertrages, wie es von den Parteien in diesem zum Ausdruck gebracht wurde, aufrechterhalten werden soll.[1404] Eine Abänderung des Vertrages soll jedoch dann nicht möglich sein, wenn sie eine „Adaption" („*adaption*") des Vertrages darstellt, die nicht nur gegen dessen Wortlaut, sondern ebenso gegen den Geist

---

1400 *Gaillard*, ICSID Rev. FILJ 1987, 424 (434 f.).

1401 ICC Schiedsspruch Nr. 3267 (1982).

1402 Ähnlich: *Paulsson/Rawding/Reed/Schwartz*, 23.

1403 Vgl.: *Lew*, 513; ICC Schiedsspruch Nr. 1780 (16.12.1970).

1404 *Loquin*, L'Amiable Composition en Droit Comparé et International (Paris 1980) 271 ff.; *Loquin*, Le pouvoirs de l'amiable compositeur à propos de trois arrêts de la Cour d'Appel des Paris (The authority of amiables compoiteurs and 3 judgements of theParis Court of Appeal), Rev.Arb. 1985, 199 (202 ff.).

des Vertrages verstößt. Wenn somit das Überleben des Vertrages, unabhängig vom ursprünglichen Parteiwillen, um jeden Preis gesichert werden soll.[1405]

Somit bleibt einmal mehr herauszustellen, dass die Vertragsanpassung zwar im Rahmen der *amiables composition* möglich ist, aber nur mit äußerster Vorsicht und Sorgfalt angewandt werden darf und die absolute Ausnahme bleiben muss.

*§ 12.12.4: Verhältnis zum Verfahrensrecht (*lex arbitri*)*

Das Verhältnis der Ermächtigung zur Entscheidung nach Billigkeit zum Verfahrensrecht wurde bisher in der deutschen Literatur kaum diskutiert.[1406] Dies liegt wohl daran, dass in vielen Rechtsordnungen der Schiedsrichter – bei fehlender Parteivereinbarung – das anwendbare Verfahrensrecht selbst bestimmen kann.

Bei der Frage sind zwei Fallgruppen prinzipiell zu unterscheiden. Zum einen in den Fall, in welchem die Parteien ihr Verfahrensrecht vereinbart haben (bspw. gem. Art. 19 Abs. 1 ML). Innerhalb dieser Fallgruppe wird zum Teil angenommen, dass der Billigkeitsschiedsrichter an diese Vorschriften gebunden sei und diese beachten müsse.[1407] Hiergegen wird eingewandt, dass die Parteien das Schiedsgericht zur Entscheidung nach Billigkeit ermächtigt und ihm die Möglichkeit eingeräumt und die Freiheit zugestanden haben, von dem vereinbarten Verfahrensrecht abzuweichen.[1408] Für diese Ansicht spricht die Parteiautonomie in Art. 19 Abs. 1 ML, die die Verfahrensvorschriften – zu denen auch Art. 28 Abs. 3 ML zählt – dem Willen der Parteien unterstellt. Die Ermächtigung zur Entscheidung *ex aequo et bono* ermächtigt das Schiedsgericht dazu, von den parteivereinbarten Verfahrensregeln abzuweichen, wenn dies der Billigkeit des Schiedsgerichts entspricht. Es sei darauf hingewiesen, dass Art. 19 ML einzig und allein auf Verfahrensfragen beschränkt ist, die vom ML nicht oder nicht zwingend geregelt werden.

Zum anderen ist der Fall zu beachten, dass keine Parteivereinbarung bzgl. des anwendbaren Verfahrensrechts vorliegt und das Schiedsgericht selber die anwendbaren Verfahrensvorschriften bestimmt (bspw. nach Art. 19 Abs. 2 ML). Diese Ermächtigung ist lediglich durch wenige zwingende Vorschriften (des ML) begrenzt. Fraglich ist, ob das Schiedsgericht von diesen zwingenden Bestimmungen (wie z.B. der obligatorischen Begründung des Schiedsspruches gem. Art. 31 Abs. 2 ML) im Rahmen der *amiable composition* abweichen dürfte. Die Schiedsrichter müssen nicht alle zwingenden Vorschriften des ML beachten. Dies folgt schon daraus, dass nicht alle zwingenden Vorschriften des ML mit der Versagung der Anerkennung und Vollstreckung sanktioniert werden. Zu be-

---

1405 Dieser Ansicht schließt sich scheinbar die französische Rechtsprechung an: Cour d'appel de Paris: *Societe Intrafor Cofor et Subtec Middle East Co. v. Gagnant*, Rev.Arb. 1985, 299 (307); *Societe Langlois et Cie v. G.I.E. Taconet Mac Lean et Taconet*, Rev.Arb. 1985, 279 (282).

1406 So: *Nöcker*, 144; *Hußlein-Stich*, 150.

1407 *Bredin*, L'Amiable Composition Et Le Contract, Rev.Arb. 1984, 259 (263).

1408 *Derains*, Anmerkungen zu ICC Schiedsspruch Nr. 3327 (1981); *Nöcker*, 145.

achten hat der *amiable compositeur* jedoch jenes zwingende Recht, welches zum *ordre public* gehört.[1409] Viele der zwingenden Bestimmungen des ML sind zum Bestandteil des *ordre public* eines jeden Staates zu zählen, weil sie zum Grundsatz des rechtlichen Gehörs oder der Gleichbehandlung zu zählen sind, die allen modernen Rechtsordnungen immanent sind. Somit bleibt der Schiedsrichter in jedem Falle an die wesentlichen Verfahrensmaximen (der *lex arbitri*)[1410] gebunden.[1411]

Der Billigkeitsschiedsrichter ist folgerichtig bei der Verfahrensgestaltung ebenfalls freier gestellt.[1412]

§ 12.12.5: Verhältnis zum materiellen Recht / ordre public

Für den *amiables compositeur* des französischen Rechts liegen die Grenzen seiner Entscheidungsbefugnis bereits in den zwingenden Vorschriften des anwendbaren materiellen Rechts.[1413] Vereinzelt wird dies ebenso für das niederländische Recht vertreten.[1414]

Der an das Recht gebundene Schiedsrichter muss seine Entscheidung an den Maßstäben des internationalen *ordre public* messen lassen.[1415] Im Umkehrschluss muss hier gelten, dass der Billigkeitsschiedsrichter ebenso nur diesen weiten *ordre public* gegen sich gelten lassen muss.[1416] Lassen sich die Länder, in denen der Schiedsspruch anerkannt oder

---

1409 *JARVIN*, Contemporary Problems, 50 (72); *DERAINS*, Anmerkungen zu ICC Schiedsspruch Nr. 3327 (1981); *HUẞLEIN-STICH*, 151.

1410 *REDFERN/HUNTER*, 22.

1411 *DELAUME*, Law and Practice of Transnational Contracts (New York 1988) § 9.11; *LOQUIN*, L'Amiable Composition en Droit Comparé et International (Paris 1980) 194 ff.; *COING*, Zur Entwicklung des Schiedsvertrages im Ius Commune, in: *BAUMGÄRTEL* (Hrsg.), Festschrift für *HEINZ HÜBNER* zum 70. Geburtstag am 7. November 1984 (Berlin 1984) 35 (45).

1412 *JARVIN*, Contemporary Problems, 50 (72); *REDFERN/HUNTER*, 24; *LALIVE*, Le chapitre 12 de la Loi fédérale sur le droit international privé: L'arbitrage international, in: Le nouveau droit international privé suisse: Travaux des journées d'études organisées par le centre du droit de l'entreprise les 9 et 10 octobre 1987 à Lausanne (Lausanne 1988) 209 (223); a.A.: *BREDIN*, L'Amiable Composition Et Le Contract, Rev.Arb. 1984, 259 (263).

1413 Vgl.: *LOQUIN*, L'Amiable Composition en Droit Comparé et International (Paris 1980) 258 f.; *DERAINS*, Anm. zu ICC Schiedsspruch Nr. 3267; *JARVIN*, Contemporary Problems, 50 (71); kritisch jedoch: *BREDIN*, L'Amiable Composition Et Le Contract, Rev.Arb. 1984, 259 (266 ff.).

1414 *STEIN*, Compendium van het burgerlijk procesrecht[7] (Deventer 1987) 233.

1415 *BERGER*, 473 ff. m.w. N.

1416 BGE 107 Ib 63, 110 Ia 56 (57); *LALIVE/POUDRET/REYMOND*, Art. 187 Rn. 21; *TSCHANZ*, Le Nouveau Droit Suisse De L'Arbitrage International, RDAI 1988, 437 (448); *HUẞLEIN-STICH*, 150; *WENGER*, Die internationale Schiedsgerichtsbarkeit, Bas.Jur.Mitt. 1989, 337 (354); *LALIVE*, The New Swiss Law on International Arbitration, AI 1988, 2 (15); *SANDERS*, Het nieuwe arbitragerecht (Deventer 1987) 138 ff.; vgl. auch: UN Doc. A/CN.9/207, para. 90; *HERRMANN*, The UNCITRAL Model Law – its background, salient features and purposes 1 (1985) AI 6 (23); für den „einfachen" *ordre public* jedoch: *VOGEL*, Grundriss des Zivilprozessrechts (Bern 1984) 306; *RÜEDE/HADENFELDT*, 279; *REDFERN/HUNTER*, 23; *RAUH*, Die Schieds- und Schlichtungsordnung der UNCITRAL (Köln 1983) 139.

vollstreckt werden soll, im Moment der Entscheidungsfindung noch nicht absehen, so ist nur der *ordre public* anzuwenden.[1417]

Ein derartiges Vorgehen erscheint mit der – schon im Rahmen der Grenzen bei der Rechtswahl – geäußerten Kritik fraglich. Die Unterscheidung in einen *ordre public* und einen weiteren *ordre public international* erscheint nur in den Fällen sinnvoll, in denen für nationale wie internationale Verfahren unterschiedliche Rechtssysteme gelten, wie dies in Frankreich und der Schweiz der Fall ist. Dort wo dies der Fall ist, muss – in den hier zu behandelnden Fällen der Internationalen Handelsschiedsgerichtsbarkeit – in der Tat von einer Beschränkung durch den *ordre public international* ausgegangen werden. Dort jedoch wo ein einheitliches Recht das Schiedsverfahren leitet, muss von einem restriktiv zu verstehenden allgemeinen *ordre public* ausgegangen werden.

Fraglich ist damit aber dennoch bei Schiedsverfahrensgesetzen, die nationale und internationale Verfahren unterscheiden, welcher *ordre public* maßgeblich ist? Bei reinen Inlandsverfahren wäre auf den *ordre public interne* abzustellen, während demgegenüber bei internationalen Schiedsverfahren der *ordre public international* bestimmend ist. Übereinstimmung besteht in der Literatur darüber, dass sich der *ordre public international* aus dem anwendbaren Recht ergibt.[1418] Das ist zumindest der Fall, wenn die Parteien das anwendbare Recht einer bestimmten Rechtsordnung gewählt haben oder das Schiedsgericht das Recht (*law*) festgelegt hat. Probleme tauchen dort auf, wo die Parteien von den umfangreichen Wahlmöglichkeiten Gebrauch gemacht haben. Falls nicht die Rechtsvorschriften einer Rechtsordnung stark überwiegen, ist zur Bestimmung des *ordre public international* derjenige aller betroffenen Rechtsordnungen heranzuziehen, wobei deren übereinstimmende Regelungen zu beachten sind.[1419] Ein Abstellen auf den *ordre public international* am Sitz des Schiedsgerichts wird der Parteiautonomie nicht gerecht und sollte daher nur subsidiär erfolgen.[1420]

Teilweise wird vertreten, dass keine Bindung an geltende Rechtsgrundsätze bestehe und dass das Schiedsgericht losgelöst von jedweder Rechtsordnung rein nach Billigkeit entscheide.[1421] Diese Ansicht halten andere Autoren für nicht zutreffend.[1422] Das Schieds-

---

1417 *SANDROCK*, Jahrbuch Schiedsgerichtsbarkeit, 120 (131).

1418 *HERRMANN*, UNCITRAL's Work Towards a Model Law on International Commercial Arbitration, 4 (1983/84) Pace L.R. 537 (559); *NÖCKER*, 142; missverständlich: *HERRMANN*, The UNCITRAL Model Law – its background, salient features and purposes 1 (1985) AI 6 (23).

1419 *HUßLEIN-STICH*, 150; ähnlich: *NÖCKER*, 143.

1420 *HUßLEIN-STICH*, 150; vgl. auch: UN Doc. A/CN.9/207, para. 90; *DORE*, Arbitration and conciliation under the UNCITRAL Rules: A Textual Analysis (Dordrecht 1986) 123, 169.

1421 *SCHÜTZE/TSCHERNING/WAIS*, Handbuch des Schiedsverfahrens² (Berlin 1990) Rn. 586; *CALAVROS*, 130 f., der deshalb auch die Entscheidung des *amiables compositeurs* als „supranationalen" Schiedsspruch bezeichnet.

1422 *HUßLEIN-STICH*, 149.

gericht soll zwar nicht an alle Rechtsvorschriften gebunden sein,[1423] doch soll es im Rahmen seiner Entscheidung materielles Recht anwenden, welches vom Gleichbehandlungsgrundsatz geprägt ist und welches deswegen den Formalismus nationaler Rechtsordnungen überwinden kann.[1424]

Zunächst wird auch der Billigkeitsschiedsrichter versuchen, eine Entscheidung nach dem anwendbaren materiellen Recht zu fällen.[1425] Erst wenn ihm die gefundene Lösung „unbillig" erscheint, wird er sich von Billigkeitsgesichtspunkten leiten lassen.[1426]

Andererseits muss das Schiedsgericht – wie bereits dargelegt – bei seiner Entscheidung ferner zwingende Vorschriften des *ordre public* beachten.[1427]

Festzuhalten bleibt damit, dass der *amiables compositeur* den *ordre public* (*public policy*) zu beachten hat,[1428] und dieser muss ebenfalls den Parteien eine gleiche, unabhängige und unvoreingenommene Behandlung entgegenbringen.[1429] Dem Schiedsrichter kann nicht eine größere Freiheit zugestanden werden, als man dies den Parteien gewährt.

§ 12.13: Resümee

Abschließend bleibt somit festzuhalten: In der internationalen Handelsschiedsgerichtsbarkeit wird die Billigkeitsentscheidung meist als *amiable composition* oder Entscheidung *ex aequo et bono* bezeichnet, wobei die Begrifflichkeiten in der Regel synonym gebraucht werden, wie das ML klarstellt. Der gebräuchlichere Terminus scheint nach wie vor die *amiable composition* zu sein, die nach dem strengen Verständnis zugleich die umfassendere Ermächtigung des Schiedsgerichts darstellt.

Das Billigkeitsschiedsgericht ist in seiner Entscheidung generell nicht an das Recht oder an Rechtsvorschriften gebunden und kann anhand seines Judiz und seiner Wertmaßstäbe frei entscheiden, es sei denn, die Ermächtigung zur Entscheidung nach Billigkeit

---

1423 *SCHLOSSER*, Rn. 623; zustimmend: *HUßLEIN-STICH*, 149; a.A.: *VON HOFFMANN*, Grundsätzliches zur Anwendung der „lex mercatoria" durch internationale Schiedsgerichte, in: *MUSIELAK* (Hrsg.), Festschrift für *GERHARD KEGEL* zum 75. Geburtstag (Stuttgart 1987) 215 (227 f.).

1424 *GOLDMAN*, Intervention Symposium of 20 November 1970 on Qualification de l'arbitre international, Rev.Arb. 1970, 203 (215); zustimmend: *HUßLEIN-STICH*, 149.

1425 So: *HUßLEIN-STICH*, 149.

1426 *LOQUIN*, Rev.Arb. 1985, 199 (222); *BREDIN*, L'Amiable Composition Et Le Contract, Rev.Arb. 1984, 259 (271); so schon: *RIEDBERG*, Der amiable compositeur in internationalen privaten Schiedsgerichtsverfahren (Frankfurt am Main 1962) 29, unter Hinweis auf die ICC Definition, wonach Billigkeit im Schiedsverfahren eine besondere Art zu urteilen ist, nämlich unter Beachtung des Gesetzes, das nur dort angewendet werden und durch schiedsrichterliches Ermessen ergänzt werden darf, wo eine strenge Befolgung seiner Normen *in casu* zu einer ungerechten Entscheidung führen würde.

1427 *LOQUIN*, Rev.Arb. 1985, 199 ff.; *BREDIN*, L'Amiable Composition Et Le Contract, Rev.Arb. 1984, 259 (266); *HUßLEIN-STICH*, 150.

1428 Ebenso: *CRAIG/PARK/PAULSSON*, § 8.05, § 18.02; ICC Schiedsspruch Nr. 2694 (1977).

1429 *PAULSSON/RAWDING/REED/SCHWARTZ*, 24.

wurde gebunden erteilt. In derartigen Fällen sind die Billigkeitsschiedsrichter an den Rahmen oder die Grundsätze gebunden, die ihnen die Parteien mit auf den Weg gegeben haben. Die Ermächtigung zur Billigkeitsentscheidung befreit nicht von den zu beachtenden zwingenden Bestimmungen (*relevant mandatory provisions, ordre public*) des Rechts.[1430] Insofern gilt weitgehend auch das zu den allgemeinen Grenzen der Rechtswahl Gesagte.

So frei das Schiedsgericht im Rahmen der *amiable composition* auch sein mag, es ist nicht von der Bindung an die Vertragsvorschriften befreit und insofern generell nicht befugt, eine Vertragsanpassung oder gar -ergänzung vorzunehmen, es sei denn, es ist hierzu explizit von den Parteien ermächtigt worden. Vielmehr sollte in einem derartigen Fall nach wie vor der Weg über eine Nachverhandlung durch die Parteien gesucht oder der Weg über allgemeingültige Rechtsgrundsätze beschritten werden.

§ 12.14: UNCITRAL Modellgesetz

Art. 28 Abs. 3 ML:
The arbitral tribunal shall decide ex aequo et bono or as amiable compositeur only if the parties have expressly authorized it to do so.

§ 12.14.1: Einleitung

Art. 28 Abs. 3 ML wird als klassische und mit der Praxis übereinstimmende Lösung gefeiert.[1431] Die Annahme des ML würde auf diesem Gebiet Einheitlichkeit schaffen und die Bedeutung des Schiedsortes weiterhin erheblich reduzieren.[1432]

Nachdem diese Art des Schiedsverfahrens – wie oben dargelegt – nicht in allen Rechtsordnungen einheitlich benannt wird, erwähnt der Art. 28 Abs. 3 des ML zur Klarstellung sowohl den französischen wie lateinischen Terminus und geht von der synonymen Bedeutung aus.[1433]

> „No attempt is made in the Model Law to define this type of arbitration [*amiable composition*] which comes in various and often vague forms. It is submitted, however, that the parties may in their authorization provide some certainty, to the extent desired by them, either by referring to the kind of the amiable composition developed in a particular legal system or by laying down rules or guidelines and, for example, request a fair and equitable solution within the limits of the international public policy of their two States."[1434]

1430 *Chukwumerije*, 119.
1431 *Derains*, ICCA Congress Series No. 2, 169 (193).
1432 *Granzow*, 173.
1433 UN Doc. A/CN.9/232, para. 169; UN Doc. A/CN.9/SR.327, paras. 26 f. (ICCA, Chairman).
1434 UN Doc. A/CN.9/264, Art. 28 para. 9.

Im Vergleich zu Art. 7 Abs. 2 EuÜ stellt Art. 28 Abs. 3 ML, aufgrund der nun geforderten ausdrücklichen Ermächtigung, einen Rückschritt dar, der aber wegen der hervorgehobenen Stellung der Parteiautonomie gerechtfertigt ist.[1435]

§ 12.14.2: Entstehungsgeschichte[1436]

Auf der ersten Sitzung der Arbeitsgruppe wurde die Frage der Billigkeitsentscheidung von dem Gesichtspunkt angegangen, wie sie das Sekretariat vorgeschlagen hatte:

> „Should the model law recognize as binding on the arbitral tribunal an agreement by the parties that the case be decided *ex aequo et bono*? If so, should an attempt be made to define such mandate in the model law (e.g. '*amiables compositeurs*' must observe those mandatory provisions of the law regarded in the respective country as ensuring its *ordre public international*)?"[1437]

Gerade die Beantwortung der zweiten Frage stellte sich als besonders schwierig heraus. So war man sich innerhalb der Arbeitsgruppe einig, dass es praktisch unmöglich wäre, das Mandat eines Billigkeitsschiedsrichters und seiner Grenzen allgemeingültig zu definieren. Gerade die Begrifflichkeiten *ex aequo et bono* und *amiables compositeurs* würden differenziert betrachtet und erführen in den verschiedenen Jurisdiktionen eine andere Auslegung. Aus diesem Grund beschloss man deshalb zunächst, sich auf den von Art. 33 Abs. 2 UNCITRAL ArbRules gewählten Ansatz zu beschränken:[1438]

> „The arbitral tribunal shall decide as *amiable compositeur* or *ex aequo et bono* only if the parties had expressly authorized the arbitral tribunal to do so and if the law applicable to the arbitral procedure permits such arbitration."

Im Laufe der Beratungen der Bestimmung des Art. 28 Abs. 3 ML wurde des Weiteren vorgeschlagen, eine Bestimmung aufzunehmen, nach welcher die Schiedsrichter angehalten werden, bei der Billigkeitsentscheidung einen Schiedsspruch zu erlassen, bei dem sichergestellt ist, dass er in den Staaten mit einer signifikanten Verbindung zum Rechtsstreit vollstreckungsfähig ist.[1439] Eine derartige Bestimmung, welche eine Selbstverständlichkeit ausdrückt, konnte sich jedoch nicht durchsetzen.

Auf der zweiten Sitzung der Arbeitsgruppe wurde ein separater Artikel beschlossen, welcher später als ein weiterer Absatz in den Art. 28 ML aufgenommen wurde. Einziger substantieller Unterschied zu Art. 33 Abs. 2 UNCITRAL ArbRules war die Streichung der Passage, die bzgl. der Zulässigkeit der Billigkeitsentscheidung auf das anwendbare

---

1435 *HUßLEIN-STICH*, 149.

1436 Zur Entstehungsgeschichte des Art. 28 Abs. 3 ML, vgl.: UN Doc. A/CN.9/207 para. 90; UN Doc. A/CN.9/216, paras. 84 ff.; UN Doc. A/CN.9/232, paras. 168 ff.; UN Doc. A/CN.9/245, para. 100.

1437 UN Doc. A/CN.9/WG.II/WP.35, para. 13.

1438 UN Doc. A/CN.9/216, paras. 84 ff.

1439 UN Doc. A/CN.9/216, para. 86.

Prozessrecht verwies. Nachdem das ML gerade dieses Prozessrecht (die *lex arbitri*) darstellen sollte, war eine derartige Floskel obsolet. Die Arbeitsgruppe entschied sich dafür, diesen Artikel mit aufzunehmen, unabhängig davon, dass einige Staaten (damals) dieses Verfahren nicht unterstützten.[1440]

Auf den folgenden Sitzungen der Arbeitsgruppe und Kommission gab es bzgl. dieser Vorschrift keine weiteren Diskussionen.

Dem analytischen Kommentar des ML lassen sich die Gründe entnehmen, weshalb eine Vorschrift in das ML aufgenommen wurde, die nicht von allen Staaten anerkannt wird. So ist es gerade Sinn und Zweck des ML, denjenigen Stand in der internationalen Schiedsgerichtsbarkeit widerzuspiegeln, welcher sich international etabliert hat. Hierzu zählt die Billigkeitsentscheidung. Die Anerkennung einer Art der Schiedsgerichtsbarkeit, welche nicht allgemein anerkannt ist, soll des Weiteren kein Risiko für die Partei bedeuten, die ein derartiges Vorgehen nicht kennt, weil ein solches Vorgehen nur auf expliziten Wunsch beider Parteien erfolgt.[1441] Der analytische Kommentar offenbart weiterhin, dass es – aufgrund der Abwesenheit einer genaueren Definition – den Parteien überlassen bleibt, ihrer Autorisation zur Billigkeitsentscheidung mehr Sicherheit zu verleihen. Dies kann beispielsweise geschehen, indem sie auf die *amiable composition* oder die Entscheidung *ex aequo et bono* Bezug nehmen, wie sie in einem bestimmten Rechtssystem entwickelt wurden oder indem sie dem Billigkeitsschiedsgericht Regeln oder Richtlinien mit auf den Weg geben, wie z.B. eine faire und gerechte Lösung innerhalb des internationalen *ordre public* der beteiligten Staaten zu suchen.[1442]

Im Allgemeinen werden *civil law* Jurisdiktionen keine Bedenken haben, den Art. 28 Abs. 3 ML zu übernehmen.[1443] Die meisten[1444] ML rezipierenden Staaten haben Abs. 3 oder die Idee, die dahinter steckt, übernommen. Einige taten dies wörtlich und nahmen ebenso Bezug auf die *amiable composition* und *ex aequo et bono*, andere haben nur einen der beiden Termini übernommen[1445] und wieder andere nehmen Bezug auf „*justice and fairness*“[1446].[1447]

1440 UN Doc. A/CN.9/232, paras. 168 ff.

1441 UN Doc. A/CN.9./264, Art. 28 para. 8.

1442 UN Doc. A/CN.9./264, Art. 28 para. 9.

1443 *SANDERS*, Unity and Diversity in the Adoption of the Model Law, 11 (1995) AI 1 (18).

1444 Abgesehen von Bulgarien und Russland.

1445 Bspw. *amiable composition*: Oman, die auch eine Definition hierfür mit ins Gesetz aufgenommen haben; *ex aequo et bono*: Ungarn, Tunesien.

1446 Bspw.: Kenia und ähnlich auch Sri Lanka.

1447 Vgl. hierzu: *SANDERS*, Unity and Diversity in the Adoption of the Model Law, 11 (1995) AI 1 (18); *BINDER*, The UNCITRAL Model Law on International Commercial Arbitration: A Commentary and International Comparison of its Adoption (Dissertation Salzburg 1999) 212.

§ 12.14.3: Auslegung

Art. 28 Abs. 3 ML stellt einen weiteren Ausfluss der Parteiautonomie dar.[1448] Das ML geht mit der Aufnahme der Billigkeitsentscheidung über den bisherigen Standard hinaus. Vielen Rechtsordnungen war die Billigkeitsentscheidung noch fremd.[1449] Die Aufnahme wurde von den Vätern des ML damit begründet, dass man neuere Entwicklungen in der Schiedsgerichtsbarkeit fördern wolle.[1450]

Das ML verwendet die Begriffe *ex aequo et bono* und *amiable composition* synonym. Dies, zumal in der Praxis kaum zwischen den Begriffen differenziert wird. Ebendies wollten die Verfasser unter anderem damit klarstellen, dass sie im französischen und englischen Text diese Begriffe in Klammern setzten.[1451]

Das Modelgesetz sieht vor, dass der Schiedsrichter – sowohl bei einer Rechtsentscheidung als auch bei einer Billigkeitsentscheidung – in Übereinstimmung mit den Bestimmungen des Vertrages zu entscheiden hat, vgl. Art. 28 Abs. 4 ML.

Eine Ermächtigung zur Entscheidung nach Billigkeit kann – wie die Rechtswahl – bis zum Schiedsspruch erteilt werden. Nachdem es sich um einen Unterfall der Rechtswahl handelt, bei welchem die Parteien bis zum Abschluss des Verfahrens jederzeit ein Recht wählen können, kann hier nichts anderes gelten. Im deutschen Recht wird dies dennoch durch Anfügung eines Satzes klargestellt.[1452]

§ 12.14.3.1: Rahmen

Es ist möglich, dass die Parteien den Begriff der Billigkeitsentscheidung näher erläutern, konkretisieren und/oder einschränken.[1453] Insbesondere bleibt es den Parteien überlassen,

---

1448 *DORE*, Arbitration and conciliation under the UNCITRAL Rules: A Textual Analysis (Dordrecht 1986) 123.

1449 UN Doc. A/CN.9/232, para. 169; *BROCHES*, Art. 28 para. 32; *LANDO*, The Law Applicable to the Merits of the Dispute, in: *SARCEVIC* (Hrsg.), Essays on International Commercial Arbitration (London 1989) 129 (169).

1450 UN Doc. A/CN.9/264, Art. 28 para. 8.

1451 Vgl.: UN Doc. A/CN.9/SR.327, para. 26 (ICCA); kritisch: *NÖCKER*, 141; vgl. auch: *SANDROCK*, Jahrbuch Schiedsgerichtsbarkeit, 120 ff.; die Gleichsetzung der Begriffe *amiable composition* und *ex aequo et bono* macht deutlich: *DERAINS*, ICCA Congress Series No. 2, 169 (193 f.); *DERAINS/SCHWARTZ*, A Guide to the New ICC Rules of Arbitration (The Hague 1998) 226 f.; *HUßLEIN-STICH*, 148; *HOLTZMANN/NEUHAUS*, 770; demgegenüber weist *RUBINO-SAMMARTANO* auf die Unterschiede in den Begrifflichkeiten hin und plädiert für eine Differenzierung: *RUBINO-SAMMARTANO*, Amiable Compositeur (Joint Mandate to Settle) and Ex Bono et aequo (Discretional Authority to Mitigate Strict Law) – Apparent Synonyms Revised, 9 (1992) J.Int'lArb. 5 ff.; ablehnend: *SCHLOSSER*, Rn. 750.

1452 Vgl.: § 1051 Abs. 3 S. 2 dtZPO.

1453 *GRANZOW*, 173; UN Doc. A/CN.9/264, Art. 28 para. 9.

dem Schiedsgericht konkrete Maßstäbe (*guidelines*) für die Ausführung der Entscheidung vorzuschreiben.[1454]

§ 12.14.3.2: Ausdrückliche Ermächtigung

Zum Schutz der Parteien fordert Art. 28 Abs. 3 ML – in Einklang mit den UNCITRAL ArbRules (1976), den AAA ArbRules (2003) sowie den WIPO ArbRules (2002) etc. – eine „ausdrückliche“ Ermächtigung durch die Parteien ein.[1455] Hierin sehen einige Autoren eine ggü. dem EuÜ rückschrittliche Regelung.[1456] Art. 7 Abs. 2 EuÜ sieht noch vor, dass das Schiedsgericht nach Billigkeit entscheidet, wenn dies dem Willen der Parteien entspricht und wenn das für das Schiedsverfahren maßgebende Recht es gestattet. Es fällt sofort auf, dass Art. 7 Abs. 2 EuÜ nicht unbedingt eine ausdrückliche Ermächtigung zur Entscheidung nach Billigkeit verlangt.[1457] Vielmehr begnügt sich diese Vorschrift noch damit, dass es „dem Willen der Parteien entspricht“. Schlüssig kann eine Ermächtigung zur Billigkeitsentscheidung nach dem EuÜ konkludent erfolgen oder wenn dies „nach Erforschung des wahren Willens der Parteien erwünscht ist.“[1458] Aus den Materialien zum ML lässt sich nicht entnehmen, ob es für dieses Abweichen vom Vorbild des EuÜ einen besonderen Anlass gab. Die Urväter des ML wollten mit dem Erfordernis der ausdrücklichen Parteiermächtigung offenbar betonen, dass die Billigkeitsentscheidung nach dem ML eine Ausnahme bleiben soll.[1459] Insbesondere soll aber die „ausdrückliche“ Ermächtigung zum Schutze der unerfahrenen Partei dienen.[1460] Folgerichtig kennt das ML keine konkludente Ermächtigung, wie sie im niederländischen[1461] und schweizerischen[1462] Recht in Betracht kommen.[1463]

§ 12.14.4: Grenzen

Um einen durchsetzbaren Schiedsspruch zu erlassen, sollten Schiedsgerichte nicht ihre Grenzen überschreiten und insofern den *ordre public* der *lex arbitri* und der vermeintli-

1454 UN Doc. A/CN.9/264, Art. 28 para. 9.
1455 *Granzow*, 173.
1456 *Calavros*, 130.
1457 A.A. wohl: *von Hoffmann*, 120.
1458 *Schlosser*, Rn. 622 m.w.N.; vgl. auch: *Kessler*, Die Bindung des Schiedsgerichts an das materielle Recht (Köln 1964) 53 ff.; *Calavros*, 130.
1459 UN Doc. A/CN.9/232, para. 170; ebenso: *Calavros*, 130; *Zerbe*, 220.
1460 Vgl.: UN Doc. A/CN.9/264, Art. 28 para. 8; *Granzow*, 173; *Broches*, Art. 28 para. 33; *Hußlein-Stich*, 148; *Zerbe*, 219.
1461 *Sanders/van den Berg*, The Netherlands Arbitration Act 1986 (Deventer 1987) Anm. 68.
1462 *Lalive/Poudret/Reymond*, Art. 187 Anm. 22 a.E.
1463 Auch einige Schiedsgerichtsordnungen wie bspw. Art. 17 Abs. 3 ICC ArbRules (1998), Art. 42 Abs. 3 ICSID ArbRules (1984) und Art. 10.3 CPR ArbRules (1992) setzen keine explizite Ermächtigung voraus.

chen Staaten, in denen Vollstreckt werden soll[1464] sowie die grundlegenden Verfahrensprinzipien des Art. 18 ML, also der *lex arbitri*, beachten.[1465]

§ 12.14.5: Schlussfolgerungen

Unter den Staaten, die das ML übernommen haben, haben die meisten die Ermächtigung zur Entscheidung nach Billigkeit mit übernommen, abgesehen von Bulgarien und Russland.[1466] Die Skepsis dieser Staaten mag in dem Unbehagen früherer kommunistischer Staaten gegenüber zu starker Liberalisierung begründet sein, die nicht gänzlich auf ihren nationalen Zwang verzichten möchten.[1467] Demgegenüber haben aber ehemals kommunistische Staaten, wie Litauen und die Ukraine, den Art. 28 Abs. 3 in vollem Umfang übernommen.

„We can foresee that the practioners from the jurisdictions who are not familiar with this concept will unavoidably experience the same learning curve as their English colleagues did, in the light of the way which 'amiable composition' is being applied by international arbitrators and perceived by leading arbitration countries."[1468]

Das Prinzip der Entscheidung nach Billigkeit ruft nach wie vor einige Skepsis hervor:

„[Die Billigkeitsentscheidung] kann eine Einladung zu oberflächlicher und unpräziser Arbeit darstellen."[1469]

Diese Ansicht eines Pessimisten, dem das Vertrauen fehlt, ist abzulehnen.

Einige Autoren weisen zwar zu Recht darauf hin, dass das Schiedsgericht „richtig" und nicht „billig" entscheiden soll, ziehen hieraus jedoch die falschen Schlüsse und lehnen die Billigkeitsentscheidung generell ab.[1470] Vielmehr ist jedoch aus der Aussage der Schluss zu ziehen, dass es im Rahmen der Billigkeitsentscheidung den Parteien gerade um die „richtige" Entscheidung geht und damit um Einzelfallgerechtigkeit.

In besonders gelagerten Fällen kann die Billigkeitsentscheidung zu sachgerechteren Ergebnissen führen, als wenn das Schiedsgericht an ein starres Recht gebunden ist. Dies

1464 UN Doc. A/CN.9/207 para. 90; UN Doc. A/CN.9/216, para. 86; *Hußlein-Stich*, 150; *Berger*, IEA, 574 ff. m.w.N.

1465 *Loquin*, L'Amiable Composition en Droit Comparé et International (Paris 1980) 194 ff.; *Delaume*, Law and Practice of Transnational Contracts (New York 1988) § 9.11; *Berger*, IEA, 572.

1466 Vgl.: *Sanders*, The Work of UNCITRAL on Arbitration and Conciliation (The Hague 2001) 48.

1467 Vgl.: *Leloczky*, East-West Arbitration – A Practitioner's Viewpoint from Hungary, 4 (1988) AI 266 ff.

1468 *Yu*, 17 (2000) AI 79 (98).

1469 *Lachmann*, Handbuch für die Schiedspraxis (Köln 1998) Rn. 162.

1470 Die „gefühlsbestimmte Entscheidung" sehen u.a. als Problem: *Glossner/Bredow/Bühler*, Das Schiedsgericht in der Praxis[3] (Heidelberg 1990) Rn. 105.

ist insbesondere dann der Fall, wenn die Entscheidung des Rechtsstreits von Fragen abhängt, die im anwendbaren Recht nur mit „ja“ oder „nein“ beantwortet werden können, der Sachverhalt jedoch einen flexibleren Ansatz erfordert, um gerecht zu sein.[1471]

> „Wenn das Schiedsgericht die Ermächtigung zur Billigkeitsentscheidung nicht als Dispens von präziser Arbeit, sondern dahin versteht, den Fall zunächst rechtlich zu durchdringen, um erst dann – auf der nächsten Stufe – Billigkeitserwägungen anzustellen, werden flexiblere und damit gerechtere Regelungen ermöglicht.“[1472]

Schiedsparteien, die eine Entscheidung *ex aequo et bono* oder *amiable composition* favorisieren, ist zu raten, dass sie vor einer Vereinbarung sicherstellen, dass ein derartig ergangener Schiedsspruch nicht nur zulässig, sondern in den betreffenden Staaten durchsetzbar ist und ihm in den Vollstreckungsstaaten keine Vollstreckungshindernisse entgegenstehen.

> „Amiable composition is not an appeal to pure equity, but an *amiable compositeur* should generally decide in accordance with the law, making moderate and circumspect use of their equitable powers and giving reasons for so doing.“[1473]

§ 13: Berücksichtigung der Vertragsklauseln und Handelsbräuche

Art. 28 Abs. 4 ML
In all cases, the arbitral tribunal shall decide in accordance with the terms of the contract and shall take into account the usages of the trade applicable to the transaction.

§ 13.1: Einleitung

Nachdem es sich bei diesem Aspekt um einen recht kleinen Ausschnitt handelt, welcher international kaum verschiedene Strömungen hervorgebracht hat, soll hier ausnahmsweise direkt vom ML ausgegangen werden, und die wenigen abweichenden Strömungen sollen anhand des ML dargelegt werden.

Schiedsrichter räumen der internationalen Wirtschaftspraxis und den internationalen Handelsbräuchen seit jeher eine besondere Bedeutung ein.[1474] Vertragserfüllung und die Interpretation des eigentlichen Willens der Parteien hängen nicht selten von den jeweiligen Handelsbräuchen der Branche ab.[1475] Vielmehr noch ist die Bezugnahme auf Handelsbräuche als ein Hilfsmittel zur Interpretation von Vertragsklauseln ein fester Bestand-

---

1471 Vgl.: LACHMANN, Handbuch für die Schiedspraxis (Köln 1998) Rn. 162.
1472 LACHMANN, Handbuch für die Schiedspraxis (Köln 1998) Rn. 162.
1473 DAVID, Rn. 335 f.
1474 Bspw: ICC Schiedsspruch Nr. 2375.
1475 So schon: LEW, 465.

teil vieler Rechtssysteme:[1476] Ebenso verweisen die *UNIDROIT Principles* (explizit) auf internationale Handelsbräuche bei der Vertragsinterpretation.[1477]

§ 13.1.1: Handelsbräuche

Handelsbräuche erfüllen im modernen internationalen Waren- und Wirtschaftsverkehr weitgehend die Funktion der *lex causae*.[1478]

Internationale Organisationen, wie die ICC, haben den erfolgreichen Versuch unternommen, eine allgemeine Interpretation für häufig im internationalen Handel verwendete Termini einzuführen. Termini wie bspw. „*EXW*", „*CIF*" und „*FOB*" sollen demnach international einheitlich begriffen werden und damit einheitlich bestimmte Rechte und Pflichten für die beteiligten Parteien gewährleisten. Das Verständnis dieser Termini und das Ausmaß der Rechte und Pflichten lässt sich einheitlich einer ICC Broschüre entnehmen, den so genannten INCOTERMS (*International Rules for the Interpretation of Trade Terms*). Die ICC INCOTERMS sind international allgemein anerkannt und ein typisches Beispiel „kodifizierter" Handelsbräuche.[1479]

Ähnliches beabsichtigt der UCP (*Uniform Customs and Practice for Documentary Credits*) der ICC, welcher schon 1933 begründet wurde und sich als sehr wertvoll erwiesen hat für die Interpretation dieser wichtigen Klauseln. Unterstützung erfährt dieses Papier durch die ICC *Rules for Documentary Credit Expertise*, welche auf die schnelle und verlässliche Lösung von Bankenstreitigkeiten bei der Anwendung des UCP abzielt.

Um ein Beispiel auf einem anderen Gebiet wirtschaftlicher Tätigkeit zu nennen, sei hier beispielhaft noch die FIDIC[1480] erwähnt; sie bietet bspw. die *FIDIC Guidelines for ad hoc agreements between consulting firms* (1995) an.

Dieses sind nur einige wenige Beispiele kodifizierter Handelbräuche. Auch wenn Handelsbräuche nur selten kodifiziert sind, ist ihre Existenz jedoch meist gut bekannt und

1476 Ebenso: PAULSSON/RAWDING/REED/SCHWARTZ, 22; vgl. bspw.: Übereinkommen: Art. VII Abs. 1 S. 3 EuÜ; Gesetze: Art. 1054 Abs. 4 niederländCPC, Art. 1496 Abs. 2 franzNCPC, Art. 834 Abs. 2 italZPO; Schiedsgerichtsordnungen: Art. 33 Abs. 3 UNCITRAL ArbRules (1976), Art. 17 Abs. 2 ICC ArbRules (1998), Art. 13 Abs. 5 ICC ArbRules (1975), Art. 28 Abs. 2 AAA ArbRules (2003), Art. 23.4 DIS ArbRules (1998), Art. 47 NAI ArbRules (2001), Art. 59 (a) S. 4 WIPO ArbRules (2002) etc. pp.

1477 Art 1.8 UNIDROIT Principles 1994.

1478 *HORN*, Uniformity and Diversity in the Law of International Commercial Contracts, in: *HORN* (Hrsg.), The Transnational Law of International Commercial Transactions (Antwerpen 1982) 3 (15); *GOLDSTAJN*, Usages Of Trade And Other Autonomous Rules Of International Trade According To The UN (1980) Convention, in: *VOLKEN/SARCEVIC* (Hrsg.), International Sale of Goods, Dubrovnik Lectures (New York 1986) 55 (97); *VON HOFFMANN*, 127.

1479 *BERGER*, 401.

1480 „International Federation of Consulting Engineers", das Akronym bezieht sich auf die französische Übersetzung.

die Bräuche haben sich über die Jahre hinweg durch die Praxis entwickelt.[1481] Die Teilnehmer des internationalen Wirtschaftsverkehrs kennen die Bräuche ihrer Branche, gehen von deren Anwendbarkeit und automatisch von deren Anwendung in ihrem konkreten Fall aus.[1482] Parteien diskutieren Handelsbräuche und deren Anwendbarkeit nur äußerst selten oder nehmen diese gar explizit in ihren Vertrag auf, vielmehr nehmen sie diese einfach hin.

Handelsbräuche sind Ausdruck der Verkehrssitte und des Grundsatzes von Treu und Glauben, über die sich selbst eine Billigkeitsentscheidung nicht hinwegsetzen darf.[1483]

Handelsbräuche sind eine Quelle der *lex mercatoria*.[1484]

Internationale Handelsbräuche unterscheiden sich jedoch stark nach dem jeweiligen Vertragsgegenstand oder der jeweiligen Vertragsart.[1485]

§ 13.1.2: Vertragsbestimmungen

Dass das Schiedsgericht die Vertragsbestimmungen zu beachten hat, bedarf keiner besonderen Erwähnung. Im Gegenteil, ohne diesen ausdrücklichen Hinweis geht es bereits in einem Großteil der internationalen Schiedsverfahren allein um die Auslegung des Vertrages, ohne dass es auf die Frage des anwendbaren Rechts ankäme.[1486] Mehr noch folgt die vorrangige Beachtung der Bestimmungen des Vertrages schon aus dem alles überschattenden Grundsatz der Parteiautonomie. Will man ihr Geltung verschaffen, so muss den Parteivereinbarungen umfangreich Rechnung getragen werden.

§ 13.2: Modellgesetz

§ 13.2.1: Einleitung

Gemäß Art. 28 Abs. 4 ML hat das Schiedsgericht im Rahmen seiner Entscheidung in allen Fällen in Übereinstimmung mit den Vertragsbestimmungen zu entscheiden und die auf den Vertrag anwendbaren Handelsbräuche zu berücksichtigen.
Insgesamt ist die Bedeutung des Abs. 4 gering.[1487]

1481 So schon: *LEW*, 465.
1482 So schon: *LEW*, 465.
1483 *KRONKE*, RIW 1998, 257 (263).
1484 So schon: *LEW*, 465.
1485 Eine genaue Auflistung im Rahmen dieser Arbeit würde zu weit gehen. Insofern sei auf die einschlägige Spezialliteratur verwiesen. Eingehend zu den Handelsbräuchen bspw.: *LIßNER*, Handelsbräuche (Dissertation Augsburg 1999) m.w.N.
1486 *BÖCKSTIEGEL*, FS *BEITZKE*, 443 (444).
1487 Ebenso: *HUßLEIN-STICH*, 156.

Art. 28 Abs. 4 ML wurde Art. 33 Abs. 3 UNCITRAL ArbRules (1976) nachempfunden.[1488] Allerdings wurde der Art. 28 Abs. 4 ML erst während der Debatte in der Kommission angefügt.[1489] Genauer gesagt, die Bestimmung war ursprünglich im Entwurf der Arbeitsgruppe enthalten,[1490] wurde jedoch während einer Sitzung der Arbeitsgruppe nach langer Diskussion[1491] wieder gestrichen.[1492] Insbesondere wurde die Vorschrift als zu unbestimmt abgelehnt.[1493]

Die Kommission führte die Bestimmung wieder ein, weil sie nicht nur wohlbekannt ist und bereits in die UNCITRAL ArbRules als auch in das EuÜ übernommen wurde,[1494] sondern vielmehr um sicherzustellen, dass die Erwartungen der Schiedsparteien erfüllt werden, die erwarten, dass Schiedsgerichte ihre Entscheidungen primär auf Basis des Wortlautes des Vertrages sowie seiner Entstehungsgeschichte fällen und dabei die Handelsbräuche nicht aus den Augen verlieren.

Die einzelnen Beratungen zu dieser Vorschrift verliefen wie folgt:

Auf der ersten Sitzung der Arbeitsgruppe stellte sich folgende Frage des Sekretariats:

> „Should the arbitral tribunal be required to decide in accordance with the terms of the contract and to take into account the usages of the relevant trade? If so, should this also apply to decisions *ex aequo et bono*?“[1495]

Von Beginn an war sich die Arbeitsgruppe über die Berücksichtigung der Vertragsbestimmungen und Handelsbräuche einig. Demgegenüber gab es jedoch keinen Konsens darüber, ob dies und wenn ja, wie dies im ML zum Ausdruck kommen sollte.

In Bezug auf die Vertragsbestimmungen waren einige der Ansicht, dass es ratsam wäre, im ML zu erwähnen, dass diese zu beachten sind oder zumindest berücksichtigt werden müssen. Die überwiegende Ansicht war jedoch die, dass die Berücksichtigung der Vertragsbestimmungen keiner besonderen Erwähnung bedarf, zumal sich dies aus der Natur der Sache ergebe. Außerdem könne es zu Missverständnissen bei Aufnahme einer derartigen Klausel kommen, wenn der Vertrag nach dem anwendbaren materiellen Recht ungültig ist.[1496] Es wurde vertreten, die Bezugnahme auf den materiellen Vertrag sei irreführ-

---

1488 UN Doc. A/40/17, para. 241; *SANDERS*, Commentary on UNCITRAL Arbitration Rules, II (1977) YCA 172 (211 f.).

1489 UN Doc. A/40/17, para. 241.

1490 UN Doc. A/CN.9/232, paras. 158, 164 ff.

1491 Vgl. hierzu: UN Doc. A/CN.9/264, paras. 10 f.; UN Doc. A/CN.9/245, paras. 98 f.; UN Doc. A/CN.9/232, paras. 164 f.; UN Doc. A/CN.9/216, paras. 91 ff.; dafür bereits die USA: UN Doc. A/CN.9/264, Art. 28 para. 12.

1492 UN Doc. A/CN.9/245, paras. 98 f.

1493 UN Doc. A/CN.9/245, II. para. 99.

1494 Vgl.: UN Doc. A/CN.9/SR.326, para. 41.

1495 UN Doc. A/CN.9/WG.II/WP.35, para. 13.

1496 UN Doc. A/CN.9/216, para. 91.

rend, wenn diese in Widerspruch zu den zwingenden Vorschriften des ML stünden. Darüber hinaus gab es Zweifel an der ausdrücklichen Berücksichtigung der Handelsbräuche, zumal ihre rechtlichen Auswirkungen in den verschiedenen Rechtsordnungen unterschiedlich behandelt würden.[1497] Dieser Kritik ist jedoch nicht beizupflichten. Ein Widerspruch zwischen dem materiellen Vertrag und den zwingenden Vorschriften des ML ist in aller Regel auszuschließen.[1498] Sollte ein solcher dennoch vorkommen, dann haben zweifelsohne die wenigen zwingenden Vorschriften den Vorrang.[1499]

Bezüglich der Berücksichtigung der Handelsbräuche war das Argument gegen eine Aufnahme einer Klausel ins ML dieses, dass dies eigentlich eine Frage des anwendbaren materiellen Rechts sei und somit in Konflikt mit dem tatsächlich auf den Sachverhalt anwendbaren Recht treten könnte. Die überwiegende Ansicht war jedoch hier für eine Aufnahme. Eine derartige Klausel sollte dem EuÜ (Art. VII) oder den UNCITRAL ArbRules (Art. 33 Abs. 3) nachempfunden werden. Des Weiteren wurde vorgeschlagen, eine dem Art. 9 CISG nachempfundene Klausel aufzunehmen.[1500]

Auf der zweiten Sitzung der Arbeitsgruppe revidierte man die Ansicht, dass eine Bestimmung zur Berücksichtigung der Vertragsklauseln nicht notwendig ins ML gehöre und übernahm die Formulierung des Art. 33 Abs. 3 UNCITRAL ArbRules. Die auf der vorangegangenen Sitzung vorgeschlagene Erweiterung einer auf dem CISG basierenden Formulierung wurde jedoch nicht akzeptiert, zumal sie auf Kaufverträge anwendbar war, aber nicht für alle möglichen Vertragstypen ersonnen wurde, welche Gegenstand des ML sein könnten.[1501] In der Folge entschied man sich für folgende Formulierung:

> „The arbitral tribunal shall decide **in accordance with the terms of the contract** and shall **take into account the usages of trade** applicable to the transaction.“

Dies entspricht im Endeffekt annährend der verabschiedeten Version, welche lediglich zusätzlich mit den Worten „*in all cases*“ eröffnet.

Auf der dritten Sitzung der UNCITRAL bzgl. des ML wurden keine weiteren Aspekte des Art. 28 Abs. 4 ML und der Berücksichtigung der Vertragsbestimmungen und Handelsbräuche besprochen.

Auf der vierten Sitzung der Arbeitsgruppe gab es erneute Überlegungen für und wider der Aufnahme einer Bestimmung bzgl. der Berücksichtigung der Vertragsbestimmungen und Handelsbräuche. Nun war die Mehrheit – ein Jahr nach dem sie für eine Aufnahme plädierte – der Ansicht, dass eine derartige Bestimmung nicht ins das ML gehöre, zumal sie zu Missverständnissen führen könnte. Probleme könnten sich demnach ergeben, wenn die Vertragsbestimmungen konträr zu den zwingenden Bestimmungen des anwendbaren

1497 Vgl.: UN Doc. A/CN.9/232, paras. 164 ff.; UN Doc. A/CN.9/245, paras. 98 f.; UN Doc. A/CN.9/264, Art. 28 para. 11.
1498 *Calavros*, 132.
1499 Ebenso: *Calavros*, 132.
1500 UN Doc. A/CN.9/216, para. 244.
1501 UN Doc. A/CN.9/232, paras. 164 ff.

Rechts stünden. Wenn eine solche Bestimmung in Schiedsgerichtsordnungen sinnvoll ist, gehöre sie nicht in ein Gesetz, welches das anwendbare materielle Recht regelt. Auch bzgl. der Handelsbräuchevertrat man nun die Ansicht, dass diesen nicht in allen Rechtssystemen dieselbe rechtliche Qualität beigemessen würde und dass die Handelsbräuche aufgrund ihrer Basis im materiellen Recht, schon über die Absätze 1 und 2 des ML, Berücksichtigung fänden.[1502]

Der analytische Kommentar stellt nochmals klar, dass trotz des Fehlens einer Bestimmung bzgl. der Vertragsbestimmungen und Handelsbräuche, diese im ML ohne eine explizite Erwähnung zu berücksichtigen seien und der Relevanz dieser Bestimmungen im ML nicht abträglich sein sollten.[1503]

Auf der Kommissionssitzung wurden die Handelsbräuche zunächst kurz im Zusammenhang mit der Diskussion um Art. 28 Abs. 1 ML angesprochen. Der französische Delegierte erwähnte, die Bezugnahme auf die Handelsbräuche als eine der Möglichkeiten im Rahmen der weiten Rechtswahl bzgl. der Rechtsvorschriften.[1504] Weiterhin war der russische Delegierte der Ansicht, dass eine direkte Adressierung der Handelsbräuche über die Rechtswahl zu bevorzugen sei.[1505] Der japanische Delegierte äußerte die Möglichkeit, die Handelsbräuche den Rechtsvorschriften beizuordnen, um diese voll zu umfassen.[1506]

Im Zusammenhang mit den Diskussionen um Art. 28 Abs. 2 ML hat der Delegierte der USA, der für die Eliminierung des Terminus „Rechtsvorschriften" eintrat, sich dafür ausgesprochen, dass innerhalb des Art. 28 auf die Vertragsbestimmungen und Handelsbräuche und deren Beachtung Bezug genommen werden sollte. Er bemerkte, dass diese Erwähnung von der Arbeitsgruppe aus dem Entwurf gestrichen wurde und eine derartige Bestimmung demgegenüber in Art. 33 Abs. 3 UNCITRAL ArbRules zu finden sei und dass die Generalversammlung dies damals nicht nur aufgenommen, sondern als akzeptabel für Länder verschiedenster rechtlicher Hintergründe gefunden hat. Ebenso sei eine derartige Klausel in Art. VII Abs. 1 EuÜ zu finden.[1507] Dies jedoch war eine Übertreibung. Die Generalversammlung hat die UNCITRAL ArbRules nicht beschlossen, diese aber – auf Basis eines Beschlusses durch die UNCITRAL – zur Anwendung empfohlen. Außerdem haben die ArbRules eine andere rechtliche Qualität. Abschließend sprach er sich dafür aus, einen neuen Absatz in den Art. 28 aufzunehmen, welcher mit Art. 33 Abs. 3 UNCITRAL ArbRules konform geht, auf welchen er und die Arbeitsgruppe schon früher Bezug genommen haben.[1508] Der jugoslawische Delegierte unterstützte den Vorschlag der USA, obwohl er der Wortwahl „*take into account*" skeptisch gegenüberstand.[1509]

1502 UN Doc. A/CN.9/245, para. 99.
1503 UN Doc. A/CN.9/264, Art. 28 paras. 10 f.
1504 UN Doc. A/CN.9/SR.326, para. 9 (Frankreich).
1505 UN Doc. A/CN.9/SR.326, para. 12 (Russische Föderation).
1506 UN Doc. A/CN.9/SR.326, para. 20 (Japan).
1507 UN Doc. A/CN.9/SR.326, para. 41 (USA).
1508 UN Doc. A/CN.9/SR.327, para. 23 (USA).
1509 UN Doc. A/CN.9/SR.327, para. 24 (ehem. Jugoslawien).

Ebenso unterstützte der britische Delegierte die Aufnahme als essentiell für das ML.[1510] Im weiteren Verlauf sprach sich kein anderer der Delegierten für oder gegen die Aufnahme aus. In der Folge fasste der Vorsitzende zusammen, dass sich eine Mehrheit für die Aufnahme eines neuen Absatzes, welcher in Anlehnung an Art. 33 Abs. 3 UNCITRAL ArbRules zu sehen ist, ins ML aufgenommen werden sollte, was auch geschah.

Nach drei intensiven Diskussionsrunden hatten die Delegierten kein Interesse an einer nochmaligen langwierigen Diskussion bzgl. einer Vorschrift, die kaum von großer praktischer Bedeutung ist.[1511]

§ 13.2.3: Auslegung

§ 13.2.3.1: Allgemein

Sehr häufig konzentriert sich die Streitentscheidung auf eine präzise Auslegung des von den Parteien geschlossenen Vertrages, so dass das Schiedsgericht ohnehin auf Handelsbräuche und nicht unbedingt auf eine Rechtsordnung Bezug nehmen muss,[1512] ohne deswegen eine Billigkeitsentscheidung zu erlassen.[1513]

Vertragsbestimmungen und Handelsbräuche sind in der Sache selbst zu berücksichtigen. Im ML wird dies dadurch klargestellt, dass das Schiedsgericht „in allen Fällen" nach den Bestimmungen des Vertrages zu entscheiden hat. Dies gilt vor allem in den Fällen einer Billigkeitsentscheidung.[1514]

Zu beachten ist jedoch: Handelsbräuche sind keine Handelsrecht! Handelsbräuche sind (dogmatisch) streng von Rechtsnormen zu trennen.[1515] Dennoch „darf" das Schiedsgericht sie nicht nur berücksichtigen, wie man es vermuten könnte, sondern es muss die relevanten Handelsbräuche in seine Entscheidungen mit einbeziehen. So können z.B. die ICC Incoterms und den in ihnen zum Ausdruck kommenden Handelsbräuchen herangezogen werden, selbst wenn diese nicht (explizit) in den Vertrag mit einbezogen wurden.[1516] Andernfalls riskieren Schiedsgerichte die Aufhebung des Schiedsspruches.[1517]

1510 UN Doc. A/CN.9/SR.327, para. 29 (Großbritannien).

1511 Ähnlich: *BROCHES*, 153.

1512 *BÖCKSTIEGEL*, FS *BEITZKE*, 443 (444).

1513 *ZERBE*, 223.

1514 *GAILLARD*, ICSID Rev. FILJ 1987, 424 (434 f.).

1515 *BERGER*, 402.

1516 Vgl.: ICC Schiedsspruch Nr. 3130; Nr. 3894; *REDFERN/HUNTER*, 90; a.A. hingegen: ICC Schiedsspruch Nr. 5910, 115 (1988) JDI (Clunet) 1216 mit ablehnenden Anm. von *DERAINS*, 1220; *BERGER*, 402.

1517 *SANDERS*, Het nieuwe arbitragerecht (Deventer 1987) 141; *DERAINS*, Le Statut Des Usages Du Commerce International Devant Les Jurisdictions Arbitrales, Rev.Arb. 1973, 122 (123); vgl. auch: *BIANCA/BONELL*, Commentary on the International Sales Law (Mailand 1987) Art. 9, Anm. 3.3 zum CISG.

Das schweizerische Recht enthält zwar keine derartige Regelung, dass Handelsbräuche besondere Berücksichtigung zu erfahren haben, jedoch sind diese im schweizerischen Recht ebenso zu berücksichtigen.[1518] Die genannten Bestimmungen des ML haben nur rein deklaratorische Bedeutung.[1519]

Handelsbräuche gehören zum Sachvortrag. Sie müssen daher von den Parteien, die sich auf diese berufen, vorgetragen und gegebenenfalls unter Beweis gestellt werden.[1520]

Das Schiedsgericht muss in allen Fällen, d.h. ebenso in denen einer ausdrücklichen Rechtswahl, die Vertragsbestimmungen und Handelsbräuche berücksichtigen.[1521] Offen bleibt jedoch, in welchem Umfang die Berücksichtigung zu erfolgen hat.[1522] Explizit bedeutet dies, dass das Rangverhältnis der Handelsbräuche ggü. anderen Rechtsquellen (insbesondere des Vertrages und des Gesetzes) unklar bleibt. Die entsprechende Regelung im EuÜ wurde bereits deswegen kritisiert.[1523]

§ 13.2.3.2: Verhältnis zu den Abs. 1 bis 3

Art. 28 Abs. 4 ML gilt sowohl für die Abs. 1 und 2, als auch für die Entscheidung nach Billigkeit gem. Abs. 3. Im ML wird durch den Wortlaut klargestellt, der besagt, dass das Schiedsgericht „in allen Fällen" („*in all cases*") nach den Bestimmungen des Vertrages und in Übereinstimmung mit den Handelsbräuchen zu entscheiden hat, dies gilt auch und vor allem in den Fällen einer Billigkeitsentscheidung nach Abs. 3.[1524]

§ 13.2.3.3: Verhältnis der Handelsbräuche und Vertragsbestimmungen zum materiellen Recht

Bei der Anwendung des Art. 28 Abs. 4 ML stellt sich ein weiteres, zumeist aber rein dogmatisches Problem, nämlich das des Verhältnisses der Handelsbräuche und der Vertragsbestimmungen zu dem materiellen Recht. Es fragt sich insbesondere, ob Vertrag und

---

1518 Nach: *LALIVE/POUDRET/REYMOND*, Art. 187 Anm. 11 umfasst die Formulierung „*règles du droit*" in Art. 187 Abs. 1 schweizIPRG auch die Inbezugnahme der Handelsbräuche; a.A.: *LALIVE*, Le chapitre 12 de la Loi fédérale sur le droit international privé: L'arbitrage international, in: Le nouveau droit international privé suisse: Travaux des journées d'études organisées par le centre du droit de l'entreprise les 9 et 10 octobre 1987 à Lausanne (Lausanne 1988) 209 (222), der die fehlende Bezugnahme auf die Handelsbräuche, wie sie noch im Vorentwurf der ASA enthalten war, bedauert.

1519 Ebenso: *SANDERS*, Het nieuwe arbitragerecht (Deventer 1987) 141.

1520 *PAULSSON/RAWDING/REED/SCHWARTZ*, 22; vgl. auch: BGH NJW 1993, 1798.

1521 *GRANZOW*, 173; *ZERBE*, 220.

1522 Ebenso: *GRANZOW*, 174.

1523 Vgl.: *MEZGER*, Das Europäische Übereinkommen über die Handelsschiedsgerichtsbarkeit, 29 (1965) RabelsZ 231 (280); *VON HOFFMANN*, 121 ff.

1524 *GAILLARD*, ICSID Rev. FILJ 1987, 424 (434 f.); *HUßLEIN-STICH*, 152; *CALAVROS*, 133; so schon: *SANDERS*, Commentary on UNCITRAL Arbitration Rules, II (1977) YCA 172 (211), zu Art. 33 Abs. 3 UNCITRAL ArbRules.

Handelsbrauch Vorrang vor dem anwendbaren materiellen Recht haben oder nur in dessen Rahmen Berücksichtigung finden. Diese Problematik wurde erstmals angesichts der Regelung des Art. 7 Abs. 1 Satz 3 des EuÜ bewusst aufgeworfen.[1525]

In welchem Verhältnis stehen also die Vertragsbestimmungen und Handelsbräuche zum Recht, nachdem das ML hierzu schweigt? Die wichtigste Frage in diesem Zusammenhang ist, ob die Handelsbräuche nur zur Anwendung gelangen, wenn dies vom anwendbaren materiellen Recht gestattet wird?

§ 13.2.3.3.1: Berücksichtigung der Handelsbräuche und Vertragsbestimmungen nur im Rahmen des anwendbaren materiellen Rechts

Nach einer überwiegend vertretenen Ansicht sind Vertragsbestimmungen, wie auch Handelsbräuche, nur im Rahmen des anwendbaren materiellen Rechts, in dem von ihm anerkannten Umfang zu berücksichtigen und nicht etwa im Gegensatz dazu.[1526]

In allen Rechten der Welt[1527] ist die Rangfolge der Rechte die folgende:

1. zwingendes Recht,
2. Vertrag,
3. Handelsbräuche,
4. dispositives Recht.

Daran ändert Abs. 4 nichts.[1528] Art. 28 Abs. 4 ML soll nicht in Abweichung von der Rechtsquellenlehre das Rangverhältnis von Vertragsbestimmungen und Handelsbräuchen einerseits und dem materiellen Recht andererseits festlegen können.[1529] Diesem Grundsatz nach hat Art. 28 Abs. 4 nur klarstellende Funktion. Das anwendbare (materielle) Recht entscheidet darüber, ob die Vertragsbestimmungen und Handelsbräuche zu beachten sind. Dies ergibt sich aus der allgemeinen Rechtsquellenlehre, wonach bei einem Konflikt zwi-

1525 Vgl. eingehend hierzu: VON HOFFMANN, 121 ff. m.w.N.

1526 MAIER, Handbuch der Schiedsgerichtsbarkeit (Herne 1979) Rn. 556; SCHLOSSER, Rn. 614; MEZGER, Das Europäische Übereinkommen über die Handelsschiedsgerichtsbarkeit, 29 (1965) RabelsZ 231 (280); so zu Art. 33 UNCITRAL ArbRules: ADEN, Internationale Handelsschiedsgerichtsbarkeit (München 2003) Art. 33 UNCITRAL ArbRules Art. 33 Rn. 7; SCHWAB/WALTER, Schiedsgerichtsbarkeit[6] (München 2000) 538 zu dem ähnlich lautenden Art VII Abs. 1 EuÜ; weitere Nachweise auch bei: VON HOFFMANN, 123; bedauernd: KAISER, Das Europäische Übereinkommen über die internationale Handelsschiedsgerichtsbarkeit vom 21. April 1961 (Zürich 1967) 148.

1527 KRONKE, RIW 1998, 257 (261).

1528 So: KRONKE, RIW 1998, 257 (263) zum deutschen Recht.

1529 CALAVROS, 134; GRANZOW, 174; ZERBE, 223.

schen einer zwingenden, gesetzlichen und einer vertraglichen Bestimmung der gesetzlichen der Vorrang gebührt.[1530]

Dieses Problem ist auf der anderen Seite noch sehr umstritten.[1531]

§ 13.2.3.3.2 Berücksichtigung der Handelsbräuche und Vertragsbestimmungen unabhängig vom anwendbaren materiellen Recht

Nach einer anderen Ansicht sind demgegenüber sowohl die Vertragsbestimmungen, als auch die Handelsbräuche immer zu beachten. Demzufolge hätten sie in gewisser Hinsicht Vorrang vor dem anwendbaren materiellen Recht.[1532]

Insbesondere für die Vertragsbestimmungen muss dies zutreffend sein, solange keine zwingenden Bestimmungen des materiellen Rechts betroffen sind, die die Versagung der Anerkennung des Schiedsspruches über den *ordre public* zur Folge hätten. Primat der Schiedsgerichtsbarkeit ist die Parteiautonomie. Sie thront über allem und regiert diese. Haben die Parteien in ihrem Vertrag Vereinbarungen getroffen, welche vom „normalen" (anwendbaren) materiellen Recht abweichen, so muss dies als Abbedingung dieser materiellrechtlichen Vorschrift verstanden werden, um der Parteiautonomie in angemessenem Maße Geltung zu verschaffen.

Art. 28 Abs. 4 ML besagt weiterhin, dass den Vertragsbestimmungen und Handelsbräuchen „in allen Fällen" Geltung zu verschaffen ist. Es gibt also keinen Zweifel, dass Art. 28 Abs. 4 ML für alle Absätze des Art. 28 ML gelten muss.

Insbesondere müssen die Vertragsbestimmungen und Handelsbräuche zugleich Beachtung finden, wenn das Schiedsgericht ermächtigt ist, nach Billigkeit zu entscheiden.[1533] Eine Ansicht[1534] geht jedoch zu weit, und zwar diese, dass Art. 28 Abs. 4 ML gerade nur in den Fällen der Billigkeitsentscheidung relevant wird. Das ist gänzlich falsch,[1535] wie hier schon bewiesen wurde. Entnommen haben will er dies der deutschen Regierungsbegründung, diese redet jedoch von „insbesondere".[1536] Allenfalls vertretbar wäre folgerichtig, dass dieser Bestimmung gerade dann besondere Bedeutung zukomme.

1530 Ebenso: *HUßLEIN-STICH*, 154; *CALAVROS*, 134; zu Art. 33 UNCITRAL ArbRules: *SCHÜTZE/ TSCHERNING/WAIS*, Handbuch des Schiedsverfahrens² (Berlin 1990) Rn. 811.

1531 *MEZGER*, Das Europäische Übereinkommen über die Handelsschiedsgerichtsbarkeit, 29 (1965) RabelsZ 231 (280); ähnlich: *SCHLOSSER*, Rn. 737; a.A.: *VON HOFFMANN*, 123 ff., der einen Vorrang der Vertragsvorschriften vor dem anwendbaren staatlichen Recht annimmt; ebenso: *GENTINETTA*, Die Befreiung der internationalen Handelsschiedsgerichtsbarkeit von der ‚nationalen Umklammerung'. Das europäische Übereinkommen über die Internationale Handelsschiedsgerichtsbarkeit vom 21.4.1961, RIW/AWD 1969, 46 (53).

1532 *VON HOFFMANN*, 123 ff. m.w.N.

1533 *CALAVROS*, 133; *SANDERS*, Commentary on UNCITRAL Arbitration Rules, II (1977) YCA 172 (211).

1534 *SOLOMON*, RIW 1997, 981 (985).

1535 Ebenso: *KRONKE*, RIW 1998, 257 (263).

1536 BTDrucksache 13/5274, 53.

Gerade die Billigkeitsentscheidung spricht gegen die Ansicht, dass Vertragsbestimmungen und Handelsbräuche nur im Rahmen des anwendbaren materiellen Rechts Beachtung finden dürfen. Hier entscheidet das Schiedsgericht gerade losgelöst vom materiellen Recht.[1537] Darüber hinaus konterkariert Art. 28 Abs. 1 ML diese Ansicht. Wählen die Parteien nämlich im Rahmen ihrer Parteiautonomie nicht ein einzelnes nationales Recht, sondern kombinieren mehrere nationale Rechte miteinander oder wählen gar ein anationales Recht (oder anationale Rechtsvorschriften), ist es schwer, die Handelsbräuche und Vertragsbestimmungen aus diesen Rechtsvorschriften heraus anzuwenden. Welches Recht oder welche Rechtsvorschriften überwiegen hier, wenn mehrere kombiniert wurden? Sollen alle nationalen oder anationalen oder nur die überwiegenden Rechtsvorschriften angewandt werden?

Auf der anderen Seite kann es jedoch nicht Zweck der Regelung sein, im Sinne einer Abkehr von der Rechtsquellenlehre, den Vertragsbestimmungen und Handelsbräuchen den Vorrang vor jeglichem anwendbaren Recht einzuräumen.[1538] *CALAVROS* ist der Ansicht, dass im Falle der Anwendung eines nationalen Rechts über Art. 28 Abs. 1 oder 2 ML Vertragsbestimmungen und Handelsbräuche nur im Rahmen dieser nationalen Rechtsordnung Berücksichtigung finden dürfen.[1539] Im Konfliktfall soll ihm zufolge die gesetzliche der vertraglichen Bestimmung vorgehen. Die Frage, die sich hier aber aufdrängt, ist diese: Was ist mit der alles überragenden Parteiautonomie, wenn es sich bei dieser entgegenstehenden gesetzlichen Bestimmung um eine abdingbare handelt? In vollem Umfange berücksichtigt werden sollen – *CALAVROS* zufolge – die Vertragsbestimmungen und Handelsbräuche, sofern die Parteien Rechtsvorschriften ausgewählt oder das Schiedsgericht zu einer Billigkeitsentscheidung ermächtigt haben.[1540] In einem derartigen Falle würde die Anknüpfung des anwendbaren materiellen Rechts an eine bestimmte nationale Rechtsordnung aufgehoben.

Von einem allgemeinen Vorrang des nationalen Rechts kann nur ausgegangen werden, wenn die Parteien gemäß Abs. 1 „ein nationales“ Recht zur Anwendung berufen haben (d.h. die nicht von den umfangreichen Rechtswahlmöglichkeiten Gebrauch gemacht haben), oder das Schiedsgerichts im Rahmen von Abs. 2 ein nationales Recht bestimmt hat. Haben die Parteien jedoch von den umfangreichen Befugnissen des Abs. 1 Gebrauch gemacht, sind die Vertragsbestimmungen und Handelsbräuche in diesem Falle im vollen Umfang zu berücksichtigen.[1541] Dies, zumal praktische Schwierigkeiten auftreten könnten. Die Vertragsbestimmungen und Handelsbräuche wären auf ihre Vereinbarkeit hin mit allen Rechtsordnungen, aus denen Vorschriften gewählt wurden, zu prüfen. Wenn man schon die Parteiautonomie in Art. 28 Abs. 1 ML ggü. Art. 7 Abs. 1 S. 1 EuÜ erweitert hat, dann geht es nicht an, diese Parteiautonomie in stärkerem Maße dadurch zu begren-

---

1537 Ebenso: *CALAVROS*, 133.
1538 *CALAVROS*, 134.
1539 *CALAVROS*, 134.
1540 *CALAVROS*, 135.
1541 *HUßLEIN-STICH*, 154; *CALAVROS*, 133; *NÖCKER*, 147.

zen, dass man Vertragsbestimmungen und Handelsbräuche an sämtlichen betroffenen Rechtsordnungen misst.[1542] Wenn das Schiedsgericht zur Billigkeitsentscheidung ermächtigt ist, darf es aus der Natur der Sache Handelsbräuche in seine Entscheidung mit einbeziehen, selbst wenn diese nicht Bestandteil einer nationalen Rechtsordnung sind.[1543] Zumindest insoweit ist Art. 28 Abs. 4 ML überflüssig.[1544]

„Anwendbar" sind die Handelsbräuche aber nicht nur dann, wenn das auf die Hauptsache anwendbare (materielle) Recht sie anerkennt. Die Teilnahme am internationalen Wirtschafts- und Warenverkehr mündet vielmehr in eine erhöhte Verantwortlichkeit der Beteiligten. Die jetzige Formulierung stellt einen Kompromiss zwischen der subjektiven Theorie, d.h. dass die Handelsbräuche kraft Parteivereinbarung gelten und der objektiven Theorie, wonach sie kraft Gesetzes gelten, dar. Folgerichtig wird dieser enge „kollisionsrechtliche Ansatz"[1545] mehr und mehr im internationalen Warenverkehr abgelehnt. Dies gerade, zumal die beteiligten Parteien einer erhöhten Verantwortlichkeit unterliegen und insofern gilt:

> „[...] unless otherwise agreed, to have impliedly made applicable to their contract and its formation a usage of which the parties knew or ought to have known and which in international trade is widely known to, and regularly observed by, parties to contracts of the type involved in the particular trade concerned."[1546]

Folgerichtig und unabhängig von der Qualität, die den Handelsbräuchen im anwendbaren materiellen Recht beigemessen wird, sollte das Schiedsgericht somit immer die Handelsbräuche beachten, die im Zusammenhang mit der Streitigkeit und den legitimen Interessen der Parteien stehen.[1547] Als eine allgemeine Regel ist jedoch zu beachten, dass das zwingende Recht eines von den Parteien oder vom Schiedsgericht bestimmten anwendbaren materiellen Rechts nicht mit Hilfe der Handelsbräuche übergangen und beiseite geschoben werden kann, da dieses im Rangverhältnis über den Handelsbräuchen steht.[1548] Gleiches gilt für die Vertragsbestimmungen.[1549] Des Weiteren sollten die Han-

1542 *Hußlein-Stich*, 154.

1543 *Hußlein-Stich*, 154.

1544 *Hußlein-Stich*, 154; a.A.: *Calavros*, 133, 135; UN Doc. A/CN.9/264, Art. 28 paras. 10 f.

1545 Zu Art. VII EuÜ: *Schlosser*, Rn. 614; ausführliche Diskussion bei: *von Hoffmann*, 123; zum niederländischen Recht: *Kokkini-Iatridou*, Aspecten Van De Nieuwe Zwitserse Codificatie Inzake De Internationale Arbitrage – In Rechtsvergelijkend Perspektief, in: *Kokkini-Iatridou/Grosheide* (Hrsg.), Eenvorming En Vergelijkend Privaatrecht 1989 (Lelystad 1989) 267 (329).

1546 Art. 9 Abs. 2 CISG; vgl. auch: Art. 1.6 UNIDROIT Principles for International Commercial Contracts (1994); *Berger* IEA, 576 ff.; *von Hoffmann*, 123 ff. m.w.N.; abgeschwächt auch bei: *Calavros*, 134 ff.; während der Verhandlungen des ML wurde erwogen Art. 28 Abs. 4 ML, diesen voran genannten Vorschriften anzupassen: UN Doc. A/CN.9/245, para. 98; zur Kenntnis bzw. Kennenmüssen des Handelsbrauches: *Reiner*, ZRVgl. 1986, 162 (210).

1547 Ebenso: *Roth*, Art. 28 Rn. 18.

1548 Ebenso: *Roth*, Art. 28 Rn. 18.

1549 *Hußlein-Stich*, 154; *Berger*, IEA, 577; *Roth*, Art. 28 Rn. 18.

delsbräuche außer Acht gelassen werden, sofern ihre Anwendung die Vollstreckung des Schiedsspruches gefährdet, z.B. durch die Verletzung des *ordre public* der *lex loci arbitri* oder eines möglichen Vollstreckungsstaates.[1550]

§ 13.2.3.3.3: Wahl der Kollisionsnormen gemäß Art. 28 Abs. 2 ML

Art. 28 Abs. 4 ML wirft dennoch ein weiteres Problem auf. Muss das Schiedsgericht bei der Wahl der Kollisionsnormen gem. Art. 28 Abs. 2 ML die Handelsbräuche berücksichtigen?

Zum Teil wird vertreten, dass die Schiedsrichter bei der Bestimmung des anwendbaren Rechts über Art. 28 Abs. 2 ML die Handelsbräuche berücksichtigen müssen.[1551] Diese Ansicht ist mit der systematischen Stellung des Abs. 4, dessen Wortlaut („*in all cases*") und der Überschrift des Art. 28 („*rules applicable to the substance of the dispute*") erklärbar.[1552]

Diese Auffassung ist jedoch unzutreffend. In Abs. 4 heißt es unzweifelhaft „[...] *the arbitral tribunal shall decide* [...]." Folgerichtig ist eindeutig die Entscheidung des Schiedsgerichts in der Hauptsache gemeint und nicht die Entscheidung des in der Hauptsache anwendbaren Rechts.[1553]

§ 13.2.3.4: Verhältnis der Handelsbräuche zu den Vertragsbestimmungen

Zwischen den Vertragsbestimmungen und den anwendbaren Handelsbräuchen besteht ein Rangverhältnis.[1554] Dies ergibt sich bereits eindeutig aus dem Wortlaut des Abs. 4, wonach „*in accordance*" mit den Vertragsbestimmungen zu entscheiden ist, während die Handelsbräuche nur berücksichtigt („*take into account*", „*tient compte*") werden sollen.

1550 *LEW*, 444; *BERGER*, IEA, 577; *ROTH*, Art. 28 Rn. 18.

1551 *FOUCHARD*, 114 (1987) JDI (Clunet) 861 (876), zum fast wortgleichen Art. 7 Abs. 1 S. 3 EuÜ.

1552 *HUßLEIN-STICH*, 153.

1553 Ebenso: *HUßLEIN-STICH*, 153; so bereits zu Art. 7 Abs. 1 S. 3 EuÜ: *VON HOFFMANN*, 13 ff.; *MEZGER*, Das Europäische Übereinkommen über die Handelsschiedsgerichtsbarkeit, 29 (1965) RabelsZ 231 (280); kritisch: *SCHLOSSER*, Rn. 614.

1554 *HUßLEIN-STICH*, 154; zu den UNCITRAL ArbRules: *DORE*, Arbitration and conciliation under the UNCITRAL Rules: A Textual Analysis (Dordrecht 1986) 169; *SANDERS*, Commentary on UNCITRAL Arbitration Rules, II (1977) YCA 172 (211); *ADEN*, Internationale Handelsschiedsgerichtsbarkeit (München 2003) Art. 33 UNCITRAL ArbRules Rn. 2; a.A.: *LUCIO*, The UNCITRAL Model Law on international commercial arbitration, Int.-Am.L.R. 1985/86, 313 (320).

§ *13.2.3.5: Verhältnis der Handelsbräuche zur* lex mercatoria

Teilweise wird angenommen, dass die Befugnis, die Handelsbräuche in die Entscheidungsfindung mit einzubeziehen, die Befugnis zur Anwendung der *lex mercatoria* mitumfasst.[1555]

Diese Ansicht muss jedoch abgelehnt werden.[1556] Handelsbräuche und *lex mercatoria* sind zwei voneinander strikt zu trennende Begriffe. Handelsbräuche sind Gewohnheiten und Bräuche, die allgemein bei bestimmten Rechtsgeschäften im internationalen Wirtschaftsverkehr befolgt werden. Die *lex mercatoria* ist hingegen ein transnationales Recht, welches sich aus allgemeinen internationalen Rechtsgrundsätzen, Bräuchen und Gewohnheiten entwickelt hat oder zusammensetzt und welches keinen Bezug zu einem bestimmten Rechtsgeschäft aufweist.[1557] Die *lex mercatoria* ist der weitere Begriff und daher können die Handelsbräuche des Art. 28 Abs. 4 ML die *lex mercatoria* nicht mit umfassen.

Folgende Überlegung spricht generell gegen die Anwendung der *lex mercatoria* im Rahmen der Handelsbräuche: In der Regel erklären die Parteien über Art. 28 Abs. 1 ML gerade ein bestimmtes nationales Recht für anwendbar. Insbesondere in einem solchen Fall würde eine derartige Rechtswahl dadurch konterkariert werden, indem man die *lex mercatoria* durch die Hintertür der Handelsbräuche hinein interpretieren würde. Hiermit käme ein von jeglicher nationalen Rechtsordnung losgelöstes Recht zur Anwendung, obwohl die Parteien sich auf ein rein nationales Recht geeinigt haben.[1558] Die Anwendung der *lex mercatoria* setzt daher (zumindest nach dem ML) eine diesbezügliche Vereinbarung der Parteien voraus.

1555 *LUCIO*, The UNCITRAL Model Law on international commercial arbitration, Int.-Am.L.R. 1985/86, 313 (320); zu Art. 7 Abs. 1 S. 3 EuÜ: *VON HOFFMANN*, Anmerkungen zum neuen internationalen Schiedsrecht der Schweiz, in: *BÖCKSTIEGEL* (Hrsg.), Die internationale Schiedsgerichtsbarkeit in der Schweiz II (Köln 1989) 147 (160), auch mit Bezugnahme auf das ML, Fn. 34; *GOLDMAN*, The applicable law: general principles of law – the lex mercatoria, in: *LEW* (Hrsg.), Contemporary Problems in International Arbitration (London 1986) 113 (123), *RUBINO-SAMMARTANO*, Le „Tronc Commun" des Lois Nationales En Présence (Réflexions Sur Le Droit Applicable Par L'Arbitre International), Rev.Arb. 1987, 133 (138).

1556 Ebenso: *HUẞLEIN-STICH*, 155.

1557 Vgl.: *GOLDMAN*, The applicable law: general principles of law – the lex mercatoria, in: *LEW* (Hrsg.), Contemporary Problems in International Arbitration (London 1986) 113 ff.; zum Begriff der *lex mercatoria* allgemein: *LANDO*, The Lex Mercatoria and International Commercial Arbitration, 34 (1985) ICLQ 747 ff.; *VON HOFFMANN*, „Lex mercatoria" vor internationalen Schiedsgerichten, IPRax 1984, 104 ff.; *VON HOFFMANN*, Grundsätzliches zur Anwendung der „lex mercatoria" durch internationale Schiedsgerichte, in: *MUSIELAK* (Hrsg.), Festschrift für *GERHARD KEGEL* zum 75. Geburtstag (Stuttgart 1987) 215 ff.; *HUẞLEIN-STICH*, 155.

1558 Ähnlich: *GAILLARD*, ICSID Rev. FILJ 1987, 424 (434); *HUẞLEIN-STICH*, 155.

§ 13.2.4: Überflüssigkeit

Bereits bei der Ausarbeitung des Art. 28 Abs. 4 ML wurde dieser als überflüssig kritisiert.[1559] Insbesondere wurde diese Vorschrift als „Erinnerungsposten" beanstandet.[1560] Dies, zumal für die Praxis diese Regelung des Art. 28 Abs. 4 ML lediglich eine Selbstverständlichkeit bedeutet.[1561] Daher wurde vorgeschlagen, Art. 28 Abs. 4 ML zu streichen.[1562]

Die Vorschrift des Abs. 4 ist indes mehr als ein bloßer Hinweis an die Schiedsrichter, vielmehr ist sie eine Arbeitsanweisung an die Schiedsrichter, das anwendbare Recht möglichst im Sinne der Parteiautonomie und der Maßgeblichkeit der Handelsbräuche zu interpretieren.[1563] Dies gilt vor allem in dem Fall, dass die Ermächtigung zur Entscheidung nach Billigkeit erteilt wurde. Hier soll insbesondere klargestellt werden, dass diese Ermächtigung nicht von der Beachtung vertraglicher Vereinbarungen entbindet.[1564]

Selbst wenn man von der Überflüssigkeit von einer derartigen Norm ausgehen können sollte, ist von einer Streichung jedoch prinzipiell abzuraten. Die Berücksichtigung der Vertragsbestimmungen und Handelsbräuche ist in nahezu allen Übereinkommen, Schiedsverfahrensgesetzen und Schiedsgerichtsordnungen enthalten. Eine Nichtaufnahme dieser traditionellen Vorschrift könnte als eine Abkehr von der hier vertretenen Auslegung gedeutet werden, hin zu einer Auslegung, die in der Tat dem materiellen Recht mehr Bedeutung verleiht und Handelsbräuche nur aus einem materiellen Recht heraus berücksichtigt. Mehr noch kann die Nichtaufnahme einer bisher geläufigen, wenn auch selbstverständlichen Regelung, die Auslegung des neu geschaffenen Rechts generell in Frage stellen. Dies insofern, als dass sich die Frage stellt, ob durch die Nichtaufnahme gerade eine neue Auslegung gewollt ist.

§ 13.3: Resümee

Art. 28 Abs. 4 wurde von nahezu allen das ML rezipierenden Staaten übernommen mit Ausnahme von Ungarn und Sri Lanka[1565].[1566]

1559 *HOLTZMANN/NEUHAUS*, 772.

1560 *SCHLOSSER*, Rn. 737; zustimmend: *ZERBE*, 224.

1561 *CALAVROS*, 132; *ZERBE*, 224.

1562 *ZERBE*, 231.

1563 *SCHLOSSER*, in: *STEIN/JONAS*, Kommentar zur Zivilprozessordnung – Band 9[22] (Tübingen 2002) § 1051 ZPO Rn. 10.

1564 *ROTH*, Art. 28 Rn. 17; zum gleich lautenden deutschen Recht: BTDrucks. 13/5274, 53.

1565 Auch Österreich erwägt in seinem Reformentwurf, eine dem Art. 28 Abs. 4 entsprechende Bestimmung nicht mehr mit aufzunehmen.

1566 Vgl. hierzu: *BINDER*, The UNCITRAL Model Law on International Commercial Arbitration: A Commentary and International Comparison of its Adoption (Dissertation Salzburg 1999) 212.

Nur die Vertragsbestimmungen und die zwingenden Vorschriften des anwendbaren Rechts gehen den Handelsbräuchen vor.[1567] Lediglich bei der Entscheidung *ex aequo et bono* ist der Schiedsrichter freier gestellt und ist nicht in jedem Fall an die Handelsbräuche gebunden, wenn er sie im Einzelfall nicht für sachgerecht hält.[1568] Ihre Grenzen findet die Berücksichtigung der Handelsbräuche folglich einmal mehr im *ordre public*.[1569]

Generell handelt es sich zwar bei einer derartigen Bestimmung um eine Selbstverständlichkeit des Rechts, jedoch sollte der Klarheit halber diese auch in zukünftiges Recht übernommen nicht gestrichen werden.

§ 14: Gesamtergebnis

Abschließend seien hier noch mal die Ergebnisse und Erkenntnisse, die sich aus den obigen Überlegungen zum anwendbaren materiellen Recht und zum UNCITRAL ML ergeben, kurz zusammengefasst.

§ 14.1: Rechtswahl durch die Parteien

Art. 28 Abs. 1 ML, welcher die Rechtswahl durch die Parteien behandelt, kann als sehr fortschrittliche Regelung bezeichnet werden. Die Parteiautonomie entspricht einem internationalen Standard und kann ebenso in jenen Staaten als allgemeingültig bezeichnet werden, die das ML nicht übernommen haben. Weiterhin ist die Philosophie hinter der Wortwahl und die damit verbundene Breite der Rechtswahlmöglichkeiten zugunsten eines Rechts oder von Rechtsvorschriften nationalen, völkerrechtlichen, anationalen oder transnationalen Ursprungs, nunmehr in allen bedeutenden Schiedsverfahrensgesetzen, internationalen Abkommen auf dem Gebiet der Schiedsgerichtsbarkeit und Schiedsgerichtsordnungen verankert. Die Grenzen der Rechtswahl finden sich im zwingenden Recht (*mandatory provisions*) sowie im *ordre public*.

Aus Art. 2 lit. d. ML ergibt sich weiterhin, dass die Parteien befugt sind, einen Dritten mit der Rechtswahl zu beauftragen.[1570]

1567 Vertragsbestimmungen: *SANDERS*, Commentary on UNCITRAL Arbitration Rules, II (1977) YCA 172 (211); zwingende Vorschriften: *GOLDSTAJN*, Usages Of Trade And Other Autonomous Rules Of International Trade According To The UN (1980) Convention, in: *VOLKEN/SARCEVIC* (Hrsg.), International Sale of Goods, Dubrovnik Lectures (New York 1986) 55 (96 f.); *CALAVROS*, 134; *SCHMITTHOFF*, International Trade Usages, Institute of International Business Law and Practice Newsletter, Special Issue (Paris 1987) Rn. 18; a.A.: *SCHLOSSER*, Rn. 737 (anwendbares Recht soll stets vorgehen).

1568 *NÖCKER*, 147.

1569 So schon: *LEW*, 440.

1570 Vgl.: UN Doc. A/40/17, para. 242.

Den Parteien ist prinzipiell zu raten, eine Rechtswahlklausel in ihre Vertragswerke aufzunehmen, um so von Anfang an Klarheit über das anwendbare Recht zu haben und so die zum Teil schwierige Findung des anwendbaren materiellen Rechts durch das Schiedsgericht zu vermeiden. Nehmen die Parteien eine Rechtswahlklausel auf, sollte diese nicht nur wohldurchdacht, sondern vor allem konkret, klar und einfach umschrieben sein, deutlich das anwendbare Recht hervorheben und unzweifelhaft und verständlich formuliert sein. Falsche, vage oder zu komplizierte und komplexe Rechtswahlklauseln, führen das Schiedsgericht – wie dargelegt – nicht zu selten letztendlich zu einem – von den Parteien – nicht vereinbarten und ebenso wenig intendierten Recht. Ebenso erhöhen derartige Rechtswahlklauseln, seien sie falsch oder vage formuliert, nicht nur die Verfahrenskosten in die Höhe treiben, sondern führen des Weiteren zu einer Verfahrensverzögerung, die nicht zuletzt auf einen zum Teil erforderlichen Teil- oder Zwischenschiedsspruch zurückzuführen sind. Dies kann durch eine simple Rechtswahlklausel vermieden werden. Dem Gros der Parteien ist damit prinzipiell zu raten, alle Streitigkeiten aus einem bestimmten Rechtsverhältnis mittels einer einfachen Rechtswahlklausel einem nationalen Recht zu unterstellen und dies bei Bedarf mittels der subsidiären Anwendung allgemeiner Rechtsgrundsätze oder einem anderen anationalen Recht wie der *lex mercatoria* „abzusichern" (*concurrent law*). Komplexe, komplizierte und vor allem abenteuerliche Formulierungen haben in einer Rechtswahlklausel im Interesse der Parteien nichts verloren.

§ 14.2: Rechtswahl durch das Schiedsgericht

Der Art. 28 Abs. 2 ML, welcher die Rechtswahl durch das Schiedsgericht für den Fall der unterbliebenen Rechtswahl durch die Parteien regelt, entspricht nicht einem modernen Trend in der internationalen Schiedsgerichtsbarkeit und entsprach einem solchen auch schon bei seiner Einführung und Verabschiedung nicht.

Das ML beschränkt die Rechtswahl durch das Schiedsgericht in mehrerlei Hinsicht. Zum einen folgt Art. 28 Abs. 2 ML dem *voie indirecte*, d.h. es verpflichtet das Schiedsgericht auf die Anwendung eines Kollisionsrechts. Damit ist das Schiedsgericht nicht befugt direkt das anwendbare materielle Recht zu bestimmen. Weiterhin ist das Schiedsgericht nicht nur auf die Anwendung von Kollisionsnormen und Regeln verpflichtet, sondern muss mehr noch ein nationales Kollisionsrecht in seiner Gesamtheit anwenden. Im Ergebnis muss letztendlich dieses nationale Kollisionsrecht zu einem nationalen materiellen Recht in seiner Gesamtheit führen. Damit legt das ML dem Schiedsgericht dreierlei Beschränkungen auf, die bei der Bestimmung des anwendbaren materiellen Rechts hinderlich sein können.

Die Bindung an ein Kollisionsrecht oder an Kollisionsnormen ist ein Anachronismus in der internationalen Schiedsgerichtsbarkeit, dem nur noch wenige Schiedsverfahrensgesetze, internationale Übereinkommen auf dem Gebiet der Schiedsgerichtsbarkeit und Schiedsgerichtsordnungen folgen. Es bleibt zu hoffen, dass neue Schiedsverfahrensgesetze, internationale Übereinkommen und Schiedsgerichtsordnungen, die sich das ML zum Maßstab setzen, von dieser Bestimmung abweichen. Zu favorisieren ist hier – einem modernen Trend entsprechend – eine Orientierung an Abs. 1 des ML. Dementsprechend sollte keine Auferlegung von Beschränkungen stattfinden. Dies, zumal es den Parteien jederzeit freisteht, eine eigene Rechtswahl noch während des Verfahrens zu treffen, oder sollten sie sich nicht auf ein bestimmtes Recht einigen können, die Rechtswahl des Schiedsgerichts zumindest im Einvernehmen, z.B. zugunsten eines nationalen Rechts, beschränken können. Wie die Parteien, ist das Schiedsgericht lediglich an das zwingende Recht und den *ordre public* bei seiner Rechtswahl gebunden.

§ 14.3: Die Entscheidung nach Billigkeit

Nach einer Trendwende in England, ausgelöst durch den *English Arbitration Act 1996*, ist die Möglichkeit zur Ermächtigung des Schiedsgerichts zur Entscheidung nach Billigkeit und losgelöst vom Recht, nunmehr fast allgemein anerkannt. Ein Grund weshalb England bei seiner Reform nicht um die Einführung der Billigkeitsentscheidung umher kam ist das ML. Dieses hat der Entscheidung nach Billigkeit zur weitgehenden Akzeptanz verholfen.

Dogmatisch handelt es sich bei der Ermächtigung zur Entscheidung nach Billigkeit um eine Rechtswahl durch die Parteien.

Sofern die Parteien das Schiedsgericht explizit dazu ermächtigen nach Billigkeit zu entscheiden, ist das Schiedsgericht von nun an befugt, unabhängig vom Recht, rein nach seinem Gerechtigkeits- und Billigkeitsempfinden zu entscheiden. Es bleibt dem Schiedsgericht jedoch unbenommen dennoch eine – wie auch immer geartete – rechtliche Grundlage seiner Entscheidung zugrunde zu legen. Der Billigkeitsschiedsrichter kann folglich losgelöst vom Recht entscheiden, jedoch ebenso auf Basis eines nationalen Rechts oder der *lex mercatoria*.

Gebunden ist das Schiedsgericht einmal mehr auch im Rahmen der Billigkeitsentscheidung an den *ordre public* und darf sich nicht über diesen hinwegsetzen, will es die Durchsetzbarkeit seiner Entscheidung nicht gefährden.

Nicht befugt ist jedoch das Schiedsgericht von den Vertragsbestimmungen abzuweichen und diese anzupassen oder zu ergänzen. Primär wird auch der Billigkeitsschiedsrichter von der Parteiautonomie geleitet. Ausdruck dieser Parteiautonomie ist auch der Vertrag als solches und sofern nicht eindeutig aus den Umständen hervorgeht, dass dem Vertrag eine andere Intention zu entnehmen ist, als wörtlich aus diesem herauszulesen ist, darf das Schiedsgericht von diesem Vertrag nicht abweichen, indem es ihn modifiziert oder ergänzt.

§ 14.4: Die Berücksichtigung der Handelsbräuche und Vertragsbestimmungen

Die Berücksichtigung der Vertragsbestimmungen entspricht einer Selbstverständlichkeit, die schon aus der alles dirigierenden Parteiautonomie entspringt. Diese Selbstverständlichkeit ist in allen nationalen Rechten zu finden und Bestandteil der *lex mercatoria*, sowie allgemeiner Rechtsgrundsätze. Ebenso ist die Berücksichtigung der Handelsbräuche im Rahmen der internationalen Schiedsgerichtsbarkeit allgemein anerkannt. Dementsprechend wurde die Vorschrift des Art. 28 Abs. 4 ML von fast allen das ML übernehmenden Staaten übernommen.

Selbst, wenn man von einer Überflüssigkeit dieser Norm ausgeht, sollte sie der Klarheit halber weiterhin in allen Schiedsverfahrensgesetzen eingefügt werden. Eine Abschaffung könnte zu einer gegenteiligen Auslegung führen und sollte deshalb vermieden werden.

§ 14.5: Schlussbemerkung

Alles in allem und abgesehen von dessen Abs. 2 spiegelt der Art. 28 des UNCITRAL ML einen internationalen Standard wieder, wie er sich mehr oder weniger in allen Schiedsverfahrensgesetzen widerspiegelt. Sofern Länder ihr Schiedsverfahrensrecht reformieren, kommen sie aufgrund der breiten Akzeptanz des ML nicht umher, sich mit Art. 28 ML auseinander zu setzen und es bleibt zu hoffen, dass sie bei der Umsetzung der Rechtswahl durch das Schiedsgericht (Art. 28 Abs. 2 ML) einen Weg wählen, der sich mehr an Art. 28 Abs. 1 ML, denn an dessen Abs. 2 orientiert.

Im Rahmen der Rechtsbestimmung durch das Schiedsgericht sollte folglich der unbeschränkte *voie directe* favorisiert werden.

Abschnitt 3: Ausgewählte nationale Rechte

§ 15: Einleitung zu den ausgewählten nationalen Rechten

Nachdem zunächst anhand des UNCITRAL Modellgesetzes aufgezeigt wurde, welche Lösungsansätze in Bezug auf das anwendbare materielle Recht vertreten werden und insbesondere welche Kritik gegenüber dem ML geäußert wurde, soll im Folgenden auf einige ausgewählte nationale Schiedsverfahrensrechte und ihren jeweiligen Lösungsansatz kurz eingegangen werden.

Insbesondere werden dabei die Schiedsverfahrensrechte Deutschlands als eine ML rezipierende Jurisdiktion, Österreichs als eine derzeit das ML diskutierende Jurisdiktion und dass der Länder Frankreich, England und der Schweiz als nicht das ML übernehmende aber mit Vorbildcharakter behaftete Jurisdiktionen behandelt.

§ 16: Österreich

§ 16.1: Derzeitige Rechtslage

§ 16.1.1: Einleitung

Die österreichische Zivilprozessordnung (öZPO), welche das Schiedsverfahren regelt, gehört zu den ältesten Verfahrensordnungen in Europa. Schon bei Inkrafttreten der Zivilprozessordnung in Österreich im vorherigen Jahrhundert wollte man das Schiedsverfahren keinen strengen Regeln unterwerfen, sondern dem Schiedsgericht ein weitgehendes Ermessen bei der Verfahrensgestaltung einräumen. Die öZPO wurde seit ihrer Einführung oft novelliert.[1571] Die Novellen umfassten ebenso die Bestimmungen über die Schiedsgerichtsbarkeit, die jeweils dem neuesten Stand von Wissenschaft und Praxis angepasst wurden. Vor der letzen bedeutenden öZPO Novelle die Schiedsgerichtsbarkeit betreffend aus dem Jahr 1983[1572] lag das österreichische Recht der Schiedsgerichtsbarkeit jedoch keineswegs im Argen.[1573]

Die österreichische ZPO stammt aus dem Jahre 1895 und die die Schiedsgerichtsbarkeit betreffenden Paragraphen der §§ 577 ff. waren damals „ein ausgesprochen gelunge-

---

1571 Die letzte Novellierung fand erst im Jahre 2002 statt, aber die letzte für die Schiedsgerichtsbarkeit bedeutende Novellierung stammt aus dem Jahre 1983.

1572 Zivilverfahrens-Novelle, ZVN, öBGBl. 1983/135.

1573 So: *Reiner*, ZRVgl. 1986, 162 (167).

nes und modernes Gesetz"[1574]. Dennoch haben die §§ 577 ff. öZPO in der Praxis der österreichischen Schiedsgerichtsbarkeit im Laufe der Jahre einige Schwächen offenbart. Insbesondere die damalige Formvorschrift des § 577 a.F. öZPO schien nach Einführung der NYC und des EuÜ überholt, aber auch andere Vorschriften wiesen gravierende Schwächen auf.[1575] Diesen Schwächen sollte mit der Novelle von 1983 zuleibe gerückt werden. An eine Gesamtreform wurde, wohl auch aufgrund der Dringlichkeit, nicht gedacht. Folgerichtig wurde am Gesamtsystem nichts geändert. Die öZPO Novelle 1983 war eine umfassende Revision, welche das österreichische Schiedsverfahrensrecht den Anforderungen des internationalen Handelsverkehrs anpassen sollte.[1576]

Das derzeitige österreichische Schiedsverfahren ist weitgehend nach freiem Ermessen des Schiedsgerichts zu gestalten. Die öZPO enthält kaum zwingende Bestimmungen. Daher kann in Österreich ein Schiedsspruch nur aufgrund sehr limitierter Gründe angefochten werden. Bedeutend ist hier einmal mehr der Aufhebungsgrund des *ordre public*.

§ 16.1.2: Anwendbarkeit

Das derzeitige österreichische Schiedsverfahrensrecht macht weder einen Unterschied zwischen einem internen oder internationalen Schiedsspruch, noch zwischen Handelsstreitigkeiten und „Nichthandelsstreitigkeiten", wie dies vom ML und Gesetzen anderer Länder bekannt ist.[1577]

§ 16.1.3: Anwendbares Verfahrensrecht

§ 587 öZPO bestimmt seit Einführung der öZPO im Jahre 1895, dass der Schiedsrichter „vor Erlassung des Schiedsspruches die Parteien zu hören und den dem Streite zugrunde liegenden Sachverhalt zu ermitteln hat". Darüber hinaus kann das Schiedsgericht das Verfahren nach freiem Ermessen gestalten.[1578] Dennoch kann man davon ausgehen, dass die Parteien und das Schiedsgericht in der Bestimmung der Verfahrensregeln völlig frei sind und folglich ein nationales Prozessrecht oder jedwede (institutionelle) Verfahrensordnung wählen, oder sich ihre eigene Verfahrensordnung gestalten können.[1579]

In Abwesenheit einer Parteivereinbarung bzgl. des Verfahrensrechts ist das Schiedsgericht nicht gezwungen, bereits zu Verfahrensbeginn eine umfassende Entscheidung über das Verfahrensrecht zu treffen. Dies folgt nicht zuletzt aus dem Interesse an einer

1574 *REINER*, ZRVgl. 1986, 162 (167).
1575 Vgl. zu Beispielen: *REINER*, ZRVgl. 1986, 162 (168).
1576 Vgl.: *LIEBSCHER*, Reform of Austrian Arbitration Law, 18 (2001) J.Int'lArb. 211 (211).
1577 Vgl.: *LIEBSCHER*, 18 (2001) J.Int'lArb. 211 (212 m.w.N.).
1578 *REINER*, ZRVgl. 1986, 162 (205).
1579 *REINER*, ZRVgl. 1986, 162 (205).

größtmöglichen Flexibilität des Schiedsverfahrens.[1580] Im derzeitigen österreichischen Recht ist die Begründung eines Schiedsspruches nicht zwingend erforderlich, wobei sie jedoch für internationale Verfahren zu begrüßen wäre.[1581]

Folglich steht es den Parteien frei, das anwendbare Verfahrensrecht zu bestimmen, wobei diese Befugnis ihre Grenzen in den zwingenden Bestimmungen des Verfahrensrechts des Anerkennungs- und Vollstreckungsstaates oder des Staates, in dem der Prozess anhängig ist, findet, sowie im *ordre public* des Verfahrensstaates und des gewählten Rechts.[1582]

§ 16.1.4: Anwendbares materielles Recht

Derzeitig enthält die öZPO keinerlei Regelungen bzgl. des anwendbaren materiellen Rechts.[1583] Die einzige kollisionsrechtliche Regelung, die die öZPO enthält, betrifft die subjektive Schiedsfähigkeit (§ 595 Abs. 1 Nr. 1 öZPO) und knüpft diese an das Personalstatut der Vertragspartei.

In der Folge sind die Regeln des öIPRG auf diejenigen Verträge anzuwenden, welche vor dem 1. Dezember 1998 abgeschlossen wurden. Die im öIPRG enthaltenen Prinzipien korrespondieren größtenteils mit denen des EVÜ, welches auf diejenigen Verträge anzuwenden ist, die nach dem 30. November 1998 abgeschlossen wurden.[1584] Fundamental ist damit gemäß § 1 Abs. 1 öIPRG die Anknüpfung an die „stärkste Beziehung" oder mit anderen Worten die „engste Verbindung" („*closest connection*", Art. 4 Abs. 1 EVÜ). Im Vertragsrecht erkennt das österreichische internationale Privatrecht die Rechtswahlfreiheit durch die Parteien an (vgl.: § 35 Abs. 1 öIPRG, Art. 3 Abs. 1 EVÜ). In Abwesenheit einer Rechtswahl durch die Parteien führt das Kollisionsrecht (§ 35 Abs. 2 öIPRG und Art. 4 Abs. 2 EVÜ) generell zur Anwendung des materiellen Rechts der Partei, die die vertragscharakteristische Leistung zu erbringen hat. Zu beachten ist jedoch, dass es ergänzende Bestimmungen für bestimmte Vertragsarten gibt.[1585]

1580 *Fasching*, Schiedsgericht und Schiedsverfahren im österreichischen und im internationalen Recht, ein Handbuch (Wien 1973) 99 [zukünftig zitiert als: *Fasching*, Schiedsverfahren]; sich anschließend: *Reiner*, ZRVgl. 1986, 162 (205).

1581 *Fasching*, Schiedsverfahren, 129.

1582 *Fasching*, Schiedsverfahren, 32.

1583 Vgl. auch: *Liebscher*, 18 (2001) J.Int'lArb. 211 (218).

1584 *Liebscher/Schmid*, Part 4: Country Reports: A. Austria, in: *Weigand* (Hrsg.), Practitioner's Handbook on International Arbitration München 2002) Rn. 194 [zukünftig zitiert als: *Liebscher/Schmid*].

1585 Vgl. auch: *Liebscher/Schmid*, Rn. 194.

§ 16.1.4.1: Rechtswahl durch die Parteien

Die Parteien haben die Möglichkeit der Rechtswahl.[1586] Das österreichische Schiedsverfahrensrecht verfügt zwar über keine dem Art. 28 ML oder 1496 franzNCPC vergleichbare Regelung, dennoch muss man annehmen, dass im österreichischen Recht weitgehend die gleichen, weiten Befugnisse wie im französischen Recht gelten.[1587] Die Parteien können sich entweder in ihrem Hauptvertrag, der Schiedsvereinbarung oder in einer ergänzenden Abrede auf ein anwendbares materielles Recht einigen, gleich welcher Art oder welchen Ursprunges dies sein mag. Jede beliebige Rechtsordnung kann gewählt werden, gleichgültig ob die verdrängte oder gewählte Rechtsordnung die Wahl für zulässig erachtet. Die Parteien sind ebenso befugt, Recht zu kombinieren, d.h. Fragen aus demselben Sachverhalt können mehreren Rechtsordnungen unterstellt werden und alternativ oder kumulativ zur Anwendung kommen. Die Rechtswahl ist (indirekt) lediglich dadurch begrenzt, dass durch § 595 öZPO das konkret anwendbare Recht nicht gegen eine zwingende Vorschrift des inländischen Rechts verstoßen darf.[1588] Des Weiteren widersprechen Schiedsklauseln mit einer alternativen Rechtswahl nicht dem *ordre public*.[1589] „Die Parteien können im Schiedsverfahren [...] dem Schiedsgericht auch besondere Beurteilungsregeln vorschreiben, also eine Art ‚private' Rechtsordnung statuieren; an sie ist das Schiedsgericht im Rahmen der §§ 598, 596 Nr. 6 und 7 ZPO [öZPO a.F.] gebunden."[1590] Folglich darf nicht gegen den *ordre public* verstoßen werden und ebenso wenig gegen die zwingenden Bestimmungen des österreichischen Rechts (bspw. des Verbraucher-, Mieter und Arbeitnehmerschutzes: § 595 Abs. 1 Nr. 6 öZPO).[1591]

Im Großen und Ganzen gilt für die Rechtswahlfreiheit durch die Parteien eben jener Schluss, welcher schon für das ML gezogen wurde.

§ 16.1.4.2: Rechtsbestimmung durch das Schiedsgericht

Problematischer – durch die Abwesenheit einer klaren Kollisionsnorm – ist im österreichischen Schiedsverfahrensrecht, welches Recht das Schiedsgericht in Abwesenheit einer Parteivereinbarung anwenden soll.

Haben die Parteien hinsichtlich des anzuwendenden Rechts keine Vereinbarung getroffen, so ist nach geltendem Recht das Schiedsgericht aufgerufen, eine Rechtswahl zu treffen. Festzuhalten bleibt zunächst, dass in Abwesenheit einer Ermächtigung durch die

1586 FASCHING, Schiedsverfahren, 108.
1587 REINER, ZRVgl. 1986, 162 (210); LIEBSCHER/SCHMID, Rn. 195.
1588 FASCHING, Schiedsverfahren, 108; LIEBSCHER/SCHMID, Rn. 195.
1589 OGH vom 23.2.1998 – 3 Ob 115/95, wbl 1998, 172.
1590 FASCHING, Schiedsverfahren, 108.
1591 FASCHING, Internationale Schiedsgerichtsbarkeit in Österreich, in: SCHLOSSER (Hrsg.), Internationale Schiedsgerichtsbarkeit – Arbitrage International – International Arbitration (Bielefeld 1997) 729 (747); LIEBSCHER/SCHMID, Rn. 195.

Parteien, die Schiedsrichter eine Rechtsentscheidung zu treffen haben, selbst wenn dies im Gesetz nicht ausdrücklich erwähnt wird.[1592]

Nach überwiegender Auffassung zum geltenden österreichischen Recht hat das Schiedsgericht das Recht anzuwenden, auf das die Regeln des öIPRG oder des EVÜ verweisen. Folgerichtig ist mangels einer Parteivereinbarung in Österreich das materielle Recht des Staates heranzuziehen, mit dem die Streitsache den engsten Bezug aufweist (vgl. Art. 4 Abs. 1 EVÜ oder § 1 Abs. 1 öIPRG).[1593]

FASCHING zufolge soll die Anwendung der *lex mercatoria* durch das Schiedsgericht nur möglich sein, wenn – wie bei der Entscheidung nach Billigkeit – die Parteien das Schiedsgericht hierzu formgültig schriftlich, ermächtigt haben.[1594] Diese Ansicht kann jedoch mit dem hier zur *lex mercatoria* ausgeführten Überlegungen nicht geteilt werden. Die *lex mercatoria* ist nicht mit der Billigkeitsentscheidung zu verwechseln. Ihre Anwendung führt zu einer Rechtsentscheidung und damit allemal zur Anwendung des „falschen" Rechts, welches nicht zum Bestandteil des *ordre public* gehört. Folglich wäre eine derartige Entscheidung nicht aus diesem Grunde heraus aufhebbar oder nicht vollstreckbar.

Gerade zumal nach dem derzeitigen Gesetzesstand keine explizite Regelung bzgl. des anwendbaren materiellen Rechts im österreichischen Schiedsverfahrensrecht enthalten ist, erscheint es vorschnell, einfach auf das Kollisionsrecht im öIPRG oder EVÜ zurückzugreifen.[1595] Gerade mit Referenz auf das ML, sowie auf § 1051 dtZPO und andere moderne Schiedsverfahrensgesetze, vermag der Ansatz *FASCHINGS*[1596] von der Anwendung des Rechts am Sitz des Schiedsgerichts nicht zu überzeugen.[1597] Vielmehr sollte es dem Schiedsgericht – wie von *REINER* angemerkt – möglich sein, das anwendbare materielle Recht im Zuge einer modernen Interpretation direkt zu gewinnen.[1598] Dieser Ansatz, die anwendbaren Rechtsvorschriften direkt zu adressieren und nicht über den zwingenden Umweg eines Kollisionsrechts gewinnen zu müssen, entspricht einem modernen Verständnis.

1592 *REINER*, ZRVgl. 1986, 162 (211).

1593 *FASCHING*, Schiedsverfahren, 108; *FASCHING*, Lehrbuch des österreichischen Zivilprozessrechts² (Wien 1990) Rn. 2211 [zukünftig zitiert als: *FASCHING*, Lehrbuch]; *RECHBERGER/SIMOTTA*, Grundriss des österreichischen Zivilprozessrechts – Erkenntnisverfahren⁶ (Wien 2003) Rn. 962; *LIEBSCHER/SCHMID*, Rn. 194; a.A.: *MELIS*, Austria, in: *PAULSSON* (Hrsg.), International Handbook on Commercial Arbitration I (The Hague, Loseblattsammlung Stand: Obtober 2003) 11, welcher das anzuwendende Recht nach den von den Schiedsrichtern für anwendbar erachteten („*deem applicable*") IPR-Regeln bestimmen will.

1594 *FASCHING*, Lehrbuch, Rn. 2211.

1595 In Deutschland hat nicht zuletzt *SANDROCK* für die alte deutsche Rechtslage nachgewiesen, welche ebenfalls keine Bestimmung zum anwendbaren Recht enthielt, dass Schiedsgerichtsentscheidungen nicht von den Artt. 27 ff. dtEGBGB präjudiziert werden bei ihrer kollisionsrechtlichen Entscheidung: *SANDROCK*, RIW 1992, 785 ff.

1596 Bspw. in: *FASCHING*, Schiedsverfahren, 108.

1597 Ähnlich: *LIEBSCHER*, 18 (2001) J.Int'lArb. 211 (219).

1598 *REINER*, ZRVgl. 1986, 162 (210 ff.).

§ 16.1.4.3: *Exkurs: Der Fall* NORSOLOR/PABALK[1599]

In dem vor dem österreichischen OGH verhandelten Fall *NORSOLOR* ging es um ein Schiedsverfahren nach den Bestimmungen der Internationalen Handelskammer. Beachtlich ist diese Entscheidung insoweit, als dass hier der OGH scheinbar entschieden hat, dass ein Schiedsspruch selbst dann nicht aufhebbar ist, wenn das Schiedsgericht ohne Autorisation durch die Parteien auf Basis der Billigkeit entscheidet. Zugleich hat der OGH hier die sog. *lex mercatoria* behandelt.

> „Die Anwendung billigen Ermessens seitens des Schiedsgerichtes, obwohl es zur Anwendung des Ermessens von den Parteien nicht ermächtigt wurde, stellt keinen Aufhebungsgrund nach § 595 Z 5 ZPO [öZPO a.F.] dar. Ein solcher Aufhebungsgrund liegt nur vor, wenn das Schiedsgericht den durch den Schiedsvertrag gesteckten Entscheidungsbereich überschreitet – also bei einer zumindest teilweisen Unzuständigkeit des Schiedsgerichts –, oder wenn die von den Parteien gestellten Sachanträge überschritten werden."
>
> „Das Nichtbeachten von Kollisionsnormen eines nationalen Rechtes und die Anwendung des Grundsatzes von Treu und Glauben unter Berufung auf die ‚lex mercatoria' stellt keinen Aufhebungsgrund nach § 595 Z 6 ZPO [öZPO a.F.] dar. Dieser Aufhebungsgrund ist nur bei einem Verstoß gegen zwingende, von den Parteien unabdingbare Vorschriften des materiellen Rechts oder gegen diejenigen allgemeinen Rechtsgrundsätze gegeben, von denen das Gesetz notwendigerweise als selbstverständlich ausgeht."[1600]

Diese Entscheidung erscheint bedenklich und ist in der Literatur durchaus auf Kritik gestoßen.[1601] Dennoch muss man genau betrachten, was entschieden wurde und genau differenzieren.

Der OGH führte somit aus, dass selbst in den Fällen, in denen ein Schiedsgericht sich über das anwendbare Kollisionsrecht hinwegsetzt und stattdessen mit Bezug auf die *lex mercatoria* das Prinzip von Treu und Glauben anwendet, keine Verletzung zwingenden Rechts im Sinne des § 595 öZPO vorliegt. Mehr noch hatte das Schiedsgericht die Frage des Schadens nach billigem Ermessen berechnet. Ob nun eine Schadensberechnung nach billigem Ermessen zulässig, oder eine Schadensfeststellung erst nach detaillierter Aufstellung und Untersuchung des Schadens möglich ist, ist primär eine Frage des Prozessrechts.

1599 OGH vom 18.11.1982, 8 Ob 520/82; zugrunde lag hier der ICC Schiedsspruch Nr. 3131 (1979).

1600 OGH vom 18.11.1982, 8 Ob 520/82, GesRZ 1983, 102 = RIW 1983, 868 ff. mit Anm. von *SEIDL-HOHENVELDERN* = *KAROLLUS*, Vorsorge gegen freie Rechtsfindung durch Schiedsgerichte, RdW 1992, 331 (332) ff. m.w.N. = KTS 1983, 666 mit Anm. *SCHLOSSER*, weitere Nachweise bei: *BAJONS*, FS *KRALIK*, 3 (22 Fn. 56).

1601 **Zustimmung** zum Urteil bei: *SEIDL-HOHENVELDERN*, RIW 1983, 870 ff. (insbes. 871, „zukunftsweisenden Gedanken des Handelsschiedswesens"); *VON HOFFMANN*, „Lex mercatoria" vor internationalen Schiedsgerichten, IPRax 1984, 106 ff.; *MELIS*, Anmerkungen zu OGH vom 18.11.1982, 8 Ob 520/82, IX (1984) YCA 159 ff.; **Ablehnung** bei: *SCHLOSSER*, KTS 1983, 668 ff.; *BAJONS*, FS *KRALIK*, 3 ff.

Diese Frage gibt jedoch keinen Grund, einen Schiedsspruch nach § 595 öZPO aufzuheben.

Die vom OGH angesprochene Billigkeit muss im Zusammenhang mit der gesamten Entscheidung gesehen werden. Primär wird die Begründung auf einen der *lex mercatoria* immanenten Grundsatz gestützt. Folglich ist eine Rechtsentscheidung ergangen. Im Rahmen dieser Rechtsentscheidung spielten dann „Billigkeitsaspekte" eine Rolle, wobei man hier von einer zumindest missglückten Wortwahl sprechen kann, zumal sowohl Schiedsgericht, als auch der OGH im Rahmen dieser Rechtsentscheidung die Schadensbemessung im Rahmen des gerichtlichen Ermessens vorgenommen haben. Hätte der OGH von Ermessen gesprochen, wäre sicherlich die Frage der Ermessensüberschreitung aufgekommen, nicht jedoch der laute Ruf nach einer Aufhebung einer Billigkeitsentscheidung ohne parteiliche Ermächtigung.

VON HOFFMANN geht ihm Rahmen der Diskussion der Billigkeitsentscheidung in besagtem Fall von der Prämisse aus, dass „sich weder nach französischem noch nach türkischem Recht die gestellte Frage nach der Schadensersatzpflicht des französischen Unternehmens durch eine schlichte Subsumtion unter das Gesetz oder durch Anwendung gesicherter höchstrichterlicher Rechtsprechung beantworten ließ[e]".[1602] Mehr noch hätte ebenso jeder staatliche Richter Rechtsfortbildung betreiben müssen.

Fraglich ist jedoch, ob diese Entscheidung des OGH die Frage der *lex mercatoria* korrekt angegangen ist. Die Frage, die hier zu beantworten ist, ist diese:

> Muss die Anwendung der *lex mercatoria* als Anwendung eines Rechts oder als Billigkeitsentscheidung gesehen werden?[1603]

Eine zentrale Frage ist, ob das Urteil im Allgemeinen richtig verstanden wurde. Die Möglichkeit des Schiedsgerichts ohne Ermächtigung, losgelöst vom kodifizierten Recht nach Billigkeitserwägungen zu entscheiden, birgt für sich genommen die Gefahr einer großen Rechtsunsicherheit. Generell führt eine schiedsgerichtliche Entscheidung nach Billigkeit ohne eine ausdrückliche Ermächtigung durch die Parteien zu einer Aufhebbarkeit des Schiedsspruches.[1604] Zu beachten ist hier jedoch das bereits oben diskutierte Problem. Genau genommen hat das Schiedsgericht nicht eine Billigkeitsentscheidung getroffen, sondern vielmehr auf Basis der *lex mercatoria* entschieden. Leider werden noch zu oft die Billigkeitsentscheidung mit der Entscheidung auf Basis der *lex mercatoria* vermischt, obwohl es sich bei letzterer eindeutig um eine Rechtsentscheidung handelt, wie oben ausführlich diskutiert wurde. Die österreichische Literatur (ebenso wie die deutsche) bezweifelt den Status der *lex mercatoria* als „Recht".[1605] Umstritten ist, ob es sich bei der

---

1602 *VON HOFFMANN*, „Lex mercatoria" vor internationalen Schiedsgerichten, IPRax 1984, 104 (107 f.).

1603 Ebenso: *LIEBSCHER/SCHMID*, Rn. 199.

1604 Bspw.: *BERGER*, 393; für weitere und ausführlichere Nachweise wird auf die Ausführungen im Rahmen des Art. 28 Abs. 3 ML verwiesen.

1605 *BAJONS*, FS *KRALIK*, 3 (31 ff.).

lex mercatoria um ein Recht oder um eine Zusammenschau von Rechtsnormen handelt, oder ob diese vielmehr im Zusammenhang mit der Entscheidung nach Billigkeit zu sehen ist. In dieser Arbeit wurde bereits vertreten, dass es sich bei der Entscheidung nach der *lex mercatoria* um eine Rechtsentscheidung handelt. Das Schiedsgericht hat hier ergo nicht rein nach Billigkeit entschieden, sondern vielmehr eine Rechtsentscheidung auf Basis eines Rechtssatzes der *lex mercatoria* getroffen.

Unabhängig von der Frage, wie sinnvoll die Anwendung der *lex mercatoria* ist, kann man sich nicht vor den Realitäten der internationalen Handelsschiedsgerichtsbarkeit verschließen. Im Laufe der Jahre ist die sog. *lex mercatoria* zu einem Konglomerat verschiedenster Rechtsnormen zusammengewachsen; selbst wenn diese allesamt sehr allgemein gehalten sind und für sich alleine kaum in der Lage sein dürften, einen konkreten Rechtsstreit zu lösen. Festzuhalten bleibt zunächst mit *MELIS*, dass sich der OGH in der fraglichen Entscheidung nicht zu der rechtlichen Einordnung der *lex mercatoria* geäußert hat.[1606] Es besteht jedoch ein (höchstgerichtlicher) Trend dahingehend, in der „unerwarteten" Anwendung der *lex mercatoria* keinen Grund für die Aufhebung oder die Versagung der Anerkennung und Vollstreckung eines Schiedsspruches zu sehen.[1607]

Zu beachten ist, dass der OGH sich bei seiner Entscheidung von 1982 noch auf die alte Fassung des § 595 mit seinem Bezug auf die „zwingenden Rechtsvorschriften" gestützt hat und erst seit der Reform von 1983 nunmehr das österreichische Recht von der „öffentlichen Ordnung" spricht. Würde es der OGH erneut mit einer derartigen Entscheidung zu tun haben, würde er sich mit dem Begriff der „öffentlichen Ordnung" auseinander setzen müssen. Es bliebe dann zu hoffen, dass der OGH bei seiner Entscheidungsfindung differenzierter vorgeht und deutlich macht, dass es sich nicht um eine Billigkeitsentscheidung handelt, sondern vielmehr um eine Rechtsentscheidung und wenn überhaupt um die Frage der Anwendung des „falschen" Rechts. Diese Frage gehört nicht zum Bestandteil des *ordre public*, womit die Entscheidung nicht alleine aufgrund dieses „Fehlers" aufhebbar wäre, sofern der Schiedsspruch nicht selbst aufgrund einer anderen Tatsache gegen den *ordre public* verstößt. Zwar ist die Anwendung des „falschen" Rechts aus Sicht der Parteien unerfreulich, dennoch wurde herausgestellt, dass in einem derartigen Falle eine Rechtsentscheidung getroffen wurde, selbst wenn diese auf Basis der *lex mercatoria* gefällt wurde.[1608]

Aus dieser Entscheidung wird weiterhin deutlich, dass das Schiedsgericht das anwendbare materielle Recht nicht mit Hilfe von Kollisionsnormen ermitteln muss und es ebenso eine andere – als eine rein nationale Vorschrift – zur Anwendung berufen kann.

1606 *MELIS*, Anmerkungen zu OGH vom 18.11.1982, 8 Ob 520/82, IX (1984) YCA 159 (163); sich anschließend: *LIEBSCHER/SCHMID*, Rn. 199.

1607 Übersicht bei: *KAPPUS*, Lex mercatoria in Europa und Wiener UN-Kaufrechtskonvention 1980 (Frankfurt am Main 1990) 89 ff.

1608 Siehe auch die Ausführungen im allgemeinen Teil zu den Grenzen.

Dies muss nach der Entscheidung des OGH selbst dann gelten, wenn das EuÜ mit seinem Art. VII anwendbar ist.[1609]

Es bleibt abzuwarten, wie das Gericht bei einem neuerlichen Entscheid einer derartigen Problemlage reagieren wird.

§ 16.1.4.4: Billigkeitsentscheidung

Die Entscheidung nach Billigkeit ist dem österreichischen Schiedsverfahrensrecht nicht fremd, auch wenn es diesbezüglich derzeit keine explizite Regelung in der öZPO gibt. Das Schiedsgericht ist grundsätzlich an die vereinbarten oder durch Kollisionsnormen ermittelten anwendbaren Rechtsvorschriften gebunden und darf nur dann nach Billigkeitsmaßstäben entscheiden, sofern die Parteien dies formgültig vereinbart haben[1610] oder wenn dies durch eine ausdrückliche Bestimmung einer Schiedsgerichtsordnung gedeckt ist, der sich die Parteien unterworfen haben.[1611] Jedoch findet diese – ebenso wie eine andere Rechtswahl durch die Parteien – ihre Grenzen in § 595 Abs. 1 Nr. 6 öZPO.[1612] Die Literatur geht einhellig von der Aufhebbarkeit eines Schiedsspruches aus, der auf Billigkeitserwägungen beruht, ohne dass das Schiedsgericht hierzu ermächtigt worden wäre.

§ 16.1.4.5: Berücksichtigung der Vertragsbestimmungen und Handelsbräuche

Keine Zweifel bestehen im derzeitigen österreichischen Schiedsverfahrensrecht – selbst ohne eine explizite gesetzliche Regelung – daran, dass der Schiedsrichter die Vertragsbestimmungen sowie die jeweiligen Handelsbräuche zu berücksichtigen hat.[1613] Dies ergibt sich – zumindest für dessen Anwendungsbereich – nicht zuletzt aus Art. VII EuÜ.

§ 16.1.5: Zwischenergebnis

Das derzeitige österreichische Recht erschließt sich nur dem Kenner der Materie. Eine Rechtswahl ist den Parteien jedoch im selben Umfang möglich, wie sie schon zum ML diskutiert wurde und insofern befindet sich das derzeitige österreichische Recht hier durchaus auf einem modernen Stand. Schwieriger ist da die Frage der Rechtsbestimmung durch das Schiedsgericht bei einer ausgebliebenen Rechtswahl durch die Parteien zu beantworten. Das Vorgehen des Schiedsgerichts ist hier nicht gesetzlich verankert und es ist

---

1609 Im zugrunde liegenden Fall, war zwar nicht das EuÜ, wohl aber eine dem EuÜ ähnliche Verfahrensregelung in Art. 13 Abs. 3 ICC ArbRules (1975) anwendbar.

1610 *Fasching*, Lehrbuch, Rn. 2211.

1611 *Fasching*, Schiedsverfahren, 108; *Reiner*, ZRVgl. 1986, 162 (211).

1612 *Fasching*, Schiedsverfahren, 108; *Fasching*, Lehrbuch, Rn. 2211; *Liebscher/Schmid*, Rn. 197; *Fasching*, Internationale Schiedsgerichtsbarkeit in Österreich, in: *Schlosser* (Hrsg.), Internationale Schiedsgerichtsbarkeit – Arbitrage International – International Arbitration (Bielefeld 1997) 729 (748).

1613 *Reiner*, ZRVgl. 1986, 162 (211).

in Literatur und Rechtsprechung keine einheitliche Linie vorhanden, wenn auch eine Tendenz dahin bestehen mag, dass das österreichische Kollisionsrecht des öIPRG und des EVÜ anzuwenden ist. Einige Autoren nehmen jedoch an, dass schon nach dem derzeitigen Recht das Schiedsgericht befugt ist das anwendbare materielle Recht im Wege des *voie directe* zu ermitteln. Dieser Ansatz ist vorzugswürdig.

Die derzeitige Rechtslage in Österreich erlaubt es ebenso, eine Billigkeitsentscheidung zu vereinbaren. Einig ist man sich hier, dass eine solche Vereinbarung explizit zu erfolgen hat und nicht implizit erteilt werden kann.

Die Berücksichtigung der Vertragsbestimmungen und der Handelsbräuche ist im derzeitigen Recht nicht ausdrücklich geregelt. Ihre Berücksichtigung stellt jedoch nach einhelliger Auffassung eine Selbstverständlichkeit dar.

Insofern ist das geltende österreichische Schiedsverfahrensrecht durchaus auf einem modernen Stand. Es laboriert jedoch an seiner Undurchsichtigkeit. Es gibt kaum gesetzliche Bestimmungen die die Frage des anwendbaren materiellen Rechts klar regeln, noch gibt es eine gefestigte Rechtsprechung oder Literaturmeinung durch alle Fragenkomplexe hindurch. Insbesondere die Rechtsbestimmung durch das Schiedsgericht bei einer fehlenden Parteivereinbarung wirft Fragen auf. Insofern sind die derzeitigen Reformdiskussionen zu begrüßen.

§ 16.2: Gesetzentwurf

Die Tatsache, dass nunmehr weit über 40 Staaten weltweit das ML übernommen haben, haben auch in Österreich die Diskussionen um eine grundlegende Reform des österreichischen Schiedsverfahrensrechts genährt.[1614] Sofern Österreich weiterhin eine bedeutende Rolle in der internationalen Schiedsgerichtsbarkeit spielen will, muss es zumindest eindringlich über eine grundlegende Reform auf Basis des ML nachdenken.

Die alte und derzeitige Fassung der öZPO stammt von *Franz Klein*. Die Regelungen der öZPO waren Ende des 19. Jh. durchaus fortschrittlich konzipierte Regeln des Schiedsverfahrens und hatten gar eine Vorreiterrolle. Mehr als 100 Jahre nach ihrem Inkrafttreten sind sie trotz einiger Novellierungen nicht mehr zeitgemäß und die Schiedsverfahrensregelungen der öZPO entsprechen nicht mehr internationalen Standards. Schon die Formulierung in den §§ 577 ff. öZPO wirkt etwas „altertümlich". Die Zivilverfahrensnovelle von 1983 mit ihrer „Internationalisierung" und Modernisierung des Verfahrens mutet aus heutiger Sicht eher zaghaft an. Eine Gesamtreform unterblieb damals leider, jedoch fehlte seinerzeit noch ein richtungsweisender Bezugspunkt, wie das ML von 1985.

1614 Vgl.: *Liebscher*, 18 (2001) J.Int'lArb. 211.

„Die Schaffung eines zeitgemäßen österreichischen Schiedsverfahrensrechts ist vor diesem Hintergrund nach weitgehend einhelliger Auffassung ein dringendes rechtspolitisches Anliegen.“[1615]

Von einer vom *LUDWIG-BOLTZMANN*-Institut für Rechtsvorsorge und Urkundswesen eingesetzten Arbeitsgruppe wurde auf dieser Basis ein „Entwurf eines neuen Schiedsverfahrensrechts“ für Österreich (öZPO-E) entwickelt. Am Ergebnis dieses Entwurfes haben sowohl Vertreter der Schiedspraxis als auch der akademischen Lehre teilgenommen. Zum ersten Mal in der Geschichte des Instituts wurden aber desgleichen Vertreter des Bundesministeriums für Justiz von vorneherein in die Arbeit mit einbezogen, um so eine möglichst breite Umsetzungsmöglichkeit zu gewährleisten.

Der ausgearbeitete Entwurf setzt beim ML an. Bei diesem Entwurf handelt es sich nicht um eine Novellierung der §§ 577 ff. öZPO, sondern vielmehr um deren Neufassung. Jedoch wurde das ML nicht einfach ins österreichische Recht übernommen. Vielmehr wurde es im Grundsatz, sowie in einzelnen Bestimmungen des ML, umfangreich analysiert, diskutiert und ggf. an das österreichische Recht angepasst. Dabei wurden bewusst nicht alle Vorgaben des ML sklavisch übernommen. Insbesondere hat sich die Arbeitsgruppe mit dem deutschen Reformprozess auseinandergesetzt, welcher einen ähnlichen Ansatz schon 1998 verfolgt hatte. Im Ergebnis wurde das ML durch die Arbeitsgruppe im Wesentlichen übernommen.

§ 16.2.1: Anwendbarkeit des öZPO-E / anwendbares Verfahrensrecht

Der § 577 Abs. 1 öZPO-E folgt dem territorialen Ansatz. Das Schiedsverfahrensrecht ist somit auf alle Schiedsgerichtsverfahren anzuwenden, die ihren Sitz in Österreich haben. Es findet somit – wie nach der alten Rechtslage – keine Unterscheidung in inländische und ausländische Schiedsgerichtsbarkeit statt. Des Weiteren ist das Schiedsverfahrensgesetz uneingeschränkt anwendbar und nicht auf internationale Handelsstreitigkeiten beschränkt.

Das anwendbare Verfahrensrecht wird im Entwurf in § 594 öZPO-E behandelt. Dessen Absatz 1 Satz 1 besagt, dass die Parteien vorbehaltlich zwingender Vorschriften der §§ 577 ff. öZPO-E das Verfahren selbst oder durch Bezugnahme auf eine Verfahrensordnung regeln können. In Abwesenheit einer solchen Abrede regelt § 594 Abs. 1 S. 2 öZPO-E, dass das Schiedsgericht vorbehaltlich des zwingenden Rechts der § 577 ff. insbesondere jedoch § 594 Abs. 2 (faires Verfahren und rechtliches Gehör) öZPO-E das Verfahren nach freiem Ermessen bestimmen kann.

1615 *OBERHAMMER*, 21.

§ 16.2.2: Anwendbares Recht

Die Frage des anwendbaren materiellen Rechts wird im Entwurf einer internationalen Systematik folgend im „Sechsten Titel: Schiedsspruch und Beendigung des Verfahrens" in § 603 öZPO-E „Anzuwendendes Recht" behandelt.

> **§ 603 öZPO-E:**
> „Das Schiedsgericht hat die Streitigkeit in Übereinstimmung mit den **Rechtsvorschriften** oder **Rechtsregeln** zu entscheiden, die von den Parteien vereinbart worden sind. Die Bezeichnung des Rechts oder der Rechtsordnung eines bestimmten Staates ist, sofern die Parteien nicht ausdrücklich etwas anderes vereinbart haben, als unmittelbare Verweisung auf das materielle Recht dieses Staates und nicht auf sein Kollisionsrecht zu verstehen.
> Haben die Parteien die anzuwendenden **Rechtsvorschriften** oder **Rechtsregeln** nicht bestimmt, so hat das Schiedsgericht jene **Rechtsvorschriften** oder **Rechtsregeln** anzuwenden, die es für angemessen erachtet.
> Das Schiedsgericht hat nur dann nach Billigkeit zu entscheiden, wenn die Parteien es **ausdrücklich** dazu ermächtigt haben."

Die im deutschen Reformprozess heiß diskutierten Frage, ob im Rahmen einer Novellierung das EVÜ im Entwurf Berücksichtigung finden muss, gehen die Reformgesetzgeber wie folgt aus dem Weg:

> „Im deutschen Gesetzgebungsprozess wurde intensiv diskutiert, ob das Schiedsgericht das EVÜ anwenden muss, und ob und inwiefern dies durch entsprechende gesetzliche Vorkehrungen sicherzustellen sei. Der vorliegende Entwurf enthält dazu bewusst keine Aussage; geht das Schiedsgericht davon aus, dass es das EVÜ anzuwenden hat, so wird es sich bei seiner Entscheidung, welches Recht ‚angemessen' ist, von dessen Bestimmungen leiten lassen."[1616]

Dass das EVÜ nicht zwingend Anwendung erfahren muss wurde bereits im Rahmen des ML diskutiert und wird nochmals im Rahmen des deutschen Rechts problematisiert, zumal sich der deutsche Gesetzgeber – entgegen der Intention des EVÜ – an dieses bei der Neufassung seines Schiedsverfahrensrechts gebunden sah.

Es kann nur noch mal wiederholt werden, dass der Weg des österreichischen Gesetzgebers auf den ersten Blick einleuchtend erscheint. Wäre jedoch der Gesetzgeber im Rahmen einer Reform seines Schiedsverfahrensrechts an das EVÜ gebunden gewesen, hätte er eine Regelung mit Hinweis auf das oder konform mit dem EVÜ in sein neues Gesetz implementieren müssen. Nachdem dies jedoch nicht der Fall ist, bleibt es in der Tat dem Schiedsgericht überlassen, ob es das EVÜ im konkreten Fall für anwendbar erachtet.

§ 16.2.2.1: Rechtswahl durch die Parteien

Die gesetzliche Regelung zur Rechtswahl durch die Parteien ist in § 603 Abs. 1 öZPO-E zu finden. Die Arbeitsgruppe hat hierbei nahezu unverändert den Art. 28 Abs. 1 ML

1616 *Oberhammer*, 110.

übernommen und entspricht inhaltlich ebenso dem § 1051 Abs. 1 dtZPO. Aufgrund der Bedeutung der Parteiautonomie, die – wie dargelegt – sowohl in der *lex mercatoria* wie auch einem transnationalen *ordre public* verankert ist, ist eine Übernahme dieser Vorschrift in das österreichische Recht geradezu eine Selbstverständlichkeit.[1617]

Wie § 603 Abs. 1 S. 2 öZPO-E klarstellt, ist die Rechtswahl durch die Parteien, wie im ML und der dtZPO, als Sachnormverweisung zu verstehen, soweit die Parteien keinen anders lautenden Willen äußern.

Einigkeit besteht darin, dass die Rechtswahlmöglichkeiten weit verstanden werden sollten, so dass ebenfalls auf internationaler Ebene erarbeitete Rechtsvorschriften gewählt werden können, wie bspw. die *UNIDROIT-Principles*.

> „Im Hinblick auf den Begriff ‚Rechtsvorschriften' könnte dies allerdings bezweifelt werden, da bei streng engherzig-positivistischer Auslegung die Meinung vertreten werden könnte, es könne sich dabei nur um Vorschriften eines bestimmten staatlichen Rechts handeln."[1618]

Satz 1 soll deshalb um den Begriff der „Rechtsregeln" ergänzt werden, um Klarheit bezüglich der weit reichenden Parteiautonomie bei der Wahl des anwendbaren Rechts zu schaffen. Andernfalls könne bei einem engen Verständnis des Begriffes „Rechtsvorschriften" die Ansicht vertreten werden, es könne sich hierbei nur um Vorschriften eines bestimmten staatlichen Rechts handeln. Nach dem Willen der Arbeitsgruppe soll „der Parteiautonomie hier eine möglichst breite Einfallspforte geöffnet werden".[1619]

> „Rechtsvorschriften ist ein zusammenfassender Ausdruck für alle Arten von Rechtsnormen [...]."[1620]

Die Ansicht, dass die Einführung des Begriffes „Rechtsregeln" der Klarheit dienlich ist, kann jedoch nicht geteilt werden.[1621] Die Aufnahme dieses Terminus ist zur Klarstellung weder notwendig noch sinnvoll. Gerade die Verwendung eines weiteren Terminus könnte zu Verwirrungen über die Reichweite der Parteiautonomie führen. Die Philosophie, die hinter den Begrifflichkeiten „Recht" und „Rechtsvorschriften" steht, wurde im Rahmen der Entstehung des Art. 28 Abs. 1 ML, sowie nach seinem Beschluss in der Literatur (nicht nur der übernehmenden Staaten) ausführlich diskutiert. Allgemein herrscht diesbezüglich ein einvernehmliches, weites Verständnis. Die Philosophie, die sich hinter der Verwendung Recht und Rechtsvorschriften und in der offiziellen Version des ML *law* und *rules of law* verbirgt, ist allgemein bekannt und unstrittig.[1622] Nachdem Österreich ebenso den Art. 28 Abs. 3 ML in § 603 Abs. 3 übernehmen will und damit die Möglich-

---

1617 Ebenso: *VON SAUCKEN*, 177.

1618 *OBERHAMMER*, 109.

1619 *OBERHAMMER*, 109.

1620 *CREIFELDS*, Rechtswörterbuch[15] (München 1999) Stichwort: „Rechtsvorschriften".

1621 Für eine wortgetreue Übernahme des Art. 28 Abs. 1 ML ins österreichische Recht auch: *VON SAUCKEN*, 177.

1622 Wie dies schon bei der betreffenden Vorschrift dargelegt wurde.

keit zu Ermächtigung zur Entscheidung nach Billigkeit explizit gesetzlich verankert, ist ein weites Rechtswahlverständnis des § 603 Abs. 1 öZPO-E selbst ohne den weiteren Terminus „Rechtsregeln" nur konsequent. Aus der Möglichkeit zur Ermächtigung zur Entscheidung nach Billigkeit folgt zwangsläufig, dass es den Parteien möglich sein muss, dem Schiedsgericht zumindest eine „Richtschnur" zur Seite zu stellen. Somit kann die *lex mercatoria* – unabhängig von ihrer umstrittenen Einordnung – vereinbart werden. Dies wird vom Vorsitzenden der Entwurfskommission anerkannt.[1623] Eine andere Auslegung würde zu einem Widerspruch mit Abs. 3 führen und wäre nur schwerlich zu erklären.

Ob der zusätzliche Begriff der „Rechtsregeln" Klarheit schafft, erscheint zweifelhaft.[1624] Insbesondere die englischen Übersetzungen der Begriffe „Rechtsvorschriften" und „Rechtsregeln" würden auf den einheitlichen Begriff der „*rules of law*" hinauslaufen.[1625] Somit würde dies, insbesondere bei ausländischen Parteien, die einer Übersetzung des Gesetzes bedürfen, mehr Unklarheit als Klarheit erzeugen.[1626]

Folgerichtig ist gerade in Bezug auf Abs. 1 keine weitere Begrifflichkeit wie die „Rechtsregeln" von Nöten, um Klarheit zu erhalten. Der Begriff „Rechtsregeln" könnte vielmehr zu Verwirrung führen und damit eine Rechtsunsicherheit im „neuen" österreichischen Schiedsverfahrensrecht bedeuten. Gerade zumal annähernd alle anderen Modellgesetz rezipierenden Länder die Philosophie hinter der Wortwahl des Abs. 1 nahezu unverändert übernommen haben, führt die Einführung einer neuen Begrifflichkeit zu Spekulationen. Die bedeutendste Frage ist hierbei, worin der Unterschied zwischen den „Rechtsvorschriften" und den „Rechtsregeln" liegt und liegen soll? Wenn es einen Unterschied gibt, wird die Situation gravierender. Dann stellt sich die Frage, ob es eine gemeinsame Schnittmenge beider Definitionen gibt oder ob nun bestimmte Rechte aus beiden Definitionen herausfallen und somit die Verwendung beider Begrifflichkeiten am Ende gar zu einer restriktiveren Auslegung der Rechtswahlmöglichkeiten führt.

> „Eine präzisere Umschreibung des Begriffs ‚Rechtsregeln' empfiehlt sich in diesem Zusammenhang nicht; insbesondere würde etwa ein Hinweis auf ‚international anerkannte Rechtsregeln' oder dergleichen nur zu Streitigkeiten darüber führen, ob ein vereinbartes Regelungswerk Gegenstand solcher internationaler Anerkennung ist."[1627]

Dasselbe muss aber schon für die Verwendung des Begriffes Rechtsregeln gelten.

> „Der Parteiautonomie soll hier eine möglichst breite Einfallspforte geöffnet werden."[1628]

Dies jedoch kann am besten dadurch erreicht werden, dass das ML und die hinter Art. 28 Abs. 1 ML stehende Philosophie nahezu unverändert übernommen wird, wie es

1623 *OBERHAMMER*, 109.
1624 Vgl.: *VON SAUCKEN*, 177.
1625 *VON SAUCKEN*, 178.
1626 Ähnlich: *VON SAUCKEN*, 178.
1627 *OBERHAMMER*, 109.
1628 *OBERHAMMER*, 109.

ferner der deutsche Gesetzgeber getan hat. Von der Begrifflichkeit der „Rechtsregeln“ ist damit gerade im Lichte der Rechtsklarheit Abstand zu nehmen. Es bleibt zu hoffen, dass der österreichische Gesetzgeber dies bei der Umsetzung des Entwurfes berücksichtigt.

§ 16.2.2.2: Rechtsbestimmung durch das Schiedsgericht

Die Rechtsbestimmung durch das Schiedsgericht bei Ausbleiben einer Parteivereinbarung ist in § 603 Abs. 2 öZPO-E geregelt. Demnach soll das Schiedsgericht mangels einer Parteivereinbarung diejenigen „Rechtsvorschriften“ oder „Rechtsregeln“ anwenden, die es für angemessen erachtet. Dem Schiedsgericht kämen folglich die gleichen Befugnisse bei der Rechtswahl zu, wie den Parteien. Ergo könnte sich ein Schiedsgericht auf unterschiedliche Rechtsvorschriften und Rechtsregeln bei seiner Streitentscheidung stützen und hierzu ebenso anationales Recht heranziehen.

Bezüglich der ergänzenden Begrifflichkeit der „Rechtsregeln“ gilt hier die schon zuvor im Rahmen des Absatzes 1 geäußerte Kritik. Vielmehr sollte sich der Gesetzgeber hier wiederum an der Wortwahl des Art. 28 Abs. 1 ML orientieren, wenn er dem Schiedsgericht die gleichen Möglichkeiten wie den Parteien zur Seite stellen möchte.

Mit dem Entwurf des § 603 Abs. 2 öZPO-E vollzieht die Arbeitsgruppe eine Abkehr von dem bisher in Österreich geltenden Grundsatz der Anwendung des am Schiedsort geltenden IPR. Das Schiedsgericht wäre damit in Zukunft an kein nationales Kollisionsrecht mehr gebunden, sondern könnte vielmehr das anwendbare Recht oder die anwendbaren Rechtsvorschriften (und Rechtsregeln) selbst und direkt bestimmen.

Der Entwurf weicht damit vom ML ab und folgt dem von Art. 1496 franzNCPC sowie Art. 1054 Abs. 2 niederländischeZPO aufgezeigten Weg, dem daneben die Schweiz[1629] folgt.[1630] Mit der direkten Rechtswahl durch das Schiedsgericht – ohne Vorschaltung eines Kollisionsrechts – hat sich die Arbeitsgruppe zugunsten einer Anknüpfung entschieden, welche dem Schiedsgericht ein Höchstmaß an Flexibilität garantiert.[1631] Konsequenterweise wird diese Abweichung von der Regelung des ML damit begründet, dass nationale Rechtsordnungen häufig nicht die notwendigen und befriedigenden Lösungen anböten, wie sie vom modernen Wirtschaftsverkehr erwartet würden.[1632] Auf der anderen Seite ist die Arbeitsgruppe der Ansicht, dass nur der Weg der direkten Anknüpfung (*voie directe*) – d.h. ohne den Umweg über ein Kollisionsrecht – dem Schiedsrichter die notwendige

---

1629 Trotz entgegenstehenden (deutschen) Wortlauts des Art. 187 Abs. 1 schweizIPRG.

1630 Schweiz: *Walter/Bosch/Brönnimann*, 191; *Berger*, 387.

1631 Diesen Ansatz unterstützen insbesondere: *Sanders*, The Introduction of UNCITRAL's Model Law on International Arbitration into German Legislation, in: *Glossner* (Hrsg.), 4 (1990) JPS 121 (124) und sich ihm anschließend: *Zerbe*, 229 ff., allerdings ohne auf die Unterscheidung zwischen „Recht“ und „Rechtsvorschriften“ einzugehen und mit der Einschränkung, dass das Schiedsgericht auf jeden Fall gezwungen sein sollte, den Parteien seine Rechtswahl zu begründen und dies vor Erlass des Schiedsspruches zu offenbaren; vgl. hierzu aber schon die Ausführungen zu Art. 28 Abs. 2 ML.

1632 Vgl.: *Blessing*, 14 (1997) J.Int'lArb. 39 (57).

Flexibilität bei der Rechtsanwendung verleiht. Aus heutiger Sicht sei die Lösung des ML eher umständlich und unflexibel.[1633]

> „Das Schiedsgericht müsste sich damit [nach dem ML] für ein bestimmtes Kollisionsrecht [...] entscheiden und dann anhand dieses Kollisionsrechts eine bestimmte Rechtsordnung ermitteln, die es dann ausschließlich anzuwenden hätte. Der sorgfältige Schiedsrichter müsste sich damit dann zunächst in erster Linie mit den Auslegungsproblemen eines bestimmten Kollisionsrechts auseinandersetzen und dann ein bestimmtes staatliches Recht zur Anwendung bringen."[1634]

Dies würde den Weg über eine rechtsvergleichende, kollisionsrechtliche Betrachtung verschließen. Dies gehört jedoch heute in der Praxis zu einem gängigen Vorgehen. Folgerichtig würde dies der heutigen Schiedspraxis nicht gerecht. Vielmehr würde ein derartiges Vorgehen den Weg für künftige Entwicklungen in der internationalen Schiedsgerichtsbarkeit versperren.[1635]

Die Arbeitsgruppe hielt den (deutschen) Ansatz der „engsten Verbindung" („stärkste Beziehung" im öIPRG) für wenig praktikabel, zumal der Grundsatz der engsten Verbindung sehr stark von den Anschauungen des kontinentaleuropäischen, insbesondere deutschsprachigen Rechtskreises (Deutschland als „engste Beziehung", Österreich als „stärkste Beziehung" und die Schweiz als „engster Zusammenhang) geprägt und somit ausländischen Parteien und Schiedsrichtern fremd ist.[1636] Diese Kritik ist nicht korrekt. Das Prinzip der engsten Verbindung ist nicht nur ein Grundprinzip des IPR, sondern ebenso im *common law*[1637] und außerdem internationalen Schiedsrichtern hinreichend bekannt.[1638] Mehr noch ist es das übergreifende Prinzip des Kollisionsrechts schlechthin.[1639] Dennoch ist die Entscheidung gegen das Prinzip der engsten Verbindung (*le principe de proximité*) durch die Arbeitsgruppe zu begrüßen. Wie bereits bei Art. 28 Abs. 2 ML ausgeführt, handelt es sich bei der „engsten Verbindung" lediglich um eine „Leerformel" oder „Worthülse", die durch den jeweiligen Anwender und die differierende Schwerpunktsetzung ein anderes Ergebnis herbeiführen kann und somit für die Vorhersehbarkeit der Entscheidung wenig hilfreich ist. Insbesondere differieren die Anknüpfungspunkte, die für die stärkste Beziehung sprechen sollen. Insofern überzeugt das inhaltslose Entscheidungskriterium, welches Sicherheit und Vorhersehbarkeit bei der Rechtswahl durch das Schiedsgericht bringen sollte, nicht. Im Endeffekt sagt dieser Ansatz nicht mehr, als

1633 *Oberhammer*, 109.

1634 *Oberhammer*, 109.

1635 Vgl.: *Oberhammer*, 109 f.

1636 Vgl.: *Oberhammer*, 110.

1637 Bspw.: § 188 amerikanisches Restatement *of Law (Second, Conflict of Laws*, hier als *„most significant relationship"* bekannt.

1638 Vgl.: *Eisemann*, FS *Bülow*, 59 (63); *Lalive*, Ordre Public Transnational (Ou Réellement International) Et Arbitrage International, Rev.Arb. 1986, 329 (356); vgl. auch die Ausführungen zum ML.

1639 *Lagarde*, Le principe de proximité dans le droit international privé contemporain, Recureil des Cours 196 (1986-I) 29 ff.

dass dasjenige Recht anzuwenden ist, welches aufgrund kollisionsrechtlicher Erwägungen am sinnvollsten erscheint. Das Kriterium der „Angemessenheit“ soll hierbei nicht mehr bedeuten, als dass sich das Schiedsgericht an dieser Stelle von kollisionsrechtlichen Erwägungen leiten lassen soll.[1640] So gibt der Entwurfsgesetzgeber zu, dass *in praxi* die drei gebräuchlichen Lösungsansätze[1641] in der Regel zum gleichen Ergebnis führen dürften.[1642] Entscheidend für den nun gewählten Lösungsansatz war seine hohe Flexibilität und Offenheit.[1643]

„Da die Rechtsanwendung durch das Schiedsgericht in der Regel gerichtlich nicht oder nur in Ausnahmefällen (*ordre public*) überprüft werden kann, birgt dieser Ansatz letztlich die Gefahr, dass die Parteien die Entscheidung des Schiedsgerichts weder hinreichend vorhersehen noch nachvollziehen können.“[1644]

Die Kritik, dass der weite Spielraum der Parteien mit der Parteiautonomie zu erklären sei und nicht für die Rechtswahl durch das Schiedsgericht gelten solle, überzeugt wenig. Der nunmehr weite Spielraum des Schiedsgerichts ermächtigt das Schiedsgericht freilich nicht dazu, eine willkürliche Entscheidung zu treffen, vielmehr muss dessen Entscheidung stets sachlich begründet und nachvollziehbar sein.[1645] Mit dem oben Gesagten ist einmal mehr herauszustellen, dass die Rechtswahl durch das Schiedsgericht im Zusammenhang mit den Befugnissen der Parteien zu sehen ist. Diese sind jederzeit befugt, eine Rechtswahl zu treffen, d.h. auch noch während des Verfahrens. Sofern ihnen eine Rechtswahl des Schiedsgerichts nicht zusagt, können sie diese im Einvernehmen bis zum Abschluss des Verfahrens abändern. Können sich die Parteien nicht positiv auf ein anwendbares Recht einigen, so fällt es ihnen sicherlich leichter, sich negativ auf ein nicht anwendbares Recht zu einigen und somit die Rechtswahl durch das Schiedsgericht im Rahmen des § 603 Abs. 2 öZPO-E über ihre Rechtswahlbefugnisse im Rahmen des § 603 Abs. 1 öZPO-E zu beschränken. Weiterhin macht es nach dem oben Gesagten kaum einen Unterschied, ob das Schiedsgericht zunächst ein Kollisionsrecht zwischenschalten muss, die engste Verbindung wählen soll oder gänzlich frei bestimmt, welches materielle Recht es für anwendbar erachtet. Der Vorhersehbarkeit ist weder eine „Leerformel“ wie die „engste Verbindung“, noch die Zwischenschaltung eines zu ermittelnden Kollisionsrechts zuträglich. Vielmehr stellt die geäußerte Kritik einen Anachronismus der internationalen Schiedsgerichtsbarkeit dar. Mehr noch hat sich gezeigt, dass der Umweg über das an-

---

1640 *OBERHAMMER*, 110.

1641 Als da wären: Verweis auf das nationale Kollisionsrecht, auf die engste Verbindung oder (uneingeschränkter) *voie directe*.

1642 *OBERHAMMER*, 110.

1643 *OBERHAMMER*, 110.

1644 *VON SAUCKEN*, 183.

1645 Ähnlich: *VON SAUCKEN*, 183.

wendbare Kollisionsrecht Schiedsgerichte bisher nicht davon abhalten konnte, das anwendbare Recht nach eigenen Maßstäben festzulegen.[1646]

Generell sollten moderne Schiedsverfahrensgesetze den Anforderungen des internationalen Wirtschafts- und Warenverkehrs entgegenkommen und die Wahl eines anationalen Rechts über einen weiten Ermessensspielraum zulassen. Es sei daran erinnert, dass selbst im Falle der Anwendung des „falschen“ Rechts ein Schiedsspruch nicht aufhebbar ist. Insofern ist ein weiter Spielraum auf Seiten des Schiedsgerichts der von vorneherein „ehrlichere“ Weg, zumal es sich internationale Schiedsgerichte nicht nehmen lassen werden, das Recht zur Anwendung zu berufen, welches ihm am zweckmäßigsten erscheint, den konkreten Rechtsstreit zu lösen, selbst wenn dies ein anationales Recht ist. Schiedsgerichte werden gerade von Parteien im internationalen Wirtschaftsverkehr angerufen, weil man sich von einem Schiedsgericht eine größere Sachnähe und damit praxisgerechte Entscheidung erwartet. Setzt man also dieses Vertrauen in die Schiedsgerichte, warum sollte man seine Kompetenzen beschränken, sofern die Entscheidung des Schiedsgerichts nicht gegen den *ordre public* verstößt?

Vielmehr ist der durch § 603 Abs. 2 öZPO-E einzuführende weite Ermessensspielraum durch das Schiedsgericht zu begrüßen. Insbesondere wird somit ein Gleichlauf mit der Rechtswahl durch die Parteien erreicht. Jedoch sollte die Terminologie des Art. 28 Abs. 1 ML genutzt werden, um den weiten Spielraum des Schiedsgerichts zu betonen. Abgesehen werden sollte von der Aufnahme des zusätzlichen Begriffes der „Rechtsregeln“.

§ 16.2.2.3: Billigkeitsentscheidung

Die Arbeitsgruppe hat sich bei der Formulierung des § 603 Abs. 3 öZPO-E inhaltlich voll hinter Art. 28 Abs. 3 ML gestellt. Insbesondere verzichtet die Arbeitsgruppe nicht auf das Erfordernis der „ausdrücklichen“ Ermächtigung.

In seiner Originalfassung spricht das ML lediglich ergänzend von einer Entscheidung *„ex aequo et bono or as amiable compositeur“*. In der deutschsprachigen Rechtsterminologie bringt der Begriff der „Billigkeit“ dies – ausreichend klar[1647] – zum Ausdruck. Es erscheint dem Entwurfsverfasser somit nicht notwendig, zusätzlich auf die beiden anderen Termini zu verweisen.[1648] Dies ist insoweit richtig, als dass die ML-Verfasser beide Termini mit in Art. 28 Abs. 3 ML aufgenommen haben, um klarzustellen, dass die Entscheidung *ex aequo et bono* und *amiable compositeur* im ML dieselbe Bedeutung und die glei-

1646 DERAINS, ICCA Congress Series No. 2, 169 (192), im Hinblick auf den mit Art. 28 Abs. 2 ML damals übereinstimmenden Art. 13 Abs. 3 S. 2 ICC ArbRules (1975), was nicht zuletzt dazu geführt haben dürfte, dass Art. 17 Abs. 1 ICC ArbRules (1998) nunmehr ebenfalls von einer direkten Rechtswahl – ohne Zwischenschaltung eines Kollisionsrechts – ausgeht.

1647 Ebenso: OBERHAMMER, 110.

1648 OBERHAMMER, 110.

chen Wirkungen entfalten sollen, was international – aufgrund eines differierenden Verständnisses – nicht durchgängig gegeben ist.[1649]

Entgegen dem deutschen Gesetzgeber, der nochmals klarstellen wollte, dass eine Ermächtigung zur Entscheidung nach Billigkeit bis zur Entscheidung des Schiedsgerichts erfolgen könne, hat sich der österreichische Entwurfsgesetzgeber gegen einen solchen Zusatz entschieden. Dies aus dem Grunde, als dass es ihm nicht einleuchtet, warum gerade dieser spezielle Fall einer (nachträglichen) „Rechtswahl" einer expliziten Regelung bedarf. Diese Kritik ist berechtigt. Wie oben erläutert, leitet sich dies schon aus der alles beherrschenden Parteiautonomie ab. Wie schon bei Art. 28 Abs. 1 ML weiter ausgeführt, ist aus diesem Grund jederzeit eine Rechtswahl durch die Parteien möglich. Nachdem es sich streng dogmatisch gesehen bei der Ermächtigung zur Entscheidung nach Billigkeit um eine (spezielle) Rechtswahl im Sinne des Abs. 1 handelt, kann hier nichts anderes gelten. Eine jederzeitige Rechtswahlmöglichkeit und damit jederzeitige Möglichkeit zur Ermächtigung der Entscheidung nach Billigkeit ist somit eine Selbstverständlichkeit.

Insofern ist die vorbehaltlose Übernahme des Art. 28 Abs. 3 ML zu begrüßen. Es gilt folglich auch weitgehend das zu Art. 28 Abs. 3 ML Gesagte.

§ 16.2.2.4: Berücksichtigung der Vertragsbestimmungen und Handelsbräuche

Art. 28 Abs. 4 ML, welcher bestimmt, dass das Schiedsgericht in Übereinstimmung mit den Bestimmungen des Vertrages zu entscheiden und die auf das Rechtserhältnis anwendbaren Handelsbräuche zu berücksichtigen hat, wurde vom Entwurfsgesetzgeber nicht übernommen. Die Bestimmung soll eine Selbstverständlichkeit zum Ausdruck bringen und daher zur „Entlastung des Gesetzestextes" nicht in den Entwurf übernommen werden.[1650]

Unabhängig davon, dass es sich in der Tat um eine Selbstverständlichkeit handelt, sollte jedoch ebenfalls diese Bestimmung übernommen werden. Dies vor allem, nachdem annähernd alle ML rezipierenden Staaten diese Regelung übernommen haben und ein Auslassen dieser Bestimmung gerade zu Spekulationen führen kann und wird, warum diese Bestimmung trotz Übernahme des ML nicht im österreichischen Recht enthalten ist. Auch wenn die Berücksichtigung vorher eine Selbstverständlichkeit schien, kann nunmehr eine andere Deutung insbesondere durch die Auslassung erfolgen, was vom Entwurfsverfasser nicht gewollt sein dürfte.

Gerade zumal eine derartige Bestimmung in vielen Schiedsverfahrensgesetzen (nicht nur in denen, die sich am ML orientieren) und Schiedsverfahrensordnungen enthalten ist, sollte eine derartige Bestimmung weiterhin aufrecht erhalten werden, um keine Angriffsfläche für Spekulationen heraufzubeschwören.

1649 Hierzu ausführlicher bei Art. 28 Abs. 3 ML.
1650 *OBERHAMMER*, 111.

§ 16.2.2.5: Grenzen

Auch nach dem Entwurf ist ein Schiedsspruch aufgrund eins *ordre public* Verstoßes aufhebbar.[1651]

§ 16.3: Ergebnis zu § 603 öZPO-E

Die Überlegungen zu einer grundlegenden Reformation des Schiedsverfahrensrechts kommen nicht von ungefähr. Mit der prinzipiellen Berücksichtigung des ML trägt Österreich zu der internationalen Rechtsvereinheitlichung bei. Gerade in Bezug auf das anwendbare Recht hat sich die Entwurfskommission kritisch mit dem ML auseinander gesetzt und insbesondere die geäußerte Kritik am Art. 28 ML berücksichtigt.

Zu begrüßen ist, dass Österreich nunmehr gewillt ist, einer Vielzahl von Schiedsverfahrensgesetzen zu folgen und explizit eine Bestimmung über das anwendbare Recht aufzunehmen. Hierdurch würde eine der Schwächen und Unsicherheiten der alten (derzeitigen) Rechtslage ausgemerzt. In der Tat erleichtert eine ausdrückliche Regelung zum anwendbaren Recht – insbesondere den ausländischen Parteien – die Rechtssuche, welche sich nach dem derzeitigen Rechtsstand erst aus der Lektüre von Gerichtsentscheidungen, Literatur und zusätzlichen Gesetzen, wie dem öIPRG oder dem EVÜ, ergibt.

In § 603 Abs. 1 öZPO-E übernimmt der österreichische Entwurfsgesetzgeber weitgehend die Regelung des ML, wobei er mit seiner Modifizierung in der Wortwahl die Breite der Rechtswahlmöglichkeiten klarstellen und unterstreichen will. Damit würden nach dem Entwurf den Parteien die gleichen Rechtswahlmöglichkeiten zur Seite stehen, wie schon nach dem ML.

Mit dem Abweichen von Art. 28 Abs. 2 ML hin zu einer Lösung, wie sie ebenso Art. 1496 franzNCPC und Art. 1054 Abs. 2 niederlZPO zu finden ist, folgt Österreich einem modernen Trend in der internationalen Schiedsgerichtsbarkeit. Dieser Ansatz, hin zu einem sehr liberalen Verständnis, das Parteien wie Schiedsrichtern die gleichen Optionen ermöglicht, ist zu begrüßen. Dennoch wird gerade Abs. 2 verstärkt Kritik erfahren, zumal vielen („Traditionalisten") die Rechtswahlmöglichkeiten der Schiedsrichter zu weit gehen dürfte. Die Ansicht, dass die Rechtswahl durch die Parteien im Zusammenhang mit der Billigkeitsentscheidung und der Bedeutung der Parteiautonomie zu sehen ist und nur hierdurch berechtig ist, muss außerdem für Abs. 2 gelten. Im Rahmen der Rechtswahl durch das Schiedsgericht ist die Parteiautonomie ebenso entscheidend. Letztlich ist es an den Parteien, ein Recht positiv zu wählen, oder eine negative Rechtswahl vorzunehmen, welches Recht oder welche Rechte von der Anwendung ausgeschlossen sein sollen. Ebenso können die Parteien jederzeit im Verfahren eine vom Schiedsgericht vorgenommene

---

1651 § 611 Abs. 2 Nr. 1 lit. e öZPO-E (verfahrensrechtlicher *ordre public*); § 611 Abs. 2 Nr. 2 lit. b öZPO (materiellrechtlicher *ordre public*).

Rechtswahl mittels Konsens bis zu seiner Beendigung abändern. Nicht zuletzt sei nochmals erwähnt, dass die Parteien die Schiedsgerichtsbarkeit vereinbaren und damit diesem Gericht ein besonderes Maß an Vertrauen entgegenbringen. Insofern wäre es widersinnig, dieses dem Schiedsgericht von den Parteien entgegengebrachte Vertrauen staatlich zu beschränken. Eine ausreichende staatliche Beschränkung liegt vor allem im *ordre public*, welcher hinlänglichen Schutz der Grundwerte gewährt.

Im seinem Absatz 3 erlaubt auch der Entwurf die Ermächtigung zur Entscheidung nach Billigkeit mit einer ähnlichen Wortwahl wie das ML, womit weitgehend das zum ML gesagt auch hier gilt.

Nicht übernehmen wollte der Entwurfsgesetzgeber den Art. 28 Abs. 4 ML mit der Berücksichtigung der Vertragsbestimmung und der Beachtung der Handelsbräuche. Dies tut er zur „Entlastung" des Gesetzes, nachdem es sich bei diesen Aspekten um eine Selbstverständlichkeit handelt, die keiner expliziten Erwähnung bedarf. Jedoch kann die Nichtübernahme insofern problematisch sein, als dass dies zu Spekulationen führen könnte, ob damit nicht auch eine andere Auslegung einhergehen soll.

Abgesehen von etwas Kritik ist der derzeitige Entwurf im Großen und Ganzen zu begrüßen und entspringt einem modernen Trend.[1652]

§ 17: Deutschland

§ 1051 dtZPO, Anwendbares Recht:

„Das Schiedsgericht hat die Streitigkeit in Übereinstimmung mit den Rechtsvorschriften zu entscheiden, die von den Parteien als auf den Inhalt des Rechtsstreits anwendbar bezeichnet worden sind. Die Bezeichnung des Rechts oder der Rechtsordnung eines bestimmten Staates ist, sofern die Parteien nicht ausdrücklich etwas anderes vereinbart haben, als unmittelbare Verweisung auf die Sachvorschriften dieses Staates und nicht auf sein Kollisionsrecht zu verstehen.

Haben die Parteien die anzuwendenden Rechtsvorschriften nicht bestimmt, so hat das Schiedsgericht das Recht des Staates anzuwenden, mit dem der Gegenstand des Verfahrens die engsten Verbindungen aufweist.

Das Schiedsgericht hat nur dann nach Billigkeit zu entscheiden, wenn die Parteien es ausdrücklich dazu ermächtigt haben. Die Ermächtigung kann bis zur Entscheidung des Schiedsgerichts erteilt werden.

In allen Fällen hat das Schiedsgericht in Übereinstimmung mit den Bestimmungen des Vertrages zu entscheiden und dabei bestehende Handelsbräuche zu berücksichtigen."

Der deutsche Gesetzgeber hat erst kürzlich, d.h. zum 1. Januar 1998, sein Schiedsverfahren grundlegend auf Basis des ML reformiert. Ziel dieser Reform war es, das Ansehen Deutschlands als Austragungsort internationaler Schiedsverfahren zu fördern und das Schiedsverfahrensrecht den modernen, internationalen Entwicklungen anzupassen.[1653]

1652 Wie schon im Rahmen des Art. 28 Abs. 2 ML zu lesen war.
1653 Vgl.: BT-Drucks. 13/5274, 1.

Lange wurde die Rückständigkeit des deutschen Schiedsverfahrensrechts kritisiert.[1654] Dieses, damals und heute im 10. Buch der dtZPO kodifizierte Recht, stammte größtenteils noch aus der Einführungszeit der dtZPO (30. Januar 1877). Viele Vorschriften der dtZPO entsprachen nicht mehr dem internationalen Standard. Dies waren nicht zuletzt das Festhalten an der prozessualen Theorie, sowie die Vorschriften der alten Fassung der §§ 1028 (gesetzlicher Regelfall des Zweierschiedsgerichts), 1044 (fehlende Vollstreckbarkeit des Schiedsvergleichs), 1025 Abs. 1 (Vergleichsfähigkeit als Kriterium der objektiven Schiedsfähigkeit), 1041 (Aufhebungsklage mit vollem Instanzenzug) etc. pp.

§ 17.1: Alte Rechtslage in Deutschland

Nachdem die Reform des deutschen Rechts noch nicht sehr lange her ist und um die Tragweite und das Ausmaß der Reform zu verstehen, wird kurz auf die alte Rechtslage eingegangen.

Bis zur Reform wurde beklagt, dass nur eine geringe Zahl internationaler Schiedsverfahren auf deutschem Boden stattfindet.[1655] Im Zuge des Gesetzes zur Neuregelung des Internationalen Privatrechts vom 25. Juli 1986 hat der deutsche Gesetzgeber nur kleinere Randkorrekturen im Schiedsverfahrensrecht vorgenommen,[1656] die grundlegenden Mängel aber nicht beseitigt.[1657] Die §§ 1025 ff. dtZPO waren durch Rechtsprechung und Schrifttum, sowie vorrangig anwendbaren internationalen Übereinkommen fortgebildet worden und entsprachen in dieser Ausprägung durchaus einem modernen Stand. Die Ratifikation internationaler Übereinkommen wie der NYC sowie die Modifikationen, die der Bundesgerichtshof über sein Fallrecht unternommen hat, machten es ausländischen Rechtsgelehrten dennoch schwer und fast unmöglich, verlässliche Informationen des deutschen Schiedsverfahrensrechts zu erhalten. Dies ist einer der Hauptgründe für die Reform des deutschen Schiedsverfahrensrechts.[1658]

Ein weiterer gewichtiger Grund für die mangelnde Annahme des Deutschen Schiedsverfahrensrechts war die fehlende internationale Akzeptanz der Vorschriften der dtZPO, welche dem internationalen Standard nicht entsprachen (z.B. § 1044a a.F. dtZPO: fehlende Vollstreckbarkeit von Schiedsvergleichen, § 1041 a.F. dtZPO: Aufhebungsklage mit vollem Instanzenzug).

1654 Vgl. hierzu bspw.: *BERGER*, DZWiR 1998, 45 (45 m.w.N. in Fn. 3).

1655 Vgl.: *TRIEBEL/VIERTEL*, Die Bundesrepublik Deutschland wird als Schiedsort in internationalen Schiedsverfahren gemieden, BB 1986, 1168 ff.

1656 Dies war erst die zweite bedeutende Reformierung der dtZPO nach der ersten im Jahre 1930.

1657 Zu den notwendigen Reformen vor der Novellierung 1998 in Deutschland: *SCHLOSSER*, Notwendige Reformen des deutschen Rechts der Schiedsgerichtsbarkeit, ZIP 1987, 492 ff.

1658 So der: Kommissionsreport (1994) 3; die Kommission wurde am 18.9.1991 vom Bundesjustizministerium eingesetzt, unter seinen Mitgliedern u.a. bekannte Kapazitäten auf dem Gebiet des Schiedsverfahrensrecht wie *JENS BREDOW*, *OTTOARNDT GLOSSNER*, *GEROLD HERRMANN*, *PETER SCHLOSSER* usw.

Ein Dorn im Auge der ausländischen Betrachter war des Weiteren die Rechtsprechung des deutschen BGH, der immerfort der „prozessualen Theorie“ (auch Verfahrenstheorie genannt) folgte. Ein Schiedsverfahren und der daraus resultierende Schiedsspruch war danach als „deutsch“ i.S.d. dtZPO einzustufen, wenn das Schiedsgericht deutsches Schiedsverfahrensrecht angewendet hat, selbst wenn dies gegen die Vereinbarung der Parteien geschah oder der Sitz des Verfahrens im Ausland lag.[1659] Die Folge war, dass in Deutschland sitzende Schiedsverfahren einem fremden Verfahrensrecht unterstellt werden konnten und so zu einem ausländischen Schiedsspruch und umgekehrt im Ausland sitzende Verfahren mit der Anwendung deutschen Verfahrensrechts zu deutschen Schiedssprüchen wurden. Damit wich das deutsche Recht von der weltweit vorherrschenden territorialen Theorie (Territorialprinzip)[1660] ab, wonach sich die Nationalität eines Schiedsverfahrens und des daraus resultierenden Schiedsspruchs einzig nach dem Sitz des Schiedsgerichts bestimmen.

Besonders problematisch war, dass die Gestaltung des Schiedsverfahrens selbst kaum im 10. Buch der dtZPO geregelt war. Damit konnte der ausländische Praktiker, der sich mit dem deutschen Schiedsverfahrensrecht konfrontiert sah, nur einen sehr unvollständigen Eindruck von diesem anhand des Gesetzes bekommen. Erst das Studium der in deutscher Rechtssprache ergangenen Entscheidungen deutscher Gerichte vermittelte ein vollständiges Bild. Das deutsche Schiedsverfahrensrecht gehörte schon vor der Reform „sicherlich zu den liberalsten der Welt“[1661], dies erschließt sich jedoch nur dem mit der Materie vertrauten Experten des deutschen Rechts, nicht jedoch dem Laien und noch weniger den im deutschen Recht unkundigen ausländischen Anwälten. Die durch die Umsetzung des ML gefundenen Einzellösungen wurden von der deutschen Rechtsprechung (abgesehen vom Festhalten an der prozessualen Theorie) und Literatur weitgehend vorweg genommen.[1662]

Bezüglich des anwendbaren materiellen Rechts ist zu sagen, dass es zwar an einer ausdrücklichen Regelung hierzu im alten Recht fehlte, jedoch weitgehende Einigkeit darüber bestand, dass den Parteien eine Rechtswahl gestattet war.[1663] Im Wandel jedoch befand sich die Auffassung, nach welchem Kollisionsrecht ein Schiedsgericht mangels einer Rechtswahl entscheiden sollte. Lange wurde eine Bindung des Schiedsgerichts an das Kollisionsrechts am Sitz des Schiedsgerichts angenommen, als das Recht, dass mit dem Streitgegenstand die engste Verbindung aufweist.[1664] Diese Ansicht wurde jedoch zunehmend mit den schon zu Art. 28 Abs. 2 ML behandelten Argumenten kritisiert. Stattdessen

---

1659 BGHZ 21, 365 (367 ff.); BGH RIW 1988, 642; *GLOSSNER/BREDOW/BÜHLER*, Das Schiedsgericht in der Praxis[3] (Heidelberg 1990) Rn. 492 m.w.N.

1660 Siehe hierzu oben beim ML und seinem Anwendungsbereich.

1661 *VON HOFFMANN*, Die Novellierung des deutschen Schiedsverfahrensrechts von 1986, IPRax 1986, 337 (340).

1662 *RAESCHKE-KESSLER*, Neuere Entwicklungen der deutschen internationalen Schiedsgerichtsbarkeit, AnwBl 1993, 141 ff.

1663 *MARTINY*, FS *SCHÜTZE*, 529 (530 m.w.N.).

1664 *MARTINY*, FS *SCHÜTZE*, 529 (530 m.w.N.).

wurde dem Schiedsgericht ein Ermessen eingeräumt, sich auf dasjenige Kollisionsrechts zu stützen, welches ihm angemessen erscheint. Dieser Ansatz setzte sich in Deutschland durch.[1665] Im Ergebnis bedeutet dies, dass staatliche und schiedsgerichtliche Verfahren unterschiedlichen Kollisionsrechten unterworfen waren. Insbesondere sah man sich (damals) nicht an das EVÜ gebunden.[1666] Bis zur Neuregelung des deutschen Schiedsverfahrensrechts hatte sich folglich mehr und mehr, im Einklang mit der internationalen Entwicklung, die Auffassung von einem Sonderkollisionsrecht entwickelt.[1667]

§ 17.2: Das Reformvorhaben

Nachdem die Gesetzgebung zur Schiedsgerichtsbarkeit des deutschen Kaiserreiches keineswegs mehr den Anforderungen an ein modernes Schiedsverfahrensgesetz entsprach, selbst wenn dies Gesetz zu Zeiten *BISMARKS* noch sehr fortschrittlich war, entschied sich der deutsche Gesetzgeber für eine grundlegende Reform. Dass die Reform so spät kam, ist eigentlich verwunderlich.[1668] Der Grund, dass die Reform dann doch kam, war schlicht und einfach der Druck der Bedürfnisse des grenzüberschreitenden Handels und die Reformierung des Schiedsverfahrensrechts anderer Staaten, wie z.B. der Schweiz oder Frankreich.

Das Bundesministerium für Justiz hat sich bereits im Jahre 1989 entschlossen, die Reform des deutschen Schiedsverfahrensrechts unter Mithilfe einer Expertenkommission in Angriff zu nehmen. Als Folge der vorrangigen Aufgabenstellungen der Wiedervereinigung nahm die Kommission ihre Arbeit jedoch erst 1991 auf. Ihr Auftrag war es, Vorschläge für eine Neugestaltung des deutschen Schiedsverfahrensrechts auszuarbeiten, wobei sowohl nationale wie internationale Schiedsfälle berücksichtigt werden sollten. Von Anfang an bestand in Deutschland Einigkeit darüber, dass das deutsche Schiedsverfahrensrecht nur anhand des ML zu reformieren ist.[1669] Am Ende der Überlegungen legte die vom deutschen Bundesministerium der Justiz eingesetzte Kommission zur Neuregelung des Schiedsverfahrens einen Diskussionsentwurf vor.[1670] Die Kommission hat ständig

---

1665 *MARTINY*, FS *SCHÜTZE*, 529 (530 f. m.w.N.).

1666 *MARTINY*, FS *SCHÜTZE*, 529 (531).

1667 Vgl.: *MARTINY*, FS *SCHÜTZE*, 529 (530).

1668 *HABSCHEID*, Das neue Recht der Schiedsgerichtsbarkeit, JZ 1998, 445 (445).

1669 *LÖRCHER*, Schiedsgerichtsbarkeit: Übernahme des UNCITRAL-Modellgesetzes?, ZRP 1987, 230 (232); *SCHWAB*, Das UNCITRAL-Model Law und das deutsche Recht, in: *HABSCHEID* (Hrsg.), Beiträge zum internationalen Verfahrensrecht und zur Schiedsgerichtsbarkeit: Festschrift für *HEINRICH NAGEL* zum 75. Geburtstag (Münster 1987) 427 (444); *ZERBE*, 26 f.; *SCHUMACHER*, FS *GLOSSNER*, 341 (342); *BERGER*, DZWiR 1998, 45 (46 m.w.N. in Fn. 6).

1670 Bundesministerium der Justiz (Hrsg.), Bericht mit einem Diskussionsentwurf zur Neufassung des zehnten Buchs der ZPO, Februar 1994.

darauf geachtet, dass sich der deutsche Text unschwer ins Englische „rückübersetzen" lässt.[1671]

§ 17.3: Das aktuelle deutsche Schiedsverfahrensrecht

Nachdem der Gesetzesentwurf ausführlich diskutiert wurde, passierte das endgültige und teilweise vom Diskussionsentwurf abweichende Gesetz den Bundestag und trat zum 1. Januar 1998 in Deutschland in Kraft.

§ 17.3.1: Anwendungsbereich

Beim Anwendungsbereich weicht das neue deutsche Schiedsverfahrensrecht zum Teil von der alten Rechtslage ab. Die Vorschrift des § 1051 dtZPO, sowie die anderen Vorschriften des schiedsgerichtlichen Verfahrens nach der dtZPO, sind dann anwendbar, wenn der Ort des schiedsrichterlichen Verfahrens (Sitz des Schiedsgerichts, § 1043 Abs. 1 dtZPO) in Deutschland liegt (§ 1025 Abs. 1 dtZPO). Damit weicht man vom bisherigen prozessualen Ansatz ab und folgt dem international vorherrschenden und im ML zum Ausdruck gekommenen Territorialgrundsatz.

Der Ort des schiedsrichterlichen Verfahrens wird in erster Linie von den Parteien bestimmt (§ 1043 Abs. 1 S. 1 dtZPO). Erst wo eine solche Vereinbarung fehlt, wird er vom Schiedsgericht bestimmt (§ 1043 Abs. 1 S. 2 dtZPO), wobei die Umstände des Falles besondere Berücksichtigung erlangen sollen (§ 1043 Abs. 1 S. 3 dtZPO). Der Ort des schiedsrichterlichen Verfahrens dient dabei – wie im ML – lediglich der „Erdung" des Verfahrens, d.h. sofern die Parteien nichts anderes vereinbart haben, kann das Schiedsgericht unabhängig vom Schiedsort an jedem ihm geeignet erscheinenden Ort zu einer Verhandlung, zur Vernehmung von Zeugen, Sachverständigen oder Parteien, zur Beratung, Besichtigung oder Einsichtnahme tagen (§ 1043 Abs. 2 dtZPO).

In zwei bedeutenden Punkten weicht jedoch das neue deutsche Schiedsverfahrensrecht vom ML ab. Das deutsche Schiedsverfahren ist kein Schiedsverfahrensrecht mit Beschränkung auf die internationalen Handelsstreitigkeiten, wie es das ML vorsieht, sondern vielmehr ist es auf inländische wie ausländische und Handelsstreitigkeiten wie „Nichthandelsstreitigkeiten" anwendbar. Damit folgt das deutsche Schiedsverfahrensrecht dem monistischen Ansatz und berücksichtigt die am dualistischen Ansatz geäußerte Kritik.

§ 17.3.2: Anwendbares Verfahrensrecht

Das anwendbare Verfahrensrecht beurteilt sich im neuen deutschen Schiedsverfahrensrecht nach § 1042 dtZPO. Gemäß dessen Absatz 3 (der hierbei Art. 19 Abs. 1 ML über-

1671 SCHLOSSER, RIW 1994, 723 (723).

nimmt) und vorbehaltlich der Absätze 1 (Gleichbehandlung der Parteien und Gewähr rechtlichen Gehörs, vgl. Art. 18 ML) und 2 (Zulässigkeit von Rechtsanwälten als Bevollmächtigte) können die Parteien, abgesehen von den zwingenden Vorschriften des 10. Buches der dtZPO, das Verfahren durch Vereinbarung frei gestalten. Folglich können sie im Rahmen des dispositiven Rechts der dtZPO das Verfahren bspw. selbständig oder durch Bezugnahme auf eine Schiedsgerichtsordnung gestalten. Hierbei steht es den Parteien frei, ein nationales, staatliches Verfahren zu wählen, den Weg eines institutionellen Verfahrens zu beschreiten, eine Verfahrensordnung selber zu gestalten oder eine Musterschiedsgerichtsordnung im Wege eines *ad hoc* Verfahrens zu wählen. Zwingend sind dabei nicht nur die Abs. 1 und 2, sondern alle Vorschriften, die nicht unter dem Vorbehalt einer anderweitigen Parteivereinbarung stehen. Dies sind insbesondere die Vorschriften der §§ 1046 Abs. 1, 1047 Abs. 2 und 3, 1048 Abs. 4 S. 1, sowie 1049 Abs. 3 dtZPO.[1672]

Ist keine Parteivereinbarung vorhanden, kann das Schiedsgericht – vorbehaltlich zwingenden Rechts – gemäß § 1042 Abs. 4 dtZPO das Verfahren „nach freiem Ermessen" gestalten.

§ 17.3.3: Anwendbares materielles Recht: § 1051 dtZPO[1673]

Das anwendbare materielle Recht ist nun im neuen deutschen Schiedsverfahrensrecht explizit in § 1051 dtZPO geregelt. Die Absätze 1, 3 und 4 des § 1051 dtZPO stimmen inhaltlich mit den entsprechenden Absätzen des Art. 28 ML überein. Vorbildfunktion für den § 1051 dtZPO hatte damit vor allem Art. 28 ML. Dem Gesetzgeber zufolge hat sich die Neuregelung aber ebenso an Artt. VII EuÜ und 187 schweizIPRG orientiert.[1674]

§ 17.3.3.1: Rechtswahl durch die Parteien: § 1051 Abs. 1 dtZPO

Wie alle modernen Schiedsverfahrensgesetze regiert im deutschen Schiedsverfahrensrecht die Parteiautonomie. Dies wird nicht zuletzt beim anwendbaren materiellen Recht deutlich, welches gemäß § 1051 Abs. 1 dtZPO zur Disposition der Parteien steht. Diese Bestimmung folgt der Wortwahl und Philosophie des Art. 28 Abs. 1 ML. Insbesondere hat der deutsche Gesetzgeber die Wortwahl „Recht" und „Rechtsvorschriften", die im Zusammenhang mit Abs. 2 sowohl des ML, als auch der dtZPO zu sehen ist, übernommen. Somit gelten bzgl. der Rechtswahlmöglichkeiten die schon zu Art. 28 Abs. 1 ML gemachten Ausführungen, d.h. die Parteien können Rechtsvorschriften wählen, ganz gleich welcher Herkunft sie entspringen. Die Parteien können folgerichtig nicht nur eine Gesamt-

---

1672 *ALBERS*, in: *BAUMBACH/LAUTERBACH/ALBERS/HARTMANN* (Hrsg.), Zivilprozessordnung[61] (München 2003) § 1042 Rn. 7.

1673 Ausführlich und mit weiteren Nachweisen zum § 1051 dtZPO: *LEPSCHY*, § 1051 ZPO – Das anwendbare materielle Recht in internationalen Schiedsverfahren (Frankfurt am Main 2003).

1674 Vgl.: BT-Drucks. 13/5274, 52 f.

rechtsordnung eines Staates wählen, sondern vielmehr nationale wie anationale Rechtsnormen wählen und beliebig miteinander kombinieren.[1675]

Die Parteien können somit durch formlose Vereinbarung das anzuwendende Recht oder die anzuwendenden Rechtsvorschriften wählen.[1676] Diese Rechtswahlvereinbarung kann im Hauptvertrag enthalten sein, oder aber in der Schiedsvereinbarung sowie durch schlichte Verfahrensvereinbarung vorgenommen werden.[1677]

§ 1051 Abs. 1 dtZPO ist eine Sachnormverweisung soweit kein entgegenstehender Wille der Parteien ersichtlich ist. Dies stellt Satz 2 klar.

Einige Autoren gehen davon aus, dass eine stillschweigende Rechtswahl ausgeschlossen ist. Dies folgern sie daraus, dass § 1051 Abs. 1 dtZPO die „Bezeichnung" des anwendbaren Rechts verlangt, womit abweichend von Art. 27 dtEGBGB, eine konkludente Rechtswahl nicht ausreichend ist.[1678] Dem kann nicht gefolgt werden. „Bezeichnen" kann durchaus konkludent erfolgen. Dies wird nicht zuletzt aus der Wortwahl des Abs. 3 deutlich, der explizit eine „ausdrückliche" Ermächtigung verlangt. Hätte der Gesetzgeber eine konkludente Rechtswahl ausschließen wollen, hätte er ebenso im Rahmen des Abs. 1 eine ausdrückliche Rechtswahl verlangt. Folglich ist eine stillschweigende Rechtswahl im Rahmen des § 1051 Abs. 1 dtZPO möglich.[1679]

Vereinbaren die Parteien, dass das Schiedsgericht das anwendbare Recht bestimmen möge, so ist das Schiedsgericht bei der Rechtswahl nicht frei, sondern vielmehr an die Regelung des Abs. 2 gebunden.[1680] Eine Ausnahme ist gegeben, wenn die Parteien ausdrücklich eine Befreiung von den Beschränkungen des Abs. 2 vereinbaren, was angesichts der Möglichkeit zur Ermächtigung einer Billigkeitsentscheidung nach Abs. 3 möglich ist.

Nach wie vor umstritten ist in Deutschland die Einordnung der *lex mercatoria* und die Möglichkeit, diese im Rahmen der Rechtswahl durch die Parteien zu vereinbaren. Einige Autoren subsumieren die *lex mercatoria* unter die „Rechtsvorschriften" im Sinne des § 1051 Abs. 1 dtZPO und gestatten damit eine Rechtswahl zu ihren Gunsten.[1681] Andere qualifizieren die *lex mercatoria* – in deutscher Tradition – als eine besondere Form der Billigkeitsentscheidung gem. § 1051 Abs. 3 dtZPO.[1682] Wenn auch der erstere Ansatz der

---

1675 Vgl.: *JUNKER*, FS *SANDROCK*, 443 (460); *VOIT*, JZ 1997, 120 (122); *SOLOMON*, RIW 1997, 981 (982); *WAGNER*, in: *WEIGAND* (Hrsg.), Practitioner's Handbook on International Arbitration (München 2002) Part 4 Country Reports, D. Germany, Rn. 349 f.

1676 *VOIT*, in: *MUSIELAK* (Hrsg.), Kommentar zur Zivilprozessordnung[3] (München 2002) § 1051 Rn. 2 [zukünftigzitiert als: *VOIT*].

1677 *VOIT*, § 1051 Rn. 2 m.w.N.

1678 *ALBERS*, in: *BAUMBACH/LAUTERBACH/ALBERS/HARTMANN* (Hrsg.), Zivilprozessordnung[61] (München 2003) § 1051 Rn. 2.

1679 Vgl.: Schiedsgericht Hamburger freundschaftliche Arbitrage, NJW-RR 1999, 780 (781).

1680 *VOIT*, § 1051 Rn. 2.

1681 *BERGER*, DZWiR 1998, 45 (52); *SOLOMON*, RIW 1997, 981 (982); *SCHLOSSER*, RIW 1994, 723 (727).

1682 *ALBERS*, in: *BAUMBACH/LAUTERBACH/ALBERS/HARTMANN*, Zivilprozessordnung[61] (München 2003) § 1051 Rn. 4.

zustimmungswürdige ist, steht eindeutig fest, dass nach § 1051 dtZPO eine Rechtswahl zugunsten der *lex mercatoria* zulässig ist.

§ 17.3.3.1.1: Anwendungsbereich des § 1051 Abs. 1 dtZPO

Das ML ist in seinem Anwendungsbereich lediglich durch das Kriterium der objektiven Schiedsfähigkeit begrenzt und deckt somit nicht nur Streitigkeiten des Vertragsrechts ab, sondern kann durchaus solche des Sachen-, Delikts-, Gesellschafts-, Marken-, Patent- sowie Wettbewerbsrechts etc. abdecken. Für einige dieser Rechtsgebiete gelten bestimmte kollisionsrechtliche Prinzipien oder Kollisionsrechte, die z.T. die Parteiautonomie nicht im selben Maß berücksichtigen wie das Vertragsrecht. Oftmals ist innerhalb dieser Rechtsgebiete eine Rechtswahl der Parteien erst nach Aufkommen des Rechtsstreites möglich, wenn dieser zur Entscheidung heranreift.[1683]

Sowohl der Kommissionsbericht als auch die Gesetzesbegründung gehen in ihren Ausführungen lediglich auf das Vertragsrecht ein. Die Reformdiskussion, sowie der Art. 28 Abs. 4 ML und § 1051 Abs. 4 dtZPO zeigen, dass der Gesetzgeber bei den Kollisionsregeln grundsätzlich nur an das Vertragsrecht gedacht hat.[1684] Keine Erwähnung erfährt jedoch der Umstand, dass das 10. Buch der dtZPO nicht nur das internationale Vertragsrecht, sondern vielmehr allgemein alle Rechtsgebiete umfasst. Zwar wird es sich zumeist um vertragsrechtliche Fragen handeln, nicht auszuschließen ist jedoch, dass ebenso andere Rechtsgebiete betroffen sein können. Insbesondere ist im Zusammenhang mit den gesetzlichen Schuldverhältnissen gerade das Sachenrecht zu nennen. Hinsichtlich der objektiven Bestimmung des anwendbaren Rechts ist diese Bestimmung unproblematisch. Im Rahmen der engsten Verbindung kann traditionell die auf diesem Rechtsgebiet geltende Anknüpfung aufgegriffen und angewendet werden. Problematisch ist vielmehr die Rechtswahlmöglichkeit des § 1051 Abs. 1 dtZPO. Eine (im Voraus getroffene) Rechtswahl durch die Parteien ist zwar im Vertragsrecht eine Selbstverständlichkeit, nicht jedoch in Bezug auf andere Rechtsgebiete wie dem Deliktsrecht, dem Sachenrecht, dem Gesellschaftsrecht etc. pp.[1685] Wenn auch die Rechtswahlfreiheit für gesetzliche Schuldverhältnisse weitgehend anerkannt ist,[1686] würde der deutsche Gesetzgeber gerade in Bezug auf das Sachenrecht Neuland betreten. Überwiegend wird auf diesem Gebiet die Rechtswahlfreiheit noch weitgehend für unzulässig erachtet.[1687] Diese Frage wurde schon im

---

1683 Vgl.: *Wagner*, Fakultatives Kollisionsrecht und prozessuale Parteiautonomie, ZEuP 1999, 6 (30 ff.).

1684 *Kronke*, RIW 1998, 257 (262); *Junker*, Neuere Entwicklungen im Internationalen Privatrecht, RIW 1998, 741 (745).

1685 Hieran will auch der Kommissionsvorschlag „Rom II" nichts ändern. Dieser wird im Rahmen des Delikts- und Sachenrechts lediglich eine nachträgliche Rechtswahl gestatten (vgl.: Art. 10 Rom II), wenn auch dieses Vorgehen in der Literatur kritisiert wird. Vgl.: *Fuchs*, Internationales Privatrecht, GPR 2003-2004, 100 ff. m.w.N.

1686 Vgl.: *Solomon*, RIW 1997, 981 (986 m.w.N.).

1687 Vgl.: *Solomon*, RIW 1997, 981 (986 m.w.N.).

Rahmen des Art. VII EuÜ diskutiert mit dem Ergebnis, dass die Rechtswahlfreiheit im Wesentlichen auf das Gebiet des Schuldrechts beschränkt sein soll und sich nicht auf Rechtsgebiete wie das Sachenrecht erstreckt.[1688] Fraglich ist, ob dies desgleichen für das neue deutsche Schiedsverfahrensrecht gelten muss. Ein Schiedsgericht ist nicht ebenso strikt wie ein staatliches Gericht an die Kollisionsregeln gebunden ist, die z.B. im Sachenrecht (*lex rei sitae*) gelten. Stattdessen kann es im Rahmen seines Ermessens nach Art. 28 Abs. 2 ML bzw. § 1051 Abs. 2 dtZPO dasjenige Recht zur Anwendung bringen, welches es für angemessen erachtet und im Rahmen dieser Betrachtungen ebenso die Rechtswahl durch die Parteien mit einbeziehen und somit das eigentlich geltende Kollisionsrecht auflockern.[1689] Insofern wird die Ansicht vertreten, dass ebenfalls außerhalb vertraglicher Streitigkeiten die Parteien den Entscheidungsmaßstab frei bestimmen können.[1690] Lediglich eine Minderheit will den §1051 Abs. 1 dtZPO mit seinen Rechtswahlmöglichkeiten gänzlich auf das Vertragsrecht reduzieren.[1691]

§ 17.3.3.1.2: Anwendbarkeit des EVÜ/dtEGBGB im Rahmen des § 1051 Abs. 1 dtZPO

„[Die Parteien sind] nicht auf die Wahl der Gesamtrechtsordnung eines bestimmten Staates beschränkt, sondern können Rechtsvorschriften aus verschiedenen nationalen Rechten oder auch solche, die auf internationaler Ebene erarbeitet worden sind, wählen."[1692]

Dies soll der Gesetzesbegründung zufolge im Einklang mit Art. 27 Abs. 1 dtEGBGB stehen.[1693] Damit ist nicht die Rechtswahl an sich das Hauptproblem des § 1051 Abs. 1 dtZPO, sondern vielmehr die Begründung des deutschen Gesetzgebers. Dieser wollte auf der einen Seite dem Art. 28 Abs. 1 ML folgen und diesen übernehmen, sah sich aber auf der anderen Seite an das dtEGBGB bzw. das EVÜ gebunden.[1694] Entgegen der Intention des EVÜ wendet Deutschland dieses nicht direkt an, sondern hat es vielmehr in sein dtEGBGB inkorporiert.

Das Gesetz präzisiert die Grenzen und Voraussetzungen der Rechtswahl durch die Parteien nicht weiter. Man könnte somit zu der Annahme gelangen, dass die diesbezüglich geltenden Maßstäbe direkt dem § 1051 Abs. 1 dtZPO zu entnehmen sind. Dies gilt jedoch nicht nach Auffassung der Gesetzgeber. Dieser sieht in § 1051 (Abs. 1) dtZPO ei-

---

1688 Vgl.: *Solomon*, RIW 1997, 981 (986 m.w.N.).

1689 Ähnlich: *Junker*, FS *Sandrock*, 443 (460).

1690 *Solomon*, RIW 1997, 981 (986); *Geimer*, in: *Zöller* (Hrsg.), Zivilprozessordnung[23] (Köln 2002) Rn. 2; *Voit*, § 1051 Rn. 3.

1691 *Pfeiffer*, Die Entwicklung des Internationalen Vertrags-, Schuld- und Sachenrechts 1997-1999, NJW 1999, 3674 (3678); zu einer Reduktion auf das Vertragsrecht neigend: *Kronke*, RIW 1998, 257 (262).

1692 BT-Drucks. 13/5274, 52.

1693 BT-Drucks. 13/5274, 52.

1694 BT-Drucks. 13/5274, 52.

ne weitgehende Verweisung auf Art. 27 dtEGBGB (Art. 3 EVÜ). Dieses Handeln ist jedoch zu bezweifeln.

Zunächst scheint dies unproblematisch zumal sowohl Art. 27 dtEGBGB als auch Art. 3 EVÜ das Prinzip der Parteiautonomie berücksichtigen und ebenso im Rahmen dieser Vorschriften die sog. *dépeçage* zulässig ist. Im Ausgangspunkt stimmen die beiden Bestimmungen somit zwar überein, nicht jedoch im Detail. Art. 28 Abs. 1 ML und Art. 27 dtEGBGB (Art. 3 EVÜ) sind nicht kompatibel. Art. 27 dtEGBGB enthält ggü. § 1051 Abs. 1 dtZPO Präzisierungen (bspw. bezüglich der stillschweigenden und partiellen Rechtswahl).

Der § 1051 Abs. 1 dtZPO ist durch die Übernahme der Philosophie, die hinter der Wortwahl im Art. 28 Abs. 1 ML steht, weiter zu verstehen, als der Art. 27 dtEGBGB. Umstritten ist, ob sich nach Art. 27 dtEGBGB die Parteien auf die *UNIDROIT Principles* oder ein anationales Recht, wie die *lex mercatoria*, stützen dürfen.[1695] Derart weitgehende Rechtswahlmöglichkeiten sind keinesfalls zweifelsfrei im Art. 27 dtEGBGB verankert, im Gegenteil. Ableiten will man derart weite Befugnisse aus der Wortwahl der Artt. 27 Abs. 1 „Recht" und 28 Abs. 1 „Recht des Staates" dtEGBGB (bzw. Artt. 3 Abs. 1 und 4 Abs. 1 EVÜ). Dieser Ansatz ist jedoch höchst umstritten im deutschen Recht, womit die Begründung des deutschen Gesetzgebers hinkt. Auf Grundlage des Art. 27 dtEGBGB wird die Wahl eines nichtstaatlichen Rechts ganz überwiegend für nicht zulässig erachtet.[1696] Durch die Verwendung des Terminus „Rechtsvorschriften" steht demgegenüber für die dtZPO fest, dass die Parteien im Rahmen des § 1051 Abs. 1 dtZPO mehrere Rechtsordnungen zur Anwendung berufen können, eine teilweise Rechtswahl erlaubt und die Wahl eines anationalen Rechts möglich ist.[1697] Nach § 1051 Abs. 1 dtZPO stehen den Parteien dieselben schon bei Art. 28 Abs. 1 ML diskutierten Rechtswahlmöglichkeiten zur Seite, insbesondere die der *lex mercatoria* und allgemeine Rechtsgrundsätze.[1698]

Ein weiterer Unterschied ergibt sich aus der Frage, ob es zulässig ist, die Rechtswahl nur zugunsten des materiellen Rechts auszuführen, oder ob diese zugunsten eines Kollisionsrechts zulässig ist. Art. 35 Abs. 1 dtEGBGB sowie Art. 15 EVÜ bestimmen, dass jedwede Rechtswahl als Rechtswahl zugunsten der materiellen Rechtswahl zu verstehen ist. § 1051 Abs. 1 dtZPO sowie Art. 28 Abs. 1 ML wiederholen zwar dasselbe Prinzip, weichen dies jedoch dadurch auf, dass sie es den Parteien überlassen, etwas anderes zu vereinbaren. Insofern wäre vom Wortlaut dieser Bestimmungen eine Rechtswahl der Parteien

---

1695 *KROPHOLLER*, Internationales Privatrecht (Tübingen 1989) § 52 II 3 e.

1696 *SOLOMON*, RIW 1997, 981 (982 m.w.N. in Fn. 24).

1697 Vgl.: *MARTINY*, FS *SCHÜTZE*, 529 (536); *BERGER*, DZWiR 1998, 45 (52); *OSTERTHUN*, Das neue Recht der Schiedsgerichtsbarkeit, TranspR 1998, 177 (183).

1698 *MARTINY*, FS *SCHÜTZE*, 529 (536); vgl. auch: *BERGER*, Entstehungsgeschichte und Leitlinien des neuen deutschen Schiedsverfahrensrechts, in: *BERGER* (Hrsg.), Das neue Recht der Schiedsgerichtsbarkeit (Köln 1998) 1 (21); *SOLOMON*, RIW 1997, 981 (982); *KRONKE*, RIW 1998, 257 (262 f.); *MICHAELS*, Privatautonomie und Privatkodifikation – Zur Anwendbarkeit und Geltung allgemeiner Vertragsrechtsprinzipien, 62 (1998) RabelsZ 580 (598); *LABES/ LÖRCHER*, Das neue deutsche Recht der Schiedsgerichtsbarkeit, MDR 1997, 420 (424).

zugunsten eines Kollisionsrechts zulässig. Eine derartige Autorisation soll jedoch nicht in Konflikt mit dem dtEGBGB und dem EVÜ stehen.[1699] Selbst wenn auf diese Weise explizit ein Problem im Zusammenspiel von EVÜ und dtZPO gelöst zu sein scheint, bleiben ungelöste Fragen.

Eine dieser Fragen ist, ob Art. 29 dtEGBGB (bzw. Art. 5 EVÜ), welcher eine spezielle Regelung für Verbraucherverträge enthält, anwendbar ist. Gleiches gilt für Arbeitsverträge nach Art. 30 dtEGBGB (bzw. 6 EVÜ) sowie für Art. 27 Abs. 3 dtEGBGB. Die Gesetzesbegründung nimmt lediglich auf Art. 29 dtEGBGB Bezug und geht – weil sie sich an das EVÜ gebunden sah – von der Anwendung des Art. 29 dtEGBGB als *lex specialis* aus.[1700] Die Gesetzesbegründung geht hier davon aus, dass diese speziellen Regelungen dem § 1051 Abs. 1 dtZPO vorgehen, selbst wenn der Text der dtZPO hierfür nichts hergibt. Die Regelungen des dtEGBGB sollen „in der Sache" gelten.[1701] Für Art. 29 dtEGBGB wird eine Klarstellung im Gesetz selber deshalb für entbehrlich gehalten, „weil Verbraucher in internationalen Fällen nur selten Partei einer Schiedsvereinbarung sind"[1702]. Dass dem nicht so ist, haben zahlreiche Verfahren vor deutschen Gerichten zu Börsentermingeschäften gezeigt.[1703]

Die Kommission hingegen gab für die Nichtübernahme des Art. 29 dtEGBGB in ihrem Gesetzesentwurf noch einen ganz anderen Grund an. Zum einen fühlte sie sich nicht an das EVÜ gebunden,[1704] zum anderen hat die Reformkommission u.a. damit argumentiert, dass Schiedsverfahren üblicherweise in einem neutralen Drittstaat stattfänden, zu welchem keine Parteibindung bestehe und der nicht der Erfüllungsort einer vertraglichen Hauptpflicht sei. Daher sei die Beurteilung des anwendbaren materiellen Rechts nicht zwingend nach dem mit Blick auf das Gerichtsverfahren geschaffenen Kollisionsrechts dieses Drittstaates vorzunehmen. Die Kommission setzte sich – zutreffend – dafür ein, dass für die internationale Schiedsgerichtsbarkeit ein Sonderkollisionsrecht anzunehmen sei. Zum anderen war die Kommission der Auffassung, der Verbraucher sei in Schiedsverfahren durch das Formerfordernis des § 1031 Abs. 5 dtZPO ausreichend geschützt.[1705] Art. 29 dtEGBGB sollte gar nicht anwendbar sein und seine Nichtaufnahme gleichbedeutend mit seiner Nichtanwendung stehen. Somit sollte der Verbraucherschutz alleine über die Formvorschrift veranlasst werden. Die von der Kommission vorgeschlagene Regelung des § 1031 Abs. 5 dtZPO wurde weitestgehend (lediglich mit redaktionellen Änderungen)

1699 MARTINY, in: REBMANN/SÄCKER/RIXECKER (Hrsg.), Münchner Kommentar zum Bürgerlichen Gesetzbuch X, Einführungsgesetz zum Bürgerlichen Gesetzbuche (Art. 1-38), Internationales Privatrecht³ (München 1998), Art. 35 Rn. 4 f.

1700 BT-Drucks. 13/5274, 53.

1701 BT-Drucks. 13/5274, 53.

1702 BT-Drucks. 13/5274, 53.

1703 Vgl.: SOLOMON, RIW 1997, 981 (983 m.w.N.).

1704 Vgl.: Bundesministerium der Justiz (Hrsg.), Bericht mit einem Diskussionsentwurf zur Neufassung des 10. Buchs der ZPO (Bonn 1994) 167 m.w.N.

1705 Bundesministerium der Justiz (Hrsg.), Bericht mit einem Diskussionsentwurf zur Neufassung des 10. Buchs der ZPO (Bonn 1994) 170.

übernommen.[1706] Die zuvor genannte Interpretation der Kommission muss nach wie vor gelten. Dies wird nicht zuletzt daraus deutlich, dass für die Form einer derartigen Schiedsvereinbarung in § 1031 Abs. 5 dtZPO eine eigene Norm besteht, die vom Gesetzgeber in der Kommissionsfassung übernommen wurde. Gesetzestext und Gesetzesbegründung nennen allerdings keine verbraucherrechtlichen Beschränkungen der Rechtswahl. Damit gilt das deutsche Schiedsverfahrensrecht nicht nur für die gewöhnlichen Zivil- und Handelssachen, sondern ebenso für Verbrauchersachen.[1707]

Folgerichtig ist die Interpretation des § 1051 Abs. 1 dtZPO im Hinblick auf das dtEGBGB und das EVÜ in der deutschen Literatur umstritten. Einige Autoren erkennen die Intention des Gesetzgebers an und berücksichtigen die Beschränkungen der Art. 27 ff. dtEGBGB.[1708] Auf der anderen Seite herrscht die Ansicht vor, dass die Intention des Gesetzgebers bzgl. der Berücksichtigung der Artt. 27 ff. dtEGBGB nicht Eingang in die dtZPO gefunden hat, somit nicht Gesetz geworden ist und folglich nicht zu berücksichtigen ist.[1709] Dafür, dass die Rechtswahl gemäß § 1051 Abs. 1 dtZPO den Schranken der Artt. 27 ff. dtEGBGB unterworfen ist, finden sich im Gesetz keine und in der Gesetzesbegründung nur wenige, „bestenfalls diffuse Anklänge“[1710]. Eine Beschränkung in Anlehnung an die Artt. 27 ff. dtEGBGB würde die Vorlage des Art. 28 Abs. 1 ML konterkarieren und die Parallelität zu dieser Vorschrift zunichte machen.[1711] Vertreten lässt sich allenfalls im Wege einer systematischen und teleologischen Auslegung, dass hier dem

---

1706 Vgl.: Bundesministerium der Justiz (Hrsg.), Bericht mit einem Diskussionsentwurf zur Neufassung des 10. Buchs der ZPO (Bonn 1994) 97 f.; dtBT-Drucks. 13/5274, 5.

1707 Vgl.: *MARTINY*, FS *SCHÜTZE*, 529 (537 f.).

1708 Bspw.: *KRONKE*, RIW 1998, 257 (262); *WEIGAND*, Das neue deutsche Schiedsverfahrensrecht – Umsetzung des UNCITRAL-Modellgesetzes, WiB 1997, 1273 (1276); *WAGNER*, Rechtswahlfreiheit im Schiedsverfahren: Ein Probierstein für die juristische Methodenlehre, in: *GOTTWALD/ROTH* (Hrsg.), Festschrift für *EKKEHARD SCHUMANN* zum 70. Geburtstag (Tübingen 2001) 535 ff.; *MÜNCH*, in: *LÜKE/WAX* (Hrsg.), Münchner Kommentar zur Zivilprozessordnung² (München 2001) § 1051 Rn. 10 f.; vgl. auch: *ADEN*, Rechtswahl und Schiedsklausel im Verbraucherschutz, Zugleich Anmerkungen zu OLG Düsseldorf vom 8.3.1996 – 17 U 179/95, RIW 1997, 723 (726).

1709 Bspw.: *JUNKER*, FS *SANDROCK*, 443 (451 ff.; Bindung inländischer Schiedsgerichte alleine an § 1051 dtZPO, dessen Auslegung unabhängig vom EuGVÜ und dtEGBGB/EVÜ erfolgen kann); *SCHLOSSER*, in: Revision des EuGVÜ – Neues Schiedsverfahrensrecht (Bielefeld 2000) 163 (198 f.); *VOIT*, JZ 1997, 120 (123); *SOLOMON*, RIW 1997, 981 (983); *VOIT*, § 1051 Rn. 3; *MOLLER*, Schiedsverfahrensnovelle und Europäisches Übereinkommen über die internationale Handelsschiedsgerichtsbarkeit, NZG 2000, 57 (68); *MARTINY*, FS *SCHÜTZE*, 529 (533, 537 ff., 541, dieser orientiert sich zwar an Art. 29 dtEGBGB, sieht sich jedoch nicht hieran gebunden); *SCHÜTZE*, Schiedsgericht und Schiedsverfahren³ (München 1999) Rn. 177; zweifelnd: *ALBERS*, in: *BAUMBACH/LAUTERBACH/ALBERS/HARTMANN* (Hrsg.), Zivilprozessordnung⁶¹ (München 2003) § 1051 Rn. 2; *PFEIFFER*, Die Entwicklung des Internationalen Vertrags-, Schuld- und Sachenrechts 1997-1999, NJW 1999, 3674 (3678).

1710 *SOLOMON*, RIW 1997, 981 (983).

1711 Ähnlich: *SOLOMON*, RIW 1997, 981 (983); vgl. hierzu auch die Ausführungen zu den Grenzen nach dem ML.

Verbraucherschutz mit dem Art. 29 dtEGBGB ähnlichen Maßstäben Rechnung getragen werden kann, d.h. die Anwendung durch das Schiedsgericht ist freiwillig.[1712] Der Schutz des Verbrauchers über das Formerfordernis ist ausreichend.

Ergo unterliegen die Parteien nach dem eindeutigen Wortlaut des § 1051 dtZPO bei der Bestimmung des Entscheidungsmaßstabes nicht den Grenzen, die das dtEGBGB der Rechtswahl setzt. Hieran ändert die entgegenstehende Gesetzesbegründung nichts. Im Interesse der Stärkung Deutschlands als internationalen Schiedsort ist eine möglichst einfache und den Parteien leicht überschaubare Regelung von Nöten, dies gibt auch der Gesetzgeber zu.[1713] Insofern wäre es unvereinbar, wenn die scheinbar grenzenlos gewährte Wahlfreiheit durch das nationale Kollisionsrecht doch wieder eingeschränkt werden würde.[1714] Die Grenzen der Artt. 29 und 30 EGBGB finden somit keine Anwendung. Ebenso wenig liegen die Grenzen der Rechtswahl in den Artt. 6 und 34 dtEGBGB.[1715]

§ 17.3.3.1.3: Grenzen der Rechtswahl durch die Parteien

Nachdem das EVÜ nicht direkt anwendbar und für Schiedsgerichte verbindlich ist, ergeben sich Beschränkungen der Rechtswahl im Rahmen des 10. Buches der dtZPO allenfalls aus § 1059 dtZPO.

Legt das Schiedsgericht eine andere, als die nach § 1051 dtZPO maßgebende Rechtsordnung der Entscheidung zugrunde, so ist der Schiedsspruch in der Regel nach § 1059 Abs. 2 Nr. 1 lit. d dtZPO aufhebbar.[1716] Im Rahmen des § 1059 Abs. 2 Nr. 1 lit. d 2. Fall dtZPO begründet nicht jeder Fehler die Aufhebbarkeit des Schiedsspruches. Andernfalls würde die private Schiedsgerichtsbarkeit (vor allem im Falle der Beteiligung von Nichtjuristen) ihre Funktionsfähigkeit verlieren. Folglich soll nur die Verletzung einer wesentlichen Vorschrift zur Aufhebung führen.[1717] In der Literatur wird hiergegen eingewandt, dass eine derartige Einschränkung im Gesetzeswortlaut keine Stütze findet und es aufgrund der Natur des Schiedsverfahrens Sache der Parteien sei, festzulegen, was ihnen wesentlich erscheint. Als Korrektiv dient vielmehr die Frage, inwieweit sich die Verletzung auf den Schiedsspruch ausgewirkt hat.[1718] Anerkannt ist, dass eine ***révision au fond*** nicht möglich ist. Damit rechtfertigen nur Fehler im Verfahren, nicht aber in der Entscheidungsfindung, die Aufhebung. Die Anwendung der von den Parteien bestimmten Rechtsregeln haben die Parteien gerade dem Schiedsgericht und nicht einem staatlichen Gericht

---

1712 *MARTINY*, FS *SCHÜTZE*, 529 (538).

1713 Vgl.: BT Drucks. 13/5274.

1714 So: *VOIT*, § 1051 Rn. 3.

1715 Anderer Ansicht leider: *THOMAS/REICHHOLD*, in: *THOMAS/PUTZO* (Hrsg.), Zivilprozessordnung[25] (München 2003) § 1051 Rn. 2, die von einer Bindung an das EVÜ bzw. dtEGBGB ausgehen.

1716 *VOIT*, § 1051 Rn. 9.

1717 *VOIT*, § 1059 Rn. 17 m.w.N.

1718 *MÜNCH*, in: *LÜKE/WAX* (Hrsg.), Münchner Kommentar zur Zivilprozessordnung[2] (München 2001) § 1059 Rn. 16, 18.

übertragen.[1719] Die Unvereinbarkeit des Schiedsspruches mit dem angewendeten Recht begründet für sich alleine noch keine Aufhebung nach lit. d.[1720] Anders soll es sich verhalten, wenn das Schiedsgericht die von den Parteien gesetzten Entscheidungsmaßstäbe verkennt, indem es eine Billigkeitsentscheidung fällt, obwohl es von den Parteien hierzu nicht ermächtigt wurde oder indem es sich über eine Rechtswahl der Parteien hinwegsetzt.[1721] Die Bestimmung des anwendbaren Rechts anhand kollisionsrechtlicher Regelungen ist dagegen Teil der Rechtsanwendung, so dass Unrichtigkeiten nicht die Aufhebung des Verfahrens rechtfertigen.[1722]

Somit kann nur von einer Aufhebbarkeit im Rahmen des § 1059 Abs. 2 Nr. 1 lit. d 2. Fall dtZPO ausgegangen werden, als dass die Parteien eine zweifellose Rechtswahl ohne Interpretationsspielraum gewählt haben und das Ergebnis des Schiedsspruches nach dem anderen anwendbaren Recht ein anderes gewesen wäre.

Wendet demgegenüber das Schiedsgericht die maßgebenden Rechtsvorschriften an, verkennt aber deren Inhalt, oder übersieht es Bestimmungen, wie auch zwingendes Recht, so ist der Schiedsspruch erst innerhalb der Grenzen des *ordre public*-Verstoßes aufhebbar.[1723] Dies gilt selbst dann, wenn das Schiedsgericht ein Kollisionsrecht unrichtig anwendet und deshalb zu einer anderen, als der maßgeblichen Rechtsordnung gelangt. In diesem Fall handelt es sich um einen Fehler der Rechtsanwendung und nicht um eine Abweichung vom vereinbarten Verfahren.[1724] Die Grenzen einer Rechtswahl werden somit erst beim Verstoß gegen den *ordre public* (§ 1059 Abs. 2 Nr. 2 lit. b dtZPO) erreicht.[1725] Dabei kann der *ordre public*-Verstoß darin begründet sein, dass sich das Schiedsgericht im Rahmen der Anwendung von Rechtsvorschriften oder der Entscheidung nach Billigkeit über zwingendes deutsches Recht hinwegsetzt, selbst wenn dies im Einverständnis der Parteien geschehen sein mag.[1726]

Führen somit die anwendbaren und letztlich angewendeten Rechtsvorschriften zu einem Ergebnis, das mit dem zwingenden deutschen Recht unvereinbar ist, so kommt eine Aufhebung aufgrund eines *ordre public*-Verstoßes in Betracht.[1727] In Fällen mit Auslandsbezug kann daneben ausländisches, zwingendes Recht in den Maßstab des *ordre public* mit einbezogen werden.[1728]

Einmal mehr ist dem Schiedsgericht folgerichtig zu raten, hier das zwingende Recht (*mandatory rules*) zu beachten, schon um zu gewährleisten, dass der Schiedsspruch nicht

---

1719 Vgl. statt aller: *VOIT*, § 1059 Rn. 18 m.w.N. (insbes. Fn. 46).

1720 *VOIT*, § 1059 Rn. 18.

1721 Zu letzterem: *VOIT*, § 1059 Rn. 18 m.w.N.; kritisch hierzu zur alten Rechtslage: *GOTTWALD*, FS *NAGEL* 54 (62); OLG Frankfurt RIW 1984, 400 (401).

1722 *VOIT*, § 1059 Rn. 18.

1723 *VOIT*, § 1051 Rn. 9.

1724 Vgl. auch: *GEIMER*, in: *ZÖLLER*, Zivilprozessordnung[23] (Köln 2002) § 1051 Rn. 9.

1725 *VOIT*, § 1051 Rn. 3, 9.

1726 *VOIT*, § 1051 Rn. 3, 9 und § 1059 Rn. 29 ff.

1727 *VOIT*, § 1051 Rn. 9, § 1059 Rn. 29 ff.

1728 *VOIT*, § 1051 Rn. 9, § 1059 Rn. 29 ff., § 1061 Rn. 27.

aufhebbar ist und vollstreckt werden kann. Dabei sind jene zwingenden Bestimmungen gemeint, welche in Zusammenhang mit denen des Schiedsverfahrens stehen, sei es, weil das Schiedsverfahren seinen Sitz in diesem Land hat, in diesem vollstreckt werden soll, etc.[1729] Insbesondere sind nach dem deutschen Recht die deutschen wie europäischen Wettbewerbs- und Kartellbestimmungen zu berücksichtigen, sowie die Einfuhr- und Ausfuhrbestimmungen.

Zum *ordre public* gilt weiterführend das bereits zum ML Gesagte.

§ 17.3.3.1.4: Zwischenergebnis zu § 1051 Abs. 1 dtZPO

Zusammenfassen lässt sich das Ergebnis zu § 1051 Abs. 1 dtZPO recht einfach, indem im Großen und Ganzen auf die Ausführungen zu Art. 28 Abs. 1 ML verwiesen wird. Den Parteien stehen dieselben Rechtswahlmöglichkeiten zur Seite. Entgegen der Ansicht des deutschen Gesetzgebers besteht keine Bindung an das EVÜ bzw. die Bestimmungen des dtEGBGB. Somit ist ein Schiedsgericht nicht an die Rechtwahlbeschränkungen der Artt. 27 ff. dtEGBGB gebunden.

§ 17.3.3.2: Rechtsbestimmung durch das Schiedsgericht, § 1051 Abs. 2 dtZPO

Gemäß dieser Vorschrift hat das Schiedsgericht das „Recht" anzuwenden, welches die „engste Verbindung" mit dem Gegenstand des Verfahrens aufweist.

Wenn auch der Kommissionsbericht („keine") und die Gesetzesbegründung („keine gravierende" Abweichung vom ML) etwas anderes behaupten mögen,[1730] bedeutet dies eine gravierende Abweichung vom ML. Die dtZPO verweist im Gegensatz zum ML nicht auf das Kollisionsrecht, sondern vielmehr auf Sachnormen und hat zudem die Wahl nicht ins freie Ermessen gestellt, sondern dieses Ermessen mit dem Begriff der „engsten Verbindung" versucht zu steuern. Was von dem Terminus der „engsten Verbindung" zu halten ist und insbesondere, dass es sich hierbei lediglich um eine „Leerformel" handelt, wurde bereits oben im Rahmen des ML herausgestellt. Insofern ist die Gesetzesbegründung im Ergebnis richtig, zumal alle gebräuchlichen Ansätze (Verweis auf Kollisionsrecht, beschränkter und unbeschränkter *voie directe*) letztendlich zum gleichen Ergebnis gelangen werden. Das Abweichen von Art. 28 Abs. 2 ML ist zunächst zu begrüßen, zumal dieser – wie oben dargelegt – einige Schwächen offenbart und schon zum Zeitpunkt seiner Verabschiedung nicht dem modernen Trend entsprach. Dennoch wäre ein liberalerer, beschränkungsloser und schnörkelloser Ansatz wünschenswert gewesen.

Während Art. 28 Abs. 2 ML nur von „Recht" spricht, ist in § 1051 Abs. 2 dtZPO vom „Recht des Staates" die Rede. Es fragt sich, ob damit dem Schiedsgericht der Rückgriff

---

1729 Ähnlich: WAGNER, in: WEIGAND (Hrsg.), Practitioner's Handbook on International Arbitration (München 2002) Part. 4 Country Reports D. Germany, Rn. 378; vgl. hierzu auch die Ausführungen zu den Grenzen der Rechtswahl im ML.

1730 BT-Drucks. 13/5274, 53.

auf nicht staatliches Recht verwehrt ist. *JUNKER* will § 1051 Abs. 2 dtZPO als eine Art *falsa demonstratio* sehen.[1731] Jedoch geht er fälschlicherweise davon aus, dass im ML der Terminus „Recht“ und der Terminus „Recht des Staates“ in der dtZPO eine unterschiedliche Bedeutung hätten. Dem ist jedoch nicht so. Beide Ansätze meinen ein staatliches also nationales Recht, wie bei der Diskussion zu Art. 28 Abs. 2 ML ausführlich dargestellt wurde. Folglich sind die Rechtswahlmöglichkeiten durch das Schiedsgericht nicht soweit, wie die der Parteien gem. Abs. 1. Vielmehr ist die Rechtswahl durch das Schiedsgericht auf ein nationales Recht beschränkt. Nicht ausdrücklich gesagt wird, ob das Schiedsgericht im Rahmen des Abs. 2 ein anationales Recht wie die *lex mercatoria* zur Anwendung berufen kann. Gegen die Möglichkeit der Rechtswahl zugunsten eines anationalen Rechts spricht jedoch die Wortwahl, die hier nur von „Recht“ und nicht ebenso von „Rechtsvorschriften“ spricht, wie es noch Abs. 1 tut.

Sowohl der Kommissionsbericht[1732] als auch die Gesetzesbegründung[1733] gehen davon aus, dass Art. 28 Abs. 2 ML dem Schiedsrichter hinsichtlich der Rechtswahl des maßgeblichen Kollisionsrechts ein Ermessen einräumt. Die „engste Verbindung“, als Abweichung vom ML, soll dabei lediglich eine schlichte Konkretisierung des ohnehin beschränkten schiedsrichterlichen Ermessens darstellen.

> „Denn dieses Ermessen kann nicht bedeuten, dass die Schiedsrichter in der Wahl des Kollisionsrechts völlig frei wären und hierüber zur Anwendung eines materiellen Rechts kommen könnten, das mit dem Gegenstand des Verfahrens keinerlei oder deutlich geringere Verbindungen aufweist als ein anderes Sachrecht.“[1734]

Nach dem Willen des Gesetzgebers, soll § 1051 Abs. 2 dtZPO wie Abs. 1 als grundsätzlicher Verweis auf das Sachrecht der Rechtsordnung mit der engsten Verbindung verstanden werden und nicht als Verweis auf das Kollisionsrecht.[1735] Diese Absicht kommt jedoch im Gesetz nicht hinreichend zum Ausdruck.[1736] Aus diesem Grund ist die Frage anhand allgemeiner Grundsätze zu beantworten. Soweit das Schiedsverfahren vertragliche Streitigkeiten betrifft, steht die Einordnung als Verweis auf das Sachrecht mit Art. 35 Abs. 1 dtEGBGB in Übereinstimmung. Insofern sollte man in diesem Bereich die Verweisung als Sachrechtsverweisung ansehen.[1737] Außerhalb dieses Bereichs wird man hingegen den Verweis als Hinweis auf das Kollisionsrecht der Rechtsordnung mit der engsten Verbindung verstehen müssen.[1738] Dieser Ansatz überzeugt jedoch wenig. Generell

---

1731 *JUNKER*, FS *SANDROCK*, 443 (455).

1732 Bundesministerium der Justiz (Hrsg.), Bericht mit einem Diskussionsentwurf zur Neufassung des 10. Buchs der ZPO (Bonn 1994) 169.

1733 BT-Drucks. 13/5274, 53.

1734 Bundesministerium der Justiz (Hrsg.), Bericht mit einem Diskussionsentwurf zur Neufassung des 10. Buchs der ZPO (Bonn 1994) 169; dtBT-Drucks. 13/5274, 53.

1735 BT-Druchs. 13/5274, 53.

1736 *VOIT*, § 1051 Rn. 7.

1737 *VOIT*, § 1051 Rn. 7.

1738 *VOIT*, § 1051 Rn. 7.

wurde bereits oben dargestellt, dass dem Schiedsgericht eine möglichst breite Rechtswahlmöglichkeit eingeräumt werden sollte. Des Weiteren ist bei § 1051 Abs. 2 dtZPO klar, dass diese Vorschrift bereits eine Kollisionsnorm darstellen soll. Schon um eine Rückverweisung und endlose Weiterverweisung durch die Rechte zu vermeiden, sollte man generell den Abs. 2, ebenso wie Abs. 1 als direkten Verweis ins Sachrecht verstehen. Hätte der Gesetzgeber seine Bestimmung als Verweis auf das Kollisionsrecht verstanden wissen wollen, hätte er die Bestimmung des ML übernommen und direkt ins Kollisionsrecht verwiesen.

§ 17.3.3.2.1: Anwendbarkeit des dtEGBGB/EVÜ im Rahmen des § 1051 Abs. 2 dtZPO

Einmal mehr stellt sich hier im deutschen Recht die Frage, ob eine Bindung an das dtEGBGB bzw. EVÜ besteht. Auch wenn das EVÜ für die Ausgestaltung des Schiedsverfahrens völkerrechtlich nicht verbindlich ist (siehe oben), könnte jedoch auf einfachgesetzlicher Ebene der Wille des deutschen Gesetzgebers beachtlich sein, die Vorschriften des § 1051 dtZPO im Lichte des Art. 27 ff. dtEGBGB zu betrachten. Ist die dtZPO so auszulegen, wäre dies eine klare Absage an die sich international durchgesetzte Auffassung von einem Sonderkollisionsrecht für die internationale Schiedsgerichtsbarkeit.[1739] Die „engste Verbindung" nach § 1051 Abs. 2 dtZPO soll, der Gesetzesbegründung zufolge, in Übereinstimmung mit Art. 28 dtEGBGB ermittelt werden. Schon die Kommission, welche sich nicht an das EVÜ gebunden sah, wollte „naheliegenderweise" zur Auslegung auf die Vermutungen des Art. 28 dtEGBGB zurückgreifen.[1740] Somit musste der Gesetzgeber von der Anwendbarkeit dieser Vermutungen ausgehen, nachdem er sich an das EVÜ gebunden sah. Für eine so weitgehende Bindung an das nationale deutsche Kollisionsrecht des dtEGBGB spricht zwar die Gesetzesbegründung[1741], nicht aber der Gesetzestext. Insofern verläuft eine Kluft zwischen Gesetzestext und seiner Begründung.[1742]

Die Regelung des § 1051 Abs. 2 dtZPO soll nach den Vorstellungen des Gesetzgebers einerseits dem Art. 28 dtEGBGB und andererseits im Wesentlichen ebenso Art. 28 Abs. 2 ML entsprechen. Nach Ansicht der Gesetzgeber bedeutet die Heranziehung der Vermutungen des Art. 28 dtEGBGB keine „gravierende Abweichung" von der Ermessensentscheidung, da „es dem Schiedsrichter auch in der Anwendung dieser Bestimmung des [dt]EGBGB nicht verwehrt ist, das Sachrecht eines anderen Staates anzuwenden, wenn im konkreten Fall andere Anknüpfungspunkte ein deutlich stärkeres Gewicht haben"[1743]. Zu-

1739 Vgl.: *BERGER*, Entstehungsgeschichte und Leitlinien des neuen deutschen Schiedsverfahrensrechts, in: *BERGER* (Hrsg.), Das neue Recht der Schiedsgerichtsbarkeit (Köln 1998) 1 (21 ff.).

1740 Bundesministerium der Justiz (Hrsg.), Bericht mit einem Diskussionsentwurf zur Neufassung des 10. Buchs der ZPO (Bonn 1994) 169.

1741 BT-Drucks. 13/5274, 53.

1742 *SOLOMON*, RIW 1997, 981 ff.

1743 BT-Drucks. 13/5274, 53.

treffend ist, dass die Vermutungen des Art. 28 Abs. 2-4 gemäß Abs. 5 nicht gelten, wenn sich aus der Gesamtheit der Umstände eine „noch engere Verbindung“ mit einem anderen Recht ergibt. Dies jedoch bedeutet nicht, dass dem entscheidenden Schiedsgericht bei der Bestimmung des anwendbaren Rechts letztlich doch freie Hand gelassen würde. Sofern die Vermutungen des Art. 28 dtEGBGB überhaupt einen Sinn machen sollen, müssen sie den Regelfall darstellen und die Umgehung mittels einer noch engeren Verbindung in Abs. 5 die Ausnahme darstellen.[1744]

Dass bspw. im Regelfall auf den gewöhnlichen Aufenthaltsort der die charakteristische Leistung erbringenden Partei abzustellen ist, ist keineswegs international anerkannt.[1745] Folgerichtig kann die Bezugnahme auf die „engste Verbindung“ im Rahmen der internationalen Schiedsgerichtsbarkeit nicht gleichzeitig als automatischer Verweis auf diese Vermutung gesehen werden.[1746] Dies kann allenfalls im EVÜ-Raum gelten. Allgemein anerkannt ist diese Anknüpfung jedoch bei weitem nicht.[1747]

Nachdem sich die Anwendung des Art. 28 dtEGBGB nicht von selbst versteht, müsste dessen Anwendbarkeit in der dtZPO hinreichend deutlich zum Ausdruck kommen. Dies ist jedoch nicht der Fall. Im Gegenteil, der Gesetzgeber übernimmt zwar die Wortwahl im Hinblick auf die „engste Verbindung“, nicht jedoch die Vermutungen der Abs. 2-4, sowie die Widerlegbarkeit mittels einer noch engeren Verbindung gemäß Abs. 5. Ergo muss man nach den herkömmlichen Auslegungsgrundsätzen davon ausgehen, dass die Vermutungen des Art. 28 dtEGBGB für den § 1051 dtZPO nicht gelten.[1748] Dies entspricht zugleich der Auslegung des Art. 187 schweizIPRG, welchen sich der Gesetzgeber ebenso zur Vorlage genommen hat und in seiner Gesetzesbegründung erwähnt.[1749] In der Schweiz sieht man in der besonderen Kollisionsnorm des Art. 187 schweizIPRG eine Sonderkollisionsnorm für Schiedsgerichte, die anderen Vorschriften des schweizIPRG, wie z.B. die dem deutschen Art. 28 dtEGBGB ähnliche Regelung des Art. 117 schweizIPRG, vorgeht.[1750]

Ein obligatorischer Rückgriff auf die Normen des dtEGBGB lässt sich nicht überzeugend begründen. Insbesondere ist weder das EVÜ in Schiedsverfahren anwendbar, noch die Gesetzesbegründung mit ihren falschen Schlussfolgerungen bindend. Dies vor allem, nachdem sich die Absicht der Bindung des § 1051 dtZPO an die Art. 27 ff. dtEGBGB nur äußerst peripher in Gesetz und Gesetzesbegründung niedergeschlagen hat.[1751] Zwar kann man durchaus begründen, dass die „charakteristische Leistung“ in internationalen Schiedsverfahren als Kriterium geeignet ist, jedoch ist hier zu bedenken, dass es sich bei

1744 Ähnlich: *Solomon*, RIW 1997, 981 (984 m.w.N.).
1745 Vgl. hierzu die Ausführungen zu Art. 28 Abs. 2 ML.
1746 Ebenso: *Solomon*, RIW 1997, 981 (984).
1747 Vgl.: *Solomon*, RIW 1997, 981 (984 m.w.N. in Fn. 54).
1748 *Voit*, JZ 1997, 120 (123 f.); sich anschließend: *Solomon*, RIW 1997, 981 (985).
1749 Vgl.: BT-Drucks. 13/5274, 53.
1750 Vgl. hierzu die Ausführungen zum schweizerischen Recht.
1751 Vgl.: *Solomon*, RIW 1997, 981 ff.

den Art. 27 ff. dtEGBGB um ein „Gesamtsystem eigener Art" handelt, dessen Vermutungen sich nicht *per se* aufdrängen.[1752] § 1051 Abs. 2 dtZPO beschränkt sich inhaltlich auf die „engste Verbindung" und enthält damit gerade keine Verweisung auf Art. 28 dtEGBGB. Dies ist inhaltlich nicht geboten. Insofern besteht entgegen der Gesetzesbegründung keine unbedingte Bindung an diese Norm.[1753]

Insofern ist es überraschend, dass viele Autoren vorbehaltlos der Gesetzesbegründung folgen und von einer zwingenden Berücksichtigung des dtEGBGB ausgehen.[1754] Der Verweis auf die „engste Verbindung" in § 1051 Abs. 2 dtZPO kann nur als eine „rudimentäre Vorgabe" gesehen werden.[1755] Jedoch gibt es ebenso Stimmen, die sich für eine Befugnis zur „direkten Wahl des Sachstatuts" aussprechen.[1756] Insofern spricht mehr für eine Ermessensentscheidung seitens des Schiedsgerichts, ob es die Bestimmungen des dtEGBGB und damit des EVÜ berücksichtigt.[1757] Das Schiedsgericht kann mangels einer zwingenden Bindung an das EVÜ die „engste Verbindung" in § 1051 Abs. 2 dtZPO nach freiem Ermessen bestimmen, ohne an die Regeln des EVÜ oder Artt. 27 ff. dtEGBGB gebunden zu sein. Es steht ihm, im Rahmen seines Ermessens, jedoch frei, die Art. 27 ff. dtEGBGB bzw. das EVÜ zu berücksichtigen.

Auf den Punkt gebracht heißt dies, dass sich das Schiedsgericht zwar an den Normen der Art. 27 ff. dtEGBGB orientieren kann, jedoch keineswegs an ihre Vermutungen gebunden ist.

1752 *Martiny*, FS *Schütze*, 529 (541).

1753 Ebenso: *Martiny*, FS *Schütze*, 529 (540).

1754 BT-Drucks. 13/5274, 52; *Thomas/Reichhold*, in: *Thomas/Putzo* (Hrsg.), Zivilprozessordnung[25] (München 2003) § 1051 Rn. 3; *Weigand*, Das neue deutsche Schiedsverfahrensrecht – Umsetzung des UNCITRAL-Modellgesetzes, WiB 1997, 1273 (1276); *Jayme/Kohler*, Europäisches Kollisionsrecht 1998 – Kulturelle Unterschiede und Parallelaktionen, IPRax 1998, 417 (425 f.); *Berger*, DZWiR 1998, 45 (52 f.); *Lörcher/Lörcher*, Das Schiedsverfahren – national/international – nach neuem Recht (München 1998) Rn. 196; *Lachmann*, Handbuch für die Schiedspraxis (Köln 1998) Rn. 442; gegen eine generelle Anwendung, zumindest wenn eine der Parteien aus einem Nicht-EVÜ-Land kommt: *Kronke*, RIW 1998 257 (263).

1755 *Martiny*, FS *Schütze*, 529 (540).

1756 *Nagel/Gottwald*, Internationales Zivilprozessrecht[4] (Münster 1997) § 16 Rn. 41.

1757 Ebenso gegen die zwingende Berücksichtigung der §§ 27 ff. dtEGBGB: *Berger*, Entstehungsgeschichte und Leitlinien des neuen deutschen Schiedsverfahrensrechts, in: *Berger* (Hrsg.), Das neue Recht der Schiedsgerichtsbarkeit (Köln 1998) 1 (22 f.); *Voit*, JZ 1997, 120 (123 f.); *Solomon*, RIW 1997, 981 (985); *Moller*, Schiedsverfahrensnovelle und Europäisches Übereinkommen über die internationale Handelsschiedsgerichtsbarkeit, NZG 2000, 57 (68 f.); *Junker*, FS *Sandrock*, 443 (462); *Schütze*, Die Bestimmung des anwendbaren Rechts im Schiedsverfahren und die Feststellung seines Inhalts, in: *Briner/Fortiert/Berger/Bredow* (Hrsg.), Law of International Business and Disputes Settlement in the 21st Century, Festschrift für *Karl Heinz Böckstiegel* (Köln 2001) 715 (717); ebenso wohl auch: *Münch*, in: *Lüke/Wax* (Hrsg.), Münchner Kommentar zur Zivilprozessordnung[2] (München 2001) § 1051 Rn. 15; *Jayme/Kohler*, Europäisches Kollisionsrecht 1998 – Kulturelle Unterschiede und Parallelaktionen, IPRax 1998, 417 (425 f.); *Martiny*, FS *Schütze*, 529 (540); wenn eine der Parteien aus einem Nicht-EVÜ-Land kommt auch *Kronke*, RIW 1998 257 (263).

Der Streit dürfte jedoch nicht weiter zu Buche schlagen. Dort, wo das EVÜ anwendbar ist, gehören die Vermutungen des Art. 4 EVÜ ohnehin zum kollisionsrechtlichen Standard des jeweiligen Rechtssystems.[1758]

§ 17.3.3.3: Billigkeitsentscheidung gem. § 1051 Abs. 3 dtZPO

Grundsätzlich hat im deutschen Recht das Schiedsgericht nach Recht und Gesetz zu entscheiden. Dies gilt nur in den Fällen nicht, in denen die Parteien das Schiedsgericht ausdrücklich dazu ermächtigen, dass das Schiedsgericht befugt ist, nach Billigkeit zu entscheiden. Diese Ermächtigung kann bis zur Entscheidung des Schiedsgerichts erfolgen.

Im Gegensatz zum ML erwähnt das deutsche Recht dies zur Klarstellung explizit (vgl. § 1051 Abs. 3 S. 2 dtZPO).[1759] Der deutsche Gesetzgeber wollte nochmals klarstellen, dass eine Ermächtigung zur Entscheidung nach Billigkeit bis zur Entscheidung des Schiedsgerichts erfolgen könne. Es ist jedoch nicht einleuchtend, warum gerade dieser spezielle Fall einer (nachträglichen) „Rechtswahl" einer expliziten Regelung bedarf. Wie oben ausgeführt, leitet sich dies schon aus der alles beherrschenden Parteiautonomie ab. Wie schon bei Art. 28 Abs. 1 ML ausgeführt, ist aus diesem Grund jederzeit eine Rechtswahl durch die Parteien möglich. Nachdem es sich streng dogmatisch gesehen bei der Ermächtigung zur Entscheidung nach Billigkeit um eine (spezielle) Rechtswahl im Sinne des Abs. 1 handelt, kann hier nichts anderes gelten. Eine jederzeitige Rechtswahlmöglichkeit und damit jederzeitige Möglichkeit zur Ermächtigung der Entscheidung nach Billigkeit ist somit eine Selbstverständlichkeit; auch ohne eine gesetzliche Klarstellung, die nun im Zusammenhang mit Absatz 1 eher Fragen aufwerfen könnte, ob im Rahmen der Rechtswahl durch die Parteien etwas anderes gilt, was jedoch nicht der Fall ist.

Somit übernimmt der deutsche Gesetzgeber weitgehend den Art. 28 Abs. 3 ML. Folglich gilt für die Billigkeitsentscheidung vornehmlich das zu Art. 28 Abs. 3 ML Gesagte.

Mit dem Erfordernis der ausdrücklichen Ermächtigung schließt das Gesetz lediglich eine stillschweigende Ermächtigung aus. Nicht gefordert ist jedoch, dass der Begriff „Entscheidung nach Billigkeit" explizit verwendet wird.[1760] Die Beachtung der Form des § 1031 dtZPO ist hier – entgegen einer Mindermeinung[1761] – nicht erforderlich.[1762]

Entscheidet das Schiedsgericht nach Billigkeit, obwohl es hierzu an einer Ermächtigung fehlt, so kann der Schiedsspruch aufgehoben werden (vgl. § 1059 Abs. 2 Nr. 1 lit. d

---

1758 Vgl.: *Berger*, DZWiR 1998, 45 (52); *Kronke*, RIW 1998, 257 (263).

1759 Dies hätte jedoch auch ohne diese Klarstellung gegolten, wie im Rahmen des Art. 28 Abs. 3 ML herausgestellt wurde.

1760 *Voit*, § 1051 Rn. 4.

1761 Ohne weitere Begründung so: *Thomas/Reichhold*, in: *Thomas/Putzo* (Hrsg.), Zivilprozessordnung[25] (München 2003) § 1051 Rn. 4.

1762 *Voit*, § 1031 Rn. 2 und § 1051 Rn. 4; *Münch*, in: *Lüke/Wax* (Hrsg.), Münchner Kommentar zur Zivilprozessordnung[2] (München 2001) § 1051 Rn. 21.

sowie Nr. 2).[1763] Entscheidet das Schiedsgericht auf Basis eines Rechts oder von Rechtsvorschriften, obwohl es zu einer Entscheidung nach Billigkeit ermächtigt wurde, rechtfertigt dies in der Regel nicht die Aufhebung des Schiedsspruches. Die Regeln einer Rechtsordnung sowie Rechtsvorschriften werden zu einem der Billigkeit entsprechenden Ergebnis führen.[1764]

§ 17.3.3.4: Berücksichtigung der Vertragsbestimmungen und Handelsbräuche gem. § 1051 Abs. 4 dtZPO

Mit § 1051 Abs. 4 dtZPO übernimmt der deutsche Gesetzgeber den Art. 28 Abs. 4 ML. Demzufolge hat das Schiedsgericht in Übereinstimmung mit den Vertragsbestimmungen zu entscheiden und jeweilige Handelsbräuche zu berücksichtigen. Nachdem der deutsche Gesetzgeber die Bestimmung wortgleich aus dem ML übernommen hat, gilt das dort bereits Gesagte.

Dieser Absatz gilt für alle Absätze des § 1051 dtZPO.[1765]

SOLOMON zufolge soll diese Bestimmung nur in den Fällen der Billigkeitsentscheidung gemäß § 1051 Abs. 3 dtZPO zur Anwendung kommen.[1766] Wie bereits im Rahmen des Art. 28 Abs. 4 ML diskutiert, hat er jedoch die Begründung des deutschen Gesetzgebers falsch verstanden. Auch der deutsche Gesetzgeber gibt zu, dass diese Vorschrift lediglich eine Selbstverständlichkeit zum Ausdruck bringt.[1767] Vielmehr wollte der Gesetzgeber zum Ausdruck bringen, dass diese Bestimmung vor allem in den Fällen der Ermächtigung zu Entscheidung nach Billigkeit an Bedeutung gewinnt.[1768]

Auch der deutsche Gesetzgeber gibt zu, dass dieser Regelung nach den Motiven lediglich eine klarstellende Bedeutung zukommt und unter dem Vorbehalt des anwendbaren zwingenden Rechts steht.[1769]

1763 *VOIT*, § 1051 Rn. 5; zum alten Recht: BGHZ 96, 40 (45); kritisch: *SANDROCK*, Zügigkeit und Leichtigkeit versus Gründlichkeit – Internationale Schiedsverfahren in der Bundesrepublik Deutschland (Anmerkungen zu BGH (26.9.1985) [NJW 1986, 1436 (1437)]) JZ 1986, 370 (373).

1764 *GEIMER*, in: *ZÖLLER* (Hrsg.), Zivilprozessordnung[23] (Köln 2002) § 1051 Rn. 8; *VOIT*, § 1051 Rn. 5.

1765 *THOMAS/REICHHOLD*, in: *THOMAS/PUTZO* (Hrsg.), Zivilprozessordnung[25] (München 2003) § 1051 Rn. 4.

1766 *SOLOMON*, RIW 1997, 981 (985 f.).

1767 BT-Druchs. 13/5274, 53.

1768 *ALBERS*, in: *BAUMBACH/LAUTERBACH* (Hrsg.), Zivilprozessordnung[61] (München 2003) § 1051 Rn. 5.

1769 BT-Drucks. 13/5274, 53.

§ 17.4: Zusammenfassung

Mit der Umsetzung des ML hat Deutschland einen entscheidenden Sprung nach vorn gemacht.

Zusammenfassend lässt sich bzgl. § 1051 Abs. 1 dtZPO auf das schon bei Art. 28 Abs. 1 ML gezogene Ergebnis verweisen. Nachdem die Grenzen des dtEGBGB nicht anwendbar sind, können die Parteien im Einvernehmen jedwedes Recht und Rechtsvorschriften wählen, ganz gleich ob dies/diese nationaler oder anationaler Herkunft sind und diese ebenso miteinander kombinieren.

Die jetzige Fassung des § 1051 Abs. 2 dtZPO geht konform mit Art. 28 Abs. 1 dtEGBGB. Insofern hier nicht die Meinung vertreten wird, dass das Schiedsgericht an das EVÜ gebunden ist, bleibt es dem Schiedsgericht überlassen, wie es die „engste Verbindung" auslegt und ob es hierzu das EVÜ bzw. die Vermutungen des Art. 28 dtEGBGB heranzieht. Gebunden ist es – trotz entgegenstehender Begründung in der Gesetzesbegründung – nicht an diese Vermutungen. Jedoch ist zuzugeben, dass die Vermutungen des Art. 28 dtEGBGB einen ersten Hinweis darauf geben können, was unter der „engsten Verbindung" zu verstehen ist. Die Regeln des dtEGBGB dienen folgerichtig lediglich als Auslegungshilfe, sind jedoch nicht bindend für die Interpretation der „engsten Verbindung" des § 1051 Abs. 2 dtZPO. Die „engste Verbindung" kann sich folglich auch nach anderen als den dort genannten Kriterien bestimmen. Teilweise wird gerade wegen der streitigen Fragen in Abs. 2 eine ausdrückliche Rechtswahl empfohlen.[1770] Dies ist jedoch nicht der einzige Grund, eine Rechtswahl zu empfehlen, wie bereits aus den Ausführungen zum ML deutlich wurde.

Nach den hier gemachten Ausführungen kann ebenso bzgl. des § 1051 Abs. 3 und 4 dtZPO auf die zu Art. 28 Abs. 3 und 4 ML gezogenen Schlussfolgerungen verwiesen werden, nachdem der deutsche Gesetzgeber beide Bestimmungen inhaltlich und zum Teil wörtlich übernommen hat.

§ 18: Schweiz

Art. 187 schweizIPRG

<u>*deutsche Fassung:*</u>

Das Schiedsgericht entscheidet die Streitsache nach dem von den Parteien gewählten Recht oder, bei Fehlen einer Rechtswahl, nach dem Recht, mit dem die Streitsache am engsten zusammenhängt.

Die Parteien können das Schiedsgericht ermächtigen, nach Billigkeit zu entscheiden.

<u>*französische Fassung:*</u>

Le tribunal arbitral statue selon les règles de droit choisies par les parties ou, à défaut de choix selon les règles de droit avec lesquelles la cause présente les liens les plus étroits.

Les parties peuvent autoriser le tribunal arbitral à statuer en équité.

1770 *ALBERS*, in: *BAUMBACH/LAUTERBACH/ALBERS/HARTMANN* (Hrsg.), Zivilprozessordnung[61] (München 2003) § 1051 Rn. 3.

Das derzeitige schweizerische Schiedsverfahrensrecht stammt aus dem Jahre 1989 und ist im 12. Kapitel des schweizerischen IPRG geregelt.

§ 18.1: Geschichte

Das vormalige schweizerische Recht – das für die internationale Schiedsgerichtsbarkeit galt – war das „Schweizerische Konkordat über die Schiedsgerichtsbarkeit" vom 27. März 1969. Dieses konnte jedoch den Bedürfnissen der internationalen Entwicklung nicht mehr genügen.

Zum einen unterwarf das Konkordat die Parteiautonomie dem Vorbehalt zahlreicher zwingender Bestimmungen und enthielt verschiedene Rekursmöglichkeiten und andere „Anreize" zur Behinderung des Schiedsverfahrens. Zweitens nahmen verschiedene Bestimmungen des Konkordats keine Rücksicht darauf, dass die Anwendung der Regeln des internationalen Privatrechts von Nöten war, sobald es sich um einen internationalen Schiedsfall handelte. Diese Lücke hat zum Teil dazu geführt, dass zuweilen grundlos und automatisch das schweizerische oder gar kantonale Recht zur Anwendung berufen wurde. Schließlich wurde gerade im internationalen Ausland oftmals nicht verstanden, weshalb die internationale Schiedsgerichtsbarkeit kantonalem Recht unterstellt war. Eine Reform des schweizerischen Rechts über die internationale Handelsschiedsgerichtsbarkeit hätte auf dem Konkordatswege somit nur schwerlich verwirklicht werden können.

Bereits 1978 war eine Expertenkommission mit einem Entwurf eines Gesetzes über das internationale Privatrecht beauftragt worden. Diese Kommission schlug vor, ein „Kapitel 11" über die internationale Schiedsgerichtsbarkeit einzufügen. Das Parlament schloss sich diesem Vorschlag an, unternahm jedoch tief greifende Umgestaltungen. Im endgültigen Text über die internationale Schiedsgerichtsbarkeit wurde das Schiedsgerichtsverfahren im „Kapitel 12" in den Artt. 176 bis 194 geregelt. Im Parlament war dies, dass am meisten umstrittene Kapitel des schweizIPRG. Erst unter Herbeiziehung von Vertretern der schweizerischen Vereinigung für Schiedsgerichtsbarkeit (ASA) ist es gelungen, eine Trendwende einzuleiten, indem ein Text vorgeschlagen wurde, der umfassendere Regelungen enthielt und in verschiedensten Punkten besser ausgearbeitet war als der ursprüngliche Entwurf. Dieser neue Entwurf wurde dann vom schweizerischen Nationalrat 1986 einstimmig angenommen.[1771] Nachdem der Ständerat einigen wesentlichen Regeln nicht zugestimmt hat,[1772] wurden die Divergenzen zwischen beiden Gremien 1987 behoben,[1773] das Gesetz schließlich am 18. Dezember 1987 beschlossen[1774] und trat zum 1. Januar 1989 in Kraft.

1771 Amtl. Bull. NR 1986, 1363-1369.

1772 Vgl.: Amtl. Bull. SR 1987, 193-199.

1773 Vgl.: Amtl. Bull. NR 1987, 1070-1073; SR 1987, 509 f.

1774 Amtl. Bull. SR 1987, 685; NR 1987, 1894.

Das schweizerische Recht folgt dem dualistischen Ansatz und hat dementsprechend separate Regelungen für das interne wie internationale Schiedsverfahren eingeführt. Das schweizIPRG stützt sich dabei in Art. 176 Abs. 1 schweizIPRG auf einen formellen Begriff zur Abgrenzung der internen von der internationalen Schiedsgerichtsbarkeit. Nach dieser Bestimmung ist ein Schiedsgericht dann als international zu qualifizieren und folglich den Bestimmungen des 12. Kapitels des schweizIPRG unterworfen, wenn es seinen Sitz in der Schweiz hat (Territorialprinzip) und sofern wenigstens eine Partei beim Abschluss der Schiedsvereinbarung (maßgeblicher Zeitpunkt) ihren Wohnsitz oder gewöhnlichen Aufenthalt in der Schweiz hatte.

In Bezug auf die Bezeichnung des Sitzes legt Art. 176 Abs. 3 schweizIPRG fest, dass dieser von den Parteien oder der von ihnen benannten Schiedsgerichtsinstitution bestimmt oder in Abwesenheit einer solchen Bestimmung vom Schiedsgericht festgelegt wird. Hierzu sei festgestellt, dass im schweizerischen Recht die Sitzfestlegung lediglich der „Erdung“ des Verfahrens dient. Die Verfahrenshandlungen müssen nicht zwangsläufig an diesem Ort stattfinden. Bei der Sitzwahl sind die Parteien völlig frei. Es bedarf keinerlei Beziehung der Streitigkeit zur Schweiz.[1775]

Der Begriff der Parteien bezieht sich auf alle (natürlichen und juristischen) Personen, die von der Streitsache betroffen oder durch die Schiedsvereinbarung gebunden sind.

Der Wohnsitz und gewöhnliche Aufenthalt der Parteien bestimmt sich gem. Art. 20 schweizIPRG. Nach Art. 20 Abs. 1 lit. a schweizIPRG befindet sich der Wohnsitz in dem Staat, in dem sich die Person mit der Absicht dauernden Verbleibens aufhält. Hat eine Person nirgends einen Wohnsitz, ist der gewöhnliche Aufenthalt maßgeblich (Art. 20 Abs. 2 schweizIPRG). Demgegenüber hat eine Person ihren gewöhnlichen Aufenthalt in dem Staat, in dem sie während langer Zeit lebt, selbst wenn diese Zeit von vornherein befristet ist (Art. 20 Abs. 1 lit. b schweizIPRG).

Bei Gesellschaften, wie sie in internationalen Schiedsverfahren öfter vorkommen dürften, tritt nach Art. 21 Abs. 1 schweizIPRG der Sitz an die Stelle des Wohnsitzes (und des gewöhnlichen Aufenthalts). Gem. Art. 21 Abs. 2 schweizIPRG gilt als Sitz der Ort, der in den Statuten oder im Gesellschaftsvertrag bezeichnet ist. Fehlt eine derartige Bezeichnung, so befindet sich der Sitz an dem Ort, an welchem die Gesellschaft tatsächlich verwaltet wird. Zu beachten ist dabei, dass Art. 176 Abs. 1 schweizIPRG nicht die Niederlassung mit einbezieht. In der Folge heißt dies, ein zwischen zwei Parteien mit Wohnsitz oder gewöhnlichem Aufenthalt in der Schweiz geschlossenen Vertrag, welcher durch ausländische Niederlassungen dieser Parteien abgeschlossen wurde, erfüllt nicht die Anforderungen eines internationalen Verfahrens i.S.d. 12. Kapitels des schweizIPRG. Umgekehrt heißt dies ebenso, dass zwei in der Schweiz niedergelassene Parteien einen Ver-

---

1775 *WALTER*, Die Internationale Schiedsgerichtsbarkeit in der Schweiz, in: *SCHLOSSER* (Hrsg.), Internationale Schiedsgerichtsbarkeit – Arbitrage International – International Arbitration (Bielefeld 1997) 817 (824) [zukünftig zitiert als: *WALTER*, Internationale Schiedsgerichtsbarkeit].

trag schließen können, der den Weg des Art. 176 Abs. 1 schweizIPRG eröffnet, sofern eine dieser Parteien ihren eigentlichen Sitz im Ausland hat.

Art. 176 Abs. 2 schweizIPRG ist das Ergebnis eines politischen Kompromisses. Nach dieser Regelung können die Parteien schriftlich vereinbaren, dass die Bestimmungen des 12. Kapitels des schweizIPRG nicht anwendbar sein sollen (*opting out*). Art. 176 Abs. 2 schweizIPRG verlangt dabei nicht nur, dass die Parteien die Anwendung des 12. Kapitels ausschließen, sondern mehr noch, dass sie die ausschließliche Anwendung der kantonalen Bestimmungen beschließen. Diese „doppelte Voraussetzung" dient der Klarheit. Der Ausschluss muss schriftlich erfolgen, wobei es dem Willen des Gesetzgebers und der gesetzlichen Systematik entspricht, dieses Formerfordernis auf die von Art. 178 Abs. 1 schweizIPRG getroffenen Präzisierungen über die formelle Gültigkeit der Schiedsvereinbarung zu stützen.[1776] Der Ausschluss kann bis zu dem Zeitpunkt getroffen werden, in dem eine der Parteien einen Schritt zur Bestellung des Schiedsgerichts unternimmt und damit die Rechtshängigkeit begründet (vgl. Art. 181 schweizIPRG).

Erst wenn alle notwendigen Voraussetzungen des Art. 176 Abs. 1 erfüllt sind, sind die Vorschriften des 12. Kapitels des schweizIPRG anwendbar.

§ 18.3: Anwendbares Verfahrensrecht

Im schweizerischen Verfahrensrecht – wie auch international – ist die Parteiautonomie vorherrschend. Gem. Art. 182 Abs. 1 schweizIPRG sind die Parteien befugt, dass anwendbare Verfahrensrecht direkt oder indirekt zu bestimmen. Direkt, indem die Verfahrensregeln in der Schiedsvereinbarung oder einer separaten Übereinkunft enthalten sind oder indirekt, indem sie auf eine Schiedsgerichtsordnung oder ein Verfahrensrecht verweisen.

Auch der schweizerische Gesetzgeber stellt bzgl. des anwendbaren Verfahrensrechts über Art. 182 Abs. 3 schweizIPRG sicher, dass gewisse Mindestanforderungen an das Verfahren zu stellen sind. Dieser wichtige Vorbehalt ist durchaus zum *ordre public* zu zählen und beinhaltet – unabhängig von der Wahl des Verfahrens(rechts) – die Berücksichtigung des rechtlichen Gehörs, wie auch die Gleichbehandlung der Parteien. Eine Verletzung dieser fundamentalen Bestimmung stellt einen Grund zur Anfechtung des Verfahrens nach Art. 190 Abs. 2 lit. d schweizIPRG dar.

Haben sich die Parteien nicht auf ein Verfahrensrecht geeinigt oder einigen können, so wird dieses vom Schiedsgericht gem. Art. 182 Abs. 2 schweizIPRG – „soweit nötig" – festgelegt. Dies kann direkt durch eine verfahrensleitende Verfügung geschehen oder das Schiedsgericht selber verweist auf ein Verfahrensrecht oder eine Schiedsgerichtsordnung.

1776 BUCHER, Rn. 61.

§ 18.4: Anwendbares materielles Recht

Das anwendbare materielle Recht bemisst sich im schweizerischen Recht nach Art. 187 schweizIPRG. Absatz eins regelt dabei das anwendbare (materielle) Recht und Absatz zwei eröffnet die Möglichkeit zu einer Ermächtigung zur Entscheidung nach Billigkeit.

§ 18.4.1: Einleitung

Eine Regelung bzgl. des anwendbaren materiellen Rechts wurde entgegen dem Vorschlag des schweizerischen Bundesrates in das 12. Kapitel des schweizIPRG aufgenommen, der diese Frage der weiteren Entwicklung in der Praxis überlassen wollte.[1777] Diese Vorgehensweise ist schon aus Gründen der Rechtssicherheit zu begrüßen.

Mit der Regelung des Art. 187 schweizIPRG folgt das Schiedsgericht nicht dem genauen Aufbau des Art. 28 ML, wohl aber seiner logischen Abfolge. Zunächst wird, wie in Art. 28 Abs. 1 ML, die Rechtswahl durch die Parteien in Art. 187 Abs. 1 1. Alt. schweizIPRG behandelt. Dann in der 2. Alternative, wie in Art. 28 Abs. 2 ML der Fall, dass eine Rechtswahl durch die Parteien nicht vorliegt und schließlich und letztendlich in Art. 187 Abs. 2 schweizIPRG die Möglichkeit zur Ermächtigung der Entscheidung nach Billigkeit (ähnlich dem Art. 28 Abs. 3 ML). Dennoch kann hier – wie sich noch herausstellen wird – die Rechtswahl durch die Parteien nicht gänzlich losgelöst von der Rechtsbestimmung durch das Schiedsgericht behandelt werden, womit einige Fragen der Rechtsbestimmung durch das Schiedsgericht ausnahmsweise schon bei der Rechtswahl durch die Parteien mit behandelt werden.

Vorab ist festzuhalten, dass Art. 187 schweizIPRG primär autonom auszulegen ist.[1778] Dies insbesondere, weil das Kapitel 12 des schweizIPRG als eigenständiges und in sich geschlossenes System konzipiert wurde.[1779]

§ 18.4.2: Vorrang des 12. Kapitels des schweizIPRG

Nach einer in der Schweiz weit verbreiteten und vorherrschenden Ansicht ist Art. 187 schweizIPRG eine besondere Kollisionsnorm für Schiedsgerichte, die die anderen Vorschriften des schweizIPRG als Sonderregelung verdrängt.[1780] Die Vermutungen

---

1777 Botschaft des Bundesrates zum Bundesgesetz über das internationale Privatrecht (IPR-Gesetz), BBl. 1983 I 263-519, Nr. 2101.25.

1778 *Karrer*, in: *Berti* (Hrsg.) International Arbitration in Switzerland (The Hague 2000) Art. 187 Rn. 5 [zukünfit zitiert als: *Karrer*, in: *Berti* (Hrsg.) Art.].

1779 Vgl.: *Karrer*, in: *Berti* (Hrsg.) Art. 187 Rn. 5.

1780 *Heini*, in: *Heini/Keller/Siehr/Vischer/Volken* (Hrsg.), IPRG-Kommentar (Zürich 1993) Art. 187 Abs. 2; *Karrer*, in: *Berti* (Hrsg.) Art. 187 Rn. 1, 5; *Rüede/Hadenfeld*, 279 m.w.N.; *Bucher*, Rn. 239.

des Art. 117 schweizIPRG finden somit keine unmittelbare Anwendung.[1781] Vielmehr bildet Art. 187 schweizIPRG den schiedsrechtlichen Gegenpart zu den Artt. 116 und 117 schweizIPRG. Art. 187 schweizIPRG führt folglich Kollisionsregeln ein, welche keinen Raum für die Anwendung der ersten 11 Kapitel des schweizIPRG lassen. Letztere binden ausschließlich die staatlichen, schweizerischen Gerichte. Folgerichtig können die Normen der ersten 11 Kapitel – wenn überhaupt – nur in Analogie zur Anwendung gelangen.[1782]

§ 18.4.3: Rechtswahl durch die Parteien

Einigen Autoren zufolge ist die Schweiz „vermutlich das Land mit der liberalsten Gesetzgebung zugunsten der Parteiautonomie"[1783].

Eine Rechtswahl ist – wie auch im ML – bis zum Schiedsspruch möglich.[1784]

Eine Rechtswahlklausel ist auch im schweizerischen Recht autonom auszulegen:

> „[...] in interpreting a choice of law clause one should not apply or take into account the law chosen ('lex causae', here 'lex voluntatis'), its definitions or system or its rules of interpretation [...]."[1785]

Auch das schweizerische Recht unterstellt das anwendbare materielle Recht primär der Parteiautonomie, lässt also im Rahmen des *ordre public* die Parteien hierüber frei bestimmen.

Um die Möglichkeiten der Rechtswahl besser beurteilen zu können, muss zunächst aufgeklärt werden, wie die Wortwahl in Art. 187 Abs. 1 schweizIPRG zu beurteilen ist.

§ 18.4.3.1: Exkurs: Philosophie hinter dem Begriff „Recht" in Art. 187 Abs. 1 schweizIPRG

Von zentraler Bedeutung und praktischer Relevanz ist im schweizerischen Recht, ob der Begriff des „Rechts" in Art. 187 Abs. 1 schweizIPRG die Anwendbarkeit von „Rechtsvorschriften" umfasst. Bereits im ersten ASA-Entwurf für ein neues Schiedsverfahrensrecht sprach man sich für die Übernahme des Terminus „Rechtsvorschriften" aus.[1786] Die französische Version des Art. 187 Abs. 1 schweizIPRG, welche von den *„règles de droit"* spricht, wurde leider nicht in die deutsche (hier wird von „das Recht" gesprochen) und italienische Version (hier spricht der Absatz 1 von *„il diritto"*) übernommen. Die von der

---

1781 KARRER, in: BERTI (Hrsg.) Art. 187 Rn. 113.

1782 KARRER, in: BERTI (Hrsg.) Art. 187 Rn. 5.

1783 WALTER, Internationale Schiedsgerichtsbarkeit, 817 (821).

1784 RÜEDE/HADENFELDT, 278 m.w.N.; zur Begründung siehe die Ausführungen zum ML zu diesem Punkt.

1785 KARRER, in: BERTI (Hrsg.) Art. 187 Rn. 90.

1786 LALIVE/POUDRET/REYMOND, Art. 187 Rn. 9.

französischen Fassung abweichenden deutschen und italienischen Fassungen wurden anschließend noch am selben Tag verabschiedet. Zur Interpretation sollte jedoch primär auf die französische Version Rückgriff genommen werden.[1787] Dies, zumal die Entwurfsversion des Art. 187 schweizIPRG von den Experten der ASA in französischer Sprache abgefasst wurde.

Andere Regelungen innerhalb des schweizIPRG nehmen auf das „Recht" oder das „Recht des Staates" Bezug (vgl. Artt. 116 und 117 schweizIPRG). In der Folge können staatliche, schweizerische Gerichte nur das Recht eines Staates zur Anwendung bringen.[1788]

Es besteht somit im schweizerischen Recht weitgehende Einigkeit, dass der Begriff „Recht" in Art. 187 Abs. 1 schweizIPRG nicht zu eng verstanden werden darf.[1789] Umstritten ist jedoch, welche Möglichkeiten genau Art. 187 Abs. 1 schweizIPRG den Parteien ermöglicht und in Abwesenheit einer Rechtswahl durch die Parteien den Schiedsgerichten bei der Bestimmung des anwendbaren Rechts eröffnet.

§ 18.4.3.1.1: Rechtswahl durch die Parteien

Weitgehend einig ist man sich, welche Rechtswahlmöglichkeiten den Parteien offen stehen. Art. 187 Abs. 1 schweizIPRG verlangt nicht die Wahl einer einzelnen staatlichen Rechtsordnung. Die Parteien können sich nach dem schweizerischen Recht für die weiten Rechtswahlbefugnisse entscheiden, wie diese schon im Zusammenhang mit dem ML diskutiert wurden. Während die deutsche Version des Art. 187 Abs. 1 schweizIPRG dies nicht so recht zum Ausdruck bringt und nur von „Recht" redet, verwendet die französische Fassung die Worte *„règles de droit"*, d.h. „Rechtsvorschriften" und lässt somit keinen Zweifel offen.[1790]

Diese Ansicht ist umso erstaunlicher, als dass zum selben Wortlaut in Abwesenheit einer Rechtswahl durch die Parteien einige Autoren, die sich hier noch klar für weite Rechtswahlbefugnisse äußern, die Bestimmung des Rechts durch das Schiedsgericht stark eingrenzen wollen.[1791] Jedoch ist die Begründung der weiten Rechtswahlmöglichkeiten der Parteien einfacher und auf eine breitere Basis zu stellen.

Ein weiteres Argument für die weite Rechtswahlmöglichkeit liegt in der beschränkten Kontrolle von Schiedssprüchen. In Bezug auf das anwendbare Recht ist die Kontrolle der Schiedssprüche auf den *ordre public* beschränkt.[1792]

1787 *LALIVE* Le droit De L'Arbitrage Interne Et International En Suisse (Lausanne 1989) Art. 187 Rn. 10, mit Hinweis auf die Gesetzesbegründung und Entstehung.

1788 *KARRER*, in: *BERTI* (Hrsg.) Art. 187 Rn. 60 m.w.N.

1789 *WALTER/BOSCH/BRÖNNIMANN*, Art. 187 A I 2 a; *VON OVERBECK*, Das neue schweizerische Bundesgesetz über das internationale Privatrecht, IPRax 1988, 329 (332); *KARRER*, in: *BERTI* (Hrsg.) Art. 187 Rn. 5; a.A.: *BUCHER*, Rn. 294.

1790 *BUCHER*, Rn. 282.

1791 Hierzu später.

1792 *BUCHER*, Rn. 287, 231 ff.

„In den solchermaßen bestimmten Grenzen verfügen die Parteien über die Freiheit und die Befugnis, die Anwendung der Grundsätze und Regeln des transnationalen Rechts durch die Schiedsrichter vorzusehen, ohne dass diese zu diesem Zweck ermächtigt werden müssen, nach Billigkeit zu entscheiden."[1793]

Folglich ist die breite Möglichkeit an Rechtswahlmöglichkeiten hier (wie auch im ML) wieder im Zusammenhang mit Art. 187 Abs. 2 schweizIPRG zu sehen, der den Parteien die Möglichkeit eröffnet, das Schiedsgericht von der Bindung an ein Recht zu befreien und dieses nach Billigkeit entscheiden zu lassen. Im Umkehrschluss muss dies immer bedeuten, dass die Parteien einem Schiedsgericht gleichzeitig jegliche, wie auch immer geartete, Regeln auferlegen dürfen, sofern sich diese im Rahmen des *ordre public* bewegen.

Konsequenterweise erlaubt Art. 187 Abs. 1 schweizIPRG den Parteien dieselben Rechtswahlmöglichkeiten, die nach dem ML möglich sind.[1794]

„Es gilt also primär der Grundsatz der Parteiautonomie im weitesten Umfang: die Parteien sind in der Wahl des materiellen Rechts frei."[1795]

Der Terminus Recht darf somit nicht so verstanden werden, dass nur ein nationales Recht in seiner Gesamtheit wählbar ist.[1796] Insbesondere ist die Wahl von „Rechtsvorschriften" erlaubt, gleich welcher Art und Herkunft sie sein mögen.[1797] Dies beinhaltet folglich ebenso anationales oder transnationales Recht.[1798] Insbesondere ist nach schweizerischem Recht die Wahl der *lex mercatoria*[1799], allgemeiner Rechtsgrundsätze des internationalen Handels[1800], des Völkerrechts[1801], von Entwürfen internationaler Konventionen[1802], von Regeln privater internationaler Organisationen[1803], die Vereinbarung von

---

1793 *BUCHER*, Rn. 287.

1794 Vgl.: *WALTER/BOSCH/BRÖNNIMANN*, Art. 187 A I 1 a, c cc.

1795 *WALTER*, Internationale Schiedsgerichtsbarkeit, 817 (836 f.).

1796 *WALTER*, Internationale Schiedsgerichtsbarkeit, 817 (837).

1797 *NAÓN*, Choice-of-law Problems in International Commercial Arbitration (Tübingen 1992) 244; *KARRER/STRAUB*, Part 4 Country Reports I Switzerland, in: *WEIGAND* (Hrsg.), Practitioner's Handbook in International Arbitration (München 2002) Rn. 169, 172 [zukünftig zitiert als: *KARRER/STRAUB*].

1798 *KARRER*, in: *BERTI* (Hrsg.) Art. 187 Rn. 63; *BUCHER*, Rn. 280 ff.

1799 *KARRER*, in: *BERTI* (Hrsg.) Art. 187 Rn. 70 m.w.N.; gegen die alleinige Wahl der *lex mercatoria*: *WALTER/BOSCH/BRÖNNIMANN*, Art. 187 A I 1 c cc (3), begründet wird dies damit, dass man der *lex mercatoria* die Qualität einer eigenständigen Rechtsquelle, die sich selbst genügt, abspricht, dennoch muss im Hinblick auf die Möglichkeit zur Ermächtigung nach Billigkeit den Parteien die Möglichkeit gewährt, denn wenn man die Parteien gänzlich vom materiellen Recht befreien kann, muss eine Rechtswahl zugunsten eines transnationalen Rechts, welches sich zwischen beiden Extremen (Recht und Billigkeit) lokalisieren lässt, möglich sein.

1800 *WALTER*, Internationale Schiedsgerichtsbarkeit, 817 (837).

1801 *KARRER*, in: *BERTI* (Hrsg.) Art. 187 Rn. 66 m.w.N.

1802 *KARRER*, in: *BERTI* (Hrsg.) Art. 187 Rn. 67 m.w.N.

1803 *KARRER*, in: *BERTI* (Hrsg.) Art. 187 Rn. 68.

freezing clauses[1804], der *UNIDROIT Principles*[1805], des *tronc common doctrine*[1806], eines *combined* oder *concurrent law*[1807], der *dépeçage*[1808] etc. möglich. Gänzlich unproblematisch ist somit die Anwendbarkeit der *lex mercatoria* im Falle einer expliziten oder impliziten Rechtswahl der Parteien zu ihren Gunsten.[1809]

§ 18.4.3.1.2: Rechtsbestimmung durch das Schiedsgericht

Nachdem der Terminus „Recht" im Sinne der französischen Fassung der *„règles du droit"* im Rahmen der Rechtswahl durch die Parteien ohne Zweifel weit verstanden werden muss, ist die Auslegung im Rahmen der Rechtsbestimmung durch das Schiedsgericht umstritten. Insbesondere ist strittig, ob das Schiedsgericht befugt sein soll, die *lex mercatoria* sowie ein anationales oder transnationales Recht, als auf den Rechtsstreit anwendbares Recht, zu bestimmen.[1810]

Problematisch ist an einer einschränkenden Auslegung vor allem, dass in dem Fall, in dem man die anationalen Rechte wie die *lex mercatoria* nicht mit einbezogen wissen will, Art. 187 Abs. 1 schweizIPRG eine „gespaltene" Auslegung erfahren müsste. Gespalten deshalb, weil aufgrund der Möglichkeit der Parteien das Schiedsgericht zu einer Entscheidung nach Billigkeit zu ermächtigen, die Wahl der *lex mercatoria* als Zwischenstufe zwischen einer (klassischen) Rechtsentscheidung und einer Billigkeitsentscheidung zweifelsohne durch Parteiwahl möglich ist, ja möglich sein muss. Erst bei Fehlen einer Rechtswahl durch die Parteien und einer Bestimmung des anwendbaren materiellen Rechts durch das Schiedsgericht gewinnen die unterschiedlichen Ansichten an Bedeutung. Folgt man der Ansicht, die die *lex mercatoria* ausgeschlossen wissen will, interpretiert man nun „Recht" nicht im Sinne der *„règles du droit"* („Rechtsregeln", „Rechtssätze"[1811] oder „Rechtsvorschriften"), sondern vielmehr als „Recht des Staates" und dabei entgegengesetzt der Interpretation in der ersten Alternative zur Rechtswahl durch die Parteien. Eine derartige „doppelte" und fallabhängige Interpretation des Terminus „Recht" im Art. 187 Abs. 1 schweizIPRG ist unbefriedigend, unlogisch, vermindert die Rechtssicherheit und macht das Gesetz einem ausländischen Rechtsanwender nur schwer verständlich.

Will man anationales und transnationales Recht im Rahmen der Rechtsbestimmung durch das Schiedsgericht in Abwesenheit einer Rechtswahl durch das Schiedsgericht aus-

---

1804 *Karrer*, in: *Berti* (Hrsg.) Art. 187 Rn. 65.
1805 *Karrer*, in: *Berti* (Hrsg.) Art. 187 Rn. 71.
1806 *Karrer*, in: *Berti* (Hrsg.) Art. 187 Rn. 74.
1807 *Karrer*, in: *Berti* (Hrsg.) Art. 187 Rn. 73.
1808 *Karrer*, in: *Berti* (Hrsg.) Art. 187 Rn. 75; *Bucher*, Rn. 282.
1809 Hierzu: *Frick*, 99 ff.
1810 Dafür bspw.: *Lalive/Poudret/Reymond*, Art. 187 Rn. 19; *Heini*, in: *Heini/Keller/Siehr/Vischer/Volken* (Hrsg.), IPRG-Kommentar (Zürich 1993) Art. 187 Rn. 15; dagegen demgegenüber bspw.: *Bucher*, Rn. 292, 294.
1811 *Walter*, Internationale Schiedsgerichtsbarkeit, 817 (837).

schließen, kann man dies somit nicht mit der Verwendung des Begriffes „Recht" in Art. 187 Abs. 1 schweizIPRG begründen.

In Abwesenheit einer Rechtwahl muss das internationale Schiedsgericht auf seine objektive Anknüpfung zurückgreifen, die ihn notwendigerweise zu einem staatlichen Recht führen soll. *BUCHER* zufolge kann die *lex mercatoria* nie im Rahmen des engsten Zusammenhanges herangezogen werden, zumal die Vorschrift des Art. 187 Abs. 1 schweizIPRG eine „geographische Lokalisierung" verlangt, um das anwendbare Recht festzustellen (bspw. Ort der charakteristischen Leistung).[1812] Die *lex mercatoria* hingegen hat – aufgrund ihrer Anationalität bzw. Transnationalität – keinen Bezug zu einem Territorium.[1813] Die Frage ist jedoch, ob der „engste Zusammenhang" tatsächlich ein geographisches Element enthält? Vielmehr kann dieser ebenfalls in einem logischen oder intellektuellen Sinne verstanden werden.[1814] Mehr noch nimmt Art. 187 schweizIPRG auf das „Recht" und nicht auf das „Recht eines Staates" Bezug. Folglich fehlt es im Rahmen des Art. 187 schweizIPRG an einem „geographisch" zu verstehenden Element.

Die Frage, ob die *lex mercatoria* im Rahmen des Art. 187 Abs. 1 schweizIPRG vom Schiedsgericht bei Fehlen einer Rechtswahl durch die Parteien bestimmt werden kann, hängt einzig und allein von der Beantwortung der Frage ab, ob es sich bei der *lex mercatoria* um „Recht" i.S.d. Art. 187 Abs. 1 schweizIPRG, also um „Rechtsvorschriften" (*règles du droit*) handelt?[1815] Im Rahmen dieser Arbeit wird die *lex mercatoria* zumindest als „Rechtsvorschriften" eingeordnet und damit ihre Anwendung aus dem Rahmen der Billigkeitsentscheidung herausgenommen. Somit handelt es sich bei der Anwendung der *lex mercatoria* um die Anwendung von „Rechtsvorschriften".[1816]

Selbst wenn sich vereinzelte Stimmen dafür finden lassen, dass in Abwesenheit einer Rechtswahl durch die Parteien das Schiedsgericht nicht befugt ist, ein transnationales Recht zur Anwendung zu berufen,[1817] wird man – mit dem hier Gesagten – der gegenteiligen Ansicht folgen müssen. *BURKHARDT* zufolge entspricht es einer „Mehrheitsansicht" in der Schweiz, die Anwendung der *lex mercatoria* und damit die Anwendung anationalen oder transnationalen Rechts im Rahmen des Art. 187 Abs. 1 schweizIPRG auch in Abwesenheit einer Parteivereinbarung zu akzeptieren.[1818]

1812 *BUCHER*, Rn. 292.

1813 Ähnlich: *TSCHANZ*, Le Nouveau Droit Suisse De L'Arbitrage International, RDAI 1988, 437 (448); *SAMUEL*, A Critical Look at the Reform of Swiss Arbitration Law, 7 (1991) AI 27 (45).

1814 *BÜHR*, Der internationale Billigkeitsschiedsspruch in der privaten Schiedsgerichtsbarkeit der Schweiz (Dissertation Bern 1993) 39; sich anschließend: *FRICK*, 106.

1815 Vgl. hierzu die Ausführungen zur *lex mercatoria* mit den weiterführenden Nachweisen. Eine genaue Erörterung würde im Rahmen dieser Arbeit zu weit führen. Vgl. aber auch: *FRICK*, 106 ff.

1816 Ebenso: *KARRER/STRAUB*, Rn. 171, 172.

1817 *BUCHER*, Rn. 292, 294; *WALTER/BOSCH/BRÖNNIMANN*, Art. 187 A I 1 c cc (3).

1818 *BURKHARDT*, Vertragsanpassung bei veränderten Umständen in der Praxis des Schweizerischen Privatrechts (Bamberg 1996) 138; die *lex mercatoria* ist „Recht" im Sinne des Art. 187 Abs. 1 schweizIPRG und der Rechtswahl durch das Schiedsgericht: *WALTER/BOSCH/*

„Der in Art. 187 Abs. 1 IPRG verwendete Begriff ‚Recht' ist somit außerordentlich vielschichtig. Er erlaubt nicht nur die Anwendung eines nationalen Rechts, sondern auch die autonome Anwendung eines transnationalen Rechts, die Anwendung der lex mercatoria [etc.]".[1819]

„Möglich ist auch, auf allgemeine Rechtsgrundsätze zu verweisen oder materielle Rechtsregeln des Typus der lex mercatoria zu wählen und anzuwenden."[1820]

§ 18.4.3.2: Möglichkeit einer impliziten Rechtswahl

Eine explizite Rechtswahl ist nicht zwingend erforderlich. Es genügt ebenso eine implizite Rechtswahl, wenn daraus der Willen bzgl. des anwendbaren Rechts eindeutig hervorgeht.[1821]

Eine Rechtswahl, auch die zugunsten eines transnationalen Rechts, kann auf verschiedenste Weise erfolgen. Sie muss nicht notwendigerweise ausdrücklich erfolgen.[1822] Die Parteien können indirekt das Schiedsgericht dazu ermächtigen, transnationales Recht anzuwenden, indem sie auf eine Schiedsgerichtsordnung verweisen, die ein derartiges Vorgehen zulässt.[1823] Der Verweis auf transnationales Recht kann aber ferner implizit oder stillschweigend im Vertragsverhältnis enthalten sein.[1824] Insbesondere kann sich aus den Umständen ergeben, dass die Parteien kein nationales Recht angewandt wissen wollten. Eine negative Rechtswahl, um ein Recht oder Rechtsvorschriften auszuschließen, ist somit ebenso möglich.[1825]

§ 18.4.3.3: Grenzen der Rechtwahl durch die Parteien

Obwohl die Parteien weitgehend in ihrer Rechtswahl frei sind, sind ihnen dennoch im schweizerischen Recht Grenzen gesetzt. Diese Grenzen liegen einmal mehr in den zwingenden Bestimmungen sowie dem *ordre public*.[1826]

BRÖNNIMANN, Art. 187 A I 2 a; ohne Begründung für Anwendbarkeit der *lex mercatoria*: HEINI, in: HEINI/KELLER/SIEHR/VISCHER/VOLKEN (Hrsg.), Kommentar zum Schweizerischen IPRG (Zürich 1993) Art. 187 Rn. 15; insbesondere soll u.a. die *dépeçage* möglich sein, d.h. die Kombination verschiedener Rechte oder Rechtsvorschriften, wenn sie zum Streit die engste Verbindung aufweisen: KARRER, in: BERTI (Hrsg.) Art. 187 Rn. 115.

1819 BLESSING, Schweiz II, 13 (69).

1820 HONSELL, in: HONSELL/VOGT/SCHNYDER (Hrsg.), Kommentar zum schweizerischen Privatrecht – Internationales Privatrecht (Basel 1996) Art. 187 Rn. 70.

1821 KARRER, in: BERTI (Hrsg.) Art. 187 Rn. 88; RÜEDE/HADENFELDT, 277; WALTER/BOSCH/BRÖNNIMANN, Art. 187 A I 1 c bb.

1822 BUCHER, Rn. 295.

1823 BUCHER, Rn. 295.

1824 BUCHER, Rn. 296.

1825 KARRER, in: BERTI (Hrsg.) Art. 187 Rn. 89; ausführlich hierzu schon im Rahmen des ML, insbesondere zur „negativen Rechtswahl".

1826 WALTER/BOSCH/BRÖNNIMANN, Art. 187 A I 1 b; insofern gilt weitgehend das zum ML ausgeführte; siehe aber auch die Ausführungen zu den allgemeinen Grenzen.

Falls das Schiedsgericht die von den Parteien getroffene Rechtswahl missachtet und ein falsches Recht anwendet, stellt dies noch keinen Anfechtungsgrund i.S.d. Art. 190 Abs. 2 lit. e schweizIPRG dar. Dies gilt selbst dann, wenn man annimmt, dass dies zu einem anderen Ergebnis geführt hätte. Insbesondere kann die Missachtung der freien Rechtswahl durch die Parteien nicht als Verstoß gegen den *ordre public* betrachtet werden.[1827]

§ 18.4.3.4: Zwischenergebnis

Zusammenfassend ist somit zu sagen, dass im Rahmen des Art. 187 Abs. 1 schweizIPRG und der Rechtswahl durch die Parteien, diesen dieselben weiten Rechtswahlmöglichkeiten zur Seite stehen, wie den Parteien nach Art. 28 Abs. 1 ML. Gleich dem ML ist eine besondere nähere Beziehung der Parteien zum gewählten Recht nicht erforderlich. Das gewählte Recht kann deshalb außerdem ein neutrales sein,[1828] gleich welchen Ursprungs dies ist.

Die Parteien können dazu eine Rechtswahl bzgl. eines vom Schiedsgericht anzuwendenden Kollisionsrechts vornehmen und damit ein Recht bestimmen, von welchem aus das Schiedsgericht das maßgebende materielle Recht bestimmen soll.[1829]

Wie auch im ML, ist die Rechtswahl bis zum Schiedsspruch möglich und bis dahin abänderlich.[1830]

§ 18.4.4: Bestimmung des anwendbaren Rechts durch das Schiedsgericht

Das Schiedsgericht ist – in Abwesenheit einer Rechtswahl durch die Parteien – befugt, die „Rechtsvorschriften" mit der engsten Verbindung zum Streitgegenstand im Wege des *voie directe*[1831] anzuwenden.[1832] Auf der anderen Seite ist das Schiedsgericht nicht befugt, ohne Parteiermächtigung, völlig losgelöst von einer materiellen Rechtsordnung, zu entscheiden.[1833]

Die Bestimmung, dass das Schiedsgericht in Abwesenheit einer Rechtswahl das Recht anzuwenden hat, mit dem der Streitgegenstand am ‚engsten zusammenhängt', hat zunächst eine negative Bedeutung. Diese liegt darin begründet, die unmittelbare Anwendung der ordentlichen Kollisionsnormen des schweizIPRG auszuschließen, d.h. den Ausschluss der Anwendung der formalistischen Kriterien der anderen Kapitel des schweiz-

---

1827 *Walter/Bosch/Brönnimann*, Art. 187 A I 1 a.
1828 *Walter*, Internationale Schiedsgerichtsbarkeit, 817 (837).
1829 *Rüede/Hadenfeldt*, 277.
1830 *Walter/Bosch/Brönnimann*, Art. 187 A I 1 c bb; BGE 79 II 295 (298 ff.); BGE 91 II 46.
1831 *Karrer/Straub*, Rn. 170; hierzu auch weiter unten.
1832 *Karrer/Straub*, Rn. 170, 12.
1833 *Rüede/Hadenfeldt*, 278 m.w.N.

IPRG.[1834] Damit hat eine Abkehr von der lange in der Schweiz geltenden „Sitztheorie"[1835] stattgefunden.[1836] Positiv bedeutet die Bestimmung, dass das Schiedsgericht frei ist, das anwendbare Recht direkt zu bestimmen.[1837] Auch wenn diese Auslegung umstritten ist, folgt das schweizerische Recht damit dem *voie directe.*[1838]

Wie das deutsche Recht, stellt das schweizerische Recht auf den „engsten Zusammenhang" mit der Streitsache ab.

„'Closest connection' is basically an empty phrase."[1839]

Hierdurch soll jedoch die kollisionsrechtliche Gerechtigkeit in jedem individuellen Fall gewährleistet werden.[1840]

§ 18.4.4.1: Methode

„Art. 187 Abs. 1 [...] lässt dem Schiedsgericht die Methode offen, wie es das auf den Streitfall materiell anwendbare Recht oder die materiell anwendbaren Rechtsregeln finden will, und schreibt als Eingrenzung lediglich vor, dass die wie auch immer gefundene Lösung zur Streitsache den engsten Zusammenhang aufweisen muss. [...] Richtigerweise, und als Korrelat zu dieser Liberalität, ist denn auch kein Anfechtungsgrund [im Sinne von Artikel 190 Abs. 2 schweizIPRG] gegeben, um zu rügen, das Schiedsgericht habe sich auf ein falsches Kollisionsrecht abgestützt oder es habe Kollisionsnormen falsch angewendet."[1841]

Dass der Schiedsrichter bei der Bestimmung des anwendbaren Rechts frei ist, bedeutet nicht, dass er hierüber willkürlich entscheiden darf.[1842] Art. 187 Abs. 1 schweizIPRG lässt nur die Methode offen, wie das auf den Streitfall ermittelte Recht zu ermitteln ist. Als Begrenzung schreibt der schweizerische Gesetzgeber vor, dass die letztendlich gefundene Lösung zur Streitsache den engsten Zusammenhang aufweisen muss.[1843] In einer Wechselbeziehung zu dieser Freiheit steht, dass es keinen Anfechtungsgrund (i.S.d. Art.

1834 *FRICK*, 70; *WALTER/BOSCH/BRÖNNIMANN*, Art. 187 A I 2 a; *WALTER*, Internationale Schiedsgerichtsbarkeit, 817 (837); siehe auch die Ausführungen zum Vorrang des 12. Kapitels.

1835 Siehe zu dieser Theorie die Ausführungen innerhalb des ML.

1836 Vgl.: *WALTER*, Internationale Schiedsgerichtsbarkeit, 817 (837).

1837 *WALTER/BOSCH/BRÖNNIMANN*, Art. 187 A I 2 a; *RÜEDE/HADENFELDT*, 278 m.w.N.

1838 Vgl.: *KARRER*, in: *BERTI* (Hrsg.) Art. 187 Rn. 107.

1839 *KARRER*, in: *BERTI* (Hrsg.) Art. 187 Rn. 111; vgl. zur Kritik an der „engsten Verbindung" auch die Ausführungen innerhalb des Art. 28 Abs. 2 ML; außerdem sei auf die Ausführungen im Rahmen des ML und des deutschen Rechts verwiesen, wo die „Worthülse" der „engsten Verbindung" schon ausführlich diskutiert wurde.

1840 *KARRER*, in: *BERTI* (Hrsg.) Art. 187 Rn. 111.

1841 *BLESSING*, Schweiz II, 13 (66).

1842 *WALTER/BOSCH/BRÖNNIMANN*, Art. 187 A I 2 b.

1843 *BLESSING*, Schweiz II, 13 (66), auch erschienen in englischer Sprache: The New International Arbitration Law in Switzerland: A Significant Step towards Liberalism, 5 (1988) J.Int'lArb. 9 ff.

190 Abs. 2 schweizIPRG) gibt, um zu rügen, dass das Schiedsgericht ein falsches Recht gewählt hat.[1844]

„Zur Konkretisierung der allgemeinen Formel vom ‚engsten Zusammenhang' wird sich der Schiedsrichter an Systemen orientieren, die sich in der internationalen Wirtschaftspraxis bewährt haben."[1845]

Hierbei sind vor allem die Erwartungen der Parteien, der Zweck und die Ausgestaltung ihres Vertragsverhältnisses im Rahmen des engsten Zusammenhangs zu berücksichtigen.[1846]

„In der Praxis wird sich ein internationales Schiedsgericht in der Regel auf eine objektive Anknüpfung stützen. Es wird zuerst geprüft, ob eine gewisse Konvergenz der betroffenen IPR-Systeme festzustellen ist, ohne dass das Schiedsgericht eines dieser Systeme direkt als kollisionsrechtliche Grundlage seiner Entscheidung bezeichnen müsste. Ein solches Vorgehen ist auch am ehesten geeignet, beide Parteien von der Richtigkeit der Entscheidung zu überzeugen."[1847]

„Das Schiedsgericht muss die verschiedenen ‚Kontakte' im Zeitpunkt des Vertragsschlusses gewichten, um das anwendbare Recht zu bestimmen. Es genügt nicht ein einzig räumlicher Zusammenhang."[1848]

„Gewisse Autoren sind der Ansicht, trotz der eigenständigen Formulierung von Abs. 1, folgten die IPRG Schiedsgerichte in der Praxis der bei den staatlichen Gerichten üblichen kollisionsrechtlichen Methode (von Art. 116 und 117), ohne es klar zu sagen."[1849]

So sind einige Autoren der Ansicht, dass zur Konkretisierung des engsten Zusammenhangs sich die Schiedsrichter an den übrigen Kapiteln des IPR-Gesetzes – insbesondere den Bestimmungen über das Schuldrecht – orientieren werden.[1850] Soweit es Besonderheiten des Falles erfordern, soll an die Ausweichklausel des Art. 15 schweizIPRG zu denken sein.[1851]

Der „engste Zusammenhang" mit der Streitsache im Rahmen des Art. 187 Abs. 1 schweizIPRG ist jedoch wie folgt auszulegen. Mit der Bezugnahme auf die engste Verbindung werden alle Faktoren ausgenommen, die nichts mit den substantiellen Fakten des Falles zu tun haben.[1852] Die Nationalität der Schiedsrichter kann damit nie als verbin-

---

1844 Vgl.: *WALTER/BOSCH/BRÖNNIMANN*, Art. 187 A I 2 b.

1845 *WALTER/BOSCH/BRÖNNIMANN*, Art. 187 A I 2 b.

1846 *BUCHER*, Rn. 245; *WALTER/BOSCH/BRÖNNIMANN*, Art. 187 A I 2 b.

1847 *WALTER/BOSCH/BRÖNNIMANN*, Art. 187 A I 2 b.

1848 *HONSELL*, in: *HONSELL/VOGT/SCHNYDER* (Hrsg.), Kommentar zum schweizerischen Privatrecht – Internationales Privatrecht (Basel 1996) Art. 187 Rn. 113.

1849 *HONSELL*, in: *HONSELL/VOGT/SCHNYDER* (Hrsg.), Kommentar zum schweizerischen Privatrecht – Internationales Privatrecht (Basel 1996) Art. 187 Rn. 116, mit Verweis auf: *HEINI*, in: *HEINI/KELLER/SIEHR/VISCHER/VOLKEN* (Hrsg.), IPRG-Kommentar (Zürich 1993) Art. 187 Rn. 17 und *BUCHER*, Rn. 245, 247.

1850 *SCHNYDER*, Das neue IPR-Gesetz² (Zürich 1990) 147.

1851 *SCHNYDER*, Das neue IPR-Gesetz² (Zürich 1990) 147.

1852 *FRICK*, 72; *HONSELL*, in: *HONSELL/VOGT/SCHNYDER* (Hrsg.), Kommentar zum schweizerischen Privatrecht – Internationales Privatrecht (Basel 1996) Art. 187 Rn. 109.

dender Faktor relevant werden.[1853] Ebenso wenig kann das Schiedsgericht nicht einfach das Recht des Exekutionsstaates anwenden oder das, dessen Prozessrecht unter normalen Umständen anwendbar wäre.[1854] Diese Rechte haben aus der Natur der Sache keinen speziellen Zusammenhang mit dem Streitgegenstand. Der Fakt, dass eine bestimmte Regelung anwendbar erscheint („*is appropriate*"), ist für sich kein überzeugendes Argument für die Anwendbarkeit nach Art. 187 Abs. 1 schweizIPRG.

„The guideline for arbitrators analyzing these factors must be the expectations of the parties respectively, and in particular the question of which law the parties intended or would have intended had they considered the matter."[1855]

Primäres Kriterium zur Bestimmung des engsten Zusammenhanges sind folgerichtig die Erwartungen der Parteien.[1856] Nicht relevant ist hingegen der hypothetische Wille der Parteien, den einige Autoren zur Anwendung bringen wollen.[1857]

Die Methode zur Ermittlung des engsten Zusammenhangs mit dem Streitgegenstand bleibt jedoch dem Schiedsgericht überlassen. In Frage kommen bspw. die kumulative Anwendung der Kollisionsrechte und Kollisionsnormen der involvierten Rechte,[1858] die Anwendung allgemeiner Prinzipien des Kollisionsrechts[1859] etc.

§ 18.4.4.2: Ansatz / voie directe *und Art. 187 Abs. 1 schweizIPRG*

Die meisten Autoren gehen davon aus, dass der *voie directe* nach Art. 187 Abs. 1 schweizIPRG erlaubt ist.[1860]

„Der Wortlaut des Gesetzes macht deutlich, dass der engste Zusammenhang autonom, d.h. ohne Vorschaltung spezifischer Kollisionsnormen ermittelt werden soll."[1861]

„Dies ist eine Folge der Parteiautonomie. Wenn die Parteien schon selbst das anwendbare Recht direkt bestimmen dürfen, muss es ihnen auch möglich sein, diese Befugnis auf das Schiedsgericht zu übertragen."[1862]

1853 *FRICK*, 72.

1854 *FRICK*, 72.

1855 *FRICK*, 73.

1856 *HEINI*, in: *HEINI/KELLER/SIEHR/VISCHER/VOLKEN* (Hrsg.), Kommentar zum Schweizerischen IPRG (Zürich 1993) Art. 187 Rn. 14.

1857 *FRICK*, 73; für den hypothetischen Willen: *HONSELL*, in: *HONSELL/VOGT/SCHNYDER* (Hrsg.), Kommentar zum schweizerischen Privatrecht – Internationales Privatrecht (Basel 1996) Art. 187 Rn. 110.

1858 Vgl. hierzu: *FRICK*, 74 ff.

1859 Vgl. hierzu: *FRICK*, 76 ff.

1860 *BÜHR*, Der internationale Billigkeitsschiedsspruch in der privaten Schiedsgerichtsbarkeit der Schweiz (Dissertation Bern 1993) 32; *HONSELL*, in: *HONSELL/VOGT/SCHNYDER* (Hrsg.), Kommentar zum schweizerischen Privatrecht – Internationales Privatrecht (Basel 1996) Art. 187 Rn. 107; *KARRER/STRAUB*, Rn. 172; *WALTER*, Internationale Schiedsgerichtsbarkeit, 817 (837).

1861 *HEINI*, in: *HEINI/KELLER/SIEHR/VISCHER/VOLKEN* (Hrsg.), Kommentar zum Schweizerischen IPRG (Zürich 1993) Art. 187 Rn. 16.

Diese Aussage ist problematisch, je nachdem, wie man eine unterlassene Rechtswahl durch die Parteien versteht. Versteht man die unterlassene Rechtswahl positiv als eine Wahl der Parteien zugunsten der Befugnis der Schiedsgerichte das Recht zu bestimmen, ist diese Aussage zutreffend. Versteht man hingegen die unterbliebene Rechtswahl durch die Parteien negativ und so, dass es die Parteien schlichtweg vergessen haben, ein Recht zu wählen oder sich gar auf ein Recht nicht haben einigen können, fehlt es dieser Aussage an Überzeugungskraft. Auch wenn es zu befürworten ist, dass das Schiedsgericht im Rahmen seiner Rechtswahl ebenso frei ist wie die Parteien, kann ihre Befugnis dennoch nicht im Umkehrschluss aus der Rechtswahlfreiheit der Parteien gezogen werden.

Andere Autoren argumentieren gegen die Verortung des *voie directe* im schweizerischen Recht. Ihnen zufolge folgt Art. 187 Abs. 1 schweizIPRG ausschließlich einem objektiven Ansatz und beinhaltet keine subjektiven Elemente, wie dies andere Rechte enthalten, die dem *voie directe* folgen (bspw. Art. 1496 franzNCPC, Art. 12 des Schiedsverfahrensrechts von Djibuti). Diese Rechte ermächtigen das Schiedsgericht dazu, das Recht anzuwenden, welches es für „anwendbar erachtet". Demgegenüber verlangt das schweizerische Recht die Anwendung des Rechts mit dem engsten Zusammenhang zum Streitgegenstand, folgt also rein objektiven Kriterien und enthält kein subjektives Element. Auch das Zustandekommen des 12. Kapitels des schweizIPRG sowie eine teleologische Interpretation führen zu der Annahme, dass Art. 187 Abs. 1 schweizIPRG den *voie directe* nicht zulässt.[1863]

Schiedsgerichte müssen nach Art. 187 Abs. 1 schweizIPRG einem kollisionsrechtlichen Ansatz folgen und das anwendbare materielle Recht durch die Anwendung eines Kollisionsrechts oder kollisionsrechtlicher Prinzipien bestimmen, wobei sie nicht einem bestimmten Kollisionsrecht bzw. konkreten Kollisionsprinzipien unterworfen sind. Sie sind nicht befugt, das anwendbare materielle Recht direkt zu bestimmen.[1864] Verworfen werden damit subjektive Kriterien jeglicher Art.[1865]

Es lässt sich jedoch argumentieren, dass die Bestimmung des anwendbaren Rechts durch das Schiedsgericht bei einer fehlenden Parteivereinbarung eine Bestimmung im Wege des *voie directe* ist, die nicht über die Anwendung eines Kollisionsrechts zu ermitteln ist.[1866] Der *voie directe* des schweizerischen Rechts unterscheidet sich von dem des französischen Rechts oder dem des Art. 17 ICC ArbRules (1998). Während die ICC Rules und das französische Recht die Rechtswahl ins freie Ermessen des Schiedsgerichts stellen, ist dieses Ermessen im Rahmen des Art. 187 schweizIPRG auf den „engsten Zusammen-

1862 *WALTER*, Internationale Schiedsgerichtsbarkeit, 817 (837).

1863 *FRICK*, 82 ff.

1864 *FRICK*, 70.

1865 *HONSELL*, in: *HONSELL/VOGT/SCHNYDER* (Hrsg.), Kommentar zum schweizerischen Privatrecht – Internationales Privatrecht (Basel 1996) Art. 187 Rn. 110.

1866 *KARRER/STRAUB*, Rn. 172.

hang" beschränkt.[1867] Insofern ließe sich ebenso von einem auf den „engsten Zusammenhang" beschränkten *voie directe* sprechen.

§ 18.5: Ermächtigung zur Entscheidung nach Billigkeit, Art. 187 Abs. 2 schweizIPRG[1868]

Wie annähernd alle Schiedsverfahrensrechte, eröffnet das schweizerische Recht den Parteien die Möglichkeit, das Schiedsgericht zur einer Entscheidung nach Billigkeit zu ermächtigen. Nach dieser Vorschrift und in schweizerischer Rechtstradition (vgl. Art. 31 Abs. 3 des Konkordats) ist das Schiedsgericht, das nach Billigkeit entscheidet, von der Anwendung zwingenden Rechts befreit, vorbehaltlich des *ordre public.* [1869]

> „Der sich auf die Billigkeit stützende Schiedsspruch kann insoweit angefochten werden, als er zu einem stoßenden Ergebnis führt, das mit dem Ordre public nicht vereinbar ist (Art. 190 Abs. 2 lit. e [...])."[1870]

Auch im schweizerischen Recht steht es dem zur Entscheidung nach Billigkeit ermächtigten Schiedsrichter frei, vorrangig nach den Regeln des Rechts zu entscheiden.[1871]

§ 18.5.1: Umfang

Strittig ist jedoch, ob das Schiedsgericht vom Verfahrensrecht abweichen darf.[1872]

Seinem Wortlaut nach bezieht sich Art. 187 Abs. 2 schweizIPRG nur auf den Sachentscheid. Die schweizerische Rechtsprechung hingegen hat zuweilen ebenso das Verfahrensrecht unter den Grundsatz der Billigkeit gestellt.[1873]

§ 18.5.2: Möglichkeit der impliziten Ermächtigung?

Im Gegensatz zu den meisten anderen Schiedsverfahrensgesetzen und Schiedsgerichtsordnungen ist im schweizerischen Recht nicht eine ausdrückliche Ermächtigung von Nöten, sondern es genügt schon eine stillschweigende Ermächtigung der Parteien.[1874] Das

---

1867 *KARRER/STRAUB*, Rn. 172.

1868 Ausführlich zum Billigkeitsschiedsspruch nach schweizerischem Recht: *BÜHR*, Der internationale Billigkeitsschiedsspruch in der privaten Schiedsgerichtsbarkeit der Schweiz: unter Berücksichtigung des deutschen, englischen, französischen und italienischen Schiedsrechts (Dissertation Bern 1993) [zukünftig zitiert als: *BÜHR*].

1869 *RÜEDE/HADENFELDT*, 281; *JOLIDON*, Commentaire du Concordat Suisse sur l'arbitrage (Bern 1984) 450 f., 456; BGE 107 Ib 63 (65 f.).

1870 *BUCHER*, Rn. 316, 352.

1871 BGE 110 Ia 56 ff. (57 f.); *RÜEDE/HADENFELDT*, 282.

1872 Hierfür: BGE 107 Ib 65 f.

1873 Vgl.: BGE 107 Ib 65.

1874 *RÜEDE/HADENFELDT*, 279; a.A.: *SCHNYDER*, Das neue IPR-Gesetz² (Zürich 1990) 147.

schweizerische Schrifttum spricht sich aber dafür aus, an eine stillschweigende Ermächtigung nicht zu geringe Anforderungen zu stellen.[1875] Nicht ausreichend ist beispielsweise die Anweisung, dass das Schiedsgericht nach „Recht und Billigkeit" entscheiden soll.[1876]

> „Hingegen spricht es für die Ermächtigung zum Billigkeitsentscheid, wenn in der Schiedsabrede die Grundsätze von Treu und Glauben besonders hervorgehoben sind oder noch deutlicher entsprechend dem Wesen des Billigkeitsentscheids auf billiges bzw. freies Ermessen verwiesen wird."[1877]

Einige Autoren entnehmen dem Art. 187 Abs. 2 schweizIPRG dennoch ein Erfordernis der „ausdrücklichen Ermächtigung" durch die Parteien.[1878]

Dem Wortlaut des Art. 187 Abs. 2 schweizIPRG lässt sich ein Erfordernis einer ausdrücklichen Ermächtigung durch die Parteien jedoch nicht entnehmen. Dies gerade, wenn man andere Schiedsgerichtsordnungen und Schiedsverfahrensgesetze zur Auslegung heranzieht. Das Gros nationaler Schiedsverfahrensgesetze und institutioneller Schiedsgerichtsordnungen, wie *ad hoc* Schiedsgerichtsordnungen, fordert explizit eine ausdrückliche Ermächtigung ein. Selbst wenn eine ausdrückliche Ermächtigung zu befürworten ist, kann das Erfordernis einer solchen nicht in den Wortlaut des Art. 187 Abs. 2 schweizIPRG hineininterpretiert werden.

Zu fordern ist somit für das schweizerische Recht lediglich, dass die Parteien ihre Ermächtigung klar und widerspruchslos kundtun,[1879] sei dies auch nur implizit. Andernfalls muss das Schiedsgericht eine Rechtsentscheidung treffen. Zu hoffen bleibt damit, dass Schiedsgerichte nur sehr restriktiv Gebrauch von einer solchen impliziten Ermächtigung machen.

§ 18.6: Allgemeine Grenzen

Die allgemeinen Grenzen der Rechtwahl lassen sich in Art. 190 Abs. 2 lit. e schweizIPRG (*ordre public*-Vorbehalt) finden. Sowohl der auf dem Recht (Art. 187 Abs. 1 schweizIPRG) als auch der auf Billigkeit (Art. 187 Abs. 2 schweizIPRG) beruhende Schiedsspruch kann auf Basis des Art. 190 Abs. 2 lit. e schweizIPRG aufgehoben werden.[1880]

1875 *RÜEDE/HADENFELDT*, 279 m.w.N.

1876 *RÜEDE/HADENFELDT*, 279; *JOLIDON*, Commentaire du Concordat Suisse sur l'arbitrage (Bern 1984) 449 f.; a.A. allerdings: *STEINBRÜCHEL*, Rechtsanwendung oder Billgkeitsentscheid im privaten Schiedsgerichtsrecht nach den kantonalen Schiedsordnungen (Dissertation Zürich 1935) 25.

1877 *RÜEDE/HADENFELDT*, 279.

1878 *SCHNYDER*, Das neue IPR-Gesetz² (Zürich 1990) 147, mit Hinweis auf: Botschaft, Botschaft des Bundesrates zum Bundesgesetz über das internationale Privatrecht (IPR-Gesetz), BBl. 1983 I 263-519, Nr. 2101.25.

1879 *KARRER/STRAUB*, Rn. 169.

1880 Vgl.: *BUCHER*, Rn. 352.

Diese Bestimmung enthält jedoch keine Präzisierungen zum Inhalt des *ordre public*. In erster Linie muss das Schiedsgericht den „internationalen *ordre public* des anwendbaren Rechts“ beachten.[1881] In zweiter Linie muss der *ordre public* von Drittstaaten berücksichtigt werden, insofern als dass im Einzelfall ein überwiegendes Interesse eines solchen Staates erkennbar ist.[1882] Auf jeden Fall aber hat das Schiedsgericht den transnationalen *ordre public* zu beachten.[1883] Das heißt, dass die fundamentalen Rechtsgrundsätze, die unabhängig von der Beziehung des Sachverhalts zu einem bestimmten Staat, zu beachten sind.

Auf Art. 190 Abs. 2 lit. e schweizIPRG lassen sich ausschließlich Verletzungen des materiellen Rechts als Nichtigkeitsgrund stützen, nicht aber Verfahrensmängel. Dies folgt aus der Systematik des Art. 190 Abs. 2 schweizIPRG, sowie der Tatsache, dass die grundlegenden Verfahrensgarantien von Art. 182 Abs. 3 schweizIPRG bereits durch einen besonderen Anfechtungsgrund abgesichert sind.[1884]

Folglich bestehen zwingende Regeln im Hinblick auf das anwendbare Recht nur in engen Grenzen, die insbesondere aus dem internationalen *ordre public* erwachsen.[1885]

§ 18.7: Ergebnis

Im Ergebnis lässt sich somit nach dem hier Gesagten festhalten, dass sowohl die Parteien als auch das Schiedsgericht die Möglichkeit der direkten Rechtswahl haben. Hierbei stehen den Parteien, wie dem Schiedsgericht dieselben Rechtswahlmöglichkeiten offen, wie sie zu Art. 28 Abs. 1 ML diskutiert wurden.

Die vage Formel des Art. 187 Abs. 1 schweizIPRG versorgt hierbei das Schiedsgericht mit einem hohen Maße an Flexibilität bei der Ermittlung des anwendbaren Rechts.[1886] Somit ist es dem Schiedsgericht in Abwesenheit einer Parteivereinbarung möglich, äußerst flexibel vorzugehen und desgleichen die sog. *lex mercatoria* zur Anwendung zu berufen, wenn es der Ansicht ist, dass diese den „engsten Zusammenhang“ zum Streitgegenstand aufweist. Eine weite Interpretation des Art. 187 Abs. 1 schweizIPRG ist zeitgemäß und wird den Anforderungen der internationalen Schiedsgerichtsbarkeit gerecht.[1887] Selbst wenn man der Ansicht ist, dass das schweizerische Recht nicht den *voie directe* erlaubt, steht dies der weiten Interpretation nicht entgegen. Die Anwendung der *lex mercatoria* hat nichts mit dem *voie directe* zu tun.[1888]

1881 *BUCHER*, Rn. 355; *WALTER*, Internationale Schiedsgerichtsbarkeit, 817 (838).
1882 *BUCHER*, Rn. 356.
1883 *BUCHER*, Rn. 358.
1884 *BUCHER*, Rn. 359.
1885 Tiefergehende Ausführungen würden im Rahmen dieser Arbeit zu weit führen.
1886 Ebenso: *FRICK*, 78.
1887 Ebenso: *FRICK*, 105.
1888 *FRICK*, 105.

Im Rahmen der Möglichkeit zur Ermächtigung einer Entscheidung nach Billigkeit gilt im Großen und Ganzen das zum ML Gesagte, jedoch mit dem Unterschied, dass das Schiedsgericht nicht ausdrücklich ermächtigt werden muss, sondern von den Parteien ebenfalls implizit zu einer Entscheidung nach Billigkeit ermächtigt werden kann.

Eine besondere Bestimmung, die dem Art. 28 Abs. 4 ML ähnlich ist, enthält das schweizerische Recht nicht. Wie jedoch schon im Rahmen dieser Vorschrift dargelegt, handelt es sich um eine Selbstverständlichkeit, dass das Schiedsgericht an die Parteivereinbarungen gebunden ist. Dies ergibt sich schon im Umkehrschluss aus der Bedeutung und Gewährung der Parteiautonomie. Auch die Handelsbräuche hat es selbstverständlich zu berücksichtigen. Im schweizerischen Recht folgt dies nicht zuletzt daraus, dass das Schiedsgericht nach allgemeiner Ansicht befugt ist, ergänzend oder in Korrektur des anwendbaren materiellen Recht transnationale Grundsätze, die *lex mercatoria* etc. zu berücksichtigen.[1889]

§ 19: England

English Arbitration Act 1996 (EAA 1996) vom 17. Juni 1996
The Award
Section 46. – Rules applicable to substance of dispute

(1) The arbitral tribunal shall decide the dispute –
  (a) in accordance with the law chosen by the parties as applicable to the substance of the dispute, or
  (b) if the parties so agree, in accordance with such other considerations as are agreed by them or determined by the tribunal.
(2) For this purpose the choice of the laws of a country shall be understood to refer to the substantive laws of that country and not its conflict of law rules.
(3) If or to the extent that there is no such choice or agreement, the tribunal shall apply the law determined by the conflict of laws rules which it considers applicable.

§ 19.1: Einleitung

Zur Klarstellung und weil es nach wie vor vielen kontinentaleuropäischen Juristen unbekannt ist, sei vorab erwähnt, dass es im Vereinigten Königreich zwei getrennte Rechtssysteme gibt; nämlich das von England, Wales und Nordirland sowie das Schottlands. Die schottische Rechtstradition beruht dabei mehr auf dem *civil law* denn auf dem in England gebräuchlichen *common law*.[1890] Aufgrund seiner *civil law* Tradition fiel es dem schottischen Gesetzgeber demzufolge nicht schwer, bei seiner Reformierung des Schiedsverfah-

---

1889 *RÜEDE/HADENFELDT*, 278 m.w.N.

1890 Ausführlicher zum geschichtlichen Hintergrund dieser Trennung: *SEMPLE*, Jüngste Entwicklungen der internationalen Schiedsgerichtsbarkeit in England und Schottland: unterschiedliche Lösungen, FORUM International 1999, 77 ff.

rensrechts im Jahre 1990 das ML mit einigen Ergänzungen und Veränderungen in sein Recht zu übernehmen.[1891] Der hier zu behandelnde *English Arbitration Act 1996* (EAA 1996) findet damit in Schottland keine Anwendung.

Vor dem 31. Januar 1996 und dem Inkrafttreten des *English Arbitration Act 1996* speiste sich das englische Schiedsverfahrensrecht zum einen aus einer Vielzahl von Gesetzen (bspw. den *Arbitration Acts 1950, 1975, 1979* aber auch dem *Courts and Legal Services Act 1990*) sowie dem *common law*. Die *Arbitration Acts 1950, 1975* sowie *1979* haben sich nicht gegenseitig aufgehoben, sondern bildeten zusammen mit einer über die Jahre gewachsenen, reichhaltigen Rechtsprechung ein kompliziertes Regelwerk, dass sich selbst Experten nur mit größter Mühe erschloss.[1892] Folgerichtig war das alte englische Schiedsverfahrensrecht für internationale Bedürfnisse zu langsam, zu teuer und mit vielen Ungewissheiten behaftet.[1893]

> „Replacing several centuries of piecemeal legislation and random judicial decisions, the 1996 English Arbitration Act provides the first truly systematic and comprehensive legal framework for arbitration of commercial disputes in England."[1894]

Mit dem EAA 1996 hat England eine Reihe von Neuerungen ins englische Schiedsverfahrensrecht eingeführt und die Bedeutung der Parteiautonomie im englischen Recht gestärkt.

> „Party autonomy is one of the fundamental principles underlying the 1996 Act."[1895]

§ 19.2: Geschichte

Die Schiedsgerichtsbarkeit in England vor dem EAA 1996 kann bis ins 17. Jahrhundert auf Fallrecht, Fachliteratur sowie Gesetze zurückblicken und besitzt somit eine lange Tradition. Wie in *common-law*-Systemen üblich, entwickelte sich das englische Schiedsverfahrensrecht hauptsächlich anhand von Fallrecht. Dies führte in der Folge zu einem vergleichsweise unsystematischen und eher praktisch ausgelegten Recht. Jedoch wurde schon 1698 vom Parlament ein Gesetz erlassen, welches sich unter anderem mit dem Schieds-

---

1891 Vgl.: *DERVIAND*, Scotland and the UNCITRAL Model Law: The Report to the Lord Advocate of the Scottish Advisory Committee on Arbitration Law, 6 (1990) AI 63 ff.

1892 *MARRIOT*, The New Arbitration Bill, Arbitration 1996, 97 (98).

1893 Vgl.: *WEIGAND*, Das neue englische Schiedsverfahrensrecht, RIW 1997, 904 (905); *HERMANN*, The Draft English Bill: Pulling the Wrong Punches, 10 (1994) AI 185 ff.; *BRINER*, Domestic Arbitration: Practice in Continental Europe and its Lessons for Arbitration in England, 13 (1997) AI 155 (158); Aufzählung der Nachteile zu finden bei: *FRASER*, Arbitration of International Commercial Disputes under English Law, 8 (1997) Am.Rev.Int'l Arb. 1 (2).

1894 *CRAIG/PARK/PAULSSON*, § 30.01 (a) m.w.N.

1895 *MAXWELL*, International Arbitration in England, in: *SCHLOSSER* (Hrsg.), Internationale Schiedsgerichtsbarkeit – Arbitrage International – International Arbitration (Bielefeld 1997) 315 (316).

verfahrensrecht befasste. Dieses Gesetz sollte zum einen bestehende Mängel im Fallrecht korrigieren und zum anderen das Verhältnis der Schiedsgerichtsbarkeit zur ordentlichen Gerichtsbarkeit konkretisieren.[1896]

Gerade im 19. Jahrhundert erfuhr das englische Schiedsverfahrensrecht eine Fortentwicklung. Insbesondere entwickelte sich das Verhältnis der ordentlichen Gerichte zu den Schiedsgerichten fort. Zu nennen sind hier insbesondere der *Civil Procedure Act 1833*, der *Common Law Procedure Act 1854* und der *Arbitration Act 1889*. Ursächlich für die verstärkte Entwicklung der Schiedsgerichtsbarkeit in England war vor allem der erhebliche Anteil Englands am internationalen Handel. Das damalige Handelsvolumen war gleich dreimal so hoch wie das Frankreichs, Italiens und Deutschlands zusammen.[1897] In diese Zeit fällt ferner die Gründung des *London Court of Arbitration* im Jahre 1892, aus dem im Jahre 1981 der *London Court of International Arbitration* (*LCIA*) hervorging.

Nach dem *Arbitration Act 1930* und dem *Arbitration Act 1934*, wurde der *Arbitration Act 1950* erlassen, welcher keine Kodifizierung des englischen Schiedsverfahrensrechts darstellte, sondern vielmehr eine Zusammenfassung der bis dahin gültigen (1889 bis 1934) Bestimmungen darstellte. Bis zur Reform bildete dann der *Arbitration Act 1950* zusammen mit dem *Arbitration Act 1975*, welcher die NYC ins englische Recht inkorporierte und dem *Arbitration Act 1979*, der die weitgehenden Interventionsmöglichkeiten staatlicher Gerichte zurückdrängte, das bis zur Reform von 1996 geltende Regelwerk.

Die Entstehung des EAA 1996 umfasst annähernd zwei Dekaden der Diskussion um eine Reform.[1898] Nicht zuletzt löste das ML in England eine Reformdiskussion aus.

Der Reformprozess begann schon 1979 mit der Abschaffung des Verfahrens, in welchem Schiedsgerichtsentscheidungen einer systematischen Revision unterzogen werden konnten.[1899] Einigen Gelehrten gingen diese Änderungen nicht weit genug und so wurde ein Komitee[1900] eingesetzt, welches die Umsetzung des ML in das englische Recht überprüfen sollte. Ansatz einer Reform war, dass der Zugang zum englischen Schiedsverfahrensrecht und dessen gesamte Präsentation verbessert werden müsse.[1901] Die Gültigkeit

---

1896 Vgl. hierzu: ROEBUCK, Sources for the History of Arbitration, 14 (1998) AI 237 (257 ff.), der detailliert auf einzelne Quellen verweist.

1897 ROKISON, The Practice of Arbitration in England insofar as it Relates to Anglo-German Business Relations, in: Böckstiegel (Hrsg.), Handelsschiedsgerichtsbarkeit in England und in der Bundesrepublik Deutschland, DIS Band 7 (Köln 1987) 19 ff.; MUSTILL/BOYD, 33.

1898 Zur Geschichte: Department of Trade and Industry, Departmental Advisory Committee on Arbitration Law, 1996 Report on the Arbitration Bill (DAC Report 1996) and Supplementary Report of January 1997 (DAC Report 1997), neu Abgedruckt in: 13 (1997) AI 275; eine umfassende Liste der DAC Reports mit Zusammenhang zur Reform des Schiedsgerichtsverfahrens: VEEDER, England, in: PAULSSON (Hrsg.), International Handbook on Commercial Arbitration II (The Hague, Loseblattsammlung, Stand: Oktober 2003) England-10 f.

1899 CRAIG/PARK/PAULSSON, § 30.01 (a) m.w.N.

1900 Departmental Advisory Committee, Department of Trade and Industry unter der Leitung von Lord MUSTILL, Lord STEYN und letztlich Lord SAVILLE.

1901 SAVILLE, The Arbitration Act, LMCLQ 1997, 502 (504); STEYN, Towards a New English Arbitration Act, 7 (1991) AI 17 (20); MUSTILL Report, 6 (1990) AI 3 ff.

der drei *Arbitration Acts* nebeneinander und das unzählige Fallrecht machten die damalige Rechtslage dem fremden Betrachter wenig transparent. Die Reformbestrebungen konzentrierten sich folglich darauf, die bestehenden Rechtsquellen in logischer Weise, in einem einheitlichen Gesetz, in verständlicher Sprache zusammenzufassen, sowie diese dem internationalen Standard anzupassen.[1902] Problematisch war im alten englischen Recht vor allem, dass unabhängig, ob es sich um ein internes oder internationales Schiedsverfahren handelte, die Verfahrensvorschriften der ordentlichen Gerichte, mitsamt ihren strengen Verfahrens- und Beweiserhebungsvorschriften, anzuwenden waren. Dieses Vorgehen war zwar vom Gesetz nicht so vorgesehen, hat sich aber aus der Praxis heraus entwickelt. In der Folge wurde das Schiedsverfahren oftmals als „perückenloses" Gerichtsverfahren bezeichnet.[1903]

Die Hauptziele der Reform waren bereits im „*MUSTILL* Report" von 1989 angelegt:[1904]

- das bestehende Recht sollte in einem Gesetz übersichtlich und in klarer Sprache („*simple English*")[1905] zusammengefasst werden;[1906]
- das neue Recht sollte ein schnelles und kostengünstiges Schiedsverfahren gewähren und erleichtern, nachdem es eine verbreitete Ansicht gab, das bestehende Schiedsverfahrensrecht sei zu langsam, zu teuer und mit zu vielen Ungewissheiten behaftet;[1907]
- die beiden vorherigen Ziele sollten sodann zum Endziel der Reform leiten, nämlich London als einen führenden Standort für internationale Schiedsverfahren zu stärken. Dies bedeutete sogleich, dass das im Ausland bekannte und weitgehend akzeptierte ML soweit als möglich in das neue Recht einfließen sollte.[1908]

Der Verlauf der Reform war jedoch von zahlreichen Hindernissen und Schwierigkeiten begleitet.[1909]

1902 Vgl.: *HAAS*, Die Reform des englischen Schiedsverfahrensrechts – Der englische Arbitration Act 1996, ZZPInt 1997, 409 (410); *WEIGAND*, RIW 1997, 904.

1903 *HERMANN*, The Draft English Bill: Pulling the Wrong Punches, 10 (1994) AI 185 (186); vgl. auch: *GOODE*, The Adaption of English Law to International Commercial Arbitration, 8 (1992) AI 1 (3).

1904 Die Leitlinien dieses Reports werden dargelegt bei: *MARRIOT*, The New Arbitration Bill, Arbitration 1996, 97 ff.; „*MUSTILL* Report": Departmental Advisory Committee on Arbitration Law: A report on the UNCITRAL Model Law on International Arbitration (Chairman: The Rt Hon Lord Justice *MUSTILL*) London 1989, abgedruckt in: 6 (1990) AI 3.

1905 *SAVILLE*, An introduction to the 1996 Arbitration Act, Arbitration 1996, 165.

1906 Vgl.: *BINGHAM*, The New Arbitration Bill, Arbitration 1996, 29 ff.

1907 Vgl.: *BINGHAM*, The New Arbitration Bill, Arbitration 1996, 29 ff.

1908 Vgl.: *STEYN*, 1993 Freshfields Arbitration Lecture: England's Response to the Model Law of Arbitration, Arbitration 1994, 184 ff.; *MARRIOT*, The New Arbitration Bill, Arbitration 1996, 97 (98).

1909 Näher hierzu: *MARRIOT*, The New Arbitration Bill, Arbitration 1996, 97 (99 ff.); *MILLER*, Arbitration Act 1996, The Proceedings in Parliament, Westminster, Arbitration 1996, 250.

Auch wenn letzten Endes eine Entscheidung gegen eine Übernahme des ML ins englische Recht getroffen wurde,[1910] ist ein starker Einfluss des ML auf Sprache und Struktur des Entwurfes spürbar.[1911]

Letztendlich birgt das neue Schiedsverfahrensgesetz keine gravierenden Abweichungen von den grundlegenden Prinzipien, welche das englische Schiedsverfahrensrecht seit 1979 regiert haben.[1912] Eines der wesentlichen Kennzeichen des neuen Gesetzes ist eine klar strukturierte und übersichtliche Regelung und die Verwendung einer relativ einfachen Sprache.[1913]

§ 19.3: Anwendungsbereich

Im englischen Recht wurde ursprünglich nicht zwischen internen und internationalen Verfahren unterschieden. Erst durch die Verabschiedung der *Arbitration Acts 1975* und *1979* wurde eine derartige Differenzierung eingeführt. Diese bezog sich jedoch lediglich auf drei Bereiche:

- Erster Bereich: Aussetzen des gerichtlichen Verfahrens (*stay of proceedings*) aufgrund des Bestehens einer Schiedsgerichtsvereinbarung.
  Der *Arbitration Act 1950* sah vor, dass es im Ermessen des ordentlichen Gerichts läge, ob ein Gerichtsverfahren aufgrund einer Schiedsvereinbarung ausgesetzt würde. Diese Regelung musste zumindest für internationale Verfahren aufgegeben werden, zumal dies von der NYC zwingend eingefordert wird (vgl. Art. 2 Abs. 3 NYC).
- Zweiter Bereich: Der *Arbitration Act 1979* führte die grundsätzliche Möglichkeit ein, in bestimmten Bereichen Rechtsmittel zu staatlichen Gerichten wegen Rechtsverletzung auszuschließen (Rechtsmittelverzicht).
  Für nationale Schiedsverfahren wurde hier erschwerend festgelegt, dass derartige *exclusion agreements* nur dann gültig sind, wenn die Parteien diese erst nach Streitentstehung geschlossen haben (§ 3 Abs. 6 *Arbitration Act 1979*).
- Dritter Bereich: Bestimmte Schiedsvereinbarungen waren in nationalen Fällen nicht durchsetzbar.

1910 Vgl.: 1989 Departmental Advisory Committee Response to the UNCITRAL Model Law, neu abgedruckt in: 10 (1990) AI 3.

1911 Vgl.: *Marriot*, The New Arbitration Bill, Arbitration 1996, 97 (98); *Steyn*, 1993 Freshfields Arbitration Lecture: England's Response to the Model Law of Arbitration, Arbitration 1994, 184 ff.; *Craig/Park/Paulsson*, § 30.01 (a).

1912 *Craig/Park/Paulsson*, § 30.01 (a).

1913 Vgl.: *Steyn*, 1993 Freshfields Arbitration Lecture: England's Response to the Model Law of Arbitration, Arbitration 1994, 184 (186); Ausführlich zur geschichtlichen Entwicklung in England auch: *Heigl*, 3 ff.

Der *English Arbitration Act 1996* gilt für alle Schiedsverfahren, die nach dem 31. Januar 1997 eingeleitet wurden, unabhängig vom Datum der Schiedsvereinbarung (§ 84 Abs. 1 und 2 EAA 1996). Lediglich § 46 Abs. 1 lit. b EAA 1996 findet ausschließlich auf Schiedsvereinbarungen Anwendung, die am oder nach dem 31. Januar 1997 geschlossen wurden. Die Bestimmung des § 46 EAA 1996 betrifft die Billigkeitsentscheidung des Schiedsgerichts.[1914] Damit differenziert die geltende Fassung des EAA 1996 nicht zwischen nationalen und internationalen Verfahren.[1915] Der EAA 1996 weicht insofern vom dualistischen Ansatz des ML ab. Dies gilt für fast alle Vorschriften. Allerdings wurden spezielle Regelungen für Verbraucherstreitigkeiten (*consumer arbitration*) aufgenommen sowie die in England beliebten „*small claims arbitrations*" vom Anwendungsbereich des Gesetzes ausgenommen (§ 92 EAA 1996).

Im Allgemeinen beherrscht der EAA 1996 alle Schiedsgerichtsverfahren, die ihren Sitz in England, Wales oder Nordirland haben (§ 2 Abs. 1 EAA 1996). Damit folgt das englische Recht dem Territorialprinzip und knüpft die Anwendung des EAA 1996 an den Sitz des Schiedsgerichts. Dies steht im Einklang mit dem ML. Durch die Übernahme des Territorialprinzips beschreitet England einen neuen Weg und befindet sich nunmehr im Einklang mit dem weltweiten Trend. Die vorherige Rechtslage definierte ihren eigenen Anwendungsbereich nicht, so dass die Anwendbarkeit jeder einzelnen Regelung der geltenden *Arbitration Acts* gesondert geprüft werden musste.[1916] Hierbei griffen die Gerichte sowohl auf die Verfahrenstheorie als auch auf das Territorialprinzip zurück, wobei dem Sitz stets eine besondere Indizwirkung zukam. Jedoch resultierten hieraus diverse Ungewissheiten.

Der Sitz des Schiedsverfahrens wird von den Parteien (§ 3 lit. a EAA 1996), einer Schiedsgerichtsinstitution (dessen Verfahren sich die Parteien unterworfen haben), einer Person, die hiermit beauftragt ist (§ 3 lit. b EAA 1996) oder vom Schiedsgericht selbst, sofern es hierzu von den Parteien ermächtigt wurde (§ 3 lit. c EAA 1996), festgelegt. In Abwesenheit einer Parteivereinbarung bestimmt das Schiedsgericht den Sitz des Verfahrens im Hinblick auf „*the parties' agreement and all the relevant circumstances*" (§ 3 2. Alt. EAA 1996).

Wie allgemein üblich, dient der Sitz des Schiedsgerichts im EAA 1996 ebenfalls lediglich der „Erdung" des Verfahrens und stellt damit ein formales Legaldomizil dar. Die tatsächlichen Verfahrenshandlungen müssen hier nicht stattfinden (vgl. § 34 Abs. 2 lit. a EAA 1996).[1917] Dies stellen nicht zuletzt die Bestimmungen der Artt. 53 und 100 Abs. 2

1914 Hierzu weiter unten.

1915 Vgl.: HEIGL, 70.

1916 Vgl.: HILL, Some Private International Law Aspects of the Arbitration Act 1996, 46 (1997) ICLQ 274 (288); HEIGL, 93 m.w.N.

1917 DAC Report 1996, para. 26; CRAIG/PARK/PAULSSON, § 30.01 (c) m.w.N.; MAXWELL, International Arbitration in England, in: SCHLOSSER (Hrsg.), Internationale Schiedsgerichtsbarkeit – Arbitrage International – International Arbitration (Bielefeld 1997) 315 (316); HEIGL, 94 m.w.N.

lit. b EAA 1996 klar, die bestimmen, dass ein Schiedsspruch am Sitz des Schiedsgerichts als erlassen gilt, unabhängig davon, wo der Schiedsspruch vom Tribunal unterschrieben, abgesendet oder zugestellt wurde.

§ 3 Abs. 2-5 EAA 1996 sieht allerdings Ausnahmen vom Territorialprinzip vor. Diese sehen vor, dass selbst dann, wenn der Sitz des Schiedsgerichts nicht in England liegt, einzelne Vorschriften des EAA 1996 anwendbar sind. So erklärt Abs. 2 die Regeln über das Ruhen des Gerichtsverfahrens bei Vorliegen einer Schiedsvereinbarung (§§ 9-11 EAA 1996) auch für ausländische Verfahren für anwendbar. Abs. 3 bietet die Unterstützung staatlicher Gerichte auch in den Fällen an, in denen Schiedsgerichte ihren Sitz außerhalb Englands haben. Hiermit sind jedoch Einschränkungen der Art verbunden, dass das englische Gericht die Befugnis zur Sicherung der Anwesenheit von Zeugen (§ 43 EAA 1996) oder zur Anordnung anderer verfahrensrechtlicher Maßnahmen (§ 44 EAA 1996) ablehnen kann, wenn dies nach seiner Auffassung unangemessen erscheint. Im Gegensatz zum ML sieht der EAA 1996 zudem eine Befugnis der ordentlichen Gerichte zur Unterstützung des schiedsgerichtlichen Verfahrens vor, wenn noch kein Sitz des Schiedsgerichts bekannt geworden ist (Abs. 4).[1918]

§ 19.4: Anwendbares Verfahrensrecht

Im englischen Recht ist das Prinzip der Parteiautonomie vorherrschend, welches nur durch das öffentliche Interesse begrenzt ist (vgl.: § 1 lit. b EAA 1996). Das Primat der Parteiautonomie ist dem englischen Schiedsverfahrensrecht nicht neu. Jedoch stellt die Stärkung im EAA 1996 eine beachtliche Neuerung dar, die der Parteiautonomie eine hervorgehobene Stellung zuweist.

> § 1 lit. b EAA: „[...] the parties should be free to agree how their disputes are resolved, subject only to such safeguards as are necessary in the public interest [...]"

Diese herausragende Stellung verdeutlicht die Wichtigkeit, die der Parteiautonomie im englischen Recht zukommt.[1919]

Mit Ausnahme der zwingenden Bestimmungen des EAA 1996 (diese sind gem. § 4 Abs. 1 EAA 1996 im Anhang 1 des Gesetzes explizit aufgeführt) können die Parteien im englischen Recht den Verfahrensablauf frei gestalten.[1920] Die Parteien sind damit frei, sich ein bestimmtes Verfahrensrecht zu geben bzw. dieses frei zu gestalten oder einer (institutionellen) Ordnung zu unterwerfen (§ 34 Abs. 1 EAA 1996). Hierbei ist jedoch zu

---

1918 Ausführlich zu den Situationen, in denen englisches Verfahrensrecht zur Anwendung gelangt: *HILL*, 46 (1997) ICLQ 274 (290 ff.).

1919 Allgemein zur Parteiautonomie in England: *HAAS*, Die Reform des englischen Schiedsverfahrensrechts – Der englische Arbitration Act 1996, ZZPInt 1997, 409 (413); *TRAPPE*, The Arbitration Proceedings, 15 (1998) J.Int.Arb. 93 ff.; *HILL*, 46 (1997) ICLQ 274 (289 ff.).

1920 Vgl. insbes.: § 4 Abs. 1 bis 3 EAA 1996.

beachten, dass ebenso das englische Recht – wie annähernd alle Schiedsverfahrensrechte und -ordnungen – in § 33 EAA 1996 gewisse Grundgarantien ausspricht. So sollen ein faires und unparteiisches Verfahren sowie das rechtliche Gehör gewährleistet sein (vgl. § 33 Abs. 1 lit. a EAA 1996). Des Weiteren sind Verfahrensverzögerungen und unnütze Kosten durch die Wahl eines den Umständen entsprechenden Verfahrensrechts zu vermeiden (vgl. § 33 Abs. 1 lit. b EAA 1996).

§ 19.5: Anwendbares materielles Recht

Mit § 46 EAA 1996 trifft das englische Recht im Rahmen der Schiedsgerichtsbarkeit erstmals eine Regelung zum anwendbaren Recht.

§ 19.5.1: Rechtswahl durch die Parteien

Entsprechend dem internationalen Trend, soll im englischen Recht das Schiedsgericht den Streit nach den von den Parteien erwählten Recht entscheiden. Auch wenn sich § 46 EAA 1996 an Art. 28 ML orientieren soll, unterscheidet sich die Bestimmung vom ML in Wortwahl und Aufbau.

In § 46 Abs. 1 lit. a EAA 1996 wird nur von dem gewählten „*law*" der Parteien gesprochen. Anders als das ML, den ihm folgenden Jurisdiktionen sowie dem internationalen Trend, erwähnt der EAA 1996 nicht die „*rules of law*", wie es mittlerweile in Bezug auf die Rechtswahl durch die Parteien fast allgemein üblich ist. Daher geht der EAA 1996 lediglich von der Vereinbarung einer nationalen Rechtsordnung aus und lehnt die weiten Rechtswahlbefugnisse über die Rechtsvorschriften, wie sie das ML kennt, im Rahmen der lit. a ab.[1921]

Zwar wird vereinzelt argumentiert, der Begriff „*law*" in § 46 Abs. 1 lit. a EAA 1996 sei weit, im Sinne des Begriffs „*rules of law*", zu verstehen, da sich der englische Gesetzgeber am ML orientieren wollte.[1922] Dieser Auffassung kann jedoch nicht gefolgt werden. Dies gerade im Hinblick auf die kontrovers geführte Diskussion im Zusammenhang mit dem Umfang der Begrifflichkeiten „*law*" und „*rules of law*" bei den Beratungen des ML, an denen gleichfalls Vertreter Englands teilnahmen. Folgerichtig musste dem englischen Gesetzgeber diese Problematik bewusst gewesen sein. Die Differenzierung der Begrifflichkeiten war somit den Verfassern des Gesetzes bekannt, so dass der englische Gesetzgeber mit der ausschließlichen Wahl des Begriffes „*law*" bewusst auch die Interpretationsmöglichkeiten vorgegeben und zugunsten eines nationalen Rechts eingeschränkt hat. Des Weiteren ist der geschichtliche Hintergrund zu beachten. Wie bereits im Rahmen der

---

1921 Vgl.: *HEIGL*, 131.

1922 Insbesondere zu nennen sind hier: *DAVIDSON*, The New Arbitration Act – A Model Law?, JBL 1997, 101 (121); *MERKIN*, Arbitration Law (London, Loseblattsammlung Stand: 20.03.1998) 21.47.

Billigkeitsentscheidung nach dem ML diskutiert, stand der englische Gesetzgeber von jeher Billigkeitserwägungen und anationalem wie transnationalem Recht skeptisch gegenüber.

Diese Diskussion spielt jedoch nur eine untergeordnete Rolle, zumal der Gesetzgeber auf andere Weise zum Ausdruck gebracht hat, dass die Wahl von „Rechtsvorschriften" durch die Parteien möglich ist. § 46 Abs. 1 lit. b EAA 1996 sieht vor, dass die Parteien vereinbaren können, den Streit nach „*other considerations*" entscheiden zu lassen. Diese Bestimmung bedarf der ausdrücklichen Ermächtigung der Parteien.[1923] Dieser weite Begriff ermöglicht es mithin, die Vereinbarung einer Entscheidung nach „Rechtsvorschriften" zuzulassen, so dass das englische Recht letztendlich doch dem internationalen Trend nachgibt und entspricht.[1924] Somit können unter den Begriff „*other considerations*" außerdem Parteivereinbarungen subsumiert werden, die eine Entscheidung nach international anerkannten Prinzipien des Wirtschaftsrechts vorsehen und einfordern und damit auch die sog. *lex mercatoria*,[1925] oder ein anderes anationales oder transnationales Recht.

Schon nach der alten Rechtslage und insbesondere seit der Entscheidung des *Court of Appeal* in einem ICC-Schiedsgerichtsverfahren, welches auf „die international anerkannten Rechtsprinzipien für vertragliche Beziehungen" gestützt war, wird in England von einer grundsätzlichen Zulässigkeit derartiger Vereinbarungen ausgegangen.[1926] Dies gilt umso mehr, als der *Court of Appeal* in einer weiteren Entscheidung, zumindest in einem *obiter dictum*, diese Rechtsprechung für englische Schiedssprüche übernahm und nicht nur auf die Vollstreckung ausländischer Schiedssprüche beschränkte.[1927]

Bedauerlich ist dennoch die Art und Weise, wie die weiten Rechtswahlbefugnisse, wie sie das ML kennt, ins englische Recht eingeführt werden, zumal der EAA 1996 die Wahl der *lex mercatoria* so nach wie vor in die Nähe einer Billigkeitsentscheidung bringt und nicht deutlich als Rechtsentscheidung einordnet.

1923 *Veeder*, England, in: *Paulsson* (Hrsg.), England, in: *Paulsson* (Hrsg.), International Handbook on Commercial Arbitration II (The Hague, Loseblattsammlung, Stand: Oktober 2003) England-53.

1924 *Haas*, Die Reform des englischen Schiedsverfahrensrechts – Der englische Arbitration Act 1996, ZZPInt 1997, 409 (427); *Davidson*, The New Arbitration Act – A Model Law?, JBL 1997, 101 (122); *Heigl*, 131.

1925 *Shackleton*, The Applicable Law in International Arbitration under the New English Arbitration Act 1996, 13 (1997) AI 375 (378); *Triebel/Plaßmeier*, Das neue englische Schiedsgerichtsgesetz, BB 1997, Beilage 13, 2 (11); *Maxwell*, Part 4 Country Reports B. England, in: *Weigand* (Hrsg.), Practitioner's Handbook on International Arbitration (München 2002) Rn. 189 [zukünftig zitiert als: *Maxwell*].

1926 *Deutsche Schachtbau- und Tiefbohrgesellschaft m.b.H. v. Ras al Kaimah National Oil Co.*, 2 (1987) All E.R. 769 ff.; besprochen bei: *Kappus*, Einzug der „lex mercatoria" in das englische House of Lords, IPRax 1990, 133 ff.; *Dasser*, 369 ff.

1927 *Home and Overseas Insurance Co. v. Mentor Insurance Co. (UK) Ltd.*, 1 (1989) Lloyd's L.Rep. 473 ff.; besprochen bei: *Kerr*, "Equity" Arbitration in England, 2 (1991) Am.Rev.Int'l Arb. 377 (394 ff.).

Die *lex mercatoria* wird in England nur selten zur Anwendung berufen. Aufgrund seiner untergeordneten Bedeutung in England gibt es praktisch kaum *case law* die Anwendung und Auslegung die *lex mercatoria* betreffend.[1928] Hingegen variieren die Ansichten der englischen Kommentatoren stark, womit es problematisch ist, eine definitive Antwort bzgl. ihrer Einordnung und ihrer Auswirkungen in England zu geben.[1929] Es bleibt jedoch festzuhalten, dass die *lex mercatoria* nach wie vor in England traditionsgemäß mit einiger Skepsis beäugt wird.[1930] Noch immer ordnen viele englische Kommentatoren die *lex mercatoria* lediglich als einen Unterfall der Billigkeitsentscheidung ein.[1931] Mehr noch sind einige Autoren gar der Ansicht, dass die Vereinbarung der *lex mercatoria* nicht unter *„other considerations"* i.S.d. § 46 Abs. 1 lit. b EAA 1996 fällt.[1932] Ein solcher Ansatz entspricht aber weder dem Willen des Gesetzgebers, noch lässt sich eine einschränkende Interpretation des Terminus *„other considerations"* logisch erklären. Dieser Terminus dient gerade dazu, die Einschränkung des Terminus *„law"* aufzuweichen. Würde man den Terminus *„other considerations"* eng auslegen, würden zwei Fragen aufgeworfen. Zum einen: Wozu hat ihn der Gesetzgeber eingeführt? Zum anderen: Wollte der Gesetzgeber damit die Ermächtigung zur Entscheidung nach Billigkeit einführen? Beantwortet man diese letzte Frage mit ja, wie es eine zutreffende Interpretation des Gesetzes und der Gesetzesmaterialien erfordert, so muss man zwangsläufig die Wahl der *lex mercatoria* zulassen. Denn wo das Schiedsgericht ermächtigt ist, fernab des Rechts zu entscheiden, muss es den Parteien ebenfalls möglich sein, eine Wahl zugunsten eines Rechtsgebildes zu treffen, das zwischen dem klassischen nationalen Recht und der *amiable composition* steht.

Die Rechtswahl der Parteien bezieht sich – wie nunmehr allgemein üblich und im ML verankert – immer auf das Sachrecht eines Staates und nicht etwa auf dessen Kollisionsrecht (§ 46 Abs. 1 lit. a, Abs. 2 EAA 1996).

Sofern das Schiedsgericht eine klare Rechtswahl der Parteien missachtet, kann der Schiedsspruch wegen Befugnisüberschreitung aufgehoben werden (§ 68 Abs. 2 lit. b EAA 1996).[1933] Des Weiteren kommt eine Aufhebung gem. § 69 EAA 1996 in Betracht, die jedoch von den Parteien ausgeschlossen werden kann.

Zusammenfassend lässt sich sagen, dass – trotz einer entgegenstehenden Mindermeinung – den Parteien nach dem EAA 1996 dieselben, weiten Rechtswahlmöglichkeiten zur Seite stehen wie nach dem ML, selbst wenn der § 46 EAA 1996 bedauerlicherweise nicht

---

1928 *MAXWELL*, Rn. 189.

1929 So: *MAXWELL*, Rn. 189.

1930 So insbes.: *MUSTILL/BOYD*, 81 f.

1931 *MUSTILL/BOYD*, 75 ff.; *RIVKIN*, Enforcebility of Arbitral Awards based on Lex Mercatoria, 3 (1993) AI 67 ff.

1932 *MERKIN*, The Arbitration Act 1996: An Annotated Guide (London 1996) 76.

1933 *HILL*, 46 (1997) ICLQ 274 (303); *MERKIN*, Arbitration Law (London, Loseblattsammlung Stand: 20.3.1998) 5.28.

die mittlerweile in internationalen Schiedsverfahrensgesetzen und -ordnungen gebräuchliche Terminologie der *rules of law* übernimmt.

§ 19.5.2: Rechtsbestimmung durch das Schiedsgericht

Haben die Parteien keine Rechtswahl getroffen, sieht § 46 Abs. 3 EAA 1996 – wortgleich zu Art. 28 Abs. 2 ML – vor, dass das Schiedsgericht *„shall apply the **law** determined by the **conflict of laws rules** which it **considers applicable**"*. Der EAA 1996 folgt damit dem klassischen indirekten Weg über ein Kollisionsrecht und räumt dem Schiedsgericht ein Ermessen zur Bestimmung dieses Kollisionsrechts ein.

Das dem EAA 1996 unterworfene Schiedsgericht muss bei der Ermittlung des Rechts in Abwesenheit einer Rechtswahl durch die Parteien folglich in drei Schritten vorgehen:

- zunächst muss das Schiedsgericht das angemessene Kollisionsrecht ermitteln,
- sodann muss es mit Hilfe dieses Kollisionsrechts das anwendbare materielle Recht ermitteln und
- schließlich muss es das ermittelte materielle Recht auf den Sachverhalt anwenden.

Mittels welcher Anknüpfungspunkte das Schiedsgericht das jeweilige Kollisionsrecht bestimmen soll, machen weder der EAA 1996 selber noch die Gesetzesbegründung deutlich. Der DAC Report 1996 stellt lediglich fest, dass das Schiedsgericht *„cannot simply make up rules for this purpose"*[1934]. Folglich wird ein dem EAA 1996 unterworfenes Schiedsgericht regelmäßig nach dem schon beim ML beschriebenen Methoden vorgehen, d.h. es wird z.B. die gemeinsamen Kollisionsnormen aller beteiligten Kollisionsrechte anwenden (kumulativer Ansatz), kollisionsrechtliche Grundsätze anwenden, die allen oder zumindest den führenden Rechtsordnungen gemeinsam sind, auf die engste Verbindung zurückgreifen etc.

Abweichend vom internationalen Trend, aber konform mit dem ML, ermächtigt der EAA 1996 das Schiedsgericht, nur ein bestimmtes "*law*" zu wählen. Folglich hat das Schiedsgericht in Ermangelung einer Rechtswahl durch die Parteien nicht die Möglichkeit, anhand der *lex mercatoria* oder anderem anationalem Recht zu entscheiden. Diese Einschränkung ist auf die grundsätzliche Abneigung englischer Juristen ggü. nichtstaatlichen Rechts zurückzuführen und wurde heftig – als unzeitgemäß – kritisiert.[1935] In der Literatur wurde die „direkte" Bestimmung des anwendbaren Rechts durch das Schiedsgericht bevorzugt, da ein Umweg über ein Kollisionsrecht überflüssig sei.[1936] Aufgrund dieser Kritik wurde der Versuch unternommen, den Begriff „*law*" weit zu in-

---

1934 DAC Report 1996, para. 225.

1935 Vgl.: *SHACKLETON*, 13 (1997) AI 375 (378 ff.); *BLESSING*, 14 (1997) J.Int.Arb. 39 (58); zur Diskussion allgemein: *HILL*, 46 (1997) ICLQ 274 (302 ff.).

1936 *SHACKLETON*, 13 (1997) AI 375 (376 f.); zur Kritik am *voie indirecte* und zum zu bevorzugenden unbeschränkten *voie directe*; siehe bereits die Ausführungen oben beim ML.

terpretieren, um dennoch allgemeine Rechtsregeln und Rechtsvorschriften zu erfassen.[1937] Diese Methode, die bereits erfolgreich herangezogen wurde, um unter den Begriff „*law*" der alten ICC ArbRules die allgemeinen Rechtsgrundsätze zu subsumieren, erscheint jedoch wenig sinnvoll. Die Begriffe „*law*" und „*rules of law*" werden vom Gesetzgeber bewusst verwendet, zumal ihm die Diskussion im Rahmen des ML hinlänglich bekannt ist. Demzufolge ist davon auszugehen, dass mit der einseitigen Verwendung des Begriffes „*law*" eine eindeutige Interpretationslinie hin zu einem rein nationalen Recht vorgegeben wurde. Auch wenn hier die bereits im Rahmen des ML geäußerte Kritik gilt und der unbeschränkte *voie directe* zu bevorzugen ist, bleibt im Rahmen des § 46 EAA 1996 kein Raum für einen weiten Interpretationsspielraum.

Die kollisionsrechtliche Entscheidung des Schiedsgerichts ist nur eingeschränkt gerichtlich überprüfbar. Nur wenn das Schiedsgericht zur Anwendung englischen Kollisionsrechts gelangt, kann dessen ordnungsgemäße Anwendung überprüft werden. Dies jedoch wiederum nur, wenn die Parteien nicht die Überprüfung des Schiedsspruches auf Rechtsmängel gem. § 69 EAA 1996 ausgeschlossen haben.[1938]

Ergo entscheidet mangels einer Rechtswahl durch die Parteien das Schiedsgericht – entsprechend der Vorgabe des Art. 28 Abs. 2 ML – über das anzuwendende (nationale) Recht nach den Normen des Kollisionsrechts, welches es für anwendbar erachtet (§ 46 Abs. 3 EAA 1996). Damit hat der englische Gesetzgeber sich für einen „umständlichen Weg"[1939] entschieden.

Nach englischem Kollisionsrecht wird es nach Rechtslage zumeist den *Contracts (Applicable Law) Act 1990* anwenden. Dieser hat das EVÜ umgesetzt. Hierbei sei klargestellt, dass nach englischer Rechtsauffassung „*arbitration agreements*" klar vom Anwendungsbereich des EVÜ ausgeschlossen sind. Nichtsdestotrotz bleibt es dem Schiedsgericht unbenommen, den *Contracts Act 1990* anzuwenden.[1940]

§ 19.5.3: Ermächtigung zur Entscheidung nach Billigkeit

Von erheblichem praktischem Interesse war, ob nach der neuen gesetzlichen Regelung das Schiedsgericht nach „Recht und Billigkeit", *ex aequo et bono* oder als *amiable compositeur*, entscheiden darf.

1937 So insbes.: BLESSING, 14 (1997) J.Int.Arb. 39 (58); SHACKLETON, 13 (1997) AI 375 (385).

1938 HILL, 46 (1997) ICLQ 274 (303 f.); MERKIN, Arbitration Law (London, Loseblattsammlung Stand: 20.03.1998) 5.37 ff.

1939 WEIGAND, RIW 1997, 904 (908).

1940 Vgl.: VEEDER, England, in: PAULSSON (Hrsg.), International Handbook on Commercial Arbitration II (The Hague, Loseblattsammlung, Stand: Oktober 2003) England-52 f.

Es gab eine Zeit im englischen Recht, wo fraglich war,[1941] ob das Schiedsgericht eine Billigkeitsentscheidung fällen durfte, selbst wenn es die Parteien hierzu ermächtigt hatten.[1942]

„Despite some suggestions to the contrary by some learned writers under other systems, our jurisprudence does not recognize the concept of arbitral procedures floating in the transnational firmament, unconnected with any municipal system of law."[1943]

Billigkeitsabreden waren – wie im *common-law*-Rechtskreis üblich – in der englischen Schiedspraxis eine Ausnahmeerscheinung. Lediglich im Zusammenhang mit Rückversicherungsverträgen waren *„equity clauses"* oder *„honourable engangement clauses"* üblich.[1944] Im Laufe der Jahre wurden zwar in diversen Entscheidungen des *Court of Appeal* zumindest ausländische Schiedssprüche, die auf Billigkeitsentscheidungen beruhten, für vollstreckbar erklärt,[1945] dennoch war die grundsätzliche Zulässigkeit von in- und ausländischen Billigkeitsentscheidungen bis zum EAA 1996 unklar, und es wurde in Schrifttum und Praxis eine eindeutige Regelung diesbezüglich verlangt.[1946] In der Literatur war jedoch ein Trend hin zur Anerkennung und Zulässigkeit von Billigkeitsentscheidungen klar erkennbar.[1947]

1941 Verneinend bspw.: *Overseas Union Insurance Ltd v. A.A. Mutual International Insurance Co*, 2 (1988) Lloyd's L.Rep. 63; weitere Nachweise bei: *Steyn*, 1993 Freshfields Arbitration Lecture: England's Response to the Model Law of Arbitration, Arbitration 1994, 184 (192); vgl. außerdem die Ausführungen zur Billigkeitsentscheidung nach dem ML.

1942 Vgl. zur Diskussion: *Redfern/Hunter*, 177 ff.; vgl. auch die Ausführungen im Rahmen des ML zur Billigkeitsentscheidung.

1943 *Bank Mellat v. Helleniki Techniki SA*, Weekly Law Reports 1983, 783.

1944 *Bandurka*, Arbitration in insurance and reinsurance, Bulletin des Anwaltsbüros *Holman, Fenwick & William* (London Mai 1998) 4; *Boyd*, „Arbitrator not to be bound by the Law"-Clauses, 6 (1990) AI 122 (123); *Steyn*, 1993 Freshfields Arbitration Lecture: England's Response to the Model Law of Arbitration, Arbitration 1994, 184 ff.

1945 Vgl. insbes.: *Eagle Star Insurance Co Ltd. v. Yuval Insurance Co Ltd.*, 1 (1978) Lloyd's L.Rep. 357; siehe auch: *Kerr*, "Equity" Arbitration in England, 2 (1991) Am.Rev.Int'l Arb. 377 ff.; vgl. weiterhin: *Deutsche Schachtbau- und Tiefbohrgesellschaft mbH v. Ras Al Khaimah National Oil Co.*, 2 (1987) All E.R. 769, Vollstreckung eines Schiedsspruches, der auf Basis *„internationally accepted principles of law governing contractual relations"* entschieden wurde.

1946 Vgl.: *Boyd*, „Arbitrator not to be bound by the Law"-Clauses, 6 (1990) AI 122 ff.; *Kerr*, "Equity" Arbitration in England, 2 (1991) Am.Rev.Int'l Arb. 377 ff. (insbes. 400), der feststellt, dass die Glorifizierung des staatlichen Rechts keinen Platz innerhalb der internationalen Schiedsgerichtsbarkeit habe; *Steyn*, 1993 Freshfields Arbitration Lecture: England's Response to the Model Law of Arbitration, Arbitration 1994, 184 ff. = 10 (1994) AI 7 (14 ff.); vgl. auch: *Bühr*, 105 ff.; *Chukwumerije*, Reform and Consolidation of English Arbitration Law, 8 (1997) Am.Rev.Int'l Arb. 21 (37 ff.).

1947 *Boyd*, „Arbitrator not to be bound by the Law"-Clauses, 6 (1990) AI 122; *Kerr*, "Equity" Arbitration in England, 2 (1991) Am.Rev.Int'l Arb. 377.

Nach langwierigen Überlegungen hat man nunmehr in EAA 1996 eine Regelung eingefügt, die eine (Ermächtigung zur) Billigkeitsentscheidung ermöglicht (§ 46 Abs. 1 lit. b EAA 1996: *„in accordance with other considerations"*). Zwar vermeidet der englische Gesetzgeber bewusst im EAA 1996 die Begriffe *ex aequo et bono* und *amiable compositeur*, jedoch wird unstreitig die schiedsrichterliche Billigkeitsentscheidung unter den Begriff *„other considerations"* subsumiert.[1948] Dies macht die Gesetzesbegründung deutlich und erklärt den Verzicht auf die üblichen Termini mit der bewussten und gewollten Vermeidung der in England unbekannten Termini.[1949]

„Subsection [46] (1) (b) recognizes that the parties may agree that their dispute is not to be decided in accordance with a recognized system of law but under whit in this country are often called 'equity clauses' or arbitration 'ex aequo et bono' or 'amiable composition', i.e. general considerations of justice and fairness, etc. It will be noted that we have avoided using this description in the Bill, just as we have avoided using the Latin and French expression found in the Model Law. There appears to be no good reason to prevent parties from agreeing to equity clauses. However, it is to be noted that in agreeing that a dispute shall be resolved in this way, the parties are in effect excluding any right to appeal to the Court there being 'no question of law' to appeal."[1950]

„Thus for arbitrations taking place in England an English Court will recognize an agreement that the arbitrators will decide as amiable compositeurs. The agreement will also be recognized as an exclusion agreement hence effectively validating the award and shielding it from judicial review of points of law."[1951]

Damit geht diese Bestimmung – in abweichender Sprachterminologie – im Großen und Ganzen konform mit Art. 28 Abs. 3 ML, welche den Parteien die Ermächtigung zur Entscheidung nach Billigkeit ermöglicht.[1952]

Eine Ermächtigung zur Entscheidung nach Billigkeit hat gem. §§ 46 Abs. 1 lit. b i.V.m. 5 EAA 1996 schriftlich zu erfolgen.[1953] Diese Ermächtigung bewirkt zugleich, dass die Parteien die Möglichkeit verlieren, nach § 69 EAA 1996 den Schiedsspruch in der Sache durch ein ordentliches Gericht überprüfen zu lassen. Auf den Verlust dieses Aufhebungsrechts weist der DAC Report 1996 ausdrücklich hin.[1954] Es steht den Parteien jedoch weiterhin frei, die Aufhebung des Schiedsspruches gem. § 68 EAA 1996 zu beantragen. Insbesondere ist ein Schiedsspruch aufhebbar, der ohne Ermächtigung durch die

1948 *Marriot*, The New Arbitration Bill, Arbitration 1996, 97 (108); *Weigand*, RIW 1997, 904 (908).

1949 DAC Report 1996, para. 222.

1950 DAC Report 1996, para. 223.

1951 *Craig/Park/Paulsson*, § 18.01.

1952 *Veeder*, England, in: *Paulsson* (Hrsg.), International Handbook on Commercial Arbitration II (The Hague, Loseblattsammlung, Stand: Oktober 2003) England-53.

1953 *Heigl*, 148.

1954 DAC Report 1996, para. 223; vgl. hierzu auch: *Merkin*, Arbitration Law (London, Loseblattsammlung Stand: 20.3.1998) 21.47; *Haas*, Die Reform des englischen Schiedsverfahrensrechts – Der englische Arbitration Act 1996, ZZPInt 1997, 409 (428); *Bandurka*, Arbitration in insurance and reinsurance, Bulletin des Anwaltsbüros *Holman, Fenwick & William* (London Mai 1998) 6.

Parteien auf Basis der Billigkeit gefällt wurde.[1955] Des Weiteren ist – unabhängig von der Ermächtigung zur Entscheidung nach Billigkeit – das Schiedsgericht weiterhin an die Beachtung der grundlegenden Verfahrensgrundsätze gem. § 33 EAA 1996 gebunden und muss im Rahmen des *ordre public* bleiben.[1956]

Es ist nochmals darauf hinzuweisen, dass § 46 Abs. 1 lit. b EAA 1996 nur auf Vereinbarungen Anwendung findet, die nach dem 31. Januar 1997 getroffen wurden. Diese „Sicherung" trägt dem Umstand Rechnung, dass in vielen vor dem Stichtag geschlossenen Schiedsverträgen Klauseln in Bezug auf das in der Sache anwendbare Recht enthalten sind, die sich wie *„equity clauses"* lesen, aber von der bisherigen Rechtsprechung anders ausgelegt wurden.[1957] Eine Anwendung der neuen Regelung im EAA 1996 würde rückwirkend die Bedeutung der Klausel ändern.

Zusammenfassend ist festzustellen, dass § 46 Abs. 1 lit. b EAA 1996 explizit die Billigkeitsentscheidung anerkennt. Diese Bestimmung stellt klar, dass die im englischen Recht sog. *„equity clauses"* nach dem neuen Recht zulässig und vollstreckbar sind.[1958]

„The DAC Report in support of the law takes the position that the possibility to agree to ‚other considerations' covers the possibility of agreeing to equity clauses in genereal and to amiable composition in particular."[1959]

„Die mit der weiten und unbestimmten Fassung dieser Regelung verbundene Vermischung von Billigkeitsentscheidungen, Entscheidungen nach Rechtsvorschriften und nach den Grundsätzen der ‚lex mercatoria' ist jedoch unübersichtlich und kann u.U. in der Zukunft zu Abgrenzungsproblemen führen."[1960]

§ 19.6: Handelsbräuche

Im Gegensatz zu Art. 28 Abs. 4 ML hat der EAA 1996 nicht die Beachtung der Vertragsbestimmungen und Handelsbräuche gesondert geregelt. Vielmehr war der Gesetzgeber der Ansicht, dass dies selbstverständlich sei. Die Gesetzesbegründung macht dies deutlich und erklärt den Verzicht auf die international bekannten Begriffe mit der Vermeidung der in England unbekannten Termini.[1961]

1955 *HEIGL*, 148 Fn. 447 a.E.

1956 *HEIGL*, 148.

1957 So der Supplementary Report on the Arbitration Act 1996 para. 30; vgl. auch: *HAAS*, Die Reform des englischen Schiedsverfahrensrechts – Der englische Arbitration Act 1996, ZZPInt 1997, 409 (428); *FRASER*, Arbitration of International Commercial Disputes under English Law, 8 (1997) Am.Rev.Int'l Arb. 1 (15).

1958 *MAXWELL*, Rn. 188; für weitere Nachweise siehe weiter oben.

1959 *CRAIG/PARK/PAULSSON*, § 18.01.

1960 *HEIGL*, 147.

1961 DAC Report 1996, para. 223.

„Tatsächlich kann die Beachtung branchentypischer Handelsbräuche durch die Schiedsgerichte auch bei Billigkeitsentscheiden als selbstverständlich betrachtet werden."[1962]

§ 19.6.1: Allgemeine Grenzen

Kein Vorbild im ML findet sich für die Anfechtbarkeit von Schiedssprüchen, die in erheblichem Umfang aus verfahrens- und materiellrechtlichen Gründen angreifbar sein können. Damit orientiert sich das englische Recht an seiner bisherigen Rechtslage, bei der aus den damals geltenden *Arbitration Acts* eine umfangreiche Rechtsprechung erwachsen ist.[1963] § 68 EAA 1996 enthält mannigfaltige Möglichkeiten der Anfechtung, die den Parteien umfangreiche Verzögerungs- und Eingriffsmöglichkeiten zur Seite stellt.

Ein Schiedsspruch kann aufgrund einer materiellrechtlichen Rüge angegriffen werden. Diese Möglichkeit kann allerdings im neuen englischen Recht durch Vereinbarung ausgeschlossen werden. Verzichten die Parteien während des Verfahrens auf eine Entscheidungsbegründung, ist dies zugleich als Verzicht auf materiellrechtliche Rügen zu werten.[1964] Es ist zu erwarten, dass in Anlehnung an die bisherige Rechtslage,[1965] bspw. schon die Vereinbarung der ICC ArbRules, als Ausschluss dieser Anfechtungsmöglichkeit zu werten ist.[1966]

Eine *révision au fond*, d.h. eine Überprüfung der tatsächlichen Grundlage des Schiedsspruches und insbesondere der Beweiswürdigung durch das Schiedsgericht, ist jedoch ausgeschlossen. Der *High Court* ist an die Tatsachenfeststellung des Schiedsgerichts gebunden (vgl.: § 69 Abs. 3 EAA 1996 „[...] *that on the basis of the findings of fact in the award* [...]"). Die Entscheidung des *High Court* kann vor dem *Court of Appeal* angefochten werden, wenn dies vom Gericht zugelassen wird (§ 69 Abs. 6 EAA 1996).

§ 19.7: Ergebnis

Der EAA 1996 stellt die umfassendste gesetzliche Reform des englischen Schiedsverfahrens dar. Im Großen und Ganzen – aber mit bedeutenden Modifikationen – wiederholt der EAA 1996 die bisherige Rechtslage, die sich aus dem *common law* und dem Gesetz ergab. Das Gesetz geht dabei chronologisch vor und durchläuft alle Stufen eines Schiedsverfahrens beginnend mit der Schiedsvereinbarung selber, über die Besetzung des Schiedsgerichts, den Schiedsspruch und letztendlich die Anerkennung und Vollstreckung von Schiedssprüchen. Der EAA 1996 verdrängt die alten gesetzlichen Regelungen.

1962 *HEIGL*, 148.

1963 Vgl. m.w.N.: *WEIGAND*, RIW 1997, 904 (910).

1964 *WEIGAND*, RIW 1997, 904 (910 Fn. 70).

1965 Vgl.: *MARINE CONTRACTORS INC. V. SHELL PETROLEUM DEVELOPMENT CO. OF NIGERIA LTD.*, 2 (1984) Lloyd's L.Rep. 77.

1966 *WEIGAND*, RIW 1997, 904 (910).

Zusammenfassend kann festgestellt werden, dass der EAA 1996 sich bei der Bestimmung des anwendbaren materiellen Rechts im Großen und Ganzen im Einklang mit dem ML befindet. Dennoch hat England seine Bestimmung entgegen einem internationalen Trend konzipiert.

Schon im Rahmen der Rechtswahl durch die Parteien weicht der EAA 1996 vom ML sowie einem internationalen Trend ab. Eine Rechtswahl lässt der EAA 1996 primär nur zugunsten eines nationalen Rechts zu und weitet diese enge Rechtswahloption erst in einem der folgenden Absätze auf, indem er den Parteien die Möglichkeit zur Seite stellt das Schiedsgericht – nach expliziter Ermächtigung – nach „*other considerations*" entscheiden zu lassen. Letztendlich stehen damit den Parteien die gleichen Rechtswahlmöglichkeiten wie im ML zur Verfügung. Dennoch ist es bedauerlich, dass der englische Gesetzgeber die gebräuchliche Terminologie der „*rules of law*" nicht verwendet hat. Auf diese Weise rückt der englische Gesetzgeber bedauerlicherweise die Entscheidung nach einem anationalen Recht wie der *lex mercatoria* durch seine Gesetzesstruktur in die Nähe einer Billigkeitsentscheidung.

Bereits das ML beschritt mit dem Verweis ins Kollisionsrecht einen damals nicht mehr zeitgemäßen Weg.[1967] Die Ermittlung des materiellen Recht über den Weg über ein Kollisionsrecht erscheint unzeitgemäß, wenn auch, wie bereits dargelegt, faktisch die gebräuchlichen Ansätze zumeist zum selben Ergebnis führen werden.

> „The possibility of arbitrators applying general principles[1968] of International mercantile law (‚lex mercatoria') or of applying principles of equity and deciding the dispute ex aequo et bono is recognised by the Act."[1969]

Unabhängig davon, ob die „orthodoxe"[1970] und in England vorherrschende Ansicht, dass immer nationales Recht zur Anwendung gelangen muss, richtig oder falsch war,[1971] hat Art 46 Abs. 1 lit. b EAA 1996 den Parteien die Tür geöffnet. Englische Gerichte werden jetzt Schiedsgerichtsentscheidungen auf der Basis *ex aequo et bono* oder *amiable compositeur* anerkennen.[1972]

1967 Vgl. hierzu die Ausführungen zum ML.

1968 Rechtschreibfehler im Original.

1969 *MAXWELL*, International Arbitration in England, in: *SCHLOSSER* (Hrsg.), Internationale Schiedsgerichtsbarkeit – Arbitrage International – International Arbitration (Bielefeld 1997) 315 (322).

1970 Vgl.: *VEEDER*, England, in: *PAULSSON* (Hrsg.), International Handbook on Commercial Arbitration II (The Hague, Loseblattsammlung, Stand: Oktober 2003) England-53.

1971 Dieser Ansatz wurde zunehmend und ernsthaft in Frage gestellt: DAC 1994 Consultation Paper, 10 (1994) AI 189 (224); vgl. ebenso: *KERR*, „Equity" Arbitration in England, 2 (1991) Am.Rev.Int'l Arb. 377 ff.; *BOYD*, „Arbitrator not to be bound by the Law"-Clauses, 6 (1990) AI 122 ff.

1972 *VEEDER*, England, in: *PAULSSON* (Hrsg.), International Handbook on Commercial Arbitration II (The Hague, Loseblattsammlung, Stand: Oktober 2003) England-53.

Im Großen und Ganzen gilt somit das zum ML Ausgeführte im Hinblick auf die Rechtswahl der Parteien, der Rechtsbestimmung durch das Schiedsgericht sowie die Ermächtigung zur Entscheidung nach Billigkeit.

§ 20: Frankreich

Art. 1496 franzNCPC[1973]

L'arbitre tranche le litige conformément aux règles de droit que les parties ont choisies; à défaut d'un tel choix, conformément à celles qu'il estime appropriées.

Il tient compte dans tous les cas des usages du commerce.

Der Schiedsrichter entscheidet die Streitigkeiten entsprechend den Rechtsvorschriften, welche die Parteien gewählt haben; bei Fehlen einer solchen Wahl entsprechend denen, die er für angemessen erachtet.

Er berücksichtigt in allen Fällen die Handelsbräuche.

Art. 1497 franzNCPC

L'arbitre statue comme amiable compositeur si la convention des parties lui a conféré cette mission.

Der Schiedsrichter entscheidet als amiable compositeur, wenn die Vereinbarung der Parteien ihm dieses Amt übertragen hat.

Grundlage vieler Reformen war und ist neben dem ML das französische Recht. Mit seiner Reform des autonomen französischen Schiedsverfahrensrechts aus dem Jahre 1981 hat der französische Gesetzgeber eine viel beachtete und äußerst liberale Regelung geschaffen.

Das französische Recht der Schiedsgerichtsbarkeit beruht teils auf internationalen Schiedsrechtskonventionen und teils auf autonomem Recht. Zum Zeitpunkt der Reform des französischen Rechts ging eine Reformwelle durch Europa (England 1979, Italien 1983, Österreich 1983, Belgien 1985, Schweiz 1985 etc.). Die umfassendste Reform war jedoch die französische, die ein eigenes selbstständiges Recht der (internationalen Wirtschafts-) Schiedsgerichtsbarkeit geschaffen hat. Die einschlägigen Vorschriften finden sich in den Artt. 1442-1507 franzNCPC sowie einigen Basisnormen der Artt. 2059-2061 franzCC. Nachdem die Normen des franzNCPC nur das Verfahren betreffen, bleiben eine Reihe von Fragen ungelöst, die mit Hilfe der zitierten Basisnormen gelöst werden sollen.

Die starke Liberalisierung des französischen Schiedsverfahrensrechts ist zum Teil in der Literatur als zu weitgehend und nicht ungefährlich kritisiert worden.[1974]

1973 Deutsche Übersetzung aus dem Französischen nach: *LÖRCHER*, Frankreich, 119.

1974 Vgl.: *BELLET/MEZGER*, Rec.crit. 1981, 611 (621); *COHEN*, La soumission de l'arbitrage á la loi française (Commentaire de l'article 1495 NCPC), Rev.Arb. 1991, 155 (155 f.).

Zunächst jedoch zur Entwicklung und den Gründen der Reform. Das französische Recht vor der Reform war in vielerlei Hinsicht unbefriedigend und reformbedürftig.[1975] Die damals geltenden Regelungen der Artt. 1003 bis 1028 des französischen Zivilgesetzbuches stammten größtenteils noch aus dem Jahre 1806, einer Zeit, die dem schiedsgerichtlichen Verfahren noch „feindlich" gegenüberstand.

Die wichtigsten Ziele der Reform des Schiedsverfahrens in Frankreich waren:

- Vereinfachung des Rechtsbehelfsystems,
- Unterbindung von Verschleppungstaktiken böswilliger Schiedsparteien sowie die
- Reduzierung der Eingriffsmöglichkeiten der staatlichen Richter während des Schiedsverfahrens.

Der Ursprung der Regelungen des franzNCPCs für internationale Verfahren (Artt. 1492-504 franzNCPC) und damit der Reform von 1981 liegt in zwei Gerichtsentscheidungen des *Cour d'appel* Paris begründet.[1976] In der Folge dieser Entscheidungen forderten die Kommentatoren eine gesetzliche Klarstellung der Zuständigkeit staatlicher Gerichte in internationalen Schiedsgerichtsverfahren in Frankreich ein.[1977] Einige Autoren befürchteten einen *laissez-faire* Ansatz der staatlichen Gerichte, welcher der internationalen Schiedsgerichtsbarkeit in Frankreich nur marginale bis gar keine gerichtliche Kontrolle entgegensetzen würde. Dies könnte dazu führen, dass ausländische Gerichte, die mit der Anerkennung und Vollstreckung betraut sind, schiedsgerichtliche Entscheidungen genauer überprüfen und damit die Durchsetzbarkeit französischer Schiedsgerichtsentscheidungen gefährden könnten.[1978]

In der Folgezeit kam es zur Reform des französischen Schiedsverfahrensrecht, die in zwei Etappen erfolgte. Zunächst wurde das relativ detaillierte und umfangreiche Dekret vom 14. Mai 1980[1979] erlassen, welches eine Reihe zwingender Bestimmungen enthielt, ohne zwischen interner und internationaler Schiedsgerichtsgerichtsbarkeit zu unterscheiden. Somit wurde zunächst die Frage aufgeworfen, ob damit die bisherige Rechtsprechung, die begonnen hatte ein eigenes Recht der internationalen Schiedsgerichtsbarkeit zu

---

1975 Vgl.: *Mezger*, Überblick über das französische Recht der Schiedsgerichtsbarkeit nach dem Reformdekret vom 14.5.1980, 94 (1981) ZZP 117 ff.

1976 Cour d'appel de Paris vom 21.2.1980, *Gen. Nat'l Maritime Transp. Co. v. Societe Götaverken Arendal A.B.*, 1980 Recueil Dalloz Sirey, Jurisprudence, 568; Cour d'appel de Paris, 9.12.1980, *AKSA v. Norsolor*, Rev.Arb. 1981, 306.

1977 *Fouchard*, Les recours contre les sentences non françaises, Rev.Arb. 1980, 693 (694).

1978 Vgl.: *Craig/Park/Paulsson*, § 31.01 (a).

1979 Décret relatif à l'arbitrage et destiné à s'intégrer dans le Nouveau Code de Procedure Civile, n 80-354, veröffentlicht im: Journal Officiell vom 18.5.1980, 1238.

schaffen, obsolet würde.[1980] Jedoch entschloss man sich bereits nach einer kurzen Diskussion über die Notwendigkeit und die Vor- und Nachteile einer Kodifikation des Rechts der internationalen Schiedsgerichtsbarkeit,[1981] dieser ein eigenes Gesetz zu widmen. Dies sollte nicht zuletzt der Rechtssicherheit dienen. Der Notwendigkeit einer eigenen Kodifikation widersprachen einige Autoren, zumal dies die pragmatische Rechtsfortbildung durch die Rechtsprechung hemmen würde und ohnehin etliche Fragen der internationalen Schiedsgerichtsbarkeit durch internationale Abkommen (insbes. NYC und EuÜ) geregelt seien. Diese Kritik überzeugte jedoch wenig und so wurde kurze Zeit später (ein Jahr nach dem ersten Dekret) das Dekret vom 12. Mai 1981 betreffend das internationale Schiedsverfahren erlassen.[1982] Damit wurde klargestellt, dass das Dekret von 1980 ab Inkrafttreten des Dekrets von 1981 nur noch für interne Schiedsverfahren gilt.

Das Dekret von 1981 über die internationale Schiedsgerichtsbarkeit ist mit seinen nur 16 Artikeln erstaunlich kurz geraten.[1983] Die nur 16 Artikel sind „einerseits die Konsequenz der bewusst liberalen Haltung des Gesetzgebers, der die Parteien internationaler Schiedsverfahren – und hinsichtlich der Verfahrensgestaltung auch den Schiedsrichtern – eine nahezu unbegrenzte Gestaltungsfreiheit eingeräumt hat und ergibt sich andererseits aus der gewählten Gesetzestechnik."[1984] Der Gesetzgeber wollte die Rechtsprechung nicht durch eine detaillierte, starre Kodifikation lähmen.[1985] Der Tradition der Rechtsprechung folgend, begünstigen diese Vorschriften die internationale Schiedsgerichtsbarkeit. Sie sind zumeist abdingbar und lassen den Parteien einen größtmöglichen Freiraum.

Die Reform hat die Schiedsgerichtsbarkeit in Frankreich nicht grundsätzlich umgewälzt, sondern sich vielmehr an die bestehende Rechtsprechung gehalten.

Beide Dekrete sind nun in die neue französische ZPO (den franzNCPC) eingegliedert und bilden das Vierte Buch über das Schiedsverfahren. Die Bestimmungen über das interne Verfahren finden sich in den Artt. 1442 bis 1491 franzNCPC und die der internationalen Schiedsgerichtsbarkeit in den Artt. 1492 bis 1507 franzNCPC.

1980 Vgl.: *MEZGER*, Überblick über das französische Recht der Schiedsgerichtsbarkeit nach dem Reformdekret vom 14.5.1980, ZZP 94 (1981) 117 (163).

1981 *BELLET/MEZGER*, Rec.crit. 1981, 611 ff.; *FOUCHARD*, Introduction: specificité de l'arbitrage international, Rev.Arb. 1981, 449 ff.; vgl. auch: *CRAIG/PARK/PAULSSON*, French Codification of a Legal Framework for International Arbitration: The Decree of May 12, 1981, VII (1982) YCA 407 (410 ff.).

1982 Décret instituant les dispositions des Livres III et IV du nouveau code de procédure civile (N.C.P.C.) et modifiant certaines disposition de ce code, veröffentlicht in: Journal Officiel vom 14.5.1981, 1380.

1983 Im Vergleich hat das Dekret von 1980 über das interne Verfahren noch 50 Artikel.

1984 *REINER*, ZRVgl. 1986, 162 (166).

1985 *DE BOISSESON*, Le droit français de l'arbitrage interne et international (Paris 1990) 475 [zukünftig zitiert als: *DE BOISSESON*].

Aus der Gesamtregelung des franzNCPC ergibt sich, dass grundsätzlich zwischen der *arbitrage* in bürgerlichrechtlichen Sachen und in den Handelssachen sowie in interne wie internationale Verfahren zu unterscheiden ist.[1986]

Das französische Recht kannte lange keine „gesetzliche" Unterscheidung zwischen internen und internationalen Schiedsgerichtsverfahren.[1987] Nunmehr enthalten die Artt. 1442 bis 1507 franzNCPC (französischer *Nouveau Code de Procédure Civile*) unterschiedliche Kodifikationen, die durch die Dekrete von 1980 für interne Verfahren[1988] und Dekret von 1981 für internationale Verfahren,[1989] eingeführt wurden. Die herkömmliche Unterscheidung zwischen inländischen und ausländischen Schiedssprüchen hat dadurch in Frankreich an Bedeutung verloren.[1990] Diese Bestimmungen wollen die Balance zwischen der Parteiautonomie, der prozessualen Fairness und der Überprüfbarkeit aufrechterhalten.

Die Frage, wann ein Schiedsgerichtsverfahren als international zu qualifizieren ist, beantwortet Art. 1492 franzNCPC und wird anhand eines wirtschaftlichen Standards bemessen. Als Angelegenheit der internationalen Handelsschiedsgerichtsbarkeit definiert Art. 1492 franzNCPC einen Streit, *„qui met en cause des intérêts du commerce international*".[1991]

Mit dieser Formulierung hat der französische Gesetzgeber die ständige Rechtsprechung (so schon seit 1930) des *Cour de cassation* übernommen, die schon seit langem nationale und internationale Schiedsverfahren unterscheidet, weil nur auf diesem Wege eine Umgehung des Verbots der Schiedsabrede zwischen Nichtkaufleuten (Art. 2061 franzCC) bezüglich künftiger Streitigkeiten (*clause compromissoire*) möglich war.[1992] Folglich ist ein Schiedsgerichtsverfahren dann als international zu qualifizieren, wenn es internationale Handelsinteressen betrifft oder berührt. Hierbei handelt es sich um eine ökonomische

---

1986 Vgl.: Vgl.: SCHLOSSER, Rn. 37, 145; SONNENBERGER/DAMMANN, Französisches Handels- und Wirtschaftsrecht² (Heidelberg 1991) Rn. VIII 86.

1987 Vgl.: FOUCHARD/GAILLARD/GOLDMAN, Traité de l'arbitrage Commercial International (Paris 1996); DE BOISSESON, Le droit français de l'arbitrage interne et international (Paris 1990).

1988 Dekret Nr. 80-354 vom 14.5.1980, 1980 Journal Officiel de la République Français, 1238-40; Recueil Dalloz Sirey, Legislation, 207-09 [im Folgenden: Dekret 1980].

1989 Dekret Nr. 81-500 vom 12.5.1981, 1981 Journal Officiel de la République Français, 1398-1406; Recueil Dalloz Sirey, 28ᵉ Cahier-Chronique, 9.9.1981 [im Folgenden: Dekret 1981].

1990 GROOS, Schiedsgerichtsbarkeit im deutsch-französischen Wirtschaftsverkehr, RIW 1987, 343 (345).

1991 Art. 1492 franzNCPC: *„Est international l'arbitrage qui met en cause des intérêts du commerce international.*"

1992 Vgl.: Cour de cassation vom 17.5.1927, CONS. PELISSIER DU BESSET C/ THE ALGIER LAND AND WAREHOUSE COMPANY LTD., D. 1928, 1 (25); ders. vom 19.2.1930, MARDELE C/ MULLER ET CIE, Rec.crit. 1930, 282 = S. 1933.I.41, mit Anm. NIBOYET; ders. vom 27.1.1931 DAMBRICOURT C/ ROSSARD ET AUTRES, Rec.crit. 1931, 514; ausführlicher hierzu: LÖRCHER, Frankreich, 6 ff.

Definition.[1993] Die Elemente „international" und „Handel" werden dabei extensiv interpretiert. „Handel" bezieht sich hierbei ebenso auf Lieferverträge, Bauverträge, Dienstleistungsverträge usw.[1994] „International" kann auch ein Schiedsverfahren zwischen Parteien aus ein und demselben Land sein, z.B. wenn bestimmte Leistungen im Ausland zu erbringen sind.[1995] Damit ist ein Schiedsverfahren immer dann international, wenn es um grenzüberschreitende Wirtschaftsbeziehungen geht. Dies selbst dann, wenn es sich nach internrechtlichen Abgrenzungen nicht auf beiden Seiten um einen *acte de commerce* handelt[1996] oder eine Institution des öffentlichen Rechts beteiligt ist[1997]. Somit reicht der Fakt, dass beide Parteien Franzosen sind, nicht aus, um einem Schiedsgerichtsverfahren den internationalen Charakter abzusprechen.[1998]

Die Übernahme der von der Rechtsprechung entwickelten Definition zog viel Kritik nach sich. Viele hielten die Formulierung für zu vage und unbestimmt.[1999] Anlass für diese Zweifel gab die Rechtsprechung mit ihrer Entscheidung vom 7. Oktober 1980 selber.[2000] Jedoch zeigt die Rechtsprechung seit der Kodifikation der Definition, dass das *TRADIEU* Urteil mit wenigen Ausnahmen ein Einzelfall geblieben ist.[2001]

Die Art, wie die ordentlichen Gerichte den Art. 1492 franzNCPC anwenden, zeigt, dass die Parteien nicht selber bestimmen können, ob ein nationales oder ein internationales Schiedsverfahren vorliegt. Vielmehr richtet sich dies rein nach dem objektiven Kriterium, ob durch den Vertrag Interessen des internationalen Handels betroffen sind.[2002]

„Auch wenn die Definition des Art. 1492 NCPC, wie man in dem Tradieu-Urteil gesehen hat, gewisse potentielle Auslegungsschwierigkeiten in sich birgt, ist die diesbezügliche französische

---

1993 *REINER*, ZRVgl.1986, 162 (166).

1994 *REINER*, ZRVgl.1986, 162 (167).

1995 *REINER*, ZRVgl.1986, 162 (167).

1996 So bei einem Handelsvertretervertrag: Cour de Cassation (Civ.) vom 4.7.1972, Rec.crit. 1974, 82; vgl. auch: Cour de Cassasion (Soc.) vom 12.2.1985, Rec.crit. 1986, 469.

1997 Zur Unanwendbarkeit des Art. 2060 franzCC in internationalen Schiedssachen: *SCHLOSSER*, Rn. 342.

1998 Vgl. allgemein: *FOUCHARD/GAILLARD/GOLDMAN*, Traité de l'arbitrage Commercial International (Paris 1996) §§ 78-126.

1999 *BELLET/MEZGER*, Rec.crit. 1981, 611 (615); *CÉLICE/PELTZER*, Internationale Schiedsgerichtsbarkeit in Frankreich, ZIP-Report 1983, 745 (746); *MEZGER*, Kernpunkte der Reform des Rechts der Internationalen Handelsschiedsgerichtsbarkeit in Frankreich, RIW 1981, 511 (512); *SAMUEL*, Arbitration in Western Europe – A Generation of Reform, 7 (1991) AI 319 (335).

2000 Cour de cassation vom 7.10.1980, *TRADIEU C/ SOCIÉTÉ BOURDON*, Bull. civ. 1980, I 195 Nr. 242; ausführlich zu diesem Urteil: *LÖRCHER*, Frankreich, 8 f.

2001 *LÖRCHER*, Frankreich, 8 f. m.w.N.

2002 Vgl.: Cour de cassation vom 6.4.1994, *SOCIETE BUZZICHELLI HOLDING C/ HENNION ET AUTRE*, Rev.Arb. 1995, 598 (599 f.), mit Anm. *JARROSSON*, 601 f.; Cour de cassation vom 12.12.1989, *SOCIETE BINAATE MAGHREB C/ SOCIETE SCREG ROUTES ET TRAVAUX PUBLICS*, Rev.Arb. 1990, 867 (869), mit Ammerkungen von *LEVEL*, 867 (869).

Rechtsprechung insgesamt so einheitlich und gefestigt, dass Zweifel in der Literatur nunmehr unberechtigt erscheinen."[2003]

„Diese Kriterien sind durchaus befriedigend und an sich ausreichend, auch wenn gewisse Abgrenzungsschwierigkeiten nicht völlig ausgeschlossen werden können."[2004]

§ 20.3: Anwendbares Verfahrensrecht

Artt. 1494 und 1495 franzNCPC regeln, welches Verfahrensrecht auf das jeweilige Schiedsverfahren anwendbar ist.

Das französische Recht gibt den Parteien in Art. 1494 franzNCPC sehr weite Befugnisse in Bezug auf das schiedsgerichtliche Verfahren, vorausgesetzt der französische *ordre public international* wird nicht verletzt. Im französischen Recht können demnach die Parteien sowie das Schiedsgericht die Verfahrensregeln völlig frei bestimmen.

Der Gesetzestext sieht drei Möglichkeiten vor, wie die Parteien das anwendbare Verfahrensrecht bestimmen können.

1. Zum einen können die Parteien das Verfahrensrecht unmittelbar bestimmen.
   Aus dem Wortlaut des Art. 1494 Abs. 1 franzNCPC *„régler la procédure"* („das Verfahren des Schiedsverfahrens regeln") folgt, dass die Parteien nicht verpflichtet sind, sich bei der Wahl des Verfahrensrechts auf ein bestehendes, komplettes Regelwerk zu stützen, sondern vielmehr selber ihre eigenen Verfahrensregeln aufstellen, „basteln" oder „erfinden" sowie ihre Verfahrensregeln aus diversen Rechts- und Verfahrensordnungen zusammenstellen oder diesen Anleihen entnehmen können.[2005] Letzterer Ansatz ist allerdings in der Praxis selten zu finden.[2006]
2. Weiterhin können die Parteien ihr Verfahrensrecht durch Bezugnahme auf eine Schiedsverfahrensordnung wählen.
   „Durch die Aufnahme dieser Bestimmung in den Gesetzestext hat der französische Gesetzgeber die Rolle der Schiedsorganisationen bestätigt."[2007]
3. Schließlich haben die Parteien noch die Möglichkeit, sich auf eine nationale Rechtsordnung zu beziehen.
   Hierbei sind sie in ihrer Rechtswahl völlig frei und es müssen keine Anknüpfungspunkte zwischen dem gewählten Recht und dem Schiedsverfahren als solches bestehen.[2008]

2003 *LÖRCHER*, Frankreich, 10 m.w.N.

2004 *REINER*, ZRVgl.1986, 162 (167 m.w.N.).

2005 *DE BOISSESON*, 658; *LÖRCHER*, Frankreich, 13; *COHEN*, La soumission de l'arbitrage á la loi française (Commentaire de l'article 1495 NCPC), Rev.Arb. 1991, 155 (172).

2006 Vgl.: *DE BOISSESON*, 658.

2007 *LÖRCHER*, Frankreich, 13.

2008 *GOLDMAN*, La volonté des parties et le rôle de l'arbitre dans l'arbitrage international, Rev.Arb. 1981, 469 (475, 477); *LÖRCHER*, Frankreich, 13.

Demzufolge können die Parteien gem. Art. 1494 Abs. 1 franzNCPC direkt oder durch Bezugnahme auf eine Schiedsgerichtsordnung das anwendbare Verfahrensrecht festlegen oder kollisionsrechtlich eine staatliche Verfahrensordnung wählen.

Wollen die Parteien auf das französische Schiedsverfahren verweisen, so ist nach der Rechtsprechung eine allgemeine Verweisung auf die Artt. 1492 ff. franzNCPC für sich alleine nicht ausreichend. Ist es der Wille der Parteien, dass das Schiedsverfahren dem französischen Recht unterliegt, müssen sie sich auf „sämtliche“ das Schiedsverfahren betreffende Regelungen des franzNCPC beziehen, also überdies auf die des internen Verfahrens aus Artt. 1442 ff. franzNCPC. Eine ausschließliche Bezugnahme auf die Artt. 1492 ff. franzNCPC ist nach Auffassung der Rechtsprechung unklar und kann ebenfalls nur darauf hindeuten, dass die Parteien lediglich die Liberalität der Regelungen der Artt. 1492 ff. franzNCPC in Anspruch nehmen wollen.[2009]

Art. 1495 franzNCPC ergänzt die Vorschrift des Art. 1494 franzNCPC und kommt zur Anwendung, wenn das Schiedsverfahren dem französischen Recht unterliegt. Art. 1495 franzNCPC besagt dabei, dass in Ermangelung einer besonderen Vereinbarung die Bestimmungen der Titel I. bis IV. des franzNCPC zur Anwendung kommen. Aus dem Wortlaut des Art. 1495 franzNCPC folgt dabei, dass die Vorschriften zwar grundsätzlich anwendbar sind, aber durch die Parteien jederzeit abbedungen werden können.[2010] Dies folgt nicht zuletzt aus der Betonung der Liberalität und der dem hohen Maß an Parteiautonomie im französischen Schiedsverfahrensrecht. Haben die Parteien von der Abdingbarkeit keinen Gebrauch gemacht, müssen die Regelungen von allen Verfahrensbeteiligten eingehalten werden. Eine Missachtung könnte sonst die Nichtigkeit des Schiedsspruches zur Folge haben.[2011]

Gem. Art. 1494 franzNCPC können die Parteien eines internationalen Schiedsverfahrens im Sinne des Art. 1492 franzNCPC das schiedsgerichtliche Verfahren einem ausländischen Recht unterwerfen, selbst wenn das Verfahren in Frankreich stattfinden soll. Dies gilt schon seit der Rechtsprechung von 1899.[2012] Es ist den Parteien der Rechtsprechung zufolge sogar möglich, das Schiedsverfahren überhaupt keiner Rechtsordnung zu unterstellen.[2013]

2009 Tribunal de grande instance Paris vom 12.7.1989, *Societe La Belle Creole S.A. c/ Societe The Gemtel Partnership*, Rev.Arb. 1990, 176 (179 f.), mit Anm. Kahn; Tribunal de grande instance Paris vom 3.4.1985, *Societe Application des Gaz c/ Societe Wonder Corporation*, Rev.Arb. 1985, 170 (170); *Cohen*, La soumission de l'arbitrage á la loi française (Commentaire de l'article 1495 NCPC), Rev.Arb. 1991, 155 (173).

2010 *de Boisseson*, 660; *Cohen*, La soumission de l'arbitrage á la loi française (Commentaire de l'article 1495 NCPC), Rev.Arb. 1991, 155 (177).

2011 *Cohen*, La soumission de l'arbitrage á la loi française (Commentaire de l'article 1495 NCPC), Rev.Arb. 1991, 155 (184).

2012 Cour de cassation (Vorprüfkammer) vom 17.7.1899, *Ospina c/ Ribon*, JDI (Clunet) 1899, 1024.

2013 Cour d'appel de Paris vom 21.2.1980, *General National Maritime Transport Company c/ Societe Götaverken Arendal A.B.*, JDI (Clunet) 1980, 660, mit Anm. *Fouchard* =

Fehlt eine solche Vereinbarung, so legt das Schiedsgericht gem. Art. 1494 Abs. 2 franzNCPC – in gleicher Weise wie die Parteien – das (anwendbare) Verfahrensrecht fest, d.h. in Abwesenheit einer Parteivereinbarung kann das Schiedsgericht soweit als nötig durch direkte Bestimmung oder indirekten Verweis auf eine Schiedsgerichtsordnung das Verfahren regeln (Art. 1494 Abs. 2 franzNCPC), soweit dies nicht fundamentale Verfahrensgarantien oder den internationalen *ordre public* verletzt.

Das französische Recht bestimmt hierbei ausdrücklich, dass das Schiedsgericht in Ermangelung einer Parteivereinbarung nicht gezwungen ist, zu Verfahrensbeginn eine umfassende Entscheidung über das anwendbare Verfahrensrecht zu treffen (Art. 1494 franzNCPC: „soweit erforderlich"). Es genügt folglich, wenn das Schiedsgericht die entsprechenden Regelungen bei Bedarf festlegt, d.h. wenn im Laufe des Verfahrens ersichtlich wird, dass eine solche Verfahrensregelung notwendig wird.[2014]

Durch die Bestätigung der verfahrensrechtlichen Autonomie in Art. 1494 franzNCPC erhält dieser den Rang einer materiellen Regel des französischen internationalen Privatrechts[2015] und ist somit eine Sachnorm des französischen IPR, die im Rahmen der Vollstreckung ausländischer Schiedssprüche in Frankreich zu beachten ist.[2016]

> „Die Ausgestaltung des eine nahezu unbegrenzte Verfahrensgestaltungsfreiheit normierenden Art. 1494 als Sachnorm des französischen IPR zählt gewiss zu den positiven Neuerungen des französischen Rechts der internationalen Schiedsgerichtsbarkeit. Aber leider hat das französische Recht in diesem Punkt auch Schattenseiten."[2017]

Eine dieser Schattenseiten ist der Fakt, dass das französische Recht der internationalen Schiedsgerichtsbarkeit selber keine einzige konkrete Verfahrensvorschrift aufweist.[2018]

Art. 1494 franzNCPC gewährt den Parteien damit bei der Wahl eines Verfahrensrechts eine Freiheit, die über die traditionelle Rechtswahlfreiheit der Parteien weit hinausgeht und ihre Grenzen lediglich im *ordre public international* findet.[2019] Das Schiedsverfahrensrecht des internen Verfahrens hat in internationalen Schiedsverfahren

---

Rev.Arb. 1980, 524, mit Anm. *Jeantet* = D./S. 1980.J.568, mit Anm. *Robert* = JCP 1981.II.19512, mit Anm. *Level*; Cour d'appel de Paris vom 9.12.1980, *Societe Aksa c/ Societe Norsolor*, Rev.Arb. 1981, 306; Cour d'appel de Paris vom 13.12.1975, *Menicucci c/ Mahieux*, Rec.crit. 1976, 507 mit Anm. *Oppetit* = JDI (Clunet) 1976, 106, mit Anm. *Loquin* = Rev.Arb. 1977, 147, mit Anm. *Fouchard*.

2014 Cour d'appel de Paris vom 15.3.1984, *Societe Soubaigne c/ Societe Limmareds Skogar*, Rev.Arb. 1985, 285 (287); *de Boisseson*, 659; *Goldman*, La volonté des parties et le rôle de l'arbitre dans l'arbitrage international, Rev.Arb. 1981, 469 (475).

2015 *Bellet/Mezger*, Rec.crit. 1981, 611 (620); *de Boisséson*, 657; *Lörcher*, Frankreich, 13.

2016 *Reiner*, ZRVgl.1986, 162 (205).

2017 *Reiner*, ZRVgl.1986, 162 (206).

2018 Ausführlich zu den Schattenseiten: *Reiner*, ZRVgl.1986, 162 (206 ff.).

2019 Vgl.: *Bellet/Mezger*, Rec.crit. 1981, 611 (621); *Lörcher*, Frankreich, 13.

nur ergänzenden und unterstützenden Charakter, wie Art. 1495 franzNCPC zum Ausdruck bringt.

§ 20.4: Anwendbares materielles Recht

Die Bestimmung des Art. 1496 franzNCPC gehört in rechtssystematischer und -dogmatischer Hinsicht zu den interessantesten, bedeutendsten und international meist beachteten Bestimmung des Reformwerkes. Die Formulierung des Art. 1496 franzNCPC lehnt sich dabei zwar an Art. VII EuÜ an, weist aber bedeutende Abweichungen auf, die bewusst vorgenommen wurden.

§ 20.4.1: Rechtswahl durch die Parteien

Welche Möglichkeiten den Parteien bei der Rechtswahl bzgl. des auf den Streit anwendbaren Rechts offen stehen, zeigt Art. 1496 Abs. 1 franzNCPC. Die Formulierung *„règles de droit*" wird dabei weit ausgelegt.[2020] Der Ausdruck ist nach verherrschender Ansicht so zu verstehen, dass er sich desgleichen auf nichtstaatliches Recht, insbesondere die Rechtsgrundsätze der *lex mercatoria*, der Grundsätze aus internationalen Standardverträgen und Übereinkommen, transnationalen Verhaltensmustern, Handelsbräuche und allgemeine Rechtsgrundsätze bezieht, sowie auf die von Kaufleuten in ständiger Rechtsanwendung zur Rechtsqualität verdichtete Rechtsmasse[2021] erstreckt.[2022]

Art. 1496 franzNCPC erlaubt den Parteien folglich die Wahl jedweder rechtlicher Bestimmungen, d.h. sie können nicht nur ein staatliches Recht als Ganzes wählen, sondern vielmehr die ihnen angemessen erscheinenden Normen „zusammensuchen", kombinieren oder ihnen Anleihen entnehmen und so im Ergebnis ihre eigene Rechtsordnung schaffen.[2023] Die Parteien können sich aber zudem für ein anationales Recht des internationalen Wirtschaftsverkehrs entscheiden wie bspw. die sog. *lex mercatoria*, die „allgemeinen Rechtsgrundsätze" oder die „Anwendung der den Rechtsordnungen der Parteien gemeinsamen Rechtsgrundsätze", die Anwendung des Völkerrechts oder transnationalen Rechts zur Anwendung berufen.[2024]

2020 *DE BOISSÉSON*, 589; *VON BREITENSTEIN*, Frankreich, 15 (38); *DERAINS*, National Reports: France (Part II), VII (1982) YCA 3 (11); *JUENGER*, The Lex Mercatoria and the Conflict of Laws, in: *CARBONNEAU* (Hrsg.), Lex Mercatoria and Arbitration² (New York 1998) 265 ff.

2021 *BERGER*, IPRax 1993, 281 (283).

2022 *LÖRCHER*, Frankreich, 74 f.

2023 *BELLET/MEZGER*, Rec.crit. 1981, 611 (631).

2024 *DE BOISSÉSON*, 589; *DERAINS*, National Reports: France (Part II), VII (1982) YCA 3 (11); *JUENGER*, The Lex Mercatoria and the Conflict of Laws, in: *CARBONNEAU* (Hrsg.), Lex Mercatoria and Arbitration² (New York 1998) 265 ff.; *VON BREITENSTEIN*, Frankreich, 15 (38 f.); *REINER*, ZRVgl. 1986, 162 (210); *LÖRCHER*, Frankreich, 17 f.

Französische Gerichte haben die *lex mercatoria* sowie die allgemeinen Rechtsprinzipien (*general principles of law*) seit eh und je als Rechtsvorschriften (*règles de droit, rules of law*) und nicht als Unterfall einer Billigkeitsentscheidung eingeordnet.[2025] Mehr noch hat der *Cour de cassation* in einer Entscheidung die Rechtsqualität der *lex mercatoria* explizit anerkannt. Das Gericht hat somit entschieden, dass das Schiedsgericht, welches internationale Handelsbräuche zur Anwendung beruft, Rechtsvorschriften anwendet.[2026] Während das Bestehen anationaler Rechtsordnungen in anderen Ländern und in der Literatur nach wie vor stark umstritten ist, hat der französische *Cour de cassation* damit die Entscheidung eines Rechtsstreits auf Grundlage der *lex mercatoria* ausdrücklich für zulässig erklärt. Damit hat er zumindest der Diskussion in Frankreich ein Ende bereitet.[2027]

Die Parteien haben im französischen Recht sogar die Möglichkeit, Regeln aus unterschiedlichen Rechtsordnungen zusammenzustellen und auf diese Art zwingende Normen einzelner Rechtsordnungen auszuschalten, wobei die Grenze dabei im französischen *ordre public international* liegt, welcher hierbei nicht verletzt werden darf.[2028]

Die von Art. 1496 franzNCPC eingeräumte Rechtswahlfreiheit ist grundsätzlich grenzenlos gewährt.[2029]

Somit hat der französische Gesetzgeber schon vor der Verabschiedung des ML die gleichen Rechtswahlmöglichkeiten der Parteien gesetzlich verankert, wie sie 4 Jahre später im ML zu finden waren. Vertiefend in Bezug auf die vielfältigen Rechtswahlmöglichkeiten sei somit auf die Ausführungen zum ML verwiesen.

2025 Vgl.: *PABALK TICARET SIRKETI V. NORSOLOR*, Cass. 1e Civ, 9.10.1984, Rev.Arb. 1985, 431, mit Anm. *GOLDMAN* = (1985) JDI (Clunet) 679, mit Anm. *KAHN* = englische Übersetzung in: (1985) J. Int. Arb. 67.

2026 *COMPANIA VALENCIANA DE CEMENTOS PORTLAND V. PRIMARY COAL*, Cass. 1e Civ., 22.10.1991, Rev.Arb. 1992, 183, 457, mit Anm. *LAGARDE* = (1992) JDI (Clunet) 177, mit Anm. *GOLDMAN* = englische Übersetzung in: 6 (1991) Int. Arb. Rep. B1; *SONIDEP V. SIGMOIL*, Cass. 1e Civ. vom 15.6.1994, Rev.Arb. 1995, 88, mit Anm. *GAILLARD*; vgl. hierzu auch die Ausführungen im zum ML: Exkurs: Der Fall *COMPANIA VALENCIANA V. PRIMARY COAL*.

2027 *ANCEL*, French Judicial Attitudes toward International Arbitration, 9 (1993) AI 121 (128).

2028 *BELLET/MEZGER*, Rec.crit. 1981, 611 (631); *CÉLICE/PELTZER*, Internationale Schiedsgerichtsbarkeit in Frankreich, ZIP-Report 1983, 745 (749); *ROBERT/CARBONNEAU*, The French Law of Arbitration (New York 1983) II: 4-21; *LÖRCHER*, Frankreich, 17; vgl. auch die Zweifel dieser weiten Befugnis, die im Hinblick auf die Rechtssicherheit hinsichtlich von Fragen der Rechtsfähigkeit, Rechtsnachfolge etc. geäußert wurden: *MEZGER*, Kernpunkte der Reform des Rechts der Internationalen Handelsschiedsgerichtsbarkeit in Frankreich, RIW 1981, 511 (515).

2029 *DE BOISSESON*, 600; *LÖRCHER*, Frankreich, 18; *DERAINS*, L'ordre public et le droit applicable au found du litige dans l'arbitrage international, Rev.Arb. 1986, 375 (390).

§ 20.4.1.1: Welche Gesetzesfassung gilt bei einer Rechtswahl?

LÖRCHER zufolge soll in dem Falle, in dem die Parteien eine bestimmte Rechtsordnung wählen, diese in der Fassung gelten und anzuwenden sein, die sie zum Zeitpunkt der Rechtswahl hat. Die Rechtsordnung soll sozusagen „gefrieren".[2030] Dieser Ansicht kann jedoch nicht gefolgt werden, da ein solcher statischer Verweis weiterer Anzeichen in der Rechtswahl der Parteien bedarf, wie bspw. die Vereinbarung einer *freezing clause*. Mit der Rechtswahl zugunsten eines staatlichen Rechts und ohne weitere Hinweise, akzeptieren die Parteien, dass sich dieses Recht durch die Legislative und Judikative (aber auch die Exekutive) jeweils fortentwickelt, weiterentwickelt und sich ggf. neuen Situationen anpasst, sowie bestehende Lücken schließt usw.

§ 20.4.1.2: Bindung des Schiedsgerichts an die Rechtswahl der Parteien

Die Rechtswahl der Parteien ist für das Schiedsgericht verbindlich. Jeder Schiedsrichter akzeptiert mit der Annahme seiner Bestellung, die Parteiautonomie zu berücksichtigen und zu akzeptieren.[2031]

Im Rahmen der Aufhebungsklage gem. Art. 1502 Nr. 3 franzNCPC ist der *Cour d'appel* nur befugt zu überprüfen, ob das Schiedsgericht bei seiner Entscheidung das richtige Recht zugrunde gelegt hat und nicht, ob das Recht fehlerfrei angewandt worden ist.[2032] Dabei ist jedoch zu beachten, dass das Schiedsgericht nur insoweit überprüfen kann, ob das „richtige" Recht angewandt wurde, als dass die Parteien eine klare und unmissverständliche Rechtswahl getroffen haben, die nur in eine Richtung gedeutet werden kann. Ansonsten geht es um die Frage der richtigen Rechtsanwendung bzw. Auslegung. Eine Überprüfung des materiell-rechtlichen Inhalts von Schiedssprüchen (*révision au fond*) entzieht sich auch im französischen Recht der Befugnis der ordentlichen Gerichte.[2033]

2030 *LÖRCHER*, Frankreich, 21; mit Verweis auf: *ROBERT/CARBONNEAU*, The French Law of Arbitration (New York 1983) II: 4-22; vgl. auch die Ausführungen innerhalb des ML zur sog. *freezing clause*.

2031 *LÖRCHER*, Frankreich, 21.

2032 *FOUCHARD*, Anmerkungen zu Cour d'appel de Paris vom 10.3.1988, *SOCIETE CROCODILE TOURIST PROJECT COMPANY C/ AUBERT, ES QUAL ET AUTRES*, Rev.Arb. 1989, 269 (278).

2033 Cour de cassation vom 15.6.1994, *SOCIETE SONIDEP C/ SOCIETE SIGMOIL*, Rev.Arb. 1995, 88 (89), mit Anm. *GAILLARD*; Cour de cassation vom 23.2.1994, *SOCIETE ANDRE C/ SOCIETE MULTITRADE*, Rev.Arb. 1994, 683 (684); Cour d'appel de Paris vom 12.4.1991, *SOCIETE FOUGEROLLE C/ SOCIETE BUTEC ENGINEERING*, Rev.Arb. 1991, 667; Cour d'appel de Paris vom 12.3.1985, *SOCIETE INTRAFOR COFOR ET SUBTEC MIDDLE EAST COMPANY C/ MM. J.-C. GAGNANT, S. GULIBERT, G. LAY, A. LHOMME*, Rev.Arb. 1985, 299, mit Anm. *LOQUIN*; vgl. auch: *ROBERT*, La dénaturation par l'arbitre, Réalites et perspectives, Rev.Arb. 1982, 405 (416).

Das französische Recht gehört zu den liberalsten Schiedsverfahrensrechten weltweit.

Wurde keine Rechtswahl durch die Parteien vorgenommen, kann das Schiedsgericht das Recht oder die Rechtsvorschriften („*règles de droit*") zur Anwendung berufen, die es anhand der Sachlage für anwendbar erachtet („*qu'il estime approprié*"), vorausgesetzt es berücksichtigt dabei die relevanten Handelsbräuche (vgl. Art. 1496 franzNCPC [in Anlehnung an Art. 1492 franzNCPC]). Abweichend vom ML fehlt insofern ein ausdrücklicher Bezug auf ein Kollisionsrecht oder auf Kollisionsregeln.

Ohne eine explizite Rechtswahl durch die Parteien hat ein in Frankreich sitzendes Schiedsgericht zunächst zu untersuchen, ob eine implizite Rechtswahl der Parteien vorliegt.[2034]

In Abwesenheit einer (ex- oder impliziten) Rechtswahl durch die Parteien ist das Schiedsgericht somit nicht an ein Kollisionsrecht gebunden, sondern kann vielmehr unbeschränkt das anwendbare materielle Recht direkt bestimmen (*voie directe, direct choice method, méthode directe*).[2035] Das Schiedsgericht kann gem. Art. 1496 franzNCPC ein nationales Recht zur Anwendung berufen, muss dies aber nicht zwangsläufig. Art. 1496 Abs. 1 franzNCPC spricht ferner in seiner zweiten Alternative ganz allgemein von „Rechtsvorschriften" („*règles de droit*"), nicht aber von einem „Recht" oder einer „Rechtsordnung" im Sinne von nationalem Recht („*loi*"). Das Schiedsgericht kann somit darüber hinaus eine andere als eine nationale Rechtsordnung wählen.[2036] Bei seiner Auswahl des Rechts braucht sich das Schiedsgericht nicht auf einzelne Rechtsordnungen beschränken, sondern kann vielmehr nach seinen Vorstellungen ein Normengefüge zusammenstellen und dabei ebenso Bezug auf ein anationales Recht wie die *lex mercatoria* nehmen.[2037]

Insofern stehen dem Schiedsgericht dieselben umfassenden Rechtswahlmöglichkeiten (Rechtsbestimmungsmöglichkeiten) zur Seite, wie schon den Parteien.[2038] Nichtsdesto-

---

2034 *GAILLARD/EDELSTEIN*, Part. 4 Country Reports C. France, in: *WEIGAND* (Hrsg.), Practitioner's Handbook on International Arbitration (München 2002) Rn. 163 [zukünftig zitiert als: *GAILLARD/EDELSTEIN*].

2035 *LÖRCHER*, Frankreich, 21.

2036 *REINER*, ZRVgl.1986, 162 (210).

2037 *DELVOLVÉ*, Arbitration in France, The French Law of National and International Arbitration (Deventer 1982) 30; *DERAINS*, National Reports: France (Part II), VII (1982) YCA 3 (11); *ROBERT/CARBONNEAU*, The French Law of Arbitration (New York 1983) II: 4-23; *LÖRCHER*, Frankreich, 21; vgl. auch: Cour de cassation vom 22.10.1991, *COMPANIA VALENCIANA DE CEMENTOS PORTLAND V. PRIMARY COAL INC.*, Rev.Arb. 1992, 457, mit Anm. *LAGARDE*; vgl. aber auch die schon viel früher zur alten Rechtslage ergangene Entscheidung: Cour de cassation vom 9.12.1981 (2. Entscheidung), *FOUGEROLLE V. BANQUE DU PROCHE ORIENT*, Rev.Arb. 1982, 183, mit Anm. *LAGARDE*.

2038 Vgl.: *GAILLARD/EDELSTEIN*, Rn. 164; *REINER*, ZRVgl.1986, 162 (210); *VON BREITENSTEIN*, Frankreich, 15 (40), der den weiten Befugnissen skeptisch gegenüber steht und den Parteien

trotz wenden in der Praxis in Frankreich sitzende Schiedsgerichte oftmals allgemeine und international anerkannte kollisionsrechtliche Prinzipien an, um ihre Rechtsbestimmung zu leiten.[2039] Es bleibt folglich dem Schiedsgericht unbenommen, bei seiner Entscheidung bzgl. des anwendbaren Rechts auf Kollisionsnormen Bezug zu nehmen.[2040]

Erstaunlich ist, dass trotz des eindeutigen Wortlauts und ohne eine überzeugende Begründung einige Autoren dem Schiedsgericht lediglich die Auswahl einer Konfliktsnorm gewähren.[2041] Diese Ansicht deckt sich jedoch keineswegs mit dem Wortlaut des Gesetzes und lässt sich historisch schwerlich begründen.

> „Als Ergebnis bleibt festzuhalten, dass der Schiedsrichter seinen Schiedsauftrag nicht verletzt, wenn er mangels entgegenstehender Parteiabrede, bei der Entscheidung eines Rechtsstreits, transnationales Recht zugrunde legt, so dass also kein Nichtigkeitsgrund gemäß Art. 1502 Nr. 3 NCPC vorliegt."[2042]

Das Schiedsgericht bestimmt folgerichtig unmittelbar und im eigenen Ermessen, welches Recht es für angemessen hält.[2043]

§ 20.4.3: Ermächtigung zur Entscheidung nach Billigkeit

Gerade im Bereich der Billigkeitsentscheidung kommt dem französischen Recht seit eh und je eine Vorreiterrolle zu, und so können die Parteien das Schiedsgericht in Frankreich dazu ermächtigen, als *amiable compositeur* zu entscheiden (internationales Verfahren: Art. 1497 franzNCPC, internes Verfahren: 1474 franzNCPC). Im Großen und Ganzen gilt hier – mit geringen Abweichungen – das zu Art. 28 Abs. 3 ML Gesagte.

Die Parteien müssen das Schiedsgericht hierzu ausdrücklich ermächtigen.[2044]

Ebenfalls sind dem *amiable compositeur* im französischen Recht Grenzen gesetzt. Es können nur Regeln wirksam ausgeschlossen werden, die zur Disposition der Parteien ste-

---

eine Rechtswahl bzw. eine Beschränkung der weiten Möglichkeiten des Schiedsgerichts nahe legt.

2039 *GAILLARD/EDELSTEIN*, Rn. 164.

2040 Vgl.: *DE BOISSESON*, 592.

2041 *LEVEL*, La réforme de l'arbitrage international, La Semaine juridique (JCP), édition commerce et industrie, Acualités « Droit et Gestion », 1981, 9899 Rn. 17; vgl. auch: *MEZGER*, Kernpunkte der Reform des Rechts der Internationalen Handelsschiedsgerichtsbarkeit in Frankreich, RIW 1981, 511 (514 f.), der beide Ansichten (*voie directe*, *voie indirecte*) für vertretbar hält.

2042 *LÖRCHER*, Frankreich, 78; vgl. ebenso: Cour de cassation vom 25.6.1994, *SOCIETE SONIDEP C/ SOCIETE SIGMOIL*, Rev.Arb. 1995, 88 (89), mit Anm. *GAILLARD*; Cour d'appel de Paris vom 25.6.1993, *SOCIÉTÉ SCHÖNBERGER SYSTEMTECHNIK GMBH C/ SA VENS*, Rev.Arb. 1993, 685 (685), mit Anm. *BUREAU*.

2043 *ROBERT*, L'Arbitrage en matière internationale, D./S. 1981, Ch. 209 (212 f.); *DROBING*, Internationale Schiedsgerichtsbarkeit und wirtschaftliche Eingriffsnormen, in: *MUSIELAK* (Hrsg.), Festschrift für *GERHARD KEGEL*: zum 75. Geburtstag (Stuttgart 1987) 95 (104).

2044 *VON BREITENSTEIN*, Frankreich, 15 (40).

hen.[2045] Diejenigen Vorschriften, die Bestandteil des *ordre public* sind, können nicht abbedungen werden.[2046] Hierbei wird das zur Billigkeit ermächtigte Schiedsgericht nur durch den *ordre public international* eingeschränkt, der weitaus weiter ist, als der französische *ordre public interne*.[2047]

Der Aufhebungsgrund des Art. 1502 Nr. 3 franzNCPC ist im französischen Recht sogar dann gegeben, wenn die Parteien dem Schiedsgericht die Befugnisse eines *amiable compositeur* übertragen haben, dieses seine Entscheidung jedoch „nur" nach dem Gesetz und ohne Berücksichtigung von Billigkeitsgesichtspunkten getroffen hat.[2048] Zu berücksichtigen ist, dass die Anwendung gesetzlicher Vorschriften dennoch zu einer gerechten und billigen Entscheidung führen kann. In dem Fall *SOCIÉTÉ SOUBAIGNE C/ SOCIÉTÉ LIMMAREDS SKOGAR* hat der *Cour d'appel de Paris* eine Klage abgewiesen mit der Begründung, dass das als *amiable compositeur* ermächtige Schiedsgericht zwar nicht an das Recht gebunden sei, sich aber auf dieses Recht beziehen kann, wenn es zu der Auffassung gelangt, dass auf diese Art und Weise die gerechteste Lösung gefunden werden könnte.[2049] In dem zu entscheidenden Fall hatte das zur Billigkeitsentscheidung befugte Schiedsgericht auf Basis des schwedischen Rechts entschieden. Die Klägerin sah hierin einen Verstoß gegen Art. 1502 Nr. 3 franzNCPC. Das ordentliche Gericht wies diese Klage jedoch ab.

Die Ermächtigung zur Entscheidung nach Billigkeit soll dem Schiedsgericht im französischen Recht nicht nur die Möglichkeit geben, disponible Gesetzesbestimmungen außer Acht zu lassen,[2050] sondern mehr noch die vertraglichen Vorschriften unter Billigkeits- und Gerechtigkeitsgesichtspunkten den Erfordernissen des Einzelfalles anzupassen.[2051] *MEZGER* zufolge kann sich das Schiedsgericht auf Basis des Art. 1497 franzNCPC

2045 *LOQUIN*, Pouvoirs et devoirs de l'amiable compositeur, A propos de trois arrêts de la Cour d'appel de Paris, Rev.Arb. 1985, 199 (200, 205).

2046 *DE BOISSESON*, 304 ff.; *CHRISTIE*, Amiable Composition in French and English Law, Arbitration 1992, 259 (265).

2047 Vgl.: *DERAINS/GOODMAN-EVERARD*, France, in: *PAULSSON* (Hrsg.), International Handbook on Commercial Arbitration II (The Hague, Loseblattsammlung, Stand: Oktober 2003) France-41.

2048 *CREPIN*, Le contrôle des sentences arbitrales par la Cour d'appel de Paris depuis les réformes de 1980 et 1981, Rev.Arb. 521 (569); *LÖRCHER*, Frankreich, 78.

2049 Cour d'appel de Paris vom 15.3.1984, *SOCIETE SOUBAIGNE C/ SOCIETE LIMMAREDS SKOGAR*, Rev.Arb. 1985, 285 (286 f.); Besprechung dieser Entscheidung zu finden bei: *LOQUIN*, Pouvoirs et devoirs de l'amiable compositeur, A propos de trois arrêts de la Cour d'appel de Paris, Rev.Arb. 1985, 199 ff.

2050 *LOQUIN*, Pouvoirs et devoirs de l'amiable compositeur, A propos de trois arrêts de la Cour d'appel de Paris, Rev.Arb. 1985, 199 (205).

2051 Cour d'appel de Paris vom 12.3.1985, *SOCIETE INTRAFOR ET SUBTEC MIDDLE EAST COMPANY C/ MM J.-C. GAGNANT, S. GULIBERT, G. LAY, A. LHOMME*, Rev.Arb. 1985, 298 (307); vgl. auch die Besprechung von: *LOQUIN*, Pouvoirs et devoirs de l'amiable compositeur, A propos de trois arrêts de la Cour d'appel de Paris, Rev.Arb. 1985, 199 ff.; für eine Befugnis zur Vertragsanpassung (allerdings keiner zukünftigen Vertragsmodifizierung) ausführlich: *FUNCK-BRENTANO*, Die „Amiable Composition", in: *BÖCKSTIEGEL* (Hrsg.), Schiedsgerichtsbarkeit in Frankreich (Köln 1983) 89 (95 ff.).

gar über ausdrückliche Vertragsabreden hinwegsetzen.[2052] Damit dürften aber die gesetzlichen Bestimmungen „überinterpretiert" werden.[2053] Desgleichen sollte der Billigkeitsschiedsrichter immer im Sinne des Vertrages und der Intentionen der Parteien zum Zeitpunkt des Vertragsschlusses entscheiden und sich nicht über diese hinwegsetzen.[2054] Im französischen Recht ist damit im Rahmen der Billigkeitsentscheidung Vorsicht geboten, insofern, als dass eine nicht unbedeutende Ansicht die Vertragsanpassung durch den Billigkeitsschiedsrichter zulässt. Wollen die Parteien eine derartige Befugnis ausschließen, ist ihnen zu raten, dass sie dies im Rahmen ihrer ausdrücklichen Ermächtigung des Schiedsgerichts zur Entscheidung nach Billigkeit festhalten, bspw. indem sie den Billigkeitsschiedsrichter explizit auf den Vertrag verpflichten.

§ 20.4.4: Berücksichtigung der Handelsbräuche

Art. 1496 Abs. 2 franzNCPC wiederholt den Hinweis des EuÜ (der außerdem in Art. 28 Abs. 4 ML zu finden ist) mit seiner besonderen Berücksichtigung der Handelsbräuche und dass diese „in allen Fällen" zu berücksichtigen sind. Das Gesetz spricht hier von „berücksichtigen" und nicht von „anwenden". Dies dürfte sich daraus erklären, dass der Bestand eines Handelsbrauches alleine noch nicht ausreichend ist, wenn die Parteien ihn weder gekannt haben noch kennen hätten müssen.[2055]

Aus dieser Bestimmung folgt, dass das Schiedsgericht die internationalen Handelsbräuche immer berücksichtigen muss, selbst wenn die Parteien sich bei ihrer Rechtswahl nur auf eine nationale Rechtsordnung bezogen haben.[2056] In diesem Falle kommt den internationalen Handelsbräuchen neben den nationalen Rechtsvorschriften eine Hilfsfunktion zu.[2057]

Art. 1496 Abs. 2 franzNCPC mit seiner Formulierung, dass das Schiedsgericht „in jedem Fall" die Handelsbräuche berücksichtigen muss, ist die einzige Bestimmung der internationalen Schiedsgerichtsbarkeit in Frankreich, die der Parteiautonomie entzogen und zwingend vorgeschrieben ist.[2058]

Insofern gilt bereits im Großen und Ganzen das zum ML Gesagte.

2052 *MEZGER*, Kernpunkte der Reform des Rechts der Internationalen Handelsschiedsgerichtsbarkeit in Frankreich, RIW 1981, 511 (514 f.).

2053 Ebenso: *VON BREITENSTEIN*, Frankreich, 15 (42), der den Parteien rät, im Falle der Ermächtigung des Schiedsgerichts zur Entscheidung nach Billigkeit, das Schiedsgericht gleichzeitig auf die Bestimmungen des Vertrages zu verpflichten.

2054 Vgl. zu weiteren Argumenten schon die Ausführungen im Rahmen der Billigkeitsentscheidung des Art. 28 Abs. 3 ML.

2055 *FOUCHARD*, L'arbitrage international en France après le décret du 12 mai 1981, 109 (1982) JDI (Clunet) 379 (399); *BELLET/MEZGER*, Rec.crit. 1981, 611 (633).

2056 *LÖRCHER*, Frankreich, 22.

2057 *DE BOISSÉSON*, 592.

2058 *VON BREITENSTEIN*, Frankreich, 15 (40).

Art. 1502 Abs. 5 franzNCPC unterwirft internationale Schiedsgerichtsentscheidungen dem *ordre public international*. Dieser ist enger zu verstehen als der *ordre public interne* des französischen Rechts. So kann ein internationaler Schiedsspruch zwar gegen den *ordre public interne* verstoßen, nicht jedoch zur Aufhebbarkeit nach dem *ordre public internationale* führen.[2059]

Der Verweis auf den internationalen *ordre public* entspricht der Konsequenz aus der Trennung des internen vom internationalen Verfahren, zumal Art. 1484 Nr. 6 franzNCPC die Fälle erfasst, die gegen den nationalen *ordre public* verstoßen. Zum nationalen *ordre public* gehören alle zwingenden nationalen Vorschriften, die nicht zur Disposition der Parteien stehen.[2060] Dem Begriff des internationalen *ordre public* sind demgegenüber engere Grenzen gesetzt. Das Schiedsgericht hat hiernach lediglich dafür Sorge zu tragen, dass es unabhängig von der anzuwendenden Rechtsordnung, die für die Organisation der internationalen Gesellschaft grundlegenden Prinzipien beachtet.[2061] Es handelt sich somit um einen restriktiven Begriff, der weitaus enger zu verstehen ist, als der einfache Begriff des *ordre public* und vor allem des *ordre public interne*. Als Mindestvoraussetzung setzt die französische Rechtsprechung bei der Zugehörigkeit zum *ordre public international* voraus, dass die verletzte Regel bereits Bestandteil des *ordre public interne* ist.[2062] Nach der französischen Rechtsprechung liegt keine Verletzung des internationalen *ordre public* und damit kein Aufhebungsgrund vor, wenn das Schiedsgericht bei seiner Entscheidung zwingende Vorschriften einer ausländischen Rechtsordnung nicht beachtet hat.[2063]

> „Although in practice this occurs only very rarely, it is well accepted that arbitration must disregard the provisions of the otherwise applicable law where they consider these provisions to be contrary to the requirements of genuinely international public policy, which can be defined as public policy derived from the fundamental requirements of national laws and of public international law in particular."[2064]

§ 20.5: Ergebnis

Damit zeigt sich, was schon im Rahmen der Diskussion des ML, seiner Vor- und Nachteile, sowie der Kritik an diesem deutlich wurde. Das französische (internationale) Schieds-

---

2059 Vgl.: *CRAIG/PARK/PAULSSON*, § 31.04 (f.).

2060 *LÖRCHER*, Frankreich, 87.

2061 *DE BOISSESON*, 511; *LALIVE*, Ordre Public Transnational (Ou Réellement International) Et Arbitrage International, Rev.Arb. 1986, 329 (331).

2062 *LÖRCHER*, Frankreich, 87 m.w.N.

2063 Cour d'appel de Paris vom 12.03.1987, *SOCIETE Z.O.P. ET U.A.K.M. C/ SOCIETE FOOD TECHNICAL PROCESSING F.T.P.*, D.S. 1987.IR.105; *SOCIETE CTIP C/ SOCIETE FERICH INTERNATIONAL*, Rev.Arb. 1991, 350.

2064 *GAILLARD/EDELSTEIN*, Rn. 170; vgl. ebenso: *FOUCHARD/GAILLARD/GOLDMAN*, Rn. 1648.

verfahrensrecht gehört zu den liberalsten der Welt und gibt den Parteien wie auch dem Schiedsgericht, sofern die Parteien von Ihrer Autonomie keinen Gebrauch gemacht haben, sehr umfangreiche Befugnisse bei der Rechtswahl.

„Die Regelung des Art. 1496 NCPC trägt der Parteiautonomie in ihrer ganzen Breite Rechnung. Die Parteien sind völlig frei in ihrer Wahl und können auch ein Rechtssystem wählen, welches keinerlei Verbindung zu dem Vertrag hat."[2065]

Folglich können die Parteien das breite Rechtswahlspektrum in Anspruch nehmen, welches schon im Rahmen des ML diskutiert wurde, und bei Ausbleiben einer derartigen Rechtswahl, ist das Schiedsgericht befugt, direkt und ohne Umschweife über ein Kollisionsrecht das Recht oder die Rechtsvorschriften für anwendbar zu erklären, die es für anwendbar auf den Sachverhalt erachtet. Es ist damit nicht auf ein nationales Recht beschränkt, sondern kann im Gegensatz zu vielen anderen Verfahrensvorschriften desgleichen ein anationales Recht zur Anwendung berufen.

„Es zeigt sich also, dass die Formulierung des Art. 1496 NCPC ‚règles des droit' und die damit erfolgte Einbeziehung der lex mercatoria sehr fortschrittlich und liberal ist, mit der Folge, dass die Wahl des französischen Schiedsverfahrensrechts auch für ausländische Parteien vorteilhaft und somit attraktiv sein kann."[2066]

Im Bereich der Entscheidung nach Billigkeit gilt das zum ML Ausgeführte, mit der Besonderheit, dass nach einer weit verbreiteten Ansicht im französischen Recht der Billigkeitsschiedsrichter befugt ist, sich über die Vertragsvorschriften hinwegzusetzen, wenn dies im Sinne der Billigkeit erforderlich ist. Wollen die Parteien sicherstellen, dass der Vertrag, so wie er ist, Grundlage der Entscheidung ist, sollten sie den Billigkeitsschiedsrichter bei seiner ausdrücklichen Ermächtigung unmissverständlich auf die Bestimmungen des Vertrages verpflichten.

Wie schon im ML, hat das Schiedsgericht die Handelsbräuche und Vertragsbestimmungen zu beachten, womit das dort Ausgeführte gilt.

2065 *LÖRCHER*, Frankreich, 17.

2066 *LÖRCHER*, Frankreich, 20; mit Verweis auf: *HUMPHREYS*, Trading Places: The need for Reform in International Trade Dispute Resolution, International Business Lawyer 1993, 174 (176), der herausstellt, dass gerade in der Möglichkeit der Rechtsfortbildung und der Flexibilität der allgemein gehaltenen Rechtsgrundsätze, ein Vorteil der *lex mercatoria* liegt.

§ 21: Endergebnis

Im Ergebnis bleibt festzuhalten, dass das UNCITRAL Modellgesetz über die internationale Handelsschiedsgerichtsbarkeit den Beginn eines neuen Zeitalters in der internationalen Schiedsgerichtsbarkeit eingeläutet hat. Es hat gerade auf dem Gebiet des anwendbaren Rechts für einen Aufbruch und Umschwung gesorgt. Schon gleich nach Empfehlung des ML durch die UN haben die Staaten begonnen, das ML zu rezipieren und in eigenes Recht umzusetzen. Ebenso haben sich – nach der Empfehlung – die reformierten Schiedsgerichtsordnungen am ML orientiert.

Wenn auch einzelne Bestimmungen strittig sein dürften und sogar reformbedürftig sind, formt das ML einen Diskussionsstandard, um den keine Reform, sei es die eines nationalen Gesetzes oder einer Schiedsgerichtsordnung, herumkommt. Die umfangreichen Diskussionen, die im Zusammenhang mit den einzelnen Bestimmungen des ML während und nach dem Beschluss geführt wurden, legen die Grundlage für zukünftige Reformen und Entwicklungen, wie nicht zuletzt die Diskussionen um ein neues Schiedsverfahrensrecht in Österreich zeigen.

§ 21.1: Rechtswahl durch die Parteien

Die Parteiautonomie zieht sich durch alle Übereinkommen, Gesetze und Schiedsgerichtsordnungen, die sich mit der Schiedsgerichtsbarkeit befassen. Sie dominiert derart, dass die Rechtswahlmöglichkeit der Parteien zum Bestandteil des *ordre public* (ja sogar *ordre public international* und *transnational*), der *lex mercatoria* sowie den allgemeinen Rechtsprinzipien (*general principles of law*) zu zählen ist.

> „Unquestionably, party autonomy is the most prominent and widely accepted international conflict of laws rule.“[2067]

Folgerichtig kommen Länder wie Schiedsgerichtsorganisationen bei der Reformierung ihrer Regelwerke nicht umher, den Parteien die Rechtswahl zu ermöglichen. Allenfalls mag noch die Reichweite einer Rechtswahl minimal umstritten sein, als dass es noch immer Länder und Personen geben wird, die der Wahl eines transnationalen Rechts skeptisch gegenüber stehen mögen. Dort jedoch, wo die Ermächtigung zur Entscheidung nach Billigkeit den Parteien offen steht, kann es keine Zweifel geben, dass den Parteien die volle Breite der Rechtswahlmöglichkeiten offen steht; denn dort, wo sie sich gänzlich vom Recht lösen dürfen, muss es ihnen *a maiore ad minus* möglich sein, einen – wie auch immer gearteten – rechtlichen Standard als Rechtsgrundlage auszuwählen, gleich welcher Art, Dichte, Herkunft etc. dieser entsprungen sein mag. Nachdem nunmehr die Billigkeitsentscheidung ebenso zum rechtlichen Standard in internationalen Schiedsverfahrens-

---

2067 LEW/MISTELIS/KRÖLL, 414.

gesetzen und -gerichtsordnungen gehört, sind die weitgehenden Rechtswahlbefugnisse der Parteien, wie sie zumeist durch die Verwendung des Terminus „*rules of law*" explizit zum Ausdruck kommen, weitestgehend anerkannt und unumstritten. Diese weitgehenden Rechtswahlbefugnisse durch die Parteien sind dementsprechend in allen hier behandelten Rechten verankert.

Parteien in internationalen Schiedsgerichtsverfahren ist grundsätzlich eine Rechtswahl zu empfehlen. Eine solche kann das Risiko einer unerwarteten Entscheidung durch Schiedsgerichte minimieren.[2068]

„A clear choice of the applicable substantive law removes a possible issue for dispute and allows the parties to control the scope of contractual interpretation and application."[2069]

Mit der Wahl des anwendbaren Rechts entbinden die Parteien das Schiedsgericht von der schwierigen Aufgabe der Feststellung des ansonsten anwendbaren Rechts. Dies spart nicht zuletzt Zeit und Kosten, und die Parteien wissen von Beginn an, auf welcher Basis sie ihre rechtlichen Argumente präsentieren und darstellen müssen.

Bei der Formulierung einer Rechtswahlklausel ist den Parteien dabei zu raten, ihre Intention hinter der Rechtswahlklausel so simpel wie möglich niederzuschreiben. Ihnen ist generell eine Wahl zugunsten eines nationalen Rechts zu empfehlen, da sie somit ein gewachsenes Recht wählen, dessen Auslegung weitgehend gefestigt ist und dessen Basis klar umgrenzt sowie bekannt ist. Haben die Parteien generell Angst vor einer Veränderung der Rechtslage zu ihren Lasten, was insbesondere bei der Beteiligung von Staaten und Staatsunternehmen der Fall sein dürfte (Stichwort: *state contracts*), ist auch ihnen eine Rechtswahl zugunsten eines nationalen Rechts anzuraten, welches sie dann ggf. durch die Wahl der *lex mercatoria*, der *UNIDROIT Principles*, allgemeinen Rechtsprinzipien etc. „absichern" können. Abzuraten ist jedoch von langen, umständlichen und komplizierten Rechtswahlklauseln, wie sie oftmals das Ergebnis langwieriger Verhandlungen mit mancherlei Zugeständnissen sind. Derartige Klauseln sind unüberschaubar und lassen keine klare Prognose darüber zu, wie sie vom Schiedsgericht interpretiert werden, geschweige denn, auf welchen rechtlichen Grundlagen und Grundsätzen das Schiedsgericht seine Entscheidung fußen wird.

Insofern gilt:

Eine klar verständliche, einfache und kurze Rechtswahlklausel spart Zeit und Kosten und führt letztendlich zu einem vorhersehbareren Ergebnis, als eine in zähen Verhandlungen von Zugeständnissen zerklüftete Rechtswahlklausel.

2068 Ebenso: LEW/MISTELIS/KRÖLL, 415.
2069 LEW/MISTELIS/KRÖLL, 415.

§ 21.2: Rechtsbestimmung durch das Schiedsgericht

Während die Rechtswahlfreiheit durch die Parteien international nunmehr weitgehend einheitlich zu beurteilen ist, existieren nach wie vor diverse Ansätze, wie ein Schiedsgericht bei unterbliebener Rechtswahl durch die Parteien das anwendbare Recht zu bestimmen hat.

Im Rahmen der internationalen Schiedsgerichtsbarkeit bestehen dabei verschiene Ansätze und Tendenzen, die sich zum einen in den Schiedsverfahrensgesetzen und Schiedsgerichtsordnungen finden und zum anderen von den Schiedsgerichten autonom angewandt werden.

- Erster Ansatz: Die Anwendung eines IPR (*voie indirecte*):[2070]
  - des Kollisionsrechts am Sitz des Schiedsgerichts,
  - des Kollisionsrechts, welche die engste Verbindung zum Streitgegenstand/Fall hat,
  - des Kollisionsrechts, welches das Schiedsgericht für anwendbar erachtet,
  - die Anwendung gemeinsamer kollisionsrechtlicher Prinzipien der beteiligten Rechte und
  - die Anwendung allgemeiner kollisionsrechtlicher Prinzipien usw.
- Zweiter Ansatz: Direkte Anwendung eines Sachrechts (*voie directe*):[2071]
  - zum einen als unbeschränkten *voie directe*,[2072] bei dem die Schiedsgerichte das Sachrecht anwenden, welches sie für anwendbar erachten und
  - zum anderen als beschränkten *voie directe*,[2073] bei dem, dem Schiedsgericht eine Beschränkung auferlegt wird, bspw. die Anwendung des Rechts mit der „engsten Verbindung" zum Streit und/oder die Beschränkung auf ein nationales Recht.

In der Literatur wurde – wie oben dargelegt – immer wieder hervorgehoben, dass, unabhängig von den offenbaren Unterschieden dieser Ansätze, alle letztendlich zu einem ähnlichen, wenn nicht sogar gleichen Ergebnis – also anwendbaren materiellen Recht – führen. Dies ist – im Großen und Ganzen – zutreffend und muss demzufolge bei den

2070 Dieser restriktive Ansatz liegt dem ML zugrunde und ihm folgen ebenso: das EuÜ, die Länder England, Russland, Singapur sowie die CCI ArbRules (1989), CRCICA ArbRules (2002) etc.

2071 Diesem Ansatz folgen die Schiedsverfahrensrechte der Länder: Frankreich, Deutschland, Indien, Niederlande, Schweiz usw.; sowie die Schiedsgerichtsordnungen der: AAA, ICC, LCIA, NAI, SCC, WIPO etc.

2072 Diesem modernen Trend folgen: der Entwurf eines neuen österreichischen Schiedsverfahrensrechts, sowie Frankreich, Niederlande, Ontario (Kananda), British Columbia (Kanada), Indien, Kenia etc., sowie die Schiedsordnungen der folgenden Organisationen: ICC, LCIA, AAA, WIPO, CAMCA, SCC, NAI etc. pp.

2073 Diesem Ansatz folgen die Schiedsverfahrensrechte der Länder: Deutschland, Italien, Mexiko, Schweiz, Ägypten usw. sowie die Schiedsgerichtsordnungen der DIS, Milan ArbRules etc.

Überlegungen bzgl. der Reform eines nationalen Rechts und einer Schiedsgerichtsordnung in Betracht gezogen werden.

Das ML folgt mit seinem kollisionsrechtlichen Ansatz einem – schon bei seiner Einführung – veralteten Ansatz. Es erlegt dem Schiedsgericht auf, das Kollisionsrecht anzuwenden, welches es für anwendbar erachtet, um dann mit dessen Hilfe das anwendbare materielle Recht zu ermitteln. Das anwendbare materielle Recht muss dabei, dem Art. 28 Abs. 2 ML zufolge, ein nationales Recht sein. Dieser Ansatz entspricht jedoch nicht den Anforderungen der internationalen Schiedsgerichtsbarkeit und ist aus Sicht des Autors „unehrlich“. „Unehrlich“ insofern, als dass das Schiedsgericht das Kollisionsrecht auswählen kann, welches es für „anwendbar erachtet“. Mit der Wahl dieses Kollisionsrechts kann es beeinflussen, welches materielle Recht im Endeffekt anwendbar ist. Klarer und eindeutiger wäre es, dem modernen Trend zu folgen und dem Schiedsgericht über den unbeschränkten *voie directe* die Wahl des anwendbaren materiellen Rechts direkt zu gestatten. Bei seiner Entscheidung wird es dabei ohnehin regelmäßig allgemeine kollisionsrechtliche Erwägungen in Betracht ziehen und anwenden.

Den Anforderungen der internationalen Schiedsgerichtsbarkeit entspricht es insofern nicht mehr, als dass die zunehmende Globalisierung des Wirtschaftsverkehrs, des Handels und die damit verbundene Internationalisierung des Rechts, Beachtung und Berücksichtigung finden muss. Im Rahmen dieser Überlegung muss dem Schiedsgericht ein breiter Spielraum gewährt werden und es folgerichtig diesem gestattet sein, ein anationales Recht zur Anwendung zu berufen.

Den Parteien steht es im Rahmen ihrer Parteiautonomie frei, die weiten Rechtsbestimmungsbefugnisse des Schiedsgerichts zu beschränken.

Mehr noch lebt die Schiedsgerichtsbarkeit von dem ihr entgegengebrachten Vertrauen. Wenn dem Schiedsgericht das Vertrauen entgegengebracht wird, dass es eine interessen- und sachgerechte Lösung finden wird, sollte ihm ebenso das Vertrauen entgegengebracht werden, dass es das „Handwerkszeug“ zur Ermittlung einer sachgerechten Lösung adäquat festlegen kann. Nicht jedoch sollte man das Vertrauen in das Schiedsgericht von vorneherein dadurch beschränken, es auf die Auswahl bestimmter Rechte (oder Rechtsvorschriften) zu limitieren. Vielmehr sollte sich das Schiedsgericht in komplexen inter- oder multinationalen Streitigkeiten auf ein anationales Recht wie die *lex mercatoria* berufen können, wenn dies ihm sachgerecht erscheint.

Wie sich herausgestellt hat, lassen sich Schiedsgerichte ohnehin nicht an ein nationales Recht fesseln und werden – wie oben dargelegt – immer einen Weg finden, anationales Recht anzuwenden, wenn sie dieses für den zweckmäßigsten Weg erachten.

Zu begrüßen ist insofern die Initiative des österreichischen Gesetzgebers, welcher vom Vorbild des Art. 28 Abs. 2 ML abweichen und dem Schiedsgericht den unbeschränkten *voie directe* gestatten will. Eine Beschränkung des *voie directe* bspw. auf die „engste Verbindung“, wie sie bedauerlicherweise der deutsche Gesetzgeber eingeführt hat, ist wenig sachgerecht. Gerade der Terminus der „engsten Verbindung“ ist – wie oben dargelegt – nicht mehr als eine „Worthülse“ und „Leerformel“, die nach Belieben interpretiert werden kann und somit im Ergebnis dem Schiedsgericht denselben Spielraum eröffnet, wie im Falle des unbeschränkten *voie directe*. Insofern ist es nur konsequent, dem Schiedsgericht keine Beschränkungen aufzuerlegen. Dies unterbindet zugleich unnötige und ohnehin abzulehnende Klagen vor staatlichen Gerichten, dass der Rahmen der Beschränkung falsch interpretiert wurde. Hier würde es sich nur um die Anwendung des „falschen" Rechts handeln, welche regelmäßig vor staatlichen Gerichten nicht zur Versagung der Anerkennung und Vollstreckung bzw. Aufhebung des Schiedsspruches führt.

Damit bleibt zu hoffen, dass zukünftige Reformen, sei es die nationaler Rechte, internationalen Übereinkommen auf dem Gebiet der Schiedsgerichtsbarkeit sowie von Schiedsgerichtsordnungen, dem unbeschränkten *voie directe* folgen. Die Lösung des ML muss als Anachronismus des Rechts der Schiedsgerichtsbarkeit betrachtet werden.

Wie auch immer sich die nationalen Gesetzgeber entscheiden mögen, sie müssen sich bei ihrer Reform nicht an das EVÜ gebunden sehen. Vielmehr gilt dieses explizit nicht für Schiedsverfahren. Infolgedessen bleibt es letztendlich dem Schiedsgericht überlassen, ob es die kollisionsrechtlichen Ansätze des EVÜ zur Anwendung bringt.

§ 21.3: Billigkeitsentscheidung

Die Billigkeitsentscheidung gehört nunmehr zu den allgemein anerkannten Bestandteilen der internationalen Schiedsgerichtsbarkeit, der sich selbst das englische Recht nicht mehr verschließt. In Anlehnung an das ML werden im Rahmen der Entscheidung nach Billigkeit die Begriffe der *amiable composition* und der Entscheidung *ex aequo et bono* weitgehend synonym gebraucht und nur noch selten differenziert.

Im Rahmen der Billigkeitsentscheidung sind die Schiedsgerichte nicht an ein Recht (oder Rechtsvorschriften) gebunden und können ihre Entscheidung frei nach ihrem Judiz und Ermessen fällen. Grenzen werden dem Billigkeitsschiedsrichter allenfalls vom zwingenden Recht oder dem *ordre public* gesetzt. Diese sollte der Billigkeitsschiedsrichter im Interesse der Fällung eines durchsetzbaren Schiedsspruches beachten. Hierzu zählt vor allem die Verpflichtung des Billigkeitsschiedsgerichts auf ein unabhängiges und faires Verfahren. Dementsprechend muss der Billigkeitsschiedsrichter nicht das anwendbare materielle Recht ermitteln. Es bleibt jedoch den Parteien überlassen, dieses Ermessen einzugrenzen bspw. durch das Festlegen von Richtlinien oder die Beschränkung auf ein nationales Recht, von dem erst abgewichen werden darf, wenn dies zu einem unbilligen Ergebnis führen würde.

Dogmatisch handelt es sich bei der Ermächtigung zur Entscheidung nach Billigkeit um eine Rechtswahl durch die Parteien. Im Allgemeinen muss diese Ermächtigung explizit erteilt werden. Lediglich einige wenige nationale Rechte (bspw. die Schweiz) und Schiedsgerichtsordnungen erlauben eine implizite Ermächtigung. Diese Möglichkeit der impliziten Ermächtigung sollte jedoch restriktiv angewandt werden. Vielmehr bleibt zu hoffen, dass im Zuge der Reformierung von Schiedsverfahrensrechten und Schiedsgerichtsordnungen im Allgemeinen von einer ausdrücklichen Ermächtigung ausgegangen wird. Dies ist insofern wünschenswert, als dass die Befugnisse des Schiedsgerichts sehr stark aufgeweitet werden und dies nur geschehen sollte, wenn dies den Parteien bekannt und bewusst ist.

Selbst wenn vereinzelt angenommen wird, dass der Billigkeitsschiedsrichter befugt ist, Vertragsanpassungen und -ergänzungen vorzunehmen, kann dem nicht gefolgt werden. Auch der Billigkeitsschiedsrichter ist auf die Vertragsbestimmungen verpflichtet (dies folgt nicht zuletzt aus der Parteiautonomie), es sei denn, die Parteien haben ihn explizit zu einer Anpassung oder Ergänzung des Vertrages ermächtigt. Außerhalb dieser Ermächtigung ist die Vertragsanpassung und -ergänzung durch den Billigkeitsschiedsrichter mit einiger Skepsis zu betrachten.

§ 21.4: Vertragsbestimmungen und Handelsbräuche

Dass Schiedsgerichte die Bestimmungen des Vertrages zu berücksichtigen haben, folgt nicht zuletzt aus der Parteiautonomie. Eine diesbezügliche Regelung wäre eigentlich nicht von Nöten. Dennoch ist es durchaus üblich, eine derartige Bestimmung – wie sie in Art. 28 Abs. 4 ML enthalten ist – in Gesetze und Schiedsgerichtsordnungen aufzunehmen.

Ebenso zählt die Berücksichtigung und Beachtung von Handelsbräuchen international zu einer Selbstverständlichkeit, sei sie gesetzlich verankert – wie im ML – oder auch nicht. Handelsbräuche spielen gerade im Rahmen der Auslegung eine sehr bedeutende Rolle.

Unabhängig davon, dass es sich bei der Berücksichtigung der Vertragsbestimmungen und der Beachtung von Handelsbräuchen um eine Selbstverständlichkeit handelt, sollten weiterhin Klauseln in Gesetzen enthalten sein, die dies klarstellen. Derartige Klauseln sind seit eh und jeh in Schiedsverfahrensgesetzen und Schiedsgerichtsordnungen enthalten, so dass eine Abkehr von einer solchen klarstellenden Klausel auch Zweifel an der derzeitigen Auslegung hervorrufen kann. Dies insofern, als dass durch die Abschaffung die Frage aufgeworfen wird, ob mit der Abschaffung eine neue Auslegung einher gehen sollte.

§ 21.5: Schlussbemerkung

Abschließend bleibt damit festzuhalten, dass das Schiedsgericht bei seiner Entscheidung im Allgemeinen die folgenden Fragen beantworten muss.

1. Gib es eine Rechtswahl der Parteien? Wenn ja, deckt diese den gesamten Rechtsstreit ab oder ist diese auf bestimmte Gebiete beschränkt? Ist die Rechtswahl eindeutig und zweifelsfrei erfolgt? Existiert ein Widerspruch der Rechtswahl zu zwingendem Recht

oder zum *ordre public*? Ist es ebenso möglich, den Streit alleine anhand der Vertragsbestimmungen zu entscheiden?

2. In Abwesenheit einer Rechtswahl durch die Parteien stellt sich die Frage, ob das anwendbare Recht oder die anwendbaren Rechtsvorschriften ohne Zwischenschaltung eines Kollisionsrechts ermittelt werden dürfen?
3. Sofern es notwendig ist, ein Kollisionsrecht zwischenzuschalten, welches Kollisionsrecht ist anwendbar? Gibt es ein Kollisionsrecht, welches eine enge Beziehung zum Streit aufweist? Gleichzeitig stellt sich die Frage, ob eine Beschränkung auf ein nationales Recht besteht? Ist es möglich, die Kollisionsnormen der beteiligten Staaten kumulativ anzuwenden? Ist es möglich, allgemein anerkannte kollisionsrechtliche Prinzipien anzuwenden?
4. Sofern kein Kollisionsrecht zwischenzuschalten ist, stellt sich die Frage, ob der *voie directe* unbeschränkt ist oder in welcher Art und Weise dieser beschränkt ist?

Am Ende dieser Fragen steht dann das anwendbare materielle Recht. Unabhängig vom jeweiligen Ansatz, welchem das jeweilige Recht oder die jeweilige Verfahrensordnung folgt, wird dieses zumeist am Ende gleich sein, nachdem alle Ansätze letztendlich darauf ausgelegt sind, dass sach- und interessengerechteste Recht für den jeweiligen Sachverhalt zu ermitteln.

Im Interesse der Parteien sollte schon frühzeitig, d.h. mit Abschluss des Hauptvertrages, eine Rechtswahl getroffen werden, so dass die Parteien schon beim Aufkeimen von Streitigkeiten wissen, auf welcher rechtlichen Basis sie argumentieren müssen. Eine einfache Rechtswahlklausel spart den Parteien von Anfang an Zeit und Geld und macht die Entscheidung vorhersehbarer.

Literaturverzeichnis

ABOUL-ENEIN, M.I.M.: Reflections on the New Egyptian Law on Arbitration, 11 (1995) AI 75 ff.

ADEN, MENNO: Die Anwendung materiellen Rechts durch den Schiedsrichter, RIW 1984, 934 ff.

ADEN, MENNO: Internationale Handelsschiedsgerichtsbarkeit (München 2003)

ADEN, MENNO: Rechtswahl und Schiedsklausel im Verbraucherschutz, Zugleich Anmerkungen zu OLG Düsseldorf vom 08.03.1996 – 17 U 179/95, RIW 1997, 723 ff.

AMERASINGHE, C.F.: State Breaches of Contracts with Aliens and International Law, 58 (1964) AJIL 881 (897)

ANCEL, JEAN PIERRE: The Tronc Commun Doctrine: Logics and Experience and Experience in International Arbitration, 7 (1990) J.Int'lArb. 65 ff

ANCEL, JEAN PIERRE: French Judicial Attitudes toward International Arbitration, 9 (1993) AI 121 ff.

ARECHAGA, E.: Application of the Rules of State Responsibility to the Nationalization of Foreign-Owned Property, in: *HOSSAIN* (Hrsg.), Legal Aspects of the New International Economic Order (New York 1980) 220 ff.

ARNALDEZ, JEAN-JACQUES / DERAINS, YVES / HASCHER, DOMINIQUE T. (Hrsg.): Collection of ICC Arbitral Awards Vol. III: 1991-1995 (The Hague 1997) [zitiert: ICC Awards III]

ARNOLD, HANS: Das Europäische Übereinkommen vom 20. Januar 1966 zur Einführung eines einheitlichen Gesetzes über die Schiedsgerichtsbarkeit, NJW 1967, 142 ff.

BAJONS, ENA MARLIS: Zur Nationalität internationaler Schiedssachen, in: *RECHBERGER/WELSER* (Hrsg.), Festschrift für *WINFRIED KRALIK* zum 65. Geburtstag, 3 ff. [zitiert: *BAJONS*, FS *KRALIK*]

BAKER, STEWARD A. / DAVIS, MARK D.: The UNCITRAL Arbitration Rules in Practice: The Experience of the Iran-United States Claims Tribunal (Deventer 1992)

BALLANTYNE, WILLIAM M.: The Shai'a and its relevance to modern transnational transactions: the settlement of disputes through arbitration, in: *INTERNATIONAL BAR ASSOCIATION* (Hrsg.), Arab Comparative and Commercial Law – Proceedings of the Arab Regional Conference, Cairo 15-19 February 1987 (London 1987) 43 ff.

BANDURKA, ANDREW: Arbitration in insurance and reinsurance, Bulletin des Anwaltsbüros *HOLMAN, FENWICK & WILLIAM* (London Mai 1998)

BARTELS, MARTIN: Contractual Adaptation and Conflict Resolution (Deventer 1985)

BASEDOW, JÜRGEN: Vertragsstatut und Arbitrage nach neuem IPR, in: *GLOSSNER* (Hrsg.) JPS 1987 (Heidelberg 1988) 3 ff.

BATIFFOL, HENRI: Zur Parteiautonomie im IPR, ZRVgl. 1960, 49 ff.

BAUMBACH, ADOLF / LAUTERBACH, KLAUS / ALBERS, JAN / HARTMANN, PETER (Hrsg.): Zivilprozessordnung[61] (München 2003)

BAXTER, IAN: International Conflict of Laws and International Business 34 (1985) ICLQ 538 ff.

BELL, KEVIN: The Sphere of Application of the Vienna Convention on Contracts for the International Sale of Goods, 8 (1996) Pace Int'l Rev 237 ff.

BELLET, PIERRE / MEZGER, ERNST: L'arbitrage international dans le nouvelle code de procédure civile, Rec.crit. 1981, 611 ff.

BENJAMIN, PETER: Inter-Institutional Agreements Designed to Extend Existing Facilities for International Commercial Arbitration, 8 (1959) ICLQ 289 ff.

BERGER, KLAUS PETER: International Economic Arbitration (Berlin 1993) [zitiert: *BERGER*, IEA]

BERGER, KLAUS PETER: „Sitz des Schiedsgerichts“ oder „Sitz des Schiedsverfahrens“?, RIW 1993, 8 ff.

BERGER, KLAUS PETER: Das neue deutsche Schiedsverfahrensrecht, DZWiR 1998, 45 ff.

BERGER, KLAUS PETER: Entstehungsgeschichte und Leitlinien des neuen deutschen Schiedsverfahrensrechts, in: *BERGER* (Hrsg.), Das neue Recht der Schiedsgerichtsbarkeit (Köln 1998) 1 ff.

BERGER, KLAUS PETER: Formalisierte oder „schleichende“ Kodifizierung des transnationalen Wirtschaftsrechts – Zu Methodischen und Praktischen Grundlagen der Lex Mercatoria (Berlin 1996)

BERGER, KLAUS PETER: Internationale Wirtschaftsschiedsgerichtsbarkeit (New York 1992) [zitiert: *BERGER*]

BERGER, KLAUS PETER: Lex mercatoria in der internationalen Wirtschaftsschiedsgerichtsbarkeit: Der Fall „Compania Valenciana“, IPRax 1993, 281 ff.

BERGER, KLAUS PETER: The Creeping Codification of Lex Mercatoria (The Hague 1999)

BERGER, KLAUS PETER: The International Arbitrators' Application of Precedents, 9 (1992) J.Int'lArb. 5 ff.

BERNARD, ALFRED: L'arbitrage volontaire en droit privé (Brüssel 1937)

BERNINI, GIORGIO: Adaption of Contracts, in: *SANDERS* (Hrsg.), New Trends in the Development of International Commercial Arbitration and the Role of Arbitral and other Institutions, ICCA Congress Series No. 1 (Deventer 1982) 193 ff.

BERNINI, GIORGIO, : Arbitration during the Process of Long Term Contracts, Arbitration 1977, 51 ff.

BERTI, STEPHEN (Hrsg.): International Arbitration in Switzerland (The Hague 2000)

BIANCA, C. MASSIMO / BONELL, MICHAEL JOACHIM : Commentary on the International Sales Law (Mailand 1987)

BINDER, PETER: The UNCITRAL Model Law on International Commercial Arbitration: A Commentary and International Comparison of its Adoption (Dissertation Salzburg 1999); *abgeändert veröffentlicht in*: International Commercial Arbitration in UNCITRAL Model Law Jurisdictions (London 2000)

BINGHAM, ANTHONY: The New Arbitration Bill, Arbitration 1996, 29 ff.

BLESSING, MARC: Choice of Substantive Law (London 1996)

BLESSING, MARC : Choice of Substantive Law in International Arbitration, 14 (1997) J.Int'lArb. 39 ff.

BLESSING, MARC: Das neue internationale Schiedsgerichtsrecht der Schweiz – Ein Fortschritt oder ein Rückschritt?, in: *BÖCKSTIEGEL* (Hrsg.), Die Internationale Schiedsgerichtsbarkeit in der Schweiz – II (Köln 1989) 13 ff.

BLESSING, MARC: Das neue Internationale Schiedsrecht der Schweiz – Ein Fortschritt oder ein Rückschritt, in: *BÖCKSTIEGEL* (Hrsg.), Die Internationale Handelsschiedsgerichtsbarkeit in der Schweiz II (Köln 1989) 13 ff.; *auch erschienen in englischer Sprache: The New International Arbitration Law in Switzerland: A Significant Step towards Liberalism, 5 (1988) J.Int'lArb. 9 ff.* [zitiert: *BLESSING*, Schweiz II]

BLESSING, MARC: Regulations in Arbitration Rules on Choice of Law, in: *VAN DEN BERG* (Hrsg.), Planning efficient Arbitration Proceedings, ICCA Congress Series No. 7 (Deventer 1996) 391 ff.

BÖCKSTIEGEL, KARL-HEINZ: Arbitration And State Enterprises, Survey on the National and International State of Law and Practice (Deventer 1984)

BÖCKSTIEGEL, KARL-HEINZ: Besondere Probleme der Schiedsgerichtsbarkeit zwischen Privatunternehmen und ausländischen Staaten oder Staatsunternehmen, NJW 1975, 1577 ff.

BÖCKSTIEGEL, KARL-HEINZ: Das UNCITRAL-Modell-Gesetz für die internationale Wirtschafts-Schiedsgerichtsbarkeit, RIW 1984, 670 ff.

BÖCKSTIEGEL, KARL-HEINZ: Der Staat als Vertragspartner ausländischer Unternehmen (Frankfurt am Main 1971)

BÖCKSTIEGEL, KARL-HEINZ: Die Bestimmung des anwendbaren Rechts in der Praxis internationaler Schiedsgerichtsverfahren, in: *SANDROCK* (Hrsg.), Festschrift für *GÜNTER BEITZKE* zum 70. Geburtstag (Berlin 1979) 443 ff. [zitiert: *BÖCKSTIEGEL*, FS *BEITZKE*]

BÖCKSTIEGEL, KARL-HEINZ: ICC-Schiedsgerichtsbarkeit aus der Sicht einer Partei, in: *BÖCKSTIEGEL* (Hrsg.), Recht und Praxis der Schiedsgerichtsbarkeit der Internationalen Handelskammer (Köln 1986) 75 ff.

BONDZI-SIMPSON, P. EBOW: Legal Relationships between Transnational Corporations and Host States (Westport 1990)

BONELL, MICHAEL JOACHIM: Das UNIDROIT-Projekt für die Ausarbeitung von Regeln für internationale Handelsverträge, 56 (1992) RabelsZ 274 ff.

BORCHARD, EDWIN M.: The Diplomatic Protection of Citizens Abroad (New York 1915)

BORN, GARY B.: International Commercial Arbitration² (New York 2001) [zitiert: *BORN*]

BOUCHEZ, LEO J.: The Prospects for International Arbitration: Disputes between States and Private Enterprises, 8 (1991) J.Int'lArb. 81 ff.

BOWETT, DEREK WILLIAM: State Contracts with Aliens: Contemporary Developments on Compensation for Termination or Breach, 59 (1988) BYIL 49 ff.

BOYD, STEWART: „Arbitrator not to be bound by the Law"-Clauses, 6 (1990) AI 122 ff.

BRAECKMANS, HERMAN: Paralegale Normen En Lex Mercatoria, TvPr 1986, 1 ff.

BREDIN, JEAN-DENIS: L'Amiable Composition Et Le Contract, Rev.Arb. 1984, 259 ff.

BRINER, ROBERT: Domestic Arbitration: Practice in Continental Europe and its Lessons for Arbitration in England, 13 (1997) AI 155 ff.

BROCHES, ARON: Commentary on the UNCITRAL Model Law on International Commercial Arbitration (Deventer 1990) [zitiert: *BROCHES*]

BROCHES, ARON: Settlement of Disputes arising out of Investment in Developing Countries, 11 (1983) International Business Lawyer 206 ff.

BROCHES, ARON: The Convention on the Settlement of Investment Disputes Between States and Nationals of other States, 136 (1972) Rec.Cours 331 ff.

BROGGINI, GERARDO: La Nouvelle Loi Fédérale Sur Le Droit International Privé, Schw.Jahrb.Int.R. 1988, 132 ff.

BUCHER, ANDREAS: Das Kapitel 11 des IPR-Gesetzes über die internationale Schiedsgerichtsbarkeit, in: *SCHWANDER* (Hrsg.), Beiträge zum neuen IPR des Sachen-, Schuld- und Gesellschaftsrechts: Festschrift für *RUDOLF MOSER* (Zürich 1987) 193 ff.

BUCHER, ANDREAS: Die neue internationale Schiedsgerichtsbarkeit in der Schweiz (Basel 1989) [zitiert: *BUCHER*]

BUCHER, ANDREAS: Transnationales Recht im IPR, in: *SCHWIND* (Hrsg.) Aktuelle Fragen zum Europarecht aus der Sicht in- und ausländischer Gelehrter (Wien 1986) 11 ff.

BUCHER, ANDREAS: Zur Lokalisierung internationaler Schiedsgerichte in der Schweiz, in: *FORSTMOSER* (Hrsg.), Festschrift für *MAX KELLER* zum 65. Geburtstag (Zürich 1989) 565 ff.

BUCHER, ANDREAS / TSCHNAZ, PIERRE-YVES: International Arbitration in Switzerland (Basel 1989)

BUCHER, EUGEN: Die Schweiz als traditioneller Sitzort internationaler Schiedsgerichte, in: *BÖCKSTIEGEL* (Hrsg.), Die internationale Schiedsgerichtsbarkeit der Schweiz II (Köln 1989) 119 ff.

BUDIN, ROGER: La Nouvelle Loi Suisse Sur l'Arbitrage International, Rev.Arb. 1988, 51 ff.

BÜHLER, MICHAEL: Das neue niederländische Gesetz für Schiedsgerichtsbarkeit, RIW 1987, 901 ff.

BÜHR, DANIEL: Der internationale Billigkeitsschiedsspruch in der privaten Schiedsgerichtsbarkeit der Schweiz: unter Berücksichtigung des deutschen, englischen, französischen und italienischen Schiedsrechts (Dissertation Bern 1993) [zitiert: *BÜHR*]

Bundesministerium der Justiz (Hrsg.): Kommission zur Neuordnung des Schiedsverfahrensrechts, Bericht mit einem Diskussionsentwurf zur Neufassung des 10. Buchs der ZPO (Bonn 1994)

BURKHARDT, MARTIN: Vertragsanpassung bei veränderten Umständen in der Praxis des Schweizerischen Privatrechts (Bamberg 1996)

CALAVROS, CONSTANTIN: Das UNCITRAL-Modellgesetz über die internationale Handelsschiedsgerichtsbarkeit (Bielefeld 1988) [zitiert: *CALAVROS*]

Calavros, Constantin: Der Begriff des ausländischen Schiedsspruches (Athen-Komotini 1982)
Carabiber, Charles: L'arbitrage international de droit privé (Paris 1960)
Carbonneau, Thomas: Rendering Arbitral Awards with Reasons: The Elaboration of a Commercial Law of International Transactions, 23 (1985) Colum. J. Transnat'l L. 579 ff.
Carbonneau, Thomas: Resolving Transnational Disputes through International Arbitration (Charlottesville 1984)
Cassoni, Giuseppe: I contratti collegati del diritto internazionale privato, Riv.dir.int.priv.proc. 1979, 23 ff.
Castel, Jean-Gabriel: International Commercial Arbitration, in: *Emond* (Hrsg.), Commercial Dispute Resolution: Alternatives to Litigation (Ontario 1989) 121 ff.
Célice, Bruno / Peltzer, Martin: Internationale Schiedsgerichtsbarkeit in Frankreich, ZIP-Report 1983, 745 ff.
Cheng, Bin: General Principles of Law (Cambridge 1993)
Cheng, Bin: General Principles of Law as applied by International Courts and Tribunals (Cambridge 1993 [reprinted in 1994])
Cheshire, Geoffrey C.: Private International Law[7] (London 1965)
Cheshire, Geoffrey C. / North, P.M.: Private International Law[12] (London 1992)
Christie, R.H.: Amiable Composition in French and English Law, Arbitration 1992, 259 ff.
Chukwumerije, Okezie: Choice of Law in International Commercial Arbitration (Westport 1994) [zitiert: *Chukwumerije*]
Chukwumerije, Okezie: Reform and Consolidation of English Arbitration Law, 8 (1997) Am.Rev.Int'lArb. 21 ff.
Cohen, Daniel: La soumission de l'arbitrage á la loi française (Commentaire de l'article 1495 NCPC), Rev.Arb. 1991, 155 ff.
Cohn, Ernst Joseph: The Rules of Arbitration of the International Chamber of Commerce, 14 (1965) ICLQ 132 ff.
Coing, Helmut : Zur Entwicklung des Schiedsvertrages im Ius Commune, in: *Baumgärtel* (Hrsg.), Festschrift für *Heinz Hübner* zum 70. Geburtstag am 7. November 1984 (Berlin 1984) 35 ff.
Collins, Lawrence: Arbitration Clauses and Forum Selecting Clauses in the Conflict of Laws: Some Recent Developments in England, 2 (1971) J. Mar. L. & Com. 363 ff.
Craig, William Laurence: Uses and Abuses of Appeal from Awards, 4 (1988) AI 174 ff.
Craig, W. Lawrence / Park, William W. / Paulsson, Jan: French Codification of a Legal Framework for International Arbitration: The Decree of May 12, 1981, VII (1982) YCA 407 ff.
Craig, W. Lawrence / Park, William W. / Paulsson, Jan : International Chamber of Commerce Arbitration[2] (New York 1991)
Craig, W. Lawrence / Park, William W./ Paulsson, Jan: International Chamber of Commerce Arbitration[3] (New York 2000) [zitiert: *Craig/Park/Paulsson*]
Creifelds, Carl: Rechtswörterbuch[15] (München 1999)
Cremades, Bernardo / Plehn, Steven L.: The New "Lex Mercatoria" and the Harmonization of the Laws of International Commercial Transactions, B.U.Int'l.L.J. 1984, 317 ff.
Crepin, Sophie: Le contrôle des sentences arbitrales par la Cour d'appel de Paris depuis les réformes de 1980 et 1981, Rev.Arb. 521 ff.
Croff, Carlo: The Applicable Law in an International Commercial Arbitration: Is it Still a Conflict of Laws Problem?, International Lawyer 1982, 613 ff.
DAC 1994 Consultation Paper: Department of Trade and Industry, Departmental Advisory Committee Consultation Paper on Draft Clauses of an Arbitration Bill (1994), abgedruckt in: 10 (1994) AI 189 ff.
DAC Report 1996: Department of Trade and Industry, Departmental Advisory Committee on Arbitration Law, 1996 Report on the Arbitration Bill Section 104 (Februar 1996), abgedruckt in: 13 (1997) AI 275 ff.

DAC Report 1997: Department of Trade and Industry, Departmental Advisory Committee on Arbitration Law, Supplementary Report of January 1997, abgedruckt in: 13 (1997) AI 275 ff.

DANILOWICZ, VITEK: The Choice of Law in International Arbitration, 9 (1985-86) Hastings Int'l & Comp. L.R. 235 ff.

DASSER, FELIX: Internationale Schiedsgerichte und lex mercatoria (Zürich 1989) [zitiert: *DASSER*]

DAVID, RENÉ: Arbitrage international ou Arbitrage étranger, in: *FERID* (Hrsg.), Festschrift für *HANS G. FICKER* zum 70. Geburtstag am 20. Juli 1967 (Frankfurt am Main 1967) 121 ff.

DAVID, RENÉ: Arbitration in international Trade (Deventer 1985) [zitiert: *DAVID*]

DAVIDSON, FRASER: The New Arbitration Act – A Model Law?, JBL 1997, 101 ff.

DE BOISSESON, MATTHIEU: Le droit français de l'arbitrage interne et international (Paris 1990)

DE LY, F.J.M.: De Lex Mercatoria, Inleiding op de studie van het transnationaal handelsrecht (Antwerpen 1989)

DELAUME, GEORGES: Law and Practice of Transnational Contracts (New York 1988)

DELVOLVÉ, JEAN-LOUIS: Arbitration in France, The French Law of National and International Arbitration (Deventer 1982)

DERAINS, YVES: Anmerkungen zu ICC Schiedsspruch Nr. 2730, 111 (1984) JDI (Clunet) 918 ff.

DERAINS, YVES: Anmerkungen zu ICC Schiedsspruch Nr. 3093/3100, 107 (1980) JDI (Clunet) 955 ff.

DERAINS, YVES: Anmerkungen zu ICC Schiedsspruch Nr. 3267, 107 (1980) JDI (Clunet) 966

DERAINS, YVES: Anmerkungen zu ICC Schiedsspruch Nr. 3267, 107 (1980) JDI (Clunet) 968 ff.

DERAINS, YVES: Anmerkungen zu ICC Schiedsspruch Nr. 3540, 108 (1981) JDI (Clunet) 921

DERAINS, YVES: Anmerkungen zu ICC Schiedsspruch Nr. 3742, 111 (1984) JDI (Clunet) 912

DERAINS, YVES: Anmerkungen zu ICC Schiedsspruch Nr. 4381, 113 (1986) JDI (Clunet) 1107

DERAINS, YVES: Anmerkungen zu ICC Schiedsspruch Nr. 5910, 115 (1988) JDI (Clunet) 1216

DERAINS, YVES: International Commercial Arbitration in Civil Law Countries, in: *SANDERS* (Hrsg.), Arbitration in settlement of international commercial disputes involving the Far East and arbitration in combined transportation, ICCA Congress Series No. 4 (Deventer 1989) 229 ff.

DERAINS, YVES: L'application cumulative par l'arbitre des systèmes de conflits de lois intéressés au litige, Rev.Arb. 1972, 99 ff.

DERAINS, YVES: L'ordre public et le droit applicable au found du litige dans l'arbitrage international, Rev.Arb. 1986, 375 ff.

DERAINS, YVES: La jurisprudence des arbitres du commerce international en matière de détermination du droit applicable au contrat, RDAI/IBLJ 1996, 514 ff.

DERAINS, YVES: Le Statut Des Usages Du Commerce International Devant Les Jurisdictions Arbitrales, Rev.Arb. 1973, 122 ff.

DERAINS, YVES: National Reports: France (Part II), VII (1982) YCA 3 ff.

DERAINS, YVES: Possible Conflict of Laws Rules and the Rules Applicable to the Substance of the Dispute, in: *SANDERS* (Hrsg.), UNCITRAL'S Project for a Model Law on International Commercial Arbitration, ICCA Congress Series No. 2 (Deventer 1984) 169 ff. [zitiert: *DERAINS*, ICCA Congress Series No. 2]

DERAINS, YVES: Public Policy and the Law Applicable to the Dispute in International Arbitration, in: *SANDERS* (Hrsg.), Comparative Arbitration Practice and Public Policy, ICCA Congress Series No. 3 (Deventer 1986) 227 ff.

DERAINS, YVES: The ICC Arbitral Process, Part VIII: Choice of Law Applicable to the Contract and International Arbitration, 6 (May 1995) ICC Bull. 10 ff.

DERAINS, YVES / SCHWARTZ, ERIC A.: A Guide to the New ICC Rules of Arbitration (The Hague 1998)

DERAINS, YVES / JARVIN, SIGVARD: Chronique des sentences arbitrales, in: JDI (Clunet)

DERAINS, YVES / GOODMAN-EVERARD, ROSABEL E.: France, in: *PAULSSON* (Hrsg.), International Handbook on Commercial Arbitration II (The Hague, Loseblattsammlung, Stand: Oktober 2003)

DERVIAND, LORD: Scotland and the UNCITRAL Model Law: The Report to the Lord Advocate of the Scottish Advisory Committee on Arbitration Law, 6 (1990) AI 63 ff.

DEVLIN, PATRICK: The Judge (Oxford 1979)

DICEY, ALBERT VENN / MORRIS, JOHN HUMPHREY CARLILE: Conflict of Laws[7] (London 1958)

DICEY, ALBERT VENN / MORRIS, JOHN HUMPHREY CARLILE: The Conflict of Laws[11] (London 1987)

DOMKE, MARTIN: The Law and Practice of Arbitration (Mundelein 1968)

DORE, ISAAK: Arbitration and conciliation under the UNCITRAL Rules: A Textual Analysis (Dordrecht 1986)

DRAETTA, UGO / LAKE, RALPH B. / NANDA, VED P.: Breach and Adaption of International Contracts, An Introduction to Lex Mercatoria (New Hampshire 1992)

DROBING, ULRICH: Internationale Schiedsgerichtsbarkeit und wirtschaftliche Eingriffsnormen, in: *MUSIELAK* (Hrsg.), Festschrift für *GERHARD KEGEL*: zum 75. Geburtstag (Stuttgart 1987) 95 ff.

EHRENZWEIG, ALBERT A.: A treatise on the conflict of laws (St. Paul 1962)

EHRICKE, ULRICH: Zur Einführung: Grundstrukturen und Probleme der lex mercatoria, JuS 1990, 967 ff.

EISEMANN, FRÉDÉRIC: Zur Rechtswahl in der Schiedsgerichtsbarkeit bei Kaufverträgen, in: *BÖCKSTIEGEL/GLOSSNER* (Hrsg.) Festschrift für *ATHUR BÜLOW* zum 80. Geburtstag (Köln 1981) 59 ff.

ESSER, JOSEPH: Wandlungen von Billigkeit und Billigkeitsrechtsprechung im modernen Privatrecht, in: *HÄBERLE/ESSER* (Hrsg.), Wege der Rechtsgewinnung, Ausgewählte Aufsätze (Tübingen 1990) 141 ff.

FASCHING, HANS W.: Internationale Schiedsgerichtsbarkeit in Österreich, in: *SCHLOSSER* (Hrsg.), Internationale Schiedsgerichtsbarkeit – Arbitrage International – International Arbitration (Bielefeld 1997) 729 ff.

FASCHING, HANS W.: Lehrbuch des österreichischen Zivilprozessrechts[2] (Wien 1990) [zitiert: *FASCHING*, Lehrbuch]

FASCHING, HANS W.: Schiedsgericht und Schiedsverfahren im österreichischen und internationalen Recht (Wien 1973) [zitiert: *FASCHING*, Schiedsverfahren]

FATOUROS, ARHYRIOS A.: Government Guarantees to Foreign Investors (New York 1962)

FATOUROS, ARHYRIOS A.: International Law and the Internationalized Contracts, 74 (1980) AJIL 134 ff.

FERID, MURAD: Internationales Privatrecht – Ein Leitfaden für Praxis und Ausbildung[2] (Frankfurt am Main 1982)

FERRARI, FRANCO: La vendita internationale - Applicabilitá ed applicazioni della convenzione di Vienna del 1980 (Padova 1997)

FIRSCHING, KARL: Übereinkommen über das auf vertragliche Schuldverhältnisse anwendbare Recht, IPRax 1981, 37 ff.

FOUCHARD, PHILIPPE: Les recours contre les sentences non françaises, Rev.Arb. 1980, 693 ff.

FOUCHARD, PHILIPPE: Note - Cour d'appel de Paris (1re Ch. suppl.) 10 mars 1988 - *SOCIETE CROCODILE TOURIST PROJECT COMPANY (EGYPTE) V. AUBERT, ES QUAL. ET AUTRES*, Rev.Arb. 1989, 269 ff.

FOUCHARD, PHILLIPPE: L'arbitrage Commerciale Internationale (Paris 1965)

FOUCHARD, PHILLIPPE: L'arbitrage international en France après le décret du 12 mai 1981, 109 (1982) JDI (Clunet) 374 ff.

FOUCHARD, PHILLIPPE: La loi-type de la C.N.U.D.C.I. sur l'arbitrage commercial international, 114 (1987) JDI (Clunet) 861 ff.

FOUCHARD, PHILLIPPE: Le réglement d'arbitrage, 106 (1979) JDI (Clunet) 816 ff.

FOUCHARD, PHILLIPPE: Les usages, l'arbitre et le juge, in: *FOUCHARD/KAHN/LYON-CAEN* (Hrsg.), Études offertes à *BERTHOLD GOLDMAN* (Paris 1982) 67 ff.

FOUCHARD, PHILLIPPE: Specificité de l'arbitrage international, Rev.Arb. 1981, 449 ff.

FOUCHARD, PHILLIPPE / GAILLARD, EMMANUEL / GOLDMAN, BERTHOLD: International Commercial Arbitration (The Hague 1999)

FOUCHARD, PHILLIPPE / GAILLARD, EMMANUEL / GOLDMAN, BERTHOLD: Traité de l'arbitrage Commercial International (Paris 1996)

FRAGISTAS, CHARALAMPOS N.: Arbitrage étranger et arbitrage international en droit privé, Rec.crit. 1960, 1 ff.

FRANX, J.P.: Het Ontwerp Boek IV van het Wetboek van Burgerlijke Rechtsvordering (Zwolle 1985)

FRASER, DAVID: Arbitration of International Commercial Disputes under English Law, 8 (1997) Am.Rev.Int'l Arb. 1 ff.

FRICK, JOACHIM G.: Arbitration and Complex International Contracts (Zürich 2001) [zitiert: *FRICK*]

FRIEDMANN, MILTON: The Changing Structure of International Law (New York 1964)

FRIEDMANN, WOLFGANG: The Relevance of International Law to the Process of Economic and Social Development, 60 (1966) Proc. ASIL 8 ff.

FUCHS, ANGELIKA: Internationales Privatrecht, GPR 2003-2004, 100 ff.

FUNCK-BRENTANO, ROLAND: Die „Amiable Composition", in: *BÖCKSTIEGEL* (Hrsg.), Schiedsgerichtsbarkeit in Frankreich (Köln 1983) 89 ff.

GAILLARD, EMMANUEL: A Foreign View of the New Swiss Law on Arbitration, 4 (1988) AI 25 ff.

GAILLARD, EMMANUEL: The UNCITRAL Model Law and Recent Statutes on International Arbitration in Europe and North America, ICSID Rev. FILJ 1987, 424 ff.

GAILLARD, EMMANUEL: The Use of Comparative Law in International Commercial Arbitration, in: *SANDERS* (Hrsg.), Arbitration in settlement of international commercial disputes involving the Far East and arbitration in combined transportation, ICCA Congress Series No. 4 (Deventer 1989) 283 ff.

GAILLARD, EMMANUEL / EDELSTEIN, JENNY A.: Part. 4 Country Reports C. France, in: *WEIGAND* (Hrsg.), Practitioner's Handbook on International Arbitration (München 2002) 643 ff. [zitiert: *GAILLARD/EDELSTEIN*]

GARNETT, RICHARD / GABRIEL, HENRY / WAINCYMER, JEFF / EPSTEIN, JUDD: A Practical Guide to International Commercial Arbitration (New York 2000)

GAUDET, MICHEL: Overcoming Regional Differences, in: *SANDERS* (Hrsg.), Arbitration in settlement of international commercial disputes involving the Far East and arbitration in combined transportation, ICCA Congress Series No. 4 (Deventer 1989) 301 ff.

GEIMER, REINHOLD (Hrsg.): Internationales Zivilprozeßrecht[4] (Köln 2001)

GENTINETTA, JÖRG: Die Befreiung der internationalen Handelsschiedsgerichtsbarkeit von der ‚nationalen Umklammerung'. Das europäische Übereinkommen über die Internationale Handelsschiedsgerichtsbarkeit vom 21.4.1961, RIW/AWD 1969, 46 ff.

GENTINETTA, JÖRG: Die Lex Fori Internationaler Handelsschiedsgerichte (Bern 1973)

GIULIANO, MARIO / LAGARDE, PAUL: Report on the Convention on the Law Applicable to Contractual Obligations, Official Journal of the European Communities, C 282, 31.10.1980

GLOSSNER, OTTOARNDT / BREDOW, JENS / BÜHLER, MICHAEL: Das Schiedsgericht in der Praxis[3] (Heidelberg 1990)

GOLDMAN, BERTHOLD: Anmerkungen zu Cour d'appel Paris vom 13. Juli 1989 – Compania Valenciana de Cementos Portland c. Société Primary Coal Ltd., 117 (1990) JDI (Clunet) 433 ff.

GOLDMAN, BERTHOLD: Intervention Symposium of 20 November 1970 on Qualification de l'arbitre international, Rev.Arb. 1970, 203 ff.

GOLDMAN, BERTHOLD: La lex mercatoria dans le contrat et l'arbitrage intenationaux: realité et perspective, 106 (1979) JDI (Clunet) 461 ff.

GOLDMAN, BERTHOLD: La lex mercatoria dans les contrats et l'arbitrage international (Paris 1983)

GOLDMAN, BERTHOLD: La lex mercatoria dans les contrats et l'arbitrage internationaux: réalité et perspectives, 106 (1979) JDI (Clunet) 475 ff.

GOLDMAN, BERTHOLD: La volonté des parties et le rôle de l'arbitre dans l'arbitrage international, Rev.Arb. 1981, 469 ff.

GOLDMAN, BERTHOLD: Les conflits de lois dans l'arbitrage international de droit privé, Recueil des Cours 1963 II 347 ff.
GOLDMAN, BERTHOLD: The applicable law: general principles of law – the lex mercatoria, in: *LEW* (Hrsg.), Contemporary Problems in International Arbitration (London 1986) 113 ff.
GOLDMAN, BERTHOLD: Une bataille judiciare au tour de la le mercatoria (A legal battle around lex mercatoria), Rev.Arb. 1983, 378 ff.
GOLDMAN, BERTHOLD: The applicable law: general principles of law – the lex mercatoria, in *LEW* (Hrsg.), Contemporary Problems in International Commercial Arbitration (Dordrecht 1987) 113 ff.
GOLDSTAIJN, ALEKSANDAR: Usages Of Trade And Other Autonomous Rules Of International Trade According To The UN (1980) Convention, in: *VOLKEN/SARCEVIC* (Hrsg.), International Sale of Goods, Dubrovnik Lectures (New York 1986) 55 ff.
GOLDSTAJN, ALEKSANDAR : The New Law Merchant Reconsidered, in: *FABRICIUS* (Hrsg.), Law and International Trade, Rechte und internationaler Handel, Festschrift für *CLIVE M. SCHMITTHOFF* zum 70. Geburtstag (Frankfurt am Main 1973) 171 ff.
GOODE, ROY: The Adaption of English Law to International Commercial Arbitration, 8 (1992) AI 1 ff.
GOTTWALD, PETER: Die sachliche Kontrolle internationaler Schiedssprüche durch staatliche Gerichte, in: *HABSCHEID* (Hrsg.), Festschrift für *HEINRICH NAGEL* zum 75. Geburtstag (Münster 1987) 54 ff.
GOTTWALD, PETER: Internationale Schiedsgerichtsbarkeit (Bielefeld 1997)
GRANZOW, JOACHIM: Das UNCITRAL-Modellgesetz über die internationale Handelsschiedsgerichtsbarkeit von 1985 (München 1988) [zitiert: *GRANZOW*]
GREENWOOD, CHRISTOPHER: State Contracts in International Law – The Libyan Oil Arbitrations, 53 (1982) BYIL 27 ff. ***auch abgedruckt in:*** 17 (1982) ILM 14 ff.
GROOS, THOMAS: Schiedsgerichtsbarkeit im deutsch-französischen Wirtschaftsverkehr, RIW 1987, 343 ff.
GROßFELD, BERNHARD / JUNKER, ABBO: Das CoCom im internationalen Wirtschaftsrecht (Tübingen 1991)
GRUSON, MICHAEL: Governing Law Clauses in Commercial Agreements – New York's Approach, 18 (1979) Colum. J. Transn'l L. 323 ff.
HAAS, ULRICH: Die Anerkennung und Vollstreckung internationaler Schiedssprüche (Berlin 1991)
HAAS, ULRICH: Die Reform des englischen Schiedsverfahrensrechts – Der englische Arbitration Act 1996, ZZPInt 1997, 409 ff.
HABICHT, MAX: The Power of the International Judge to Give a Decision "Ex Aequo Et Bono" (London 1935)
HABSCHEID, WALTER: Das schweizerische Konkordat, der Entwurf zu einem Bundesgesetz über das Internationale Privatrecht und die internationale Schiedsgerichtsbarkeit, in: *HABSCHEID* (Hrsg.), Festschrift für *HEINRICH NAGEL* zum 75. Geburtstag (Münster 1987) 70 ff.
HABSCHEID, WALTHER J.: Das neue Recht der Schiedsgerichtsbarkeit, JZ 1998, 445 ff.
HASCHER, DOMINIQUE T.: Anmerkung zu ICC Schiedsspruch Nr. 6281, 118 (1991) JDI (Clunet) 1056 ff.
HASCHER, DOMINIQUE T.: European Convention on International Commercial Arbitration 1961 - Commentary - Part V - B. Court Decisions on the European Convention 1961, XX (1995) YCA 1030 ff.
HEIGL, PHILIPP SEBASTIAN: Das deutsche Schiedsverfahrensrecht von 1998 im Vergleich zum English Arbitration Act 1996 (Frankfurt am Main 2000) [zitiert: *HEIGL*]
HEINI, ANTON: Die Rechtswahl im Vertragsrecht und das neue IPR-Gesetz, in: *SCHWANDER* (Hrsg.), Beiträge zum neuen IPR des Sachen-, Schuld- und Gesellschaftsrechts: Festschrift für *RUDOLF MOSER* (Zürich 1987) 67 ff.

Heini, Anton / Keller, Max / Siehr, Kurt / Vischer, Frank / Volken, Paul (Hrsg.): IPRG-Kommentar (Zürich 1993)
Hellwig, Hans-Jürgen: Nationale und internationale Schiedsgerichtsbarkeit, RIW 1984, 421 ff.
Herdegen, Matthias: Internationales Wirtschaftsrecht² (München 1995)
Hermann, A.H.: The Draft English Bill: Pulling the Wrong Punches, 10 (1994) AI 185 ff.
Hermann, A.H.: The Great Opportunity, Arbitration 1986, 59 ff.
Herrmann, Gerold: The UNCITRAL Conciliation Rules: An Aid also in Contract Adaption and Performance Faciliation, in: *Horn* (Hrsg.), Adaption and Renegotiation of Contracts in International Trade and Finance (Deventer 1985) 217 ff.
Herrmann, Gerold: The UNCITRAL Model Law – its background, salient features and purposes 1 (1985) AI 6 ff.
Herrmann, Gerold : UNCITRAL Adopts Model Law on International Commercial Arbitration, 2 (1986) AI 2 ff.
Herrmann, Gerold: UNCITRAL's Work Towards a Model Law on International Commercial Arbitration, 4 (1983/84) Pace L.R. 537 ff.
Hill, Jonathan: Some Private International Law Aspects of the Arbitration Act 1996, 46 (1997) ICLQ 274 ff.
Hochstrasser, Daniel : Choice of Law and Foreign Mandatory Rules in International Arbitration, 11 (1994) J.Int'lArb. 57 ff.
Holtzmann, Howard M.: The Conduct of Arbitral Proceedings, in: *Sanders* (Hrsg.) UNCITRAL's Project for a Model Law on International Commercial Arbitration, ICCA Congress Series No. 2 (Deventer 1984) 125 ff.
Holtzmann, Howard M. / Neuhaus, Joseph E.: A Guide to the UNCITRAL Model Law on International Commercial Arbitration (Deventer 1989) [zitiert: *Holtzmann/Neuhaus*]
Honsell, Heinrich: Schweizerisches Obligationenrecht, Besonderer Teil (Bern 1997)
Honsell, Heinrich (Hrsg.): Kommentar zum schweizerischen Privatrecht: Internationales Privatrecht² (Basel 1996)
Honsell, Heinrich / Vogt, Nedim / Schnyder, Anton K. (Hrsg.): Internationales Privatrecht (Basel 1996)
Horn, Norbert: Changes in Circumstances and the Revision of Contracts in Some European Laws and in International Law, in: *Horn* (Hrsg.), Adaptation and Renegotiation of Contracts in International Trade and Finance (Deventer 1985) 15 ff.
Horn, Norbert: Die Anpassung langfristiger Verträge im internationalen Wirtschaftsverkehr, Vertragsklauseln und Schiedspraxis, in: *Kötz/Marschall/von Bieberstein* (Hrsg.), Die Anpassung langfristiger Verträge (Frankfurt am Main 1984) 9 ff.
Horn, Norbert: Procedures Of Contract Adaption And Renegotiation In International Commerce, in: *Horn* (Hrsg.), Adaptation and Renegotiation of Contracts in International Trade and Finance (Deventer 1985) 173 ff.
Horn, Norbert: Uniformity and Diversity in the Law of International Commercial Contracts, in: *Horn* (Hrsg.), The Transnational Law of International Commercial Transactions (Deventer 1982) 3 ff.
Horn, Norbert / Schütze, Rolf A. (Hrsg.): Wirtschaftsrecht und Außenwirtschaftsverkehr der Volksrepublik China (Berlin 1987)
Huelatt-James, Mark / Gould, Nicholas: International Commercial Arbitration (London 1996)
Humphreys, Gordon: Trading Places: The need for Reform in International Trade Dispute Resolution, International Business Lawyer 1993, 174 ff.
Hußlein-Stich, Gabriele: Das UNCITRAL-Modellgesetz über die internationale Handelsschiedsgerichtsbarkeit (Köln 1990) [zitiert: *Hußlein-Stich*]
Huys, Marcel / Keutgen, Guy: L'arbitrage en droit belge et international (Brüssel 1981)
Hyde, James: Economic Development Agreements, 105 (1962) Hague Recueil 267 ff.

JAFFEY, A.J.E.: Arbitration of International Commercial Contracts: The Law to be Applied by the Arbitrators, in: *PERROTT/POGANY* (Hrsg.), Current Issues in International Business Law (Aldershot 1988) 129 ff.

JÄGER, JANA DOMINIQUE: Die Umsetzung des UNCITRAL-Modellgesetzes über die internationale Handelsschiedsgerichtsbarkeit im Zuge der nationalen Reformen (Frankfurt am Main 2001) [zitiert: *JÄGER*]

JARVIN, SIGVARD: Anmerkungen zu ICC Schiedsspruch (Teilschiedsspruch) Nr. 1137, 114 (1987) JDI (Clunet) 1017 ff.

JARVIN, SIGVARD: Anmerkungen zu ICC Schiedsspruch Nr. 5118, 114 (1987) JDI (Clunet) 1028

JARVIN, SIGVARD: Aus der Praxis des ICC Schiedsgerichtshofes, in: *BÖCKSTIEGEL* (Hrsg.), Recht und Praxis der Schiedsgerichtsbarkeit der internationalen Handelskammer (Köln 1986) 7 ff.

JARVIN, SIGVARD: La Loi-Type De La C.N.U.D.C.I. Sur L'Arbitrage Commercial International, Rev.Arb. 1986, 509 ff.

JARVIN, SIGVARD: The source and limits of the arbitrator's powers, in: *LEW* (Hrsg.), Contemporary Problems in International Arbitration (Dordrecht 1986) 50 ff.;

JARVIN, SIGVARD: Urteilsanmerkungen, 113 (1986) JDI (Clunet) 1138

JARVIN, SIGVARD / DERAINS, YVES / ARNALDEZ, JEAN-JAQUES (Hrsg.): Collection of ICC Arbitral Awards Vol. II: 1986-1990 (Paris 1993) [zitiert: ICC Awards II]

JARVIN, SIGVARD / DERAINS, YVES (HRSG.): Collection of ICC Arbitral Awards: 1974-1985 (Paris 1990) [zitiert: ICC Awards I]

JAYME, ERIK/ KOHLER, CHRISTIAN: Europäisches Kollisionsrecht 1998 – Kulturelle Unterschiede und Parallelaktionen, IPRax 1998, 417 ff.

JENNINGS, ROBERT Y.: Rules Governing Contracts between States and Foreign Nationals, in: International and Comparative Law Centre (Hrsg.) Rights and Duties of Private Investors Abroad (New York 1915) 281 ff.

JENNINGS, ROBERT Y.: State Contracts in International Law, 37 (1961) BYIL 156 ff.

JOLIDON, PIERRE : Commentaire du Concordat Suisse sur l'arbitrage (Bern 1984)

JUENGER, FRIEDERICH K.: The Lex Mercatoria and the Conflict of Laws, in: *CARBONNEAU* (Hrsg.), Lex Mercatoria and Arbitration² (New York 1998) 265 ff.

JUNKER, ABBO: Deutsche Schiedsgerichte und Internationales Privatrecht (§ 1051 ZPO), in: *BERGER/ EBKE/ELSIN/GROßFELD/KÜHNE* (Hrsg.), Festschrift für *OTTO SANDROCK* zum 70. Geburtstag (Heidelberg 2000) 443 ff.

JUNKER, ABBO: Internationales Privatrecht (München 1998)

JUNKER, ABBO: Neuere Entwicklungen im Internationalen Privatrecht, RIW 1998, 741 ff.

KAHN, PHILLIPPE: La vente commerciale internationale (Paris 1961)

KAISER, RUDOLF: Das Europäische Übereinkommen über die internationale Handelsschiedsgerichtsbarkeit vom 21. April 1961 (Zürich 1967)

KAPPUS, ANDREAS: Einzug der „lex mercatoria " in das englische House of Lords, IPRax 1990, 133 ff.

KAPPUS, ANDREAS: Lex mercatoria in Europa und Wiener UN-Kaufrechtskonvention 1980 (Frankfurt am Main 1990)

KAROLLUS, MARTIN: Vorsorge gegen freie Rechtsfindung durch Schiedsgerichte, RdW 1992, 331 ff.

KAROLLUS, MARTIN: Zur Einarbeitung und Wiederholung: Der Anwendungsbereich des UN-Kaufrechts im Überblick, JuS 1993, 378 ff.

KARRER, PIERRE: The Position of the Arbitration Chapter in Switzerland's Private International Law Codification, ASA Bull. 1989, 13 ff.

KARRER, PIERRE A. / STRAUB, PETER : Part 4 Country Reports I Switzerland, in: *WEIGAND* (Hrsg.), Practitioner's Handbook in International Arbitration (München 2002) 1047 ff. [zitiert: *KARRER/ STRAUB*]

KASSIS, ANTOINE: Le nouveau droit européen des contrats internationaux (Paris 1993)

KEGEL, GERHARD / SCHURIG, KLAUS: Internationales Privatrecht[8] (München 2000)

KERR, MICHAEL: "Equity" Arbitration in England, 2 (1991) Am.Rev.Int'l Arb. 377 ff.

KESSEDJIAN, CATHERINE: Anmerkungen zu Cour d'appel vom 20. Januar 1987, *SOCIÉTÉ BOMAR OIL N.V. v. E.T.A.P.*, Rev.Arb. 1987, 489 ff.

KESSLER, JOACHIM: Die Bindung des Schiedsgerichts an das materielle Recht (Köln 1964)

KEUTGEN, GUY: Le droit belge de l'arbitrage, in: *PLANTEY/BÖCKSTIEGEL/BREDOW* (Hrsg.), Festschrift für *OTTOARNDT GLOSSNER* zum 70. Geburtstag (Heidelberg 1994) 165 ff.

KLEIN, FRÉDERIC-EDOUARD: Considérations sur l'arbitrage en droit international privé (Basel 1955)

KLEIN, FRÉDERIC-EDOUARD: The Law to be Applied by the Arbitrators to the Substance of the Dispute, in: *SCHULTZ/VAN DEN BERG* (Hrsg.), The Art of Arbitration, Liber Amicorum *PIETER SANDERS* (Deventer 1982) 189 ff.

KOKKINI-IATRIDOU, DIMITRA : Aspecten Van De Nieuwe Zwitserse Codificatie Inzake De Internationale Arbitrage – In Rechtsvergelijkend Perspektief, in: *KOKKINI-IATRIDOU/GROSHEIDE* (Hrsg.), Eenvorming En Vergelijkend Privaatrecht 1989 (Lelystad 1989) 267 ff.

KOPELMAANS, LAZARE: The Settlement of Disputes in International Trade, 51 (1961) Colum. L. Rev. 384 ff.

KORNBLUM, UDO: Zur Übernahme des UNCITRAL-Modellgesetzes über die internationale Handelsschiedsgerichtsbarkeit in das deutsche Schiedsverfahrensrecht, in: Glossner (Hrsg.), JPS 1987 (Heidelberg 1988) 34 ff.

KRÖLL, STEFAN: Ergänzung und Anpassung von Verträgen durch Schiedsgerichte (Köln 1998)

KRONKE, HERBERT: Internationale Schiedsverfahren nach der Reform, RIW 1998, 257 ff.

KROPHOLLER, JAN: Das Unbehagen am forum shopping, in: *HENRICH/VON HOFFMANN* (Hrsg.), Festschrift für *KARL FIRSCHING* zum 70. Geburtstag (München 1985) 165 ff.

KROPHOLLER, JAN: Internationales Privatrecht (Tübingen 1989)

KÜHN, WOLFGANG: Express and Implied Choice of Substantive Law in the Practice of International Arbitration, in: *VAN DEN BERG* (Hrsg.), Planning efficient Arbitration Proceedings, ICCA Congress Series No. 7 (Deventer 1996) 380 ff.

LABES, HUBERTUS W. / LÖRCHER, THORSTEN: Das neue Recht der Schiedsgerichtsbarkeit. Zur bevorstehenden Neufassung des 10 Buches der ZPO (§§ 1025 ff), MDR 1997, 420 ff.

LACHMANN, JENS PETER: Handbuch für die Schiedspraxis (Köln 1998)

LAGARDE, PAUL: Anmerkungen zu Cour d'appel von Paris in Sachen *COMPANIA VALENCIANA DE CEMENTOS PORTLAND C. PRIMARY COAL*, Rev.Arb. 1990, 666 ff.

LAGARDE, PAUL: Le principe de proximité dans le droit international privé contemporain, Recureil des Cours 196 (1986-I) 9 ff.

LALIVE, JEAN-FLAVIEN: Contracts between a State or State Agency and Foreign Company, 13 (1964) ICLQ 987 ff.

LALIVE, PIERRE: Transnational (or Truly International) Public Policy and International Arbitration, in: *SANDERS* (Hrsg.), Comparative Arbitration Practice and Public Policy in Arbitration (Deventer 1987) 312 ff.

LALIVE, PIERRE: Le chapitre 12 de la Loi fédérale sur le droit international privé: L'arbitrage international, in: Le nouveau droit international privé suisse: Travaux des journées d'études organisées par le centre du droit de l'entreprise les 9 et 10 octobre 1987 à Lausanne (Lausanne 1988) 209 ff.

LALIVE, PIERRE: Les règles de conflit de lois appliquées par l'arbitre international siègent en Suisse, Rev.Arb. 1976, 155 ff.

LALIVE, PIERRE: Ordre Public Transnational (Ou Réellement International) Et Arbitrage International, Rev.Arb. 1986, 329 ff.

LALIVE, PIERRE: Possible Conflict of Laws and the Rules applicable to the Substance of the Dispute, Rass.d'Arb. 1984, 49 ff.

LALIVE, PIERRE: Problèmes relatifs à l'arbitrage international commercial, Recueil des Cours 1967 I, 569 ff.

LALIVE, PIERRE: The New Swiss Law on International Arbitration, 4 (1988) AI 2 ff.

LALIVE, PIERRE / POUDRET, JEAN-FRANCOIS / REYMOND, CLAUDE: Le droit De L'Arbitrage Interne Et International En Suisse (Lausanne 1989) [zitiert: *LALIVE/POUDRET/REYMOND*, Art.]

LALIVE, PIERRE / GAILLARD, EMMANUEL: Le nouveau droit de l'arbitrage international en Suisse, 116 (1989) JDI (Clunet) 905 ff.

LANDO, OLE: Conflict of Law Rules for Arbitrators, in: *BERNSTEIN* (Hrsg.), Festschrift für *KONRAD ZWEIGERT* zum 70. Geburtstag (Tübingen 1981) 157 ff.

LANDO, OLE: Principles of European Contract Law I-III (The Hague 1999, 2003)

LANDO, OLE: The Law Applicable to the Merits of the Dispute, in: *LEW* (Hrsg.), Contemporary Problems in International Arbitration (Dordrecht 1987) 101 ff. = The law applicable to the merits of the dispute, 2 (1986) AI 104 ff.

LANDO, OLE: The Law Applicable to the Merits of the Dispute, in: *SARCEVIC* (Hrsg.), Essays on International Commercial Arbitration (London 1989) 129 ff.

LANDO, OLE: The Lex Mercatoria and International Commercial Arbitration, 34 (1985) ICLQ 747 ff.

LARENZ, KARL: Methodenlehre der Rechtswissenschaft[6] (Berlin 1991)

LAZAREFF, SERGE : Mandatory Extraterritorial Application of National Law, 11 (1995) AI 137 ff.

LEFLAR, ROBERT: American Conflicts Law (New York 1968)

LELOCZKY, KALMAN: East-West Arbitration – A Practitioner's Viewpoint from Hungary, 4 (1988) AI 266 ff.

LEPSCHY, MARKUS: § 1051 ZPO – Das anwendbare materielle Recht in internationalen Schiedsverfahren (Frankfurt am Main 2003)

LEVEL, PATRICE: La réforme de l'arbitrage international, La Semaine juridique (JCP), édition commerce et industrie, Acualités « Droit et Gestion », 1981, 9899 (JCP.81,ed.CI.I.9899)

LEW, JULIAN D.M.: Applicable Law in International Arbitration (New York 1978) [zitiert: *LEW*]

LEW, JULIAN D.M. / MISTELIS, LOUKAS A. / KRÖLL, STEFAN M.: Comparative International Commercial Arbitration (The Hague 2003) [zitiert: *LEW/MISTELIS/KRÖLL*]

LIEBSCHER, CHRISTOPH: Reform of Austrian Arbitration Law, 18 (2001) J.Int'lArb. 211.

LIEBSCHER, CHRISTOPH / SCHMID, ANDREAS: Part 4: Country Reports: A. Austria, in: *WEIGAND* (Hrsg.), Practitioner's Handbook on International Arbitration München 2002) 541 ff. [zitiert: *LIEBSCHER/SCHMID*]

LIONNET, KLAUS: Handbuch der internationalen und nationalen Schiedsgerichtsbarkeit: Systematische Darstellung der privaten Handelsschiedsgerichtsbarkeit für die Praxis der Parteien[2] (Stuttgart 2001)

LIßNER, SABINE: Handelsbräuche (Dissertation Augsburg 1999)

LOQUIN, ERIC: L'Amiable Composition en Droit Comparé et International (Paris 1980)

LOQUIN, ERIC: Le pouvoirs de l'amiable compositeur à propos de trois arrêts de la Cour d'Appel des Paris (The authority of amiables compoiteurs and 3 judgements of the Paris Court of Appeal), Rev.Arb. 1985, 199 ff.

LOQUIN, ERIC: Le pouvoirs des arbitres internationaux à la lumière de l'evolution récente du droit de l'arbitrage international (The authority of international arbitrators in the light of the recent evolution of international arbitration law), 110 (1983) JDI (Clunet) 293 ff.

LOQUIN, ERIC: Pouvoirs et devoirs de l'amiable compositeur, A propos de trois arrêts de la Cour d'appel de Paris, Rev.Arb. 1985, 199 ff.

LÖRCHER, GINO: Schiedsgerichtsbarkeit: Übernahme des UNCITRAL-Modellgesetzes?, ZRP 1987, 230 ff.

LÖRCHER, GINO / LÖRCHER, HEIKE: Das Schiedsverfahren – national/international – nach neuem Recht (München 1998)

LÖRCHER, HEIKE : Das internationale Handelsschiedsverfahren in Frankreich (Köln 1997) [zitiert: *LÖRCHER*, Frankreich]

LOUMIET, CARLOS E.: United States: Florida International Arbitration Act, Introductory Note, ILM 1987, 949 ff.

LOWENFELD, ANDREAS F.: „Lex mercatoria: An Arbitrators View“, 6 (1990) AI 133 ff.

LOWENFELD, ANDREAS F.: Lex Mercatoria: An Arbitrator's View, in: *CARBONNEAU* (Hrsg.), Lex Mercatoria and Arbitration (New York 1990) 71 ff.

LUCIO, SATURNINI E.: The UNCITRAL Model Law on international commercial arbitration, Int.-Am.L.R. 1985/86, 313 ff.

LÜKE, GERHARD / WAX, PETER (Hrsg.): Münchner Kommentar zur Zivilprozessordnung III² (München 2001)

MAIER, HANS JAKOB: Handbuch der Schiedsgerichtsbarkeit (Herne 1979)

MANIRUZZAMAN, ABOUL F.M.: Conflict of Laws Issues in International Arbitration: Practice and Trends, 9 (1993) AI 371 ff.

MANN, FREDERICK ALEXANDER: Internationale Schiedsgerichte und nationale Rechtsordnung, 130 (1968) ZHR 97 ff.

MANN, FREDERICK ALEXANDER: Lex Facit Arbitrum, in: *SANDERS* (Hrsg.), International Arbitration: Liber Amicorum for *MARTIN DOMKE* (The Hague 1967) 157 ff.; *neu abgedruckt in*: 2 (1986) AI 241 ff.

MANN, FREDERICK ALEXANDER: State Contracts and International Arbitration, 42 (1967) BYIL 1 ff.

MANN, FREDERICK ALEXANDER : The Law Governing State Contracts, 21 (1944) BYIL 11 ff.

MANN, FREDERICK ALEXANDER: The Proper Law of Contracts Concluded by International Persons, 35 (1959) BYIL 34 ff.

MANN, FREDERICK ALEXANDER: The Proper Law of the Conflicts of Law, 36 (1987) ICLQ 437 ff.

MANN, FREDERICK ALEXANDER: The Theoretical Approach Towards the Law Governing Contracts between States and Private Persons, Rev.belge dt.int.1975, 562 ff.

MANN, FREDERICK ALEXANDER: Zur Nationalität des Schiedsspruches, in: *JAGENBURG* (Hrsg.), Festschrift für *WALTER OPPENHOFF* zum 80. Geburtstag (München 1985) 214 ff.

MARCANTTONIO, J. BARRIGAN: ICSID as a Forum fort he Renegotiation and Adaptation of Contracts, in: *HORN* (Hrsg.), Adaption and Renegotiation of Contracts in International Trade and Finance (Deventer 1985) 235 ff.

MARRIOT, ARTHUR: The New Arbitration Bill, Arbitration 1996, 97 ff.

MARTINY, DIETER: Die Bestimmung des anwendbaren Sachrechts durch das Schiedsgericht, in: *GEIMER* (Hrsg.) Wege zur Globalisierung des Rechts, Festschrift für *ROLF A. SCHÜTZE* zum 65. Geburtstag (München 1999) 529 ff. [zitiert: *MARTINY*, FS *SCHÜTZE*]

MARTINY, DIETER: Kommentierung des Art. 35, in: *REBMANN/SÄCKER/RIXECKER* (Hrsg.), Münchner Kommentar zum Bürgerlichen Gesetzbuch X, Einführungsgesetz zum Bürgerlichen Gesetzbuche (Art. 1-38), Internationales Privatrecht³ (München 1998)

MATRAY, LAMBERT: La Loi Belge Du 27 Mars 1985 Et Ses Répercussions Sur L'Arbitrage Commercial International, Rev.dr.int.dr.comp. 1987, 243 ff.

MAXWELL, KAREN: International Arbitration in England, in: *SCHLOSSER* (Hrsg.), Internationale Schiedsgerichtsbarkeit – Arbitrage International – International Arbitration (Bielefeld 1997) 315 ff.

MAXWELL, KAREN : Part 4 Country Reports B. England, in: *WEIGAND* (Hrsg.), Practitioner's Handbook on International Arbitration (München 2002) 593 ff. [zitiert: *MAXWELL*]

MAYER, PIERRE: Mandatory Rules of Law in International Arbitration, 2 (1986) AI 274 ff.

MAYER, PIERRE: L'autonomie de l'arbitrage international, Rec.Cours 1989 V, 319 ff.

MCNAIR, LORD: The General Principles of Law Recognized by Civilized Nations, 33 (1957) BYIL 1 ff.

MELIS, WERNER: Anmerkungen zu OGH vom 18. November 1982, 8 Ob 520/82, IX (1984) YCA 159 ff.
MELIS, WERNER: Austria, in: *PAULSSON* (Hrsg.), International Handbook on Commercial Arbitration I (The Hague, Loseblattsammlung Stand: Oktober 2003)
MERKIN, ROBERT: Arbitration Law (London, Loseblattsammlung Stand: 20.3.1998)
MERKIN, ROBERT: The Arbitration Act 1996: An Annotated Guide (London 1996)
MEZGER, ERNST: Anmerkungen zu Cass. 14. Oktober 1957, Rec.crit. 1957, 684
MEZGER, ERNST: Anmerkungen zu Cour d'appel Paris vom 10.3.1981, Rev.Arb. 1982, 214 ff.
MEZGER, ERNST: Das Europäische Übereinkommen über die Handelsschiedsgerichtsbarkeit, 29 (1965) RabelsZ 231 ff.
MEZGER, ERNST: Kernpunkte der Reform des Rechts der Internationalen Handelsschiedsgerichtsbarkeit in Frankreich, RIW 1981, 511 ff.
MEZGER, ERNST: La distinction entre l'arbitrage dispensé d'òbserver la règle de la loi et l'arbitrage statuant sans appel, in: *SANDERS* (Hrsg.), Liber Amicorum For *MARTIN DOMKE* (Den Haag 1967) 184 ff.
MEZGER, ERNST: The ICC Rules for the Adaption of Contracts, in: *HORN* (Hrsg.), Adaption and Renegotiation of Contracts in International Trade and Finance (Deventer 1985) 205 ff.
MEZGER, ERNST: Überblick über das französische Recht der Schiedsgerichtsbarkeit nach dem Reformdekret vom 14.5.1980, ZZP 94 (1981) 117 ff.
MEZGER, ERNST: Verstoß gegen die öffentliche Ordnung bei Beurteilung ausländischer Schiedssprüche, NJW 1970, 368 ff.
MICHAELS, RALF: Privatautonomie und Privatkodifikation – Zu Anwendbarkeit und Geltung allgemeiner Vertragsrechtsprinzipien, 62 (1998) RabelsZ 580 ff.
MILLER, FRANCIS: Arbitration Act 1996, The Proceedings in Parliament, Westminster, Arbitration 1996, 250 ff.
MOLLER, HANS: Schiedsverfahrensnovelle und Europäisches Übereinkommen über die internationale Handelsschiedsgerichtsbarkeit, NZG 2000, 57 ff.
MOSS, GIUDITTA CORDERO: International commercial arbitration – Party Autonomy and Mandatory Rules (Oslo 1999)
MUSIELAK, HANS-JOACHIM (Hrsg.): Kommentar zur Zivilprozessordnung[3] (München 2002)
MUSTILL Report: Departmental Advisory Committee on Arbitration Law: A report on the UNCITRAL Model Law on International Arbitration (Chairman: The Rt Hon Lord Justice *MUSTILL*) London 1989, abgedruckt in: 6 (1990) AI 3 ff.
MUSTILL, MICHAEL JOHN: Arbitration: History and Background, 6 (1989) J.Int'lArb. 43 ff.
MUSTILL, MICHAEL JOHN: The New Lex Mercatoria: The First Twenty-Five Years, 4 (1988) AI 86 ff.
MUSTILL, MICHAEL JOHN: The New Lex Mercatoria: The First Twenty-Five Years, in: *BOS/BROWNLIE* (Hrsg.), Liber Amicorum for *LORD WILBERFORCE* (Oxford 1987) 149 ff.;
MUSTILL, MICHAEL JOHN / BOYD, STEWARD: Commercial Arbitration[2] (London 1989, ohne Änderungen neu aufgelegt in 1997) [zitiert: *MUSTILL/BOYD*]
NAGEL, HEINRICH / GOTTWALD, PETER : Internationales Zivilprozessrecht[4] (Münster 1997)
NAÓN, HORACIO GRIGERA: Choice of Law Problems in International Arbitration (Tübingen 1992)
NEUHAUS, PAUL HEINRICH: Die Grundbegriffe des Internationalen Privatrechts[2] (Tübingen 1976)
NIBOYET, JEAN-PAULINE: La Théorie de l'autonomie de la volonté, 16 (1927-I) Rec. des Cours 1 ff.
NÖCKER, THOMAS: Das Recht der Schiedsgerichtsbarkeit in Kanada (Heidelberg 1988) [zitiert: *NÖCKER*]
NOLEN, WILLEM ANTON: Handleiding Voor Arbiters[3] (Zwolle 1957)
NORTH, PETER: Private International Law Problems in Common Law Jurisdictions (Dordrecht 1993)
NORTH, PETER / FAWCETT, JAMES J.: Cheshire and North Private International Law[11] (London 1987)
NUSSBAUM, ARTHUR: Grundzüge des Internationalen Privatrechts (München 1952)
O'CONNELL, DANIEL PATRICK: International Law[2] (London 1970)

O'CONNELL, DANIEL PATRICK: The Law of State Succession (Cambridge 1956)

OBERHAMMER, PAUL: Entwurf eines neuen Schiedsverfahrensrechts (Wien 2002) [zitiert: *OBERHAMMER*]

OKEKE, CHRIS N.: Controversial Subjects of Contemporary International Law (Rotterdam 1973)

OPPETIT, BRUNO: Anmerkungen zu Cour de cassation vom 9. Dezember 1981, *FOUGEROLLE (FRANKREICH) V. BANQUE DU PROCHE ORIENT (LIBANON)*, 109 (1982) JDI (Clunet) 931 ff.

OSTERTHUN, BIRTHE: Das neue Recht der Schiedsgerichtsbarkeit, TranspR 1998, 177 ff.

PANCHAUD, ANDRE: Le Siège De L'Arbitrage International de Droit Privé, Rev.Arb. 1966, 2 ff.

PARK, WILLIAM: Control Mechanism in the development of a modern lex mercatoria, in: *CARBONNEAU* (Hrsg.), Lex mercatoria and arbitration. A Discussion of the New Law Merchant (New York 1990) 127 ff.

PAULSSON, JAN: THE ICSID KLÖCKNER V. CAMEROON AWARD: The Duties of Partners in North-South Economic Development Agreements, 1 (1984) J.Int'lArb. 145 ff.

PAULSSON, JAN (Hrsg.): International Handbook on Commercial Arbitration I und II (The Hague, Loseblattsammlung, Stand: Oktober 2003)

PAULSSON, JAN / RAWDING, NIGEL / REED, LUCY / SCHWARTZ, ERIC : The Freshfields Guide to Arbitration and ADR² (The Hague 1999) [zitiert: *PAULSSON/RAWDING/REED/SCHWARTZ*]

PETER, WOLFGANG: Arbitration and Renegotiation Clauses, 3 (1986) J.Int'lArb. 29 ff.

PETER, WOLFGANG: Arbitration and Renegotiation of International Investment Agreements (Dordrecht 1986)

PFEIFFER, THOMAS: Die Entwicklung des Internationalen Vertrags-, Schuld- und Sachenrechts 1997-1999, NJW 1999, 3674 ff.

PHILLIPS, J.F.: Arbitration – the revolution of the 80's, Arbitration 1986, 75 ff.

POGANY, STEHPEN I.: Economic Development Agreements, 7 (1992) ICSID Rev. FILJ 1 ff.

POMMIER, JEAN-CHRISTOPHE: La résolution du conflit de lois en matière contractuelle en présence d'une élection de droit; le rôle de l'arbitre, 119 (1992) JDI (Clunet) 5 ff.

RAAPE, LEO: Internationales Privatrecht⁵ (Berlin 1961)

RAAPE, LEO / STURM, FRITZ: Internationales Privatrecht, Band I, Allgemeine Lehren⁶ (München 1977)

RABEL, ERNST: The Conflict of Laws. A Comparative Study², Bd. 2 (Michigan 1960)

RAESCHKE-KESSLER, HILMAR: Neuere Entwicklungen der deutschen internationalen Schiedsgerichtsbarkeit, AnwBl 1993, 141 ff.

RAESCHKE-KESSLER, HILMAR: Neuere Entwicklungen im Bereich der internationalen Schiedsgerichtsbarkeit, NJW 1988, 3041 ff.

RAUH, KARLHEINZ: Die Schieds- und Schlichtungsordnung der UNCITRAL (Köln 1983)

RAWDING, NIGEL: Protecting Investments Under State Contracts: Somes Legal and Ethical Issues, 15 (1999) AI 341 ff.

REAL, GUSTAV: UNCITRAL-Modellgesetz über die internationale Handelsschiedsgerichtsbarkeit, ZVglRWiss 89 (1990), 407 ff.

RECHBERGER, WALTER H. / SIMOTTA, DAPHNE-ARIANE: Grundriss des österreichischen Zivilprozessrechts – Erkenntnisverfahren⁶ (Wien 2003)

REDFERN, ALAN / HUNTER, MARTIN: Law and Practice of International Commercial Arbitration³ (London 1999) [zitiert: *REDFERN/HUNTER*]

REIMANN, THOMAS: Der rechtsordnungslose Vertrag (Bonn 1970)

REINER, ANDREAS: Die internationale Schiedsgerichtsbarkeit nach österreichischem und französischem Recht, ZRVgl. 1986, 162 ff.

REINER, ANDREAS: ICC Schiedsgerichtsbarkeit – Ein Handbuch für die Praxis (Wien 1989)

REYMOND, CLAUDE: La Nouvelle Loi Suisse Et Le Droit de L'Arbitrage International – Réflexions De Droit Comparé, Rev.Arb. 1989, 385 ff.

REYMOND, CLAUDE: The Channel Tunnel Case and the Law of International Arbitration, 109 (1993) LQR 337 ff.

RIEDBERG, PETER: Der amiable compositeur in internationalen privaten Schiedsgerichtsverfahren (Frankfurt am Main 1962)

RIVKIN, DAVID R.: Enforcebility of Arbitral Awards based on Lex Mercatoria, 3 (1993) AI 67 ff.

ROBERT, JEAN: La dénaturation par l'arbitre, Réalites et perspectives, Rev.Arb. 1982, 405 ff.

ROBERT, JEAN / MOREAU, BERTRAND: L'arbitrage, droit interne, droit international privé[5] (Paris 1983)

ROBERT, JEAN / CARBONNEAU, THOMAS E.: The French Law of Arbitration (New York 1983)

ROEBUCK, DEREK: Sources for the History of Arbitration, 14 (1998) AI 237 ff.

ROKISON, KENNETH S.: The Practice of Arbitration in England insofar as it Relates to Anglo-German Business Relations, in: *BÖCKSTIEGEL* (Hrsg.), Handelsschiedsgerichtsbarkeit in England und in der Bundesrepublik Deutschland, DIS Band 7 (Köln 1987) 19 ff.

ROMAIN, ALFRED / BADER, HANS ANTON / BYRD, B. SHARON: Dictionary of Legal and Commercial Terms[5] (München 2000)

ROTH, GÜNTHER H.: Die Anerkennung von Schiedssprüchen in Europa, KTS 1967, 65 ff.

ROTH, MARIANNE: Part 5: The UNCITRAL Model Law on International Commercial Arbitration, in: *WEIGAND* (Hrsg.), Practitioner's Handbook on International Arbitration (München 2002) 1153 ff. [zitiert: *ROTH*, Art.]

RUBINO-SAMMARTANO, MAURO: Amiable Compositeur (Joint Mandate to Settle) and Ex Bono et aequo (Discretional Authority to Mitigate Strict Law) – Apparent Synonyms Revised, 9 (1992) J.Int'lArb. 5 ff.

RUBINO-SAMMARTANO, MAURO: International Arbitration Law (Deventer 1990) [zitiert: *RUBINO-SAMMARTANO*]

RUBINO-SAMMARTANO, MAURO: Le „Tronc Commun" des Lois Nationales En Présence (Réflexions Sur Le Droit Applicable Par L'Arbitre International), Rev.Arb. 1987, 133 ff.

RÜEDE, THOMAS / HADENFELDT, REIMER: Schweizerisches Schiedsgerichtsrecht (Zürich 1980)

RÜEDE, THOMAS / HADENFELDT, REIMER: Schweizerisches Schiedsgerichtsrecht[2] (Zürich 1993) [zitiert: *RÜEDE/HADENFELDT*]

RUTHERFORD, MARGARET / SIMS, JOHN: Arbitration Act 1996: A Practical Guide (London 1996)

SALEH, SAMIR: Commercial Arbitration in the Arab Middle East (London 1984)

SAMUEL, ADAM: A Critical Look at the Reform of Swiss Arbitration Law, 7 (1991) AI 27 ff.

SAMUEL, ADAM: Arbitration in Western Europe – A Generation of Reform, 7 (1991) AI 319 ff.

SAMUEL, ADAM: Jurisdictional Problems in International Commercial Arbitration – A Study of Belgian, Dutch, English, French, Swedish, U.S. and West German Law (Zürich 1989)

SANDERS, PIETER: Commentary on UNCITRAL Arbitration Rules, II (1977) YCA 172 ff.

SANDERS, PIETER: Het nieuwe arbitragerecht (Deventer 1987)

SANDERS, PIETER: The Introduction of UNCITRAL's Model Law on International Arbitration into German Legislation, in: *GLOSSNER* (Hrsg.), 4 (1990) JPS 121 ff.

SANDERS, PIETER: The Work of UNCITRAL on Arbitration and Conciliation (The Hague 2001)

SANDERS, PIETER: Unity and Diversity in the Adoption of the Model Law, 11 (1995) AI 1 ff.

SANDERS, PIETER (Hrsg.): Arbitrage International Commercial, Vol. I (Paris 1956)

SANDERS, PIETER (Hrsg.): International Handbook on Commercial Arbitration (Deventer 1984 ff., Loseblattsammlung, Stand: Oktober 2003)

SANDERS, PIETER / VAN DEN BERG, ALBERT JAN: The Netherlands Arbitration Act 1986 (Deventer 1987)

SANDERS, PIETER / VAN DEN BERG, ALBERT JAN [von 1987] (Hrsg.): Yearbook Commercial Arbitration

SANDROCK, OTTO: "Ex aequo et bono" und "amiable composition" – Vereinbarungen: ihre Qualifikation, Anknüpfung und Wirkungen, in: *GLOSSNER* (Hrsg.), Jahrbuch für die Praxis der Schiedsgerichtsbarkeit 1988 (Heidelberg 1989) 120 ff. [zitiert: *SANDROCK*, Jahrbuch Schiedsgerichtsbarkeit]

SANDROCK, OTTO: Choice of Law and Choice of a Forum in Civil Law Jurisdictions, in: *YELPAALA* (Hrsg.), Drafting and Enforcing Contracts in Civil and Common Law Jurisdictions (Deventer 1986) 145 ff.

SANDROCK, OTTO: The Place of Arbitration and the Law Applicable to the Merits of the Dispute, in: *STORME/LY* (Hrsg.) The Place of Arbitration (Ghent 1992) 89 ff.

SANDROCK, OTTO: Welches Kollisionsrecht hat ein Schiedsgericht anzuwenden?, RIW 1992, 785 ff.

SANDROCK, OTTO: Zügigkeit und Leichtigkeit versus Gründlichkeit – Internationale Schiedsverfahren in der Bundesrepublik Deutschland (Anmerkungen zu BGH (26.9.1985) [NJW 1986, 1436 (1437)]) JZ 1986, 370 ff

SANDROCK, OTTO: „Scharfer" ordre public interne und „laxer" ordre public international, in: *COESTER/MARTINY/PRINZ VON SACHSEN GESSAPHE* (Hrsg.), Privatrecht in Europa, Festschrift für *HANS JÜRGEN SONNENBERGER* zum 70. Geburtstag (München 2004) 615 ff.

SANDROCK, OTTO (Hrsg.): Handbuch der Internationalen Vertragsgestaltung I & II (Heidelberg 1980)

SAVILLE, LORD JUSTICE: An introduction to the 1996 Arbitration Act, Arbitration 1996, 165 ff.

SAVILLE, LORD JUSTICE : The Arbitration Act, LMCLQ 1997, 502 ff.

SCHACK, HAIMO: Keine stillschweigende Rechtswahl im Prozeß!, IPRax 1986, 272 ff.

SCHACK, HEIMO: Rechtswahl im Prozeß?, NJW 1984, 2736 ff.

SCHLOSSER, PETER: Anmerkungen zu OGH vom 18.11.1982, KTS 1983, 668 ff.

SCHLOSSER, PETER: Bald neues Recht der Schiedsgerichtsbarkeit in Deutschland?, RIW 1994, 723 ff.

SCHLOSSER, PETER: Das Internationale an der internationalen privaten Schiedsgerichtsbarkeit, RIW 1982, 857 ff.

SCHLOSSER, PETER: Das neue deutsche Recht der Schiedsgerichtsbarkeit, in: *KOHLER* (Hrsg.) Revision des EuGVÜ – Neues Schiedsverfahrensrecht (Bielefeld 2000) 163 ff.

SCHLOSSER, PETER: Das Recht der internationalen privaten Schiedsgerichtsbarkeit I (Tübingen 1975)

SCHLOSSER, PETER: Das Recht der internationalen privaten Schiedsgerichtsbarkeit² (Tübingen 1989) [zitiert: *SCHLOSSER*]

SCHMITTHOFF, CLIVE M.: Das neue Recht des Welthandels, 28 (1964) RabelsZ 47 ff.

SCHMITTHOFF, CLIVE M.: International Trade Usages, Institute of International Business Law and Practice Newsletter, Special Issue (Paris 1987)

SCHMITTHOFF, CLIVE M.: The English Conflict of Laws³ (London 1954)

SCHNYDER, ANTON K.: Das neue IPR-Gesetz² (Zürich 1990)

SCHULTSZ, JAN C.: Legislation in the Netherlands and international arbitration, Mededelingen van de Nederlands Vereniging voor Internationaal Recht, No. 93, November 1986, 3 ff.

SCHUMACHER, KLAUS: Das neue 10. Buch der Zivilprozessordnung im Vergleich zum UNCITRAL-Modelgesetz über die internationale Handelsschiedsgerichtsbarkeit, BB 1998 Beilage 2, 6 ff.

SCHUMACHER, KLAUS: Fragen zum Anwendungsbereich des künftigen deutschen Schiedsverfahrensrecht, in: *PLANTEY* (Hrsg.), Festschrift für *OTTOARNDT GLOSSNER* zum 70. Geburtstag (Heidelberg 1994) 341 ff. [zitiert: *SCHUMACHER*, FS *GLOSSNER*]

SCHÜTZE, ROLF A.: Die Bestimmung des anwendbaren Rechts im Schiedsverfahren und die Feststellung seines Inhalts, in: *BRINER/FORTIERT/BERGER/BREDOW* (Hrsg.), Law of International Business and Disputes Settlement in the 21st Century, Festschrift für *KARL HEINZ BÖCKSTIEGEL* (Köln 2001) 715 ff.

SCHÜTZE, ROLF A.: Schiedsgericht und Schiedsverfahren³ (München 1999)

SCHÜTZE, ROLF A. / TSCHERNING, DIETER / WAIS, WALTER: Handbuch des Schiedsverfahrens² (Berlin 1990)

SCHWAB, KARL HEINZ: Das UNCITRAL-Model Law und das deutsche Recht, in: *HABSCHEID* (Hrsg.), Beiträge zum internationalen Verfahrensrecht und zur Schiedsgerichtsbarkeit: Festschrift für *HEINRICH NAGEL* zum 75. Geburtstag (Münster 1987) 427 ff.

SCHWAB, KARL HEINZ / WALTER, GERHARD: Schiedsgerichtsbarkeit⁶ (München 2000)

SCHWENZER, INGEBORG: Stillschweigende Rechtswahl durch Prozessverhalten im österreichischen IPR, IPRax 1991, 129 ff.

SEIDL-HOHENVELDERN, IGNAZ: Anmerkungen zu OGH vom 18.11.1982, RIW 1983, 870 ff.

SEIDL-HOHENVELFERN, IGNAZ: The Theory of Quasi-International and Partly International Agreements, Rev.belge dt.int.1975, 567 ff.

SEMPLE, WALTER: Jüngste Entwicklungen der internationalen Schiedsgerichtsbarkeit in England und Schottland: unterschiedliche Lösungen, FORUM International 1999, 77 ff.

SHACKLETON, STEWARD R.: The Applicable Law in International Arbitration under the New English Arbitration Act 1996, 13 (1997) AI 375 ff.

SHEIKH, FATH EL RAHMAN ABDALLA: The Legal Regime of Foreign Investment in the Sudan and Saudi Arabia: A Case Study of Developing Countries (Cambridge 1986)

SIEHR, KURT: Sachrecht im IPR, Transnationales Recht und lex mercatoria, in: *HOLL/KLINKE* (Hrsg.), Internationales Privatrecht, Internationales Wirtschaftsrecht (Köln 1985) 103 ff.

SOHN, LOUIS B. / BAXTER, R.R.: Responsibility of States for Injuries to Economic Interests of Aliens, 55 (1961) AJIL 545 ff.

SOLOMON, DENNIS: Das vom Schiedsgericht in der Sache anzuwendende Recht nach dem Entwurf des Gesetzes zur Neuregelung des Schiedsverfahrens, RIW 1997, 981 ff.

SONNENBERGER, HANS JÜRGEN : Französisches Handels- und Wirtschaftsrecht² (Heidelberg 1991)

STEIN, FRIEDRICH / JONAS, MARTIN (Hrsg.): Kommentar zur Zivilprozeßordnung²² (Tübingen 2002)

STEIN, P.A.: Compendium van het burgerlijk procesrecht⁷ (Deventer 1987)

STEINBRÜCHEL, WOLFGANG: Rechtsanwendung oder Billigkeitsentscheid im privaten Schiedsgerichtsrecht nach den kantonalen Schiedsordnungen (Dissertation Zürich 1935)

STEYN, JOHAN: 1993 Freshfields Arbitration Lecture: England's Response to the Model Law of Arbitration, Arbitration 1994, 184 ff. = 10 (1994) AI 1 ff.

STEYN, JOHAN: England's Response to the UNCITRAL Model Law of Arbitration, 10 (1994) AI 1 ff.

STEYN, JOHAN: England's response to the Model Law of Arbitration: 1993 Freshfields arbitration lecture, Arbitration 1994, 184 ff.

STEYN, JOHAN: Towards a New English Arbitration Act, 7 (1991) AI 17 ff.

STOECKER, CHRISTOPH: The lex mercatoria: To what extent does it exist?, 1 (1990) J.Int'l.Arb. 101 ff.

STOFFEL, WALTER A.: Ein neues Recht des internationalen Warenkaufs in der Schweiz, SJZ 1990, 169 ff.

STOLL, HANS: Bemerkungen zu den Vorschriften über den "Allgemeinen Teil" im Gesetzesentwurf der Bundesregierung zur Neuregelung des IPR (Art. 3-9, 11-12), IPRax 1984, 1 ff.

SZÁSZ, IVAN: Introduction to the Law of UNCITRAL on International Commercial Arbitration, Rass.d'Arb 1984, 5 ff.

SZÁSZ, IVAN: Introduction to the Model Law of UNCITRAL on Interntional Commercial Arbitration, in: *SANDERS* (Hrsg.), UNCITRAL's Project for a Model Law on International Commercial Arbitration, ICCA Congress Series No. 2 (Deventer 1984) 31 ff. [zitiert: *SZÁSZ*, ICCA Congress Series No. 2]

SZURSKI, TADEUSZ: Arbitration Agreement and Competence of the Arbitral Tribunal, in: *SANDERS* (Hrsg.), UNCITRAL's Project for a Model Law on International Commercial Arbitration, ICCA Congress Series No. 2 (Deventer 1984) 53 ff. [zitiert: *SZURSKI*, ICCA Congress Series No. 2]

THOMAS, HEINZ / PUTZO, HANS (Hrsg.): Zivilprozessordnung²⁵ (München 2003)

TOOPE, STEPHEN J.: Mixed International Arbitration: Studies in Arbitration between States and Private Persons (Cambridge 1990) [zitiert: *TOOPE*]

TRAKMAN, LEON E.: The Law Merchant: The Evolution of Commercial Law (Littleton 1983)

TRAPPE, JOHANNES: The Arbitration Proceedings, 15 (1998) J.Int'lArb. 93 ff.

TRIEBEL, VOLKER / PLAßMEIER, HEIKO: Das neue englische Schiedsgerichtsgesetz, BB 1997, Beilage 13, 2 ff.

TRIEBEL, VOLKER / VIERTEL, BERTHOLD: Die Bundesrepublik Deutschland wird als Schiedsgerichtsort im internationalen Schiedsverfahren gemieden - Zur Reformbedürftigkeit des § 1039 ZPO, BB 1986, 1168 ff.

TRIEBEL, VOLKER / PETZOLD, ECKART: Grenzen der lex mercatoria in der internationalen Schiedsgerichtsbarkeit, RIW/AWD 1988, 245 ff.

TSCHANZ, PIERRE-YVES: Le Nouveau Droit Suisse De L'Arbitrage International, RDAI 1988, 437 ff.

UN-DOKUMENTE:

UN Doc. A/40/17
UN Doc. A/CN.9/168
UN Doc. A/CN.9/207
UN Doc. A/CN.9/216
UN Doc. A/CN.9/232
UN Doc. A/CN.9/245
UN Doc. A/CN.9/263
UN Doc. A/CN.9/263/ADD.1
UN Doc. A/CN.9/264
UN Doc. A/CN.9/SER.A/1970
UN Doc. A/CN.9/SER.A/1976
UN Doc. A/CN.9/SR.227
UN Doc. A/CN.9/SR.305-333
UN Doc. A/CN.9/WG.II/WP.35
UN Doc. A/CN.9/WG.II/WP.49
UN Doc. A/CN.9/WG.II/WP.50
UN Doc. A/CN.9/XVIII/CRP.5
UN Doc. A/RES/40/72

VAN DEN BERG, ALBERT JAN: An de Balie van het Schiedsgerecht, TvA 1984, 171 ff.

VAN DEN BERG, ALBERT JAN: The New York Convention of 1958: Towards a Uniform Judicial Interpretation (Deventer 1981)

VAN DEN BERG, ALBERT JAN / VAN DELDEN, ROBERT / SNIJDERS, HENRICUS JOSEPH: Arbitragerecht (Zwolle 1988)

VAN HOF, JACOMIJN: Commentary on the UNCITRAL Arbitration Rules (The Hague 1991)

VAN HOUTTE, HANS: Arbitrage En Toepasselijk Recht, TvPr 1982, 703 ff.

VEEDER, V.V.: England, in: *PAULSSON* (Hrsg.), International Handbook on Commercial Arbitration II (The Hague, Loseblattsammlung, Stand: Oktober 2003)

VERDROSS, ALFRED: The Status of Foreign Private Interests Stemming from Economic Development Agreements with Arbitration Clauses, 18 (1958) ZaöRV 449 ff.

VOGEL, OSKAR: Grundriss des Zivilprozessrechts (Bern 1984)

VOIT, WOLFGANG: Kommentierung des deutschen Schiedsverfahrensrechts (insbes. §§ 1031, 1051 und 1059 dtZPO), in: *MUSIELAK* (Hrsg.), Kommentar zur Zivilprozessordnung³ (München 2002) [zitiert: *VOIT*]

VOIT, WOLFGANG: Privatisierung der Gerichtsbarkeit, JZ 1997, 120 ff.

VON BAR, CHRISTIAN: Internationales Privatrecht I, Allgemeine Lehren (München 1987)

VON BREITENSTEIN, DETLEV: Internationale Arbitrage im französischen Recht, in: *BÖCKSTIEGEL* (Hrsg.), Schiedsgerichtsbarkeit in Frankreich (Köln 1986) 15 ff. [zitiert: *VON BREITENSTEIN*, Frankreich]

VON HOFFMANN, BERND: „Lex mercatoria" vor internationalen Schiedsgerichten, IPRax 1984, 106 ff.

VON HOFFMANN, BERND: Anmerkungen zum neuen internationalen Schiedsrecht der Schweiz, in: *BÖCKSTIEGEL* (Hrsg.), Die internationale Schiedsgerichtsbarkeit in der Schweiz II (Köln 1989 147 ff.

von Hoffmann, Bernd: Die Novellierung des deutschen Schiedsverfahrensrechts von 1986, IPRax 1986, 337 ff.

von Hoffmann, Bernd: Grundsätzliches zur Anwendung der „lex mercatoria“ durch internationale Schiedsgerichte, in: *Musielak* (Hrsg.), Festschrift für *Gerhard Kegel* zum 75. Geburtstag (Stuttgart 1987) 215 ff.

von Hoffmann, Bernd: Internationale Handelsschiedsgerichtsbarkeit (Frankfurt am Main 1970) [zitiert: *von Hoffmann*]

von Hülsen, Hans-Viggo: Stillschweigende Rechtswahl bei Inkorporation der Charterpartie ins Konnossement und Abschluß von Schiedsvereinbarungen, AWD/RIW 1967, 267 ff.

von Mehren, Arthur Taylor: To what Extent is International Commercial Arbitration Autonomous?, in: *Fouchard/Kahn/Lyon-Caen* (Hrsg.), Le droit des relations Économiques Internationales, Études offertes à *Berthold Goldman* (Paris 1982) 217 ff.

von Overbeck, Alfred E.: Das neue schweizerische Bundesgesetz über das internationale Privatrecht, IPRax 1988, 329 ff.

von Saucken, Alexander: Die Reform des österreichischen Schiedsverfahrensrechts auf der Basis des UNCITRAL-Modellgesetzes über die internationale Handelsschiedsgerichtsbarkeit (Dissertation Salzburg 2003) [zitiert: *von Saucken*]

von Savigny, Friedrich Carl: System des heutigen römischen Rechts – Band VIII (Berlin 1849)

von Schlabrendorff, Fabian: Auswirkungen des neuen Rechts auf die Praxis des Schiedsverfahrens, DIS-MAT IV (Bonn 1998) 27 ff.

Vulliemin, Jean-Marie: Anmerkungen zu Schweizer Kantonsgericht Vaud vom 28. Januar 1986, ASA Bull. 1986, 137 ff.

Wagner, Gerhard: Fakultatives Kollisionsrecht und prozessuale Parteiautonomie, ZEuP 1999, 6 ff.

Wagner, Gerhard: Part. 4 Country Reports D. Germany; in: *Weigand* (Hrsg.), Practitioner's Handbook on International Arbitration (München 2002) 685 ff. [zitiert: *Wagner*]

Wagner, Gerhard: Rechtswahlfreiheit im Schiedsverfahren: Ein Probierstein für die juristische Methodenlehre, in: *Gottwald/Roth* (Hrsg.), Festschrift für *Ekkehard Schumann* zum 70. Geburtstag (Tübingen 2001) 535 ff.

Walter, Gerhard: Die Internationale Schiedsgerichtsbarkeit in der Schweiz, in: *Schlosser* (Hrsg.), Internationale Schiedsgerichtsbarkeit – Arbitrage International – International Arbitration (Bielefeld 1997) 817 ff. [zitiert: *Walter*, Internationale Schiedsgerichtsbarkeit]

Walter, Gerhard: Schiedsverfahrensrecht (München 2000)

Walter, Gerhard / Bosch, Wolfgang / Brönnimann, Jürgen: Internationale Schiedsgerichtsbarkeit in der Schweiz (Bern 1991) [zitiert: *Walter/Bosch/Brönnimann*, Art.]

Weigand, Frank-Bernd: Das neue deutsche Schiedsverfahrensrecht – Umsetzung des UNCITRAL-Modellgesetzes, WiB 1997, 1273 ff.

Weigand, Frank-Bernd: Das neue englische Schiedsverfahrensrecht, RIW 1997, 904 ff.

Weigand, Frank-Bernd (Hrsg.): Practitioner's Handbook on International Arbitration (München 2002)

Weise, Paul Frank: Lex Mercatoria: Materielles Recht vor der internationalen Handelsschiedsgerichtsbarkeit (Frankfurt am Main 1990)

Wenger, Werner: Die internationale Schiedsgerichtsbarkeit, Bas.Jur.Mitt. 1989, 337 ff.

Wenger, Werner: Zum obligationsrechtlichen Schiedsverfahren im schweizerischen Recht (Basel 1968)

Wengler, Wilhelm: Les principes généraux du droit en tant que loi du contrat, Rec.crit. 1982, 478 ff.

Westlake, John: A Treatise on Private International Law^2 (London 1880)

Wetter, Gillis J.: The International Arbitral Process: Public And Private, Band II (New York 1979)

Wichard, Johannes Christian: Die Anwendung der UNIDROIT-Prinzipien für internationale Handelsverträge durch Schiedsgerichte und staatliche Gerichte, 60 (1996) RabelsZ 269 ff.

WILNER, GABRIEL M.: Determining the Law Governing Performance in International Commercial Arbitration: A Comparative Study, 19 (1965) Rutgers L. Rev. 646 ff.
WINKLER, ROLF M. / WEINAND, ARMIN : Deutsches internationales Schiedsverfahrensrecht, BB 1998, 587 ff.
WOLFF, MARTIN: Private International Law² (London 1950)
WOLFF, MARTIN : Some Observations on the Autonomy of Contracting Parties in Conflict of Laws, 35 (1950) Grotius Transactions 143
WOOD, PHILIP R.: Law and Practice of International Finance (London 1980)
WORTMANN, BREDA: Choice of Law by Arbitrators: The Applicable Conflict of Laws System, 14 (1998) AI 97 ff.
YNTEMA, HESSEL E.: "Autonomy" in Choice of Law, 1 (1952) Am.J.Comp.L. 341 ff.
YU, HONG-LIN: Amiable Composition – A Learning Curve, 17 (2000) AI 79 ff.
ZERBE, GÖTZ: Die Reformen des deutschen Schiedsverfahrensrechts auf der Grundlage des UNCITRAL-Modellgesetzes über die internationale Handelsschiedsgerichtsbarkeit (Baden-Baden 1995) [zitiert: *ZERBE*]
ZÖLLER, RICHARD (Hrsg.): Zivilprozessordnung²³ (Köln 2002)
ZORN, STEPHEN: New Developments in Third World Mining Agreements, 1 (1977) Nat.Res.F. 239 ff.
ZWEIGERT, KONRAD / VON HOFFMANN, BERND: Zur internationalen Joint-Venture, in: *GLOSSNER* (Hrsg.), Festschrift für *MARTIN LUTHER* zum 70. Geburtstag am 13. Juli 1976 (München 1976) 203 ff.

Entscheidungsverzeichnis

A.S. Rampell, Inc. v. Hyster Co. (1957),
165 NYS 2d 475 =
144 NE.2d 371, 379 =
3 NY 2d 369
Ad hoc Schiedsspruch vom 22.7.1966,
I (1976) YCA 141
Alsing Trading Co. Ltd. and Svenska Tandsticks Aktiebolaget v. Greece,
Ad Hoc Schiedsspruch vom 22.12.1954,
23 (1956) ILR 633
Amin Rasheed Shipping Corporation v. Kuwait Insurance Co. (1984),
2 All ER 884 =
1 AC 50
Amoco Iran Oil Company v.The Islamic Republic of Iran (14.7.1987), Teilschiedsspruch,
15 Iran-US CTR 189
Appelationsgericht Brüssel vom 12.10.1992,
B.V. Haegens Bouw v. N.V. Theuma Deurenindustrie,
XVIII (1993) YCA 612
Bank Mellat v. Helleniki Techniki SA (26.6.1983),
WLR 1983, 783 =
3 All ER 428 =
KTS 1985, 306
BGE vom 10.5.1982,
Edok SA c. Hydromechaniki S.à.r.l. et Eupalinos SA,
BGE 108 Ia 197 =
JdT 130 (1982) I, 567
BGE vom 18.2.1983,
El Nasr Export Import & Co. c. Anglo French Steel Corporation SA,
BGE 109 Ia 81 =
JdT 132 (1984) I, 319 =
Praxis 72 (1983) Nr. 200 =
Sem.jud. 105 (1983) 497 =
SJIR 40 (1984) 312 =
23 (1984) ILM 1143 =
X (1985) YCA 123
BGE vom 2.5.1973,
Vögtli gg. Müller,
BGE 99 II 315
BGE vom 23.3.1965,
Adès gg. Internationale Filmvertriebsanstalt,
BGE 91 II 46

BGE vom 25.8.1961,
SESSLER GG. SWAN,
BGE 87 II 194
BGE vom 3.1.1984,
OTTO SCERRI SA C. PATRIZIATO DI BEDRETTO,
BGE 110 Ia 56 =
JdT 133 (1985) I, 157 =
Praxis 74 (1985) Nr. 239
BGE vom 31.8.1953,
KÜNZLE GG. BAYRISCHE HYPOTHEKEN- UND WECHSELBANK,
BGE 79 II 295
BGE vom 8.4.1981,
BETTYDO SA C. TORRIANI,
BGE 107 Ib 63 =
JdT 131 (1983) I, 230 =
Praxis 70 (1981) Nr. 218
BGH vom 26.11.1980 – VIII ZR 261/79,
WM 1981, 169 =
NJW 1981, 1156 =
IPRax 1980, 180
BGH vom 14.4.1988 – III ZR 12/87,
BGH RIW 1988, 642
BGH vom 15.1.1986 – VIII ZR 6/85,
BGH IPRax 1986, 292
BGH vom 19.9.1973,
IPRspr. 1973, Nr. 11
BGH vom 23.7.1997 – VIII ZR 134/96,
UNILEX =
NJW 1997, 3309
BGH vom 26.9.1985 – III ZR 16/84,
NJW 1986, 1436 =
RIW 1985, 970 =
BGHZ 96, 40
BGH vom 28.11.1963 – VII ZR 112/62,
BGHZ 40, 320
BGH vom 28.3.1979 – VIII ZR 37/78,
BGHZ 74, 193
BGH vom 3.10.1956 – V ZR 32/55,
BGHZ 21, 365
BGH vom 3.12.1992 – III ZR 30/91,
NJW 1993, 1798
BGH vom 4.12.1985,
BGHZ 96, 313
BGH vom 5.12.1966,
WM 1967, 141
BGH vom 5.12.1967 – II ZR 232/64,
RIW 1967, 108
BOISSEVAIN V. WEIL,
1 (1959) KB 482 =

AC 1950, 327 =
1 All ER 728

Bonython v. Commonwealth of Australia (English House of Lords),
AC 1951, 201

British Petroleum (Libya) v. The Government of the Libyan Arab Republic (10.10.1979),
53 (1979) ILR 297 =
V (1980) YCA 143 =
104 (1977) JDI (Clunet) 350 =
17 (1978) ILM 3

Channel Tunnel Group v. Balfour Beatty Ltd., House of Lords,
AC 1993, 334 =
1 (1993) All ER 663 =
XIX (1993) YCA 736

Compagnie d'Armentment Maritime SA v. Compagnie Tunisienne de Navigation SA,
[1971] AC 572 =
3 (1970) All ER 71 =
3 (1970) WLR 389 =
2 (1970) Lloyd's L.Rep. 99

Cour d'appel de Paris vom 12.3.1985,
Societe Intrafor et Subtec Middle East Company c/ MM J.-C. Gagnant, S. Gulibert, G. Lay, A. Lhomme,
Rev.Arb. 1985, 298 mit Anm. *Loquin*

Cour d'appel de Paris vom 12.3.1987,
Société Zik Ovce Polje, ZOP et United Agricultural Kombinat Makedonija, UAKM c/ Société Food Technical Processing SPA, FTP,
D.S. 1987.IR.97

Cour d'appel de Paris vom 12.4.1991,
Société Fougerolle c/ Société Butec Engineering,
Rev.Arb. 1991, 667

Cour d'appel de Paris vom 13.12.1975,
Menicucci c/ Mahieux,
Rec.crit. 1976, 507 mit Anm. *Oppetit* =
JDI (Clunet) 1976, 106, mit Anm. *Loquin* =
Rev.Arb. 1977, 147, mit Anm. *Fouchard*

Cour d'appel de Paris vom 13.7.1989 (1re Ch. suppl.),
Compania Valenciana de Cementos Portland c. Primary Coal Inc.,
Rev.Arb. 1990, 430 =
Rev.Arb. 1990, 663 mit Anm. *Lagarde*

Cour d'appel de Paris vom 15.3.1984,
Societe Soubaigne c/ Societe Limmareds Skogar,
Rev.Arb. 1985, 285

Cour d'appel de Paris vom 21.2.1980,
General National Maritime Transport Company v. Societe Götaverken Arendal A.B.,
D.S. 1980.J.568 mit Anm. *Robert* =
Rev.Arb. 1980, 524 mit Anm. *Jeantet* =
107 (1980) JDI (Clunet) 660 mit Anm. *Fouchard* =
JCP 1981.II.19512 mit Anm. *Level*

Cour d'appel de Paris vom 25.6.1993,
Societe Schönberger Systemtechnik GmbH c/ SA Vens,
Rev.Arb. 1993, 685 mit Anm. *Bureau*

Cour d'appel de Paris vom 6.1.1984,
Societe Langlois et Cie v. G.I.E. Taconet Mac Lean et Taconet,
Rev.Arb. 1985, 279 (282)
Cour d'appel de Paris vom 9.12.1980,
Societe Aksa c/ Societe Norsolor,
Rev.Arb. 1981, 306 =
20 (1981) ILM 887
Cour de cassation (Civ.) vom 4.7.1972,
Hecht c/ Soc Buisman's,
Rec.crit. 1974, 82 =
Clunet 1972, 843
Cour de cassation (Soc.) vom 12.2.1985,
Rec.crit. 1986, 469
Cour de cassation vom 12.12.1989,
Societe Binaate Maghreb c/ Societe Screg Routes et Travaux Publics,
Rev.Arb. 1990, 867 mit Amm. *Level*
Cour de cassation vom 14.10.1957,
Rec.crit. 1957, 684 mit Anm. *Mezger*
Cour de cassation vom 15.6.1994,
Societe Sonidep c/ Societe Sigmoil,
Rev.Arb. 1995, 88, mit Anm. *Gaillard*
Cour de cassation vom 17.5.1927,
Cons. Pélissier du Besset c/ The Algier Land and Warehouse Company Ltd.,
D. 1928.I.25
Cour de cassation vom 17.7.1899 (Vorprüfkammer),
Ospina c/ Ribon,
26 (1899) JDI (Clunet) 1024 =
D. 1904.I.225
Cour de cassation vom 19.2.1930,
Mardele c/ Muller et Cie,
Rec.crit. 1930, 282 =
D.H. 1930, 228 =
JDI (Clunet) 1931, 90 =
S. 1933.I.41 mit Anm. *Niboyet*
Cour de cassation vom 22.10.1991 (1re Ch. civile),
Societe Compania Valenciana de Cementos Portland c. Societe Primary Coal Inc.,
Rev.Arb. 1992, 457 mit Anm. *Lagarde* =
119 (1992) JDI (Clunet) 177, mit Anm. *Goldman* =
englische Übersetzung in: 6 (1991) Int. Arb. Rep. B1
Cour de cassation vom 22.10.1991,
Compania Valenciana de Cementos Portland c. Primary Coal Inc.,
Rev.Arb. 1992, 457 mit Anm. *Lagarde*
Cour de cassation vom 23.2.1994,
Societe Andre c/ Societe Multitrade,
Rev.Arb. 1994, 683
Cour de cassation vom 27.1.1931,
Dambricourt c/ Rossard et autres,
Rec.crit. 1931, 514 =
S. 1933.I.41

Cour de cassation vom 6.4.1994,
Societe Buzzichelli Holding c/ Hennion et autre,
Rev.Arb. 1995, 598 mit Anm. *Jarrosson* =
Rev.Arb. 1995, 263 mit Anm. *Level*
Cour de cassation vom 7.10.1980,
Tradieu c/ Societe Bourdon,
Bull. civ. 1980, I 195 Nr. 242 =
Rev.Arb. 1982, 36 mit Anm. *Level* =
JCP 1981.II.19480 =
ausführlich zu diesem Urteil: *Lörcher*, Das Internationale Handelsschiedsverfahren in Frankreich (Köln 1997) 8 f.
Cour de cassation vom 9.10.1984,
Pabalk Ticaret Sirketi v. Norsolor,
Rev.Arb. 1985, 431, mit Anm. *Goldman* =
(1985) JDI (Clunet) 679 mit Anm. *Kahn* =
englische Übersetzung in: (1985) J.Int'lArb. 67
Cour de cassation vom 9.12.1981 (2. Entscheidung),
Fougerolle v. Banque du Proche Orient,
Rev.Arb. 1982, 183 mit Anm. *Couchez* =
109 (1982) JDI (Clunet) 931
Czarnikow v. Roth, Schmidt & Co.,
2 (1922) KB 478 =
Deutsche Schachtbau- und Tiefbohrgesellschaft m.b.H. v. Ras al Kaimah National Oil Co. (24.3.1987),
2 (1987) All E.R. 769 =
2 (1987) Lloyd's L.Rep. 246 =
XIII (1988) YCA 522
Ditta Fratelli Damiano S.n.c. v. August Töpfer & Co. GmbH (8.2.1982),
Riv.dir.int.priv.proc. 1982, 829 =
IX (1984) YCA 418
Doughboy Industries v. Pantasote (1962),
233 NYS 2d 488
Eagle Star Insurance Co. Ltd. v. Yuval Insurance Co. Ltd. (4.7.1977),
1 (1978) Lloyd's L.Rep. 357
General National Maritime Transport Co. v. Götaverken Arendal AB (21.8.1980),
107 (1980) JDI (Clunet) 660 =
VI (1981) YCA 221 =
Rev.Arb. 1980, 524
Götaverken Arendal AB v. Libyan General National Maritime Transport Co. (1978),
Virginia Journal of International Law 1980-81, 244
Hamlyn & Co. v. Talisker Distillery,
AC 1894, 202 =
1891-4 All ER 849
Harnischfeger Corp. v. Ministry of Roads and Transportation (1984),
7 (1984) Iran-US CTR 90
Hiscox v. Outhwaite,
3 (1991) All ER 641 =
XVII (1992) YCA 599 =
3 WLR 297

Home and Overseas Insurance Co.Ltd. v. Mentor Insurance Co. (UK) Ltd. (1989),
1 (1989) Lloyd's L.Rep. 473 ff. =
besprochen bei: *Kerr*, 2 (1991) Am.Rev.Int'l Arb. 377 (394 ff.)
Hungarian Chamber of Commerce and Industry Court of Arbitration 17.11.1995 – VB/94124
UNILEX (ansonsten unveröffentlicht)
ICC Schiedsspruch Nr. 853,
III (1978) YCA 214
ICC Schiedsspruch Nr. 953 (1956),
ICC Awards I, 17 =
III (1978) YCA 214
ICC Schiedsspruch Nr. 1039 (16.10.1962),
Dok. Nr. 410/879, zitiert nach *Lew*, 265
ICC Schiedsspruch Nr. 1176,
zitiert von: *Derains*, Possible Conflict of Law Rules and the Rules Applicable to the Substance of the Dispute, in: *Sanders* (Hrsg.), UNCITRAL's Project for a Model Law on International Commercial Arbitration (Deventer 1984) 177
ICC Schiedsspruch Nr. 1354 (7.7.1965),
Dok. Nr. 410/1306, zitiert nach *Lew*
ICC Schiedsspruch Nr. 1397 (1966),
101 (1974) JDI (Clunet) 878 =
ICC Awards I, 179
ICC Schiedsspruch Nr. 1422 (1966),
101 (1974) JDI (Clunet) 884 =
berichtet in: *Lew*, Rn. 270
ICC Schiedsspruch Nr. 1434 (1975),
Mutinational Group A v. State B,
103 (1976) JDI (Clunet) 978 =
ICC Awards I, 263
ICC Schiedsspruch Nr. 1455 (20.9.1967),
ICC Awards I, 18 =
III (1978) YCA 212 =
Dok. Nr. 410/1561, zitiert nach *Lew*, 325
ICC Schiedsspruch Nr. 1472 (1968),
zitiert in: *Derains*, Le statut dezs usages du commerce international devant les jurisdictions arbitrales, Rev.Arb. 1973, 122
ICC Schiedsspruch Nr. 1505, 13.1.1971,
Dok. Nr. 410/1940, zitiert nach *Lew*
ICC Schiedsspruch Nr. 1512 (1971),
ICC Awards I, 3, 33, 37, 207 =
101 (1974) JDI (Clunet) 904 mit Anm. von *Lalive* =
I (1976) YCA 128
ICC Schiedsspruch Nr. 1592 (1970), 18.11.1970,
Dok. Nr. 410/1914, zitiert nach *Lew*
ICC Schiedsspruch Nr. 1598 (1971),
ICC Awards I, 19
ICC Schiedsspruch Nr. 1677 (1975),
III (1978) YCA 217 =
ICC Awards I, 20

ICC Schiedsspruch Nr. 1717 (1972),
ICC Awards I, 191 =
101 (1974) JDI (Clunet) 890
ICC Schiedsspruch Nr. 1776 (1970),
101 (1974) JDI (Clunet) 886 =
ICC Awards I, 186
ICC Schiedsspruch Nr. 1780 (16.12.1970),
Dok. Nr. 410/1921, zitiert nach *Lew*
ICC Schiedsspruch Nr. 1817 (1971),
Dok. Nr. 410/2018, zitiert nach *Lew*
ICC Schiedsspruch Nr. 1913 (15.12.1971),
Dok. Nr. 410/2072, zitiert nach *Lew*
ICC Schiedsspruch Nr. 1990 (1972),
ICC Awards I, 20 =
Auszüge auf englisch in: III (1978) YCA 217
ICC Schiedsspruch Nr. 2096 (1972),
Zitiert nach : *Derains*, L'application cumulative par l'arbitre des systèmes de conflits de lois intéressées au litige Rev.Arb. 1972, 99 =
Rev.Arb. 1972, 110
ICC Schiedsspruch Nr. 2216 (1974),
102 (1975) JDI (Clunet) 917
ICC Schiedsspruch Nr. 2375 (1975),
103 (1976) JDI (Clunet) 973 =
ICC Awards I, 257
ICC Schiedsspruch Nr. 2391 (1977),
104 (1977) JDI (Clunet) 949 mit Anm. von *Derains*
ICC Schiedsspruch Nr. 2438 (1975),
103 (1976) JDI (Clunet) 969 =
105 (1978) JDI (Clunet) 990
ICC Schiedsspruch Nr. 2585 (1977),
105 (1978) JDI (Clunet) 998 mit Anm. von *Derains*
ICC Schiedsspruch Nr. 2637 (1975),
ICC Awards I, 13 =
II (1977) YCA 153
ICC Schiedsspruch Nr. 2680 (1977),
ICC Awards I, 304 =
105 (1978) JDI (Clunet) 997 mit Anm. von *Derains*
ICC Schiedsspruch Nr. 2694 (1977),
105 (1978) JDI (Clunet) 985
ICC Schiedsspruch Nr. 2730 (1982),
111 (1984) JDI (Clunet) 914
ICC Schiedsspruch Nr. 2734 (1977),
105 (1978) JDI (Clunet) 998 mit Anm. von *Derains*
ICC Schiedsspruch Nr. 2735 (1976),
104 (1977) JDI (Clunet) 947 (in Auszügen)
ICC Schiedsspruch Nr. 2811 (1978),
106 (1979) JDI (Clunet) 983 =
ICC Awards I, 164, 456

ICC Schiedsspruch Nr. 2870 (1978),
nicht veröffentlicht,
zitiert nach *LANDO*, The law applicable to the merits of the dispute, 2 (1986) AI 104 (111, 115 Fn. 43)
ICC Schiedsspruch Nr. 2879 (1978),
106 (1979) JDI (Clunet) 990
ICC Schiedsspruch Nr. 2886 (1977),
105 (1978) JDI (Clunet) 996 =
ICC Awards I, 332
ICC Schiedsspruch Nr. 2930 (1982),
IX (1984) YCA 105 =
ICC Awards I, 118
ICC Schiedsspruch Nr. 2997 (1978),
ICC Awards I, 61
ICC Schiedsspruch Nr. 3034,
105 (1978) JDI (Clunet) 100
ICC Schiedsspruch Nr. 3043 (1978),
106 (1979) JDI (Clunet) 1000
ICC Schiedsspruch Nr. 3130 (1980),
108 (1981) JDI (Clunet) 931 =
ICC Awards I, 417
ICC Schiedsspruch Nr. 3131 (26.10.1979),
NORSOLOR V. PABALK TICARET,
IX (1984) YCA 109 =
Rev.Arb. 1983, 525 =
ICC Awards I, 122
ICC Schiedsspruch Nr. 3235,
108 (1981) JDI (Clunet) 925 =
ICC Awards I, 410
ICC Schiedsspruch Nr. 3267, Teilschiedsspruch (1979),
SERVICIOS PROFEIONALES CONSTRUCCION V. EUROSYSTEM HOSPITALIER EN FAILLITE,
107 (1980) JDI (Clunet) 961 =
ICC Awards I, 76 =
VII (1982) YCA 96 =
ICC Awards II, 43
ICC Schiedsspruch Nr. 3316 (1979),
ICC Awards I, 87, 385 =
VII (1982) YCA 106 =
107 (1980) JDI (Clunet) 970
ICC Schiedsspruch Nr. 3327 (1981)
IX (1984) YCA 109 =
ICC Awards I, 433
ICC Schiedsspruch Nr. 3344 (1981),
109 (1982) JDI (Clunet) 978 =
ICC Awards I, 440
ICC Schiedsspruch Nr. 3380 (1980),
108 (1981) JDI (Clunet) 928 =
ICC Awards I, 96, 413

ICC Schiedsspruch Nr. 3540 (1980),
ICC Awards I, 105, 399 =
VII (1982) YCA 124 =
108 (1981) JDI (Clunet) 921
ICC Schiedsspruch Nr. 3572 (1989),
DEUTSCHE SCHACHTBAU- UND TIEFBOHRGESELLSCHAFT MBH ET AL. V. THE GOVERNMENT OF THE STATE OF R'AS AL KHAIMAH AND THE R'AS AL KHAIMAH OIL COMPAGNY (RAKOIL) (DTS V. RAKOIL),
XIV (1989) YCA 111 =
ICC Awards II, 154
ICC Schiedsspruch Nr. 3742 (1983),
ICC Awards I, 486 =
111 (1984) JDI (Clunet) 910 mit Anm. von *DERAINS*
ICC Schiedsspruch Nr. 3755 (1988),
1 ICC Bull. 25 (Dezember 1990, *turnkey contract*);
ICC Schiedsspruch Nr. 3790 (201.1983) Teilschiedsspruch,
XI (1986) YCA 119
ICC Schiedsspruch Nr. 3880 (1983),
110 (1983) JDI (Clunet) 897
ICC Schiedsspruch Nr. 3894,
109 (1982) JDI (Clunet) 987
ICC Schiedsspruch Nr. 3938 (1982),
111 (1984) JDI (Clunet) 926 =
ICC Awards I, 503
ICC Schiedsspruch Nr. 4132 (1983),
111 (1983) JDI (Clunet) 891 =
X (1985) YCA 49
ICC Schiedsspruch Nr. 4237 (17.2.1984),
ICC Awards I, 167 =
X (1985) YCA 49
ICC Schiedsspruch Nr. 4265 (1984),
111 (1984) JDI (Clunet) 922
ICC Schiedsspruch Nr. 4381 (1986),
113 (1986) JDI (Clunet) 1102 =
ICC Awards II, 264
ICC Schiedsspruch Nr. 4434 (1983),
110 (1983) JDI (Clunet) 889
ICC Schiedsspruch Nr. 4467 (1984),
111 (1984) JDI (Clunet) 925 =
XI (1986) YCA 143 (147)
ICC Schiedsspruch Nr. 4650 (1985),
ICC Awards II, 68 =
XII (1987) YCA 111
ICC Schiedsspruch Nr. 4695 (1984), Teilschiedsspruch,
XI (1986) YCA 149 =
ICC Awards II, 33
ICC Schiedsspruch Nr. 4710,
ASA Bull. 1987, 71

ICC Schiedsspruch Nr. 4761 (1984),
113 (1986) JDI (Clunet) 1137 (Teilschiedsspruch) =
114 (1987) JDI (Clunet) 1014 =
ICC Awards II, 298, 302, 519
ICC Schiedsspruch Nr. 4996 (1985),
113 (1986) JDI (Clunet) 1131
ICC Schiedsspruch Nr. 5065 (1986),
114 (1987) JDI (Clunet) 1039 =
ICC Awards II 330
ICC Schiedsspruch Nr. 5073 (1986), Teilschiedsspruch,
US EXPORTER V. ARGENTINE DISTRIBUTOR,
XIII (1988) YCA 53
ICC Schiedsspruch Nr. 5103 (1988),
ICC Awards II, 250, 361 =
115 (1988) JDI (Clunet) 1207
ICC Schiedsspruch Nr. 5118 (1986),
ICC Awards II, 249, 318 =
114 (1987) JDI (Clunet) 1027
ICC Schiedsspruch Nr. 5460 (1987),
ICC Awards II, 138 =
XIII (1988) YCA 104
ICC Schiedsspruch Nr. 5660, Teilschiedsspruch (1990),
XVII (1992) YCA 226
ICC Schiedsspruch Nr. 5713 (1989),
ICC Awards II, 223 =
XV (1990) YCA 70 =
UNILEX =
SZIER 1995, 281
ICC Schiedsspruch Nr. 5717, Teilschiedsspruch (1988),
ICC Bull. Nr. 2 (1990), 22
ICC Schiedsspruch Nr. 5885 (1989),
XVI (1991) YCA 92 =
ICC Awards III, 40
ICC Schiedsspruch Nr. 5910 (1988),
115 (1988) JDI (Clunet) 1216 =
ICC Awards II, 371
ICC Schiedsspruch Nr. 5953 (1.9.1988), Teilschiedsspruch,
PRIMARY COAL INC. (USA) C. COMPANIA VALENCIANA DE CEMENTOS PORTLAND,
Rev.Arb. 1990, 701 =
XVI (1991) YCA 142 =
ICC Awards II, 437 =
117 (1990) JDI (Clunet) 1056
ICC Schiedsspruch Nr. 6149 (1990),
ICC Awards III, 327 =
XX (1995) YCA 41
ICC Schiedsspruch Nr. 6268 (1990),
XVI (1991) YCA 119 =
ICC Awards III, 68

ICC Schiedsspruch Nr. 6281 (1989),
ICC Awards II, 249, 394 =
ICC Awards III, 409 =
XV (1990) YCA 96 =
116 (1989) JDI (Clunet) 1114 =
118 (1991) JDI (Clunet) 1054
ICC Schiedsspruch Nr. 6283 (1990),
XVII (1992) YCA 178 =
ICC Awards III, 100
ICC Schiedsspruch Nr. 6329 (1991),
zitiert nach *BLESSING*, 14 (1997) J.Int'lArb. 39 (62), mit Hinweis auf: *LAZAREFF*, Mandatory Extraterritorial Application of National Law, 11 (1995) AI 137 (146 ff.)
ICC Schiedsspruch Nr. 6363 (1991),
XVII (1992) YCA 186
ICC Schiedsspruch Nr. 6401 (1991),
WESTINGHOUSE INT'L PROPERTY CO. V. NATIONAL POWER CORP.,
7 Mealy's Int'lArb.Rep. B 1 (Januar 1992) =
125 (1998) JDI (Clunet) 1058
ICC Schiedsspruch Nr. 6503 (1990),
ICC Awards III, 613 =
122 (1995) JDI (Clunet) 1022
ICC Schiedsspruch Nr. 6527 (1991),
XVIII (1993) YCA 44
ICC Schiedsspruch Nr. 6560, Teilschiedsspruch (1990),
XVII (1992) YCA 226
ICC Schiedsspruch Nr. 6653 (1993),
CLOUT Nr. 103 =
Auszüge auf französisch in: 120 (1993) JDI (Clunet) 1041
ICC Schiedsspruch Nr. 7375 (1996),
IRAN V. WESTINGHOUSE ELECTRIC CORP.,
Mealey's Int. Arb. Rep. A-1 (Dezember 1996) 80
ICC Schiedsspruch Nr. 7565 (1994),
VEKOMA B.V. V. MARAN COAL COMPANY,
ICC Ct. Bull. 2/1995, 64
ICC Schiedsspruch Nr. 7844 (1994),
UNILEX =
ICC Bull. Vol. 6/2 (November 1995) 72
ICC Schiedsspruch Nr. 791 (10.1.1951),
Dok. 410/32, zitiert nach *LEW*
ICC Schiedsspruch Nr. 8128 (1995),
123 (1996) JDI (Clunet) 1024
ICC Schiedsspruch Nr. 8240,
28 (1997) Law & Policy in Int'l Bus 943
ICC Schiedsspruch Nr. 8324 (1995),
123 (1996) JDI (Clunet) 1019
ICC Schiedsspruch Nr. 8486,
125 (1998) JDI (Clunet) 1047
ICC Schiedsspruch Nr. 8540,
Uniform L. Rev. 1997, 600

ICSID Schiedsspruch Nr. ARB/87/3,
Asian Agriculture Products Ltd. (AAPL) v. Democratic Socialist Republic of Sri Lanka,
XVII (1992) YCA 106
In re Application of Doughboy Indus. Inc. (1962),
233 NYS 2d 488
In re United Railways of Havana & Reg la Warehouse Ltd.,
AC 1961, 1007
Internationales Schiedsgericht der Bundeskammer der gewerblichen Wirtschaft Wien vom 15.6.1994 – SCH-4318,
CLOUT Nr. 94 =
UNILEX
Internationales Schiedsgericht der Bundeskammer der gewerblichen Wirtschaft Wien vom 15.6.1994 – SCH-4366,
CLOUT Nr. 93 =
UNILEX
Iran-US Claims Tribunal,
Harnischfeger Corp. v. Ministry of Roads and Transportation,
7 (1984) US-Iran CTR 90
Kantonsgericht Vaud vom 28.1.1986
ASA Bull. 1986, 131
Liberian Eastern Timber Corp. (Lecto) v. The Government of the Republic of Liberia
(24.10.1984 und 31.3.1986),
ISCID Schiedsspruch,
26 (1987) ILM 647 =
XIII (1988) YCA 35
Libyan American Oil Co. (Liamco) v. The Government of the Libyan Arab Republic (12.4.1977),
VI (1981) YCA 89 =
Rev.Arb. 1980, 132 =
62 (1982) ILR. 140 =
20 (1978) ILM 1321 =
20 (1981) ILM 42
Marine Contractors Inc. v. Shell Petroleum Development Co. of Nigeria Ltd. (1984),
2 (1984) Lloyd's L.Rep. 77
Middle East Ltd. et. al. v. Arab Republic of Egypt,
22 (1983) ILM 752
Mitsubishi Motors Corp. v. Soler Chrysler-Plymouh Inc. (2.7.1985),
473 US 614 (1985) =
XI (1986) YCA 555
Mobil Oil (Indonesia) v. Asamera Oil (Indonesia),
487 F.Supp. 63 (SDNY 1980) =
43 N.Y. 2d 276
Mobil Oil Iran Inc. v. Iran (1987),
US-Iranian Claims Tribunal,
16 Iran-US CTR 3
Naviera Amazonica Peruana S.A. v. Compania International de Seguros del Peru,
1 (1988) Lloyd's L.Rep. 116

Navigation Sonomar Inc. v. Algoma Steamships Ltd.,
Oberster Gerichtshof von Quebec vom 16.4.1987,
Requeils de Jurisprudence du Quebec 1987, 1346 =
CLOUD Case Nr. 10 =
mit Anm. von: *Tetly*, LMCLQ 1993, 239
Norske Atlas Ins. Co., Ltd. v. London General Ins. Co., Ltd. (1927),
28 Lloyd's L.Rep. 104
OGH vom 18.11.1982 – 8 Ob 520/82,
Norsolor SA v. Pabalk Ticaret Ldt.,
Auszüge auf Englisch in: IX (1984) YCA 109 =
GesRZ 1983, 102 =
RIW 1983, 868 ff. mit Anm. von *Seidl-Hohenveldern* =
mit Anmerkungen von: *Karollus*, RdW 1992, 332 ff. m.w.N. =
KTS 1983, 666 mit Anm. *Schlosser* =
110 (1983) JDI (Clunet) 645 mit Anm. von *Seidl-Hohenveldern* =
IX (1984) YCA 159 mit Anm. von *Melis*
OGH vom 23.2.1998 – 3 Ob 115/95,
wbl 1998, 172 =
ecolex 1998, 549 =
RdW 1998, 550 =
ZRVgl. 1998, 38 =
ZRVgl. 1999, 5 mit Anm. *Michaels* =
ZRVgl. 1999, 24 =
SZ 71, 26 =
IPRax 2000, 314 =
IPRax 2000, 323 mit Anm. *Reiner*
OLG Düsseldorf vom 8.1.1993 – 17 U 82/93,
CLOUT Nr. 48 =
in Auszügen in: IPRax 1993, 412
OLG Frankfurt vom 21.12.1983,
RIW 1984, 400 =
NJW 1984, 2768 =
KTS 1985, 377
OLG Frankfurt vom 30.8.2000 – 9 U 13/00,
UNILEX =
RIW 2001, 383
OLG Hamburg vom 29.10.1958,
IPR Rspr. 1958/59 Nr. 43
OLG Hamm vom 9.6.1995 – 11 U 1991/94,
CLOUT Nr. 125 =
OLGR 1995, 169
OLG Köln vom 22.2.1994 – 29 U 202/93,
CLOUT Nr. 120 =
IPRax 1995, 393 mit Anm. *Reinhart*, 365 =
RIW 1994, 972
OLG München vom 18.12.1985 – 7 U 4049/84,
IPRax 1986, 178
Orion Compania Espanola de Seguros v. Belfort Maatschappij Voor Algemene Verzekeringen,
2 (1962) Lloyd's L.Rep. 257

Overseas Union Insurance Ltd. v. A.A. Mutual International Insurance Co. (1988),
2 (1988) Lloyd's L.Rep. 63
Pabalk Ticaret Limited Sirketi v. Norsolor S.A. (26.10.1979),
XI (1986) YCA 484
Petroleum Development (Trucial Coast) Ltd. v. The Sheikh of Abu Dhabi,
1 (1952) ICLQ 247 =
18 (1951) ILR 144
PPG Industries, Inc. v. Pilkington plc,
825 F.Supp. 1465 (D.Ariz. 1993)
Qatar v. International Maritime Oil Company (1953),
20 ILR 534
Robert E. Schreter v. Gasmac Inc. (1992),
7 Ontario Reports (3d) 608 =
CLOUD Case Nr. 30 =
mit Kommentierung bei *Chukwumerije* =
22 (1993) Canadian Business Law Journal 296 =
Lloyd's Maritime and Commercial Law Quarterly, 238 mit Anm. *Tetley*
Rossano v. Manufactureres Life Insurance Co. Ltd. (1963),
2 QB 352
Sapphire International Petroleum Ltd. v. National Iranian Oil Company (15.3.1963),
13 (1964) ICLQ 987 =
35 (1967) ILR 136
Saudi Arabia v. Arabia American Oil Company (ARAMCO) (23.8.1958),
27 ILR 117, 155
Scherk v. Alberto-Culver Co. (17.6.1974),
417 US 506 =
I (1976) YCA 203
Schiedsgericht der bulgarischen Handelskammer,
Schiedsspruch Nr. 21/56, 1/56, 5/55, 2/56, 16/56, 17-56, 9/56, 67/64,
94 (1967) JDI (Clunet) 171
Schiedsgericht der Wirtschaftskammer Prag,
Schiedsspruch vom 17.12.1996,
Uniform L. Rev. 1997, 604
Schiedsgericht Hamburger freundschaftliche Arbitrage vom 29.12.1998,
NJW-RR 1999, 780 =
RIW 1999, 394 =
IHR 2001, 35
Schiedsspruch vom 10.9.1975,
II (1977) YCA 144
Schiedsspruch vom 11.11.1975,
II (1977) YCA 148
Societe CTIP c/ Societe Ferich international (21.3.1986),
Rev.Arb. 1991, 350
Societe europeenne d'etudes et d'entreprises (SEEE) v. The Popular Federative Republic of Jugoslavia,
86 (1959) JDI (Clunet) 1075 =
in Auszügen zu finden bei: *Lew*, 510 ff.
Splosna Plovba of Piran v. Agrelak Steamship Corp. (27.9.1974),
381 F.Supp. 1368 (1370) (SDNY) =
I (1976) YCA 204

Supreme Court of Hong Kong vom 29.10.1991,
XVII (1992) YCA 289 =
CLOUT Nr. 20

Texaco Overseas Petroleum Company (TOPCO) v. California Asiatic Oil Company (CALASIATIC) and the Government of the Libyan Arab Republic (19.1.1977),
17 (1978) ILM 3 =
52 (1979) ILR 422 (445) =
104 (1977) JDI (Clunet) 350 =
IV (1979) YCA 177, in Auszügen

The Lena Goldfield Arbitration,
Lena Goldfields Ltd. v. Union of Soviet Socialist Republics (3.9.1930),
36 (1950) Cornell L.Q. 42

The Serbian Loans Case (1929),
PCIJ (Permanent Court of International Justice) Series A, No. 20/21, 41

Tomkinson v. First Pennsylvania Banking and Trust Company (1961),
AC 1961, 1007

Tribunal de grande instance de Paris vom 20.6.1983/4.3.1981,
Société Norsolor S.A. v. Société Pabalk Ticaret Sirketi,
Rev.Arb. 1983, 465

Tribunal de grande instance Paris vom 12.7.1989 und 21.9.1989,
Société La Belle Créole S.A. c/ Société The Gemtel Partnership,
Rev.Arb. 1990, 176 mit Anm. *Kahn*

Tribunal de grande instance Paris vom 3.4.1985,
Societe Application des Gaz c/ Societe Wonder Corporation,
Rev.Arb. 1985, 170 =
D. 1985, 515 mit Anm. *Robert*

Tzortzis and Sykias v. Monark Lines A/B (1968),
1 Lloyd's L.Rep. 337 (C.A.) =
1 WLR 406 =
1 All ER 949

US District Court, N.D. California 27.7.2001 – C 01-20230 JW,
UNILEX

USSR Maritime Arbitration Commission Award Nr. 82/1981,
XIV (1989) YCA 201

Vita Food Products Inc. v. Unus Shipping Co. Ltd.,
AC 1939, 277

Wintershall AG et al v. The Government of Qatar (5.2.1988), Teilschiedsspruch,
28 (1989) ILM, 795

Züricher Handelskammer Schiedsspruch vom 25.11.1994,
XXII (1997) YCA 211

Stichwortverzeichnis

Alexander von Saucken

Die Reform des österreichischen Schiedsverfahrensrechts auf der Basis des UNCITRAL-Modellgesetzes über die internationale Handelsschiedsgerichtsbarkeit

Ein Diskussionsbeitrag

Frankfurt am Main, Berlin, Bern, Bruxelles, New York, Oxford, Wien, 2004. 408 S.
Internationalrechtliche Studien. Herausgegeben von Ulrich Magnus. Bd. 35
ISBN 3-631-53170-2 · br. € 68.50*

Im Jahre 2002 präsentierte eine Expertengruppe einen „Entwurf eines neuen Schiedsverfahrensrechts", der eine grundlegende Reform der österreichischen Zivilprozessordnung (§§ 577 ff. öZPO) nach den Vorgaben des UNCITRAL-Modellgesetzes über die Internationale Handelsschiedsgerichtsbarkeit zum Inhalt hat. Die Arbeit vergleicht die Vorschriften des geltenden Rechts und die entsprechenden Entwurfslösungen, wobei auch die zugrundeliegenden Bestimmungen des Modellgesetzes Erwähnung finden. Daraufhin werden die Entwurfslösungen erörtert und dort, wo es dem Verfasser sinnvoll erscheint, alternative Lösungsansätze oder Ergänzungen angeregt. Hierzu werden auch Schiedsgesetze anderer europäischer Rechtsordnungen herangezogen, um einen für richtig befundenen Lösungsansatz zu untermauern.

Aus dem Inhalt: UNCITRAL-Modellgesetz · Rechtsvergleich · Die Schiedsvereinbarung · Das Schiedsgericht · Der Ablauf des Schiedsverfahrens · Der Schiedsspruch · Aufhebung des Schiedsspruchs · Anerkennung und Vollstreckung von Schiedssprüchen · Entwurf zur Reform des österreichischen Schiedsverfahrensrechts

FSC
www.fsc.org
MIX
Papier | Fördert gute Waldnutzung
FSC® C083411

Kolibri 360 GmbH
Ferdinand-Jühlke-Straße 7
99095 Erfurt, Deutschland
produktsicherheit@kolibri360.de

Druck:
CPI Druckdienstleistungen GmbH
im Auftrag der
Kolibri 360 GmbH
Ferdinand-Jühlke-Str. 7
99095 Erfurt